3급

한자능력 검정시험

국개공헌

한자능력검정시험 3급 (3급Ⅱ 포함)

저자 강태립(姜泰立)

- 원광대 중어중문학과 졸업
- 공주대학교 교육대학원 중국어전공 교육학 석사
- 전문 한자지도자 연수 강사
- 한국 한자급수검정회 이사
- 한국 한문교육연구원 경기도 본부장
- 다중지능연구소 일산센터장
- 웅산서당 훈장

감수 강태권(康泰權)

- 現) 국민대 중어중문학과 교수

이병관(李炳官)

- 연세대 중어중문학과 졸업
- 문학박사
- 대만 동해대학 중문연구소 주법고(周法高) 교수 문하에서 수학
- 현 공주대학교 중어중문학 교수

머리말

우리 나라 최고의 지성이라는 사람들도 한글 전용의 폐해로 우리 고전보다 영어를 더 잘하는 세대가 되었습니다. 중·고등학교에서도 국어 점수보다 영어 점수가 높은 학생이 점점 많아지고 있습니다. 이런 상황에서 한자능력검정시험이 생겨나면서 한자 교육에 대한 생각이 바뀌고 한자의 중요성을 알게 되어 참으로 다행스런 일입니다.

우리말은 70% 이상이 한자어로 이루어져 있습니다. 예를 들면 중학교 1학년 교과서에 나오는 선상지(扇狀地)는 '부채[扇 : 부채 선] 모양[狀 : 모양 상]의 땅[地 : 땅 지]'으로, 한자를 알면 그 뜻을 바로 알 수 있습니다. 하지만 한자를 몰라서 무작정 그 뜻을 외우는 학생들이 많습니다. 이 얼마나 안타까운 일입니까? 또한 한자를 알면 일본어나 중국어를 공부할 때도 많은 도움이 됩니다. 물론 중국에서는 간자체라고 하여, 우리가 쓰는 한자와는 다소 다릅니다. 하지만 한자를 알면 이 간자체는 누구나 쉽게 터득할 수 있습니다.

「국가공인 한자능력검정시험 3급(3급II 포함)」은 기존에 나와 있는 교재와 달리 좀더 쉽게 한자를 익힐 수 있게 구성하였습니다. 3급 이상이 되면 한자가 많아져 비슷한 글자끼리 혼동하여 한자 학습이 어려워집니다. 그래서 본 책에서는 각 한자의 중요 몸체 부분을 생성 과정(갑골문–금문–소전)을 통해 이해하도록 했습니다. 또한, 부수에 따라 뜻이 변하고 음이 변한 글자를 한곳에 모아 한눈으로 비교 분석하여 짧은 시간에 최대한 많은 글자를 쉽게 익히게 하였습니다. 이와 함께 일선 서당에서 학생들을 지도하면서 느낀 현장 체험을 바탕으로 본 교재를 만들었습니다.

이 책으로 시험을 준비하는 모든 독자 여러분에게 좋은 결과가 있기를 기원하며, 한자 교육에 앞장서는 어시스트하모니(주) 사장님 이하 출판진에게 감사의 인사를 전합니다.

– 지은이

이 책의 구성과 특징

하나 3급 배정 한자 확실히 익히기

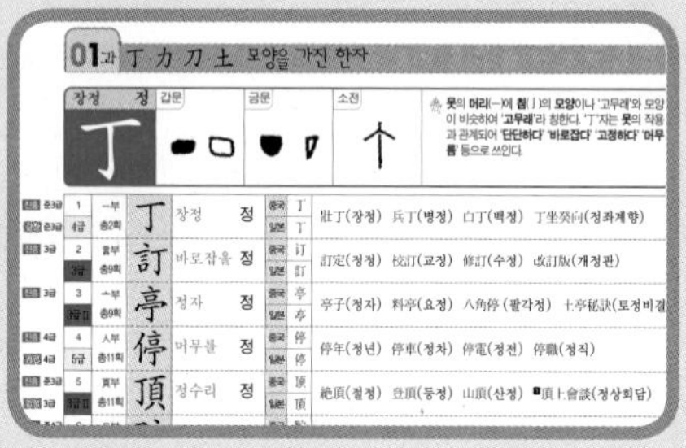

1단계 배정 한자 익히기

한자의 생성 원리를 바탕으로 빠른 시간 내에 최대한 많은 한자를 효과적으로 익힐 수 있습니다.

2단계 배정 한자 총정리

그 동안 학습했던 한자를 직접 쓰고, 읽어 보면서 스스로 자신의 학습 상태를 확인·정리할 수 있습니다.

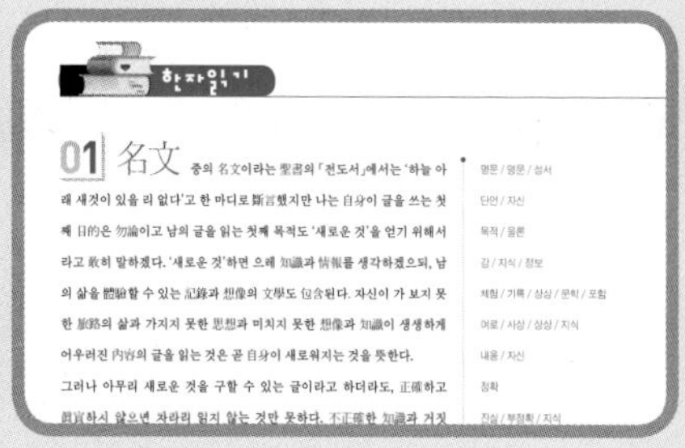

3단계 한자읽기

실제 문장 속에서 3급 배정 한자에 속하는 한자를 직접 읽어 보면서 한자의 중요성을 인식함과 동시에 한자를 실생활에서 활용할 수 있도록 구성하였습니다.

둘 부록

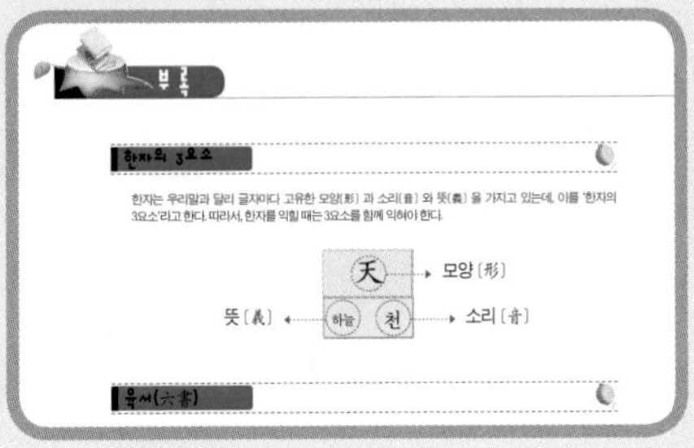

■ 생성 원리를 통한 체계적인 한자 학습

- 한자의 3요소와 육서
- 한자어의 짜임과 한자의 필순
- 부수의 위치와 명칭 및 기본 부수와 변형된 부수

■ 한자능력검정시험 철저 대비

- 고사성어
- 유의자
- 상대자·반대자
- 상대어·반의어
- 약자·속자
- 동음이의어
- 동자이음어
- 읽기 어려운 한자

셋 책 속의 책

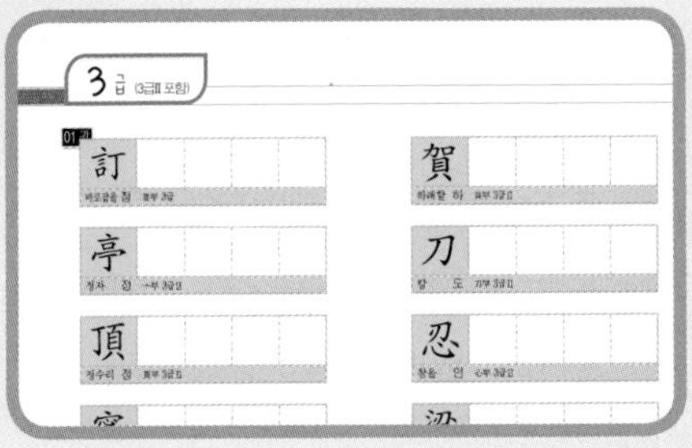

■ 3급(3급II 포함) 고유 한자 쓰기

3급(3급II 포함) 고유 한자를 직접 쓰면서 익힐 수 있는 쓰기 노트를 통해 학습의 편의를 극대화 하였습니다.

이 책의 차례

한자능력검정시험 안내

1 한자능력검정시험이란?

사단법인 한국어문회가 주관하고 한국한자능력검정회가 시행하는 한자능력검정시험은 초·중·고·대학생, 직장인, 주부, 일반인 등을 대상으로 한자의 이해 및 활용 능력을 평가하는 제도입니다.

한자능력검정시험의 목적

한자 급수제를 통해 한자의 학습 의욕을 고취시키고, 개인별 한자 능력에 대한 객관적인 급수 부여와 사회적으로 한자 능력이 우수한 인재 양성을 목적으로 합니다.

한자능력검정시험의 취지

우리말 중 약 70%는 한자어로 이루어져 있습니다. 따라서, 한자를 알면 우리말을 좀더 쉽게 이해할 수 있을 뿐만 아니라 효과적인 의사 전달을 할 수 있습니다. 한자 교육은 미래에 대한 확실한 투자이며, 정보화 시대를 대응하고 진학·취업 대비를 위한 평생 학습의 하나로 반드시 필요합니다. 그래서 한자 능력을 객관적으로 평가·인정받을 수 있는 길을 마련하여 공공 기관이나 기업체의 채용 시험, 인사 고과 또는 각종 시험 등에 활용할 수 있도록 하는 데 있습니다.

한자능력급수 취득자에 대한 혜택

1 국가 자격 취득자와 동등한 대우와 혜택

사단법인 한국어문회가 주관하는 검정급수 중 공인급수는 특급·특급Ⅱ·1급·2급·3급·3급Ⅱ이며 (특급, 특급Ⅱ는 제 54회부터), 교육급수는 4급·4급Ⅱ·5급·5급Ⅱ·6급·6급Ⅱ·7급·7급Ⅱ·8급입니다.
자격기본법 제 27조에 의거 국가자격 취득자와 동등한 대우 및 혜택을 받습니다.

2 대학 입학시 다양한 혜택

2005학년도 대학수학능력시험부터 '漢文'이 선택과목으로 채택되었습니다.
(대입 전형과 관련된 세부사항은 해당 학교 홈페이지, 또는 입학담당부서를 통하여 다시 한 번 확인하여 주시길 바랍니다.)
※ 한국한자능력검정회 홈페이지(www.hanja.re.kr)를 참고하세요.

3 대학 학점에 반영되거나 졸업시 필요

자격증 취득을 학점에 반영해 주거나 졸업을 하기 위해서는 반드시 몇 급 이상을 취득하도록 의무화 시킨 대학들도 있습니다.

4 입사시 유리하게 작용

(1) 경제 5단체, 신입사원 채용 때 전국한자능력검정시험 응시 권고(3급 응시요건, 3급 이상 가산점)하고 있습니다.
(2) 경기도교육청 유치원, 초등학교, 특수학교(유치원·초등)교사 임용시험 가산점 반영하고 있습니다.

5 인사 고과에 반영

육군 간부의 경우 공식적으로 부사관 5급 이상, 위관 장교 4급 이상, 영관 장교 3급 이상을 취득해야만 합니다. 또한 공무원들의 승진 및 인사 고과에도 반영됩니다.

2 한자능력검정시험 응시 방법 및 시험 내용

시험 일시

자세한 시험 일정은 한국한자능력검정회 홈페이지(www.hanja.re.kr)에서 확인할 수 있습니다.

접수 방법

1 방문 접수

(1) 응시 급수 : 모든 급수
(2) 접수처 : 각 고사장 지정 접수처
(3) 접수 방법

01 응시급수 선택	02 준비물 확인	03 원서작성 및 접수	04 수험표 확인
급수배정을 참고하여, 응시자의 실력에 알맞는 급수를 선택합니다.	반명함판사진 2매 (3×4cm·무배경·탈모) 급수증 수령주소 응시자 주민번호 응시자 이름(한글·한자) 응시료	응시원서를 작성한 후, 접수처에 응시료와 함께 접수합니다.	접수완료 후 받으신 수험표로 수험장소, 수험 일시, 응시자를 확인하세요.

2 인터넷 접수

(1) 접수급수 : 모든 급수
(2) 접수처 : www.hangum.re.kr
(3) 접수 방법 : 인터넷접수처 게시

접수처

한국한자능력검정회 홈페이지 www.hanja.re.kr에서 전국의 각 지역별 접수처와 응시처를 약도와 함께 안내받으실 수 있습니다.

검정료

(1) 창구 접수 검정료는 원서 접수일로부터 마감시까지 해당 접수처 창구에서 받습니다.
(2) 인터넷으로 접수하실 때 검정료 이외의 별도 수수료가 부과되지 않습니다.

특급·특급II·1급	2급·3급·3급II	4급·4급II·5급·5급II·6급·6급II·7급·7급II·8급
45,000	25,000	20,000

한자능력검정시험 급수 배정

급수	읽기	쓰기	수준 및 특성	권장 대상
특급	5,978	3,500	국한혼용 고전을 불편 없이 읽고, 연구할 수 있는 수준 고급 (한중 고전 추출한자 도합 5978자, 쓰기 3500자)	대학생·일반인
특급Ⅱ	4,918	2,355	국한혼용 고전을 불편 없이 읽고, 연구할 수 있는 수준 중급 (KSX1001 한자 4888자 포함, 전체 4918자, 쓰기 2355자)	대학생·일반인
1급	3,500	2,005	국한혼용 고전을 불편 없이 읽고, 연구할 수 있는 수준 초급 (상용한자+준상용한자 도합 3500자, 쓰기 2005자)	대학생·일반인
2급	2,355	1,817	상용한자를 활용하는 것은 물론 인명지명용 기초한자 활용 단계 (상용한자+인명지명용 한자 도합 2355자, 쓰기 1817자)	대학생·일반인
3급	1,817	1,000	고급 상용한자 활용의 중급 단계 (상용한자 1817자 - 교육부 1800자 모두 포함, 쓰기 1000자)	고등학생
3급Ⅱ	1,500	750	고급 상용한자 활용의 초급 단계(상용한자 1500자, 쓰기 750자)	중학생
4급	1,000	500	중급 상용한자 활용의 고급 단계(상용한자 1000자, 쓰기 500자)	초등학생
4급Ⅱ	750	400	중급 상용한자 활용의 중급 단계(상용한자 750자, 쓰기 400자)	초등학생
5급	500	300	중급 상용한자 활용의 초급 단계(상용한자 500자, 쓰기 300자)	초등학생
5급Ⅱ	400	225	중급 상용한자 활용의 초급 단계(상용한자 400자, 쓰기 225자)	초등학생
6급	300	150	기초 상용한자 활용의 고급 단계(상용한자 300자, 쓰기 150자)	초등학생
6급Ⅱ	225	50	기초 상용한자 활용의 중급 단계(상용한자 225자, 쓰기 50자)	초등학생
7급	150	-	기초 상용한자 활용의 초급 단계(상용한자 150자)	초등학생
7급Ⅱ	100	-	기초 상용한자 활용의 초급 단계(상용한자 100자)	초등학생
8급	50	-	한자 학습 동기 부여를 위한 급수(상용한자 50자)	초등학생

※ 상위 급수 한자는 하위 급수 한자를 모두 포함하고 있습니다.
※ 쓰기 배정 한자는 한두 급수 아래의 읽기 배정 한자이거나 그 범위 내에 있습니다.
※ 초등학생은 4급, 중・고등학생은 3급, 대학생은 2급과 1급 취득에 목표를 두고, 학습하시기를 권해 드립니다.

한자능력검정시험 문제 유형

1. 讀音(독음) : 한자의 소리를 묻는 문제입니다. 독음은 두음 법칙, 속음 현상, 장단음과도 관련이 있습니다.
2. 訓音(훈음) : 한자의 뜻과 소리를 동시에 묻는 문제입니다. 특히 대표 훈음을 익히시기 바랍니다.
3. 長短音(장단음) : 한자 단어의 첫소리 발음이 길고 짧음을 구분하고 있는가를 묻는 문제입니다. 4급 이상에서만 출제됩니다.
4. 反義語/反意語(반의어)·相對語(상대어) : 어떤 글자(단어)와 반대 또는 상대되는 글자(단어)를 알고 있는가를 묻는 문제입니다.
5. 完成型(완성형) : 고사성어나 단어의 빈칸을 채우도록 하여 단어와 성어의 이해력 및 조어력을 묻는 문제입니다.
6. 部首(부수) : 한자의 부수를 묻는 문제입니다. 부수는 한자의 뜻을 짐작할 수 있는 중요한 부분입니다.
7. 同義語/同意語(동의어)·類義語(유의어) : 어떤 글자(단어)와 뜻이 같거나 유사한 글자(단어)를 알고 있는가를 묻는 문제입니다.
8. 同音異義語(동음이의어) : 소리는 같고 뜻은 다른 단어를 알고 있는가를 묻는 문제입니다.
9. 뜻풀이 : 고사성어나 단어의 뜻을 제대로 알고 있는가를 묻는 문제입니다.
10. 略字(약자) : 한자의 획을 줄여서 만든 略字(약자)를 알고 있는가를 묻는 문제입니다.
11. 漢字(한자)쓰기 : 제시된 뜻, 소리, 단어 등에 해당하는 한자를 쓸 수 있는가를 확인하는 문제입니다.
12. 筆順(필순) : 한 획 한 획의 쓰는 순서를 알고 있는가를 묻는 문제입니다. 글자를 바르게 쓰기 위해 필요합니다.
13. 漢文(한문) : 한문 문장을 제시하고 뜻풀이, 독음, 문장의 이해, 한문법의 이해 등을 측정하는 문제입니다.

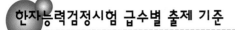

한자능력검정시험 급수별 출제 기준

급수	특급	특급Ⅱ	1급	2급	3급	3급Ⅱ	4급	4급Ⅱ	5급	5급Ⅱ	6급	6급Ⅱ	7급	7급Ⅱ	8급
讀音(독음)	45	45	50	45	45	45	32	35	35	35	33	32	32	22	24
訓音(훈음)	27	27	32	27	27	27	22	22	23	23	22	29	30	30	24
長短音(장단음)	10	10	10	5	5	5	3	0	0	0	0	0	0	0	0
反義語(반의어)	10	10	10	10	10	10	3	3	3	3	3	2	2	2	0
完成型(완성형)	10	10	15	10	10	10	5	5	4	4	3	2	2	2	0
部首(부수)	10	10	10	5	5	5	3	3	0	0	0	0	0	0	0
同義語(동의어)	10	10	10	5	5	5	3	3	3	3	2	0	0	0	0
同音異義語(동음이의어)	10	10	10	5	5	5	3	3	3	3	2	0	0	0	0
뜻풀이	5	5	10	5	5	5	3	3	3	3	2	2	2	2	0
略字(약자)	3	3	3	3	3	3	3	3	3	3	0	0	0	0	0
漢字(한자) 쓰기	40	40	40	30	30	30	20	20	20	20	20	10	0	0	0
筆順(필순)	0	0	0	0	0	0	0	0	3	3	3	3	2	2	2
漢文(한문)	20	20	0	0	0	0	0	0	0	0	0	0	0	0	0
출제 문항수	200	200	200	150	150	150	100	100	100	100	90	80	70	60	50

※ 출제 기준표는 기본 지침 자료로서, 출제자의 의도에 따라 차이가 있을 수 있습니다.

한자능력검정시험 시험 시간과 합격 기준

1 시험 시간

특급·특급Ⅱ	1급	2급·3급·3급Ⅱ	4급·4급Ⅱ·5급·5급Ⅱ·6급·6급Ⅱ·7급·7급Ⅱ·8급
100분	90분	60분	50분

2 합격 기준

급수	특급·특급Ⅱ·1급	2급·3급·3급Ⅱ	4급·4급Ⅱ·5급·5급Ⅱ	6급	6급Ⅱ	7급	7급Ⅱ	8급
출제 문항수	200	150	100	90	80	70	60	50
합격 문항수	160	105	70	63	56	49	42	35

※ 특급, 특급Ⅱ, 1급은 출제 문항수의 80% 이상, 2급~8급은 70% 이상 득점하면 합격입니다.
※ 1문항 당 1점으로 급수별 만점은 출제 문항수이며, 백분율 환산 점수를 사용하지 않습니다.
※ 합격 발표시 제공되는 점수는 응시 급수의 총 출제 문항수와 합격자의 득점 문항수입니다.

3급 한자익히기

01과 丁·力·刀·土 모양을 가진 한자
02과 圭·士·壬·爿 모양을 가진 한자
03과 舌·半·牛·大·夫 모양을 가진 한자
04과 失·矢·未·木·來 모양을 가진 한자
05과 東·車·豕·亥·尸 모양을 가진 한자
06과 井·出·戶·久·夕 모양을 가진 한자
07과 名·多·歹·勹·司 모양을 가진 한자
08과 回·區·元·兄·兌 모양을 가진 한자
09과 育·世·台·古·豆 모양을 가진 한자
10과 辰·去·弁·干 모양을 가진 한자
11과 于·良·眉·見·兎·門 모양을 가진 한자
12과 甘·其·同·勿 모양을 가진 한자
13과 旦·昌·莫·白·泉 모양을 가진 한자
14과 朝·朋·匕·比·卽 모양을 가진 한자
15과 弋·代·成·戔·甲 모양을 가진 한자
16과 田·里·重·會·無 모양을 가진 한자
17과 臣·工·岡·亡·共 모양을 가진 한자
18과 中·夬·史·斤·奚 모양을 가진 한자
19과 釆·爰·又·支·右 모양을 가진 한자
20과 左·布·反·才·乃·聿 모양을 가진 한자
21과 寸·寺·㚔·隶·尹 모양을 가진 한자
22과 弓·行·人·倉·余 모양을 가진 한자
23과 乍·內·八·今·予 모양을 가진 한자
24과 子·丸·京·立·音 모양을 가진 한자
25과 辛·幸·巠·川·求 모양을 가진 한자
26과 永·首·頁·朮·禾·番 모양을 가진 한자
27과 老·者·公·斗·米 모양을 가진 한자
28과 自·幺·玄·糸·雚 모양을 가진 한자
29과 隹·鳥·馬·長·玉 모양을 가진 한자
30과 主·堇·示·四·西·酉 모양을 가진 한자
31과 衣·卒·穴·犬·父 모양을 가진 한자
32과 交·文·卑·雨·己·巴 모양을 가진 한자
33과 乙·也·卩·女·母 모양을 가진 한자
34과 方·巾·制·亢·凡 모양을 가진 한자
35과 舟·殳·甬·周·甫·畐 모양을 가진 한자
36과 卜·占·非·少·手·義 모양을 가진 한자
37과 羊·丰·奉·关·氏 모양을 가진 한자
38과 民·生·欠·牙·不 모양을 가진 한자
39과 十·止·正·足·是 모양을 가진 한자
40과 先·舛·冬·复·至·自 모양을 가진 한자
41과 且·直·井·昔·肙 모양을 가진 한자
42과 青·貝·冊·貴·能 모양을 가진 한자
43과 皮·韋·魚·庶·火 모양을 가진 한자
44과 必·思·虎·卯·禺 모양을 가진 한자
45과 商·耳·亞·血·婁 모양을 가진 한자
46과 巾·貳·壹·鐘 모양을 가진 한자

01과 丁·力·刀·土 모양을 가진 한자

丁 장정 정

갑문	금문	소전

못의 **머리**(一)에 **침**(亅)의 **모양**이나 '고무래'와 모양이 비슷하여 '**고무래**'라 칭한다. '丁'자는 **못**의 작용과 관계되어 '**단단하다**' '**바로잡다**' '**고정하다**' '**머무름**' 등으로 쓰인다.

진흥/검정	번호	급수	부수·획수	한자	훈음	중국 / 일본	용례
진흥 준3급 / 검정 준3급	1	4급	一부 총2획	丁	장정 정	丁 / 丁	壯丁(장정) 兵丁(병정) 白丁(백정) 丁坐癸向(정좌계향)
진흥 3급	2	3급	言부 총9획	訂	바로잡을 정	订 / 訂	訂定(정정) 校訂(교정) 修訂(수정) 改訂版(개정판)
진흥 3급	3	3급Ⅱ	亠부 총9획	亭	정자 정	亭 / 亭	亭子(정자) 料亭(요정) 八角亭(팔각정) 土亭秘訣(토정비결)
진흥 4급 / 검정 4급	4	5급	人부 총11획	停	머무를 정	停 / 停	停年(정년) 停車(정차) 停電(정전) 停職(정직)
진흥 준3급 / 검정 3급	5	3급Ⅱ	頁부 총11획	頂	정수리 정	顶 / 頂	絶頂(절정) 登頂(등정) 山頂(산정) ❶頂上會談(정상회담)
진흥 준4급 / 검정 4급	6	5급	貝부 총12획	貯	쌓을 저:	贮 / 貯	貯金(저금) 貯水池(저수지) 貯藏(저장) 貯蓄(저축)
	7	3급Ⅱ	宀부 총14획	寧	편안 녕	宁 / 寧	安寧(안녕) ❷壽福康寧(수복강녕) 寧日(영일) 丁寧(정녕)
진흥 준4급 / 검정 4급	8	5급	手부 총5획	打	칠 타:	打 / 打	打席(타석) 打樂器(타악기) 打球(타구) 打擊(타격)

可 옳을 가

갑문	금문	소전

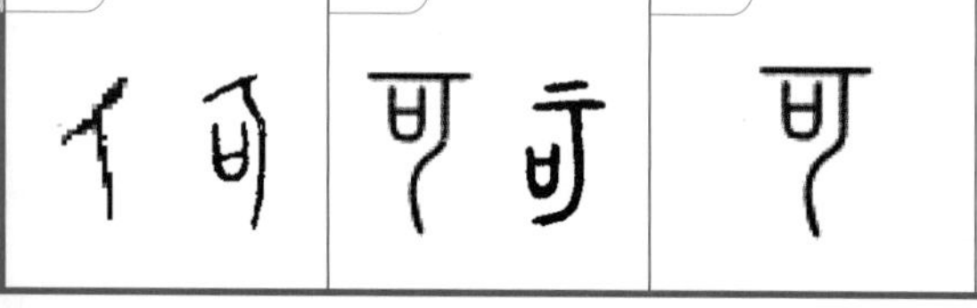

자루가 있는 **연장**(ㄱ=丂=丁)을 들고 **입**(口)으로 하는 **신호나 노래**에 맞추어 일을 '**시작**'하거나 '**허락**'함을 뜻하며, 노동을 돕는 데서 '**옳음**'을 뜻한다. 歌(가)의 본자. 丂(고)는 **지팡이종류**.

진흥/검정	번호	급수	부수·획수	한자	훈음	중국 / 일본	용례
진흥 준4급 / 검정 준4급	9	5급	口부 총5획	可	옳을 가:	可 / 可	❸可決(가결) 認可(인가) 可望(가망) 可視光線(가시광선)
진흥 준5급 / 검정 5급	10	7급	欠부 총14획	歌	노래 가	歌 / 歌	歌曲(가곡) 歌手(가수) 歌謠(가요) 歌詞(가사)
	11	3급Ⅱ	阜부 총8획	阿	언덕 아	阿 / 歌	阿片(아편) ❹阿黨(아당) 阿房宮(아방궁) 阿兄(아형)
진흥 준4급 / 검정 준4급	12	5급	水부 총8획	河	물 하	河 / 河	河口(하구) 河川(하천) 黃河(황하) 河海(하해)

何 어찌 하

갑문	금문	소전

사람(亻)이 큰 '**짐**'을 나뭇가지에 **메고 있는 형상**(可)으로, **荷(멜 하)의 본자**. 짐을 메고 가는 방향이나 '**짐**' 안의 내용을 궁금히 여기는 데서 '**어찌**' '**무엇**' 등으로 쓰인다.

시험	번호/급수	부수/획수	한자	훈음	중국/일본	어휘
진흥 준3급 / 검정 3급	13 / 3급Ⅱ	人부 / 총7획	何	어찌 하	중국 何 / 일본 何	何等(하등) 何如歌(하여가) 何待明年(하대명년)
	14 / 3급Ⅱ	艸부 / 총11획	荷	멜/연 하(:)	중국 荷 / 일본 荷	荷役(하역) 荷重(하중) 手荷物(수하물) 荷花(하화)

기특할기/어찌 기

奇

갑문

도장문

소전

서있는(立=大) **연장자루처럼**(可) 한쪽 발로 '**기이하게**' 서 있는 사람, 또는 **사람**(大)이 **말 등**(可)에 **올라탄**(奇) '**기이하고**' '**신기한**' 모습인 **騎(말탈 기)**의 본자로 '**기특함**' '**어찌**'를 뜻한다.

시험	번호/급수	부수/획수	한자	훈음	중국/일본	어휘
진흥 3급 / 검정 3급	15 / 4급	大부 / 총8획	奇	어찌/기특할 기	중국 奇 / 일본 奇	奇異(기이) ❺奇蹟(기적) 奇特(기특) 奇傑(기걸)
	16 / 4급	宀부 / 총11획	寄	부칠 기	중국 寄 / 일본 寄	寄附(기부) 寄贈(기증) 寄與(기여) 寄生蟲(기생충)
	17 / 3급Ⅱ	馬부 / 총18획	騎	말탈 기	중국 骑 / 일본 騎	騎士(기사) 騎士道(기사도) 騎馬戰(기마전) 騎手(기수)

힘 력

力

갑문

금문

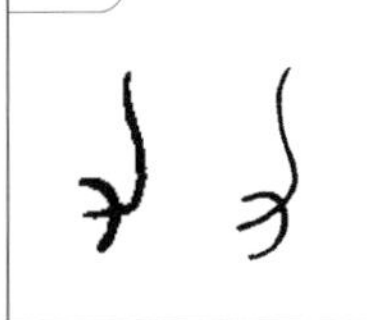

소전

땅을 파는 농기구 모양으로 '**농기구**'로 농사일을 할 때 '**힘씀**'을 뜻한다.

시험	번호/급수	부수/획수	한자	훈음	중국/일본	어휘
진흥 7급 / 검정 준5급	18 / 7급	力부 / 총2획	力	힘 력	중국 力 / 일본 力	迫力(박력) 力道(역도) 推進力(추진력) 力士(역사)
진흥 4급 / 검정 4급	19 / 4급Ⅱ	十부 / 총8획	協	화할 협	중국 协 / 일본 協	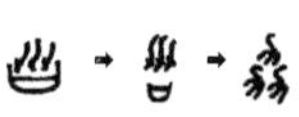 농기구의 모양을 합하여 劦(힘합할 협)이 됨. / 協助(협조) 協會(협회)
	20 / 3급Ⅱ	肉부 / 총10획	脅	위협할/옆구리 협	중국 胁 / 일본 脅	脅迫(협박) 威脅(위협) 脅制(협제) 脅奪(협탈)
	21 / 4급	竹부 / 총12획	筋	힘줄 근	중국 筋 / 일본 筋	筋力(근력) 筋肉質(근육질) 筋骨(근골) 心筋(심근)
진흥 준4급 / 검정 준4급	22 / 5급	力부 / 총5획	加	더할 가	중국 加 / 일본 加	힘〔力〕 주어 말〔口〕함. 또는 쟁기〔力〕질하는 사람에게 더욱 힘내라고 말〔口〕함. / 加減(가감) 加速(가속)
진흥 3급	23 / 3급Ⅱ	木부 / 총9획	架	시렁 가:	중국 架 / 일본 架	架空(가공) 十字架(십자가) 高架道路(고가도로)
진흥 준3급 / 검정 3급	24 / 3급Ⅱ	貝부 / 총12획	賀	하례할 하:	중국 贺 / 일본 賀	賀禮(하례) 祝賀(축하) 年賀狀(연하장) ❻慶賀(경하)

어구 풀이

❶頂上會談(정상회담) : 두 나라 이상의 우두머리가 모여 하는 회담.
❷壽福康寧(수복강녕) : 오래 살고 복을 누리며 건강하고 평안함.
❸可決(가결) : 회의에서, 제출된 의안을 합당하다고 결정함.
❹阿黨(아당) : ① 남의 비위를 맞추거나 환심을 사려고 알랑거리며 아첨함. ② 간사하고 공정하지 못함. ③ 따르는 동지.
❺奇蹟(기적) : 자연의 현상이나 법칙으로 일어날 수 없는 일이 세상에 이루어지거나 나타나는 일.
❻慶賀(경하) : 경사스러운 일을 치하(致賀)함.

칼 도 — 刀

갑문 / 금문 / 소전

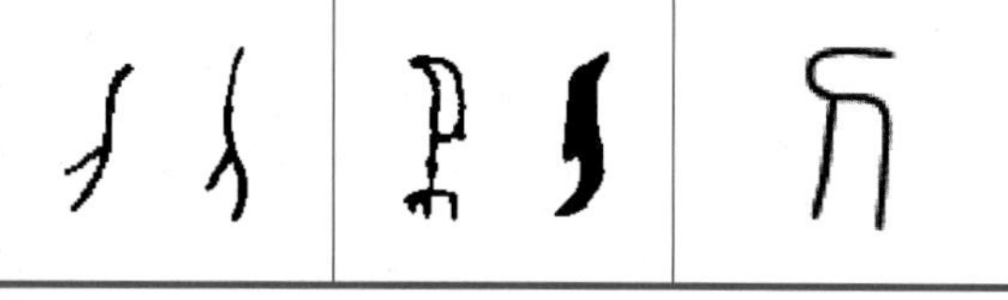

'**칼**'의 **상형**으로, '**칼**' 또는 '**칼의 작용**'을 나타낸다.

진흥 5급 / 검정 5급	25 / 3급Ⅱ	刀부 / 총2획	刀	칼 도	중국 刀 / 일본 刀	果刀(과도) 銀粧刀(은장도) 單刀直入(단도직입)
진흥 준4급 / 검정 준4급	26 / 5급	刀부 / 총7획	初	처음 초	중국 初 / 일본 初	初步(초보) 初級(초급) 初代(초대) 初志一貫(초지일관)

칼날 인 — 刃

갑문 / 금문 / 소전

칼(刀)의 베는 부분인 칼날에 **점**(丶)을 더해 '**칼날**'을 뜻한다.

진흥 준3급 / 검정 3급	27 / 3급Ⅱ	心부 / 총7획	忍	참을 인	중국 忍 / 일본 忍	忍耐(인내) 强忍(강인) 殘忍(잔인) 忍從(인종)
진흥 4급 / 검정 준3급	28 / 4급Ⅱ	言부 / 총14획	認	알 인	중국 认 / 일본 認	認識(인식) 認可(인가) 默認(묵인) 認定(인정)

상처/해칠 창 — 办

금문 / 소전

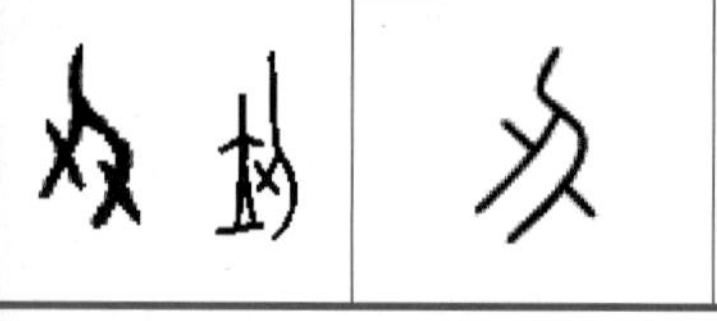

칼(刀)에 의해 양쪽이 **나뉘어**(八) 잘린 물건에서 '**상처**' '**해치다**'를 뜻한다.

29 / 3급Ⅱ	木부 / 총11획	梁	들보/돌다리 량	중국 梁 / 일본 梁	橋梁(교량) 高梁(고량) 上梁(상량) 梁上君子(양상군자)
30 / 3급	邑부 / 총7획	那	어찌 나:	중국 那 / 일본 那	 수염, 털 모양 옆에 邑(읍)으로 西夷國(서이국)이 본뜻임. — 那何(나하) 那邊(나변)

부를 소 — 召

갑문 / 금문 / 소전

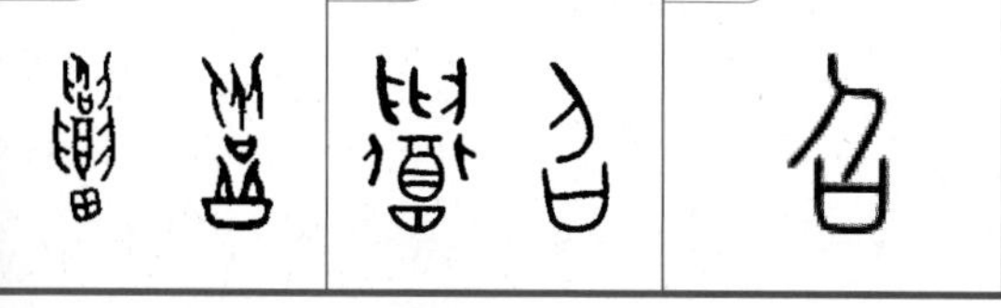

두 손(臼)으로 **구기**(刀=匕)를 들고 **술통**(酉=口)에서 술을 떠내 손님을 **불러 모음**에서 '**부르다**'를 뜻한다. 지금은 **구기**(刀=匕)와 술통**주둥이 모양**(口)만 남았다.

	31 / 3급	口부 / 총5획	召	부를 소	중국 召 / 일본 召	召集(소집) 召命(소명) 召天(소천) 召還(소환)
	32 / 3급	日부 / 총9획	昭	밝을 소	중국 昭 / 일본 昭	昭明(소명) 昭光(소광) 昭和(소화: 옛 일본 年號(연호))
진흥 3급	33 / 3급Ⅱ	火부 / 총13획	照	비칠 조:	중국 照 / 일본 照	照射(조사) 對照(대조) 照明燈(조명등) 探照燈(탐조등)

시험	번호/급수	부수/획수	한자	훈음	중국/일본	어휘
진흥 준3급 검정 3급	34 4급	手부 총8획	招	부를 초	중국 招 일본 招	招待券(초대권) 招請(초청) 自招(자초) 招魂祭(초혼제)
진흥 3급	35 3급Ⅱ	走부 총12획	超	뛰어넘을 초	중국 超 일본 超	超越(초월) 超然(초연) 超過(초과) 超能力(초능력)

다를/나눌 별	갑문	금문	소전
別			

뼈에서 **살을 발라내**(冎=叧: 살 발라낼 과) **칼**(刂)로 나누는데서, 뼈와 살이 '**다름**' 뼈와 살을 '**나눔**' 등으로 쓴다.

시험	번호/급수	부수/획수	한자	훈음	중국/일본	어휘
진흥 5급 검정 5급	36 6급	刀부 총7획	別	다를/나눌 별	중국 别 일본 別	別種(별종) 別名(별명) 別館(별관) 別味(별미)

흙 토	갑문	금문	소전
土	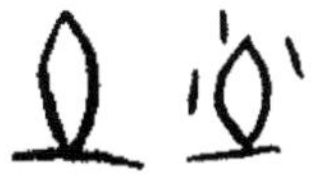		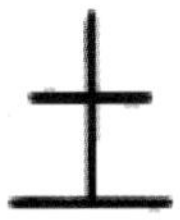

흙덩이 모양에 중심축을 선으로 표현한 글자로, '**흙**'을 뜻한다.

시험	번호/급수	부수/획수	한자	훈음	중국/일본	어휘
진흥 8급 검정 8급	37 8급	土부 총3획	土	흙 토	중국 土 일본 土	土地(토지) 土臺(토대) 土質(토질) 土鍾(토종)
진흥 3급	38 3급Ⅱ	口부 총6획	吐	토할 토(:)	중국 吐 일본 吐	吐氣(토기) 實吐(실토) 吐出(토출) 吐露(토로)
	39 3급Ⅱ	米부 총12획	粧	단장할 장	중국 妆 일본 粧	化粧(화장) 治粧(치장) 化粧品(화장품) 美粧院(미장원)
진흥 4급 검정 4급	40 3급Ⅱ	土부 총7획	坐	앉을 좌:	중국 坐 일본 坐	 사람이 땅에 앉은 모습. 坐禪(좌선) 坐不安席(좌불안석)
진흥 3급	41 4급	广부 총10획	座	자리 좌:	중국 座 일본 座	座席(좌석) 講座(강좌) 座中(좌중) 座談會(좌담회)

쉬어가기

漢字語, 제대로 알고 씁시다!

■ 곤욕(困辱)과 곤혹(困惑)

곤욕과 곤혹은 많은 사람들이 가려 쓰기 어려워하는 단어들입니다. 곤욕(困辱)은 심한 모욕, 참기 힘든 일이라는 뜻으로, '갖은 곤욕을 치르다.'와 같이 사용합니다. 한편 곤혹(困惑)은 곤란한 일을 당하여 어찌할 바를 모르는 난처한 상황을 뜻합니다. '예기치 못한 질문에 곤혹을 느끼다.'가 올바르게 쓰인 예라고 할 수 있습니다.

■ 뇌졸증 (×) → 뇌졸중(腦卒中) (○)

졸중(卒中)이라는 말은 무엇에 얻어맞아서 나가떨어진 상태라는 뜻으로, 졸중풍(卒中風)의 준말입니다. 뇌에 이런 증상이 나타난 것을 뇌졸중이라고 합니다. 대체로 症(병 증)자를 떠올려 '뇌졸증'으로 착각하기 쉽지만 '뇌졸중'이 맞는 말입니다.

1 다음 漢字의 訓과 音을 쓰시오. (*는 3급·3급II 고유 한자입니다.)

(1) 丁 (2) 訂 * (3) 亭 * (4) 停
(5) 頂 * (6) 貯 (7) 寧 * (8) 打
(9) 可 (10) 歌 (11) 阿 * (12) 河
(13) 何 * (14) 荷 * (15) 奇 (16) 寄
(17) 騎 * (18) 力 (19) 協 (20) 脅 *
(21) 筋 (22) 加 (23) 架 * (24) 賀 *
(25) 刀 * (26) 初 (27) 忍 * (28) 認
(29) 梁 * (30) 那 * (31) 召 * (32) 昭 *
(33) 照 * (34) 招 (35) 超 * (36) 別
(37) 土 (38) 吐 * (39) 粧 * (40) 坐 *
(41) 座

2 다음 漢字語의 讀音을 쓰시오.

(1) 壯丁 (2) 修訂 (3) 亭子 (4) 停職
(5) 登頂 (6) 貯蓄 (7) 安寧 (8) 打席
(9) 可望 (10) 歌曲 (11) 阿片 (12) 河海
(13) 何等 (14) 荷重 (15) 奇異 (16) 寄與
(17) 騎馬 (18) 力道 (19) 協助 (20) 威脅
(21) 心筋 (22) 加減 (23) 架空 (24) 慶賀

(25) 果刀	(26) 初級	(27) 殘忍	(28) 默認
(29) 上梁	(30) 那邊	(31) 召集	(32) 昭明
(33) 對照	(34) 招請	(35) 超過	(36) 別味
(37) 土臺	(38) 實吐	(39) 化粧	(40) 坐禪
(41) 講座			

3 다음 訓과 音을 지닌 漢字를 쓰시오. (*는 3급·3급II 고유 한자입니다.)

(1) 어찌 기	(2) 노래 가	(3) 다를 별	(4) 단장할 장 *
(5) 더할 가	(6) 들보 량 *	(7) 뛰어넘을 초 *	(8) 말탈 기 *
(9) 머무를 정	(10) 멜 하 *	(11) 물 하	(12) 바로잡을 정 *
(13) 밝을 소 *	(14) 부를 소 *	(15) 부를 초	(16) 부칠 기
(17) 비칠 조 *	(18) 시렁 가 *	(19) 쌓을 저	(20) 앉을 좌 *
(21) 알 인	(22) 어찌 나 *	(23) 어찌 하 *	(24) 언덕 아 *
(25) 옳을 가	(26) 위협할 협 *	(27) 자리 좌	(28) 장정 정
(29) 정수리 정 *	(30) 정자 정 *	(31) 참을 인 *	(32) 처음 초
(33) 칠 타	(34) 칼 도 *	(35) 토할 토 *	(36) 편안 녕 *
(37) 하례할 하 *	(38) 화할 협	(39) 흙 토	(40) 힘 력
(41) 힘줄 근			

02과 圭·士·壬·爿 모양을 가진 한자

서옥/쌍토 규 圭

금문
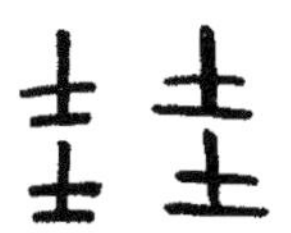

소전
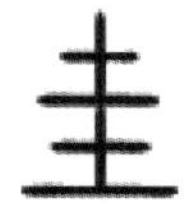

햇볕의 길이로 시간을 측정하던 시계, 후에 옥(玉)으로 만들어 쓰기도 하였다고 한다. 또는 **땅**(土)과 **땅 사이의 경계**, 신하가 조회 때 들던 '**서옥**'으로 만든 '**홀(笏)**'에서 '**벼슬**'을 뜻하기도 한다.

진흥 4급 / 검정 준3급	42 / 3급Ⅱ	人부 총8획	佳	아름다울 가:	중국 佳 / 일본 佳	佳作(가작) 佳話(가화) 佳人薄命(가인박명) 佳約(가약)
진흥 4급 / 검정 준3급	43 / 4급Ⅱ	行부 총12획	街	거리 가(:)	중국 街 / 일본 街	街販(가판) 街道(가도) 街路樹(가로수) 街路燈(가로등)
	44 / 3급	木부 총10획	桂	계수나무 계:	중국 桂 / 일본 桂	桂林(계림) 月桂冠(월계관) 桂冠詩人(계관시인)
	45 / 3급Ⅱ	寸부 총9획	封	봉할 봉	중국 封 / 일본 封	封合(봉합) 密封(밀봉) 開封(개봉) [1]封庫罷職(봉고파직)
진흥 3급	46 / 3급	水부 총11획	涯	물가 애	중국 涯 / 일본 涯	涯岸(애안) [2]生涯(생애) 天涯(천애) 涯限(애한)
	47 / 3급	手부 총11획	掛	걸 괘	중국 挂 / 일본 掛	掛書(괘서) 掛圖(괘도) 掛念(괘념) 掛意(괘의)

언덕 륙 坴

소전

풀(屮)이나 **집**(宀)처럼 높게 쌓인 **땅**(土)에서 '**언덕**'을 뜻한다.

파자 **흙**(土)과 **흙**(土) 사이를 **걷는**(儿) 육지에서 '**뭍**'을 뜻한다.

※ 先(버섯 록/륙): **싹**(屮)이 **집**(宀) 모양인 '**버섯**'.

진흥 4급 / 검정 4급	48 / 5급	阜부 총11획	陸	뭍 륙	중국 陆 / 일본 陸	陸地(육지) 大陸(대륙) 着陸(착륙) 陸上競技(육상경기)
진흥 3급	49 / 3급Ⅱ	目부 총13획	睦	화목할 목	중국 睦 / 일본 睦	睦族(목족) 和睦(화목) 親睦(친목) 親睦契(친목계)

심을 예 埶

갑문

금문

소전

나무(木=坴)를 **땅**(土)에 심으려고 **손에 잡고**(丮=丮=丸) 있는 데서 '**심음**'을 뜻한다.

참고 丮(극)은 다른 글자를 만나면서 대부분 丸(환)으로 모양이 변한다.

진흥 준4급 / 검정 4급	50 / 5급	火부 총15획	熱	더울 열	중국 热 / 일본 熱	熱氣(열기) 熱湯(열탕) 熱火(열화) 熱帶地方(열대지방)
진흥 4급 / 검정 4급	51 / 4급Ⅱ	力부 총13획	勢	형세 세:	중국 势 / 일본 勢	勢力(세력) 勢道(세도) 權勢(권세) 強勢(강세)
진흥 4급 / 검정 4급	52 / 4급Ⅱ	艸부 총19획	藝	재주 예:	중국 艺 / 일본 芸	藝術(예술) 書藝(서예) 學藝(학예) 文藝(문예)

어구 풀이

[1]封庫罷職(봉고파직) : 어사나 감사가 못된 짓을 많이 한 고을의 원을 파면하고 관가의 창고를 봉하여 잠그던 일.

[2]生涯(생애) : 살아 있는 한평생의 기간.

언덕 릉 — 夌

갑문	금문	소전

풀(屮)이나 **집**(六)처럼 높게, **버섯**(兲=圥)처럼 솟은 곳을 **발**(夊)로 오르는 데서 '**언덕**'을 뜻한다. 무거운 물건을 머리에 이고 '**언덕**'을 오르는 모습이라고도 한다.

53 / 3급Ⅱ	阜부 / 총11획	陵	언덕 릉	중국 陵 / 일본 陵	王陵(왕릉) 丘陵(구릉) 陵谷(능곡) 江陵(강릉)

요임금/높을 요 — 堯

갑문	금문	소전
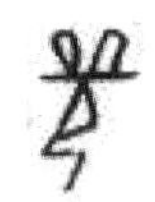	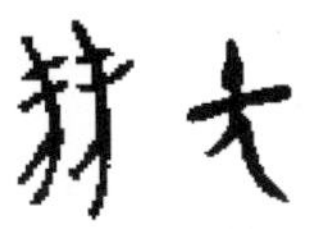	

흙(土)이 **높게**(垚:높을 요) **우뚝**(兀) 쌓인 언덕으로, 고문은 '**높은**' 언덕에 있는 사람을 뜻하나, 옛 임금 중에서 대표 성군(聖君)인 '**요임금**'을 뜻한다.

참고 垚(요)는 **흙**(土)을 높이 쌓은 모양에서 '**높음**'을 뜻한다.

54 / 3급	日부 / 총16획	曉	새벽 효	중국 晓 / 일본 暁	曉星(효성) 曉月(효월) 曉得(효득) 曉習(효습)
55 / 3급Ⅱ	火부 / 총16획	燒	사를 소	중국 烧 / 일본 焼	燒却(소각) 燒失(소실) 燒酒(소주) 燒火(소화)

목숨 수 — 壽

금문	소전

늙은 사람(耂)과 오래 보전된 **밭둑**(𠷎=𠲁:밭이랑 주)을 합하여 **오래** 산 '**목숨**'을 뜻한다.

파자 士乛工一口寸(사일공일구촌)이라 읽으면 쉽다. '壽'는 '주'나 '도'로 발음된다.

진흥 준3급 / 검정 3급

56 / 3급Ⅱ	士부 / 총14획	壽	목숨 수	중국 寿 / 일본 寿	壽命(수명) 長壽(장수) 白壽(백수) 壽福(수복)
57 / 3급Ⅱ	金부 / 총22획	鑄	쇠불릴 주:	중국 铸 / 일본 鋳	鑄物(주물) 鑄字(주자) 鑄貨(주화) 鑄造(주조)

쉬어가기

마음에 새겨 두면 좋을 명언

■ 道在爾而求諸遠 事在易而求諸難 (도재이이구제원 사재이이구제난) ＊爾 너/이것 이(1급)
도는 가까이 있는데 멀리서 구하려 하고, 일은 쉬운 데 있는데 어려운 것에서 구하려 한다. 『孟子』 離婁 上篇

■ 民之從事 常於幾成而敗之, 愼終如始 則無敗事 (민지종사 상어기성이패지, 신종여시 즉무패사)
사람들이 일하는 것은 항상 이루어지기 직전에 실패한다. 끝까지 처음과 같이 삼가면 실패하지 않을 것이다. 『老子』 제64장

■ 非無安居 我無安心也, 非無足財 我無足心也 (비무안거 아무안심야, 비무족재 아무족심야)
편안한 곳이 없는 것이 아니라 나에게 편안한 마음이 없는 것이며, 풍족한 재물이 없는 것이 아니라 나에게 만족할 마음이 없는 것이다. 『墨子』 親士篇

선비 사 士

갑문	금문	소전
		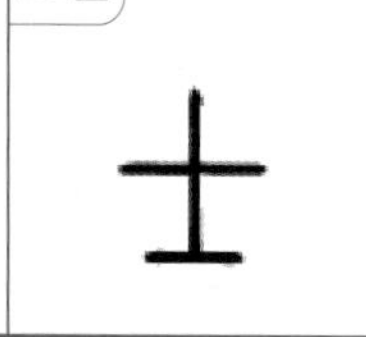

도끼 모양으로 **도끼**를 사용할 수 있는 '**무사**나 **군사**'를 뜻하며, 나이든 군사가 문부(文簿)를 담당하면서 '**선비**'라는 뜻이 파생되었다. **하나**(一)를 들으면 **열**(十)을 아는 **선비**라 하면, '사이비'.

진흥	검정	번호	급수	부수	총획	한자	훈음	중국	일본	용례
준5급	준5급	58	5급	士부	총3획	士	선비 사:	士	士	士兵(사병) 將士(장사) 講士(강사) 士大夫(사대부)
준4급	준4급	59	5급	人부	총5획	仕	벼슬/섬길 사(:)	仕	仕	仕官(사관) 出仕(출사) 仕進(사진) 奉仕活動(봉사활동)
준3급	5급	60	6급	示부	총8획	社	모일 사	社	社	社員(사원) 社長(사장) 社訓(사훈) 會社(회사)
준4급	준4급	61	5급	口부	총6획	吉	길할 길	吉	吉	 받침대 위에 도끼를 둔 전쟁 없는 평화로움에서 '길함'을 뜻함. 신주에 '길함'을 고하는 모양. / 吉凶(길흉)
준4급	준4급	62	5급	糸부	총12획	結	맺을 결	結	結	結果(결과) 結合(결합) 結婚(결혼) 結論(결론)

뜻 지 志

금문	소전

가려고(止=之=士)하는 **마음**(心), 즉 마음이 하고자 하는 '**뜻**'을 뜻한다. 한자에서 머리에 쓰이는 止와 之와 士는 옛글자 모양이 같다.

파자 **선비**(士)의 **마음**(心)속 '**뜻**'을 뜻한다.

진흥	검정	번호	급수	부수	총획	한자	훈음	중국	일본	용례
준4급	4급	63	4급Ⅱ	心부	총7획	志	뜻 지	志	志	志望(지망) 志願(지원) 志操(지조) 志向(지향)
3급		64	4급	言부	총14획	誌	기록할 지	志	誌	誌面(지면) 誌上(지상) 會誌(회지) 校誌(교지)

북방/천간 임 壬

갑문	금문	소전

'**양날도끼**' '**사람 배**' '**돌 침**' '**베틀 북**' 등 여러 설이 있으나 **실패**(工) 중앙에 불룩하게 감아 놓은 **실**(一)로도 본다. 壬은 천간으로 쓰여 '**북방**'을 뜻하지만 '불룩하다'의 의미가 있다.

진흥	검정	번호	급수	부수	총획	한자	훈음	중국	일본	용례
4급	준3급	65	3급Ⅱ	士부	총4획	壬	천간/북방 임:	壬	壬	壬年(임년) 壬人(임인: 간사하고 아첨 잘하는 소인)
준3급	준4급	66	5급	人부	총6획	任	맡길 임:	任	任	任命(임명) 任期(임기) 任務(임무) 任用(임용)
		67	3급Ⅱ	貝부	총13획	賃	품삯 임:	赁	賃	賃金(임금) 賃貸借(임대차) 無賃乘車(무임승차)
		68	3급Ⅱ	水부	총11획	淫	음란할 음	淫	淫	淫貪(음탐) 淫畫(음화) 姦淫(간음) 淫談(음담)

어구 풀이 ❶莊園(장원) : ① 중국의 과거 궁정·귀족·관료의 사유지. ② 유럽의 중세기 봉건 제도에서의 토지 소유의 한 형태.
❷祕藏(비장) : 남이 모르게 감추어 두거나 소중히 간직함.

드릴 정 呈

갑문	금문	소전

오뚝이 모양의 **둥글고**(○=口) 평평하게 **세운 그릇**(壬:줄기/우뚝할 정)으로 '**드러나다**'를 뜻하거나, **입**(口)으로 **드러나게**(壬) 확실히 설명하여 올림에서 '**드리다**' '**나타나다**'가 된다.

번호	부수	한자	훈	음	중국	일본	단어
69 / 4급Ⅱ	禾부 / 총12획	程	길	정	程	程	程度(정도) 工程(공정) 旅程(여정) 日程(일정)

줄기 정 壬

갑문	금문	소전

사람(人=ノ)이 우뚝 **땅**(土)에 서있는 모양으로, 壬(임)과는 다른 글자. 지금은 혼용하여 쓰이므로 음을 잘 구분하여, 壬(임)이면 받침에 '**ㅁ**'이 '壬(정)'이면 받침에 '**ㅇ**'이 쓰인다.

급수	번호	부수	한자	훈	음	중국	일본	단어
진흥 3급	70 / 3급Ⅱ	廴부 / 총7획	廷	조정	정	廷	廷	宮廷(궁정) 法廷(법정) 開廷(개정) 出廷(출정)
진흥 준4급 / 검정 준4급	71 / 6급	广부 / 총10획	庭	뜰	정	庭	庭	庭球(정구) 庭園(정원) 親庭(친정) 家庭教育(가정교육)
진흥 4급 / 검정 4급	72 / 4급Ⅱ	耳부 / 총13획	聖	성인	성:	圣	聖	聖父(성부) 聖堂(성당) 聖人(성인) 聖經(성경)

조각/널 장 爿

갑문	금문	소전
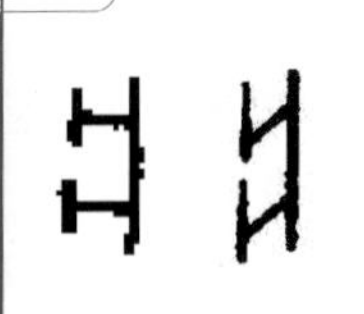	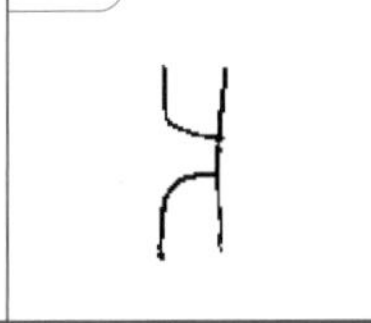	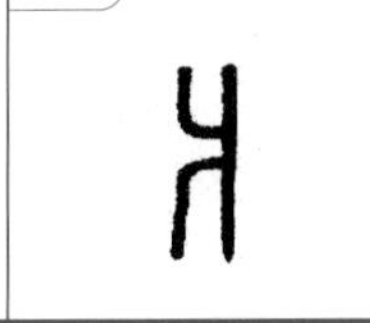

나무를 쪼개어 그 왼편을 나타낸 것으로 나무 '**조각**'을 나타낸다.

급수	번호	부수	한자	훈	음	중국	일본	단어
진흥 준3급 / 검정 준3급	73 / 4급	士부 / 총7획	壯	장할	장:	壮	壮	壯骨(장골) 壯士(장사) 壯元(장원) 壯談(장담)
	74 / 3급Ⅱ	艸부 / 총11획	莊	씩씩할	장	庄	荘	莊嚴(장엄) 莊重(장중) ❶莊園(장원) 別莊(별장)
진흥 3급	75 / 4급	衣부 / 총13획	裝	꾸밀	장	装	装	裝備(장비) 裝置(장치) 包裝(포장) 武裝(무장)
진흥 4급 / 검정 4급	76 / 4급Ⅱ	寸부 / 총11획	將	장수	장(:)	将	将	將軍(장군) 將帥(장수) 將兵(장병) 將來(장래)
진흥 3급	77 / 4급	大부 / 총14획	奬	장려할	장:	奖	奨	奬勵(장려) 奬學金(장학금) 奬學士(장학사)
	78 / 3급Ⅱ	艸부 / 총18획	藏	감출	장:	藏	蔵	藏守(장수) 藏置(장치) ❷秘藏(비장) 所藏(소장)
	79 / 3급Ⅱ	肉부 / 총22획	臟	오장	장	脏	臓	內臟(내장) 臟器移植(장기이식) 心臟(심장) 臟器(장기)
진흥 4급 / 검정 준3급	80 / 3급Ⅱ	片부 / 총4획	片	조각	편(:)	片	片	片紙(편지) 片道(편도) 一片丹心(일편단심)

02 확인학습

1 다음 漢字의 訓과 音을 쓰시오. (*는 3급·3급II 고유 한자입니다.)

(1) 佳 * (2) 街 (3) 桂 * (4) 封 *
(5) 涯 * (6) 掛 * (7) 陸 (8) 睦 *
(9) 熱 (10) 勢 (11) 藝 * (12) 陵 *
(13) 曉 * (14) 燒 * (15) 壽 * (16) 鑄 *
(17) 士 (18) 仕 (19) 社 (20) 吉
(21) 結 (22) 志 (23) 誌 (24) 壬 *
(25) 任 (26) 賃 * (27) 淫 * (28) 程
(29) 廷 * (30) 庭 (31) 聖 (32) 壯
(33) 莊 * (34) 裝 (35) 將 (36) 奬
(37) 藏 * (38) 臟 * (39) 片 *

2 다음 漢字語의 讀音을 쓰시오.

(1) 佳約 (2) 街道 (3) 桂林 (4) 密封
(5) 涯岸 (6) 掛圖 (7) 着陸 (8) 和睦
(9) 熱湯 (10) 强勢 (11) 書藝 (12) 丘陵
(13) 曉星 (14) 燒火 (15) 壽福 (16) 鑄物
(17) 講士 (18) 出仕 (19) 社員 (20) 吉凶
(21) 結論 (22) 志操 (23) 誌面 (24) 壬年

(25) 任務 ☐　(26) 賃金 ☐　(27) 姦淫 ☐　(28) 程度 ☐

(29) 法廷 ☐　(30) 親庭 ☐　(31) 聖經 ☐　(32) 壯元 ☐

(33) 別莊 ☐　(34) 裝備 ☐　(35) 將來 ☐　(36) 獎勵 ☐

(37) 藏置 ☐　(38) 內臟 ☐　(39) 片紙 ☐　(40) 江陵 ☐

(41) 陵谷 ☐　(42) 陸地 ☐　(43) 大陸 ☐　(44) 寧日 ☐

(45) 丁寧 ☐　(46) 迫力 ☐　(47) 短刀 ☐　(48) 將士 ☐

(49) 土質 ☐

3 다음 訓과 音을 지닌 漢字를 쓰시오. (*는 3급·3급Ⅱ 고유 한자입니다.)

(1) 감출 장 *　(2) 거리 가 ☐　(3) 걸 괘 *　(4) 계수나무 계 *

(5) 기록할 지 ☐　(6) 길 정 ☐　(7) 길할 길 ☐　(8) 꾸밀 장 ☐

(9) 더울 열 ☐　(10) 뜰 정 ☐　(11) 뜻 지 ☐　(12) 맡길 임 ☐

(13) 맺을 결 ☐　(14) 모일 사 ☐　(15) 목숨 수 *　(16) 물가 애 *

(17) 뭍 륙 ☐　(18) 벼슬 사 ☐　(19) 봉할 봉 *　(20) 천간 임 *

(21) 사를 소 *　(22) 새벽 효 *　(23) 선비 사 ☐　(24) 성인 성 ☐

(25) 쇠불릴 주 *　(26) 씩씩할 장 *　(27) 아름다울 가 *　(28) 언덕 릉 *

(29) 오장 장 *　(30) 음란할 음 *　(31) 장려할 장 ☐　(32) 장수 장 ☐

(33) 장할 장 ☐　(34) 재주 예 ☐　(35) 조각 편 *　(36) 조정 정 *

(37) 품삯 임 *　(38) 형세 세 ☐　(39) 화목할 목 *

03과 舌·半·牛·大·夫 모양을 가진 한자

혀 설 舌

갑문

금문

소전

뱀의 **혀**(Y), 또는 사람의 **혀**(千)와 **입**(口)으로, **말하거나** 음식을 먹어 **맛**을 구별함을 뜻한다.

참고 '舌(설)'은 대부분 **뿌리**(氏)가 **입**(口)을 막은 모양인 입 昏(:입 막을 괄)의 변형.

시험	번호/급수	부수/총획	한자	훈음	중국/일본	어휘
진흥 4급 / 검정 준3급	81 / 4급	舌부 / 총6획	舌	혀 설	중국 舌 / 일본 舌	口舌數(구설수) ❶舌端音(설단음) 毒舌(독설) 舌戰(설전)
진흥 5급 / 검정 5급	82 / 7급	水부 / 총9획	活	살 활	중국 活 / 일본 活	活力(활력) 快活(쾌활) 復活(부활) 活字(활자)
진흥 5급 / 검정 5급	83 / 7급	言부 / 총13획	話	말씀 화	중국 話 / 일본 話	話法(화법) 話題(화제) 對話(대화) 電話(전화)
진흥 4급 / 검정 준3급	84 / 4급Ⅱ	舌부 / 총8획	舍	집 사	중국 舍 / 일본 舎	舍廊(사랑) 舍宅(사택) 廳舍(청사) 寄宿舍(기숙사)
진흥 3급	85 / 3급	手부 / 총11획	捨	버릴 사:	중국 舍 / 일본 捨	捨身成道(사신성도) 取捨選擇(취사선택) ❷喜捨(희사)

부탁할 탁(책) 乇

갑문

금문

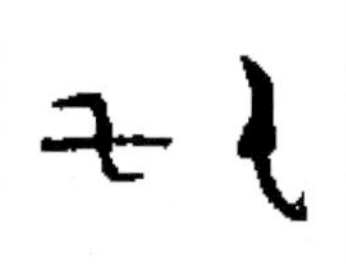

소전

늘어진 **줄기**(ノ)가 **땅**(一)을 뚫고 나온 **뿌리**(乚)에 '**의지하는**' 데서 '**부탁하다**'를 뜻한다.

시험	번호/급수	부수/총획	한자	훈음	중국/일본	어휘
진흥 준4급 / 검정 4급	86 / 5급	宀부 / 총6획	宅	집 택 / 집 댁	중국 宅 / 일본 宅	宅配(택배) 家宅(가택) 宅居(택거) 宅內(댁내)
	87 / 3급	手부 / 총6획	托	맡길 탁	중국 托 / 일본 托	依托(의탁) ❸托生(탁생) ❹托葉(탁엽) 無依無托(무의무탁)

반 반 半

금문

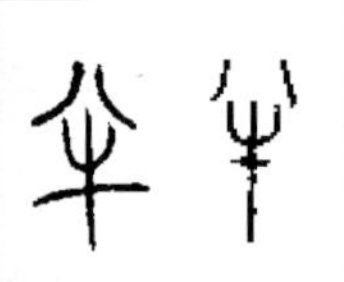

소전

반으로 **나눈**(八) **소**(牛=扌)에서 '**반쪽**' '**반**' '**중간**'을 뜻한다.

시험	번호/급수	부수/총획	한자	훈음	중국/일본	어휘
진흥 5급 / 검정 5급	88 / 6급	十부 / 총5획	半	반 반:	중국 半 / 일본 半	半島(반도) 半導體(반도체) 半信半疑(반신반의)
	89 / 3급	人부 / 총7획	伴	짝 반:	중국 伴 / 일본 伴	同伴(동반) 伴走(반주) 伴奏者(반주자) ❺隨伴(수반)
진흥 4급 / 검정 준3급	90 / 4급	刀부 / 총7획	判	판단할 판	중국 判 / 일본 判	判事(판사) 判決(판결) 判定勝(판정승) 判讀(판독)

어구 풀이

❶舌端音(설단음) : 혀끝소리.
❷喜捨(희사) : 어떤 목적을 위하여 기꺼이 돈이나 물건을 내놓음.
❸托生(탁생) : ① 세상에 태어나서 살아감. ② 남에게 의지하며 살아감.
❹托葉(탁엽) : 잎자루 밑에 붙은 한 쌍의 작은 잎.
❺隨伴(수반) : ① 반려로서 붙어다님. ② 어떤 일과 더불어 생김.

午 낮 오

갑문	금문	소전

양끝이 둥글고 허리가 가는 모양인 해시계의 **절굿공이**(杵:공이 저)를 본뜬 글자로 '**낮**'을 뜻하며, 절구질하여 자주 부딪는 데서 '저촉(抵觸)' '**위배**(違背)' '**거스름**' 등의 뜻으로 쓰인다.

급수	번호 / 급	부수 / 획수	한자	훈	음	중국 / 일본	용례
진흥 준5급 / 검정 5급	91 / 7급	十부 / 총4획	午	낮	오:	중국 午 / 일본 午	午前(오전) 午後(오후) 正午(정오) 端午(단오)
진흥 준4급 / 검정 4급	92 / 5급	言부 / 총11획	許	허락할	허	중국 许 / 일본 許	許容(허용) 許可制(허가제) 特許廳(특허청) 許多(허다)
진흥 6급 / 검정 7급	93 / 8급	干부 / 총6획	年	해	년	중국 年 / 일본 年	 禾와 千의 합인 秊이 年의 본자임. 午와 관계 없음. / 年度(연도) 年初(연초)

牛 소 우

갑문	금문	소전
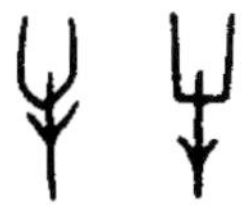		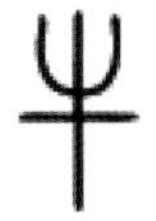

소뿔과 **귀** 등 **소머리의 특징**을 그려 '**소**'를 뜻한다. 소의 종류나 동작행위와 관계가 있다.

급수	번호 / 급	부수 / 획수	한자	훈	음	중국 / 일본	용례
진흥 준5급 / 검정 6급	94 / 5급	牛부 / 총4획	牛	소	우	중국 牛 / 일본 牛	牛乳(우유) 牛黃(우황) 牛耳讀經(우이독경) 牛步(우보)
진흥 준3급 / 검정 4급	95 / 5급	人부 / 총6획	件	물건	건	중국 件 / 일본 件	物件(물건) 事件(사건) 文件(문건) 人件費(인건비)
진흥 준3급 / 검정 4급	96 / 4급Ⅱ	牛부 / 총8획	牧	칠/기를	목	중국 牧 / 일본 牧	牧童(목동) 牧場(목장) 牧畜(목축) 牧者(목자)
	97 / 3급	牛부 / 총11획	牽	이끌/끌	견	중국 牵 / 일본 牽	牽牛(견우) 牽引車(견인차) ❻牽强附會(견강부회)
	98 / 3급	辵부 / 총16획	遲	더딜/늦을	지	중국 迟 / 일본 遅	遲刻(지각) 遲進兒(지진아) 遲遲不進(지지부진)

告 고할 고

갑문	금문	소전
	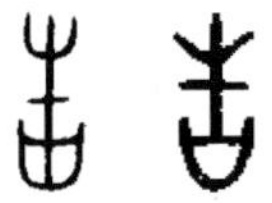	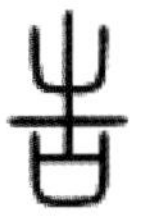

소(牛)가 **울어**(口) '**알림**', **소머리**(牛)를 **제단**(口)에 올려 신에게 '**고함**', **소머리**(牛)를 걸어 **함정**(口)을 알림 등과 같이 여러 설이 있다. '**알리다**' '**고하다**'가 본뜻으로 쓰인다.

급수	번호 / 급	부수 / 획수	한자	훈	음	중국 / 일본	용례
진흥 준4급 / 검정 준4급	99 / 5급	口부 / 총7획	告	고할 / 청할	고: / 곡	중국 告 / 일본 告	告白(고백) 告訴(고소) 告發(고발) 告解聖事(고해성사)
	100 / 3급Ⅱ	水부 / 총10획	浩	넓을	호:	중국 浩 / 일본 浩	浩氣(호기) ❼浩歎(호탄) 浩然之氣(호연지기) 浩浩(호호)
진흥 4급 / 검정 준3급	101 / 4급Ⅱ	辵부 / 총11획	造	지을	조:	중국 造 / 일본 造	造景(조경) 造成(조성) 造花(조화) 造形(조형)

어구 풀이
❻牽强附會(견강부회) : 이치에 맞지 않는 말을 억지로 끌어 붙여 자기에게 유리하게 함.
❼浩歎(호탄) : 크게 탄식함.

일찍 죽을 요 夭

갑문	금문	소전
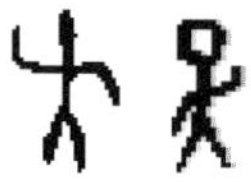		

몸이 굽어 있는 모양으로 달리는 사람, 춤추는 사람 등으로 보며, 몸이 기울어 있는 모양에서 **'변화'**를 뜻하여 **'일찍 죽다'** **'꺾이다'** **'굽다'** 등으로 쓰인다.

시험 급수	번호	급수	부수	획수	한자	훈음	중국	일본	용례
진흥 4급 / 검정 준3급	102	4급Ⅱ	竹부	총10획	笑	웃음 소:	笑	笑	微笑(미소) 談笑(담소) 笑門萬福來(소문만복래)
	103	3급	水부	총11획	添	더할 첨	添	添	添附(첨부) 添加物(첨가물) 添削指導(첨삭지도)

높을 고 高

갑문	금문	소전
	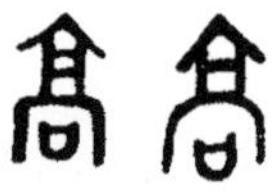	

누대 위 **'높은'** 집으로, **지붕**(亠), **구조물**(口), **누대**(冂), **출입구**(口)나 창고의 구조인 망루에서 누대 위의 **'높은'**집을 뜻한다.

시험 급수	번호	급수	부수	획수	한자	훈음	중국	일본	용례
진흥 5급 / 검정 5급	104	6급	高부	총10획	高	높을 고	高	高	高空(고공) 高價(고가) 高等(고등) 高血壓(고혈압)
진흥 3급	105	3급Ⅱ	禾부	총15획	稿	원고/볏짚 고	稿	稿	稿料(고료) 投稿(투고) 原稿(원고) 稿葬(고장)
	106	3급	毛부	총11획	毫	터럭 호	毫	毫	秋毫(추호) 毫末(호말) 揮毫(휘호) 毫端(호단)
	107	3급Ⅱ	豕부	총14획	豪	호걸 호	豪	豪	豪傑(호걸) 豪放(호방) 豪華(호화) 豪言(호언)

높을 교 喬

갑문	금문	소전

굽어진(夭) 장식물이 있는 **높은**(高=高) 건축물에서 **'높다'**로 쓰인다.

시험 급수	번호	급수	부수	획수	한자	훈음	중국	일본	용례
진흥 준4급 / 검정 4급	108	5급	木부	총16획	橋	다리 교	桥	橋	橋梁(교량) 鐵橋(철교) 橋脚(교각) 漢江大橋(한강대교)
	109	3급	矢부	총17획	矯	바로잡을 교:	矫	矯	矯正(교정) 矯導所(교도소) 矯角殺牛(교각살우)

큰 대 大

갑문	금문	소전

양팔(一)을 벌린 **우뚝 선 사람**(人)에서 **'크다'**를 뜻한다. 점점 커진 사람인 **어른**이란 뜻도 있다.

시험 급수	번호	급수	부수	획수	한자	훈음	중국	일본	용례
진흥 준5급 / 검정 7급	110	8급	大부	총3획	大	큰 대(:)	大	大	大小(대소) 大將(대장) 大賞(대상) 大同小異(대동소이)

111 / 3급	小부 총6획	尖	뾰족할 첨	중국 尖 / 일본 尖	尖塔(첨탑) 尖端(첨단) 尖銳化(첨예화) 尖兵(첨병)
112 / 3급	大부 총8획	奈	어찌 내 / 나락 나	중국 奈 / 일본 奈	奈何(내하: 어떻게) 莫無可奈(막무가내) 奈落(나락)

클 태 太

갑문

금문

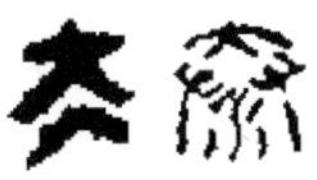

소전

大(대)를 거듭 **겹쳐**(二 → 丶) 크고도 **'큼'**을 나타낸다.

참고 太는 '泰'의 고문(古文)임.

파자 **큰**(大)것은 남고 작은 **점**(丶)은 아래로 빠지는 데서 **'크다'**를 뜻한다.

진흥 5급 / 검정 5급	113 / 6급	大부 총4획	太	클/처음 태	중국 太 / 일본 太	太初(태초) 太陽(태양) 太白山(태백산) 太平洋(태평양)

하늘 천 天

갑문

금문

소전

사람(大)의 **머리**(口=一) 부분을 크게 그린 상형으로 머리꼭대기에서 **'하늘'**의 뜻이 되었다.

참고 **하늘**(一)이 **사람**(大) 위에 있음.

진흥 7급 / 검정 6급	114 / 7급	大부 총4획	天	하늘 천	중국 天 / 일본 天	天堂(천당) 天命(천명) 天氣(천기) 天高馬肥(천고마비)
진흥 준4급 / 검정 4급	115 / 4급Ⅱ	辵부 총10획	送	보낼 송:	중국 送 / 일본 送	送金(송금) 送年(송년) 送別(송별) 送舊迎新(송구영신)

어른 장 丈

금문

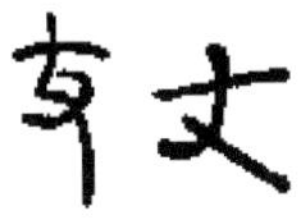

소전

지팡이나 十자 모양의 자를 **손**(又=乀)으로 잡은 모양으로, 지팡이 정도의 **'길이'**나 지팡이를 짚은 사람 즉 **'어른' '어르신'**을 나타낸다.

진흥 3급	116 / 3급Ⅱ	一부 총3획	丈	어른 장:	중국 丈 / 일본 丈	丈人(장인) 大丈夫(대장부) 春府丈(춘부장) 丈尺(장척)

지아비 부 夫

갑문

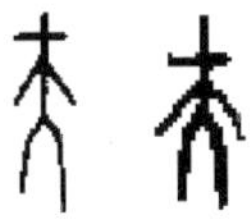

금문

소전

비녀 같은 **동곳**(一)을 꽂은 **성인**(大)의 머리 모양으로, 다 자란 성인 남자에서 **'사내' '지아비' '대장부'**를 뜻한다.

진흥 6급 / 검정 준5급	117 / 7급	大부 총4획	夫	지아비/사내 부	중국 夫 / 일본 夫	丈夫(장부) 夫婦(부부) 士大夫(사대부) 令夫人(영부인)
진흥 준3급 / 검정 3급	118 / 3급Ⅱ	手부 총7획	扶	도울 부	중국 扶 / 일본 扶	扶養(부양) 扶助(부조) 相扶相助(상부상조) 扶起(부기)
	119 / 3급	日부 총12획	替	바꿀 체	중국 替 / 일본 替	移替(이체) 交替(교체) 代替(대체) 立替(입체)

03 확인학습

1 다음 漢字의 訓과 音을 쓰시오. (＊는 3급·3급Ⅱ 고유 한자입니다.)

(1) 舌 (2) 活 ＊ (3) 話 (4) 舍
(5) 捨 ＊ (6) 宅 (7) 托 ＊ (8) 半
(9) 伴 ＊ (10) 判 (11) 午 (12) 許
(13) 年 (14) 牛 (15) 件 (16) 牧
(17) 牽 ＊ (18) 遲 ＊ (19) 告 (20) 浩 ＊
(21) 造 (22) 笑 (23) 添 ＊ (24) 高
(25) 稿 ＊ (26) 毫 ＊ (27) 豪 ＊ (28) 橋
(29) 矯 ＊ (30) 大 (31) 尖 ＊ (32) 奈 ＊
(33) 太 (34) 天 (35) 送 (36) 丈 ＊
(37) 夫 (38) 扶 ＊ (39) 替 ＊

2 다음 漢字語의 讀音을 쓰시오.

(1) 舌戰 (2) 復活 (3) 對話 (4) 舍廊
(5) 取捨 (6) 家宅 (7) 托生 (8) 半島
(9) 同伴 (10) 判決 (11) 端午 (12) 許多
(13) 年初 (14) 牛乳 (15) 物件 (16) 牧場
(17) 造景 (18) 遲刻 (19) 告發 (20) 浩歎
(21) 造景 (22) 談笑 (23) 添附 (24) 高價
(25) 投稿 (26) 揮毫 (27) 豪傑 (28) 鐵橋

(29) 矯正 ☐	(30) 大賞 ☐	(31) 尖端 ☐	(32) 奈落 ☐
(33) 太初 ☐	(34) 天氣 ☐	(35) 送別 ☐	(36) 丈尺 ☐
(37) 夫婦 ☐	(38) 扶助 ☐	(39) 立替 ☐	(40) 舍宅 ☐
(41) 宅內 ☐	(42) 奈何 ☐	(43) 大將 ☐	(44) 太陽 ☐
(45) 犬馬 ☐	(46) 丈人 ☐	(47) 午後 ☐	(48) 牛黃 ☐
(49) 告白 ☐	(50) 吉日 ☐		

3 다음 訓과 音을 지닌 漢字를 쓰시오. (*는 3급·3급Ⅱ 고유 한자입니다.)

(1) 고할 고 ☐	(2) 칠 목 ☐	(3) 낮 오 ☐	(4) 넓을 호 ☐*
(5) 높을 고 ☐	(6) 다리 교 ☐	(7) 더딜 지 ☐*	(8) 더할 첨 ☐*
(9) 도울 부 ☐*	(10) 말씀 화 ☐	(11) 맡길 탁 ☐*	(12) 물건 건 ☐
(13) 바꿀 체 ☐*	(14) 바로잡을 교 ☐*	(15) 반 반 ☐	(16) 버릴 사 ☐*
(17) 보낼 송 ☐	(18) 뾰족할 첨 ☐*	(19) 살 활 ☐	(20) 소 우 ☐
(21) 어른 장 ☐*	(22) 어찌 내 ☐*	(23) 웃음 소 ☐	(24) 원고 고 ☐*
(25) 이끌 견 ☐*	(26) 지아비 부 ☐	(27) 지을 조 ☐	(28) 집 사 ☐
(29) 집 택 ☐	(30) 짝 반 ☐*	(31) 큰 대 ☐	(32) 클 태 ☐
(33) 터럭 호 ☐*	(34) 판단할 판 ☐	(35) 하늘 천 ☐	(36) 해 년 ☐
(37) 허락할 허 ☐	(38) 혀 설 ☐	(39) 호걸 호 ☐*	

04과 失·矢·未·木·來 모양을 가진 한자

잃을 실 失

금문

소전

손(手)에서 물건이 **빠지는 모양**(乀)에서 **'잃어버림'**을 뜻한다.

파자 몸에 지닌 물건이 **삐져**(丿)나와 잃어버린 **사내**(夫)에서 **'잃음'**을 뜻한다.

진흥/검정	번호	급수	부수/획수	한자	훈	음	중국	일본	용례
진흥 5급 / 검정 준4급	120	6급	大부 총5획	失	잃을	실	失	失	失望(실망) 失格(실격) 失手(실수) 失點(실점)
진흥 3급	121	3급Ⅱ	禾부 총10획	秩	차례	질	秩	秩	秩序(질서) ❶秩高(질고) 無秩序(무질서) 品秩(품질)

화살 시 矢

갑문
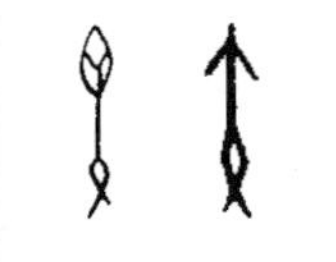

금문

소전

화살의 모양을 나타낸다. 참고로 矢는 나무화살, 箭은 대나무 화살이나 지금은 혼용한다.

진흥/검정	번호	급수	부수/획수	한자	훈	음	중국	일본	용례
	122	3급	矢부 총5획	矢	화살	시:	矢	矢	弓矢(궁시) ❷矢言(시언) 流矢(유시) 矢石(시석)
	123	3급Ⅱ	疒부 총10획	疾	병	질	疾	疾	疾病(질병) ❸疾視(질시) 疾風(질풍) 疾患(질환)
진흥 준4급 / 검정 준4급	124	5급	矢부 총8획	知	알	지	知	知	知識(지식) 知能(지능) 知性(지성) 知行合一(지행합일)
진흥 준3급 / 검정 3급	125	4급	日부 총12획	智	지혜/슬기	지	智	知/智	智慧(지혜) 智德(지덕) 奇智(기지) ❹智謀(지모)
진흥 5급 / 검정 5급	126	6급	矢부 총12획	短	짧을	단:	短	短	短點(단점) 短命(단명) 短髮(단발) 短篇(단편)
진흥 준3급 / 검정 3급	127	3급	矢부 총7획	矣	어조사	의	矣	矣	❺萬事休矣(만사휴의) 汝矣島(여의도) 矣乎(의호: 감탄사)

제후 후 侯

갑문

금문

소전

사람(⺈) 중에 **과녁**(厂)에 **화살**(矢)을 잘 쏘는 **'제후**(医)'로, **제후인 사람**(亻)에서 侯로 변했다.

파자 **사람**(亻) 중에 'ㄱ'자 과녁에 **한**(一)번에 **화살**(矢)을 명중시키는 **'제후'**를 뜻한다.

진흥/검정	번호	급수	부수/획수	한자	훈	음	중국	일본	용례
	128	3급	人부 총9획	侯	제후/임금	후	侯	侯	諸侯(제후) 王侯(왕후) ❻土侯國(토후국) 侯爵(후작)
진흥 준3급 / 검정 준3급	129	4급	人부 총10획	候	기후/기다릴	후	候	候	氣候(기후) 候補(후보) ❼斥候(척후) 候鳥(후조)

어구 풀이

❶秩高(질고) : 벼슬이나 녹봉이 높음.
❷矢言(시언) : 굳게 맹세한 말.
❸疾視(질시) : 밉게 봄.
❹智謀(지모) : 슬기로운 꾀.

붉을 주 朱

갑문	금문	소전

나무(木)의 **중간 '기둥'** 부분을 가리키는 지사(指事)자. **'자른'** 나무 기둥의 속이 붉은 데서 **'붉다'**의 뜻이 나왔다. 또는 **'붉은'** 구슬을 양쪽으로 묶은 모양으로도 본다.

시험 급수	번호/급수	부수/획수	한자	훈음	중국/일본	어휘
진흥 4급 검정 준3급	130 4급	木부 총6획	朱	붉을 주	중국 朱 일본 朱	印朱(인주) 朱紅(주홍) 朱丹(주단) [8]朱子學(주자학)
진흥 3급	131 3급II	木부 총10획	株	그루 주	중국 株 일본 株	株式(주식) 株主(주주) 株券(주권) 守株待兎(수주대토)
	132 3급II	玉부 총10획	珠	구슬 주	중국 珠 일본 珠	珠玉(주옥) 念珠(염주) 珠算(주산) [9]如意珠(여의주)
	133 3급II	歹부 총10획	殊	다를 수	중국 殊 일본 殊	殊常(수상) [10]殊恩(수은) 特殊性(특수성) 殊功(수공)

실과 과 果

갑문	금문	소전
	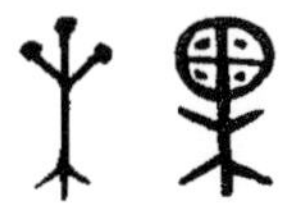	

과일(田)이 열린 **나무**(木) 모양으로, **'실과' '과일' '결과'**를 나타낸다.
파자 **밭**(田)에 심어 가꾸는 **나무**(木)열매에서 **'실과'**를 뜻한다.

시험 급수	번호/급수	부수/획수	한자	훈음	중국/일본	어휘
진흥 5급 검정 준4급	134 6급	木부 총8획	果	실과 과:	중국 果 일본 果	果實(과실) 果樹(과수) 結果(결과) 成果(성과)
진흥 5급 검정 준4급	135 5급	言부 총15획	課	과정/공부할 과	중국 课 일본 課	課題(과제) 課外授業(과외수업) 課稅(과세) 課程(과정)

아닐 미 未

갑문	금문	소전
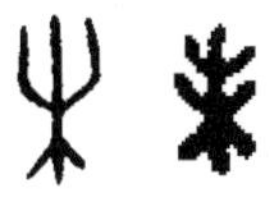		

무성한 **한**(一) 가지를 더해 **나무**(木)가 **무성함**을 뜻하며, 나무가 다 크지 **'아니함'** 또는 아직 낙엽이 지지 **'아니함'**을 뜻한다.

시험 급수	번호/급수	부수/획수	한자	훈음	중국/일본	어휘
진흥 준4급 검정 4급	136 4급II	木부 총5획	未	아닐 미(:)	중국 未 일본 未	未來(미래) 未定(미정) 未成年(미성년) 未安(미안)
진흥 준4급 검정 4급	137 4급II	口부 총8획	味	맛 미	중국 味 일본 味	妙味(묘미) 吟味(음미) 趣味(취미) 山海珍味(산해진미)
진흥 준4급 검정 4급	138 4급	女부 총8획	妹	누이 매	중국 妹 일본 妹	妹兄(매형) 男妹(남매) 姉妹(자매) 妹夫(매부)

어구 풀이

[5]萬事休矣(만사휴의) : 모든 것이 헛수고로 돌아감을 이르는 말.
[6]土侯國(토후국) : ① 인도에서 영국령에는 속하지 아니하면서 영국의 지도와 감독 아래 현지인 전제 군주가 통치하던 나라.
② 아시아, 특히 아랍 지역에서 중앙 집권적 국가 행정에서 독립하여 부족장이 통치하던 나라.
[7]斥候(척후) : 적의 형편이나 지형 따위를 정찰하고 탐색함.
[8]朱子學(주자학) : 주자가 집대성한 '성리학'을 달리 이르는 말.
[9]如意珠(여의주) : 용의 턱 아래에 있는 영묘한 구슬. 이것을 얻으면 뜻하는 것을 만들어 낼 수 있다고 함.
[10]殊恩(수은) : 특별한 은혜.

끝 말	금문	소전	
末			긴 가지 **하나**(一)를 **나무**(木) 위에 더한 **'나무 끝'**으로, 사물의 **'끝'**이나 일의 **'끝'**을 뜻한다.

진흥 준5급 / 검정 준5급	139 / 5급	木부 / 총5획	末	끝 말	중국 末 / 일본 末	末年(말년) 末端(말단) 末世(말세) 末日(말일)

나무 목	갑문	금문	소전	
木				나무의 가지와 뿌리를 나타낸 글자, **초목(草木)의 종류**나 **나무**로 만든 도구를 나타낸다.

진흥 8급 / 검정 8급	140 / 8급	木부 / 총4획	木	나무 목	중국 木 / 일본 木	木手(목수) 木馬(목마) 木劍(목검) 木板(목판)
진흥 준5급 / 검정 준5급	141 / 6급	木부 / 총5획	本	근본 본	중국 本 / 일본 本	本質(본질) 本性(본성) 本論(본론) 本國(본국)
진흥 5급 / 검정 준4급	142 / 6급	木부 / 총7획	李	오얏 리:	중국 李 / 일본 李	(姓) 李花(이화) ❶李下不整冠(이하부정관) ＊季(계절 계)
진흥 준3급 / 검정 3급	143 / 4급Ⅱ	广부 / 총7획	床	상 상	중국 床 / 일본 床	冊床(책상) 酒案床(주안상) 飯床(반상) 起床(기상)
진흥 준5급 / 검정 6급	144 / 7급	木부 / 총8획	林	수풀 림	중국 林 / 일본 林	林野(임야) 樹林(수림) 密林(밀림) 林産物(임산물)
	145 / 3급Ⅱ	木부 / 총12획	森	수풀 삼	중국 森 / 일본 森	森林(삼림) 森嚴(삼엄) 森羅萬象(삼라만상) 森列(삼렬)
진흥 4급 / 검정 준3급	146 / 4급Ⅱ	示부 / 총13획	禁	금할 금:	중국 禁 / 일본 禁	귀신〔示〕을 모시는 울창한 숲〔林〕에서 '꺼리다' '금하다'의 뜻이 됨. 禁止(금지) 禁煙(금연)
진흥 3급	147 / 3급Ⅱ	艸부 / 총10획	茶	차 다 / 차 차	중국 茶 / 일본 茶	茶道(다도) 茶房(다방) 茶飯事(다반사) 綠茶(녹차)
진흥 준4급 / 검정 4급	148 / 4급Ⅱ	木부 / 총13획	極	극진할/다할 극	중국 极 / 일본 極	極端(극단) 極盡(극진) 極東(극동) 極樂往生(극락왕생)

서로 상	갑문	금문	소전	
相				**나무**(木)를 **눈**(目)으로 살펴보거나, 나무의 생장을 보살피는 데서 **'서로'** **'돕다'**로 쓰인다.

진흥 준4급 / 검정 준4급	149 / 5급	目부 / 총9획	相	서로 상	중국 相 / 일본 相	相生(상생) 相談(상담) 相對(상대) 相扶相助(상부상조)
진흥 4급 / 검정 준3급	150 / 4급Ⅱ	心부 / 총13획	想	생각 상:	중국 想 / 일본 想	想像(상상) 想念(상념) 豫想(예상) 回想(회상)

진흥 준3급 / 검정 3급	151 / 3급Ⅱ	雨부 / 총17획	霜	서리 상	중국 霜 / 일본 霜	秋霜(추상) 霜降(상강) 霜信(상신) 雪上加霜(설상가상)

깊을 심(탐) 罙 — 갑문 / 금문 / 소전

동굴(穴=⺲) '**깊이**' **나무**(木) 횃불을 들고 들어감을 뜻한다.
※ 突은 古字(고자).

진흥 준3급 / 검정 3급	152 / 4급Ⅱ	水부 / 총11획	深	깊을 심(:)	중국 深 / 일본 深	深夜(심야) 深刻(심각) 深海(심해) 深山幽谷(심산유곡)
진흥 4급 / 검정 준3급	153 / 4급	手부 / 총11획	探	찾을 탐	중국 探 / 일본 探	探究(탐구) 探査(탐사) 探險(탐험) 探問(탐문)

옻 칠 桼 — 금문 / 소전

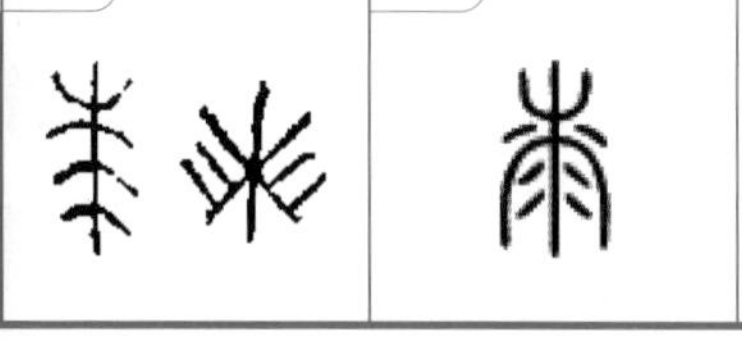

나무(木)를 **갈라**(八=人) 나오는 **수액**(氺)으로, 물건에 칠하는 '**옻**'을 뜻한다.

	154 / 3급Ⅱ	水부 / 총14획	漆	옻/검을 칠	중국 漆 / 일본 漆	漆板(칠판) 漆器(칠기) 漆黑(칠흑) 金漆(금칠)

보리 맥 麥 — 갑문 / 금문 / 소전

본래 '**밀**'을 뜻하던 **來**(래)가 '**오다**'로 쓰이자 **뿌리 모양**(夊)을 더해 '**보리**'를 뜻했다.

진흥 준3급 / 검정 3급	155 / 3급Ⅱ	麥부 / 총11획	麥	보리 맥	중국 麦 / 일본 麦	麥酒(맥주) 小麥(소맥) 麥芽(맥아) 麥秀之歎(맥수지탄)
진흥 준5급 / 검정 5급	156 / 7급	人부 / 총8획	來	올 래(:)	중국 来 / 일본 来	來日(내일) 未來(미래) 來賓(내빈) 來年(내년)

아낄 색 嗇 — 갑문 / 금문 / 소전

곡식(來=土+从)을 '**거두어**' **창고**(㐭=回)에 잘 구분하여 **저장**하여 '**아낌**'을 뜻한다.
파자 **亠**(土) 속에 사는 **사람들**(从)이 곡식이 귀하여 **돌려가며**(回) 지킴에서 '**아낌**'을 뜻한다.

	157 / 3급	土부 / 총16획	墻	담 장	중국 墙 / 일본 墻	越墻(월장) 面墻(면장) ❷路柳墻花(노류장화) 同 牆(장)

어구 풀이

❶李下不整冠(이하부정관) : 자두나무 밑에서 갓을 고쳐 쓰면 도둑으로 오인되기 쉬우니 자두나무 밑에서 갓을 고쳐 쓰지 말라는 뜻으로, 남에게 의심 살 만한 일은 피하는 것이 좋다는 말.

❷路柳墻花(노류장화) : 아무나 쉽게 꺾을 수 있는 길가의 버들과 담 밑의 꽃이라는 뜻으로, 창녀나 기생을 비유적으로 이르는 말.

1 다음 漢字의 訓과 音을 쓰시오. (＊는 3급·3급Ⅱ 고유 한자입니다.)

(1) 失 ☐   (2) 秩 ＊☐   (3) 矢 ＊☐   (4) 疾 ＊☐

(5) 知 ☐   (6) 智 ☐   (7) 短 ☐   (8) 矣 ＊☐

(9) 侯 ＊☐   (10) 候 ☐   (11) 朱 ☐   (12) 株 ＊☐

(13) 珠 ＊☐   (14) 殊 ＊☐   (15) 果 ☐   (16) 課 ☐

(17) 未 ☐   (18) 味 ☐   (19) 妹 ☐   (20) 末 ☐

(21) 木 ☐   (22) 本 ☐   (23) 李 ☐   (24) 床 ☐

(25) 林 ☐   (26) 森 ＊☐   (27) 禁 ☐   (28) 茶 ＊☐

(29) 極 ☐   (30) 相 ☐   (31) 想 ☐   (32) 霜 ＊☐

(33) 深 ☐   (34) 探 ☐   (35) 漆 ＊☐   (36) 麥 ＊☐

(37) 來 ☐   (38) 墻 ＊☐

2 다음 漢字語의 讀音을 쓰시오.

(1) 失格 ☐   (2) 秩序 ☐   (3) 弓矢 ☐   (4) 疾患 ☐

(5) 知識 ☐   (6) 智慧 ☐   (7) 短命 ☐   (8) 矣乎 ☐

(9) 諸侯 ☐   (10) 氣候 ☐   (11) 朱紅 ☐   (12) 株式 ☐

(13) 珠玉 ☐   (14) 殊恩 ☐   (15) 結果 ☐   (16) 課題 ☐

(17) 未來 ☐   (18) 趣味 ☐   (19) 姊妹 ☐   (20) 末端 ☐

(21) 木板 ☐   (22) 本質 ☐   (23) 李花 ☐   (24) 冊床 ☐

(25) 密林 ☐   (26) 森林 ☐   (27) 禁止 ☐   (28) 茶道 ☐

(29) 極端 　 (30) 相對 　 (31) 想像 　 (32) 秋霜

(33) 深海 　 (34) 探査 　 (35) 漆黑 　 (36) 麥酒

(37) 來賓 　 (38) 面墻 　 (39) 綠茶 　 (40) 茶房

(41) 來日 　 (42) 將來 　 (43) 木劍 　 (44) 末世

(45) 未安 　 (46) 朱丹 　 (47) 失手 　 (48) 矢石

(49) 夫婦 　 (50) 天堂

3 다음 訓과 音을 지닌 漢字를 쓰시오. (*는 3급·3급II 고유 한자입니다.)

(1) 과정 과 　 (2) 구슬 주 * 　 (3) 그루 주 * 　 (4) 극진할 극

(5) 근본 본 　 (6) 금할 금 　 (7) 기후 후 　 (8) 깊을 심

(9) 끝 말 　 (10) 나무 목 　 (11) 누이 매 　 (12) 다를 수 *

(13) 담 장 * 　 (14) 맛 미 　 (15) 병 질 * 　 (16) 보리 맥 *

(17) 붉을 주 　 (18) 상 상 　 (19) 생각 상 　 (20) 서로 상

(21) 서리 상 * 　 (22) 수풀 림 　 (23) 수풀 삼 * 　 (24) 실과 과

(25) 아닐 미 　 (26) 알 지 　 (27) 어조사 의 * 　 (28) 오얏 리

(29) 올 래 　 (30) 옻 칠 * 　 (31) 잃을 실 　 (32) 제후 후 *

(33) 지혜 지 　 (34) 짧을 단 　 (35) 차 다 * 　 (36) 차례 질 *

(37) 찾을 탐 　 (38) 화살 시 *

05과 束·車·豕·亥·尸 모양을 가진 한자

묶을 속 束

갑문

금문

소전
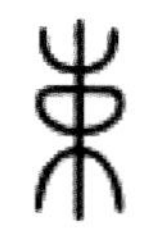

나무(木)를 다발로 모아 **둥글게**(O＝口) 묶은 데서 '**묶다**'가 뜻이 된다.

진흥 준3급 / 검정 4급	158 / 5급	木부 / 총7획	束	묶을 속	중국 束 / 일본 束	約束(약속) 結束(결속) 拘束(구속) 束手無策(속수무책)
진흥 5급 / 검정 준4급	159 / 6급	辵부 / 총11획	速	빠를 속	중국 速 / 일본 速	速度(속도) 速步(속보) 速成(속성) 速戰速決(속전속결)
	160 / 3급Ⅱ	貝부 / 총16획	賴	의뢰할 뢰	중국 赖 / 일본 頼	依賴(의뢰) 信賴(신뢰) ❶無賴漢(무뢰한) 賴天(뇌천)

가시 자(차) 朿

갑문
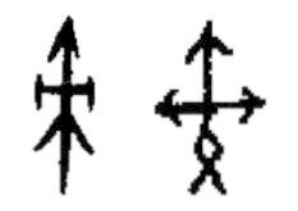
금문

소전

나무(木)에 **가시**(冖)가 있는 모양에서 '**가시**'를 뜻한다.

	161 / 3급Ⅱ	刀부 / 총8획	刺	찌를 자: / 찌를 척	중국 刺 / 일본 刺	刺客(자객) 亂刺(난자) 刺字(자자) 刺殺(척살)
진흥 3급	162 / 3급Ⅱ	竹부 / 총12획	策	꾀 책	중국 策 / 일본 策	❷策動(책동) 術策(술책) 對策(대책) 政策(정책)

동녘 동 東

갑문
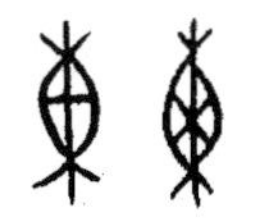
금문
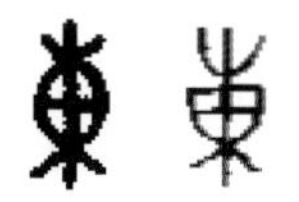
소전

양끝을 **묶어놓은**(米) **자루 모양**(ф·⊖)으로 음이 같아 '**동쪽**'을 나타낸다. **나무**(木)에 **해**(日)가 떠오르다 걸려 있는 모습으로 **동쪽**을 뜻한다고 한 것은, 소전만 보고 잘못 말한 것이다.

진흥 6급 / 검정 8급	163 / 8급	木부 / 총8획	東	동녘 동	중국 东 / 일본 東	東海(동해) 東洋(동양) 東方(동방) 東醫寶鑑(동의보감)
	164 / 3급	冫부 / 총10획	凍	얼 동:	중국 冻 / 일본 凍	凍傷(동상) 凍死(동사) 冷凍(냉동) 凍土(동토)
진흥 3급	165 / 3급Ⅱ	阜부 / 총11획	陳	베풀/묵을 진(:)	중국 陈 / 일본 陳	陳述(진술) 陳列(진열) 陳情書(진정서) ＊陣(진칠 진)

가릴 간 柬

금문

소전

묶여 있는(束) 물건을 **나누어**(八) 구분하는 데서 '**가리다**'를 뜻한다.
※ 柬(간)자는 '**분별**' '**가림**'을 뜻한다.

진흥 4급 / 검정 4급	166 / 5급	糸부 / 총15획	練	익힐 련:	중국 练 / 일본 練	練習(연습) 訓練(훈련) 熟練工(숙련공) 洗練味(세련미)

	번호	급수	부수	획수	한자	훈음	중국	일본	용례
	167	3급Ⅱ	金부	총17획	鍊	단련할/쇠불릴 련:	炼	錬	鍊武(연무) 鍊磨(연마) 試鍊(시련) 鍊金術(연금술)
	168	3급Ⅱ	艸부	총21획	蘭	난초 란	兰	蘭	蘭草(난초) 蘭香(난향) 和蘭(화란) 金蘭之交(금란지교)
	169	3급Ⅱ	木부	총21획	欄	난간 란	栏	欄	欄干(난간) 空欄(공란) 懸欄(현란) 備考欄(비고란)

車 수레 거(차)

갑문

금문

소전
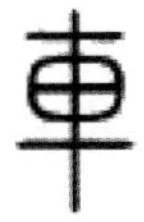

주로 전차(戰車)로 사용되던 **마차의 상형**으로, '**수레**' '**마차**' '**전차**(戰車)'를 뜻한다.

시험	번호	급수	부수	획수	한자	훈음	중국	일본	용례
진흥 준5급 검정 준5급	170	7급	車부	총7획	車	수레 거 수레 차	车	車	自轉車(자전거) 人力車(인력거) 洗車(세차) 車費(차비)
진흥 준3급 검정 준3급	171	4급	广부	총10획	庫	곳집 고	库	庫	倉庫(창고) 金庫(금고) 寶庫(보고) 冷藏庫(냉장고)
진흥 3급	172	4급	阜부	총10획	陣	진칠 진	阵	陣	陣營(진영) 敵陣(적진) 陣地(진지) 陣頭指揮(진두지휘)
진흥 4급 검정 준3급	173	4급Ⅱ	辵부	총11획	連	이을 련	连	連	連結(연결) 連續(연속) 連鎖(연쇄) 連戰連勝(연전연승)
진흥 3급	174	3급Ⅱ	艸부	총15획	蓮	연꽃 련	莲	蓮	蓮根(연근) 木蓮(목련) 蓮葉(연엽) 蓮花(연화)
	175	3급Ⅱ	車부	총11획	軟	연할 연:	软	軟	軟性(연성) 軟弱(연약) 軟骨(연골) 軟體動物(연체동물)

軍 군사 군

금문

소전

둘러싼(勹 또는 ㄅ=冖) **전차**(車) 옆의 **군대**, 또는 '**군사**'로 쓰인다. **전차**(車)를 타고 지휘하는 대장을 **둘러싼**(勹 또는 ㄅ=冖) '**군사**' '**군대**'로 보기도 한다.

시험	번호	급수	부수	획수	한자	훈음	중국	일본	용례
진흥 준5급 검정 5급	176	8급	車부	총9획	軍	군사 군	军	軍	軍士(군사) 軍人(군인) 軍隊(군대) 軍服(군복)
진흥 5급 검정 준4급	177	6급	辵부	총13획	運	옮길 운:	运	運	運動(운동) 運轉(운전) 運命(운명) 幸運(행운)
진흥 3급	178	4급	手부	총12획	揮	휘두를 휘	挥	揮	發揮(발휘) 揮發油(휘발유) ❸揮毫(휘호) 指揮(지휘)
	179	3급	車부	총15획	輝	빛날 휘	辉	輝	輝度(휘도) 輝石(휘석) 輝光(휘광) 明輝(명휘)

어구 풀이

❶無賴漢(무뢰한) : 성품이 막되어 예의와 염치를 모르며, 일정한 소속이나 직업이 없이 불량한 짓을 하며 돌아다니는 사람.
❷策動(책동) : ① 좋지 아니한 일을 몰래 꾸미어 시행함. ② 남을 부추기어 일정한 방향으로 행동하게 함.
❸揮毫(휘호) : 붓을 휘두른다는 뜻으로, 글씨를 쓰거나 그림을 그리는 것을 이르는 말.

돼지 시 豕

갑문 / 금문 / 소전

납작한 **머리**(一)에 **다리와 꼬리**(豕)를 강조하여 '**돼지**'를 뜻한다.

시험	번호	급수	부수	획수	한자	훈	음	중국	일본	용례
진흥 준5급 / 검정 5급	180	7급	宀부	총10획	家	집	가	家	家	家庭(가정) 家族(가족) 家訓(가훈) 家計簿(가계부)
진흥 3급	181	3급	豕부	총11획	豚	돼지	돈	豚	豚	豚舍(돈사) 養豚(양돈) 豚肉(돈육) 種豚(종돈)
	182	3급Ⅱ	艸부	총14획	蒙	어릴/몽고	몽	蒙	蒙	蒙恩(몽은) 童蒙先習(동몽선습) 啓蒙(계몽) 訓蒙(훈몽)
	183	3급	辵부	총11획	逐	쫓을	축	逐	逐	角逐(각축) 逐出(축출) 逐條(축조) 逐鬼(축귀)

뜻을따를 수 㒸

갑문 / 금문 / 소전

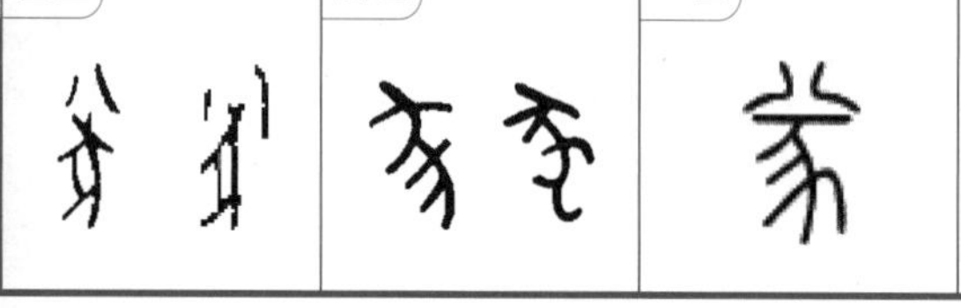

나누어(八) 쏜 화살이 뜻한 대로 **돼지**(豕)를 맞추어 '**뜻을 따름**'을 뜻하거나, **돼지**(豕)들이 **나누어진**(八) 길을 따라 목적지에 이르는 데서 '**뜻을 따름**'을 뜻한다.

시험	번호	급수	부수	획수	한자	훈	음	중국	일본	용례
	184	3급	辵부	총13획	遂	드디어/이룰	수	遂	遂	未遂(미수) 完遂(완수) 遂行(수행) 遂意(수의)
진흥 준3급 / 검정 준3급	185	4급Ⅱ	阜부	총12획	隊	무리	대	队	隊	隊員(대원) 軍隊(군대) 隊列(대열) 部隊(부대)

코끼리 상 象

갑문 / 금문 / 소전

긴 코(⺈)와 **두 귀**(罒), **네 발과 꼬리**(豕)를 가진 코끼리를 본뜬 상형자로 '**본뜨다**' '**코끼리**'를 뜻한다.

시험	번호	급수	부수	획수	한자	훈	음	중국	일본	용례
진흥 준3급 / 검정 3급	186	4급	豕부	총12획	象	코끼리	상	象	象	象牙(상아) 形象(형상) 印象(인상) 象形文字(상형문자)
진흥 3급	187	3급Ⅱ	人부	총14획	像	모양	상	像	像	銅像(동상) 佛像(불상) 偶像(우상) 自畫像(자화상)
	188	4급	豕부	총16획	豫	미리	예:	豫	予	豫防(예방) 豫感(예감) 豫定(예정) 豫約(예약)

돼지 해 亥

갑문 / 금문 / 소전

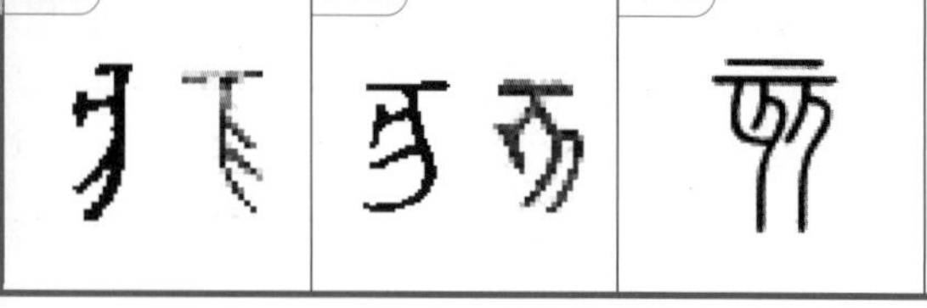

초목의 **뿌리**, 또는 머리 잘린 **짐승**, 짐승의 **골격**, 돼지의 단단한 **주둥이** 등으로 보아서 대개 '**단단하다**'의 뜻을 갖는다. 다만 12지지의 끝으로 쓰이면서 '**돼지**'를 뜻하였다.

시험 급수	번호/급수	부수/획수	한자	훈음	중국/일본	용례
진흥 준3급 검정 준3급	189 3급	亠부 총6획	亥	돼지 해:	중국 亥 일본 亥	亥年(해년) 亥時(해시: 오후 9시~11시) 亥日(해일)
	190 3급	言부 총13획	該	갖출/마땅 해	중국 该 일본 該	該當(해당) 該博(해박) 該曉(해효: 널리 앎)
	191 4급	木부 총10획	核	씨 핵	중국 核 일본 核	核心(핵심) 核家族(핵가족) 核武器(핵무기) 結核(결핵)
진흥 3급	192 4급	刀부 총8획	刻	새길/모질 각	중국 刻 일본 刻	刻苦(각고) 正刻(정각) 刻印(각인) 刻薄(각박)

빌 가/ 성 하 叚

금문

소전

언덕과 떼어낸 **돌조각**(𡰥), **양손**(コ · 又)을 합하여 **광석을 채취**하거나, 임시로 낸 사다리 모양의 **계단길**을 오르는 모양으로, **'임시'** **'빌리다'** **'잠깐'**의 뜻으로 쓰인다. (𡰥)=仁 · 夷의 古字

시험 급수	번호/급수	부수/획수	한자	훈음	중국/일본	용례
진흥 4급 검정 준3급	193 4급Ⅱ	人부 총11획	假	거짓 가:	중국 假 일본 仮	假面(가면) 假裝(가장) 假令(가령) 假登記(가등기)
진흥 3급	194 4급	日부 총13획	暇	겨를/틈 가:	중국 暇 일본 暇	休暇(휴가) 閑暇(한가) 餘暇(여가) 病暇(병가)

주검/시동/앉을 시 尸

갑문

금문

소전

쪼그리고 앉은 사람, 신위를 대신하여 앉은 **시동**(尸童), 또는 움직이지 않는 사람의 **'몸'**에서 **'죽다'**의 뜻이 되고, 특히 **'엉덩이'**와 관계가 많다.

시험 급수	번호/급수	부수/획수	한자	훈음	중국/일본	용례
진흥 준3급 검정 3급	195 4급	尸부 총8획	居	살 거	중국 居 일본 居	居室(거실) 居住(거주) 居士(거사) 居處(거처)
진흥 준4급 검정 4급	196 5급	尸부 총9획	屋	집 옥	중국 屋 일본 屋	家屋(가옥) 韓屋(한옥) 舍屋(사옥) 屋上(옥상)
진흥 4급 검정 준3급	197 3급Ⅱ	尸부 총7획	尾	꼬리 미	중국 尾 일본 尾	尾行(미행) 語尾(어미) 交尾(교미) 魚頭肉尾(어두육미)
진흥 준3급 검정 3급	198 3급Ⅱ	尸부 총4획	尺	자 척	중국 尺 일본 尺	尺度(척도) 越尺(월척) 寸尺(촌척) 三尺童子(삼척동자)
진흥 준3급 검정 4급	199 5급	尸부 총7획	局	판 국	중국 局 일본 局	局內(국내) 局長(국장) 對局(대국) 藥局(약국)
	200 3급Ⅱ	水부 총14획	漏	샐 루:	중국 漏 일본 漏	漏水(누수) 漏電(누전) 脫漏(탈루) 自擊漏(자격루)
진흥 3급	201 3급Ⅱ	刀부 총8획	刷	인쇄할/쓸 쇄:	중국 刷 일본 刷	印刷(인쇄) 刷新(쇄신) 縮刷(축쇄) 印刷所(인쇄소)
	202 3급Ⅱ	水부 총8획	泥	진흙 니	중국 泥 일본 泥	泥土(이토) 泥田鬪狗(이전투구) 雲泥之差(운니지차)
	203 4급	心부 총15획	慰	위로할 위	중국 慰 일본 慰	慰問(위문) 慰安(위안) 自慰(자위) 慰靈祭(위령제)

05 확인학습

1 다음 漢字의 訓과 音을 쓰시오. (＊는 3급·3급II 고유 한자입니다.)

(1) 束	(2) 速	(3) 賴 ＊	(4) 刺 ＊
(5) 策 ＊	(6) 東	(7) 凍 ＊	(8) 陳 ＊
(9) 練	(10) 鍊 ＊	(11) 蘭 ＊	(12) 欄 ＊
(13) 車	(14) 庫	(15) 陣	(16) 連
(17) 蓮 ＊	(18) 軟 ＊	(19) 軍	(20) 運
(21) 揮	(22) 輝 ＊	(23) 家	(24) 豚 ＊
(25) 蒙 ＊	(26) 逐 ＊	(27) 遂 ＊	(28) 隊
(29) 象	(30) 像 ＊	(31) 豫	(32) 亥 ＊
(33) 該 ＊	(34) 核	(35) 刻	(36) 假
(37) 暇	(38) 居	(39) 屋	(40) 尾 ＊
(41) 尺 ＊	(42) 局	(43) 漏 ＊	(44) 刷 ＊
(45) 泥 ＊	(46) 慰		

2 다음 漢字語의 讀音을 쓰시오.

(1) 結束	(2) 速度	(3) 依賴	(4) 刺字
(5) 政策	(6) 東洋	(7) 冷凍	(8) 陳述
(9) 練習	(10) 鍊磨	(11) 蘭香	(12) 欄干
(13) 洗車	(14) 倉庫	(15) 敵陣	(16) 連鎖
(17) 木蓮	(18) 軟骨	(19) 軍隊	(20) 幸運
(21) 指揮	(22) 輝度	(23) 家庭	(24) 豚肉
(25) 啓蒙	(26) 逐出	(27) 遂行	(28) 部隊

(29) 印象 [ ] (30) 銅像 [ ] (31) 豫約 [ ] (32) 亥年 [ ]
(33) 該博 [ ] (34) 核心 [ ] (35) 刻印 [ ] (36) 假面 [ ]
(37) 閑暇 [ ] (38) 居住 [ ] (39) 屋上 [ ] (40) 尾行 [ ]
(41) 越尺 [ ] (42) 藥局 [ ] (43) 漏電 [ ] (44) 印刷 [ ]
(45) 泥土 [ ] (46) 慰安 [ ]

3 다음 訓과 音을 지닌 漢字를 쓰시오. (* 는 3급·3급Ⅱ 고유 한자입니다.)

(1) 갖출 해 [*] (2) 거짓 가 [ ] (3) 겨를 가 [ ] (4) 곳집 고 [ ]
(5) 군사 군 [ ] (6) 꼬리 미 [*] (7) 꾀 책 [*] (8) 난간 란 [*]
(9) 난초 란 [*] (10) 단련할 련 [*] (11) 동녘 동 [ ] (12) 돼지 돈 [*]
(13) 돼지 해 [*] (14) 드디어 수 [*] (15) 모양 상 [*] (16) 무리 대 [ ]
(17) 묶을 속 [ ] (18) 미리 예 [ ] (19) 베풀 진 [*] (20) 빛날 휘 [*]
(21) 빠를 속 [ ] (22) 살 거 [ ] (23) 새길 각 [ ] (24) 샐 루 [*]
(25) 수레 거 [ ] (26) 씨 핵 [ ] (27) 어릴 몽 [*] (28) 얼 동 [*]
(29) 연꽃 련 [*] (30) 연할 연 [*] (31) 옮길 운 [ ] (32) 위로할 위 [ ]
(33) 의뢰할 뢰 [*] (34) 이을 련 [ ] (35) 익힐 련 [ ] (36) 인쇄할 쇄 [*]
(37) 자 척 [*] (38) 진칠 진 [ ] (39) 진흙 니 [*] (40) 집 가 [ ]
(41) 집 옥 [ ] (42) 쫓을 축 [*] (43) 찌를 자 [*] (44) 코끼리 상 [ ]
(45) 판 국 [ ] (46) 휘두를 휘 [ ]

06과 井·出·户·夂·夕 모양을 가진 한자

아우를/합할 병 幷

갑문 · 금문 · 소전

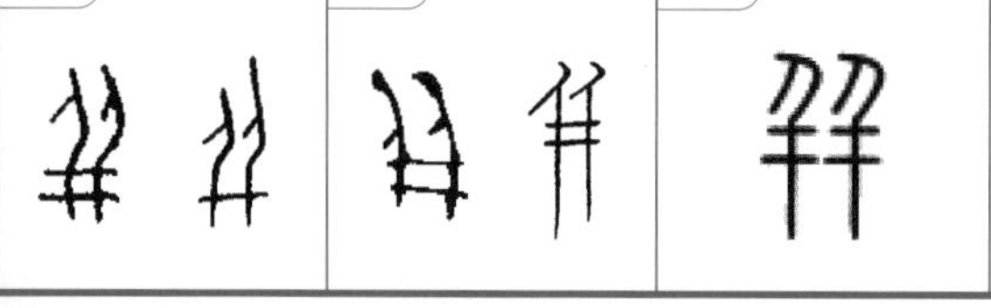

두 사람(从=亻亻)이 나란히(二) 있는 데서 '**나란히**' '**함께**' '**모두**'의 뜻이 된다.
※ '并'은 속자

번호/급수	부수/총획	한자	훈음	중국/일본	단어
204 / 3급	尸부 / 총11획	屛	병풍 병	중국 屏 / 일본 屏	屛風(병풍) 屛間(병간) 屛去(병거) 屛門(병문) 略 屏

평평할 견 幵

금문 · 소전

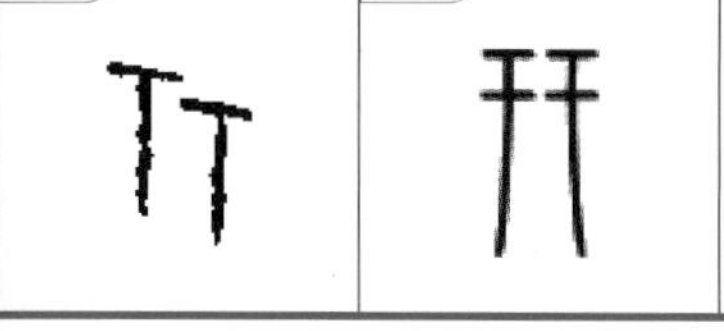

평평한 **방패**(干)를 나란히 하여 '**평평함**' '**가지런함**'을 뜻한다.

진흥/검정	번호/급수	부수/총획	한자	훈음	중국/일본	단어
진흥 4급 / 검정 준3급	205 / 4급Ⅱ	石부 / 총11획	硏	갈 연:	중국 研 / 일본 研	硏磨(연마) 硏究所(연구소) 硏修(연수) 硏究員(연구원)

우물 정 井

갑문 · 금문 · 소전

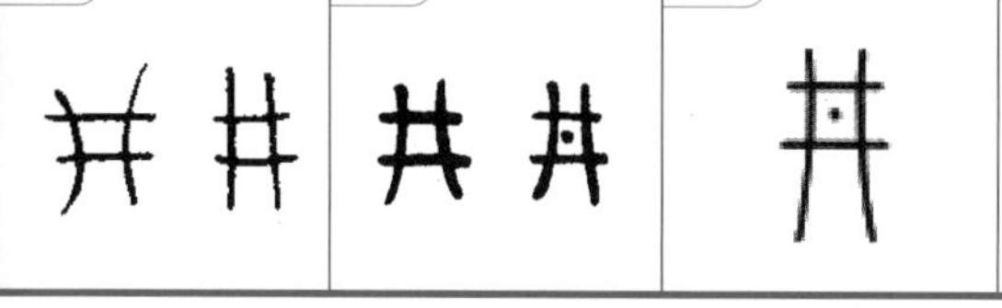

사방을 쌓아 만든 **우물 난간**에서 '**우물**'을 뜻한다.
참고 옛 '**형틀**' 모양을 뜻하기도 한다.
참고 '井'은 '幵(평평할 견) ⇒ 开'처럼 변하여 쓰이기도 한다.

진흥/검정	번호/급수	부수/총획	한자	훈음	중국/일본	단어
진흥 준3급 / 검정 3급	206 / 4급	刀부 / 총6획	刑	형벌 형	중국 刑 / 일본 刑	刑罰(형벌) 刑事(형사) 刑法(형법) 死刑(사형)
진흥 5급 / 검정 5급	207 / 6급	彡부 / 총7획	形	모양 형	중국 形 / 일본 形	形式(형식) 形質(형질) 形態(형태) 形容詞(형용사)

펼 전 展

금문 · 소전

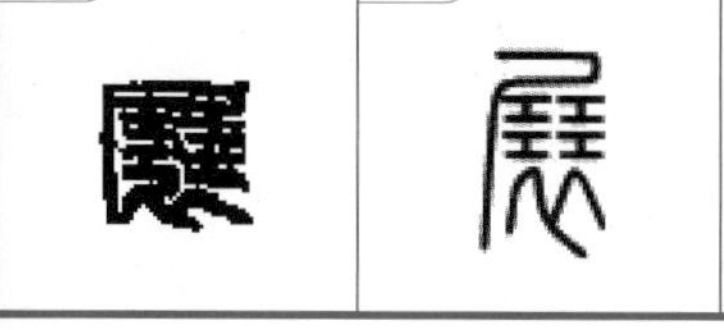

몸(尸)에 붉은 **비단 옷**(衰=𧘇)을 펼쳐 입고 앉은 데서 '**펴다**'가 뜻이 된다.

진흥/검정	번호/급수	부수/총획	한자	훈음	중국/일본	단어
진흥 준4급 / 검정 준4급	208 / 5급	尸부 / 총10획	展	펼 전:	중국 展 / 일본 展	展開(전개) 展示會(전시회) 發展(발전) 展望臺(전망대)
	209 / 3급Ⅱ	殳부 / 총13획	殿	전각/큰집 전:	중국 殿 / 일본 殿	殿閣(전각) 聖殿(성전) 寢殿(침전) 殿堂(전당)

날 출 出

갑문 · 금문 · 소전

움집(凵)에서 **발**(止=屮)이 밖으로 나가는 모양에서 '**나오다**' '**나가다**'의 뜻이 된다.

급수	번호	부수	한자	훈	음	중국	일본	활용 어휘
진흥 7급 검정 7급	210 7급	凵부 총5획	出	날	출	出	出	出席(출석) 出力(출력) 出動(출동) 出勤(출근)
	211 3급	手부 총8획	拙	못날	졸	拙	拙	拙劣(졸렬) 拙作(졸작) 拙筆(졸필) 拙速(졸속)
	212 4급	尸부 총8획	屈	굽힐	굴	屈	屈	屈曲(굴곡) 屈辱(굴욕) 卑屈(비굴) 屈折(굴절)

집/외짝문 호

戶

갑문 / 금문 / 소전

문(門)의 **반쪽**(戶) 모양으로 '**문**' '**집**' 등을 나타낸다.

급수	번호	부수	한자	훈	음	중국	일본	활용 어휘
진흥 4급 검정 준3급	213 4급Ⅱ	戶부 총4획	戶	문/집	호:	户	戸	戶主(호주) 戶口(호구) 戶籍(호적) 窓戶(창호)
	214 3급Ⅱ	口부 총11획	啓	열	계:	启	啓	啓發(계발) 啓蒙(계몽) 啓導(계도) 啓示(계시)
	215 3급	肉부 총8획	肩	어깨	견	肩	肩	肩章(견장) 肩骨(견골) 肩部(견부) 肩羽(견우)

작을 편

扁

금문 / 소전

문(戶) 위의 넓적하고 작은 액자에 **죽간**(冊:책 책)에 글을 쓰듯 쓴 글씨에서 '**작다**' '**평평하다**'가 된다. 또한 **문**(戶)을 **책**(冊)처럼 싸릿대를 엮어 만든 '**작고**' '**평평한**' **문**(戶)으로도 본다.

급수	번호	부수	한자	훈	음	중국	일본	활용 어휘
진흥 준3급 검정 3급	216 4급	竹부 총15획	篇	책	편	篇	篇	玉篇(옥편) 詩篇(시편) 長篇(장편) 千篇一律(천편일률)
	217 3급Ⅱ	糸부 총15획	編	엮을	편	编	編	改編(개편) 編曲(편곡) 編成(편성) 編織物(편직물)
	218 3급	辵부 총13획	遍	두루	편	遍	遍	遍在(편재) 遍歷(편력) 普遍(보편) 遍山(편산)
	219 3급Ⅱ	人부 총11획	偏	치우칠	편	偏	偏	偏見(편견) 偏食(편식) 偏愛(편애) 偏頗(편파)

책 책

冊

갑문 / 금문 / 소전

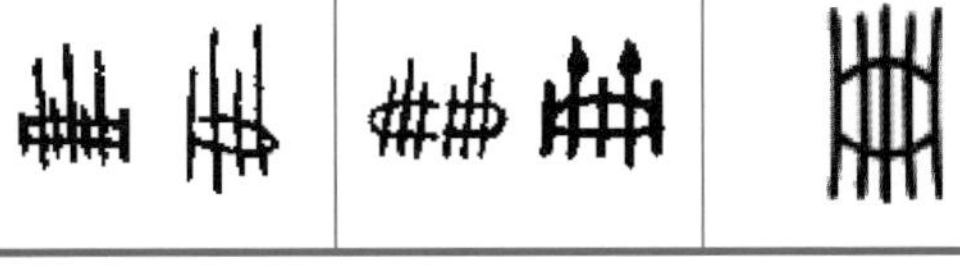

대를 잘라 만든 **죽간**(竹簡) 여러 개를 끈으로 묶어 놓은 '**책**'을 뜻한다.

급수	번호	부수	한자	훈	음	중국	일본	활용 어휘
진흥 4급 검정 준3급	220 4급	冂부 총5획	冊	책	책	册	冊	冊床(책상) 冊房(책방) 書冊(서책) 冊子(책자)
진흥 준4급 검정 준4급	221 5급	八부 총8획	典	법	전:	典	典	 책을 두 손으로 들고 있는 모양. 法典(법전) 辭典(사전)

뭉치/둥글 륜 侖

갑문  금문  소전 

가지런히 **모아**(亼) 잘 다스린 **책**(冊)에서, **'모이다' '뭉치다' '둥글다'**가 된다.
참고 亼(集의 古字. 셋이 합한다는 뜻)

급수	번호/급	부수/획수	한자	훈음	중국/일본	어휘
진흥 4급 / 검정 준3급	222 / 3급Ⅱ	人부 / 총10획	倫	인륜 륜	중국 伦 / 일본 倫	人倫(인륜) 天倫(천륜) 倫理(윤리) 不倫(불륜)
진흥 3급	223 / 4급	車부 / 총15획	輪	바퀴/돌 륜	중국 轮 / 일본 輪	❶輪禍(윤화) 輪回(윤회) 前輪(전륜) 五輪旗(오륜기)
진흥 4급 / 검정 준3급	224 / 4급Ⅱ	言부 / 총15획	論	논할 론	중국 论 / 일본 論	議論(의론) 論說(논설) 論評(논평) 論述(논술)

다 첨 僉

갑문  금문  소전 

많은 사람(从)이 **모여**(亼) 시끄럽게 **말함**(吅:시끄러울 현)에서 **'다' '모두'**의 의미로 쓰인다.

급수	번호/급	부수/획수	한자	훈음	중국/일본	어휘
진흥 준3급 / 검정 준3급	225 / 4급	人부 / 총15획	儉	검소할 검:	중국 俭 / 일본 倹	儉素(검소) 儉約(검약) 儉朴(검박) 勤儉(근검)
진흥 3급	226 / 3급Ⅱ	刀부 / 총15획	劍	칼 검:	중국 剑 / 일본 剣	劍道(검도) 劍客(검객) 木劍(목검) 同 劒(검)
진흥 준3급 / 검정 준3급	227 / 4급Ⅱ	木부 / 총17획	檢	검사할 검:	중국 检 / 일본 検	檢查(검사) 檢證(검증) 檢印(검인) 檢察廳(검찰청)
진흥 3급	228 / 4급	阜부 / 총16획	險	험할 험:	중국 险 / 일본 険	險惡(험악) 危險(위험) 保險(보험) 險難(험난)
진흥 준3급 / 검정 준3급	229 / 4급Ⅱ	馬부 / 총23획	驗	시험 험:	중국 验 / 일본 験	試驗(시험) 經驗(경험) 效驗(효험) 實驗室(실험실)

인월도(人月刀)/대답할 유 兪

갑문 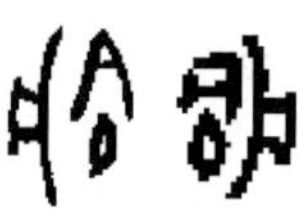 금문 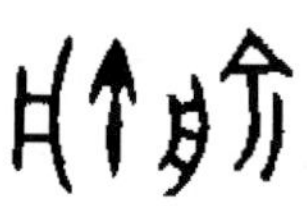 소전 

통나무를 뾰족한 **연장**(亼)으로 파낸 **배**(舟+月)와 남은 부스러기나 긁어낸 **흔적**(丨=〈), 또는 **배**(舟)가 **뾰족한**(亼) 앞 방향으로 **물**(巜:큰도랑 괴)을 따라 **'점점' '나아감'**을 뜻한다.

급수	번호/급	부수/획수	한자	훈음	중국/일본	어휘
	230 / 3급	心부 / 총13획	愈	나을 유	중국 愈 / 일본 愈	快愈(쾌유) ❷愈愚(유우) 愈愈(유유)
진흥 3급	231 / 3급Ⅱ	車부 / 총16획	輸	보낼 수	중국 输 / 일본 輸	輸出(수출) 輸送(수송) 輸血(수혈) 運輸業(운수업)

어구 풀이

❶輪禍(윤화) : 전차, 자동차 따위의 육상(陸上) 교통 기관에 의하여 입는 재해.
❷愈愚(유우) : 어리석은 마음을 고침.
❸內閣(내각) : ① 규장각의 이문원과 봉모당(奉謨堂)을 통틀어 이르는 말. ② 조선 후기에, 국무 대신들이 국정을 집행하던 최고 관아. ③ 국가의 행정권을 담당하는 최고 합의 기관.
❹格納庫(격납고) : 비행기나 비행선을 넣어 두거나 정비하는 건물.

오랠 구 久

금문

소전

사람(人=⺈)의 등에 약쑥을 서서히 불태워 **뜸**(㇏)을 뜨는 모양에서 '**오래다**'로 쓰인다.

진흥 4급 검정 4급	232 3급Ⅱ	丿부 총3획	久	오랠 구:	중국 久 일본 久	永久(영구) 長久(장구) 持久力(지구력) 耐久性(내구성)

각각 각 各

갑문

금문

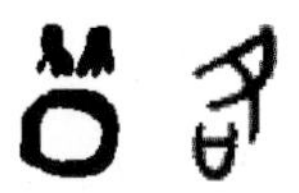

소전

각자 **돌아가**(夂) 자기 **움집**(口)에 이름에서, '**각각**' '**여러**' '**따로**'가 된다.

진흥 5급 검정 5급	233 6급	口부 총6획	各	각각 각	중국 各 일본 各	各各(각각) 各種(각종) 各別(각별) 各樣各色(각양각색)
	234 3급Ⅱ	門부 총14획	閣	집/누각 각	중국 阁 일본 閣	❸內閣(내각) 樓閣(누각) 改閣(개각) 閣僚(각료)
진흥 준3급 검정 준4급	235 5급	木부 총10획	格	격식 격	중국 格 일본 格	合格(합격) 格式(격식) 格調(격조) ❹格納庫(격납고)
	236 3급Ⅱ	糸부 총12획	絡	이을/얽을 락	중국 络 일본 絡	連絡(연락) 經絡(경락) 脈絡(맥락) 連絡兵(연락병)
진흥 준4급 검정 준4급	237 5급	艸부 총13획	落	떨어질 락	중국 落 일본 落	落書(낙서) 落下(낙하) 落水(낙수) 當落(당락)
진흥 준3급 검정 준3급	238 4급	田부 총11획	略	간략할 략	중국 略 일본 略	略圖(약도) 略式(약식) 省略(생략) 略字(약자)
진흥 준4급 검정 준4급	239 5급	宀부 총9획	客	손 객	중국 客 일본 客	客地(객지) 客席(객석) 客室(객실) 客觀的(객관적)
진흥 3급	240 4급	頁부 총18획	額	이마/수량 액	중국 额 일본 額	額字(액자) 額數(액수) 金額(금액) 定額(정액)
진흥 5급 검정 준4급	241 6급	足부 총13획	路	길 로:	중국 路 일본 路	路線(노선) 進路(진로) 路面(노면) 高速道路(고속도로)
진흥 준3급 검정 3급	242 3급Ⅱ	雨부 총20획	露	이슬/드러날 로	중국 露 일본 露	白露(백로) 露出(노출) 寒露(한로) 露宿(노숙)

저녁 석 夕

갑문

금문

소전

달을 보고 만든 글자로 해질 무렵인 '**저녁**'이나 '**밤**'을 나타낸다.

진흥 6급 검정 준5급	243 7급	夕부 총3획	夕	저녁 석	중국 夕 일본 夕	夕陽(석양) 夕刊(석간) 朝夕(조석) 秋夕(추석)
	244 3급Ⅱ	夕부 총14획	夢	꿈 몽:	중국 梦 일본 夢	吉夢(길몽) 夢想家(몽상가) 夢遊病(몽유병) 夢精(몽정)

06 확인학습

1 다음 漢字의 訓과 音을 쓰시오. (*는 3급·3급II 고유 한자입니다.)

(1) 屛 * (2) 硏 (3) 刑 (4) 形
(5) 展 (6) 殿 * (7) 出 (8) 拙 *
(9) 屈 (10) 戶 (11) 啓 * (12) 肩 *
(13) 篇 (14) 編 * (15) 遍 * (16) 偏 *
(17) 冊 (18) 典 (19) 倫 * (20) 輪
(21) 論 (22) 儉 (23) 劍 * (24) 檢
(25) 險 (26) 驗 (27) 愈 * (28) 輸 *
(29) 久 * (30) 名 (31) 閣 * (32) 格
(33) 絡 * (34) 落 (35) 略 (36) 客
(37) 額 (38) 路 (39) 露 * (40) 夕
(41) 夢 *

2 다음 漢字語의 讀音을 쓰시오.

(1) 屛門 (2) 硏磨 (3) 刑法 (4) 形態
(5) 發展 (6) 聖殿 (7) 出勤 (8) 拙速
(9) 屈折 (10) 窓戶 (11) 啓示 (12) 肩羽
(13) 詩篇 (14) 編成 (15) 遍歷 (16) 偏見
(17) 冊房 (18) 辭典 (19) 倫理 (20) 輪回
(21) 論述 (22) 儉素 (23) 木劍 (24) 檢査

(25) 保險 □ (26) 經驗 □ (27) 愈愚 □ (28) 輸血 □
(29) 永久 □ (30) 名別 □ (31) 改閣 □ (32) 格式 □
(33) 脈絡 □ (34) 落書 □ (35) 略式 □ (36) 客席 □
(37) 金額 □ (38) 進路 □ (39) 露宿 □ (40) 秋夕 □
(41) 吉夢 □

3 다음 訓과 音을 지닌 漢字를 쓰시오. (*는 3급·3급Ⅱ 고유 한자입니다.)

(1) 각각 각 □ (2) 간략할 략 □ (3) 갈 연 □ (4) 검사할 검 □
(5) 검소할 검 □ (6) 격식 격 □ (7) 굽힐 굴 □ (8) 길 로 □
(9) 꿈 몽 * (10) 나을 유 * (11) 날 출 □ (12) 논할 론 □
(13) 두루 편 * (14) 떨어질 락 □ (15) 모양 형 □ (16) 못날 졸 *
(17) 바퀴 륜 □ (18) 법 전 □ (19) 병풍 병 * (20) 보낼 수 *
(21) 손 객 □ (22) 시험 험 □ (23) 어깨 견 * (24) 엮을 편 *
(25) 열 계 * (26) 오랠 구 * (27) 이마 액 □ (28) 이슬 로 *
(29) 이을 락 * (30) 인륜 륜 * (31) 저녁 석 □ (32) 전각 전 *
(33) 집 각 * (34) 문 호 □ (35) 책 책 □ (36) 책 편 □
(37) 치우칠 편 * (38) 칼 검 * (39) 펼 전 □ (40) 험할 험 □
(41) 형벌 형 □

名 — 이름 명

갑문	금문	소전
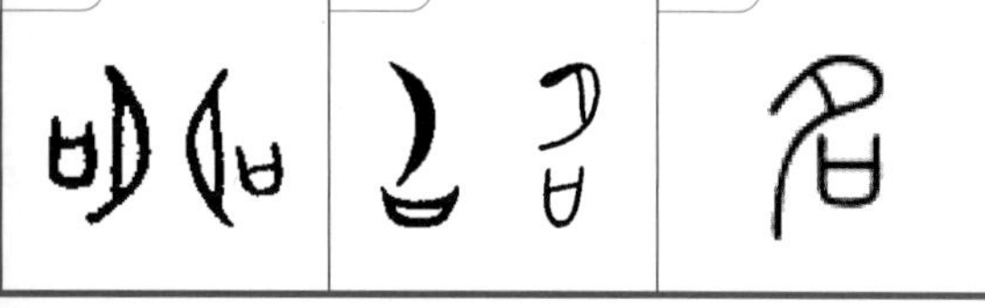		

저녁(夕)이 되어 보이지 않아 **입**(口)으로 서로의 **'이름'**을 부름을 뜻한다.

급수	번호/급	부수/획수	한자	훈음	중국	일본	어휘
진흥 6급, 검정 6급	245 / 7급	口부 / 총6획	名	이름 명	名	名	名曲(명곡) 名聲(명성) 名醫(명의) 名物(명물)
진흥 3급	246 / 3급Ⅱ	金부 / 총14획	銘	새길 명	铭	銘	銘心(명심) 碑銘(비명) 感銘(감명) 座右銘(좌우명)

夜 — 밤 야

갑문	금문	소전
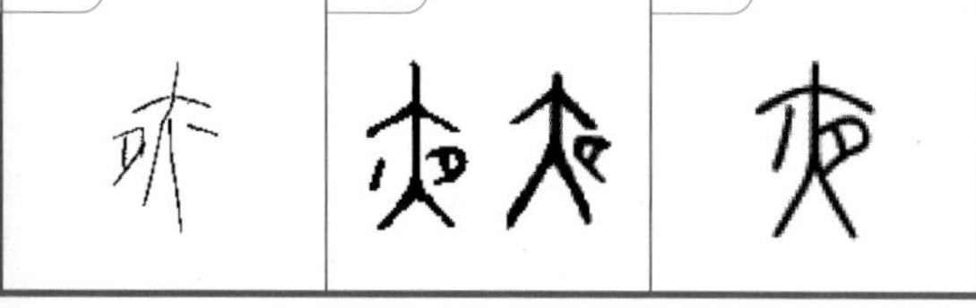		

사람(大)의 팔 벌린 **사이**(八)인 **겨드랑이**(亦)까지 **달**(夕)이 올라 어두운 **'밤'**을 뜻한다. **달**(夕)에 비친 사람 **그림자**(大)로 **'밤'**을 뜻한다고도 한다.

급수	번호/급	부수/획수	한자	훈음	중국	일본	어휘
진흥 5급, 검정 5급	247 / 6급	夕부 / 총8획	夜	밤 야:	夜	夜	夜景(야경) 夜間(야간) 深夜(심야) 夜行性(야행성)
	248 / 4급Ⅱ	水부 / 총11획	液	액체 액	液	液	液體(액체) 液化(액화) 樹液(수액) 血液(혈액)

多 — 많을 다

갑문	금문	소전
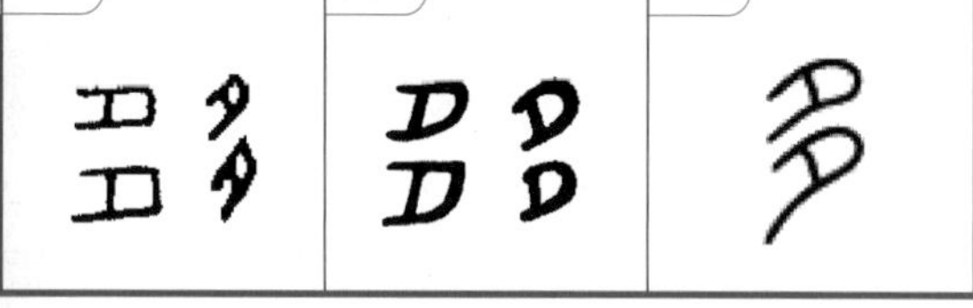		

제육(肉=月=夕)을 많이 **쌓아 놓은 모습**으로 **'많다'**를 뜻한다.

급수	번호/급	부수/획수	한자	훈음	중국	일본	어휘
진흥 5급, 검정 5급	249 / 6급	夕부 / 총6획	多	많을 다	多	多	多少(다소) 多樣(다양) 多福(다복) 多幸(다행)
진흥 4급, 검정 4급	250 / 4급Ⅱ	禾부 / 총11획	移	옮길 이	移	移	移轉(이전) 移民(이민) 移替(이체) 移植(이식)

歹 — 뼈앙상할 알·대·태

갑문	금문	소전
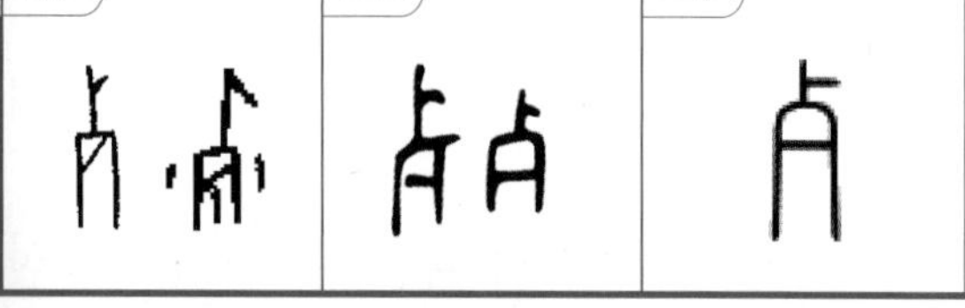		

살을 발라낸 앙상한 뼈나, 뼈의 **'잔해'**에서 **'죽음'** **'앙상함'**을 뜻한다.
참고 歹=歺.

급수	번호/급	부수/획수	한자	훈음	중국	일본	어휘
진흥 4급, 검정 준3급	251 / 4급Ⅱ	刀부 / 총6획	列	벌일/벌 렬	列	列	列擧(열거) 列島(열도) 列車(열차) 行列(행렬)
진흥 4급, 검정 준3급	252 / 4급	火부 / 총10획	烈	매울 렬	烈	烈	烈士(열사) 烈女(열녀) 先烈(선열) 激烈(격렬)
	253 / 3급Ⅱ	衣부 / 총12획	裂	찢어질 렬	裂	裂	滅裂(멸렬) 龜裂(균열) 破裂(파열) 分裂(분열)

급수	번호/급	부수/획수	한자	훈음	중국/일본	어휘
진흥 준4급 검정 준4급	254 6급	人부 총8획	例	법식/본보기 례:	중국 例 일본 例	例文(예문) 例外(예외) 法例(법례) 事例(사례)

죽을 사

死

갑문	금문	소전
		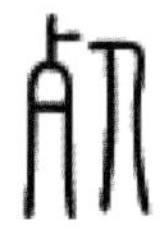

죽은(歹) 사람에게 몸을 **굽혀**(匕) 예를 갖추거나, 죽은 사람의 **뼈**(歹)를 수습하는 **사람**(匕)에서 '**죽다**'가 된다.

급수	번호/급	부수/획수	한자	훈음	중국/일본	어휘
진흥 5급 검정 5급	255 6급	歹부 총6획	死	죽을 사:	중국 死 일본 死	死亡(사망) 死別(사별) 死鬪(사투) 死生決斷(사생결단)
	256 3급Ⅱ	艸부 총13획	葬	장사지낼 장:	중국 葬 일본 葬	葬地(장지) 埋葬(매장) 火葬(화장) 葬禮式(장례식)

쌀/감쌀 포

勹

갑문	금문	소전
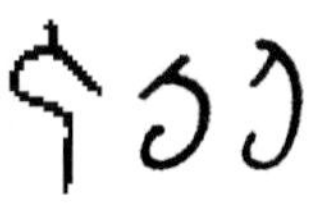		

사람이 몸을 **굽혀** 감싸는 모양에서 '**감싸다**'를 뜻한다.

참고 包(포)는 미성숙한 **아이**(子=巳)를 뱃속에 **감싸고**(勹) 있는 모습에서 '**싸다**' '**포함하다**'로 쓰인다.

급수	번호/급	부수/획수	한자	훈음	중국/일본	어휘
진흥 준3급 검정 준3급	257 4급Ⅱ	勹부 총5획	包	쌀 포(:)	중국 包 일본 包	包裝(포장) 包容(포용) 包圍(포위) 包含(포함)
진흥 준3급 검정 3급	258 3급	手부 총8획	抱	안을 포:	중국 抱 일본 抱	抱擁(포옹) 抱卵(포란) 抱負(포부) 懷抱(회포)
진흥 3급	259 4급	肉부 총9획	胞	세포/태 포	중국 胞 일본 胞	胞子(포자) 細胞(세포) 胞衣(포의) 海外同胞(해외동포)
	260 4급Ⅱ	石부 총10획	砲	대포 포	중국 炮 일본 砲	砲擊(포격) 祝砲(축포) 大砲(대포) 投砲丸(투포환)
	261 3급	食부 총14획	飽	배부를 포:	중국 饱 일본 飽	飽食(포식) 飽滿(포만) 飽和狀態(포화상태) 飽看(포간)

구기 작

勺

갑문	금문	소전
		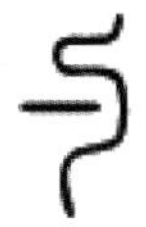

비교적 큰 수저 모양으로, **감싸**(勹) **물건을**(丶) 뜨는 기구인 '**구기**'를 뜻한다.

급수	번호/급	부수/획수	한자	훈음	중국/일본	어휘
	262 3급	酉부 총10획	酌	술부을/잔질할 작	중국 酌 일본 酌	酌婦(작부) 自酌(자작) 參酌(참작) 無酌定(무작정)
진흥 준4급 검정 준4급	263 5급	白부 총8획	的	과녁 적	중국 的 일본 的	的中(적중) 目的(목적) 法的(법적) 公的(공적)
진흥 준4급 검정 4급	264 5급	糸부 총9획	約	맺을 약	중국 约 일본 約	約束(약속) 節約(절약) 契約(계약) 約婚(약혼)

질그릇 도 匋

금문	소전

허리를 굽힌 **사람**(亻=勹)이 **절굿공이**(午)를 잡고 **그릇**(凵) 안의 찰흙을 반죽하여 '**질그릇**'을 만드는 형상을 나타낸 글자. 陶(도)가 쓰이면서 잘 쓰이지 않는다.

	번호	급수	부수	총획	한자	훈음	중국	일본	용례
	265	3급Ⅱ	阜부	총11획	陶	질그릇 도	陶	陶	陶工(도공) 陶藝(도예) ❶陶醉(도취) 陶器(도기)

나라이름 촉 蜀

갑문	금문	소전
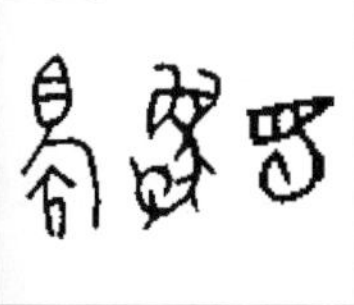		

큰 **눈**(目=罒)과 몸을 굽혀 둥글게 **감싼**(勹) **벌레**(虫)에서 나비의 '**애벌레**' 또는 '**나라이름**'.

파자 **그물**(罒) 보호막에 **감싸인**(勹) **벌레**(虫)인 '**애벌레**'를 뜻한다.

	번호	급수	부수	총획	한자	훈음	중국	일본	용례
	266	3급	火부	총17획	燭	촛불 촉	烛	燭	燭光(촉광) 燭臺(촉대) 燭數(촉수) ❷華燭(화촉)
	267	3급Ⅱ	角부	총20획	觸	닿을 촉	触	触	觸覺(촉각) 觸感(촉감) 接觸(접촉) 觸手(촉수)
	268	4급	尸부	총21획	屬	붙일 속	属	属	❸屬國(속국) 屬性(속성) 歸屬(귀속) 金屬(금속)
진흥 4급 / 검정 4급	269	5급	犬부	총16획	獨	홀로 독	独	独	獨立(독립) 獨裁(독재) 獨身(독신) 獨創的(독창적)
	270	3급	水부	총16획	濁	흐릴 탁	浊	濁	❹濁流(탁류) 濁水(탁수) 濁色(탁색) 淸濁(청탁)

열흘 순 旬

갑문	금문	소전
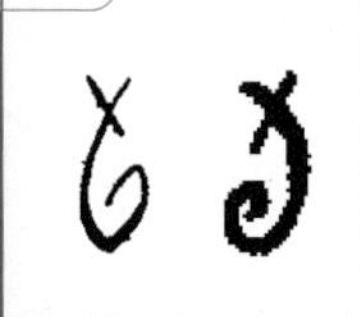		

해(日)를 **감싸고**(勹) 도는 모양으로, 하늘의 기운을 나눈 十干(십간)인 甲(갑)에서 癸(계)까지의 10일인 '**열흘**'이나 '**십 년**'을 뜻한다.

	번호	급수	부수	총획	한자	훈음	중국	일본	용례
진흥 3급	271	3급Ⅱ	日부	총6획	旬	열흘 순	旬	旬	旬刊(순간) 上旬(상순) 中旬(중순) 下旬(하순)
	272	3급	歹부	총10획	殉	따라죽을 순	殉	殉	殉教(순교) 殉國(순국) ❺殉葬(순장) 殉愛譜(순애보)

글귀 구 句

갑문	금문	소전
	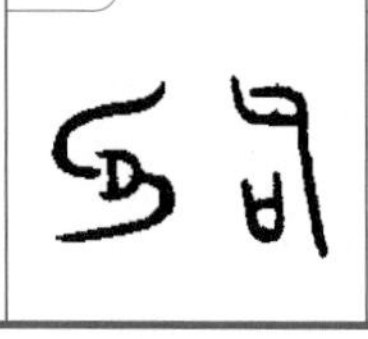	

두 개의 **갈고리**(乚 ㄱ)를 둥근 **고리**(口)에 **걸어둔 모습**이나 덩굴이 **엉긴**(丩) 모양으로, **말**(口)이 **굽어**(丩) 끊어진 한 '**글귀**'를 뜻하며, 勾(굽을/갈고리 구)와 같이 쓰여 '**굽다**'를 뜻한다.

	번호	급수	부수	총획	한자	훈음	중국	일본	용례
진흥 4급 / 검정 준3급	273	4급Ⅱ	口부	총5획	句	글귀 구	句	句	句節(구절) 句文(구문) 句句節節(구구절절) ❻結句(결구)

시험	번호/급수	부수/획수	한자	훈음	중국/일본	어휘
	274 / 3급II	手부 / 총8획	拘	잡을 구	중국 拘 / 일본 拘	拘引(구인) 拘禁(구금) ⑦拘留(구류) 拘束(구속)
	275 / 3급	犬부 / 총8획	狗	개 구	중국 狗 / 일본 狗	走狗(주구) 黃狗(황구) ⑧海狗(해구) 羊頭狗肉(양두구육)
진흥 3급	276 / 3급	艸부 / 총9획	苟	진실로/구차할 구:	중국 苟 / 일본 苟	⑨苟安(구안) 苟且(구차) 苟免(구면) 苟生(구생)
진흥 8급 / 검정 7급	277 / 7급	口부 / 총3획	口	입 구(:)	중국 口 / 일본 口	港口(항구) 口語(구어) 口頭(구두) ⑩口尙乳臭(구상유취)

공경 경

敬

금문

소전

머리장식(艹)한 제사장이나 귀족이 몸을 **숙이고**(句) **조심히 '공경'**(茍:경계할 극)하는 모양으로, **쳐서**(攵) 다스려 **'공경'**하게 함을 뜻한다. 茍(극)이 苟(구)처럼 잘못 쓰였다.

시험	번호/급수	부수/획수	한자	훈음	중국/일본	어휘
진흥 준4급 / 검정 준4급	278 / 5급	攴부 / 총13획	敬	공경 경:	중국 敬 / 일본 敬	敬禮(경례) 敬愛(경애) 敬聽(경청) 敬老(경로)
진흥 준3급 / 검정 준3급	279 / 4급II	言부 / 총20획	警	깨우칠 경:	중국 警 / 일본 警	警戒(경계) 警告(경고) ⑪警句(경구) 警備(경비)
진흥 준3급 / 검정 3급	280 / 4급	馬부 / 총23획	驚	놀랄 경	중국 惊 / 일본 驚	驚氣(경기) 驚異(경이) 驚歎(경탄) ⑫驚天動地(경천동지)

맡을 사

司

갑문

금문

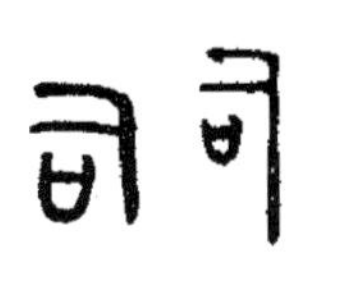

소전

수저(匕=ㄱ)와 먹는 **입**(口)으로, 음식을 **담당한** 사람, 또는 **무기**(ㄱ)를 들고 **입**(口)으로 명령하는 관리에서 **'맡다'**가 뜻이 된다. 여러 학설이 있다.

시험	번호/급수	부수/획수	한자	훈음	중국/일본	어휘
진흥 3급	281 / 3급II	口부 / 총5획	司	맡을 사	중국 司 / 일본 司	司書(사서) ⑬司祭(사제) ⑭司正(사정) 司會者(사회자)
	282 / 3급II	言부 / 총12획	詞	말/글 사	중국 词 / 일본 詞	歌詞(가사) 動詞(동사) 品詞(품사) 形容詞(형용사)

어구 풀이

①陶醉(도취) : ① 술이 거나하게 취함. ② 어떠한 것에 마음이 쏠려 취하다시피 됨.
②華燭(화촉) : 빛깔을 들인 밀초. 흔히 혼례 의식에 씀.
③屬國(속국) : 법적으로는 독립국이지만, 실제로는 정치나 경제, 군사 면에서 다른 나라에 지배되고 있는 나라. 종속국(從屬國).
④濁流(탁류) : ① 흘러가는 흐린 물. 또는 그런 흐름. ② 무뢰한의 무리.
⑤殉葬(순장) : 한 집단의 지배층 계급에 속하는 사람이 죽었을 때 그 사람의 뒤를 따라 강제로 혹은 자진하여 산 사람을 함께 묻던 일. 또는 그런 장례법.
⑥結句(결구) : ① 문장, 편지 따위의 끝을 맺는 글귀. ② 한시와 같은 시가(詩歌)의 마지막 구절.
⑦拘留(구류) : 죄인을 1일 이상 30일 미만의 기간 동안 교도소나 경찰서 유치장에 가두어 자유를 속박하는 일. 또는 그런 형벌.
⑧海狗(해구) : 물개.
⑨苟安(구안) : ① 한때 겨우 편안함. ② 일시적인 안락을 꾀함.
⑩口尙乳臭(구상유취) : 입에서 아직 젖내가 난다는 뜻으로, 말이나 행동이 유치함을 이르는 말.
⑪警句(경구) : 진리나 삶에 대한 느낌이나 사상을 간결하고 날카롭게 표현한 말.
⑫驚天動地(경천동지) : 하늘을 놀라게 하고 땅을 뒤흔든다는 뜻으로, 세상을 몹시 놀라게 함을 비유적으로 이르는 말.
⑬司祭(사제) : ① 주교와 신부를 통틀어 이르는 말. ② 의식과 전례를 맡아 보는 주교의 아래인 성직자.
⑭司正(사정) : 그릇된 일을 다스려 바로잡음.

07 확인학습

1 다음 漢字의 訓과 音을 쓰시오. (*는 3급·3급II 고유 한자입니다.)

(1) 名	(2) 銘 *	(3) 夜	(4) 液
(5) 多	(6) 移	(7) 列	(8) 烈
(9) 裂 *	(10) 例	(11) 死	(12) 葬 *
(13) 包	(14) 抱 *	(15) 胞	(16) 砲
(17) 飽 *	(18) 酌 *	(19) 的 *	(20) 約
(21) 陶 *	(22) 燭 *	(23) 觸 *	(24) 屬
(25) 獨	(26) 濁 *	(27) 旬 *	(28) 殉 *
(29) 句	(30) 拘 *	(31) 狗 *	(32) 苟 *
(33) 口	(34) 敬	(35) 警	(36) 驚
(37) 司 *	(38) 詞 *		

2 다음 漢字語의 讀音을 쓰시오.

(1) 名聲	(2) 感銘	(3) 深夜	(4) 液化
(5) 多幸	(6) 移替	(7) 列島	(8) 激烈
(9) 破裂	(10) 事例	(11) 死鬪	(12) 埋葬
(13) 包容	(14) 抱擁	(15) 細胞	(16) 砲擊
(17) 飽滿	(18) 自酌	(19) 公的	(20) 約婚
(21) 陶藝	(22) 燭臺	(23) 接觸	(24) 金屬
(25) 獨裁	(26) 濁流	(27) 下旬	(28) 殉國

(29) 結句	(30) 拘束	(31) 黃狗	(32) 苟免
(33) 口頭	(34) 敬愛	(35) 警戒	(36) 驚異
(37) 司祭	(38) 品詞	(39) 刺客	(40) 刺殺
(41) 車費	(42) 車馬	(43) 先烈	(44) 名物
(45) 各種	(46) 角逐	(47) 完遂	(48) 旬刊
(49) 句節			

3 다음 訓과 音을 지닌 漢字를 쓰시오. (*는 3급·3급Ⅱ 고유 한자입니다.)

(1) 개 구 *	(2) 공경 경	(3) 과녁 적	(4) 글귀 구
(5) 깨우칠 경	(6) 놀랄 경	(7) 닿을 촉 *	(8) 대포 포
(9) 따라죽을 순 *	(10) 많을 다	(11) 말 사 *	(12) 맡을 사 *
(13) 매울 렬	(14) 맺을 약	(15) 밤 야	(16) 배부를 포 *
(17) 벌일 렬	(18) 법식 례	(19) 붙일 속	(20) 새길 명 *
(21) 세포 포	(22) 술부을 작 *	(23) 쌀 포	(24) 안을 포 *
(25) 액체 액	(26) 열흘 순 *	(27) 옮길 이	(28) 이름 명
(29) 입 구	(30) 잡을 구 *	(31) 장사지낼 장 *	(32) 죽을 사
(33) 진실로 구 *	(34) 질그릇 도 *	(35) 찢어질 렬 *	(36) 촛불 촉 *
(37) 홀로 독	(38) 흐릴 탁 *		

08과 回·區·元·兄·允 모양을 가진 한자

다만 지 只

금문

소전

말(口)소리가 아래로 **나뉘어**(八) 나온다는 뜻으로, 멀리보다 **가까이**인 **지금**을 나타내거나, 자신 없는 말에서 '**다만**'이 뜻이 된다.

급수	번호	부수	한자	훈음	중국/일본	풀이	용례
진흥 준3급 / 검정 3급	283 / 3급	口부 / 총5획	只	다만 지	중국 只 / 일본 只		但只(단지) 只今(지금) * 주로 조사로 쓰임.
진흥 3급	284 / 3급	口부 / 총5획	囚	가둘 수	중국 囚 / 일본 囚	감옥〔口〕에 죄인〔人〕을 가두어 놓은 모양.	囚禁(수금) 囚衣(수의) 罪囚(죄수)
진흥 준3급 / 검정 3급	285 / 4급	口부 / 총7획	困	곤할 곤:	중국 困 / 일본 困	사방의 벽과 무너진 기둥 또는 갇힌 나무.	困境(곤경) 困窮(곤궁) 困難(곤란)
진흥 3급	286 / 3급Ⅱ	艸부 / 총12획	菌	버섯 균	중국 菌 / 일본 菌	묶어 쌓은 집단에서 싹이 난 풀(버섯) 모양.	細菌(세균) 滅菌(멸균) 無菌(무균)

돌아올 회 回

갑문

금문

소전

중심을 두고 **안**(口)과 **밖**(囗)이 같이 둥글게 도는 데서 '**돌다**' '**돌아오다**'가 된다.

급수	번호	부수	한자	훈음	중국/일본	용례
진흥 준4급 / 검정 4급	287 / 4급Ⅱ	口부 / 총6획	回	돌아올 회	중국 回 / 일본 回	回甲(회갑) 回想(회상) 回轉(회전) 回遊(회유)

더러울 비 鄙

갑문

금문

소전

거주지(口)와 **높게**(亠) **빙빙**(回) 쌓아놓은 농산물이나 경작지가 있는 **고을**(阝)로, 변방에 있는 작은 **마을**에서 '**천하다**' '**더럽다**'로 쓰였다.
※ 啚(비)는 지도로 보기도 한다.

급수	번호	부수	한자	훈음	중국/일본	용례
진흥 5급 / 검정 준4급	288 / 6급	口부 / 총14획	圖	그림 도	중국 图 / 일본 図	圖面(도면) 圖案(도안) 地圖(지도) 圖畫紙(도화지)

인할 인 因

갑문

금문

소전

왕골이나 골풀로 짠 **사각형**(囗) 자리에 **누운 사람**(大)이나 **무늬**(大)로 '**일정한 장소**로부터'라는 뜻에서 '**인하다**' '**말미암다**' '**친하다**' '**연유**' 등을 뜻한다.

급수	번호	부수	한자	훈음	중국/일본	용례
진흥 준4급 / 검정 준4급	289 / 5급	口부 / 총6획	因	인할 인	중국 因 / 일본 因	因緣(인연) 因子(인자) 因習(인습) 原因(원인)
진흥 3급	290 / 3급	女부 / 총9획	姻	혼인 인	중국 姻 / 일본 姻	姻戚(인척) ❶姻親(인친) 婚姻(혼인) 婚姻聖事(혼인성사)
진흥 4급 / 검정 4급	291 / 4급Ⅱ	心부 / 총10획	恩	은혜 은	중국 恩 / 일본 恩	恩惠(은혜) 恩功(은공) 恩德(은덕) 報恩(보은)

급수	번호/급	부수/획수	한자	훈음	중국/일본	단어
진흥 준4급 / 검정 준4급	292 / 6급	水부 / 총13획	溫	따뜻할 온	중국 温 / 일본 温	溫冷(온냉) 溫氣(온기) 溫湯(온탕) 溫情(온정)
진흥 5급 / 검정 준4급	293 / 5급	口부 / 총9획	品	물건 품:	중국 品 / 일본 品	性品(성품) 品目(품목) 品種(품종) 品切(품절)

구분할 구 區

갑문	금문	소전
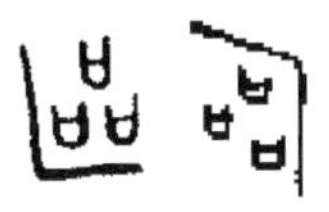	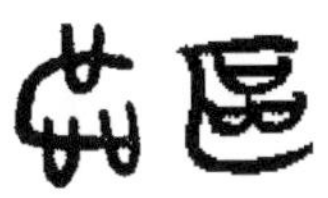	

감추어(匸) **물건**(品)을 **'구분하여'** 보관한 곳, 또는 여러 **노예**(品)가 **숨은**(匸) 곳으로 **'구분하다' '숨기다' '구역'**을 뜻한다.

급수	번호/급	부수/획수	한자	훈음	중국/일본	단어
진흥 준3급 / 검정 5급	294 / 6급	匸부 / 총11획	區	구분할/지경 구	중국 区 / 일본 区	區域(구역) 區分(구분) 區別(구별) 區劃(구획)
	295 / 3급	馬부 / 총21획	驅	몰 구	중국 驱 / 일본 駆	驅步(구보) 驅迫(구박) ❷驅逐(구축) 先驅者(선구자)

떼지어 울 소 喿

금문	소전

많은 새들이 **입**(口)을 벌려 **나뭇가지**(木)에서 **'시끄럽게' '우는'** 것을 뜻한다.

급수	번호/급	부수/획수	한자	훈음	중국/일본	단어
진흥 준3급 / 검정 4급	296 / 5급	手부 / 총16획	操	잡을 조(:)	중국 操 / 일본 操	操心(조심) 操作(조작) 體操(체조) 操縱士(조종사)
	297 / 3급	火부 / 총17획	燥	마를 조	중국 燥 / 일본 燥	❸燥渴(조갈) 燥熱(조열) 乾燥(건조) 高燥(고조)

으뜸 원 元

갑문	금문	소전
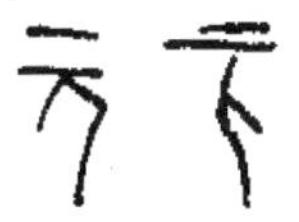		

솟은 **머리**(一)로 **우뚝하게**(兀:우뚝할 올) 옆으로 서 있는 **사람**(儿)으로, 신체에서 가장 위인 머리에서 **'으뜸'**을 나타내고 **'처음' '지도자' '사람의 머리'** 등을 뜻하기도 한다.

급수	번호/급	부수/획수	한자	훈음	중국/일본	단어
진흥 5급 / 검정 5급	298 / 5급	儿부 / 총4획	元	으뜸 원	중국 元 / 일본 元	元來(원래) 元旦(원단) 元利(원리) 元首(원수)
진흥 준3급 / 검정 준4급	299 / 5급	阜부 / 총10획	院	집/병원 원	중국 院 / 일본 院	院長(원장) 院生(원생) 大學院(대학원) 病院(병원)
진흥 준4급 / 검정 4급	300 / 5급	宀부 / 총7획	完	완전할 완	중국 完 / 일본 完	完全(완전) 完決(완결) 完成(완성) 責任完遂(책임완수)
진흥 3급	301 / 3급Ⅱ	冖부 / 총9획	冠	갓 관	중국 冠 / 일본 冠	冠禮(관례) 冠帶(관대) 冠形詞(관형사) 月桂冠(월계관)

어구 풀이

❶姻親(인친) : 사돈.
❷驅逐(구축) : 어떤 세력 따위를 몰아서 쫓아 냄.
❸燥渴(조갈) : 입술이나 입 안, 목 따위가 타는 듯이 몹시 마름.

잠길 **침**/성 **심** 沈

갑문 | 금문 | 소전

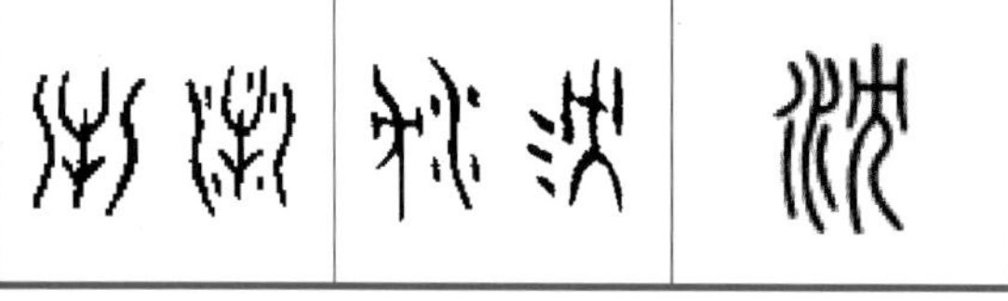

고문에는 **소**(牛)를 물에 던져 제사하는 모습이나, 후에 **물**(氵)에 **덮인**(冖) **사람**(儿)의 **형태**(冘)로 물에 **빠져** '**잠김**'을 뜻한다.

번호/급수	부수/획수	한자	훈음	중국/일본		용례
302 / 3급Ⅱ	水부 / 총7획	沈	잠길 침 / 성 심:	중국	沉	沈默(침묵) 擊沈(격침) 沈痛(침통) 沈淸傳(심청전)
				일본	沈	
303 / 3급	木부 / 총8획	枕	베개 침:	중국	枕	枕木(침목) 枕席(침석) 木枕(목침) ❶高枕短命(고침단명)
				일본	枕	

빛 **광** 光

갑문 | 금문 | 소전

불빛(火) 아래 **사람**(儿)이나, 불을 머리에 이고 불빛을 비추는 노예 등에서 '**빛**'을 뜻한다.

시험	번호/급수	부수/획수	한자	훈음	중국/일본		용례
진흥 5급 / 검정 5급	304 / 6급	儿부 / 총6획	光	빛 광	중국	光	光明(광명) 光線(광선) 光復節(광복절) 光速(광속)
					일본	光	

아이 **아** 兒

갑문 | 금문 | 소전

머리를 **총각**(臼) 모양으로 묶은 **사람**(儿)인 '**어린 아이**', 또는 머리 **숨구멍**(臼)이 아직 여물지 않은 **아이**(儿)에서 어린 '**아이**'를 뜻한다.

시험	번호/급수	부수/획수	한자	훈음	중국/일본		용례
진흥 준4급 / 검정 준4급	305 / 5급	儿부 / 총8획	兒	아이 아	중국	儿	乳兒(유아) 幼兒(유아) 兒童(아동) 優良兒(우량아)
					일본	児	

형 **형** 兄

갑문 | 금문 | 소전

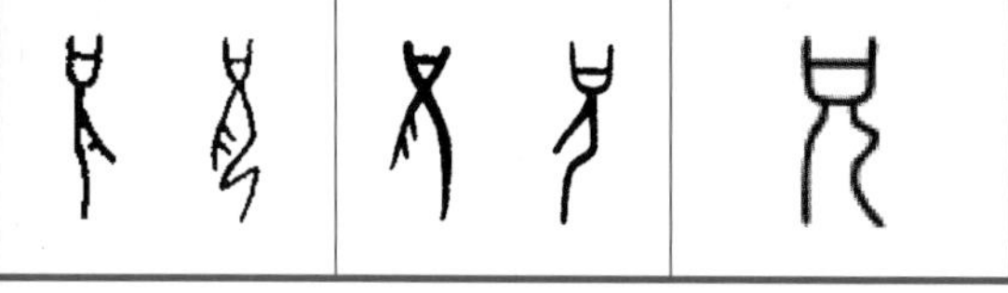

입(口)을 벌려 제사나 일을 주관하는 **사람**(儿)에서, 일을 **주관**하는 '**형**'을 뜻한다.

시험	번호/급수	부수/획수	한자	훈음	중국/일본		용례
진흥 7급 / 검정 8급	306 / 8급	儿부 / 총5획	兄	형/맏 형	중국	兄	❷師兄(사형) 兄夫(형부) 妹兄(매형) 兄弟姉妹(형제자매)
					일본	兄	
	307 / 4급	水부 / 총8획	況	상황/하물며 황:	중국	况	狀況(상황) 近況(근황) 不況(불황) 好況(호황)
					일본	況	
진흥 준4급 / 검정 4급	308 / 5급	示부 / 총10획	祝	빌 축	중국	祝	祝賀(축하) 祝福(축복) 祝歌(축가) 祝杯(축배)
					일본	祝	
진흥 4급 / 검정 4급	309 / 5급	立부 / 총20획	競	다툴 경:	중국	竞	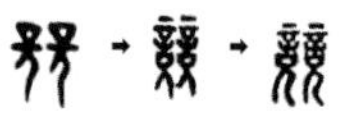 머리에 문신한[辛=立] 두 죄인이 다투는 모양. / 競爭(경쟁) 競賣(경매)
					일본	競	

어구 풀이 ❶高枕短命(고침단명) : 베개를 높이 베면 오래 살지 못한다는 말.

이길 극	갑문	금문	소전	
克		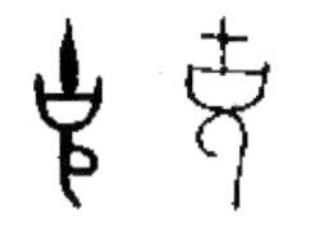		**투구**(十)를 **머리**(口)에 쓴 **사람**(儿)이 전쟁에서 싸워 '**이김**'을 뜻한다. 파자 **오래**(古) 버틴 **사람**(儿)이 '**이김**'.

	번호	부수	한자	훈음	중국/일본	어휘
흥 3급	310 3급Ⅱ	儿부 총7획	克	이길 극	중국 克 일본 克	克己(극기) 克明(극명) 克服(극복) 克己訓鍊(극기훈련)

바꿀/기쁠 태·열·예	갑문	금문	소전	
兌		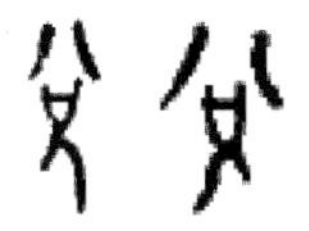		**팔자**(八) 주름이 **입**(口)가에 생기도록 **사람**(儿)이 '**기쁘게**' 웃어 모습이 '**바뀜**'을 뜻한다.

	번호	부수	한자	훈음	중국/일본	어휘
흥 준3급 정 3급	311 3급Ⅱ	心부 총10획	悅	기쁠 열	중국 悦 일본 悦	悅樂(열락) 喜悅(희열) ❸法悅(법열) ❹悅慕(열모)
	312 3급	門부 총15획	閱	볼 열	중국 阅 일본 閲	檢閱(검열) 閱兵(열병) 査閱(사열) 圖書閱覽(도서열람)
흥 4급 정 준3급	313 4급	肉부 총11획	脫	벗을 탈	중국 脱 일본 脱	❺脫稿(탈고) 脫穀(탈곡) 脫稅(탈세) 脫出(탈출)
흥 4급 정 준3급	314 4급Ⅱ	禾부 총12획	稅	세금 세:	중국 税 일본 税	稅金(세금) 稅務署(세무서) 源泉課稅(원천과세)
흥 준4급 정 4급	315 5급	言부 총14획	說	말씀 설 달랠 세: 기쁠 열	중국 说 일본 説	說敎(설교) 說明(설명) 說往說來(설왕설래) 遊說(유세)
흥 3급	316 3급	金부 총15획	銳	날카로울 예:	중국 锐 일본 鋭	銳角(예각) 銳利(예리) 銳敏(예민) 尖銳(첨예)

채울 충	소전	
充		**거꾸로 낳은 아이**(𠫓=子)가 **걸을**(儿) 만큼 충실히 잘 자람에서 '**채우다**' '**가득하다**'를 뜻한다. 참고 '𠫓'(돌아나올 돌)은 **아이**(子)가 거꾸로 태어나는 모양을 나타낸다.

	번호	부수	한자	훈음	중국/일본	어휘
흥 준4급 정 준4급	317 5급	儿부 총5획	充	채울 충	중국 充 일본 充	充滿(충만) 充分(충분) 充實(충실) 充電器(충전기) 俗 充
	318 4급Ⅱ	金부 총14획	銃	총 총	중국 铳 일본 銃	銃劍(총검) 銃器(총기) 銃彈(총탄) 拳銃(권총)
흥 준4급 정 4급	319 4급Ⅱ	糸부 총12획	統	거느릴 통:	중국 统 일본 統	統率(통솔) 統監(통감) 統計(통계) 統一(통일)

어구 풀이

❷師兄(사형) : ① 나이나 학덕(學德)이 자기보다 높은 사람을 높여 이르는 말. ② 한 스승의 불법(佛法)을 이어 받은 선배.
❸法悅(법열) : ① 참된 이치를 깨달았을 때 느끼는 황홀한 기쁨. ② 설법을 듣고 진리를 깨달아 마음 속에 일어나는 기쁨.
❹悅慕(열모) : 기쁜 마음으로 사모함.
❺脫稿(탈고) : 원고 쓰기를 마침.

08 확인학습

1 다음 漢字의 訓과 音을 쓰시오. (*는 3급·3급Ⅱ 고유 한자입니다.)

(1) 只	(2) 囚 *	(3) 困	(4) 菌
(5) 回	(6) 圖	(7) 因	(8) 姻
(9) 恩 *	(10) 溫	(11) 品 *	(12) 區 *
(13) 驅	(14) 操 *	(15) 燥 *	(16) 元
(17) 院 *	(18) 完 *	(19) 冠 *	(20) 沈
(21) 枕 *	(22) 光 *	(23) 兒 *	(24) 兄
(25) 況	(26) 祝 *	(27) 競 *	(28) 克 *
(29) 悅	(30) 閱 *	(31) 脫 *	(32) 稅 *
(33) 說	(34) 銳	(35) 充	(36) 銃
(37) 統 *			

2 다음 漢字語의 讀音을 쓰시오.

(1) 但只	(2) 罪囚	(3) 困境	(4) 細菌
(5) 回轉	(6) 圖案	(7) 因習	(8) 婚姻
(9) 恩惠	(10) 溫湯	(11) 品種	(12) 區別
(13) 驅步	(14) 體操	(15) 乾燥	(16) 元利
(17) 院長	(18) 完成	(19) 冠帶	(20) 沈痛
(21) 木枕	(22) 光線	(23) 幼兒	(24) 妹兄
(25) 好況	(26) 祝福	(27) 競爭	(28) 克服

(29) 喜悅 ☐ (30) 閱兵 ☐ (31) 脫稅 ☐ (32) 稅金 ☐
(33) 說敎 ☐ (34) 尖銳 ☐ (35) 充實 ☐ (36) 拳銃 ☐
(37) 統監 ☐ (38) 沈默 ☐ (39) 沈氏 ☐ (40) 說明 ☐
(41) 遊說 ☐ (42) 囚衣 ☐ (43) 因子 ☐ (44) 困窮 ☐
(45) 回想 ☐ (46) 只今 ☐ (47) 師兄 ☐ (48) 克明 ☐
(49) 充分 ☐

3 다음 訓과 音을 지닌 漢字를 쓰시오. (*는 3급·3급Ⅱ 고유 한자입니다.)

(1) 가둘 수 * (2) 갓 관 * (3) 거느릴 통 (4) 곤할 곤
(5) 구분할 구 (6) 그림 도 (7) 기쁠 열 * (8) 날카로울 예 *
(9) 다만 지 * (10) 다툴 경 (11) 돌아올 회 (12) 따뜻할 온
(13) 마를 조 * (14) 말씀 설 (15) 몰 구 * (16) 물건 품
(17) 버섯 균 * (18) 벗을 탈 (19) 베개 침 * (20) 볼 열 *
(21) 빌 축 (22) 빛 광 (23) 상황 황 (24) 세금 세
(25) 아이 아 (26) 완전할 완 (27) 으뜸 원 (28) 은혜 은
(29) 이길 극 * (30) 인할 인 (31) 잠길 침 * (32) 잡을 조
(33) 집 원 (34) 채울 충 (35) 총 총 (36) 형 형
(37) 혼인 인 *

09과 育·世·台·古·료 모양을 가진 한자

흐를 류 流

금문 / 소전

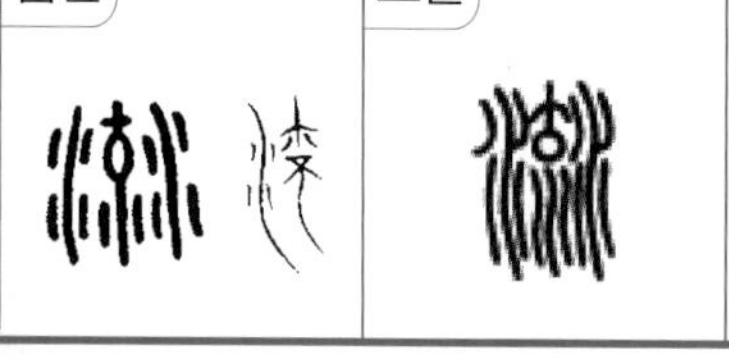

흐르는 **물**(氵)에 죽은 **아이**(=𠫓)가 **냇물**(川 ⇒ 川) 처럼 **흘러가는**(㐬: 깃발/흐를 류) 모양에서 '**흐르다**'가 뜻이 된다.

참고 㐬(류)는 '𠫓'(돌아나올 돌)의 혹체(或體)

진흥 준4급 / 검정 준4급	320 / 5급	水부 총10획	流	흐를 류	중국 流 / 일본 流	流水(유수) 流動(유동) 流通(유통) 暖流(난류)	
진흥 3급	321 / 3급	艸부 총15획	蔬	나물 소	중국 蔬 / 일본 蔬	蔬菜(소채) 菜蔬(채소) ❶蔬飯(소반) 蔬食(소사/소식)	
	322 / 3급Ⅱ	疋부 총11획	疏	트일/소통할 소	중국 疏 / 일본 疎	疏通(소통) 疏脫(소탈) 疏文(소문) 疏外感(소외감)	

기를 육 育

갑문 / 금문 / 소전

거꾸로(𠫓) 나온 아이의 **몸**(肉=月)이 자라는 데서, '**기르다**'를 뜻한다. **산모**(每)가 **머리부터 아이를 낳는**(㐬) 모양의 毓(기를 육)의 변형.

진흥 준5급 / 검정 5급	323 / 7급	肉부 총8획	育	기를 육	중국 育 / 일본 育	育兒(육아) 育成(육성) 體育(체육) 發育(발육)
	324 / 3급Ⅱ	彳부 총15획	徹	통할 철	중국 彻 / 일본 徹	徹骨(철골) 徹夜(철야) 徹底(철저) 徹頭徹尾(철두철미)

버릴 기 棄

갑문 / 금문 / 소전

죽은 아이(𠫓)를 **삼태기**(卌)에 담아 **두 손**(廾=木)으로 '**버림**'을 뜻한다.
※ 廾이 木으로 변함.

파자 **죽은 아이**(𠫓)를 **삼태기**(卌)에 담아 **나무**(木) 밑에 '**버림**'을 뜻한다.

	325 / 3급	木부 총12획	棄	버릴 기	중국 弃 / 일본 棄	棄却(기각) 棄權(기권) 棄兒(기아) 職務遺棄(직무유기)	
	326 / 3급Ⅱ	田부 총11획	畢	마칠 필	중국 毕 / 일본 畢	긴 자루에 작은 그물이 달린 모양.	畢竟(필경) 畢納(필납) 檢査畢(검사필)

빛날 화 華

갑문 / 금문 / 소전

초목(艹)의 **줄기기둥**(十)과 **가지**(二)에 **화려하게** 핀 **꽃**(艹)에서 '**빛나다**' '**꽃**'으로 쓰인다.

파자 **꽃**(艹)과 가지 **하나**(一) **꽃**(艹)과 가지 **하나**(一)마다 **사방**(十)에 '**빛나게**' 핀 '**꽃**'.

진흥 준3급 / 검정 3급	327 / 4급	艸부 총12획	華	빛날 화	중국 华 / 일본 華	華燭(화촉) 華麗(화려) ❷昇華(승화) 中華民國(중화민국)

어구 풀이
❶蔬飯(소반) : 변변하지 아니한 음식.
❷昇華(승화) : ① 어떤 현상이 더 높은 상태로 전환되는 일. ② 고체에 열을 가하면 액체가 되는 일이 없이 곧바로 기체로 변하는 현상.

드리울 수	갑문	금문	소전	
垂				꽃잎이 땅에 드리워진 모양. 파자 **천**(千)송이 **꽃잎**(艹)이 **땅**(土)에 '**드리워짐**'을 뜻한다.

시험	번호	급수	부수	획수	한자	훈음	중국	일본	어휘
	328	3급Ⅱ	土부	총8획	垂	드리울 수	垂	垂	垂直(수직) 垂直線(수직선) 腦下垂體(뇌하수체)
	329	3급	目부	총13획	睡	졸음 수	睡	睡	睡眠(수면) 午睡(오수) 昏睡狀態(혼수상태) 假睡(가수)
진흥 3급	330	4급	邑부	총11획	郵	우편 우	邮	郵	郵便(우편) 郵票(우표) 郵送(우송) 郵政(우정)

인간 세	금문	소전	
世			세 개의 **가지**(丨)와 **잎**(一) 모양으로, 잎처럼 해마다 거듭 이어지는, 인간의 '**세대**'에서 '**인간**' '**세상**' 등으로 쓰인다. 삼십 년(卅: 서른 삽)의 변형으로 잘못 보기도 했다.

시험	번호	급수	부수	획수	한자	훈음	중국	일본	어휘
진흥 준5급 검정 준5급	331	7급	一부	총5획	世	세상/인간 세:	世	世	世代(세대) 世紀(세기) 世界(세계) 新世代(신세대)

옆을 엽	갑문	금문	소전	
枼		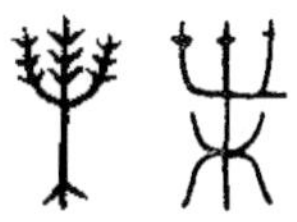		가지 위의 엷은 **잎**(世)이 **나무**(木)에 달린 모양에서 '**엷다**' '**나뭇잎**'을 뜻한다.

시험	번호	급수	부수	획수	한자	훈음	중국	일본	어휘
진흥 준4급 검정 4급	332	5급	艸부	총13획	葉	잎 엽	叶	葉	葉茶(엽차) 葉書(엽서) 葉錢(엽전) 觀葉植物(관엽식물)
	333	3급	虫부	총15획	蝶	나비 접	蝶	蝶	蝶舞(접무) 蝶泳(접영) 仙蝶(선접) 白蝶(백접)

산속늪 연	갑문	금문	소전	
㕣			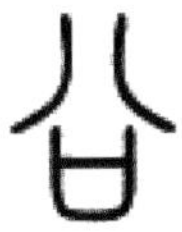	산 사이 **갈라진**(八) **골짜기**(口)에 이룬 '**산속 늪**'을 뜻한다.

시험	번호	급수	부수	획수	한자	훈음	중국	일본	어휘
진흥 3급	334	3급Ⅱ	水부	총8획	沿	물따라갈/따를 연(:)	沿	沿	沿革(연혁) 沿邊(연변) 沿岸漁業(연안어업) 沿海(연해)
진흥 3급	335	4급	金부	총13획	鉛	납 연	铅	鉛	鉛筆(연필) 鉛版(연판) 亞鉛版(아연판) 亞鉛(아연)
진흥 준4급 검정 4급	336	5급	舟부	총11획	船	배 선	船	船	船長(선장) 船員(선원) 船室(선실) 造船所(조선소)

별태/기쁠이 台

금문	소전
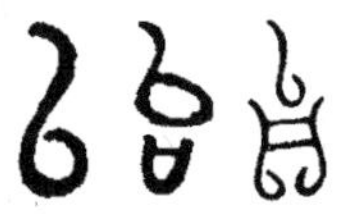	

머리를 아래로 향한 **태아**(巳=厶)가 **태포**(口)에 싸여 있는 모양에서 사물의 **시초**를 뜻하여, 시작의 '**기쁨**'이나, 三公(삼공)의 별자리에서 '**별**'을 뜻한다.

진흥/검정	번호	급수	부수	획수	한자	훈	음	중국	일본	어휘
	337	3급	心부	총9획	怠	게으를	태	怠	怠	怠慢(태만) 怠業(태업) 過怠料(과태료) ❶荒怠(황태)
	338	3급Ⅱ	歹부	총9획	殆	거의/위태할	태	殆	殆	危殆(위태) 殆半(태반) 殆無(태무) 不殆(불태)
진흥 4급 / 검정 준3급	339	4급Ⅱ	水부	총8획	治	다스릴	치	治	治	治國(치국) 治水(치수) 治世(치세) 治安(치안)
진흥 5급 / 검정 준4급	340	6급	女부	총8획	始	비로소	시:	始	始	始作(시작) 始動(시동) 始初(시초) ❷始末書(시말서)

예 고 古

갑문	금문	소전
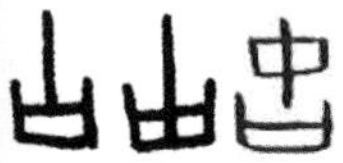		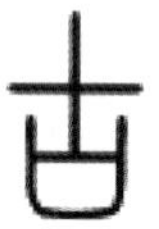

열(十) **입**(口)을 전해온 수백 년 전 옛일이라고 하나, 고문을 보면 **악기를 연주**하거나 옛일을 기록한 **신주**, 또는 **옛일을 고함**을 뜻하는 것으로도 보인다. 뜻은 '**옛**' '**오래**' 등으로 쓰인다.

진흥/검정	번호	급수	부수	획수	한자	훈	음	중국	일본	어휘
진흥 준5급 / 검정 준5급	341	6급	口부	총5획	古	예	고:	古	古	古宮(고궁) 古物(고물) 古墳(고분) 古典主義(고전주의)
진흥 3급	342	3급Ⅱ	女부	총8획	姑	시어머니	고	姑	姑	姑婦(고부) 姑母(고모) 姑從(고종) 姑從四寸(고종사촌)
	343	3급	木부	총9획	枯	마를	고	枯	枯	枯渴(고갈) 枯木(고목) 枯死(고사) ❸枯淡(고담)
진흥 5급 / 검정 준4급	344	6급	艸부	총9획	苦	쓸	고	苦	苦	苦痛(고통) 苦生(고생) 苦學(고학) 苦盡甘來(고진감래)
진흥 4급 / 검정 4급	345	4급Ⅱ	攴부	총9획	故	연고	고(:)	故	故	故鄕(고향) 故障(고장) 緣故(연고) 故事成語(고사성어)
진흥 준4급 / 검정 4급	346	5급	口부	총8획	固	굳을	고	固	固	固體(고체) 固定(고정) ❹固着(고착) 固有性(고유성)
진흥 준4급 / 검정 4급	347	4급Ⅱ	人부	총10획	個	낱	개(:)	个	個	個人(개인) 個別(개별) 個體(개체) 個人技(개인기)
	348	3급Ⅱ	肉부	총9획	胡	되/오랑캐	호	胡	胡	古(고)는 음이 되고 소 턱밑에 늘어진 살 부분이었으나 차용됨. / ❺胡蝶(호접) 丙子胡亂(병자호란)
진흥 준4급 / 검정 4급	349	5급	水부	총12획	湖	호수	호	湖	湖	湖水(호수) 牛角湖(우각호) 江湖(강호) 湖西(호서)

어구 풀이

❶荒怠(황태) : 말이나 행동이 거칠고 일을 게을리 함.
❷始末書(시말서) : 잘못을 저지른 사람이 사건의 경위를 자세히 적은 문서.
❸枯淡(고담) : 서화, 문장, 인품 등이 속되지 않고 아담한 정취가 있음.
❹固着(고착) : ① 물건 같은 것이 굳게 들러붙어 있음. ② 어떤 상황이나 현상이 굳어져 변하지 않음.
❺胡蝶(호접) : 나비.

豆 콩/제기 두

갑문	금문	소전

나무로 만든 '**제기**'로, 荳(콩 두)와 음이 같고, '고문([illegible])'은 콩과 모양이 같아 '**콩**'이라고도 한다.

시험	번호/급수	부수/획수	한자	훈음	중국/일본	어휘
진흥 준3급 / 검정 준3급	350 / 4급Ⅱ	豆부 / 총7획	豆	콩/제기 두	중국 豆 / 일본 豆	豆腐(두부) 豆乳(두유) 綠豆(녹두) 種豆得豆(종두득두)
진흥 5급 / 검정 5급	351 / 6급	頁부 / 총16획	頭	머리 두	중국 头 / 일본 頭	頭腦(두뇌) 頭髮(두발) 頭目(두목) 石頭(석두)
	352 / 3급	豆부 / 총10획	豈	어찌 기	중국 岂 / 일본 豈	豈非(기비: 어찌 ~가 아니랴) 豈唯(기유: 어찌 다만 그것 뿐이랴)
진흥 3급	353 / 4급	鬥부 / 총20획	鬪	싸움 투	중국 斗 / 일본 闘	鬪志(투지) 鬪牛(투우) 戰鬪(전투) 鬪爭(투쟁)

鼓 북 고

갑문	금문	소전
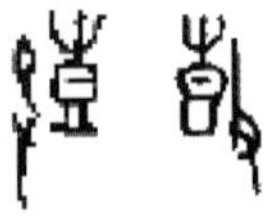		

북(壴: 세운악기 주)을 세워 놓고 **북채**(十)를 든 **손**(又)으로 치는 데서 '**북**' '**북치다**'를 뜻한다.

시험	번호/급수	부수/획수	한자	훈음	중국/일본	어휘
	354 / 3급Ⅱ	鼓부 / 총13획	鼓	북 고	중국 鼓 / 일본 鼓	鼓手(고수) 鼓吹(고취) 鼓笛隊(고적대) 申聞鼓(신문고)
진흥 3급 / 검정 3급	355 / 4급	口부 / 총12획	喜	기쁠 희	중국 喜 / 일본 喜	喜悲(희비) 喜劇(희극) 喜捨(희사) 喜消息(희소식)
진흥 5급 / 검정 준4급	356 / 6급	木부 / 총16획	樹	나무 수	중국 树 / 일본 樹	樹林(수림) 樹種(수종) 樹液(수액) 果樹(과수)

農 농사 농

갑문	금문	소전

숲 사이 **밭**(林+田=曲)에서 **조개껍질**(辰)을 들고 **농사일**을 하는 데서 '**농사**'가 뜻이 된다.

시험	번호/급수	부수/획수	한자	훈음	중국/일본	어휘
진흥 준5급 / 검정 5급	357 / 7급	辰부 / 총13획	農	농사 농	중국 农 / 일본 農	農業(농업) 農夫(농부) 農園(농원) 農樂(농악)
진흥 준4급 / 검정 준4급	358 / 5급	曰부 / 총6획	曲	굽을 곡	중국 曲 / 일본 曲	굽은 대바구니의 상형. / 曲線(곡선) 曲直(곡직) 曲調(곡조)

豐 풍년 풍

갑문	금문	소전
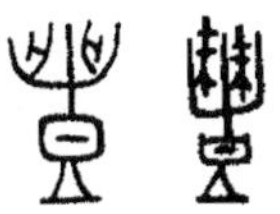		

산(山)처럼 **무성하고**(丰) **풍성히**(丰) **제기**(豆)에 담긴 햇곡식에서 '**풍년**'을 뜻한다. 豊은 俗字임.

파자 제물을 **굽을**(曲) 정도로 **제기**(豆)에 많이 쌓은 '**풍년**'.

참고 丰(예쁠/무성할 봉).

시험	번호/급수	부수/획수	한자	훈음	중국/일본	어휘
진흥 준3급 / 검정 3급	359 / 4급Ⅱ	豆부 / 총18획	豐	풍년 풍	중국 丰 / 일본 豊	豐年(풍년) 豐富(풍부) 豐盛(풍성) 豐足(풍족) 俗 豊

09 확인학습

1 다음 漢字의 訓과 音을 쓰시오. (*는 3급·3급II 고유 한자입니다.)

(1) 流	(2) 蔬 *	(3) 疏 *	(4) 育
(5) 徹 *	(6) 棄 *	(7) 畢 *	(8) 華
(9) 垂 *	(10) 睡 *	(11) 郵	(12) 世
(13) 葉	(14) 蝶 *	(15) 沿 *	(16) 鉛
(17) 船	(18) 怠 *	(19) 殆 *	(20) 治
(21) 始	(22) 古	(23) 姑 *	(24) 枯 *
(25) 苦	(26) 故	(27) 固	(28) 個
(29) 胡 *	(30) 湖	(31) 豆	(32) 頭
(33) 豈 *	(34) 鬪	(35) 鼓 *	(36) 喜
(37) 樹	(38) 農	(39) 曲	(40) 豐

2 다음 漢字語의 讀音을 쓰시오.

(1) 流通	(2) 蔬飯	(3) 疏文	(4) 育成
(5) 徹夜	(6) 棄兒	(7) 畢竟	(8) 昇華
(9) 垂直	(10) 睡眠	(11) 郵票	(12) 世紀
(13) 葉書	(14) 蝶泳	(15) 沿邊	(16) 亞鉛
(17) 船員	(18) 怠慢	(19) 危殆	(20) 治世
(21) 始初	(22) 古墳	(23) 姑婦	(24) 枯死
(25) 苦生	(26) 故障	(27) 固體	(28) 個人

(29) 胡蝶	(30) 湖水	(31) 豆乳	(32) 頭腦
(33) 豈非	(34) 鬪爭	(35) 鼓手	(36) 喜劇
(37) 果樹	(38) 農樂	(39) 曲線	(40) 豐盛
(41) 流動	(42) 暖流	(43) 沿海	(44) 治安
(45) 豈唯	(46) 喜捨	(47) 華燭	(48) 垂範
(49) 葉茶	(50) 棄却		

3 다음 訓과 音을 지닌 漢字를 쓰시오. (*는 3급·3급II 고유 한자입니다.)

(1) 거의 태 *	(2) 게으를 태 *	(3) 굳을 고	(4) 굽을 곡
(5) 기를 육	(6) 기쁠 희	(7) 나무 수	(8) 나물 소 *
(9) 나비 접 *	(10) 납 연	(11) 낱 개	(12) 농사 농
(13) 다스릴 치	(14) 되 호 *	(15) 드리울 수 *	(16) 마를 고 *
(17) 마칠 필 *	(18) 머리 두	(19) 물따라갈 연 *	(20) 배 선
(21) 버릴 기 *	(22) 북 고 *	(23) 비로소 시	(24) 빛날 화
(25) 시어머니 고 *	(26) 싸움 투	(27) 쓸 고	(28) 어찌 기 *
(29) 연고 고	(30) 예 고	(31) 우편 우	(32) 세상 세
(33) 잎 엽	(34) 콩 두	(35) 졸음 수 *	(36) 통할 철 *
(37) 트일 소 *	(38) 풍년 풍	(39) 호수 호	(40) 흐를 류

10과 辰·去·舁·干 모양을 가진 한자

굽높은그릇 례	갑문	금문	소전	
豊	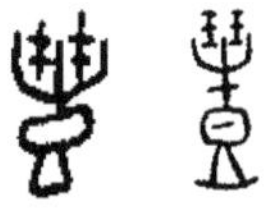			**그릇**(豆)에 **보옥**(玉)을 담아 '**예**'를 갖춤을 뜻하나, 지금은 豐과 豊를 구별 없이 쓴다.

급수	번호/급	부수/획	한자	훈	음	중국/일본	용례
진흥 5급 / 검정 준4급	360 / 6급	示부 / 총18획	禮	예도	례	중국 礼 / 일본 礼	禮節(예절) 禮物(예물) 禮訪(예방) 儀禮(의례)
진흥 5급 / 검정 준4급	361 / 6급	骨부 / 총23획	體	몸	체	중국 体 / 일본 体	體育(체육) 體格(체격) 體溫(체온) 體操(체조)

별/가를 진/조개껍질 진	갑문	금문	소전	
辰				큰 **조개껍질** 모양으로, 주로 '**농사**'에 사용되고 12지로 사용되어 '**때**' '**별**' 등으로 쓰인다. **참고** 물건을 자르거나 쪼개는 데 사용되는 '**조개껍질**'에서 '**나누다**' '**쪼개다**'를 뜻한다.

급수	번호/급	부수/획	한자	훈	음	중국/일본	용례
진흥 4급 / 검정 준3급	362 / 3급Ⅱ	辰부 / 총7획	辰	별 / 때	진 / 신	중국 辰 / 일본 辰	辰韓(진한) ❶日辰(일진) 辰時(진시) 生辰(생신)
	363 / 3급Ⅱ	手부 / 총10획	振	떨칠	진:	중국 振 / 일본 振	振動(진동) 振幅(진폭) 振作(진작) 工業振興(공업진흥)
	364 / 3급	雨부 / 총15획	震	우레	진:	중국 震 / 일본 震	震怒(진노) 震動(진동) 震幅(진폭) 地震帶(지진대)
	365 / 3급	日부 / 총11획	晨	새벽	신	중국 晨 / 일본 晨	晨星(신성) ❷晨鷄(신계) 昏定晨省(혼정신성) ❸晨門(신문)
	366 / 3급	肉부 / 총11획	脣	입술	순	중국 唇 / 일본 唇	脣舌(순설) 脣音(순음) 脣齒(순치) 脣亡齒寒(순망치한)
진흥 3급	367 / 3급Ⅱ	辰부 / 총10획	辱	욕될	욕	중국 辱 / 일본 辱	辱說(욕설) 困辱(곤욕) 屈辱(굴욕) 侮辱(모욕)

갈 거	갑문	금문	소전	
去	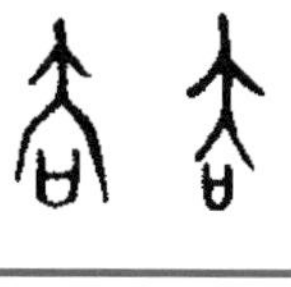			**사람**(大＝土)이 **거주지**(口＝厶)를 떠나거나, **구덩이**(口)에 변을 보는 데서 '**가다**' '**버리다**'가 됨. **참고** 빈 **밥그릇**(厶)을 버리고 떠나는 **사람**(大＝土)에서 '**가다**' '**버리다**'를 뜻한다고도 한다. ※ 厶(밥그릇 거): '그릇 모양' '밥그릇'

급수	번호/급	부수/획	한자	훈	음	중국/일본	용례
진흥 5급 / 검정 5급	368 / 5급	厶부 / 총5획	去	갈	거:	중국 去 / 일본 去	去來(거래) 去勢(거세) 去處(거처) 過去(과거)
	369 / 3급	卩부 / 총7획	却	물리칠	각	중국 却 / 일본 却	却下(각하) 却說(각설) 棄却(기각) 賣却(매각)
진흥 준3급 / 검정 3급	370 / 3급Ⅱ	肉부 / 총11획	脚	다리	각	중국 脚 / 일본 脚	脚線美(각선미) 脚氣病(각기병) 橋脚(교각) 脚本(각본)
진흥 4급 / 검정 준4급	371 / 5급	水부 / 총8획	法	법	법	중국 法 / 일본 法	法律(법률) 法官(법관) 法院(법원) 法廷(법정)

번호	부수	한자	훈음	중국/일본	어휘
372 / 3급	艸부 총14획	蓋	덮을 개:	중국 盖 / 일본 蓋	❹蓋瓦(개와) ❺蓋然性(개연성) 蓋馬高原(개마고원)

마주들 여 舁

갑문

금문

소전

양손(臼:양손 국)과 **두 손**(廾:두손 공)을 합하여 **'함께' '마주 들다'**를 뜻한다.

급수	번호	부수	한자	훈음	중국/일본	어휘
진흥 4급 / 검정 준3급	373 / 4급	臼부 총14획	與	더불/줄 여:	중국 与 / 일본 与	與件(여건) 與否(여부) 關與(관여) 贈與稅(증여세)
진흥 4급 / 검정 4급	374 / 5급	手부 총18획	擧	들 거:	중국 举 / 일본 挙	擧手(거수) 擧動(거동) 擧論(거론) 擧國內閣(거국내각)
	375 / 3급Ⅱ	言부 총21획	譽	기릴/명예 예:	중국 誉 / 일본 誉	榮譽(영예) 名譽回復(명예회복) 名譽毁損(명예훼손)
	376 / 3급	車부 총17획	輿	수레 여:	중국 舆 / 일본 輿	❻輿望(여망) 輿論(여론) 大東輿地圖(대동여지도)
진흥 4급 / 검정 준3급	377 / 4급Ⅱ	臼부 총16획	興	일/일어날 흥(:)	중국 兴 / 일본 興	興奮(흥분) 興業(흥업) 興味(흥미) 興盡悲來(흥진비래)

배울 학 學

갑문

금문

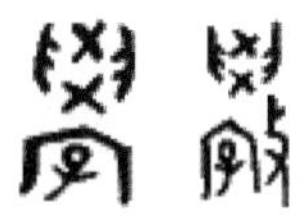

소전

두 손(臼)으로 줄을 **엮어**(爻) 살아갈 **집**(宀=冖)을 짓는 방법을 **아이**(子)가 **배움**을 뜻한다.

파자 **아이**(子)가 **책상**(冖)에서 **두 손**(臼)으로 **효**(爻)를 배움에서 **'배우다'**를 뜻한다.

급수	번호	부수	한자	훈음	중국/일본	어휘
진흥 준5급 / 검정 5급	378 / 8급	子부 총16획	學	배울 학	중국 学 / 일본 学	學科(학과) 學校(학교) 學院(학원) 學術(학술)
진흥 3급	379 / 4급	見부 총20획	覺	깨달을 각	중국 觉 / 일본 覚	先覺(선각) 覺悟(각오) 覺書(각서) 無感覺(무감각)

빠질 몰 沒

금문

소전

연못의 물, 또는 **휘도는**(回=⺈) 물에 **손**(又)까지 빠짐에서 **'빠지다'**를 뜻한다.
※ (㱃=殳)

번호	부수	한자	훈음	중국/일본	어휘
380 / 3급Ⅱ	水부 총7획	沒	빠질 몰	중국 没 / 일본 没	沒落(몰락) 沒頭(몰두) 沒入(몰입) 沒廉恥(몰염치)

어구 풀이

❶日辰(일진) : ① 날의 간지(干支). ② 그날의 운세.
❷晨鷄(신계) : 새벽을 알리는 닭.
❸晨門(신문) : 예전에, 아침 일찍 성문 여는 일을 하던 문지기.
❹蓋瓦(개와) : ① 기와로 지붕을 임. ② '기와'의 잘못.
❺蓋然性(개연성) : 절대적으로 확실하지 않으나 아마 그럴 것이라고 생각되는 성질.
❻輿望(여망) : 어떤 개인이나 사회에 대한 많은 사람의 기대를 받음. 또는 그 기대.

빛날 환 奐

금문	소전
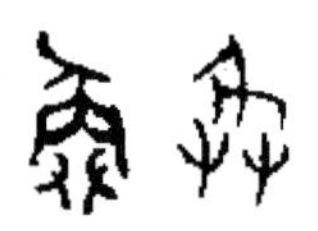	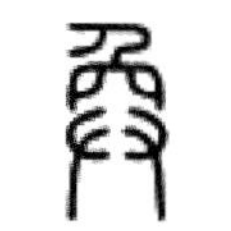

사람(⺈)과 **움집**(冂)과 **두 손**(廾=大)으로 사람들이 '**크고**' '**빛나는**'의 **움집**을 지음.

파자 움집 위의 **사람**(⺈)과 **움집**(冂) 아래 **사람**(儿)이 **두 손**(廾)으로 **크고**(大) 화려한 '**빛나는**' 집을 지음.

381 3급Ⅱ	手부 총12획	換	바꿀 환:	중국 换 일본 換	換氣(환기) 換率(환율) 換錢(환전) 換穀(환곡)

구덩이 함 臽

갑문	금문	소전

사람(人=⺈)이 땅을 파낸 **절구**(臼) 모양의 '**함정**'인 '**구덩이**'에 빠짐.

382 3급Ⅱ	阜부 총11획	陷	빠질 함:	중국 陷 일본 陥	陷落(함락) 缺陷(결함) 陷沒(함몰) 謀陷(모함)

늙은이/찾을 수 叟

갑문	금문	소전

집(宀)안에서 **불**(火)을 **손**(又)으로 들고 **찾는 모습**(叜=叟)에서 '**찾다**'를 뜻하다가 후에 가차되어 '**늙은이**'를 뜻한다.

파자 **손**(又)에 **도구**(丨)를 들고 **절구**(臼) 안의 물건을 **찾음**.

383 3급	手부 총13획	搜	찾을 수	중국 搜 일본 捜	搜索(수색) 搜査(수사) 搜所聞(수소문) 搜訪(수방)

까치/신 석 舄

갑문	금문	소전

머리털이 **절구**(臼) 모양의 **새**(鳥=𠘿)인 '**까치**'나, 위가 **절구**(臼)처럼 벌어진 **발**(𠘿)에 신는 '**신**'을 뜻한다.

진흥 준3급 검정 4급	384 5급	宀부 총15획	寫	베낄 사	중국 写 일본 写	寫眞(사진) 寫本(사본) 複寫(복사) 寫生(사생)

퍼낼 요 舀

금문	소전

손(爫)으로 **절구**(臼)에 찧은 곡식을 긁어 '**퍼냄**'을 뜻한다.

385 3급	禾부 총15획	稻	벼 도	중국 稻 일본 稲	稻作(도작) 稻花(도화) 手稻(수도) 立稻先賣(입도선매)
386 3급	犬부 총18획	獵	사냥/찾을 렵	중국 猎 일본 猟	❶獵奇(엽기) 獵銃(엽총) 獵場(엽장) 獵師(엽사)

詹 이를 첨

소전

사람(⺈)이 높은 **언덕**(厂)에 **올라**(产:우러러볼 첨) **퍼져나가게**(八) **말**(言)을 크게 하는 데서, '**시끄럽고**' '**수다스럽거나**' 말이 멀리까지 '**이름**'을 뜻한다.

	번호	부수/획수	한자	훈음	중국/일본	어휘
진흥 3급	387 / 4급Ⅱ	手부 / 총16획	擔	멜 담	중국 担 / 일본 担	擔任(담임) 擔當(담당) 負擔(부담) 加擔(가담)

干 방패 간

갑문

금문

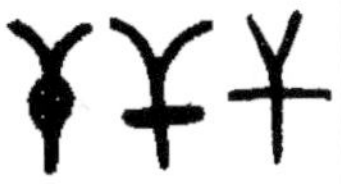

소전

긴 자루에 양끝이 갈라진 공격과 **방어를** 하던 도구로 '**방패**' '**범하다**' '**끼어들다**'를 뜻한다.

	번호	부수/획수	한자	훈음	중국/일본	어휘
진흥 4급 / 검정 준3급	388 / 4급	干부 / 총3획	干	방패 간	중국 干 / 일본 干	干與(간여) 干涉(간섭) [2]干城(간성) 干潮(간조)
진흥 3급	389 / 3급Ⅱ	刀부 / 총5획	刊	새길/간행할 간	중국 刊 / 일본 刊	刊行(간행) 出刊(출간) 創刊(창간) 發刊(발간)
	390 / 3급Ⅱ	肉부 / 총7획	肝	간 간(:)	중국 肝 / 일본 肝	肝腸(간장) 肝臟(간장) 肝炎(간염) 忠肝(충간)
진흥 3급	391 / 3급Ⅱ	山부 / 총8획	岸	언덕 안:	중국 岸 / 일본 岸	東海岸(동해안) 沿岸(연안) [3]彼岸(피안) ＊炭(숯 탄)
	392 / 3급	水부 / 총6획	汗	땀 한(:)	중국 汗 / 일본 汗	汗蒸幕(한증막) 不汗黨(불한당) 發汗(발한) [4]汗簡(한간)
	393 / 3급	日부 / 총7획	旱	가물 한:	중국 旱 / 일본 旱	旱害(한해) 旱氣(한기) 旱災(한재) 旱雷(한뢰)
	394 / 3급	車부 / 총10획	軒	집 헌	중국 轩 / 일본 軒	軒燈(헌등) 軒架(헌가) [5]東軒(동헌) 高軒(고헌)

平 평평할 평

금문

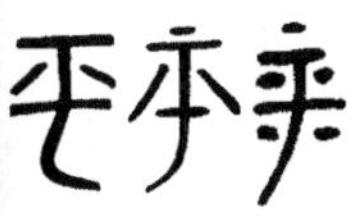

소전

굽어 오르던 **기운**(亏)이 **나뉘어**(八) '**평평함**', 좌우 대칭의 '**평평한**' 저울에서 '**공평함**', 물 위에 '**평평하게**' 떠 있는 **풀**(苹:부평초 평)의 초기 모양 등 학설이 많다.

	번호	부수/획수	한자	훈음	중국/일본	어휘
진흥 준5급 / 검정 5급	395 / 7급	干부 / 총5획	平	평평할 평	중국 平 / 일본 平	平野(평야) 平等(평등) 平和(평화) 平凡(평범)
진흥 3급	396 / 4급	言부 / 총12획	評	평할 평:	중국 评 / 일본 評	評價(평가) 評論(평론) 批評(비평) 評決(평결)

어구 풀이

[1]獵奇(엽기) : 비정상적이고 괴이한 일이나 사물에 흥미를 느끼고 찾아다님.
[2]干城(간성) : 방패와 성이라는 뜻으로, 나라를 지키는 믿음직한 군대나 인물을 이르는 말.
[3]彼岸(피안) : ① 사바세계 저쪽에 있는 깨달음의 세계. ② 현실적으로 존재하지 아니하는 관념적으로 생각해 낸 현실 밖의 세계.
[4]汗簡(한간) : ① 진을 뺀 대나무 조각. 예전에 종이 대신 사용하였음. ② 사서(史書)나 기록을 달리 이르는 말.
[5]東軒(동헌) : 지방 관아에서 감사(監司), 병사(兵使), 수사(水使), 수령(守令)들이 공사(公事)를 처리하던 건물.

10 확인학습

1 다음 漢字의 訓과 音을 쓰시오. (*는 3급·3급Ⅱ 고유 한자입니다.)

(1) 禮	(2) 體	(3) 辰 *	(4) 振 *
(5) 震 *	(6) 晨 *	(7) 脣 *	(8) 辱 *
(9) 去	(10) 却 *	(11) 脚 *	(12) 法
(13) 蓋 *	(14) 與	(15) 擧	(16) 譽 *
(17) 輿 *	(18) 興	(19) 學	(20) 覺
(21) 沒 *	(22) 換 *	(23) 陷 *	(24) 搜 *
(25) 寫	(26) 稻 *	(27) 獵 *	(28) 擔
(29) 干	(30) 刊 *	(31) 肝 *	(32) 岸 *
(33) 汗 *	(34) 旱 *	(35) 軒 *	(36) 平
(37) 評			

2 다음 漢字語의 讀音을 쓰시오.

(1) 禮物	(2) 體溫	(3) 辰時	(4) 振動
(5) 震怒	(6) 晨門	(7) 脣音	(8) 侮辱
(9) 去處	(10) 責却	(11) 脚本	(12) 法律
(13) 蓋瓦	(14) 與否	(15) 擧論	(16) 榮譽
(17) 輿望	(18) 興味	(19) 學科	(20) 覺書
(21) 沒頭	(22) 換錢	(23) 陷落	(24) 搜查

(25) 寫生	(26) 稻花	(27) 固體	(28) 加擔
(29) 干涉	(30) 發刊	(31) 豆乳	(32) 沿岸
(33) 發汗	(34) 旱害	(35) 軒架	(36) 平凡
(37) 批評	(38) 日辰	(39) 生辰	(40) 禮訪
(41) 儀禮	(42) 于先	(43) 干攪	(44) 獵場
(45) 禁獵	(46) 平野	(47) 斷乎	

3 다음 訓과 音을 지닌 漢字를 쓰시오. (*는 3급·3급Ⅱ 고유 한자입니다.)

(1) 가물 한 *	(2) 간 간 *	(3) 갈 거	(4) 기릴 예 *
(5) 깨달을 각	(6) 다리 각 *	(7) 더불 여	(8) 덮을 개 *
(9) 들 거	(10) 땀 한 *	(11) 떨칠 진 *	(12) 멜 담
(13) 몸 체	(14) 물리칠 각 *	(15) 바꿀 환 *	(16) 방패 간
(17) 배울 학	(18) 법 법	(19) 베낄 사	(20) 벼 도 *
(21) 별 진 *	(22) 빠질 몰 *	(23) 빠질 함 *	(24) 사냥 렵 *
(25) 새길 간 *	(26) 새벽 신 *	(27) 수레 여 *	(28) 언덕 안 *
(29) 예도 례	(30) 욕될 욕 *	(31) 우레 진 *	(32) 일 흥
(33) 입술 순 *	(34) 집 헌 *	(35) 찾을 수 *	(36) 평평할 평
(37) 평할 평			

11과 于·艮·眉·見·兎·門 모양을 가진 한자

어조사/갈 우 于

갑문	금문	소전

숨이 막혀 탄식하는 모양, 악기를 완곡하게 연주하는 모양, **기운이 위로 퍼져나가는 현상** 등으로 보며, **발어사**로 쓰이고, 뜻은 '**굽다**' '**크다**' '**가다**'로, 丂·亏·亐·兮는 자원이 같다.

시험	번호/급수	부수/획수	한자	훈음	중국/일본	단어
진흥 준3급 / 검정 3급	397 / 3급	二부 / 총3획	于	어조사 우	중국 于 / 일본 于	于先(우선) 于今(우금) ❶于歸(우귀) 于飛(우비)
진흥 준3급 / 검정 3급	398 / 3급Ⅱ	宀부 / 총6획	宇	집 우:	중국 宇 / 일본 宇	宇宙(우주) 屋宇(옥우) 氣宇(기우) ❷宇內(우내)
	399 / 3급	八부 / 총4획	兮	어조사 혜	중국 兮 / 일본 兮	父兮生我(부혜생아) 歸去來兮(귀거래혜)
	400 / 3급	水부 / 총6획	汚	더러울 오:	중국 污 / 일본 汚	汚物(오물) 汚染(오염) 汚名(오명) 貪官汚吏(탐관오리)
	401 / 3급Ⅱ	言부 / 총13획	誇	자랑할 과:	중국 夸 / 일본 誇	誇示(과시) 誇張(과장) 誇大(과대) 誇稱(과칭)
	402 / 3급	耳부 / 총13획	聘	부를 빙	중국 聘 / 일본 聘	招聘(초빙) 聘問(빙문) 聘母(빙모) 聘物(빙물)

어조사 호 乎

갑문	금문	소전

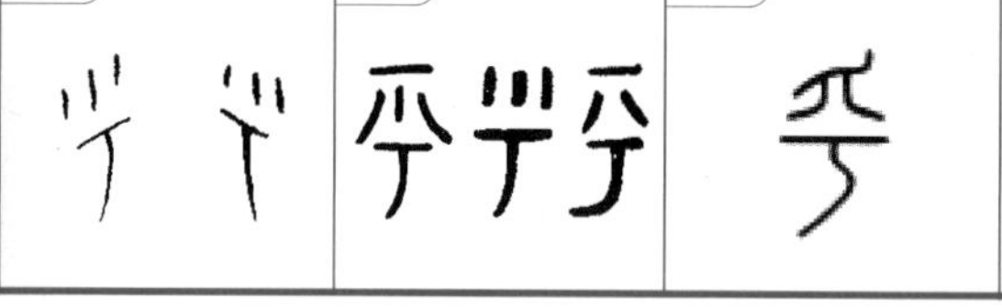

악기(丆=亇)에서 **소리**(ㄲ)가 나옴, 또는 **길게 나는 소리**를 뜻하며 의문 '**어조사**'로 쓰인다.

시험	번호/급수	부수/획수	한자	훈음	중국/일본	단어
진흥 준3급 / 검정 3급	403 / 3급	丿부 / 총5획	乎	어조사 호	중국 乎 / 일본 乎	斷乎(단호) ❸確乎(확호) * 의문, 영탄, 반어, 호격의 조사.
진흥 4급 / 검정 준3급	404 / 4급Ⅱ	口부 / 총8획	呼	부를 호	중국 呼 / 일본 呼	呼出(호출) 呼名(호명) 呼吸(호흡) 呼稱(호칭)

괘이름/그칠 간 艮

금문	소전

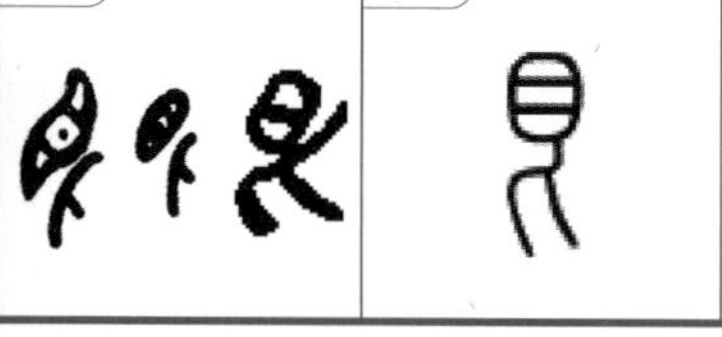

화가 난 **눈**(目)으로 **사람**(匕)이 **돌려봄**(目)에서 **나아가지 못함**, 서로 '**거스름**', 관계가 '**그침**'으로, 나아가지 못함을 뜻하는 '**간괘**(艮卦)'의 이름으로 쓰인다.

시험	번호/급수	부수/획수	한자	훈음	중국/일본	단어
	405 / 3급Ⅱ	心부 / 총17획	懇	간절할 간:	중국 恳 / 일본 懇	懇切(간절) 懇請(간청) 懇求(간구) 懇談會(간담회)
진흥 4급 / 검정 4급	406 / 4급Ⅱ	目부 / 총11획	眼	눈 안:	중국 眼 / 일본 眼	眼球(안구) 眼科(안과) 眼下無人(안하무인) * 眠(잘 면)
진흥 5급 / 검정 준4급	407 / 6급	木부 / 총10획	根	뿌리 근	중국 根 / 일본 根	根性(근성) 根本(근본) 根據(근거) 根源(근원)
진흥 5급 / 검정 5급	408 / 6급	金부 / 총14획	銀	은 은	중국 银 / 일본 銀	銀行(은행) 銀盤(은반) 銀賞(은상) 銀幕(은막)

시험 급수	번호/급수	부수/획수	한자	훈음	중국/일본	어휘
진흥 4급 검정 4급	409 4급Ⅱ	辵부 총10획	退	물러갈 퇴:	중국 退 일본 退	退却(퇴각) 退院(퇴원) 退勤(퇴근) 退任(퇴임)
진흥 준3급 검정 3급	410 4급	心부 총9획	恨	한(원망) 한:	중국 恨 일본 恨	恨歎(한탄) 怨恨(원한) 悔恨(회한) 徹天之恨(철천지한)
진흥 4급 검정 4급	411 4급Ⅱ	阜부 총9획	限	한할/막을 한:	중국 限 일본 限	限定(한정) 限界(한계) 上限(상한) 制限(제한)

어질 량 良

갑문	금문	소전

집과 집을 이어주는 **회랑 같은 통로** 모양으로 다니기 **'편한'** 데서 **'좋다'**의 뜻으로 쓰인다.

시험 급수	번호/급수	부수/획수	한자	훈음	중국/일본	어휘
진흥 준4급 검정 준4급	412 5급	艮부 총7획	良	어질/좋을 량	중국 良 일본 良	良心(양심) 良好(양호) 良民(양민) 良藥(양약)
진흥 준3급 검정 3급	413 3급Ⅱ	水부 총10획	浪	물결 랑:	중국 浪 일본 浪	浪費(낭비) 浪說(낭설) 風浪(풍랑) 激浪(격랑)
진흥 준3급 검정 3급	414 3급Ⅱ	邑부 총10획	郎	사내 랑	중국 郎 일본 郎	郎子(낭자) 新郎(신랑) 郎君(낭군) 花郎徒(화랑도)
	415 3급Ⅱ	广부 총13획	廊	행랑/사랑채 랑	중국 廊 일본 廊	行廊(행랑) 畫廊(화랑) 回廊(회랑) 舍廊房(사랑방)
검정 4급	416 5급	月부 총11획	朗	밝을 랑:	중국 朗 일본 朗	朗報(낭보) 朗讀(낭독) 明朗(명랑) 朗誦(낭송)
진흥 3급	417 3급Ⅱ	女부 총10획	娘	계집(아가씨) 낭	중국 娘 일본 娘	娘子(낭자) ❹娘家(낭가) 娘子軍(낭자군) ❺娘娘(낭낭)
진흥 7급 검정 7급	418 6급	目부 총5획	目	눈 목	중국 目 일본 目	부수 글자로 눈의 상형자. 目的(목적) 科目(과목) 題目(제목)
진흥 4급 검정 준3급	419 4급	目부 총9획	看	볼 간	중국 看 일본 看	손으로 해를 가리며 보는 모습. 看過(간과) 看病(간병) 看品(간품)

눈썹 미 眉

갑문	금문	소전
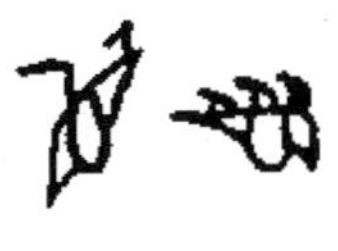		

눈썹(尸)이 **눈**(目) 위에 있는 모양으로, **'눈썹'**을 뜻한다.

번호/급수	부수/획수	한자	훈음	중국/일본	어휘
420 3급	目부 총9획	眉	눈썹 미	중국 眉 일본 眉	眉間(미간) 白眉(백미) ❻眉壽(미수) 眉雪(미설)

어구 풀이

❶于歸(우귀) : ① 전통 혼례에서, 대례(大禮)를 마치고 3일 후 신부가 처음으로 시집에 들어감. ② 시집을 감.
❷宇內(우내) : 천하(天下). 온 세계.
❸確乎(확호) : 아주 든든하고 굳셈.
❹娘家(낭가) : 어머니의 친정.
❺娘娘(낭낭) : ① 어머니. ② 왕비(王妃). 황후(皇后).
❻眉壽(미수) : 눈썹이 세도록 오래 삶. 축수(祝壽)할 때에 쓰는 말.

방패 순	갑문	금문	소전	
盾		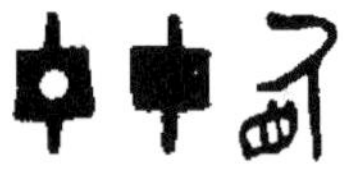	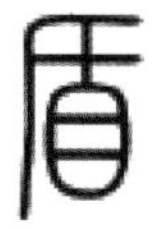	사람(亻=厂[끌 예])이 **방패**(十)를 들고 **눈**(目)으로 살펴, 칼이나 화살을 막는 '**방패**'를 뜻한다.

421 3급	彳부 총12획	循	돌 순	중국 循 일본 循	循行(순행) 循環(순환) ❶循守(순수) ❷循良(순량)	

볼견/뵈올현	갑문	금문	소전	
見				**눈**(目)으로 자세히 보는 **사람**(儿)에서 '**보거나**' '**감상함**'을 뜻한다.

진흥 5급 검정 5급	422 5급	見부 총7획	見	볼 견: 뵈올 현:	중국 见 일본 見		見聞(견문) 見本(견본) 見利思義(견리사의) ❸謁見(알현)
진흥 준4급 검정 준4급	423 6급	玉부 총11획	現	나타날 현:	중국 现 일본 現		現實(현실) 現金(현금) 現代(현대) 現在(현재)
진흥 준3급 검정 4급	424 5급	見부 총11획	規	법 규	중국 规 일본 規	콤파스[夫]와 見자의 합으로, '원' '규칙'이란 뜻임.	規格(규격) 規則(규칙) 規律(규율)
진흥 준4급 검정 4급	425 4급Ⅱ	見부 총12획	視	볼 시:	중국 视 일본 視		視力(시력) 視覺(시각) 視察(시찰) 視聽覺(시청각)
진흥 5급 검정 5급	426 6급	見부 총16획	親	친할 친	중국 亲 일본 親		親舊(친구) 親切(친절) 親善(친선) 父親(부친) 新(새 신)
	427 3급Ⅱ	宀부 총15획	寬	너그러울 관	중국 宽 일본 寛	집[宀]에 작은 뿔과 토끼 꼬리 모양을 가진 짐승이 있는, 넓고 큰집을 말함.	寬大(관대) 寬容(관용)
	428 3급	龜부 총16획	龜	지명 구 거북 귀 터질 균	중국 龟 일본 亀	부수 글자.	龜尾市(구미시) ❹龜甲(귀갑) 龜裂(균열)

토끼 토	갑문	금문	소전	
兔				긴 **두 귀**(刀)와 **머리**(囗) **두 다리**(儿)에 짧은 **꼬리**(丶)를 가진 토끼의 상형으로 '**토끼**'를 뜻한다.

	429 3급Ⅱ	儿부 총8획	兔	토끼 토	중국 兔 일본 兎	白兔(백토) 兔月(토월) 養兔(양토) 兔皮(토피) ㊗ 兎
진흥 3급	430 3급Ⅱ	辵부 총12획	逸	편안할 일	중국 逸 일본 逸	安逸(안일) ❺逸脫(일탈) 逸品(일품) 獨逸(독일)

어구 풀이

❶循守(순수) : 전례나 규칙, 명령 따위를 그대로 좇아서 지킴. 준수(遵守).
❷循良(순량) : 순진하고 선량함.
❸謁見(알현) : (지체 높은 사람을) 찾아뵘.
❹龜甲(귀갑) : 거북의 등딱지.
❺逸脫(일탈) : ① (어떤 사상이나 조직·규범 등에서) 벗어남. 빠져 나감. ② (잘못하여) 빠뜨림.

免 면할 면

갑문	금문	소전
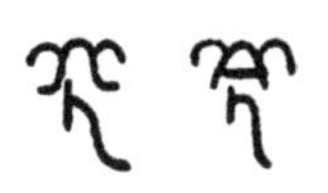	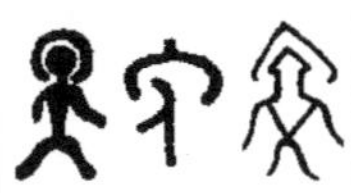	

'**관**'을 **쓴** 임금이나 벼슬한 **사람**(儿)으로, 후에 관을 벗어 일을 쉬게 함에서 '**사면**' '**벗어남**' '**면함**'으로 쓰였다.

파자 **토끼**(兔)가 **꼬리**(丶)가 보이지 않게 도망가 죽음을 '**면함**'이라 한다.

진흥/검정	번호	급수	부수/획수	한자	훈	음	중국/일본	어휘
진흥 준3급 / 검정 3급	431	3급II	儿부 총7획	免	면할	면:	중국 免 / 일본 免	免稅(면세) 免除(면제) 免職(면직) 免罪符(면죄부)
진흥 준3급 / 검정 3급	432	4급	力부 총9획	勉	힘쓸	면:	중국 勉 / 일본 勉	勤勉(근면) 勉學(면학) 勉勵(면려) 勸勉(권면)
진흥 준3급 / 검정 3급	433	3급II	日부 총11획	晩	늦을	만:	중국 晚 / 일본 晩	晩春(만춘) 晩成(만성) ❻晩鍾(만종) 晩時之歎(만시지탄)

門 문 문

갑문	금문	소전
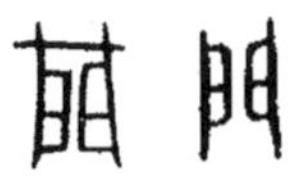		

한 쌍으로 된 **문**(門)의 형상으로 대부분 '**문**'과 관계되며 '**집안**'을 뜻하기도 한다.

진흥/검정	번호	급수	부수/획수	한자	훈	음	중국/일본	어휘
진흥 8급 / 검정 8급	434	8급	門부 총8획	門	문	문	중국 门 / 일본 門	門前(문전) 大門(대문) 窓門(창문) 門前成市(문전성시)
진흥 준5급 / 검정 5급	435	7급	口부 총11획	問	물을	문:	중국 问 / 일본 問	問題(문제) 問病(문병) 問答(문답) 質問(질문)
진흥 5급 / 검정 5급	436	6급	耳부 총14획	聞	들을	문(:)	중국 闻 / 일본 聞	新聞(신문) 見聞(견문) ❼聽聞(청문) 聞一知十(문일지십)
진흥 5급 / 검정 5급	437	6급	門부 총12획	開	열	개	중국 开 / 일본 開	開放(개방) 開業(개업) 開通(개통) 開天節(개천절)
진흥 준3급 / 검정 3급	438	4급	門부 총11획	閉	닫을	폐:	중국 闭 / 일본 閉	閉幕(폐막) 閉會(폐회) 閉業(폐업) 閉校(폐교)
진흥 준5급 / 검정 5급	439	7급	門부 총12획	間	사이	간(:)	중국 间 / 일본 間	間食(간식) 時間(시간) 間接(간접) 晝間(주간)
	440	4급	竹부 총18획	簡	간략할/대쪽	간(:)	중국 简 / 일본 簡	簡便(간편) 簡潔(간결) ❽簡紙(간지) 簡易驛(간이역)
진흥 준3급 / 검정 3급	441	4급	門부 총12획	閑	한가할	한	중국 闲 / 일본 閑	閑暇(한가) 閑寂(한적) 閑良(한량) 閑談(한담)
	442	3급	門부 총12획	閏	윤달	윤:	중국 闰 / 일본 閏	閏年(윤년) 閏月(윤월) ❾閏餘(윤여) ❿閏集(윤집)
	443	3급II	水부 총15획	潤	불을/윤택할	윤:	중국 润 / 일본 潤	潤澤(윤택) 潤氣(윤기) 利潤(이윤) 潤筆(윤필)

어구 풀이

❻晩鍾(만종) : 저녁 때 절이나 교회 따위에서 치는 종.
❼聽聞(청문) : ① 들리는 소문. ② 설교나 연설 따위를 들음. ③ 남의 이목(耳目).
❽簡紙(간지) : 두껍고 품질이 좋은 편지지.
❾閏餘(윤여) : 실지의 한 해가 달력상의 한 해보다 많은 나머지 부분.
❿閏集(윤집) : 원본에서 빠진 글을 따로 모아 엮은 문집.

1 다음 漢字의 訓과 音을 쓰시오. (*는 3급·3급II 고유 한자입니다.)

(1) 于 *	(2) 宇 *	(3) 兮 *	(4) 汚 *
(5) 誇 *	(6) 聘 *	(7) 乎 *	(8) 呼
(9) 懇 *	(10) 眼	(11) 根	(12) 銀
(13) 退	(14) 恨	(15) 限	(16) 良
(17) 浪 *	(18) 郎 *	(19) 廊 *	(20) 朗
(21) 娘 *	(22) 目	(23) 看	(24) 眉 *
(25) 循 *	(26) 見	(27) 現	(28) 規
(29) 視	(30) 親	(31) 寬 *	(32) 龜 *
(33) 兎 *	(34) 逸 *	(35) 免 *	(36) 勉
(37) 晩 *	(38) 門	(39) 問	(40) 聞
(41) 開	(42) 閉	(43) 間	(44) 簡
(45) 閑	(46) 閏 *	(47) 潤 *	

2 다음 漢字語의 讀音을 쓰시오.

(1) 于今	(2) 宇宙	(3) 來兮	(4) 汚染
(5) 誇大	(6) 招聘	(7) 斷乎	(8) 呼稱
(9) 懇切	(10) 眼球	(11) 根源	(12) 銀行
(13) 退任	(14) 悔恨	(15) 限界	(16) 良好
(17) 風浪	(18) 新郎	(19) 畫廊	(20) 明朗
(21) 娘子	(22) 科目	(23) 看病	(24) 眉間
(25) 循行	(26) 見聞	(27) 現在	(28) 規律

(29) 視覺 (30) 親舊 (31) 寬容 (32) 龜裂
(33) 兔月 (34) 逸脫 (35) 免職 (36) 勸勉
(37) 晩成 (38) 門前 (39) 質問 (40) 聽聞
(41) 開放 (42) 閉業 (43) 間接 (44) 簡便
(45) 閑談 (46) 閏年 (47) 潤氣

3 다음 訓과 音을 지닌 漢字를 쓰시오. (*는 3급·3급II 고유 한자입니다.)

(1) 간략할 간 (2) 간절할 간 * (3) 지명 구 * (4) 계집 낭 *
(5) 나타날 현 (6) 너그러울 관 * (7) 눈 목 (8) 눈 안
(9) 눈썹 미 * (10) 늦을 만 * (11) 닫을 폐 (12) 더러울 오 *
(13) 돌 순 * (14) 들을 문 (15) 한할 한 (16) 면할 면 *
(17) 문 문 (18) 물결 랑 * (19) 물러갈 퇴 (20) 물을 문
(21) 밝을 랑 (22) 법 규 (23) 볼 간 (24) 볼 견
(25) 볼 시 (26) 부를 빙 * (27) 부를 호 (28) 불을 윤 *
(29) 뿌리 근 (30) 사내 랑 * (31) 사이 간 (32) 어조사 우 *
(33) 어조사 혜 * (34) 어조사 호 * (35) 어질 량 (36) 열 개
(37) 윤달 윤 * (38) 은 은 (39) 자랑할 과 * (40) 집 우 *
(41) 친할 친 (42) 토끼 토 * (43) 편안할 일 * (44) 한 한
(45) 한가할 한 (46) 행랑 랑 * (47) 힘쓸 면

12과 甘·其·同·勿 모양을 가진 한자

달 감 甘

갑문  금문 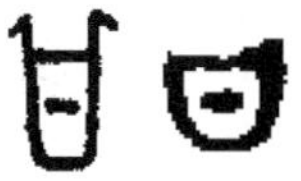 소전 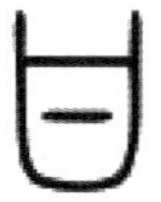

입(口) 안에 맛있는 **음식**(一)을 표현하여 **'달고' '맛있는'** 음식을 뜻한다.

시험	번호/급수	부수/획수	한자	훈음	중국/일본	어휘
진흥 준4급 검정 4급	444 4급	甘부 총5획	甘	달 감	중국 甘 일본 甘	甘味(감미) 甘草(감초) 甘露(감로) 甘言利說(감언이설)
진흥 3급	445 3급	木부 총9획	某	아무 모:	중국 某 일본 某	나무〔木〕 위의 단 열매 즉, 매실을 뜻하나, 음만 빌어 쓰고 뜻은 '아무'임. / 某時(모시) 某國(모국)
	446 3급II	言부 총16획	謀	꾀 모	중국 谋 일본 謀	謀陷(모함) 謀略(모략) 謀事(모사) 逆賊謀議(역적모의)
	447 3급II	女부 총12획	媒	중매 매	중국 媒 일본 媒	仲媒(중매) 觸媒(촉매) ❶冷媒(냉매) 媒介體(매개체)

그 기 其

갑문 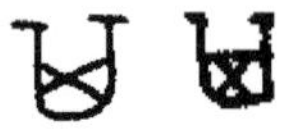 금문  소전 

키(⊠)와 **받침대**(丌=亓)를 그려 **키**(箕)를 뜻하다, **일정한 장소**에 두는 **'키'**에서 **'그'**로 쓰였다.
※ 䒑(소전). ⊠(고문)

시험	번호/급수	부수/획수	한자	훈음	중국/일본	어휘
진흥 4급 검정 4급	448 3급II	八부 총8획	其	그 기	중국 其 일본 其	其他(기타) 其間(기간) 各其(각기) 及其也(급기야)
진흥 준4급 검정 4급	449 5급	土부 총11획	基	터 기	중국 基 일본 基	基本(기본) 基礎(기초) 基準(기준) 基地(기지)
진흥 준4급 검정 4급	450 5급	月부 총12획	期	기약 기	중국 期 일본 期	期間(기간) 期待(기대) 時期(시기) 學期(학기)
진흥 3급	451 3급	欠부 총12획	欺	속일 기	중국 欺 일본 欺	欺弄(기롱) 詐欺(사기) ❷欺罔(기망) 欺人(기인)
진흥 준3급 검정 5급	452 7급	方부 총14획	旗	기/깃발 기	중국 旗 일본 旗	旗手(기수) 軍旗(군기) 國旗(국기) 太極旗(태극기)
진흥 준3급 검정 3급	453 3급	匚부 총4획	匹	짝 필	중국 匹 일본 匹	감추어 둔〔匚〕 천을 나누면〔八〕 서로 '짝'이 됨을 말함. / 配匹(배필) 匹夫匹婦(필부필부)

심할 심 甚

금문 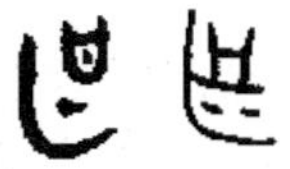 소전 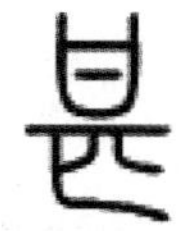

달콤하고(甘) 즐겁게 서로 **짝**(匹)이 맞아 노는 데 **빠짐**에서 **'심하다'**가 뜻이 된다.

시험	번호/급수	부수/획수	한자	훈음	중국/일본	어휘
진흥 준3급 검정 3급	454 3급II	甘부 총9획	甚	심할 심:	중국 什 일본 甚	甚至於(심지어) 極甚(극심) 甚惡(심악) 激甚(격심)

어구 풀이
❶冷媒(냉매) : 냉동기 따위에서, 저온 물체로부터 고온 물체로 열을 끌어가는 매체.
❷欺罔(기망) : 남을 속여 넘김. 기만(欺瞞).

敢 감히/구태여 감

갑문	금문	소전
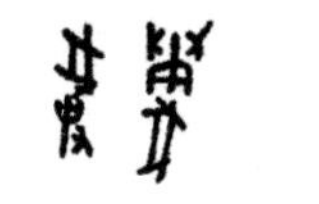	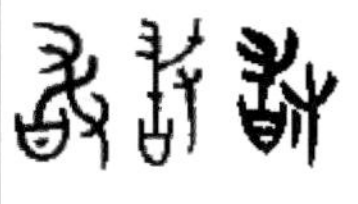	

무기를 들고 사냥하는 모양, 두 손으로 서로 다투는 모양, 과감히 입으로 무는 모양 등으로 **'감히'** **'용감함'**을 뜻한다.

파자 제물 **만들**(工) 짐승의 **귀**(耳)를 **쳐서**(攵) **'감히' '용감하게'** 잡음.

급수	번호/급	부수/획수	한자	훈음	중국/일본	용례
흥 준3급 / 정 3급	455 / 4급	攴부 총12획	敢	구태여/감히 감:	중국 敢 / 일본 敢	果敢(과감) 敢行(감행) 勇敢(용감) 敢不生心(감불생심)
흥 준3급 / 정 3급	456 / 4급	口부 총20획	嚴	엄할 엄	중국 严 / 일본 厳	嚴格(엄격) 嚴禁(엄금) 嚴冬(엄동) 嚴正中立(엄정중립)
흥 준3급 / 정 3급	457 / 3급Ⅱ	山부 총23획	巖	바위 암	중국 岩 / 일본 岩	巖石(암석) 巖盤(암반) 奇巖(기암) 巖刻畫(암각화)

同 한 가지 동

갑문	금문	소전
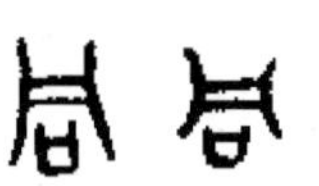	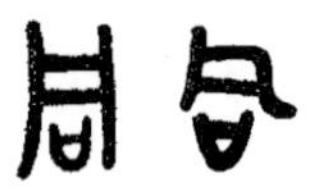	

큰 돌을 들어 **여럿이**(凡=冃) 우물 **입구**(口)를 **덮는**(冃) 모양, **많은**(凡) 사람의 **입**(口), **그릇**(口)을 **덮은**(凡) 모양 등 학설이 많으나, 다 **'함께' '한 가지'**라는 공통의 뜻을 갖는다.

급수	번호/급	부수/획수	한자	훈음	중국/일본	용례
흥 6급 / 정 준5급	458 / 7급	口부 총6획	同	한가지 동	중국 同 / 일본 同	同甲(동갑) 同居(동거) 合同(합동) 同苦同樂(동고동락)
흥 준5급 / 정 5급	459 / 7급	水부 총9획	洞	골 동: / 밝을 통:	중국 洞 / 일본 洞	洞里(동리) 洞長(동장) 洞觀(통관) 洞察(통찰)
흥 3급	460 / 4급Ⅱ	金부 총14획	銅	구리 동	중국 铜 / 일본 銅	銅錢(동전) 銅賞(동상) 青銅器(청동기) 銅鏡(동경)
흥 6급 / 정 준5급	461 / 6급	口부 총6획	向	향할 향:	중국 向 / 일본 向	집과 창문 모양으로, 환기구가 북쪽을 향한 데서 '향하다'란 뜻이 됨. 向上(향상) 向方(향방)

쉬어가기

속담과 한자 성어

■ 가재는 게 편 → 類類相從(유유상종)
됨됨이나 형편이 비슷한 사람끼리 어울리게 되어 서로 사정을 보아 준다는 말이다.

■ 망둥이가 뛰니까 꼴뚜기도 뛴다 → 附和雷同(부화뇌동)
줏대 없이 굴거나 남의 행동에 편승하여 덩달아 설치는 사람을 가리킨다. 즉, 제 분수를 모르고 남이 하는 대로 따라하는 상황을 말하는 속담이다.

■ 홀아비 사정은 과부가 안다 → 同病相憐(동병상련)
어려운 처지에 있는 사람끼리 서로 헤아릴 수 있다는 의미이다.

■ 언 발에 오줌 누기 → 姑息之計(고식지계), 臨機應變(임기응변)
근본적인 해결책이 아닌, 임시변통의 계책을 말한다. 언 발을 녹이려고 오줌을 누면 잠시 동안은 언 것이 녹을지 모르지만, 나중에는 그 오줌까지 얼게 될 것이니, 일시적 효과는 있으나 곧 더욱 해로운 결과를 초래하게 됨을 이르는 말이다.

오히려 상 尙

금문	소전
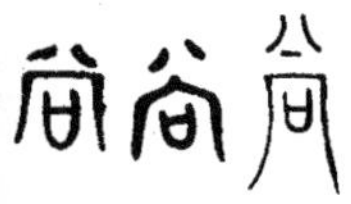	

창밖을 **향하여**(向=向) 연기가 **나뉘어**(丷) 위로 오르는 데서 '**오히려**' '**높아**' '**위**'를 뜻한다.

파자 **작고**(小) 좁은 **창 위 지붕**(向=冋)이 땅보다 '**오히려**' '**높아**' '**위**'를 뜻함.

급수	번호/급	부수/획수	한자	훈음	중국/일본	어휘
진흥 준3급 검정 3급	462 3급Ⅱ	小부 총8획	尙	오히려/숭상 상(:)	중국 尚 일본 尚	尙古(상고) 尙武(상무) ❶尙宮(상궁) 崇尙(숭상)
진흥 준4급 검정 4급	463 4급Ⅱ	巾부 총11획	常	떳떳할 상	중국 常 일본 常	正常(정상) 恒常(항상) 常識(상식) 常綠樹(상록수)
	464 3급Ⅱ	衣부 총14획	裳	치마 상	중국 裳 일본 裳	衣裳(의상) 綠衣紅裳(녹의홍상) 同價紅裳(동가홍상)
	465 3급	口부 총14획	嘗	맛볼/일찍 상	중국 尝 일본 嘗	嘗味(상미) 嘗試(상시) ❷嘗藥(상약)
진흥 준4급 검정 4급	466 5급	貝부 총15획	賞	상줄 상	중국 赏 일본 賞	賞金(상금) 賞品(상품) 賞罰(상벌) ❸觀賞魚(관상어)
진흥 3급 검정 4급	467 3급Ⅱ	人부 총17획	償	갚을 상	중국 偿 일본 償	報償(보상) 辨償(변상) 償還(상환) 減價償却(감가상각)
진흥 5급 검정 준4급	468 6급	土부 총11획	堂	집 당	중국 堂 일본 堂	別堂(별당) 書堂(서당) 法堂(법당) ❹堂姪(당질)
진흥 5급 검정 5급	469 5급	田부 총13획	當	마땅 당	중국 当 일본 当	當然(당연) 當面(당면) 當局(당국) 當選(당선)
진흥 3급	470 4급Ⅱ	黑부 총20획	黨	무리 당	중국 党 일본 党	黨派(당파) 黨首(당수) 黨爭(당쟁) 黨利黨略(당리당략)
	471 3급Ⅱ	手부 총12획	掌	손바닥 장:	중국 掌 일본 掌	❺車掌(차장) 掌骨(장골) 合掌(합장) 仙人掌(선인장)

말 물 勿

갑문	금문	소전
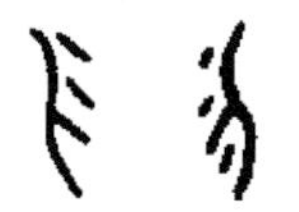		

쟁기와 흙덩이, 활줄의 울림, 깃대에 단 '**금지**'를 알리는 장식, **칼**(刀)로 제물을 잘게 **자른 모양**과 피, 함부로 쓰지 못하는 칼 등에서 '**부정**'을 뜻하여 '**말다**' '**없다**' 등의 학설이 있다.

급수	번호/급	부수/획수	한자	훈음	중국/일본	어휘
진흥 준3급 검정 3급	472 3급Ⅱ	勹부 총4획	勿	말 물	중국 勿 일본 勿	勿論(물론) 勿忘草(물망초) ❻勿侵(물침)
진흥 준5급 검정 5급	473 7급	牛부 총8획	物	물건/만물 물	중국 物 일본 物	物件(물건) 物體(물체) 萬物(만물) 物品(물품)
	474 3급Ⅱ	心부 총8획	忽	갑자기/문득 홀	중국 忽 일본 忽	忽然(홀연) 忽視(홀시) 忽待(홀대) 忽微(홀미)
진흥 4급 검정 준3급	475 4급	土부 총7획	均	고를 균	중국 均 일본 均	匀은 고루 나눈다는 뜻임. / 均等(균등) 平均(평균) 均田(균전)

어구 풀이 ❶尙宮(상궁) : ① 고려 시대에, 내명부 가운데 여관(女官)의 하나. ② 조선 시대에, 내명부의 하나인 여관의 정오품 벼슬.

易 바꿀 역 / 쉬울 이

갑문	금문	소전
	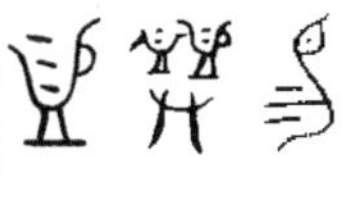	

위의 **그릇**(日)에서 아래로 '**쉽게**' **흘려**(勿) 보내 그릇을 '**바꾸는**' 모습.

파자 **해**(日)가 져서 **없어**(勿)져 '**쉽게**' '**바뀜**'.

진흥/검정	번호	급수	부수·획수	한자	훈음	중국	일본	어휘
진흥 준3급 / 검정 3급	476	4급	日부 총8획	易	바꿀 역 / 쉬울 이	易	易	交易(교역) 易地思之(역지사지) 容易(용이) 安易(안이)
	477	3급	貝부 총15획	賜	줄 사:	赐	賜	下賜(하사) 賜藥(사약) ❼特賜(특사) 賜田(사전)

昜 볕 / 해 양

갑문	금문	소전

해(日)아래 높이 세운 **장대**(丂) 아래에 **햇살**(勿)을 그려 **밝은 태양**의 '**볕**'을 뜻한다.

파자 **해**(日) 아래 **한**(一) 점의 구름도 **없어**(勿) '**별**'이 '**빛남**'.

진흥/검정	번호	급수	부수·획수	한자	훈음	중국	일본	어휘
진흥 5급 / 검정 준4급	478	6급	阜부 총12획	陽	볕 양	阳	陽	太陽(태양) 陽地(양지) 夕陽(석양) 陽曆(양력)
진흥 준3급 / 검정 3급	479	3급Ⅱ	手부 총12획	揚	날릴 양	扬	揚	讚揚(찬양) ❽揚名(양명) ❾宣揚(선양) 意氣揚揚(의기양양)
	480	3급	木부 총13획	楊	버들 양	杨	楊	楊柳(양류) 白楊(백양) 水楊(수양) 垂楊(수양)
진흥 준5급 / 검정 5급	481	7급	土부 총12획	場	마당 장	场	場	場所(장소) 場面(장면) 開場(개장) 運動場(운동장)
진흥 준5급 / 검정 3급	482	4급	肉부 총13획	腸	창자 장:	肠	腸	胃腸(위장) 腸炎(장염) 大腸(대장) 十二指腸(십이지장)
	483	3급	日부 총14획	暢	화창할 창:	畅	暢	和暢(화창) 流暢(유창) ❿暢達(창달) 暢適(창적)
	484	3급	水부 총12획	湯	끓을 탕:	汤	湯	湯藥(탕약) 湯液(탕액) 湯器(탕기) ⓫湯元味(탕원미)
진흥 준3급 / 검정 3급	485	4급	人부 총13획	傷	다칠/상할 상	伤	傷	傷處(상처) 傷害(상해) 重傷(중상) 負傷(부상)
진흥 8급 / 검정 8급	486	8급	日부 총4획	日	날 일	日	日	日記(일기) 日氣(일기) 日月(일월) 日刊(일간)

어구 풀이

❷嘗藥(상약) : ① 병자, 특히 앓아 누운 임금이나 부모에게 약을 올릴 때 먼저 맛을 보는 일. ② 약을 먹거나 마심.
❸觀賞魚(관상어) : 보면서 즐기기 위하여 기르는 물고기. 금붕어, 열대어, 비단잉어 등.
❹堂姪(당질) : 종형제의 아들인 '종질'을 친근하게 이르는 말.
❺車掌(차장) : 기차나 버스 따위에서, 발차 신호나 승객의 안내 등 차 안의 일을 맡아 보는 승무원.
❻勿侵(물침) : 건드리지 못하도록 함. 침범하지 못하게 말림.
❼特賜(특사) : (임금이 신하에게) 특별히 무엇을 내림.
❽揚名(양명) : 이름을 떨침. 가명(家名)을 높임.
❾宣揚(선양) : 널리 떨침.
❿暢達(창달) : ① 구김살 없이 펴거나 자람. ② 의견·주장 등을 막힘이 없이 표현하고 전달함. 통달(通達).
⓫湯元味(탕원미) : 지난날, 초상집에 쑤어 보내던 죽.

12 확인학습

1 다음 漢字의 訓과 音을 쓰시오. (*는 3급·3급II 고유 한자입니다.)

(1) 甘 [ ]　(2) 某 [*]　(3) 謀 [*]　(4) 媒 [*]
(5) 其 [*]　(6) 基 [ ]　(7) 期 [ ]　(8) 欺 [*]
(9) 旗 [ ]　(10) 匹 [*]　(11) 甚 [*]　(12) 敢 [ ]
(13) 嚴 [ ]　(14) 巖 [*]　(15) 同 [ ]　(16) 洞 [ ]
(17) 銅 [ ]　(18) 向 [ ]　(19) 尚 [*]　(20) 常 [ ]
(21) 裳 [*]　(22) 嘗 [*]　(23) 賞 [ ]　(24) 償 [*]
(25) 堂 [ ]　(26) 當 [ ]　(27) 黨 [ ]　(28) 掌 [*]
(29) 勿 [*]　(30) 物 [ ]　(31) 忽 [*]　(32) 均 [ ]
(33) 易 [ ]　(34) 賜 [*]　(35) 陽 [ ]　(36) 揚 [*]
(37) 楊 [*]　(38) 場 [ ]　(39) 腸 [ ]　(40) 暢 [*]
(41) 湯 [*]　(42) 傷 [ ]　(43) 日 [ ]

2 다음 漢字語의 讀音을 쓰시오.

(1) 甘草 [ ]　(2) 某國 [ ]　(3) 謀略 [ ]　(4) 觸媒 [ ]
(5) 其間 [ ]　(6) 基準 [ ]　(7) 學期 [ ]　(8) 詐欺 [ ]
(9) 國旗 [ ]　(10) 配匹 [ ]　(11) 激甚 [ ]　(12) 勇敢 [ ]
(13) 嚴冬 [ ]　(14) 巖盤 [ ]　(15) 同居 [ ]　(16) 洞察 [ ]
(17) 銅賞 [ ]　(18) 向上 [ ]　(19) 尚宮 [ ]　(20) 常識 [ ]
(21) 衣裳 [ ]　(22) 嘗試 [ ]　(23) 賞品 [ ]　(24) 報償 [ ]

(25) 法堂	(26) 當然	(27) 黨爭	(28) 合掌
(29) 勿論	(30) 物品	(31) 忽待	(32) 平均
(33) 容易	(34) 特賜	(35) 陽曆	(36) 讚揚
(37) 水楊	(38) 開場	(39) 腸炎	(40) 和暢
(41) 湯液	(42) 傷處	(43) 日刊	

3 다음 訓과 音을 지닌 漢字를 쓰시오. (*는 3급·3급II 고유 한자입니다.)

(1) 갑자기 홀 *	(2) 갚을 상 *	(3) 고를 균	(4) 골 동
(5) 구리 동	(6) 구태여 감	(7) 그 기 *	(8) 기 기
(9) 기약 기	(10) 꾀 모 *	(11) 끓을 탕 *	(12) 날 일
(13) 날릴 양 *	(14) 다칠 상	(15) 달 감	(16) 떳떳할 상
(17) 마당 장	(18) 마땅 당	(19) 말 물 *	(20) 맛볼 상 *
(21) 무리 당	(22) 물건 물	(23) 바꿀 역	(24) 바위 암 *
(25) 버들 양 *	(26) 볕 양	(27) 상줄 상	(28) 속일 기 *
(29) 손바닥 장 *	(30) 심할 심 *	(31) 아무 모 *	(32) 엄할 엄
(33) 오히려 상 *	(34) 줄 사 *	(35) 중매 매 *	(36) 집 당
(37) 짝 필 *	(38) 창자 장	(39) 치마 상 *	(40) 터 기
(41) 한가지 동	(42) 향할 향	(43) 화창할 창 *	

아침 단 旦

갑문 / 금문 / 소전

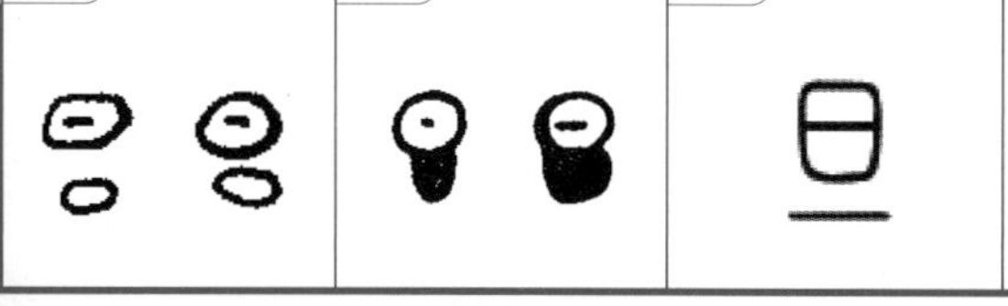

태양(日)이 지평선(一)에서 떠오르는 '아침'을 뜻한다.

참고 (亩; 亩·亩쌀광 름) 높게(亠) 사방을 둘러싸고(回) 곡식을 보관하는 '쌀광' '창고'를 뜻한다.

					중국/일본	단어
	487 / 3급Ⅱ	日부 / 총5획	旦	아침 단	중국 旦 / 일본 旦	一旦(일단) 元旦(원단: 새해 첫날) 旦夕(단석)
진흥 준3급 / 검정 3급	488 / 3급Ⅱ	人부 / 총7획	但	다만 단:	중국 但 / 일본 但	但書(단서) 但只(단지: 다만, 한갓)
진흥 준3급 / 검정 4급	489 / 5급	土부 / 총16획	壇	단/제터 단	중국 坛 / 일본 壇	亶은 높이 쌓은 제단이나 창고에 旦(단) 음이 합쳐져 만들어진 글자임. 敎壇(교단) 花壇(화단)
	490 / 4급Ⅱ	木부 / 총17획	檀	박달나무 단	중국 檀 / 일본 檀	檀君(단군) 檀紀(단기: 단군기원의 줄임말)

얻을 득 得

갑문 / 금문 / 소전

길(彳)을 다니며 재물(貝=旦)을 손(寸)으로 구하는 데서 '얻다' '이득'을 뜻한다.

파자 걸어(彳)다니며 아침(旦)부터 한 마디(寸) 땔감이라도 '얻어' 구해옴.

					중국/일본	단어
진흥 4급 / 검정 준3급	491 / 4급Ⅱ	彳부 / 총11획	得	얻을 득	중국 得 / 일본 得	得點(득점) 所得(소득) 利得(이득) 得失(득실)

어두울 명 冥

갑문 / 석문 / 소전

덮여진(冖) 달·별 등 해(日)처럼, 빛나는 물건을 두 손(廾=大=六)으로 가리는데서 '어둡다'를 뜻한다.

파자 어둠에 덮여(冖) 해(日)가 저무는 오후 여섯(六)시 경에서 '어둡다'를 뜻한다.

					중국/일본	단어
	492 / 3급	冖부 / 총10획	冥	어두울 명	중국 冥 / 일본 冥	冥福(명복) 冥想(명상) 冥助(명조) 冥王星(명왕성)

뻗칠 긍/베풀 선 亘

갑문 / 금문 / 소전

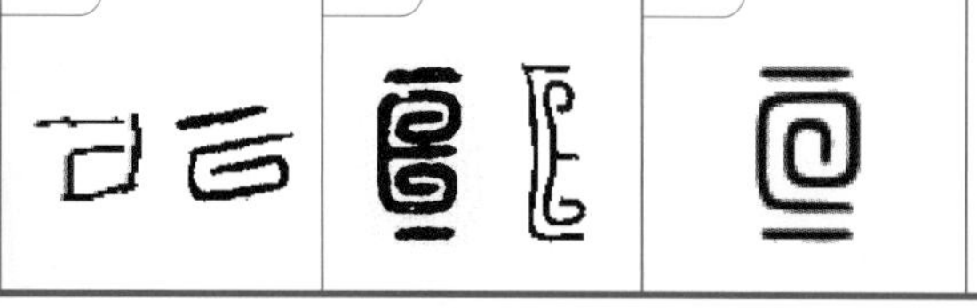

둥글게 한없이 멀리 퍼지는 물결무늬에서 널리 '뻗치다' '베풀다' '펴다'로 쓰인다.

파자 하늘(一)아래 해(日)가 빛을 땅(一)까지 '펼쳐' '베품'을 뜻함.

					중국/일본	단어
진흥 3급	493 / 4급	宀부 / 총9획	宣	베풀 선	중국 宣 / 일본 宣	宣敎(선교) 宣言(선언) 宣傳(선전) 宣戰布告(선전포고)
진흥 준3급 / 검정 3급	494 / 3급Ⅱ	心부 / 총9획	恒	항상 항	중국 恒 / 일본 恒	恒常(항상) 恒時(항시) 恒性(항성) 恒久的(항구적)
진흥 준4급 / 검정 4급	495 / 4급Ⅱ	日부 / 총6획	早	이를/아침 조:	중국 早 / 일본 早	금문은 棗 위에 日, 소전은 측량 도구 위에 日이 있음. 棗가 음이 되고 늦은 아침을 뜻함. 早起(조기) 早退(조퇴)

흥 준5급 / 정 5급	496 / 7급	艸부 / 총10획	草	풀 초	중국 草 / 일본 草		草木(초목) 草原(초원) 草書(초서) 草創期(초창기)
흥 5급 / 정 5급	497 / 4급Ⅱ	竹부 / 총6획	竹	대 죽	중국 竹 / 일본 竹	대 잎 모양을 그려 만든 부수 글자.	竹簡(죽간) 竹鹽(죽염) 竹細工(죽세공)

높을 탁 卓 (갑문 / 금문 / 소전)

높이 나는 **새**(匕)를 잡는 **그물**(网=日)을 매단 긴 **손잡이**(十) 있는 그물에서 '**높다**'를 뜻함.
파자 **점치기**(⺊=⺊)위해 **아침**(早)에 높은데 오르는 데서 '**높다**'를 뜻한다.

흥 준3급 / 정 4급	498 / 5급	十부 / 총8획	卓	높을/뛰어날 탁	중국 卓 / 일본 卓	卓越(탁월) 卓見(탁견) 卓子(탁자) 卓上空論(탁상공론)

끌 만 曼 (갑문 / 금문 / 소전)

두 손(又)으로 **눈**(目=罒)이 크게 잘 보이도록 끌어당기거나, 예쁘게 하는 데서 '**끌다**' '**퍼지다**' '**예쁘다**' 등으로 쓰인다. 위에 손은 '음' 때문에 '冃(모)'로 변하고 다시 '日'로 변했다.

	499 / 3급	心부 / 총14획	慢	거만할 만	중국 慢 / 일본 慢	慢性(만성) 自慢(자만) 怠慢(태만) 慢性病(만성병)
	500 / 3급	水부 / 총14획	漫	흩어질/퍼질 만:	중국 漫 / 일본 漫	漫畫(만화) 漫評(만평) 浪漫(낭만) 散漫(산만)
흥 준3급 / 정 3급	501 / 3급	曰부 / 총4획	曰	가로/말할 왈	중국 曰 / 일본 曰	孟子曰(맹자왈) 曰子(왈자) 曰可曰否(왈가왈부)

창성할 창 昌 (갑문 / 금문 / 소전)

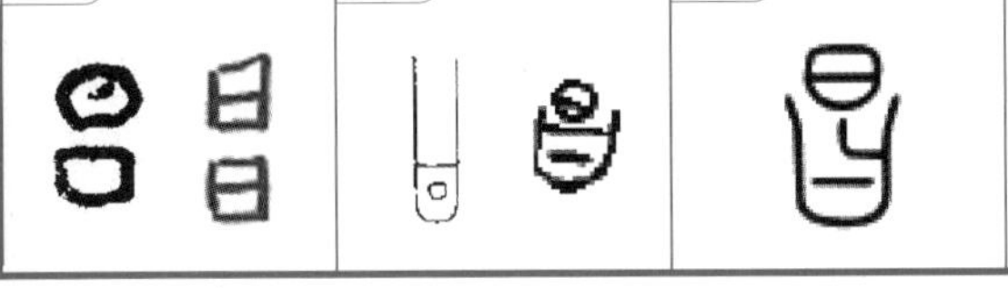

해(日)처럼 밝고 분명한 **말**(曰)에서, **아름다운 말**, 널리 퍼지는 '**큰소리**'로 '**창성하다**'가 된다.
참고 떠오르는 **해**(日)가 물에 비추어 빛이 널리 퍼져 '**창성함**'을 뜻한다고도 한다.

흥 준3급 / 정 3급	502 / 3급Ⅱ	日부 / 총8획	昌	창성할 창	중국 昌 / 일본 昌	昌盛(창성) 繁昌(번창) 碧昌牛(벽창우) 昌言(창언)
흥 4급 / 정 4급	503 / 5급	口부 / 총11획	唱	부를 창:	중국 唱 / 일본 唱	唱曲(창곡) 歌唱(가창) 合唱(합창) 四重唱(사중창)

무릅쓸 모 冒 (갑문 / 금문 / 소전)

수건(冃:어린이머리수건 모)이나 두건으로 **눈**(目)을 가려 위험을 보지 않는 데서 '**무릅쓰다**' '**덮어쓰다**'를 뜻한다.
참고 冃(모)는 머리에 **덮어**(冖=冂) 머리털을 **가지런히**(二) 하는 '**모자**'.

	504 / 3급	冂부 / 총9획	冒	무릅쓸 모:	중국 冒 / 일본 冒	冒險(모험) 冒名(모명) 冒年(모년: 나이를 속임)

어찌 갈	소전	
曷		말(曰)하여 **사람**(人=勹)에게 **망하거나 없는**(亡=亾)것을 **구걸**(匃=丐:빌 개.갈)함에서 **'크게 외침'**을 뜻하며, **어려운 형편**에서 벗어날 것을 궁리하는 데서 **'어찌' '언제' '구함'**을 뜻한다.

시험	번호/급수	부수/획수	한자	훈음	중국/일본	단어
진흥 준3급 / 검정 3급	505 / 3급	水부 / 총12획	渴	목마를 갈	중국 渴 / 일본 渇	渴愛(갈증) 枯渴(고갈) ❶解渴(해갈) 渴水期(갈수기)
	506 / 3급	言부 / 총16획	謁	뵐 알	중국 谒 / 일본 謁	謁見(알현) 拜謁(배알) 謁聖(알성) 謁聖及第(알성급제)

없을/말 막	갑문	금문	소전	
莫	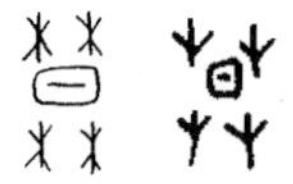			**우거진 잡풀**(茻:잡풀 우거질 망)에 **해**(日)가 가린 저녁 무렵으로, 해가 없는 데서 부정의 뜻으로 **'말다' '없다'**를 뜻하였다. 파자 **풀**(++) 밑에 **해**(日)가 **크게**(++=大) 가려 **없어짐**.

시험	번호/급수	부수/획수	한자	훈음	중국/일본	단어
진흥 준3급 / 검정 준3급	507 / 3급Ⅱ	艸부 / 총11획	莫	없을/말 막	중국 莫 / 일본 莫	莫及(막급) ❷莫逆(막역) 莫大(막대) 莫無可奈(막무가내)
	508 / 3급Ⅱ	水부 / 총14획	漠	넓을/아득할 막	중국 漠 / 일본 漠	茫漠(망막) 漠地(막지) 沙漠(사막) 漠然(막연)
	509 / 3급Ⅱ	巾부 / 총14획	幕	장막 막	중국 幕 / 일본 幕	天幕(천막) 幕舍(막사) 幕間(막간) 幕後交涉(막후교섭)
진흥 3급	510 / 3급	力부 / 총13획	募	뽑을/모을 모	중국 募 / 일본 募	募集(모집) 公募(공모) 募金(모금) 懸賞公募(현상공모)
진흥 3급	511 / 3급Ⅱ	心부 / 총15획	慕	그릴/사모할 모:	중국 慕 / 일본 慕	追慕(추모) 思慕(사모) 慕情(모정) 愛慕(애모)
진흥 준3급 / 검정 3급	512 / 3급	日부 / 총15획	暮	저물 모:	중국 暮 / 일본 暮	暮色(모색) 歲暮(세모) ❸暮境(모경) 朝三暮四(조삼모사)
진흥 3급	513 / 4급	木부 / 총15획	模	본뜰/모범 모	중국 模 / 일본 模	模樣(모양) 規模(규모) 模範(모범) 模造(모조)
진흥 준3급 / 검정 3급	514 / 4급	土부 / 총14획	墓	무덤 묘:	중국 墓 / 일본 墓	墓地(묘지) 省墓(성묘) 墓碑(묘비) 墓所(묘소)

흰 백	갑문	금문	소전	
白			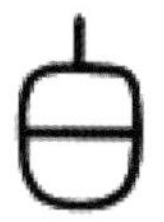	흰 **'쌀'** 이나 **'엄지손톱' '빛'** 모양으로 **'희다' '깨끗하다' '공백' '밝다' '좋은 말' '드러남'**을 뜻한다. 참고 (百;[illegible]·[illegible] 일백 백)**한**(一) 단위로 **흰**(白) **'쌀'**을 헤아리던 데서 쌀 **'일백'** 개를 뜻한다.

시험	번호/급수	부수/획수	한자	훈음	중국/일본	단어
진흥 8급 / 검정 7급	515 / 8급	白부 / 총5획	白	흰 백	중국 白 / 일본 白	白雪(백설) 白衣(백의) 白馬(백마) 白頭山(백두산)
	516 / 3급Ⅱ	人부 / 총7획	伯	맏 백	중국 伯 / 일본 伯	伯父(백부) 伯兄(백형) 畫伯(화백) 伯仲之勢(백중지세)

진흥/검정	번호/급수	부수/획수	한자	훈음	중국/일본	어휘
	517 4급	手부 총8획	拍	칠 박	중국 拍 일본 拍	拍子(박자) 拍手(박수) 拍車(박차) 拍掌大笑(박장대소)
	518 3급	水부 총8획	泊	머무를/배댈 박	중국 泊 일본 泊	宿泊(숙박) 民泊(민박) 淡泊(담박) 外泊(외박)
	519 3급II	辵부 총9획	迫	핍박할/닥칠 박	중국 迫 일본 迫	驅迫(구박) 切迫(절박) 迫力(박력) 迫進感(박진감)
	520 3급II	金부 총16획	錦	비단 금:	중국 锦 일본 錦	錦上添花(금상첨화) 錦衣夜行(금의야행) 錦地(금지)
	521 3급II	糸부 총14획	綿	솜 면	중국 绵 일본 綿	綿密(면밀) 綿絲(면사) 綿織物(면직물) 綿延(면연)
	522 3급II	豸부 총14획	貌	모양 모	중국 貌 일본 貌	豹가 음이 되고 사람의 얼굴과 다리를 그린 皃가 뜻이 됨. / 容貌(용모) 外貌(외모)
	523 3급II	石부 총14획	碧	푸를 벽	중국 碧 일본 碧	碧眼(벽안) 碧空(벽공) 碧昌牛(벽창우) 碧溪水(벽계수)
진흥 5급 검정 준4급	524 6급	羽부 총11획	習	익힐 습	중국 习 일본 習	習得(습득) 練習(연습) 自習(자습) 慣習(관습)
진흥 7급 검정 6급	525 7급	白부 총6획	百	일백 백	중국 百 일본 百	百姓(백성) 百貨店(백화점) 百發百中(백발백중)
진흥 준4급 검정 준4급	526 5급	宀부 총11획	宿	잘 숙 별자리 수:	중국 宿 일본 宿	집 안에서 사람이 침대에 누워 자는 모습. 百은 침대 모양의 변형자임. / 宿所(숙소) 宿題(숙제)
	527 4급	糸부 총17획	縮	줄일 축	중국 缩 일본 縮	縮小(축소) 減縮(감축) 壓縮(압축) 縮約(축약)

샘 천

泉

갑문

금문

소전

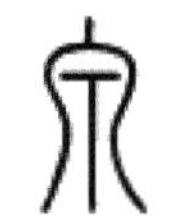

희고(白) 깨끗한 **물**(水)이 솟는 '**샘**'으로, **샘**(白) 가운데서 **물**(水)이 흘러나오는 '**샘**'을 뜻한다.

진흥/검정	번호/급수	부수/획수	한자	훈음	중국/일본	어휘
진흥 준3급 검정 3급	528 4급	水부 총9획	泉	샘 천	중국 泉 일본 泉	溫泉(온천) 源泉(원천) 鑛泉(광천) 黃泉(황천)
진흥 5급 검정 5급	529 6급	糸부 총15획	線	줄 선	중국 线 일본 線	線路(선로) 直線(직선) 實線(실선) 複線(복선)
진흥 5급 검정 5급	530 5급	厂부 총10획	原	언덕 원	중국 原 일본 原	고문에서는 泉(천) 위에 厂(엄)을 첨가해 물의 근원, 언덕을 뜻함. / 高原(고원) 原始(원시)
진흥 준3급 검정 3급	531 4급	水부 총13획	源	근원 원	중국 源 일본 源	根源(근원) 語源(어원) 源泉(원천) 汚染源(오염원)
진흥 준4급 검정 4급	532 5급	頁부 총19획	願	원할 원:	중국 愿 일본 願	志願(지원) 哀願(애원) 請願(청원) 歎願書(탄원서)

어구 풀이

❶解渴(해갈) : ① 목마름을 풂. ② (비가 내려) 가뭄을 면함.
❷莫逆(막역) : 뜻이 맞아 서로 허물이 없음.
❸暮境(모경) : 늙어서 노인이 된 처지. 만경(晚境).

13 확인학습

1 다음 漢字의 訓과 音을 쓰시오. (*는 3급·3급II 고유 한자입니다.)

(1) 旦 *	(2) 但 *	(3) 壇	(4) 檀
(5) 得	(6) 冥 *	(7) 宣	(8) 恒 *
(9) 早	(10) 草	(11) 竹	(12) 卓
(13) 慢 *	(14) 漫 *	(15) 曰 *	(16) 昌 *
(17) 唱	(18) 冒 *	(19) 渴 *	(20) 謁 *
(21) 莫 *	(22) 漠 *	(23) 幕 *	(24) 募 *
(25) 慕 *	(26) 暮 *	(27) 模	(28) 墓
(29) 白	(30) 伯 *	(31) 拍	(32) 泊 *
(33) 迫 *	(34) 錦 *	(35) 綿 *	(36) 貌 *
(37) 碧 *	(38) 習	(39) 百	(40) 宿
(41) 縮	(42) 泉	(43) 線	(44) 原
(45) 源	(46) 願		

2 다음 漢字語의 讀音을 쓰시오.

(1) 元旦	(2) 但書	(3) 花壇	(4) 檀君
(5) 得失	(6) 冥想	(7) 宣言	(8) 恒時
(9) 早退	(10) 草書	(11) 竹鹽	(12) 卓見
(13) 怠慢	(14) 散漫	(15) 曰子	(16) 繁昌
(17) 合唱	(18) 冒險	(19) 解渴	(20) 謁見
(21) 莫逆	(22) 沙漠	(23) 天幕	(24) 公募
(25) 愛慕	(26) 暮色	(27) 模範	(28) 墓碑

(29) 白衣 ☐　(30) 畫伯 ☐　(31) 拍車 ☐　(32) 外泊 ☐

(33) 驅迫 ☐　(34) 錦地 ☐　(35) 綿絲 ☐　(36) 外貌 ☐

(37) 碧空 ☐　(38) 慣習 ☐　(39) 百姓 ☐　(40) 宿題 ☐

(41) 縮約 ☐　(42) 源泉 ☐　(43) 線路 ☐　(44) 原始 ☐

(45) 根源 ☐　(46) 哀願 ☐

3 다음 訓과 音을 지닌 漢字를 쓰시오. (*는 3급·3급II 고유 한자입니다.)

(1) 가로 왈 *	(2) 거만할 만 *	(3) 그릴 모 *	(4) 근원 원
(5) 넓을 막 *	(6) 높을 탁	(7) 다만 단 *	(8) 단 단
(9) 대 죽	(10) 맏 백 *	(11) 머무를 박 *	(12) 모양 모 *
(13) 목마를 갈 *	(14) 무덤 묘	(15) 무릅쓸 모 *	(16) 박달나무 단
(17) 베풀 선	(18) 본뜰 모	(19) 뵐 알 *	(20) 부를 창
(21) 비단 금 *	(22) 뽑을 모 *	(23) 샘 천	(24) 솜 면 *
(25) 아침 단 *	(26) 어두울 명 *	(27) 언덕 원	(28) 얻을 득
(29) 없을 막 *	(30) 원할 원	(31) 이를 조	(32) 익힐 습
(33) 일백 백	(34) 잘 숙	(35) 장막 막 *	(36) 저물 모 *
(37) 줄 선	(38) 줄일 축	(39) 창성할 창 *	(40) 칠 박
(41) 푸를 벽 *	(42) 풀 초	(43) 핍박할 박 *	(44) 항상 항 *
(45) 흩어질 만 *	(46) 흰 백		

임금 황 皇

갑문 · 금문 · 소전

밝은(白) 빛이 나는 **큰 도끼**(王)나, **빛나는**(白) 화려한 관을 쓴 **왕**(王)으로 '**황제**'를 뜻한다.

참고 성대하고 '**큰 것**'을 나타내기도 한다.

진흥 준3급 / 검정 3급	533 / 3급Ⅱ	白부 총9획	皇	임금 황	중국 皇	일본 皇	皇帝(황제) 皇室(황실) 皇妃(황비) 皇太子(황태자)

해돋을 간 倝

금문 · 소전

높이(丅=ㅜ) **아침**(早) 해(日)가 **깃발**(㫃:깃발 언) 아래에서 떠오름에서 '**해가 돋음**'을 뜻한다.

파자 **풀**(++) 사이에서 **해**(日)가 돋음을 보는 **사람**(人)으로 '**해돋음**'을 뜻한다.

진흥 4급 / 검정 3급	534 / 3급Ⅱ	乙부 총11획	乾	하늘/마를 건	중국 干	일본 乾	乾杯(건배) 乾坤(건곤) 乾燥(건조) 乾電池(건전지)
	535 / 3급Ⅱ	干부 총13획	幹	줄기/맡을 간	중국 干	일본 幹	幹部(간부) 主幹(주간) 基幹產業(기간산업) 幹線(간선)
진흥 준5급 / 검정 5급	536 / 8급	韋부 총17획	韓	한국/나라 한(:)	중국 韩	일본 韓	韓國(한국) 韓服(한복) 韓方(한방) 韓醫院(한의원)

아침 조 朝

갑문 · 금문 · 소전

초목(++) 사이에 **해**(日)가 **떠오르고**(卓) **달**(月)이 아직 지지 않은 이른 '**아침**'을 뜻한다.

진흥 5급 / 검정 5급	537 / 6급	月부 총12획	朝	아침 조	중국 朝	일본 朝	朝會(조회) 朝鮮(조선) 朝廷(조정) 朝三暮四(조삼모사)
진흥 3급	538 / 4급	水부 총15획	潮	조수/밀물 조	중국 潮	일본 潮	潮水(조수) 干潮(간조) 潮流(조류) 潮力發電(조력발전)
	539 / 3급	广부 총15획	廟	사당 묘:	중국 庙	일본 廟	宗廟(종묘) 廟堂(묘당) 家廟(가묘) 靈廟(영묘)

밝을 명 明

갑문 · 금문 · 소전

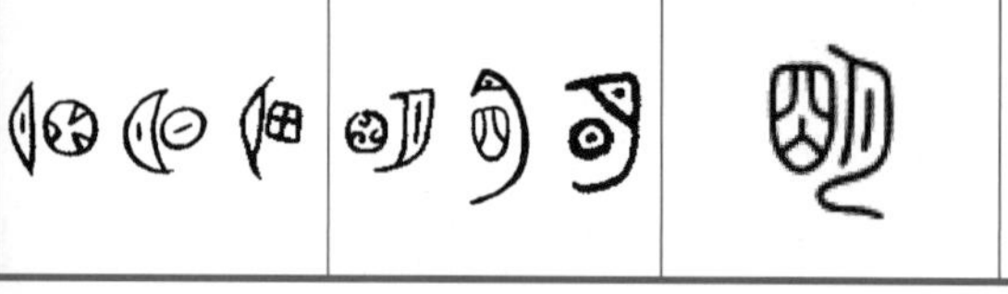

해(日)가 뜨고 **달**(月)이 지니 '**밝음**', 또는 **창문**(囧·冏=日) 옆에 밝은 **달**(月)로 '**밝음**'을 뜻한다.

진흥 5급 / 검정 5급	540 / 6급	日부 총8획	明	밝을 명	중국 明	일본 明	明白(명백) 明度(명도) 明朗(명랑) 明暗(명암)
진흥 3급	541 / 3급Ⅱ	皿부 총13획	盟	맹세 맹	중국 盟	일본 盟	盟誓(맹서) 盟約(맹약) 血盟(혈맹) 同盟國(동맹국)

흥 8급 / 정 8급	542 / 8급	月부 총4획	月	달 월	중국 月 / 일본 月	부수 글자.	月給(월급) 月光(월광) 日月(일월)

벗 붕

朋

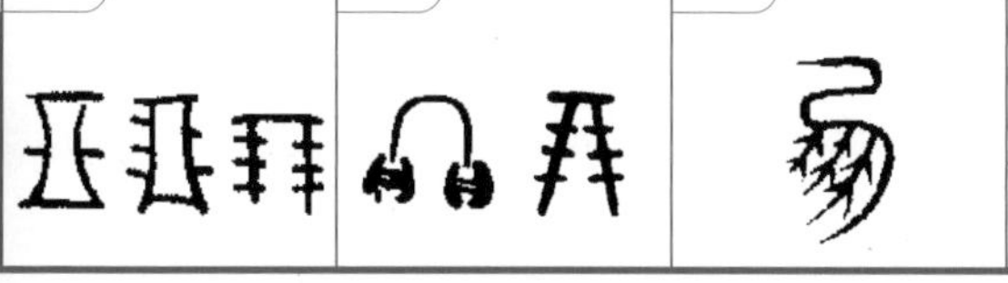

갑문 금문 소전

조개나 **패옥**(貝) 5개를 엮어 挂(걸 괘)라 하고, **양괘**(兩挂)를 **朋**(붕)이라 하여 화폐 단위로 쓰였고, 후에 양쪽이 같은 '朋(붕)'에서 뜻이 같은 '**친구**' '**벗**'을 뜻하게 되었다.

흥 준3급 / 정 3급	543 / 3급	月부 총8획	朋	벗 붕	중국 朋 / 일본 朋	朋友(붕우) 朋黨(붕당) 朋友有信(붕우유신) 朋知(붕지)
	544 / 3급	山부 총11획	崩	무너질 붕	중국 崩 / 일본 崩	崩御(붕어: 임금이 세상을 떠남) 崩壞(붕괴) 崩落(붕락)

비수 비

匕

갑문 금문 소전

수저나 '**비수**'의 모양, 때로는 化(화)의 고자(古字) '匕(화)'로 '**변화**' '**바뀜**'을 뜻하기도 한다.

	545 / 3급Ⅱ	頁부 총11획	頃	이랑/잠깐 경	중국 顷 / 일본 頃	頃刻(경각: 짧은 시각) 萬頃蒼波(만경창파) 頃日(경일)
흥 3급	546 / 4급	人부 총13획	傾	기울 경	중국 倾 / 일본 傾	傾斜(경사) 傾向(경향) 傾國之色(경국지색) 傾聽(경청)

견줄 비

比

갑문 금문 소전

두 사람이 가깝게 나란히 서 있는 모양에서 '**견주다**' '**비기다**' '**돕다**' '**같다**'를 뜻한다.

흥 준4급 / 정 4급	547 / 5급	比부 총4획	比	견줄 비:	중국 比 / 일본 比	比較(비교) 比率(비율) 比重(비중) 對比(대비)
흥 3급	548 / 4급	手부 총7획	批	비평할 비:	중국 批 / 일본 批	批判(비판) 批評(비평) 批答(비답) 批點(비점)

다 개

皆

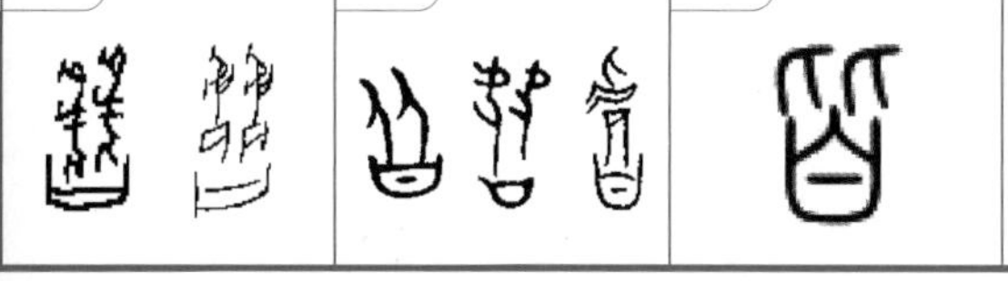

갑문 금문 소전

여러 사람(比)이 함께 **말**(曰=白)을 함에서 '**다**' '**모두**'를 뜻한다.

흥 준3급 / 정 3급	549 / 3급	白부 총9획	皆	다 개	중국 皆 / 일본 皆	皆勤(개근) 皆是(개시: 다, 모두) 皆骨山(개골산)
흥 준3급 / 정 3급	550 / 4급	阜부 총12획	階	섬돌 계	중국 阶 / 일본 階	階段(계단) 階級(계급) 層階(층계) 音階(음계)

맏 곤 昆

금문  소전 

해(日) 아래 **나란히**(比) 있는 사람에서, **많은** 것이 **섞인** 것을 뜻하며, 형제에서 형인 '**맏이**'를 뜻하고, **해**(日) 아래 수**많은**(比) '**벌레**'나 큰**머리**(日)와 많은 **발**(比)이 있는 벌레로 보기도 한다.

진흥 준3급	551	水부	混	섞일 혼:	중국	混	混合(혼합) 混雜(혼잡) ❶混濁(혼탁) 混亂(혼란)
검정 3급	4급	총11획			일본	混	

뜻/맛 지 旨

갑문 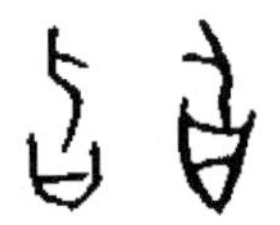 금문 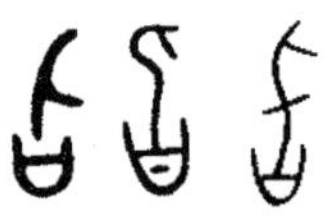 소전 

수저(匕)로 맛있는 음식을 **입**(口=日)에 넣어 '**맛**'을 봄에서, 어떤 일의 '**의미**' '**뜻**'을 뜻하였다.

진흥 4급	552	手부	指	가리킬 지	중국	指	指目(지목) ❷指針(지침) 指向(지향) 指名打者(지명타자)
검정 준3급	4급Ⅱ	총9획			일본	指	

될 화 化

갑문 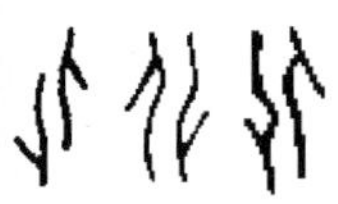 금문  소전 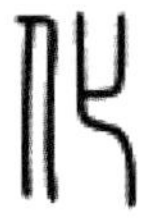

바로 선 **사람**(亻)과 **거꾸로 선 사람**(匕)을 그려 '**변화**'를 뜻하여 **바뀌어** '**되다**'를 뜻한다.

진흥 준4급	553	匕부	化	될 화(:)	중국	化	化合(화합) 化學(화학) 化石(화석) 化粧室(화장실)
검정 준4급	5급	총4획			일본	化	
진흥 5급	554	艸부	花	꽃 화	중국	花	花園(화원) 花壇(화단) 開花(개화) 花草(화초)
검정 5급	7급	총8획			일본	花	
진흥 4급	555	貝부	貨	재물 화:	중국	货	貨幣(화폐) 財貨(재화) 金貨(금화) 貨物車(화물차)
검정 준3급	4급Ⅱ	총11획			일본	貨	

북녘 북/달아날 배 北

갑문  금문  소전 

두 사람이 **등지고** 있는 데서 '**배신하다**' '**달아나다**'를 뜻하며, 해를 등진 '**북쪽**'을 뜻한다.

진흥 6급	556	匕부	北	북녘 북 달아날 배	중국	北	北部(북부) 北韓(북한) 北京(북경) 敗北(패배)
검정 8급	8급	총5획			일본	北	
진흥 준3급	557	肉부	背	등 배:	중국	背	背景(배경) 背信(배신) 背恩(배은) 背山臨水(배산임수)
검정 준3급	4급Ⅱ	총9획			일본	背	

어구 풀이

❶混濁(혼탁) : ① (불순한 것들이 섞여) 흐림. ② (정치나 사회 현상 따위가) 어지럽고 흐림.
❷指針(지침) : ① 지시 장치에 붙어 있는 바늘, 시계나 계량기의 바늘 따위. ② 생활이나 행동의 방법·방향 따위를 가리키는 길잡이.
❸旣決(기결) : ① 이미 결정함. 이결(已決). ② 재판의 판정을 이미 확정함.
❹潛行(잠행) : ① 물 속으로 잠기어서 나아감. ② 숨어서 남몰래 다님. ③ 비밀리에 감.

일찍이 참 朁

금문

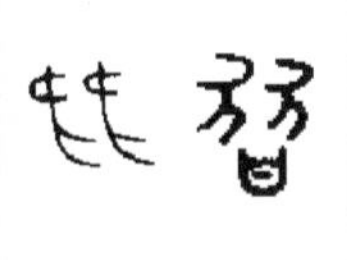

소전

일찍 일어나 **비녀**(匸)를 **사람**(儿)의 **머리**(日)에 **꽂은**(先=兟:날카로울 침) 데서 **'일찍'**을 뜻한다.
※ 참고로 **'日'**은 비녀를 꼽는 머리라고도 하고 **'이른'** 시간과 관계가 있다고도 한다.

번호/급수	부수/획수	한자	훈음	중국/일본	어휘
561 / 3급Ⅱ	水부 / 총15획	潛	잠길 잠	중국 潜 / 일본 潜	潛水(잠수) 潛跡(잠적) ❹潛行(잠행) 潛伏(잠복)

이미 기 旣

갑문

금문

소전

음식(皀:고소할 흡/급)을 등지고 앉아 **입 벌리고**(旡:목멜 기) 있는 데서 **'이미'** 다 먹음을 뜻한다. 卽(즉)은 반대의 모습이다. 旡가 방으로 쓰일 때는 无로 바뀌고 **'이미기방'**이라 한다.

시험	번호/급수	부수/획수	한자	훈음	중국/일본	어휘
진흥 준3급 / 검정 3급	558 / 3급	无부 / 총11획	旣	이미 기	중국 既 / 일본 既	旣存(기존) ❸旣決(기결) 旣婚(기혼) 旣得權(기득권)
	559 / 3급	心부 / 총14획	慨	슬퍼할 개:	중국 慨 / 일본 慨	慨歎(개탄) 憤慨(분개) 慨恨(개한) 感慨無量(감개무량)
	560 / 3급Ⅱ	木부 / 총15획	槪	대개 개:	중국 概 / 일본 概	大槪(대개) 槪念(개념) 槪論(개론) 槪要(개요)

곧 즉 卽

갑문

금문

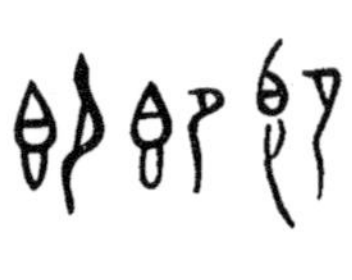

소전

고소한 **음식**(皀)을 향해 **몸**(卩)을 숙여 나아감에서 **'곧'** **'가깝게'** **'나아감'**을 뜻한다.

시험	번호/급수	부수/획수	한자	훈음	중국/일본	어휘
진흥 준3급 / 검정 3급	562 / 3급Ⅱ	卩부 / 총9획	卽	곧 즉	중국 即 / 일본 即	卽時(즉시) 卽效(즉효) 卽刻(즉각) 卽決(즉결)
진흥 4급 / 검정 4급	563 / 5급	竹부 / 총15획	節	마디 절	중국 节 / 일본 節	節約(절약) 節電(절전) 節氣(절기) 節制(절제)

시골 향 鄕

갑문

금문

소전

두 **사람**(卯·卯)이 **음식**(皀)을 사이에 두고 마주앉은 모습에서, 두 고을(䢵)이 마주한 모양으로 변해 여러 사람이나 이웃 마을과 **잔치**하는 **'시골'**을 뜻한다. 邑(고을 원/읍)은 '乡'로 변했다.

시험	번호/급수	부수/획수	한자	훈음	중국/일본	어휘
진흥 4급 / 검정 준3급	564 / 4급Ⅱ	邑부 / 총13획	鄕	시골 향	중국 乡 / 일본 郷	故鄕(고향) 鄕愁(향수) 鄕樂(향악) 京鄕(경향)
진흥 3급	565 / 3급Ⅱ	音부 / 총22획	響	울릴 향:	중국 响 / 일본 響	影響(영향) 音響(음향) 交響樂團(교향악단) ❺響應(향응)

어구 풀이 ❺響應(향응) : ① 소리 나는 데 따라 그 소리와 마주쳐 같이 울림. ② 남의 주창(主唱)에 따라 그와 같은 행동을 마주 취함.

14 확인학습

1 다음 漢字의 訓과 音을 쓰시오. (＊는 3급·3급Ⅱ 고유 한자입니다.)

(1) 皇 ＊ (2) 乾 ＊ (3) 幹 ＊ (4) 韓
(5) 朝 (6) 潮 (7) 廟 ＊ (8) 明
(9) 盟 ＊ (10) 月 (11) 朋 ＊ (12) 崩 ＊
(13) 頃 ＊ (14) 傾 (15) 比 (16) 批
(17) 皆 ＊ (18) 階 (19) 混 (20) 指
(21) 化 (22) 花 (23) 貨 (24) 北
(25) 背 (26) 旣 ＊ (27) 慨 ＊ (28) 槪 ＊
(29) 潛 ＊ (30) 卽 ＊ (31) 節 (32) 鄕
(33) 響 ＊

2 다음 漢字語의 讀音을 쓰시오.

(1) 皇室 (2) 乾燥 (3) 主幹 (4) 韓服
(5) 朝鮮 (6) 潮流 (7) 宗廟 (8) 明暗
(9) 盟約 (10) 月給 (11) 朋黨 (12) 崩壞
(13) 頃刻 (14) 傾聽 (15) 比率 (16) 批判
(17) 皆勤 (18) 層階 (19) 混雜 (20) 指向
(21) 化石 (22) 開花 (23) 金貨 (24) 北京
(25) 背景 (26) 旣婚 (27) 慨歎 (28) 槪要

(29) 潛行	(30) 卽決	(31) 節約	(32) 京鄕
(33) 音響	(34) 見本	(35) 謁見	(36) 洞觀
(37) 洞里	(38) 安易	(39) 交易	(40) 宿所
(41) 星宿	(42) 北部	(43) 敗北	(44) 比重
(45) 此後	(46) 龜甲	(47) 龜尾	(48) 龜手

3 다음 訓과 音을 지닌 漢字를 쓰시오. (*는 3급·3급II 고유 한자입니다.)

(1) 가리킬 지	(2) 견줄 비	(3) 곧 즉 *	(4) 기울 경
(5) 꽃 화	(6) 다 개 *	(7) 달 월	(8) 대개 개 *
(9) 될 화	(10) 등 배	(11) 마디 절	(12) 맹세 맹 *
(13) 무너질 붕 *	(14) 밝을 명	(15) 벗 붕 *	(16) 북녘 북
(17) 비평할 비	(18) 사당 묘 *	(19) 섞일 혼	(20) 섬돌 계
(21) 슬퍼할 개 *	(22) 시골 향	(23) 아침 조	(24) 울릴 향 *
(25) 이랑 경 *	(26) 이미 기 *	(27) 임금 황 *	(28) 잠길 잠 *
(29) 재물 화	(30) 조수 조	(31) 줄기 간 *	(32) 하늘 건 *
(33) 한국 한			

15과 弋·代·成·戔·甲 모양을 가진 한자

弋 주살 익

갑문	금문	소전
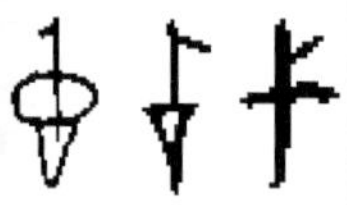	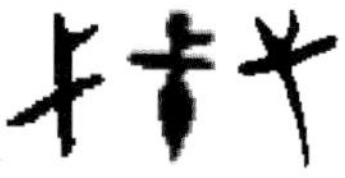	

화살 끝에 **줄**을 매어 쏘는 **화살**인 '**주살**'을 뜻한다. 弋(익)자가 들어가는 '代' '武' '式'자 이외(以外)에는 戈(과)가 들어감을 주의해야 한다.
※ 줄과 살을 합해 '**주살**'이라 한다.

시험	번호/급수	부수/획수	한자	훈음	중국/일본	설명 및 용례
진흥 준4급 / 검정 4급	566 / 4급Ⅱ	止부 / 총8획	武	호반/군사 무:	중국 武 / 일본 武	止[발]와 戈[창]으로 구성된 글자로, 창을 메고 걸었던 모습. / 武士(무사) 武術(무술)
	567 / 3급Ⅱ	貝부 / 총15획	賦	부세/과할 부:	중국 赋 / 일본 賦	賦課(부과) 賦與(부여) ❶天賦(천부) 割賦金(할부금)

戈 창 과

갑문	금문	소전

긴 자루에 가로로 날이 달린 '**창**'의 모습이다. 앞에 날(ノ)이 있는 **창**(戈)은 '**도끼류**'를 뜻한다.

시험	번호/급수	부수/획수	한자	훈음	중국/일본	설명 및 용례
진흥 준3급 / 검정 준3급	568 / 3급	戈부 / 총5획	戊	천간 무:	중국 戊 / 일본 戊	 긴 창에 도끼날이 달린 무기 모양. / 戊午(무오)
진흥 준3급 / 검정 3급	569 / 3급Ⅱ	艸부 / 총9획	茂	무성할 무:	중국 茂 / 일본 茂	茂盛(무성) 茂林(무림) ❷榮茂(영무) ❸茂才(무재)
진흥 4급 / 검정 준3급	570 / 3급	戈부 / 총6획	戌	개/지지 술	중국 戌 / 일본 戌	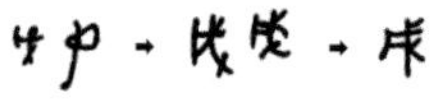 넙적한 날이 달린 의장용 무기. / 甲戌(갑술)
진흥 준3급 / 검정 준3급	571 / 4급	戈부 / 총7획	戒	경계할 계:	중국 戒 / 일본 戒	창을 두 손[廾]으로 들고 경계하는 모양. / 警戒(경계) 訓戒(훈계) ❹戒律(계율)
진흥 3급	572 / 3급Ⅱ	木부 / 총11획	械	기계 계	중국 械 / 일본 械	器械(기계) 農機械(농기계) 器械體操(기계체조)
진흥 3급	573 / 4급	貝부 / 총13획	賊	도적 적	중국 贼 / 일본 賊	盜賊(도적) 逆賊(역적) 海賊(해적) 義賊(의적)
	574 / 3급Ⅱ	戈부 / 총11획	戚	친척/겨레 척	중국 戚 / 일본 戚	親戚(친척) 外戚(외척) 姻戚(인척) 戚姪(척질)
진흥 준3급 / 검정 3급	575 / 4급	女부 / 총9획	威	위엄 위	중국 威 / 일본 威	威嚴(위엄) ❺威容(위용) 威脅(위협) 威風堂堂(위풍당당)
	576 / 3급Ⅱ	水부 / 총13획	滅	멸할/꺼질 멸	중국 灭 / 일본 滅	滅亡(멸망) 消滅(소멸) 滅菌(멸균) 滅種(멸종)
	577 / 3급Ⅱ	走부 / 총12획	越	넘을 월	중국 越 / 일본 越	越等(월등) 越南(월남) 越尺(월척) 越冬(월동)

어구 풀이

❶天賦(천부) : 하늘이 주었다는 뜻으로, 타고날 때부터 지님.
❷榮茂(영무) : 번화하고 성함.
❸茂才(무재) : 수재(秀才).
❹戒律(계율) : 불자(佛者)가 지켜야 할 규범. 계는 깨끗하고 착한 습관을 익혀 지키기를 맹세하는 결의를, 율은 불교 교단(敎團)의 규칙을 이름.
❺威容(위용) : 위엄찬 모양이나 모습.
❻或者(혹자) : 어떤 사람.
❼不惑(불혹) : ① 미혹되지 아니함. ② '마흔 살'을 이르는 말.
❽疑惑(의혹) : 의심하여 수상히 여김. 또는 그런 마음.

대신 대 代

갑문

금문
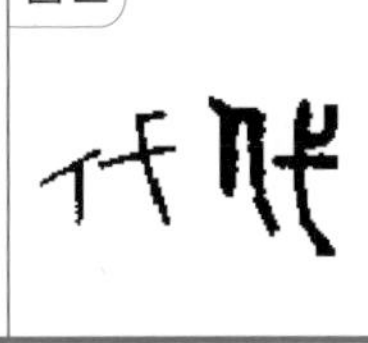
소전

지키는 **사람**(亻)대신 **주살**(弋)처럼 나무말뚝에 줄을 매어 경계를 구분함에서 **'대신'**을 뜻한다.

진흥 준5급 검정 5급	578 6급	人부 총5획	代	대신	대:	중국 일본	代 代	代身(대신) 代表(대표) 代金(대금) 代案(대안)
진흥 3급	579 3급II	貝부 총12획	貸	빌릴	대:	중국 일본	贷 貸	賃貸(임대) 貸切(대절) 貸借(대차) 貸與料(대여료)

법 식 式

금문

소전

주살(弋)이나 말뚝을 **만드는**(工) 일정한 **'방법'**이나 **'법'**을 뜻한다.

진흥 5급 검정 준4급	580 6급	弋부 총6획	式	법	식	중국 일본	式 式	方式(방식) 形式(형식) 式順(식순) 格式(격식)
진흥 준4급 검정 4급	581 4급II	言부 총13획	試	시험	시(:)	중국 일본	试 試	試驗(시험) 試飮(시음) 試圖(시도) 試食(시식)

칠 벌 伐

갑문
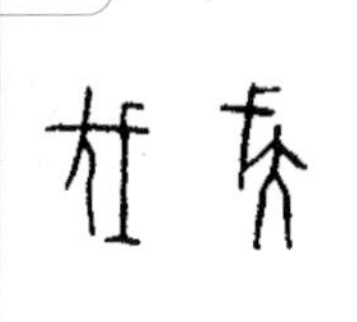
금문

소전

사람(亻)이 **창**(戈)으로 머리나 목을 치는 데서 **'치다' '베다'**를 뜻한다. 또는 **사람**(人)의 목을 **창**(戈)으로 치는 데서 **'치다'**를 뜻한다.

진흥 4급 검정 준3급	582 4급II	人부 총6획	伐	칠	벌	중국 일본	伐 伐	伐木(벌목) 伐草(벌초) 討伐(토벌) 殺伐(살벌)

혹 혹 或

갑문
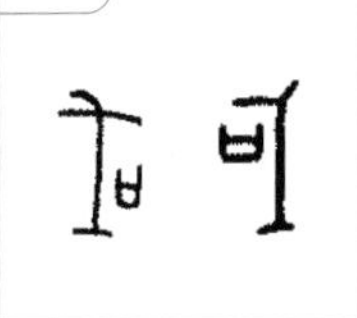
금문
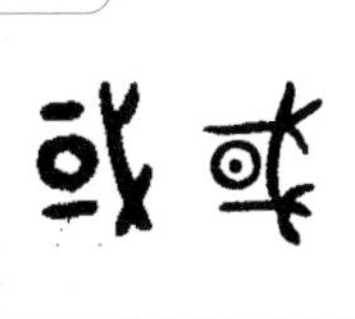
소전

창(戈)을 들고 넓은 **경계**(口)의 일정한 **한**(一)곳에 **'혹시'** 모를 적의 침입을 막는 데서, 일정한 **'구역'** **'나라'** **'혹시'**등의 뜻하나, 지금은 주로 **'혹시'**로만 쓰인다.

진흥 준3급 검정 3급	583 4급	戈부 총8획	或	혹	혹	중국 일본	或 或	或是(혹시) 或如(혹여) 間或(간혹) ❻或者(혹자)
	584 3급II	心부 총12획	惑	미혹할	혹	중국 일본	惑 惑	迷惑(미혹) ❼不惑(불혹) 誘惑(유혹) ❽疑惑(의혹)
진흥 준5급 검정 5급	585 8급	口부 총11획	國	나라	국	중국 일본	国 国	國家(국가) 國民(국민) 國語(국어) 國軍(국군)
진흥 준3급 검정 3급	586 4급	土부 총11획	域	지경	역	중국 일본	域 域	區域(구역) 聖域(성역) 海域(해역) 地域(지역)

다 함 咸

갑문	금문	소전
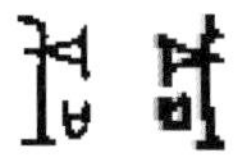	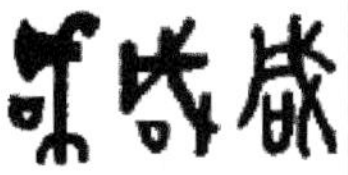	

무기(戊)를 들고 **입**(口)을 모아 '**모두**' 죽일 듯이 적을 향해 고함을 치거나, **창**(戌)을 든 무당이 **입**(口)을 벌려 '**모든**' 죽음을 '**다**' 명하거나, 막는 데서 '**모두**' '**다**'를 뜻한다.

진흥 3급	587 / 3급	口부 총9획	咸	다 함	중국 咸 / 일본 咸	❶咸告(함고) 咸興差使(함흥차사) 咸池(함지) ❷咸氏(함씨)
진흥 4급 / 검정 4급	588 / 4급Ⅱ	水부 총12획	減	덜 감:	중국 减 / 일본 減	❸減産(감산) 減員(감원) 減量(감량) 減縮(감축)
진흥 5급 / 검정 준4급	589 / 6급	心부 총13획	感	느낄 감:	중국 感 / 일본 感	感覺(감각) 感激(감격) 感謝(감사) 感慨無量(감개무량)

이룰 성 成

갑문	금문	소전
	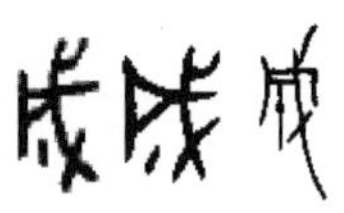	

무기(戊)를 들고 물건을 가르며 뜻을 **정하고**(丁) 맹세하거나, **무기**(戊)를 들고 나아가 **못**(丁)을 치듯 쳐서 자신의 뜻을 이루는 데서 '**이루다**' '**나아가다**' '**정하다**'를 뜻한다.

진흥 5급 / 검정 5급	590 / 6급	戈부 총7획	成	이룰 성	중국 成 / 일본 成	成功(성공) 成人(성인) 成果(성과) 成績表(성적표)
진흥 준4급 / 검정 4급	591 / 4급Ⅱ	土부 총10획	城	재/성 성	중국 城 / 일본 城	城門(성문) 城壁(성벽) 城郭(성곽) 南漢山城(남한산성)
진흥 4급 / 검정 4급	592 / 4급Ⅱ	皿부 총12획	盛	성할 성:	중국 盛 / 일본 盛	盛大(성대) 盛行(성행) 盛衰(성쇠) 盛需期(성수기)
진흥 준4급 / 검정 4급	593 / 4급Ⅱ	言부 총14획	誠	정성 성	중국 诚 / 일본 誠	誠實(성실) 精誠(정성) 誠金(성금) 至誠感天(지성감천)

해 세 歲

갑문	금문	소전
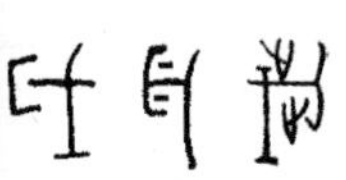		

도끼(戌)의 큰 날에 상하구멍 표시인 '**止**(지)+少'를 겹쳐 **步**(보)를 뜻하여, **창**(戌)으로 농작물을 수확하여 한 해가 **지나감**(步)에서 '**해**' '**나이**' 등을 뜻한다.

진흥 준4급 / 검정 4급	594 / 5급	止부 총13획	歲	해 세:	중국 岁 / 일본 歳	歲月(세월) ❹歲暮(세모) 歲拜(세배) 歲寒三友(세한삼우)

해할 잔/쌓을 전 戔

갑문	금문	소전
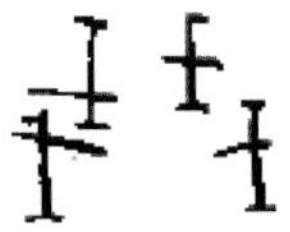	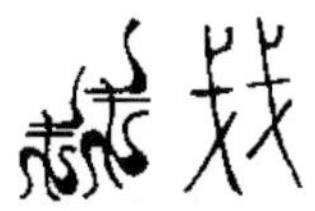	

창(戈)으로 상대를 잔인하게 바스러지게 '**해침**'에서 '**적다**' '**작다**' '**남다**' '**얇다**'로 쓰인다.

진흥 3급	595 / 4급	歹부 총12획	殘	남을 잔	중국 残 / 일본 残	殘忍(잔인) 殘金(잔금) ❺衰殘(쇠잔) 殘在(잔재)

급수	번호/급	부수/획수	한자	훈음	중국/일본	용례
진흥 준3급 / 검정 3급	596 / 4급	金부 / 총16획	錢	돈 전:	중국 钱 / 일본 銭	銅錢(동전) 葉錢(엽전) 換錢(환전) 金錢(금전)
진흥 준3급 / 검정 3급	597 / 3급Ⅱ	水부 / 총11획	淺	얕을 천:	중국 浅 / 일본 浅	淺薄(천박) 淺近(천근) 淺學(천학) 淺見(천견)
진흥 3급	598 / 3급Ⅱ	貝부 / 총15획	賤	천할 천:	중국 贱 / 일본 賎	賤民(천민) 賤視(천시) 賤待(천대) 賤見(천견)
진흥 3급	599 / 3급Ⅱ	足부 / 총15획	踐	밟을 천:	중국 践 / 일본 践	實踐(실천) ❻踐踏(천답) 踐行(천행) 踐言(천언)

손상할 재 𢦏

갑문	금문	소전

초목의 **싹**(才)을 **창**(戈)으로 **해침**(𢦏=𢦏)에서 **'손상하다' '해치다' '자르다' '나누다'**를 뜻한다.

급수	번호/급	부수/획수	한자	훈음	중국/일본	용례
진흥 준3급 / 검정 3급	600 / 3급	口부 / 총9획	哉	어조사 재	중국 哉 / 일본 哉	快哉(쾌재) ❼哉生明(재생명)
진흥 준3급 / 검정 3급	601 / 3급Ⅱ	木부 / 총10획	栽	심을 재:	중국 栽 / 일본 栽	栽培(재배) ❽植栽(식재) 露地栽培(노지재배)
	602 / 3급Ⅱ	衣부 / 총12획	裁	옷마를 재	중국 裁 / 일본 裁	裁斷(재단) 獨裁(독재) 裁判(재판) 仲裁(중재)
	603 / 3급Ⅱ	車부 / 총13획	載	실을 재:	중국 载 / 일본 載	記載(기재) 連載(연재) 千載一遇(천재일우) 滿載(만재)
진흥 준4급 / 검정 4급	604 / 5급	金부 / 총21획	鐵	쇠 철	중국 铁 / 일본 鉄	鐵鋼(철강) 鐵工(철공) 鐵道(철도) 鐵絲(철사)

갑옷 갑 甲

갑문	금문	소전

쇠붙이나 거북껍질인 **갑편**을 이어 붙여 만들어 입던 **'갑옷'**을 뜻한다.
※ 十·⊞은 甲과 같음.

급수	번호/급	부수/획수	한자	훈음	중국/일본	용례
진흥 4급 / 검정 준3급	605 / 4급	田부 / 총5획	甲	갑옷/첫째천간 갑	중국 甲 / 일본 甲	甲富(갑부) 回甲(회갑) 甲兵(갑병) 鐵甲(철갑)
	606 / 3급	手부 / 총8획	押	누를 압	중국 押 / 일본 押	押留(압류) 押收(압수) 押送(압송) ❾押韻(압운)

어구 풀이

❶咸告(함고) : 빠짐없이 모두 일러바침.
❷咸氏(함씨) : 조카님.
❸減産(감산) : ① 생산이 줆. 또는 생산을 줄임. ② 자산이 줄어듦. 또는 자산을 줄임.
❹歲暮(세모) : 한 해가 끝날 무렵. 설을 앞둔 섣달 그믐께를 이름. 세밑.
❺衰殘(쇠잔) : 쇠하여 힘이나 세력이 점점 약해짐.
❻踐踏(천답) : 발로 짓밟음.
❼哉生明(재생명) : 달의 밝은 부분이 처음 생긴다는 뜻으로, 음력 초사흗날을 이르는 말.
❽植栽(식재) : 초목을 심어 재배함.
❾押韻(압운) : 시가에서, 시행의 일정한 자리에 같은 운을 규칙적으로 다는 일. 또는 그 운.

15 확인학습

1 다음 漢字의 訓과 音을 쓰시오. (＊는 3급·3급Ⅱ 고유 한자입니다.)

(1) 武	(2) 賦 *	(3) 戊 *	(4) 茂 *
(5) 戌 *	(6) 戒	(7) 械 *	(8) 賊
(9) 戚 *	(10) 威	(11) 滅 *	(12) 越 *
(13) 代	(14) 貸 *	(15) 式	(16) 試
(17) 伐	(18) 或	(19) 惑 *	(20) 國
(21) 域	(22) 咸 *	(23) 減	(24) 感
(25) 成	(26) 城	(27) 盛	(28) 誠
(29) 歲	(30) 殘	(31) 錢	(32) 淺 *
(33) 賤 *	(34) 踐 *	(35) 哉 *	(36) 栽 *
(37) 裁 *	(38) 載 *	(39) 鐵	(40) 甲
(41) 押 *			

2 다음 漢字語의 讀音을 쓰시오.

(1) 武術	(2) 賦課	(3) 戊午	(4) 榮茂
(5) 甲戌	(6) 戒律	(7) 器械	(8) 海賊
(9) 親戚	(10) 威嚴	(11) 消滅	(12) 越冬
(13) 代案	(14) 賃貸	(15) 式順	(16) 試飮
(17) 討伐	(18) 間或	(19) 疑惑	(20) 國家
(21) 聖域	(22) 咸池	(23) 減員	(24) 感激

(25) 成果		(26) 城壁		(27) 盛大		(28) 精誠	
(29) 歲拜		(30) 殘忍		(31) 銅錢		(32) 淺薄	
(33) 賤視		(34) 實踐		(35) 快哉		(36) 栽培	
(37) 獨裁		(38) 連載		(39) 鐵絲		(40) 回甲	
(41) 押留							

3 다음 訓과 音을 지닌 漢字를 쓰시오. (*는 3급·3급II 고유 한자입니다.)

(1) 갑옷 갑		(2) 개 술	*	(3) 경계할 계		(4) 기계 계	*
(5) 나라 국		(6) 남을 잔		(7) 넘을 월	*	(8) 누를 압	*
(9) 느낄 감		(10) 다 함	*	(11) 대신 대		(12) 덜 감	
(13) 도적 적		(14) 돈 전		(15) 멸할 멸	*	(16) 무성할 무	*
(17) 미혹할 혹	*	(18) 밟을 천	*	(19) 법 식		(20) 부세 부	*
(21) 빌릴 대	*	(22) 성할 성		(23) 쇠 철		(24) 시험 시	
(25) 실을 재	*	(26) 심을 재	*	(27) 얕을 천	*	(28) 어조사 재	*
(29) 옷마를 재	*	(30) 위엄 위		(31) 이룰 성		(32) 재 성	
(33) 정성 성		(34) 지경 역		(35) 천간 무	*	(36) 천할 천	*
(37) 친척 척	*	(38) 칠 벌		(39) 해 세		(40) 호반 무	
(41) 혹 혹							

16과 田·里·重·曾·無 모양을 가진 한자

납(원숭이) 신 申

갑문 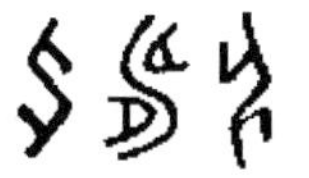 금문 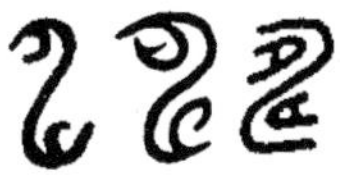 소전 

번개가 내리치며 갈라져 펼쳐지는 모양에서 '**펴다**'가 뜻이나, 지지로 '**납**(원숭이)'을 뜻한다.

급수	번호/급	부수/획수	한자	훈음	중국/일본	단어
진흥 4급 검정 준3급	607 4급Ⅱ	田부 총5획	申	납(원숭이)/펼 신	중국 申 일본 申	申告(신고) 申請(신청) 申時(신시) 內申(내신)
	608 3급	人부 총7획	伸	펼 신	중국 伸 일본 伸	❶伸縮(신축) 伸張(신장) 伸長(신장) 伸理(신리)
진흥 5급 검정 5급	609 6급	示부 총10획	神	귀신 신	중국 神 일본 神	神仙(신선) 神靈(신령) 神父(신부) 神經質(신경질)
진흥 준3급 검정 3급	610 3급	土부 총8획	坤	땅 곤	중국 坤 일본 坤	乾坤(건곤) ❷坤德(곤덕) ❸坤道(곤도) 坤宮(곤궁)

말미암을 유 由

금문  소전 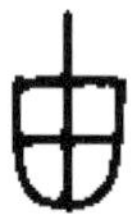

대를 쪼개어 **삼태기**처럼 만든 **대그릇**으로 여러 가지 용도로 사용되어 '**말미암다**'를 뜻한다.

파자 씨앗은 **밭**(田)을 말미암아 싹이 **뚫고**(丨) 나는 데서 '**말미암다**'를 뜻한다.

급수	번호/급	부수/획수	한자	훈음	중국/일본	단어
진흥 4급 검정 준4급	611 6급	田부 총5획	由	말미암을 유	중국 由 일본 由	理由(이유) 緣由(연유) 由來(유래) 自由主義(자유주의)
진흥 5급 검정 준4급	612 6급	水부 총8획	油	기름 유	중국 油 일본 油	石油(석유) 油田(유전) 原油(원유) 送油管(송유관)
진흥 준3급 검정 3급	613 3급Ⅱ	宀부 총8획	宙	집 주:	중국 宙 일본 宙	宇宙(우주) 宇宙船(우주선) ❹宙表(주표) ❺宙然(주연)
	614 3급	手부 총8획	抽	뽑을 추	중국 抽 일본 抽	抽象畫(추상화) 抽出(추출) 抽身(추신) 抽稅(추세)
	615 3급Ⅱ	竹부 총11획	笛	피리 적	중국 笛 일본 笛	汽笛(기적) 警笛(경적) 鼓笛隊(고적대) 號笛(호적)

밭 전 田

갑문  금문  소전 

경계가 분명한 **농토**인 '**밭**'으로 **삶의 터전**을 뜻하며, 畾(밭갈피/성채 뢰)의 약자로도 쓴다.

급수	번호/급	부수/획수	한자	훈음	중국/일본	단어
진흥 5급 검정 5급	616 4급Ⅱ	田부 총5획	田	밭 전	중국 田 일본 田	田畓(전답) 田園(전원) 油田(유전) 桑田碧海(상전벽해)
	617 3급	艸부 총9획	苗	모/싹 묘:	중국 苗 일본 苗	苗木(묘목) 苗種(묘종) 育苗(육묘) 苗板(묘판)
	618 3급	田부 총9획	畏	두려워할 외:	중국 畏 일본 畏	 鬼(귀신 귀)자와 卜(복) 또는 亻(인)의 반대 모양이 합쳐져 형성된 글자. 敬畏心(경외심)

진흥/검정	번호	급수	부수	획수	한자	훈음	중국	일본	설명	어휘
	619	3급Ⅱ	糸부	총11획	累	여러/자주 루:	累	累	천둥 번개 모양의 畾(밭갈피 뢰)자에 糸(실 사)를 합한 글자. 흙덩이가 쌓인 壘(진/쌓일 루)와 혼용.	累積(누적) 累計(누계)
진흥 7급 / 검정 8급	620	7급	田부	총7획	男	사내 남	男	男		男子(남자) 男便(남편) 男妹(남매) 男尊女卑(남존여비)
진흥 4급 / 검정 준3급	621	4급Ⅱ	糸부	총11획	細	가늘 세:	细	細		細菌(세균) 細密(세밀) 細心(세심) 細工(세공)
진흥 5급 / 검정 준4급	622	6급	田부	총9획	界	지경 계:	界	界		境界(경계) 世界(세계) 仙界(선계) 外界(외계)
진흥 3급	623	3급	田부	총9획	畓	논 답	-	-		田畓(전답) 墓畓(묘답) 水畓(수답) 乾畓(건답)
	624	3급Ⅱ	足부	총15획	踏	밟을 답	踏	踏	沓(말많을 답)은 水 아래 曰(말할 왈)을 더해 유창하게 말함을 뜻함. 田과 관계없음.	踏査(답사) 踏步(답보)

里 마을 리

금문

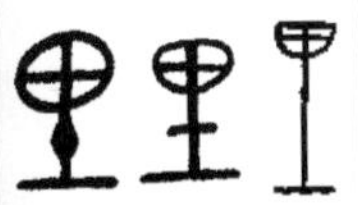

소전

밭(田)과 **땅**(土)이 있어 사람이 살기 좋은 곳에 있는 '**마을**'을 뜻한다.

진흥/검정	번호	급수	부수	획수	한자	훈음	중국	일본	어휘
진흥 준5급 / 검정 5급	625	7급	里부	총7획	里	마을 리:	里	里	里長(이장) 里程標(이정표) 洞里(동리) 千里(천리)
진흥 5급 / 검정 5급	626	6급	玉부	총11획	理	다스릴 리:	理	理	理致(이치) 理髮(이발) 原理(원리) 物理(물리)
	627	3급Ⅱ	衣부	총13획	裏	속 리:	里	裏	裏書(이서) 裏面(이면) 表裏不同(표리부동) 心裏(심리)
	628	3급	土부	총10획	埋	묻을 매	埋	埋	埋沒(매몰) 埋葬(매장) 埋伏(매복) [6]埋香(매향)

量 헤아릴 량

갑문

금문

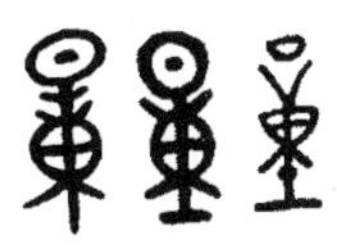

소전

입(口)벌린 **자루**(東)를 **땅**(土)에 놓고 물건을 헤아리는 데서 '**헤아리다**' '**세다**'를 뜻한다. **말하여**(曰) **무게**(重)를 '**헤아림**'이라고도 한다.

파자 **말**(曰)로 **한**(一) **마을**(里)의 집을 '**헤아림**'.

진흥/검정	번호	급수	부수	획수	한자	훈음	중국	일본	어휘
진흥 준4급 / 검정 4급	629	5급	里부	총12획	量	헤아릴/수량 량	量	量	容量(용량) 重量(중량) 減量(감량) 質量(질량)
진흥 3급	630	4급	米부	총18획	糧	양식 량	粮	糧	糧食(양식) 食糧(식량) 糧穀(양곡) 軍糧米(군량미)

어구 풀이

[1]伸縮(신축) : 늘고 줆. 또는 늘이고 줄임.
[2]坤德(곤덕) : 황후나 왕후의 덕.
[3]坤道(곤도) : ① 대지(大地)의 도(道). ② 여자가 지켜야 할 도리.
[4]宙表(주표) : 하늘 밖.
[5]宙然(주연) : 넓은 모양.
[6]埋香(매향) : 내세(來世)의 복을 빌기 위하여 향(香)을 강이나 바다에 잠가 묻는 일.

아이 동	갑문	금문	소전	
童				**고문 도구**(辛)로 **눈**(罒)을 찔리는 **무거운**(重) 벌을 받는 **죄인**인 어리석은 '**노예**'에서 아직 철이 없어 어리석은 '**아이**'를 뜻한다. 파자 **마을**(里) 입구에 **서서**(立) 노는 '**아이**'.

급수	번호	부수	한자	훈음	중국/일본	용례
진흥 5급 검정 준4급	631 6급	立부 총12획	童	아이 동:	중국 童 일본 童	童心(동심) 童顔(동안) 童詩(동시) 兒童(아동)

무거울 중	갑문	금문	소전	
重				무겁고 중요한 **짐**(東)을 지고 있는 **사람**(亻)으로 '**무겁다**' '**중요하다**' '**거듭**'을 뜻한다. 파자 **천**(千) **리**(里)를 가는 '**무거움**'.

급수	번호	부수	한자	훈음	중국/일본	용례
진흥 5급 검정 5급	632 7급	里부 총9획	重	무거울/거듭 중:	중국 重 일본 重	重要(중요) 重量(중량) 重複(중복) 重責(중책)
진흥 준4급 검정 준4급	633 7급	力부 총11획	動	움직일 동:	중국 动 일본 動	動力(동력) 自動(자동) 手動(수동) 動物(동물)
진흥 준4급 검정 4급	634 5급	禾부 총14획	種	씨 종(:)	중국 种 일본 種	種子(종자) ❶種苗(종묘) 種別(종별) 種類(종류)
	635 4급	金부 총17획	鍾	종발/모을 종	중국 钟 일본 鍾	鍾氣(종기) ❷龍鍾(용종) 鍾乳洞(종유동) 鍾美(종미)
	636 3급II	行부 총15획	衝	찌를 충	중국 冲 일본 衝	衝突(충돌) 衝擊(충격) 衝動(충동) 衝天(충천)

검을 흑	금문	소전	
黑			**불**(灬)길에 검게 그을린 **사람**이나, 머리에 검은 문신을 한 사람에서 '**검다**'를 뜻한다. 파자 **굴뚝**(囮) 아래 **흙**(土) 아궁이에 **불**(灬)을 피워 생기는 '**검은**' 연기나 그을음.

급수	번호	부수	한자	훈음	중국/일본	용례
진흥 준4급 검정 준4급	637 5급	黑부 총12획	黑	검을 흑	중국 黑 일본 黒	黑白(흑백) 黑人(흑인) 黑鉛(흑연) 黑板(흑판)
진흥 3급 검정 3급	638 3급II	土부 총15획	墨	먹 묵	중국 墨 일본 墨	墨香(묵향) 水墨畫(수묵화) 唐墨(당묵) ❸朱墨(주묵)
	639 3급II	黑부 총16획	默	잠잠할 묵	중국 默 일본 黙	默念(묵념) 默想(묵상) 默認(묵인) ❹默祕權(묵비권)

어구 풀이

❶種苗(종묘) : 식물의 씨나 싹을 심어서 가꿈. 또는 그런 모종이나 묘목.
❷龍鍾(용종) : 용의 무늬를 새긴 종(鍾).
❸朱墨(주묵) : ① 붉은 빛깔의 먹. ② 예전에, 붉은 것과 검은 것으로 장부의 출입을 갈라 문서를 적은 데서, 관무를 보는 것을 이르던 말. ③ 붉은 것과 검은 것이라는 뜻으로, 어떤 대상이나 현상의 차이에 대한 긍정·부정을 이르는 말.
❹默祕權(묵비권) : 피고인이나 피의자가 수사 기관의 조사나 공판의 심문에 대하여 자기에게 불리한 진술을 거부할 수 있는 권리.
❺曾前(증전) : 이미 지나가 버린 그 때. 증왕(曾往)
❻贈遺(증유) : 물품 따위를 선물로 줌. 증여(贈與).

曾 일찍 증

갑문

금문

소전

곡식을 쪄서 빨리 익히기 위해 솥 위에 **거듭 쌓은 시루**에서 '**일찍**' '**거듭**'을 뜻한다.

파자 증기가 **나뉘어**(八) 올라 **시루**(囮)안의 음식이 **말하는**(曰) 사이 빨리 '**일찍**' 익음. 甑(시루 증)

진흥	검정	번호	부수	급수	획수	한자	훈음	중국	일본	어휘
준3급	3급	640	日부	3급II	총12획	曾	일찍 증	曾	曽	曾孫(증손) ❺曾前(증전) 曾往(증왕) 曾祖父(증조부)
4급	4급	641	土부	4급II	총15획	增	더할 증	增	増	增加(증가) 增强(증강) 增設(증설) 增産(증산)
		642	心부	3급II	총15획	憎	미울 증	憎	憎	憎惡(증오) 可憎(가증) 愛憎(애증) 憎怨(증원)
		643	貝부	3급	총19획	贈	줄 증	赠	贈	寄贈(기증) 贈別(증별) 贈與稅(증여세) ❻贈遺(증유)
		644	人부	3급II	총14획	僧	중 승	僧	僧	僧服(승복) 僧房(승방) 女僧(여승) 比丘僧(비구승)
준3급	3급	645	尸부	4급	총15획	層	층 층	层	層	層階(층계) 階層(계층) 高層(고층) 深層(심층)

會 모일 회

갑문

금문

소전

뚜껑(亼)아래 **제물**(囮)과 **제기**(曰) 모양으로 제물을 차리고 여럿이 **모여** 회의하거나, 또는 **지붕**(亼) 아래 **여러 물건**(囮)을 모아둔 **창고**(曰)에서 '**모이다**'를 뜻한다.

진흥	검정	번호	부수	급수	획수	한자	훈음	중국	일본	어휘
5급	5급	646	日부	6급	총13획	會	모일 회:	会	会	會見(회견) 會談(회담) 會費(회비) 會社(회사)

無 없을 무

갑문

금문

소전

사람이 양손에 **몸이 없는** 짐승꼬리를 들고 **춤추는** 모양으로, 몸이 없는 데서 '**없다**'로 쓰였다.

파자 **우거진 숲**(無:우거질 무)이 **불**(灬)에 타 **없어짐**을 뜻한다.

진흥	검정	번호	부수	급수	획수	한자	훈음	중국	일본	어휘
5급	5급	647	火부	5급	총12획	無	없을 무	无	無	無色(무색) 無臭(무취) 無職(무직) 無敵(무적)
준3급	3급	648	舛부	4급	총14획	舞	춤출 무:	舞	舞	歌舞(가무) 舞臺(무대) 僧舞(승무) 舞樂(무악)

쉬어가기

마음에 새겨 두면 좋을 명언

■ 以責人之心 責己, 以恕己之心 恕人 (이책인지심 책기, 이서기지심 서인)

남을 책망하는 마음으로 자신을 책망하고, 자신을 용서하는 마음으로 남을 용서하라. 『明心寶鑑』 存心篇

16 확인학습

1 다음 漢字의 訓과 音을 쓰시오. (*는 3급·3급II 고유 한자입니다.)

(1) 申	(2) 伸 *	(3) 神	(4) 坤 *
(5) 由	(6) 油	(7) 宙 *	(8) 抽 *
(9) 笛 *	(10) 田	(11) 苗 *	(12) 畏 *
(13) 累 *	(14) 男	(15) 細	(16) 界
(17) 畓 *	(18) 踏 *	(19) 里	(20) 理
(21) 裏 *	(22) 埋 *	(23) 量	(24) 糧
(25) 童	(26) 重	(27) 動	(28) 種
(29) 鍾	(30) 衝 *	(31) 黑	(32) 墨 *
(33) 默 *	(34) 曾 *	(35) 增	(36) 憎 *
(37) 贈 *	(38) 僧 *	(39) 層	(40) 會
(41) 無	(42) 舞		

2 다음 漢字語의 讀音을 쓰시오.

(1) 申請	(2) 伸縮	(3) 神父	(4) 乾坤
(5) 緣由	(6) 油田	(7) 宇宙	(8) 抽稅
(9) 號笛	(10) 田園	(11) 苗種	(12) 敬畏
(13) 累積	(14) 男便	(15) 細心	(16) 境界
(17) 田畓	(18) 踏査	(19) 里長	(20) 物理
(21) 裏面	(22) 埋伏	(23) 減量	(24) 食糧

(25) 童心	(26) 重責	(27) 動力	(28) 種苗
(29) 龍鍾	(30) 衝擊	(31) 黑板	(32) 墨香
(33) 默念	(34) 曾祖	(35) 增加	(36) 憎惡
(37) 贈別	(38) 僧房	(39) 深層	(40) 會談
(41) 無色	(42) 舞臺		

3 다음 訓과 音을 지닌 漢字를 쓰시오. (*는 3급·3급Ⅱ 고유 한자입니다.)

(1) 가늘 세	(2) 검을 흑	(3) 귀신 신	(4) 기름 유
(5) 납 신	(6) 논 답 *	(7) 다스릴 리	(8) 더할 증
(9) 두려워할 외 *	(10) 땅 곤 *	(11) 마을 리	(12) 말미암을 유
(13) 먹 묵 *	(14) 모 묘 *	(15) 모일 회	(16) 무거울 중
(17) 묻을 매 *	(18) 미울 증 *	(19) 밟을 답 *	(20) 밭 전
(21) 뽑을 추 *	(22) 사내 남	(23) 속 리 *	(24) 씨 종
(25) 아이 동	(26) 양식 량	(27) 없을 무	(28) 여러 루 *
(29) 움직일 동	(30) 일찍 증 *	(31) 잠잠할 묵 *	(32) 종발 종
(33) 줄 증 *	(34) 중 승 *	(35) 지경 계	(36) 집 주 *
(37) 찌를 충 *	(38) 춤출 무	(39) 층 층	(40) 펼 신 *
(41) 피리 적 *	(42) 헤아릴 량		

17과 臣·工·罔·亡·共 모양을 가진 한자

巨 클 거

금문

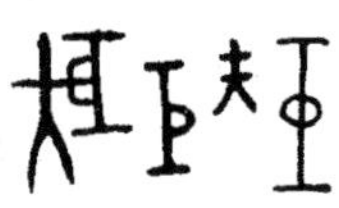

소전

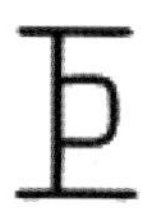

큰 **자**(工)에 **손잡이**(コ)가 달린 커다란 자에서 '**크다**'를 뜻한다.

급수	번호	부수/획수	한자	훈음	중국/일본	용례
진흥 4급 / 검정 준3급	649 / 4급	工부 / 총5획	巨	클 거:	중국 巨 / 일본 巨	巨大(거대) 巨人(거인) 巨物(거물) 巨額(거액)
진흥 3급	650 / 4급	手부 / 총8획	拒	막을 거:	중국 拒 / 일본 拒	拒絶(거절) 拒逆(거역) 拒否(거부) 抗拒(항거)
진흥 3급	651 / 3급Ⅱ	足부 / 총12획	距	상거할/떨어질 거:	중국 距 / 일본 距	距離(거리) 相距(상거) 長距離(장거리) 距離感(거리감)

臣 신하/노예 신

갑문

금문

소전

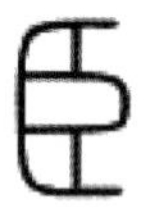

노예나 **죄인**이 주인 앞에서 몸을 굽히고 **눈**을 **치켜뜨고** 우러러보는 모습으로, 신분이 낮은 데에서 '**신하**'를 뜻한다. 臣(신)자가 들어가는 글자는 '**눈**' 모양으로 '**보다**'를 뜻한다.

급수	번호	부수/획수	한자	훈음	중국/일본	용례
진흥 준4급 / 검정 준4급	652 / 5급	臣부 / 총6획	臣	신하 신	중국 臣 / 일본 臣	臣下(신하) 忠臣(충신) 家臣(가신) 功臣(공신)
진흥 준3급 / 검정 3급	653 / 4급	土부 / 총11획	堅	굳을 견	중국 坚 / 일본 堅	堅固(견고) 堅持(견지) 堅强(견강) 堅振聖事(견진성사)
진흥 준3급 / 검정 준3급	654 / 4급Ⅱ	貝부 / 총15획	賢	어질 현	중국 贤 / 일본 賢	賢明(현명) 賢人(현인) 聖賢(성현) 賢母良妻(현모양처)
	655 / 3급Ⅱ	糸부 / 총14획	緊	긴할 긴	중국 紧 / 일본 緊	緊要(긴요) 緊張(긴장) 緊密(긴밀) 緊迫感(긴박감)
진흥 준3급 / 검정 3급	656 / 3급	臣부 / 총8획	臥	누울 와:	중국 卧 / 일본 臥	臥床(와상) 臥病(와병) 臥龍(와룡) 臥席(와석)
진흥 3급	657 / 3급Ⅱ	臣부 / 총17획	臨	임할 림	중국 临 / 일본 臨	臨迫(임박) 臨終(임종) 君臨(군림) 臨戰無退(임전무퇴)

監 볼 감

갑문

금문

소전

거울처럼 **눈**(臣)으로 **사람**(人=𠂉)들이 물 **한**(一) **그릇**(皿)을 떠놓고 비추어 '**봄**'을 뜻한다.

급수	번호	부수/획수	한자	훈음	중국/일본	용례
진흥 준3급 / 검정 4급	658 / 4급Ⅱ	皿부 / 총14획	監	볼 감	중국 监 / 일본 監	監督(감독) 監視(감시) 校監(교감) 監獄(감옥)
	659 / 3급Ⅱ	金부 / 총22획	鑑	거울/볼 감	중국 鉴 / 일본 鑑	鑑定(감정) 鑑識(감식) 龜鑑(귀감) 鑑賞(감상)
	660 / 3급	水부 / 총17획	濫	넘칠/함부로 람:	중국 滥 / 일본 濫	濫用(남용) 濫發(남발) 濫伐(남벌) 濫獲(남획)

급수	번호/급	부수/획	한자	훈음	중국/일본	단어
진흥 준3급 검정 3급	661 4급	見부 총21획	覽	볼 람	중국 览 일본 覧	觀覽(관람) 展覽會(전람회) 博覽會(박람회)
	662 3급Ⅱ	鹵부 총24획	鹽	소금 염	중국 盐 일본 塩	鹽田(염전) 鹽素(염소) 鹽分(염분) 食鹽水(식염수)

장인 공 工

갑문

금문

소전

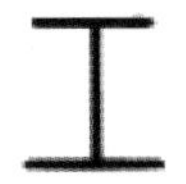

정교하게 일을 하기 위한 **장인의 도구**로, 물건을 자르는 도구나 재는 자, 또는 흙을 다지는 도구 등에서 **'장인' '도구' '기능' '재주' '만들다'**를 뜻한다.

급수	번호/급	부수/획	한자	훈음	중국/일본	단어
진흥 7급 검정 준5급	663 7급	工부 총3획	工	장인 공	중국 工 일본 工	工事(공사) 工場(공장) 工業(공업) 工作(공작)
진흥 5급 검정 5급	664 6급	力부 총5획	功	공 공	중국 功 일본 功	功勞(공로) 功臣(공신) 功過(공과) 功績(공적)
진흥 3급	665 4급	攴부 총7획	攻	칠 공:	중국 攻 일본 攻	攻守(공수) 攻擊(공격) 攻防(공방) 專攻(전공)
진흥 3급	666 3급Ⅱ	貝부 총10획	貢	바칠 공:	중국 贡 일본 貢	貢獻(공헌) 朝貢(조공) 租貢(조공) 貢稅(공세)
	667 3급Ⅱ	心부 총10획	恐	두려울 공:	중국 恐 일본 恐	恐龍(공룡) 恐懼(공구) 恐水病(공수병) 恐妻家 (공처가)
진흥 준5급 검정 5급	668 7급	穴부 총8획	空	빌 공	중국 空 일본 空	空間(공간) 空軍(공군) 空氣(공기) 空港(공항)
진흥 7급 검정 7급	669 7급	水부 총6획	江	강 강	중국 江 일본 江	江山(강산) 漢江(한강) 江村(강촌) 江湖(강호)
진흥 3급	670 3급Ⅱ	頁부 총12획	項	항목 항:	중국 项 일본 項	項目(항목) 事項(사항) 條項(조항) 項羽壯士(항우장사)
진흥 준3급 검정 3급	671 4급	糸부 총9획	紅	붉을 홍	중국 红 일본 紅	紅茶(홍차) 紅葉(홍엽) 紅疫(홍역) 紅一點(홍일점)
	672 3급	鳥부 총17획	鴻	큰기러기 홍	중국 鸿 일본 鴻	鴻恩(홍은) 鴻毛(홍모) 鴻志(홍지) 鴻儒(홍유)
	673 3급Ⅱ	工부 총5획	巧	공교할/교묘할 교	중국 巧 일본 巧	巧妙(교묘) 巧拙(교졸) 精巧(정교) 巧言令色(교언영색)

무당 무 巫

갑문

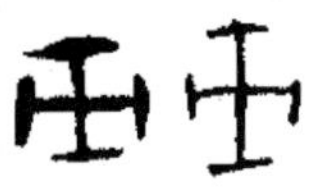

금문

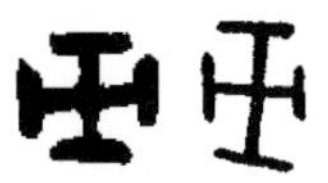

소전

두 사람(从)의 신령한 **도구**(工)를 잡고 복을 비는 **'무당'**을 뜻한다.

참고 본래 **무당**이 사용하는 **도구**.

※ 霝(비올 령): **비**(雨)와 **빗방울**(皿)을 그려 **'비가 내림'**을 뜻함.

급수	번호/급	부수/획	한자	훈음	중국/일본	단어
	674 3급Ⅱ	雨부 총24획	靈	신령 령	중국 灵 일본 霊	靈歌(영가) 靈魂(영혼) 神靈(신령) 靈安室(영안실)

岡 산등성이 강

금문

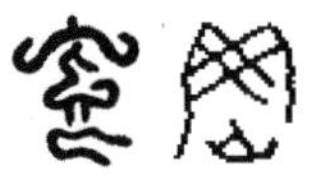

소전

그물(网·罒)을 펼쳐 놓은 것 같은 **산**(山)마루 '**산등성이**'에서 '**크고**' '**굳셈**'을 뜻한다.

시험	번호 / 급수	부수 / 획수	한자	훈음	중국	일본	어휘
	675 / 3급II	刀부 / 총10획	剛	굳셀 강	刚	剛	剛健(강건) 剛柔(강유) 剛直(강직) 外柔內剛(외유내강)
	676 / 3급II	糸부 / 총14획	綱	벼리 강	纲	綱	大綱(대강) 紀綱(기강) 要綱(요강) 三綱五倫(삼강오륜)
진흥 준3급	677 / 3급II	金부 / 총16획	鋼	강철 강	钢	鋼	鋼鐵(강철) 鋼板(강판) 製鋼(제강) 鋼管(강관)

亡 망할 망

갑문

금문

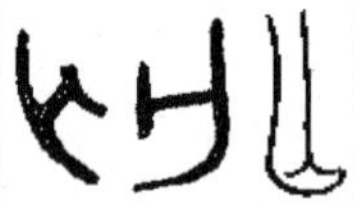

소전

칼(匕)끝이 **잘림**(ノ), **사람**(人) 손을 **자름**(㕚·刂), **눈**(臣)동자를 **멀게 함** 등의 학설로, 뜻은 '**없다**' '**망하다**' '**죽다**'로 쓰인다.

파자 **머리**(亠)를 **숨기는**(乚) **사람**(人)에서 '**망함**(亾=亡)'을 뜻한다.

시험	번호 / 급수	부수 / 획수	한자	훈음	중국	일본	어휘
진흥 준4급 / 검정 준4급	678 / 5급	亠부 / 총3획	亡	망할 망	亡	亡	亡身(망신) 滅亡(멸망) 亡命(망명) 亡靈(망령)
진흥 3급	679 / 3급II	女부 / 총6획	妄	망녕될 망:	妄	妄	妄言(망언) 妄發(망발) 妄動(망동) 輕擧妄動(경거망동)
진흥 준3급 / 검정 3급	680 / 3급	心부 / 총6획	忙	바쁠 망	忙	忙	忙中閑(망중한) 公私多忙(공사다망) 奔忙(분망)
진흥 4급 / 검정 준3급	681 / 3급	心부 / 총7획	忘	잊을 망	忘	忘	忘却(망각) 忘年會(망년회) 勿忘草(물망초) 難忘(난망)
진흥 준4급 / 검정 4급	682 / 5급	月부 / 총11획	望	바랄 망:	望	望	希望(희망) 望樓(망루) 望鄕(망향) 望夫石(망부석)
	683 / 3급	艸부 / 총10획	茫	아득할 망	茫	茫	茫漠(망막) 茫洋(망양) 茫茫大海(망망대해) 茫然(망연)
	684 / 3급	网부 / 총8획	罔	없을 망	罔	罔	罔極(망극) 罔測(망측) 罔民(망민) 欺罔(기망)
	685 / 3급II	艸부 / 총10획	荒	거칠 황	荒	荒	荒野(황야) 虛荒(허황) 荒凉(황량) 荒廢化(황폐화)
진흥 3급	686 / 3급II	目부 / 총8획	盲	눈멀/소경 맹	盲	盲	盲信(맹신) 文盲(문맹) 盲腸(맹장) 夜盲症(야맹증)

共 한가지 공

금문

소전

물건(廿=卄)을 **두 손**(廾)으로 공손히 받듦에서 '**함께**' '**같이**' 등을 뜻한다.

흥 5급 / 정 5급	687 / 6급	八부 / 총6획	共	한가지 공:	중국 共 / 일본 共	共同(공동) 共生(공생) 共助(공조) 共産主義(공산주의)
흥 3급	688 / 3급Ⅱ	人부 / 총8획	供	이바지할 공:	중국 供 / 일본 供	供給(공급) 供物(공물) 供與(공여) 供養米(공양미)
흥 3급	689 / 3급Ⅱ	心부 / 총10획	恭	공손할 공	중국 恭 / 일본 恭	恭祝(공축) 恭待(공대) 恭敬(공경) 不恭(불공)
	690 / 3급Ⅱ	水부 / 총9획	洪	넓을 홍	중국 洪 / 일본 洪	洪水(홍수) 洪魚(홍어) 洪量(홍량) 洪化(홍화: 큰 교화)
	691 / 3급	己부 / 총9획	巷	거리 항:	중국 巷 / 일본 巷	共에 邑(읍)이 巳(사)처럼 변하여 이루어진 글자로, 사람이 모여 사는 곳을 이름. / 巷間(항간) 巷談(항담)
흥 3급	692 / 4급Ⅱ	水부 / 총12획	港	항구 항:	중국 港 / 일본 港	港口(항구) 漁港(어항) 歸港(귀항) 港都(항도)

괘이름/유순할 손

巽

갑문

금문

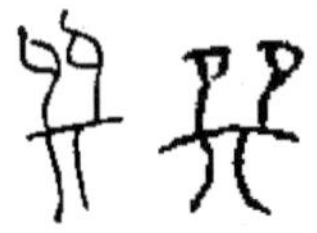

소전

선택받은 **두 사람**(㔾:갖출 선)이 높은 **돈대**(丌=共)에 있는 모양으로, **'선택'** **'괘 이름'**을 뜻한다.

참고 (㔾:갖출 선선) 선택받은 **두 사람**이 **'유순히'** 꿇어앉아 있음을 뜻한다.

흥 4급 / 정 4급	693 / 5급	辵부 / 총16획	選	가릴 선:	중국 选 / 일본 選	選擧(선거) 選別(선별) 選定(선정) 選手(선수)

다를 이

異

갑문

금문

소전

가면(田)을 **두 손**(共)으로 쓴 무섭게 변한 모습에서 **'다름'**을 뜻한다.

파자 **밭**(田)에 **함께**(共) 심어진 곡식이 모두 다르게 자람에서 **'다름'**을 뜻함.

흥 4급 / 정 준3급	694 / 4급	田부 / 총11획	異	다를 이:	중국 异 / 일본 異	異見(이견) 異性(이성) 異端(이단) 異邦人(이방인)
	695 / 3급Ⅱ	羽부 / 총17획	翼	날개 익	중국 翼 / 일본 翼	右翼(우익) 左翼(좌익) 羽翼(우익) 鳥翼(조익)

사나울 폭/모질 포

暴

금문

소전

강한 **해**(日) 볕이 **나오자**(出) **두 손**(廾)으로 **쌀**(米)을 드러내 말림에서 **'사납다'** **'모질다'**를 뜻한다.

파자 **물**(氺)에 젖은 쌀을 **모두**(共) **햇볕**(日)에 말림에서 **'사납다'** **'드러냄'**을 뜻한다.

흥 4급 / 정 준3급	696 / 4급Ⅱ	日부 / 총15획	暴	사나울 폭 / 모질 포:	중국 暴 / 일본 暴	暴君(폭군) 暴雨(폭우) 暴棄(포기) 暴惡(포악)
흥 3급	697 / 4급	火부 / 총19획	爆	불터질 폭	중국 爆 / 일본 爆	爆彈(폭탄) 爆死(폭사) 爆笑(폭소) 爆藥(폭약)

17 확인학습

1 다음 漢字의 訓과 音을 쓰시오. (* 는 3급·3급II 고유 한자입니다.)

(1) 巨　(2) 拒　(3) 距 *　(4) 臣
(5) 堅　(6) 賢　(7) 緊 *　(8) 臥 *
(9) 臨 *　(10) 監　(11) 鑑 *　(12) 濫 *
(13) 覽　(14) 鹽 *　(15) 工　(16) 功
(17) 攻　(18) 貢 *　(19) 恐 *　(20) 空
(21) 江　(22) 項 *　(23) 紅　(24) 鴻 *
(25) 巧 *　(26) 靈 *　(27) 剛 *　(28) 綱 *
(29) 鋼 *　(30) 亡　(31) 妄 *　(32) 忙 *
(33) 忘 *　(34) 望　(35) 茫 *　(36) 罔 *
(37) 荒 *　(38) 盲 *　(39) 共　(40) 供 *
(41) 恭 *　(42) 洪 *　(43) 巷 *　(44) 港
(45) 選　(46) 異　(47) 翼 *　(48) 暴
(49) 爆

2 다음 漢字語의 讀音을 쓰시오.

(1) 巨人　(2) 拒絕　(3) 距離　(4) 家巨
(5) 堅持　(6) 賢人　(7) 緊要　(8) 臥床
(9) 臨迫　(10) 監獄　(11) 鑑定　(12) 濫發
(13) 觀覽　(14) 鹽素　(15) 工場　(16) 濫發
(17) 攻擊　(18) 貢稅　(19) 恐龍　(20) 空港
(21) 江山　(22) 條項　(23) 紅葉　(24) 鴻志
(25) 巧妙　(26) 神靈　(27) 剛直　(28) 紀綱

(29) 鋼鐵		(30) 滅亡		(31) 妄言		(32) 奔忙	
(33) 忘却		(34) 希望		(35) 茫漠		(36) 罔測	
(37) 荒野		(38) 文盲		(39) 共助		(40) 供給	
(41) 恭敬		(42) 洪魚		(43) 巷間		(44) 港都	
(45) 選手		(46) 異端		(47) 右翼		(48) 暴惡	
(49) 爆彈							

3 다음 訓과 音을 지닌 漢字를 쓰시오. (*는 3급·3급Ⅱ 고유 한자입니다.)

(1) 가릴 선		(2) 강 강		(3) 강철 강	*	(4) 거리 항	*
(5) 거울 감	*	(6) 거칠 황	*	(7) 공 공		(8) 공교할 교	*
(9) 공손할 공	*	(10) 굳셀 강	*	(11) 굳을 견		(12) 긴할 긴	*
(13) 날개 익	*	(14) 넓을 홍	*	(15) 넘칠 람	*	(16) 누울 와	*
(17) 눈멀 맹	*	(18) 다를 이		(19) 두려울 공	*	(20) 막을 거	
(21) 망녕될 망	*	(22) 망할 망		(23) 바랄 망		(24) 바쁠 망	*
(25) 바칠 공	*	(26) 벼리 강	*	(27) 볼 감		(28) 볼 람	
(29) 불터질 폭		(30) 붉을 홍		(31) 빌 공		(32) 사나울 폭	
(33) 상거할 거	*	(34) 소금 염	*	(35) 신령 령	*	(36) 신하 신	
(37) 아득할 망	*	(38) 어질 현		(39) 없을 망	*	(40) 이바지할 공	*
(41) 임할 림	*	(42) 잊을 망	*	(43) 장인 공		(44) 칠 공	
(45) 큰기러기 홍	*	(46) 클 거		(47) 한가지 공		(48) 항구 항	
(49) 항목 항	*						

18과 中·央·史·斤·夬 모양을 가진 한자

가운데 중 中

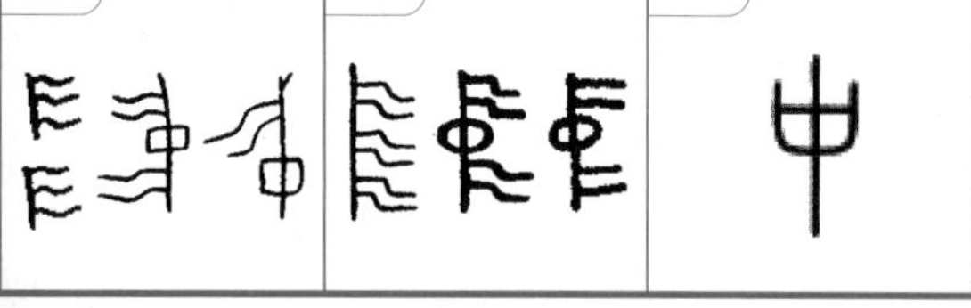

원시거주지(口) 중앙에 세워둔 **깃대**(丨)로, 모두 모여 마을 일을 처리했던 장소에서 '**가운데**'를 뜻한다.

시험	번호 / 급수	부수 / 획수	한자	훈음		중국 / 일본	단어
진흥 8급 / 검정 7급	698 / 8급	丨부 / 총4획	中	가운데	중	중국 中 / 일본 中	中間(중간) 中心(중심) 中立(중립) 中部(중부)
	699 / 3급Ⅱ	人부 / 총6획	仲	버금	중(:)	중국 仲 / 일본 仲	仲媒(중매) 仲秋(중추) 仲介(중개) 仲兄(중형)
진흥 준4급 / 검정 4급	700 / 4급Ⅱ	心부 / 총8획	忠	충성	충	중국 忠 / 일본 忠	忠誠(충성) 忠臣(충신) 忠告(충고) 顯忠日(현충일)
진흥 준4급 / 검정 4급	701 / 5급	心부 / 총11획	患	근심	환:	중국 患 / 일본 患	患者(환자) 憂患(우환) 宿患(숙환) 患難(환난)

가운데 앙 央

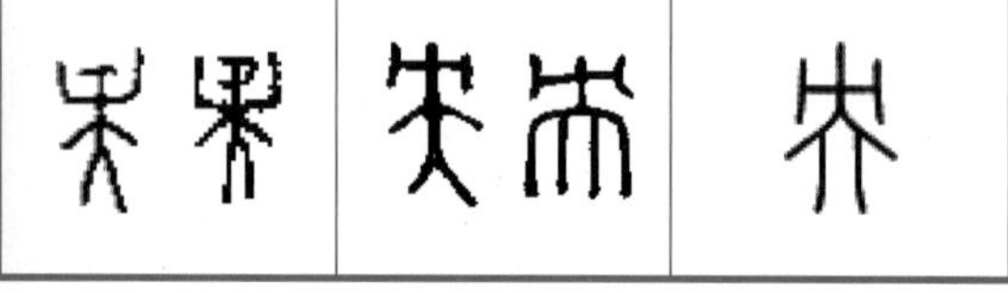

형틀이나 **어깨지게**(冂) 가운데 있는 **사람**(大)에서 '**가운데**'를 뜻한다.

시험	번호 / 급수	부수 / 획수	한자	훈음		중국 / 일본	단어
진흥 준3급 / 검정 준5급	702 / 3급Ⅱ	大부 / 총5획	央	가운데	앙	중국 央 / 일본 央	中央(중앙) 中央廳(중앙청) 中央政府(중앙정부)
	703 / 3급	歹부 / 총9획	殃	재앙	앙	중국 殃 / 일본 殃	災殃(재앙) 殃禍(앙화) 殃慶(앙경) 天殃(천앙)
진흥 3급	704 / 4급	日부 / 총9획	映	비칠	영(:)	중국 映 / 일본 映	映畫(영화) 映像(영상) 映窓(영창) 映寫機(영사기)
진흥 5급 / 검정 5급	705 / 6급	艸부 / 총9획	英	꽃부리	영	중국 英 / 일본 英	英語(영어) 英國(영국) 英才(영재) 英雄(영웅)

터놓을 쾌/쾌, 깍지 결 夬

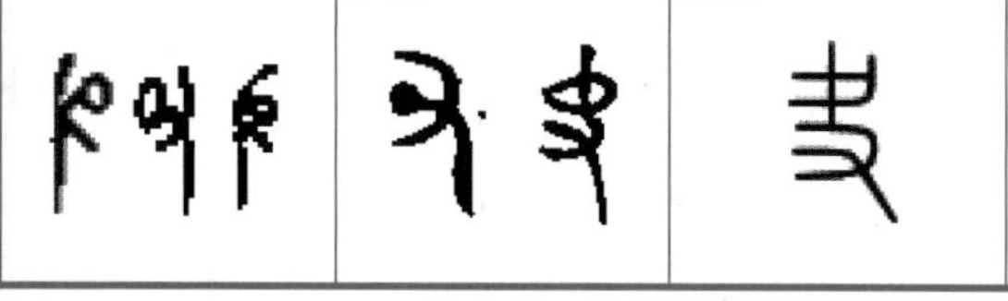

한쪽이 트인 고리모양의 '**패옥**'이나 활을 쏠 때 손가락에 끼우는 '**활깍지**'를 뜻한다.

파자 **가운데**(央) 앞이 **터져**(コ=夬) '**터짐**'을 뜻한다.

시험	번호 / 급수	부수 / 획수	한자	훈음		중국 / 일본	단어
진흥 준4급 / 검정 준4급	706 / 5급	水부 / 총7획	決	결단할	결	중국 决 / 일본 決	決定(결정) 決心(결심) 決勝(결승) 決判(결판)
진흥 3급	707 / 4급Ⅱ	缶부 / 총10획	缺	이지러질	결	중국 缺 / 일본 欠	缺席(결석) 缺食(결식) 缺損(결손) 缺點(결점)
	708 / 3급Ⅱ	言부 / 총11획	訣	이별할	결	중국 诀 / 일본 訣	訣別(결별) 永訣(영결) 秘訣(비결) 要訣(요결)
진흥 4급 / 검정 준3급	709 / 4급Ⅱ	心부 / 총7획	快	쾌할	쾌	중국 快 / 일본 快	快感(쾌감) 快樂(쾌락) 快活(쾌활) 快晴(쾌청)

사기(史記) 사

史

갑문

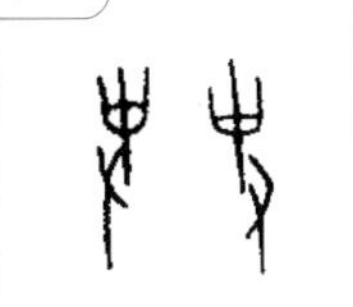

금문

소전

사냥도구나 천측도구 또는 **깃발**(中)을 **손**(又=⺄)으로 들고 **있는**(叏=史) 사관에서 '**사기**'를 뜻한다.

참고 事(사), 史(사), 吏(리)는 자원이 같다.

진흥 준4급 / 검정 준4급	710 / 5급	口부 / 총5획	史	사기 사:	중국 史 / 일본 史	史記(사기) 史劇(사극) 史料(사료) 歷史(역사)
진흥 준4급 / 검정 준4급	711 / 6급	人부 / 총8획	使	하여금/부릴 사:	중국 使 / 일본 使	使用(사용) 使臣(사신) 天使(천사) 使命感(사명감)
진흥 3급	712 / 3급Ⅱ	口부 / 총6획	吏	관리/벼슬아치 리:	중국 吏 / 일본 吏	官吏(관리) 吏讀(이두) 稅吏(세리) 貪官汚吏(탐관오리)

고칠 경/다시 갱

更

갑문

금문

소전

틀이 있는 **악기**(冈)를 **쳐**(攴) 매 시간을 다시 알리거나, **쳐서**(攴) 점점 **밝게**(丙) 고침에서(㪅=更) '**다시**' '**고치다**'를 뜻한다.

파자 **한번**(一) **말하고**(日) **베어내**(乂:벨 예) 다시 **고침**.

진흥 4급 / 검정 준3급	713 / 4급	日부 / 총7획	更	고칠 경 / 다시 갱:	중국 更 / 일본 更	變更(변경) 更正(경정) 更生(갱생) 更新(갱신/경신)
진흥 3급	714 / 3급Ⅱ	石부 / 총12획	硬	굳을 경	중국 硬 / 일본 硬	硬直(경직) 硬化(경화) 硬性(경성) 硬質(경질)
진흥 5급 / 검정 5급	715 / 7급	人부 / 총9획	便	편할 편(:) / 똥오줌 변:	중국 便 / 일본 便	便利(편리) 便安(편안) 便器(변기) 便所(변소)

쉬어가기

재미있는 한자 퍼즐

1					
				2	3
4		5			
		6		8	
7					

가로

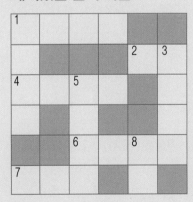

1. 우공이 산을 옮긴다는 말로, 남이 보기엔 어리석은 일처럼 보이지만 한 가지 일을 끝까지 밀고 나가면 언젠가는 목적을 달성할 수 있다는 뜻.
2. 자기 의견 또는 자기 소속 정당의 주장을 선전하며 돌아다님.
4. 어진 어머니이면서 또한 착한 아내.
6. '고생 끝에 낙이 옴'을 이르는 말.
7. 불이 나거나 급작스런 사고가 있을 때에 사용하려고 마련한 문.

세로

1. 어리석은 질문에 현명한 대답.
3. 무슨 일의 시비를 따지느라고 말로 옥신각신함.
5. 좋은 약은 입에 쓰다는 뜻으로, 충언(忠言)은 귀에 거슬린다는 말.
8. 단술. 식혜.

정답

1愚	公	移	山		
問				2遊	3說
4賢	母	5良	妻		往
答		藥			說
		6苦	盡	8甘	來
7非	常	口		酒	

근/날/도끼 근	갑문	금문	소전	
斤				자루에 날이 달린 도끼에서 '**도끼**' '**무기**' '**베다**'를 뜻한다.

시험	번호/급수	부수/획수	한자	훈음	중국/일본	용례
진흥 3급	716 / 3급	斤부 / 총4획	斤	도끼/근/날 근	중국 斤 / 일본 斤	斤兩(근량) 斤量(근량) 萬斤(만근) 千斤力士(천근역사)
진흥 5급 / 검정 5급	717 / 6급	辵부 / 총8획	近	가까울 근:	중국 近 / 일본 近	近處(근처) 近代(근대) 近郊(근교) 近親(근친)
진흥 3급	718 / 3급Ⅱ	示부 / 총9획	祈	빌 기	중국 祈 / 일본 祈	祈福(기복) 祈願(기원) 祈祝(기축) 祈雨祭(기우제)
진흥 3급	719 / 3급	斤부 / 총12획	斯	이 사	중국 斯 / 일본 斯	斯文(사문) 斯道(사도) ❶如斯(여사) 斯民(사민)
진흥 준5급 / 검정 5급	720 / 7급	戶부 / 총8획	所	바 소:	중국 所 / 일본 所	所感(소감) 所得(소득) 場所(장소) 所望(소망)
	721 / 4급	手부 / 총7획	折	꺾을 절	중국 折 / 일본 折	曲折(곡절) 骨折(골절) 半折(반절) 屈折(굴절)
진흥 3급	722 / 3급Ⅱ	口부 / 총10획	哲	밝을 철	중국 哲 / 일본 哲	哲學(철학) 哲人(철인) 明哲(명철) 賢哲(현철)
	723 / 3급	言부 / 총14획	誓	맹세할 서:	중국 誓 / 일본 誓	誓約(서약) 盟誓(맹서) 宣誓(선서) 誓文(서문)
	724 / 3급	辵부 / 총11획	逝	갈 서:	중국 逝 / 일본 逝	逝者(서자) 急逝(급서) ❷逝去(서거) 長逝(장서)
	725 / 3급	木부 / 총8획	析	쪼갤 석	중국 析 / 일본 析	分析(분석) ❸析出(석출) 解析學(해석학) 開析(개석)
	726 / 3급	心부 / 총15획	慙	부끄러울 참	중국 惭 / 일본 慙	慙悔(참회) 慙愧(참괴) 慙色(참색) ❹慙德(참덕)
	727 / 3급Ⅱ	日부 / 총15획	暫	잠깐 잠(:)	중국 暂 / 일본 暫	暫時(잠시) 暫間(잠간) 暫定的(잠정적) 暫見(잠견)
	728 / 3급Ⅱ	水부 / 총14획	漸	점점 점:	중국 渐 / 일본 漸	漸次(점차) 漸漸(점점) 漸進(점진) 漸入佳境(점입가경)
진흥 5급 / 검정 5급	729 / 6급	斤부 / 총13획	新	새 신	중국 新 / 일본 新	新聞(신문) 新曲(신곡) 新入生(신입생) 新春(신춘)
	730 / 3급	斤부 / 총5획	斥	물리칠 척	중국 斥 / 일본 斥	斥邪(척사) 排斥(배척) ❺斥候(척후) 斥和(척화)
	731 / 3급Ⅱ	言부 / 총12획	訴	호소할 소	중국 诉 / 일본 訴	訴訟(소송) 告訴(고소) 起訴(기소) ❻訴追(소추)
진흥 준3급 / 검정 준3급	732 / 4급Ⅱ	斤부 / 총18획	斷	끊을 단:	중국 断 / 일본 断	斷續(단속) 斷食(단식) 斷層(단층) 斷機之戒(단기지계)
진흥 준3급 / 검정 준3급	733 / 4급	糸부 / 총20획	繼	이을 계:	중국 继 / 일본 継	繼走(계주) 繼母(계모) 繼續(계속) 中繼放送(중계방송)

언덕 구 丘

갑문	금문	소전
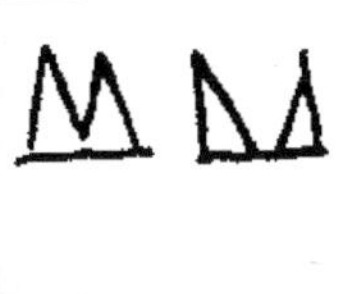	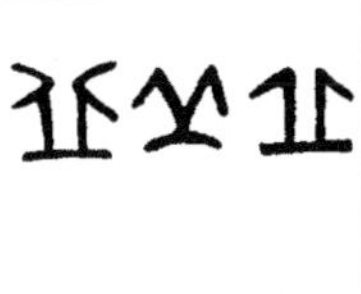	

가운데가 움푹 파인 **두 개의 봉우리**를 그려 세 개의 봉우리가 있는 산(山)보다 작은 '**언덕**'을 뜻하며, 산 정상이 움푹 파인 산이나 '**언덕**'을 뜻한다.

검정	번호/급수	부수/획수	한자	훈음	중국/일본	설명/어휘
	734 / 3급II	一부 총5획	丘	언덕 구	중국 丘 / 일본 丘	丘陵(구릉) 丘木(구목) 丘山(구산) 首丘初心(수구초심)
	735 / 3급	山부 총8획	岳	큰산 악	중국 岳 / 일본 岳	山岳(산악) 冠岳山(관악산) 山岳會(산악회) 岳父(악부)
흥 준4급 / 정 준4급	736 / 5급	八부 총7획	兵	군사 병	중국 兵 / 일본 兵	도끼[斤]를 양손[廾]으로 들고 있는 병사. 兵士(병사) 兵力(병력) 兵權(병권)

손톱 조 爪

갑문	금문	소전

손톱 모양으로, 새나 짐승의 '**발톱**'을 뜻하기도 한다.

검정	번호/급수	부수/획수	한자	훈음	중국/일본	어휘
흥 4급 / 정 준3급	737 / 4급II	卩부 총6획	印	도장 인	중국 印 / 일본 印	印章(인장) 印朱(인주) 印刷(인쇄) [7]印度(인도)
흥 3급	738 / 3급	女부 총7획	妥	온당할 타:	중국 妥 / 일본 妥	妥當(타당) 妥結(타결) 妥協案(타협안) 妥當性(타당성)

어찌 해 奚

갑문	금문	소전

손(爫)에 잡힌, **끈**(糸=幺)에 묶인 **사람**(大)에서 '**노예**'를 뜻하며, 묶여 어찌할 수 없는 노예에서 '**어찌**'를 뜻한다.

검정	번호/급수	부수/획수	한자	훈음	중국/일본	어휘
	739 / 3급	大부 총10획	奚	어찌 해	중국 奚 / 일본 奚	[8]奚特(해특) 奚必(해필) 奚琴(해금) [9]奚若(해약)
흥 4급 / 정 준3급	740 / 3급II	水부 총13획	溪	시내 계	중국 溪 / 일본 渓	溪谷(계곡) 溪川(계천) 碧溪水(벽계수) 淸溪(청계)
흥 준3급 / 검정 3급	741 / 4급	鳥부 총21획	鷄	닭 계	중국 鸡 / 일본 鶏	鷄卵(계란) 養鷄(양계) 鷄冠(계관) [10]鷄林(계림)

어구 풀이

[1]如斯(여사) : 이와 같음.
[2]逝去(서거) : 사거(死去-죽어서 세상을 떠남)의 높임말.
[3]析出(석출) : ① 분석하여 냄. ② 화합물을 분석하여 어떤 물질을 분리해 내는 일.
[4]慙德(참덕) : ① 덕화(德化)가 미치지 못함을 부끄러워함. ② 임금이 저지른 잘못.
[5]斥候(척후) : 적의 형편이나 지형 따위를 정찰하고 탐색함.
[6]訴追(소추) : ① 형사 사건에 대하여 법원에 심판을 신청하여 이를 수행하는 일. ② 고급 공무원이 직무를 집행할 때 헌법이나 법률을 위배하였을 경우 국가가 탄핵을 결의하는 일.
[7]印度(인도) : 사과 품종의 하나.
[8]奚特(해특) : 하특(何特). 어찌 특별히. 또는 어찌 유독.
[9]奚若(해약) : 어찌.
[10]鷄林(계림) : '신라'의 다른 이름.

18 확인학습

1 다음 漢字의 訓과 音을 쓰시오. (* 는 3급·3급Ⅱ 고유 한자입니다.)

(1) 中	(2) 仲 *	(3) 忠	(4) 患
(5) 央 *	(6) 殃 *	(7) 映	(8) 英
(9) 決	(10) 缺	(11) 訣 *	(12) 快
(13) 史	(14) 使	(15) 吏 *	(16) 更
(17) 硬 *	(18) 便	(19) 斤 *	(20) 近
(21) 祈 *	(22) 斯 *	(23) 所	(24) 折
(25) 哲 *	(26) 誓 *	(27) 逝 *	(28) 析 *
(29) 慙 *	(30) 暫 *	(31) 漸 *	(32) 新
(33) 斥 *	(34) 訴 *	(35) 斷	(36) 繼
(37) 丘 *	(38) 岳 *	(39) 兵	(40) 印
(41) 妥 *	(42) 奚 *	(43) 溪 *	(44) 鷄

2 다음 漢字語의 讀音을 쓰시오.

(1) 中立	(2) 仲秋	(3) 忠告	(4) 患者
(5) 中央	(6) 災殃	(7) 映像	(8) 英雄
(9) 決判	(10) 缺席	(11) 永訣	(12) 快晴
(13) 史料	(14) 天使	(15) 官吏	(16) 變更
(17) 硬質	(18) 便安	(19) 斤兩	(20) 近親
(21) 祈願	(22) 斯文	(23) 所得	(24) 骨折

(25) 哲學 [　]	(26) 宣誓 [　]	(27) 逝者 [　]	(28) 分析 [　]
(29) 慙悔 [　]	(30) 暫間 [　]	(31) 漸次 [　]	(32) 新春 [　]
(33) 排斥 [　]	(34) 告訴 [　]	(35) 斷層 [　]	(36) 繼續 [　]
(37) 丘陵 [　]	(38) 山岳 [　]	(39) 兵力 [　]	(40) 印朱 [　]
(41) 妥當 [　]	(42) 奚琴 [　]	(43) 溪谷 [　]	(44) 鷄冠 [　]

3 다음 訓과 音을 지닌 漢字를 쓰시오. (*는 3급·3급Ⅱ 고유 한자입니다.)

(1) 가까울 근 [　]	(2) 가운데 앙 [*]	(3) 가운데 중 [　]	(4) 갈 서 [*]
(5) 결단할 결 [　]	(6) 관리 리 [*]	(7) 군사 병 [　]	(8) 굳을 경 [*]
(9) 근심 환 [　]	(10) 꺾을 절 [　]	(11) 꽃부리 영 [　]	(12) 끊을 단 [　]
(13) 고칠 경 [　]	(14) 닭 계 [　]	(15) 도끼 근 [*]	(16) 도장 인 [　]
(17) 맹세할 서 [*]	(18) 물리칠 척 [*]	(19) 바 소 [　]	(20) 밝을 철 [*]
(21) 버금 중 [*]	(22) 부끄러울 참 [*]	(23) 비칠 영 [　]	(24) 빌 기 [*]
(25) 사기 사 [　]	(26) 새 신 [　]	(27) 시내 계 [*]	(28) 어찌 해 [*]
(29) 언덕 구 [*]	(30) 온당할 타 [*]	(31) 이 사 [*]	(32) 이별할 결 [*]
(33) 이을 계 [　]	(34) 이지러질 결 [　]	(35) 잠깐 잠 [*]	(36) 재앙 앙 [*]
(37) 점점 점 [*]	(38) 쪼갤 석 [*]	(39) 충성 충 [　]	(40) 쾌할 쾌 [　]
(41) 큰산 악 [*]	(42) 편할 편 [　]	(43) 하여금 사 [　]	(44) 호소할 소 [*]

19과 采·爰·又·支·右 모양을 가진 한자

采 캘/풍채 채

갑문

금문

소전

손(爫)으로 **나무**(木)에 달린 잘 익어 빛깔이 고운 열매나 잎을 채집하던 것으로 **'캐다' '풍채' '선택' '따다'**를 뜻한다.

진흥 준3급 / 검정 3급	742 / 4급	手부 총11획	採	캘 채:	중국 采 / 일본 採	採取(채취) 採集(채집) 採石場(채석장) 採用(채용)
	743 / 3급Ⅱ	彡부 총11획	彩	채색 채:	중국 彩 / 일본 彩	彩色(채색) 色彩(색채) 光彩(광채) 彩紋土器(채문토기)
진흥 준3급 / 검정 3급	744 / 3급Ⅱ	艸부 총12획	菜	나물 채:	중국 菜 / 일본 菜	❶菜麻(채마) 菜蔬(채소) 野菜(야채) 菜松花(채송화)

爲 하/할 위

갑문

금문

소전

손(爫)으로 **코끼리**(爲)를 길들여 일을 돕게 하는 데서 **'하다' '위하다'**를 뜻한다.

진흥 4급 / 검정 4급	745 / 4급Ⅱ	爪부 총12획	爲	할/하 위	중국 为 / 일본 為	爲主(위주) ❷爲始(위시) 所爲(소위) 爲政者(위정자)
	746 / 3급Ⅱ	人부 총14획	僞	거짓 위	중국 伪 / 일본 偽	僞善(위선) 僞裝(위장) 眞僞(진위) 僞證罪(위증죄)

㥯 숨길 은

소전

손(爪)과 **손**(彐) 사이에 조심히 **연장**(工)을 잡듯 **마음**(心) 속에 감추는 데서 **'숨기다'**를 뜻한다.

747 / 4급	阜부 총17획	隱	숨을 은	중국 隐 / 일본 隠	隱居(은거) 隱德(은덕) 隱士(은사) 隱退(은퇴)

愛 사랑 애

금문

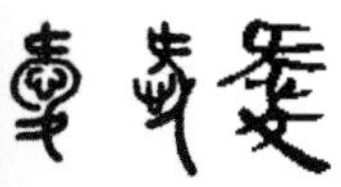

소전

입을 **벌려**(旡:목맬 기) **마음**(心) 속의 **'사랑'**(㤅=愛의 古字) 때문에 **서성이며**(夊) 배회함에서 **'사랑'**을 뜻한다.

파자 **손**(爫)으로 서로 **감싸**(冖) 주는 **마음**(心)을 **천천히**(夊) **'사랑'**.

진흥 5급 / 검정 준4급	748 / 6급	心부 총13획	愛	사랑 애:	중국 爱 / 일본 愛	愛情(애정) 愛慕(애모) 愛憐(애련) 愛誦(애송)

어구 풀이

❶菜麻(채마) : 먹을거리나 입을거리로 쓰기 위해 심어서 가꾸는 식물.
❷爲始(위시) : 여럿 중에서 어떤 대상을 첫자리 또는 대표로 삼음.
❸浮揚(부양) : 가라앉은 것이 떠오름. 또는 떠오르게 함.
❹緩和(완화) : 긴장된 상태나 급박한 것을 느슨하게 함.
❺辭讓(사양) : 겸손하여 받지 아니하거나 응하지 아니함. 또는 남에게 양보함.

다툴 쟁 爭

갑문	금문	소전

두 손(爫·⺕)이 서로 **물건**(亅)을 당겨 빼앗으려 다투는 모양에서 **'다투다'**를 뜻한다.

진흥 준4급 검정 4급	749 5급	爪부 총8획	爭	다툴 쟁	중국 争 일본 争	紛爭(분쟁) 論爭(논쟁) 戰爭(전쟁) 鬪爭(투쟁)
진흥 준3급 검정 3급	750 3급Ⅱ	水부 총11획	淨	깨끗할 정	중국 净 일본 浄	淨潔(정결) 淨化(정화) 洗淨(세정) 淨水器(정수기)

미쁠/참될/알깔 부 孚

갑문	금문	소전
	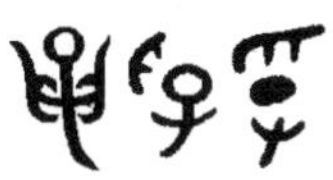	

손(爫)으로 감싸듯 새가 **자식**(子)인 알을 정성을 다해 품는 데서 **'미쁘다' '알을 까다'**를 뜻한다.

진흥 준3급 검정 준3급	751 4급	乙부 총8획	乳	젖 유	중국 乳 일본 乳	牛乳(우유) 乳兒(유아) 乳母(유모) 粉乳(분유)
진흥 준3급 검정 3급	752 3급Ⅱ	水부 총10획	浮	뜰 부	중국 浮 일본 浮	浮力(부력) ❸浮揚(부양) 浮沈(부침) 浮動票(부동표)

이에/당길 원 爰

갑문	금문	소전

손(爫)으로 **긴 나무**(干)를 내려주어 **손**(又)으로 잡게 하여 끌어당김에서 **'돕다' '끌다' '늘어지다'**를 뜻하며, 일정한 지점이나 말 아래에 쓰여 **'이에' '곧'**을 의미한다.

진흥 준3급 검정 준3급	753 4급Ⅱ	日부 총13획	暖	따뜻할 난:	중국 暖 일본 暖	暖房(난방) 暖流(난류) 寒暖(한난) 異常暖冬(이상난동)
진흥 3급	754 4급	手부 총12획	援	도울 원:	중국 援 일본 援	援助(원조) 救援(구원) 援軍(원군) 支援(지원)
	755 3급Ⅱ	糸부 총15획	緩	느릴 완:	중국 缓 일본 緩	緩行(완행) 緩急(완급) ❹緩和(완화) 緩曲(완곡)

다스릴 란 亂

갑문	금문	소전
	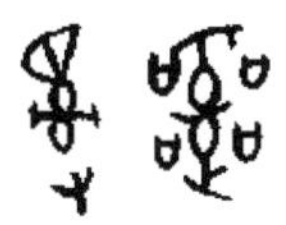	

양손(爫·又)으로 어지러이 **엉킨 실**(糸=幺=マ+厶)을 **실패**(H=冂)에 **'다스려'** 감음을 뜻한다.

진흥 3급	756 4급	乙부 총13획	亂	어지러울 란:	중국 乱 일본 乱	亂離(난리) 叛亂(반란) 亂立(난립) 變亂(변란)
	757 4급	辛부 총19획	辭	말씀 사	중국 辞 일본 辞	❺辭讓(사양) 辭典(사전) 辭說(사설) 辭表(사표)

또 우	갑문	금문	소전	
又				**오른손**을 간단히 표현한 글자로 오른손을 자주 많이 사용하는 데서 '**또**'나 '**손**'을 뜻한다.

	번호	부수/획수	한자	훈음		중국/일본		어휘
진흥 준3급 / 검정 3급	758 / 3급	又부 / 총2획	又	또	우:	중국 又	일본 又	❶又況(우황) 又日新(우일신) 又重之(우중지)
	759 / 3급Ⅱ	木부 / 총10획	桑	뽕나무	상	중국 桑	일본 桑	桑苗(상묘) 桑戶(상호) 桑門(상문) 桑田碧海(상전벽해)
	760 / 3급Ⅱ	心부 / 총8획	怪	괴이할	괴(:)	중국 怪	일본 怪	怪奇(괴기) 怪物(괴물) 怪異(괴이) 怪常罔測(괴상망측)
	761 / 3급	馬부 / 총20획	騷	떠들	소	중국 骚	일본 騒	騷動(소동) 騷亂(소란) 騷音(소음) 騷人(소인)

받을 수	갑문	금문	소전	
受				**손**(爫)과 **손**(又) 사이에 **쟁반**(舟=冖) 모양으로, 쟁반에 물건을 담아 **주고받음**을 뜻하나 지금은 '**받음**'만을 뜻한다. 파자 **손**(爫)으로 **덮어**(冖) 주는 것을 **손**(又)으로 '**받음**'.

	번호	부수/획수	한자	훈음		중국/일본		어휘
진흥 4급 / 검정 준3급	762 / 4급Ⅱ	又부 / 총8획	受	받을	수	중국 受	일본 受	受納(수납) 受講(수강) 受驗生(수험생) 受難(수난)
진흥 4급 / 검정 4급	763 / 4급Ⅱ	手부 / 총11획	授	줄	수	중국 授	일본 授	授賞(수상) 授業(수업) ❷授精(수정) 授乳(수유)

아재비 숙	갑문	금문	소전	
叔				토란뿌리나 **작은 콩**(尗)을 **손**(又)으로 '**줍는**'다는 뜻이나, 작은 콩에서 작은 아버지를 뜻하여 '**아재비**' '**어리다**'를 뜻한다. 파자 **위**(上) 형 밑 **작은**(小) 동생이 **또**(又) 있어 '**아재비**'.

	번호	부수/획수	한자	훈음		중국/일본		어휘
진흥 준3급 / 검정 3급	764 / 4급	又부 / 총8획	叔	아재비	숙	중국 叔	일본 叔	叔父(숙부) ❸堂叔(당숙) 外叔母(외숙모) ❹叔季(숙계)
진흥 준3급 / 검정 4급	765 / 3급Ⅱ	水부 / 총11획	淑	맑을	숙	중국 淑	일본 淑	淑女(숙녀) 靜淑(정숙) 貞淑(정숙) 賢淑(현숙)
	766 / 3급Ⅱ	宀부 / 총11획	寂	고요할	적	중국 寂	일본 寂	靜寂(정적) 閑寂(한적) 入寂(입적) ❺孤寂(고적)
진흥 3급	767 / 4급Ⅱ	目부 / 총13획	督	감독할	독	중국 督	일본 督	督勵(독려) 監督(감독) 總督(총독) 督促(독촉)

어구 풀이

❶又況(우황) : 하물며.
❷授精(수정) : 정자를 난자에 결합시키는 일.
❸堂叔(당숙) : 아버지의 사촌 형제로 오촌이 되는 관계. 종숙(從叔).
❹叔季(숙계) : 막내아우.
❺孤寂(고적) : 외롭고 쓸쓸함.

지탱할/가지 지 支

금문	소전

댓가지(竹) 한쪽(个=十)을 손(又)에 잡은 모양으로, '가르다' '가지' '지탱하다'를 뜻한다.

진흥/검정	번호/급수	부수/획수	한자	훈음	중국/일본	어휘
진흥 준4급 / 검정 준4급	768 / 4급Ⅱ	支부 / 총4획	支	지탱할 지	중국 支 / 일본 支	支局(지국) 支店(지점) 支給(지급) 支配人(지배인)
진흥 준3급 / 검정 3급	769 / 3급Ⅱ	木부 / 총8획	枝	가지 지	중국 枝 / 일본 枝	枝葉(지엽) [6]枝肉(지육) 折枝(절지) 金枝玉葉(금지옥엽)
진흥 준4급 / 검정 4급	770 / 5급	手부 / 총7획	技	재주 기	중국 技 / 일본 技	技術(기술) 技巧(기교) 技師(기사) 技能士(기능사)

돌 석 石

갑문	금문	소전
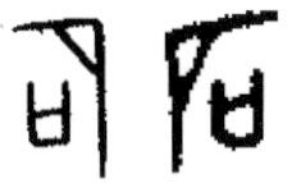	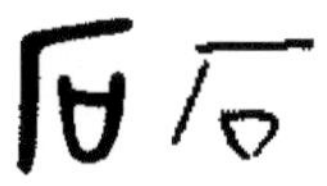	

산언덕(厂) 아래에 돌(口)덩이 모양으로 단단하고 강한 '돌'을 뜻한다.

진흥/검정	번호/급수	부수/획수	한자	훈음	중국/일본	어휘
진흥 7급 / 검정 6급	771 / 6급	石부 / 총5획	石	돌 석	중국 石 / 일본 石	石炭(석탄) 石塔(석탑) 石器(석기) 石油(석유)
진흥 3급	772 / 3급Ⅱ	手부 / 총8획	拓	넓힐/개척할 척, 박을 탁	중국 拓 / 일본 拓	開拓(개척) 干拓(간척) 拓土(척토) 拓本(탁본)

오른 우 右

갑문	금문	소전
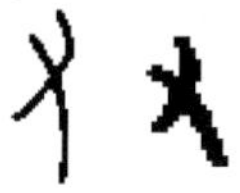	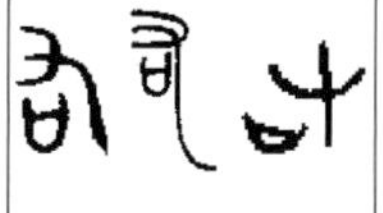	

오른손(又)이 왼쪽(厂)으로 변하자 口(구)를 더해 오른쪽을 나타냈다. 또는 손(𠂇)으로 일할 때 입(口)으로 '돕는'다는 뜻의 글자로 右(우)는 '오른쪽' 방향을 나타냈다.

진흥/검정	번호/급수	부수/획수	한자	훈음	중국/일본	어휘
진흥 준5급 / 검정 7급	773 / 7급	口부 / 총5획	右	오른 우:	중국 右 / 일본 右	右側(우측) 右翼(우익) 右議政(우의정) 右回(우회)

같을약/반야야 若

갑문	금문	소전

매일 머리(++)를 손(𠂇)으로 다스려 같게 꾸미거나 순리대로 말함(口)에서 '같다'를 뜻한다.

참고 모양이 비슷한 풀(++)을 오른손(右)으로 채집하는 데서 '같다'라고도 한다.

진흥/검정	번호/급수	부수/획수	한자	훈음	중국/일본	어휘
진흥 4급 / 검정 준3급	774 / 3급Ⅱ	艸부 / 총9획	若	같을 약, 반야 야:	중국 若 / 일본 若	若干(약간) 若此(약차) 若何(약하) [7]若或(약혹)
	775 / 3급Ⅱ	言부 / 총16획	諾	허락할 낙(락)	중국 诺 / 일본 諾	許諾(허락) 快諾(쾌락) 受諾(수락) 承諾(승낙)

어구 풀이
[6]枝肉(지육) : 소·돼지 등을 도살하여 머리, 내장, 족(足)을 잘라 내고 아직 각을 뜨지 아니한 고기.
[7]若或(약혹) : 만일(萬一).

19 확인학습

1 다음 漢字의 訓과 音을 쓰시오. (*는 3급·3급Ⅱ 고유 한자입니다.)

(1) 採	(2) 彩 *	(3) 菜 *	(4) 爲
(5) 僞 *	(6) 隱	(7) 愛	(8) 爭
(9) 淨 *	(10) 乳	(11) 浮 *	(12) 暖
(13) 援	(14) 緩 *	(15) 亂	(16) 辭
(17) 又 *	(18) 桑 *	(19) 怪 *	(20) 騷 *
(21) 受	(22) 授	(23) 叔	(24) 淑 *
(25) 寂 *	(26) 督	(27) 支	(28) 枝 *
(29) 技	(30) 石	(31) 拓 *	(32) 右
(33) 若 *	(34) 諾 *		

2 다음 漢字語의 讀音을 쓰시오.

(1) 採集	(2) 彩色	(3) 野菜	(4) 所爲
(5) 眞僞	(6) 隱士	(7) 愛憐	(8) 論爭
(9) 洗淨	(10) 牛乳	(11) 浮揚	(12) 暖流
(13) 支援	(14) 緩行	(15) 叛亂	(16) 辭典
(17) 又況	(18) 桑戶	(19) 怪奇	(20) 騷音
(21) 受講	(22) 授精	(23) 叔父	(24) 靜淑

(25) 閑寂	(26) 監督	(27) 支給	(28) 折枝
(29) 技巧	(30) 石器	(31) 開拓	(32) 右翼
(33) 若干	(34) 承諾	(35) 暴棄	(36) 暴雨
(37) 更生	(38) 更改	(39) 便利	(40) 便器
(41) 干拓	(42) 拓本	(43) 般若	(44) 若何
(45) 臨終	(46) 君臨	(47) 亂立	(48) 變亂

3 다음 訓과 音을 지닌 漢字를 쓰시오. (* 는 3급 · 3급Ⅱ 고유 한자입니다.)

(1) 가지 지 *	(2) 감독할 독	(3) 같을 약 *	(4) 거짓 위 *
(5) 고요할 적 *	(6) 괴이할 괴 *	(7) 깨끗할 정 *	(8) 나물 채 *
(9) 넓힐 척 *	(10) 느릴 완 *	(11) 다툴 쟁	(12) 도울 원
(13) 돌 석	(14) 따뜻할 난	(15) 떠들 소 *	(16) 또 우 *
(17) 뜰 부 *	(18) 말씀 사	(19) 맑을 숙 *	(20) 받을 수
(21) 뽕나무 상 *	(22) 사랑 애	(23) 숨을 은	(24) 아재비 숙
(25) 어지러울 란	(26) 오른 우	(27) 재주 기	(28) 젖 유
(29) 줄 수	(30) 지탱할 지	(31) 채색 채 *	(32) 캘 채
(33) 할 위	(34) 허락할 낙 *		

20과 左·布·反·才·乃·聿 모양을 가진 한자

왼 좌	갑문	금문	소전	
左				왼손(𠂇)으로 도구(工)를 잡고 일을 도움을 뜻하던 글자로 '**왼쪽**' '**도움**' '**손**'을 뜻한다.

진흥 준5급 / 검정 7급	776 / 7급	工부 / 총5획	左	왼 좌:	중국 左 / 일본 左	左右(좌우) 左傾(좌경) 左翼(좌익) ❶左遷(좌천)
	777 / 3급	人부 / 총7획	佐	도울 좌:	중국 佐 / 일본 佐	保佐(보좌) 上佐(상좌) ❷佐命(좌명) 佐平(좌평)
	778 / 3급	土부 / 총15획	墮	떨어질 타:	중국 堕 / 일본 堕	墮落(타락) ❸墮淚(타루) 墮獄(타옥) 墮弱(타약)
	779 / 3급Ⅱ	阜부 / 총16획	隨	따를 수	중국 随 / 일본 随	隨伴(수반) 隨時(수시) 隨筆(수필) 夫唱婦隨(부창부수)

있을 유	갑문	금문	소전	
有	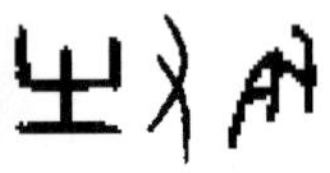			손(𠂇)에 **고깃덩이**(月)가 있는 데서 '**있다**'를 뜻한다.

진흥 준5급 / 검정 5급	780 / 7급	月부 / 총6획	有	있을 유:	중국 有 / 일본 有	有名(유명) 有效(유효) 保有(보유) ❹兼有(겸유)
진흥 5급 / 검정 5급	781 / 5급	又부 / 총4획	友	벗 우:	중국 友 / 일본 友	두 손을 맞잡고 있는 모양. ❺友邦(우방) 友好(우호) 友情(우정)

베/펼 포/보시 보	금문	소전	
布			손으로 도구를 **들고**(父=𠂇) **베**(巾)를 짜 펼쳐놓는 데서 '**펴다**' '**베풀다**'를 뜻한다. 파자 **손**(𠂇)으로 **수건**(巾)을 펼쳐 놓는 데서 '**펴다**'가 된다.

진흥 4급 / 검정 준3급	782 / 4급Ⅱ	巾부 / 총5획	布	베 포(:) / 보시 보:	중국 布 / 일본 布	布告(포고) 發布(발포) 布德(포덕) 布施(보시)
진흥 4급 / 검정 준3급	783 / 4급Ⅱ	巾부 / 총7획	希	바랄 희	중국 希 / 일본 希	希望(희망) 希願(희원) 希求(희구) ❻希慕(희모)
	784 / 3급Ⅱ	禾부 / 총12획	稀	드물 희	중국 稀 / 일본 稀	稀貴(희귀) 稀薄(희박) 稀微(희미) ❼古稀(고희)

어구 풀이

❶左遷(좌천) : 낮은 관직이나 지위로 떨어지거나 외직으로 전근됨을 이르는 말.
❷佐命(좌명) : ① 임금을 도움. ② 천명을 받아 임금이 될 사람을 도움.
❸墮淚(타루) : 기입되어야 할 것이 기록에서 빠짐. 또는 그렇게 되게 함. 누락(漏落).
❹兼有(겸유) : 두 가지 이상을 아울러 가짐.
❺友邦(우방) : 서로 우호적인 관계를 맺고 있는 나라.
❻希慕(희모) : 덕이 있는 사람을 사모하여 자기도 그렇게 되기를 바람.
❼古稀(고희) : 고래(古來)로 드문 나이란 뜻으로, 일흔 살을 이르는 말.

돌이킬/돌아올 반 反

갑문	금문	소전
	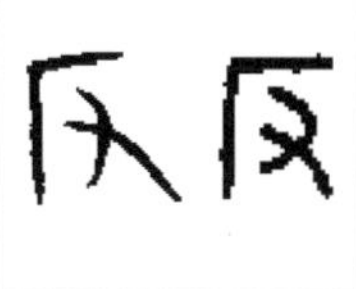	

비탈진 **언덕**(厂)을 반대로 **손**(又)으로 잡고 기어오르는 데서 '**돌이키다**' '**돌아오다**'를 뜻한다.

급수	번호/급	부수/획	한자	훈음	중국/일본	어휘
흥 5급 정 준4급	785 6급	又부 총4획	反	돌아올/돌이킬 반:	중국 反 일본 反	反對(반대) 反射(반사) 反感(반감) 反應(반응)
흥 3급	786 3급	辵부 총8획	返	돌이킬 반:	중국 返 일본 返	返納(반납) ⑧返還(반환) 返品(반품) 返送(반송)
	787 3급	又부 총9획	叛	배반할 반:	중국 叛 일본 叛	叛逆(반역) 叛起(반기) 叛亂(반란) ⑨謀叛(모반)
흥 4급 정 준3급	788 3급Ⅱ	食부 총13획	飯	밥 반	중국 饭 일본 飯	飯器(반기) 飯酒(반주) 飯店(반점) 白飯(백반)
흥 준3급 정 4급	789 5급	木부 총8획	板	널 판	중국 板 일본 板	看板(간판) 漆板(칠판) ⑩懸板(현판) 板紙(판지)
흥 3급	790 3급Ⅱ	片부 총8획	版	판목/조각 판	중국 版 일본 版	版畫(판화) 出版(출판) 原版(원판) 木版(목판)
흥 3급	791 3급	貝부 총11획	販	팔 판	중국 贩 일본 販	販賣(판매) ⑪販促(판촉) 街販(가판) 總販(총판)

재주 재 才

갑문	금문	소전
	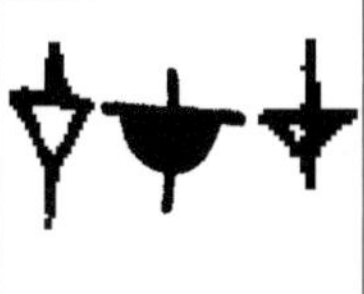	

땅(一)을 **뚫고**(丨) 올라온 싹과 **뿌리**(丿)로, '**처음**' 타고난 '**기본**'적인 '**재주**'를 뜻한다.

참고 고문을 보아 땅의 기준점에 꽂은 **측량 도구**에서 '**기본**' '**바탕**'을 뜻한다고도 한다.

급수	번호/급	부수/획	한자	훈음	중국/일본	어휘
흥 5급 정 5급	792 6급	手부 총3획	才	재주 재	중국 才 일본 才	秀才(수재) 天才(천재) ⑫才幹(재간) 才勝德(재승덕)
흥 준4급 정 준4급	793 5급	木부 총7획	材	재목 재	중국 材 일본 材	材料(재료) 材質(재질) 取材(취재) 骨材(골재)
흥 준4급 정 4급	794 5급	貝부 총10획	財	재물 재	중국 财 일본 財	財物(재물) 財産(재산) 財貨(재화) ⑬財數(재수)
흥 5급 정 준4급	795 6급	土부 총6획	在	있을 재:	중국 在 일본 在	才(재)의 방향을 바꾸어 놓은 모양과 土(흙 토)가 합쳐져 만들어진 글자. / 在學(재학) 在庫(재고)
흥 준4급 정 4급	796 4급	子부 총6획	存	있을 존	중국 存 일본 存	存在(존재) 存立(존립) ⑭存廢(존폐) 旣存(기존)

어구 풀이

⑧返還(반환) : 빌리거나 차지했던 것을 되돌려 줌.
⑨謀叛(모반) : 자기 나라를 배반하고 남의 나라를 좇기를 꾀함.
⑩懸板(현판) : 글자나 그림을 새겨 문 위나 벽에 다는 널조각.
⑪販促(판촉) : 여러 가지 방법을 써서 수요를 불러일으키고 자극하여 판매가 늘도록 유도하는 일.
⑫才幹(재간) : 어떤 일을 할 수 있는 재주와 솜씨.
⑬財數(재수) : 재물이 생기거나 좋은 일이 있을 운수.
⑭存廢(존폐) : 존속과 폐지를 아울러 이르는 말.

乃 이에 내

갑문	금문	소전
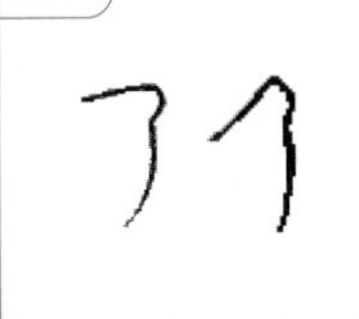	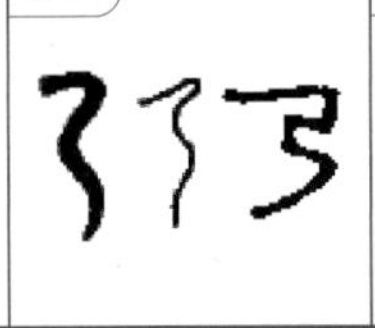	

출산을 앞둔 **산모**의 부푼 **가슴모양**(乃)으로, 곧 아이를 **삐쳐**(丿) 낳을 것 같은 데서 **'곧' '이에' '가득함'**을 뜻한다.

참고 '乚'은 **'숨다' '망함'**, '乛'은 **'가득함' '답답함'**을 뜻함. ※ **孕**(아이밸 잉)

급수	번호/급	부수/획수	한자	훈음	중국/일본	용례
진흥 4급 검정 준3급	797 3급	丿부 총2획	乃	이에 내:	중국 乃 일본 乃	乃父(내부) 乃至(내지) 終乃(종내) 乃祖(내조)
진흥 준3급 검정 3급	798 4급	禾부 총7획	秀	빼어날 수	중국 秀 일본 秀	 사람이 벼를 이고 있는 모양, 또는 벼이삭이 패는 모양. / 秀才(수재) 優秀(우수)
	799 3급Ⅱ	言부 총14획	誘	꾈/달랠 유	중국 诱 일본 誘	誘引(유인) 誘惑(유혹) 勸誘(권유) 誘導(유도)
	800 3급Ⅱ	辵부 총11획	透	사무칠 투	중국 透 일본 透	透明(투명) 透視(투시) 透徹(투철) 透映(투영)
	801 3급	手부 총13획	携	이끌 휴	중국 携 일본 携	携帶(휴대) 提携(제휴) 携行(휴행) 携持(휴지)

及 미칠 급

갑문	금문	소전

앞에 가는 **사람**(人=ク)을 쫓아 **손**(又)으로 잡는 데서 **'미치다' '이르다'**를 뜻한다.

급수	번호/급	부수/획수	한자	훈음	중국/일본	용례
진흥 4급 검정 준3급	802 3급Ⅱ	又부 총4획	及	미칠 급	중국 及 일본 及	及第(급제) 及落(급락) 普及(보급) 莫及(막급)
진흥 준3급 검정 준4급	803 6급	糸부 총10획	級	등급 급	중국 级 일본 級	級數(급수) 階級(계급) 職級(직급) 留級(유급)
진흥 3급 검정 준3급	804 4급Ⅱ	口부 총7획	吸	마실 흡	중국 吸 일본 吸	吸入(흡입) 吸收(흡수) 吸水(흡수) 呼吸(호흡)
진흥 5급 검정 5급	805 6급	心부 총9획	急	급할 급	중국 急 일본 急	急迫(급박) 危急(위급) 急流(급류) 急激(급격)
진흥 준5급 검정 5급	806 7급	亅부 총8획	事	일 사:	중국 事 일본 事	 손에 책, 붓, 사냥 도구, 작은 깃발을 들고 있는 모양. / 事件(사건)

聿 붓/세울 율

갑문	금문	소전

손(⺕)으로 세워잡는 **붓**(⺌·丨), 또는 배를 젓는 **상앗대**나 **노**, **무기** 모양으로 **'붓'**을 뜻한다.

급수	번호/급	부수/획수	한자	훈음	중국/일본	용례
진흥 4급 검정 4급	807 4급Ⅱ	彳부 총9획	律	법칙 률	중국 律 일본 律	律法(율법) 戒律(계율) 調律(조율) 律動(율동)
진흥 4급 검정 4급	808 5급	竹부 총12획	筆	붓 필	중국 笔 일본 筆	親筆(친필) 筆答(필답) 筆談(필담) 筆記具(필기구)

진흥 5급 검정 5급	809 6급	曰부 총10획	書	글 서	중국 书 일본 書	書堂(서당) 書類(서류) 願書(원서) 書架(서가)
진흥 5급 검정 5급	810 6급	日부 총11획	晝	낮 주	중국 昼 일본 昼	晝夜(주야) 晝間(주간) 白晝(백주) 晝耕夜讀(주경야독)
진흥 준4급 검정 준4급	811 6급	田부 총12획	畫	그림 화: 그을 획	중국 画 일본 画	畫家(화가) 漫畫(만화) 映畫(영화) 書畫(서화)
진흥 3급	812 3급Ⅱ	刀부 총14획	劃	그을 획	중국 划 일본 画	企劃(기획) 劃數(획수) 計劃(계획) 劃策(획책)
진흥 준3급 검정 3급	813 4급	皿부 총14획	盡	다할 진:	중국 尽 일본 尽	 손[又]으로 도구[聿]를 잡고 빈 그릇을 씻는 모양. 極盡(극진)

세울 건 금문 소전

建

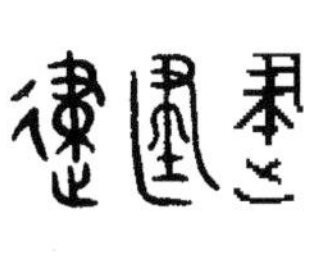

붓(聿)을 들고 **길**(廴)을 닦을 계획을 세움에서 '**세우다**'를 뜻한다.

참고 **상앗대**(聿)를 들고 **가는**(廴) 배를 세우거나 조정하여 가는 데서 '**세우다**'를 뜻한다.

진흥 4급 검정 4급	814 5급	廴부 총9획	建	세울 건:	중국 建 일본 建	建國(건국) 創建(창건) 建築(건축) 建議(건의)
진흥 준3급 검정 4급	815 5급	人부 총11획	健	굳셀/잘할 건:	중국 健 일본 健	健康(건강) 健忘症(건망증) 健脚(건각) 健鬪(건투)

엄숙할 숙 금문 소전

肅

손(彐)으로 **상앗대**(丨)를 **잡고**(肀) 깊은 **연못**(𣶒)을 조심하여 건너거나, **손**(彐)으로 **바늘**(丨)을 들고 **붓**(聿=肀)으로 그린 **밑그림**(𣶒)을 따라 조심히 바느질함에서, '**엄숙함**' '**삼가다**'를 뜻한다.

	816 4급	聿부 총12획	肅	엄숙할 숙	중국 肃 일본 粛	嚴肅(엄숙) 肅然(숙연) 靜肅(정숙) 肅淸(숙청)

쉬어가기

漢字語, 제대로 알고 씁시다

■ 산수갑산 (×) → 삼수갑산(三水甲山) (○)

수려한 경관을 말할 때 '산수갑산'이라는 말을 쓰는 경우가 있습니다. 이는 삼수갑산의 잘못된 말입니다. 또한 '삼수갑산'의 뜻은 수려한 경관과는 거리가 멉니다. '삼수(三水)'와 '갑산(甲山)'은 함경남도에 있는 지명으로, 두 지역 모두 예로부터 유배지로 유명한 험한 곳들입니다. 이 지역으로 귀양을 가면 돌아오기 힘들 정도였다고 합니다. 단어의 올바른 뜻을 알아 아름다운 경치를 험한 유배지로 비유하는 일은 없어야겠지요.

■ 쑥맥 (×) → 숙맥(菽麥) (○)

숙맥(菽麥)은 콩과 보리를 구별하지 못한다는 뜻의 숙맥불변(菽麥不辨)에서 온 말로 사리 분별을 못하는 어리석은 사람을 말합니다. 흔히 사용하는 '쑥맥'이란 단어는 숙맥이 된소리화한 말로, '숙맥'이 바른 말입니다.

20 확인학습

1 다음 漢字의 訓과 音을 쓰시오. (* 는 3급·3급II 고유 한자입니다.)

(1) 左	(2) 佐 *	(3) 墮 *	(4) 隨 *
(5) 有	(6) 友	(7) 布	(8) 希
(9) 稀 *	(10) 反	(11) 返 *	(12) 叛 *
(13) 飯 *	(14) 板	(15) 版 *	(16) 販 *
(17) 才	(18) 材	(19) 財	(20) 在
(21) 存	(22) 乃 *	(23) 秀	(24) 誘 *
(25) 透 *	(26) 携 *	(27) 及 *	(28) 級
(29) 吸	(30) 急	(31) 事	(32) 律
(33) 筆	(34) 書	(35) 晝	(36) 畫
(37) 劃 *	(38) 盡	(39) 建	(40) 健
(41) 肅			

2 다음 漢字語의 讀音을 쓰시오.

(1) 左右	(2) 上佐	(3) 墮落	(4) 隨時
(5) 保有	(6) 友好	(7) 布告	(8) 希願
(9) 古稀	(10) 反應	(11) 返納	(12) 叛亂
(13) 白飯	(14) 看板	(15) 出版	(16) 總販
(17) 秀才	(18) 骨材	(19) 財産	(20) 在庫
(21) 存立	(22) 乃祖	(23) 優秀	(24) 誘惑

(25) 透映 (26) 提携 (27) 及第 (28) 留級

(29) 透映 (30) 急迫 (31) 事件 (32) 戒律

(33) 筆談 (34) 書堂 (35) 晝夜 (36) 映畫

(37) 劃數 (38) 極盡 (39) 建築 (40) 健鬪

(41) 靜肅

3 다음 訓과 음을 지닌 漢字를 쓰시오. (*는 3급·3급Ⅱ 고유 한자입니다.)

(1) 굳셀 건 (2) 그림 화 (3) 그을 획 * (4) 글 서

(5) 급할 급 (6) 꾈 유 * (7) 낮 주 (8) 널 판

(9) 다할 진 (10) 도울 좌 * (11) 돌아올 반 (12) 돌이킬 반 *

(13) 드물 희 * (14) 등급 급 (15) 따를 수 * (16) 떨어질 타 *

(17) 마실 흡 (18) 미칠 급 * (19) 바랄 희 (20) 밥 반 *

(21) 배반할 반 * (22) 법칙 률 (23) 벗 우 (24) 베 포

(25) 붓 필 (26) 빼어날 수 (27) 사무칠 투 * (28) 세울 건

(29) 엄숙할 숙 (30) 왼 좌 (31) 이끌 휴 * (32) 이에 내 *

(33) 일 사 (34) 있을 유 (35) 있을 재 (36) 있을 존

(37) 재목 재 (38) 재물 재 (39) 재주 재 (40) 판목 판 *

(41) 팔 판 *

21과 寸·寺·㝵·隶·尹 모양을 가진 한자

寸 마디 촌

갑문  금문 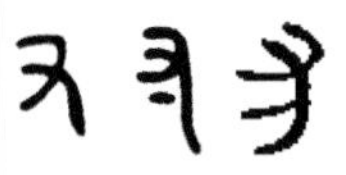 소전 

손(又＝寸)바닥 아래 손가락 한마디 부분쯤 되는, 맥(丶)을 **'헤아리는'** 부분으로 **'마디'** **'손'** **'법'** **'양심'** 등을 뜻한다.

급수	번호	급	부수	획수	한자	훈	음	중국	일본	용례
진흥 6급 / 검정 준5급	817	8급	寸부	총3획	寸	마디	촌:	寸	寸	寸刻(촌각) 三寸(삼촌) 寸志(촌지) 寸數(촌수)
진흥 5급 / 검정 5급	818	7급	木부	총7획	村	마을	촌:	村	村	漁村(어촌) 村長(촌장) 江村(강촌) 富村(부촌)
진흥 준4급 / 검정 4급	819	4급Ⅱ	宀부	총6획	守	지킬	수	守	守	守備(수비) ❶守節(수절) 守護神(수호신) 守衛(수위)
	820	3급	寸부	총12획	尋	찾을	심	寻	尋	 양팔로 물건을 재는 모양. 길이 단위(8尺). 尋訪(심방) 推尋(추심)
	821	3급	爪부	총18획	爵	벼슬	작	爵	爵	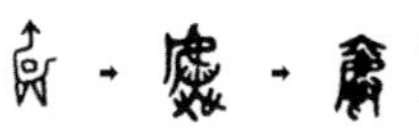 참새 모양의 술잔으로, 음이 雀(참새 작)이고 뜻은 '禮器(예기)'임. 公爵(공작)

射 쏠 사

갑문  금문 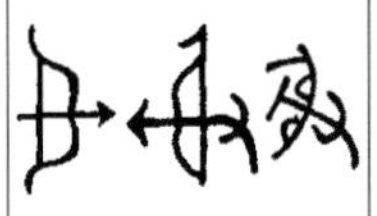 소전 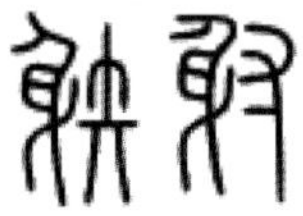

몸(身)에 활을 지니고 손으로 **법도**(寸)에 맞게 쏘아 맞춤에서 **'쏘다'**를 뜻한다.

참고 **활**(弓)을 **손**(又)에 잡고 **쏨**(弓又)에서, **몸**(身)과 **화살**(矢) 또는 **몸**(身)과 **법**(寸)으로 변함.

급수	번호	급	부수	획수	한자	훈	음	중국	일본	용례
진흥 준3급 / 검정 3급	822	4급	寸부	총10획	射	쏠	사	射	射	射手(사수) 反射(반사) 射殺(사살) 射擊(사격)
진흥 4급 / 검정 4급	823	4급Ⅱ	言부	총17획	謝	사례할	사:	谢	謝	謝過(사과) 感謝(감사) 謝罪(사죄) 謝恩會(사은회)
진흥 준3급 / 검정 준3급	824	4급	言부	총10획	討	칠/찾을	토(:)	讨	討	討議(토의) 討論(토론) 討伐(토벌) 檢討(검토)

付 부칠/줄 부

갑문  금문 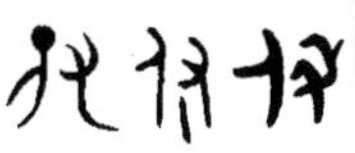 소전 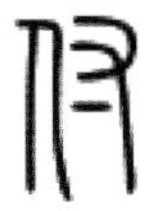

다른 **사람**(亻)에게 **손**(寸)에 있는 물건을 주는 데서 **'주다'** **'부치다'**를 뜻한다.

급수	번호	급	부수	획수	한자	훈	음	중국	일본	용례
진흥 3급	825	3급Ⅱ	人부	총5획	付	줄	부:	付	付	納付(납부) 當付(당부) 交付(교부) 配付(배부)
	826	3급Ⅱ	阜부	총8획	附	붙을	부:	附	附	附屬(부속) 附與(부여) 附錄(부록) 附和雷同(부화뇌동)
	827	3급Ⅱ	竹부	총11획	符	부호	부(:)	符	符	符號(부호) 符籍(부적) ❷符信(부신) 終止符(종지부)
진흥 3급	828	4급Ⅱ	广부	총8획	府	마을/관청	부:	府	府	政府(정부) 司憲府(사헌부) 府兵(부병) 府庫(부고)

번호/급수	부수/획수	한자	훈음	중국/일본	용례
829 3급Ⅱ	肉부 총14획	腐	썩을/낡을 부:	중국 腐 일본 腐	腐敗(부패) 腐葉土(부엽토) 豆腐(두부) ❸陳腐(진부)

절 사

寺

금문

소전

발(止=之=土)과 손(寸)을 부지런히 움직여 **대중**(大衆)을 위해 일하던 **'관청'**이나 **'절'**을 뜻한다.

참고 후한 명제가 인도에서 온 마등(摩騰), 축법란(竺法蘭) 두 스님을 위해 낙양성 교외에 백마사(白馬寺)를 지었다.

진흥/검정	번호/급수	부수/획수	한자	훈음	중국/일본	용례
진흥 4급 검정 준3급	830 4급Ⅱ	寸부 총6획	寺	절 사	중국 寺 일본 寺	寺院(사원) 山寺(산사) 寺塔(사탑) 圓覺寺(원각사)
	831 3급Ⅱ	人부 총8획	侍	모실 시:	중국 侍 일본 侍	侍女(시녀) 侍從(시종) 內侍(내시) 嚴妻侍下(엄처시하)
진흥 준5급 검정 5급	832 7급	日부 총10획	時	때 시	중국 时 일본 時	時刻(시각) 時計(시계) 時期(시기) 時代(시대)
진흥 5급 검정 5급	833 4급Ⅱ	言부 총13획	詩	시/글 시	중국 诗 일본 詩	詩人(시인) 詩經(시경) 詩歌(시가) 詩集(시집)
진흥 4급 검정 준3급	834 4급	手부 총9획	持	가질 지	중국 持 일본 持	支持(지지) ❹維持(유지) 持參(지참) 持久力(지구력)
진흥 준4급 검정 준4급	835 6급	彳부 총9획	待	기다릴 대:	중국 待 일본 待	待期(대기) 待接(대접) 待令(대령) 招待狀(초대장)
진흥 준4급 검정 준4급	836 6급	牛부 총10획	特	특별할 특	중국 特 일본 特	特別(특별) 特技(특기) 特許(특허) 特殊(특수)
진흥 5급 검정 5급	837 6급	竹부 총12획	等	무리 등:	중국 等 일본 等	等級(등급) 等數(등수) ❺等高線(등고선) 高等(고등)

조금씩할 침

㑴

갑문

소전

비(帚=⺕:비추)를 손(又)에 들고 쓸면서 **'조금씩 나아감'**을 뜻한다.

진흥/검정	번호/급수	부수/획수	한자	훈음	중국/일본	용례
진흥 3급	838 4급Ⅱ	人부 총9획	侵	침노할 침	중국 侵 일본 侵	侵犯(침범) 南侵(남침) 侵略(침략) 不可侵(불가침)
진흥 3급	839 3급Ⅱ	水부 총10획	浸	잠길/젖을 침	중국 浸 일본 浸	浸水(침수) 浸透(침투) ❻浸潤(침윤) 浸種(침종)
	840 4급	宀부 총14획	寢	잘 침:	중국 寝 일본 寝	寢室(침실) 寢食(침식) 寢臺(침대) 寢具(침구)

어구 풀이

❶守節(수절) : 절의(節義)를 지킴.
❷符信(부신) : 사람의 죽음을 알림. 또는 그런 글. 부고(訃告).
❸陳腐(진부) : 케케묵고 낡음.
❹維持(유지) : 어떤 상태나 상황을 그대로 보존하거나 변함없이 계속하여 지탱함.
❺等高線(등고선) : 지도에서 해발 고도가 같은 지점을 연결한 곡선.
❻浸潤(침윤) : 수분이 스며들어 젖음.

아내 처 妻

갑문	금문	소전
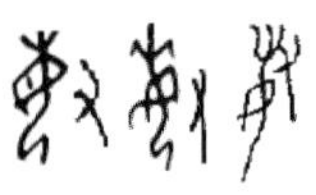		

비녀(一)를 **손**(⺕)으로 머리를 **모아**(丨) 꽂은 결혼한 **여자**(女)에서 '**아내**'를 뜻한다.

참고 **머리**(屮＝十)가 긴 **여자**(女)를 **손**(⺕)으로 끌어가 혼인했던 '**아내**'를 뜻한다.

진흥 준3급 / 검정 3급	841 / 3급Ⅱ	女부 / 총8획	妻	아내 처	중국 妻 / 일본 妻	妻家(처가) 妻弟(처제) 夫妻(부처) 恐妻家(공처가)	

편안할 강 康

갑문	금문	소전

키질하여 '**겨**'를 날리거나 악기를 연주함에서, **양식**이나 **음악**과 관계되어 '**편안함**'을 뜻한다.

파자 **집**(广)에 **이르러**(隶:미칠 이) 쉬는 데서 '**편안함**'을 뜻한다.

진흥 준3급 / 검정 준3급	842 / 4급Ⅱ	广부 / 총11획	康	편안할 강	중국 康 / 일본 康	健康(건강) 康寧(강녕) 安康(안강) 平康(평강)	
진흥 4급 / 검정 준3급	843 / 3급	广부 / 총8획	庚	별 경	중국 庚 / 일본 庚	고문은 康의 윗부분과 같으며, 일곱째 天干(천간)으로 쓰임.	庚炎(경염) 庚伏(경복)

미칠/잡을 이 隶

금문	소전

손(⺕)으로 도망가는 짐승의 **꼬리**(氺)를 잡은 데서 '**미치다**' '**이르다**'를 뜻한다.

844 / 3급	辵부 / 총12획	逮	잡을 체	중국 逮 / 일본 逮	逮捕(체포) ❶逮夜(체야) 逮繫(체계) 及逮(급체)
845 / 3급	隶부 / 총16획	隸	종/서체 례	중국 隶 / 일본 隷	奴隸(노예) ❷隸書(예서) 隸屬(예속) 同 隷

비 추 帚

갑문	금문	소전
	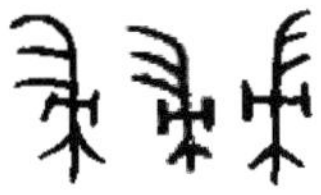	

비를 세워둔 모양에서 '**빗자루**' '**비**'를 뜻한다.

진흥 준3급 / 검정 준3급	846 / 4급Ⅱ	手부 / 총11획	掃	쓸 소(:)	중국 扫 / 일본 掃	清掃(청소) 掃滅(소멸) 掃地(소지) 掃除(소제)
진흥 4급 / 검정 4급	847 / 4급Ⅱ	女부 / 총11획	婦	며느리/지어미 부	중국 妇 / 일본 婦	婦女子(부녀자) 婦人(부인) 新婦(신부) 主婦(주부)
진흥 준3급 / 검정 준3급	848 / 4급	止부 / 총18획	歸	돌아갈 귀:	중국 归 / 일본 帰	歸家(귀가) 歸國(귀국) 歸鄕(귀향) 歸順者(귀순자)

어구 풀이
❶逮夜(체야) : 밤이 됨.
❷隸書(예서) : 서체의 하나.

성/다스릴 윤	갑문 / 금문 / 소전	
尹	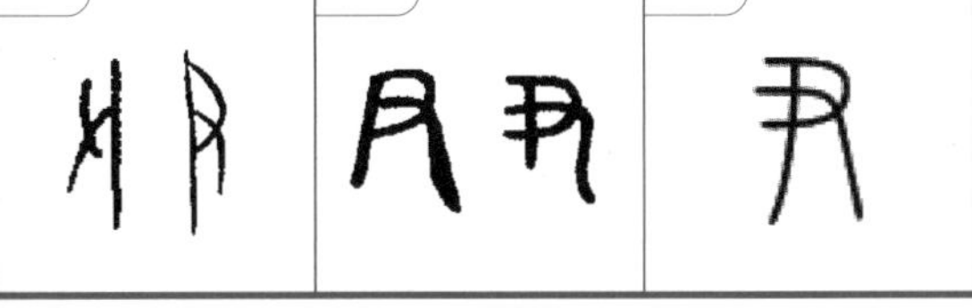	손(⺕)에 지휘용 **지팡이**(ノ)를 들고 일을 다스림에서 '**다스리다**'의 뜻이나 '**성**'으로 쓰인다. **참고** **손**(⺕)에 **침**(ノ)을 들고 병을 '**다스림**'으로도 본다.

급수	번호 / 급	부수 / 획수	한자	훈음	중국 / 일본	어휘
진흥 준4급 / 검정 4급	849 / 4급	口부 / 총7획	君	임금 군	君 / 君	郎君(낭군) 夫君(부군) 四君子(사군자) 諸君(제군)
진흥 5급 / 검정 준4급	850 / 6급	邑부 / 총10획	郡	고을 군:	郡 / 郡	郡守(군수) 郡民(군민) 郡廳(군청) 郡王(군왕)
진흥 준3급 / 검정 준3급	851 / 4급	羊부 / 총13획	群	무리 군	群 / 群	群衆(군중) 群舞(군무) 群像(군상) 群鷄一鶴(군계일학)

소 축	갑문 / 금문 / 소전	
丑	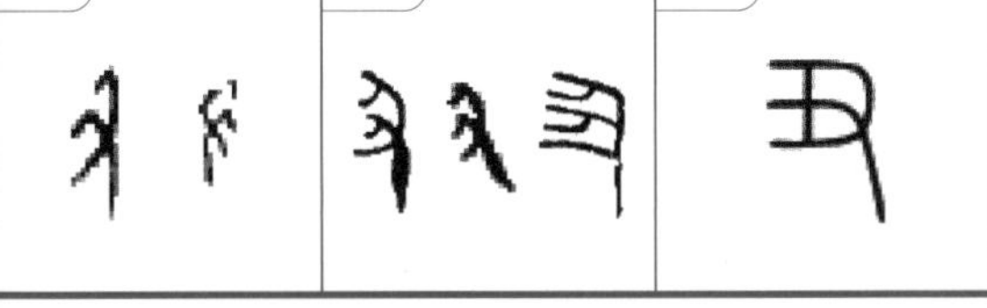	손(⺕) 끝을 굽혀 **물건**(丨)을 '**모아 잡는**' 모양으로, 지지(地支)로 쓰여 '**소**'를 뜻한다.

급수	번호 / 급	부수 / 획수	한자	훈음	중국 / 일본	어휘
진흥 준3급 / 검정 준3급	852 / 3급	一부 / 총4획	丑	소 축	丑 / 丑	❸丑肉(축육) ❹丑月(축월) 丑時(축시)

당나라/당황할 당	갑문 / 금문 / 소전	
唐	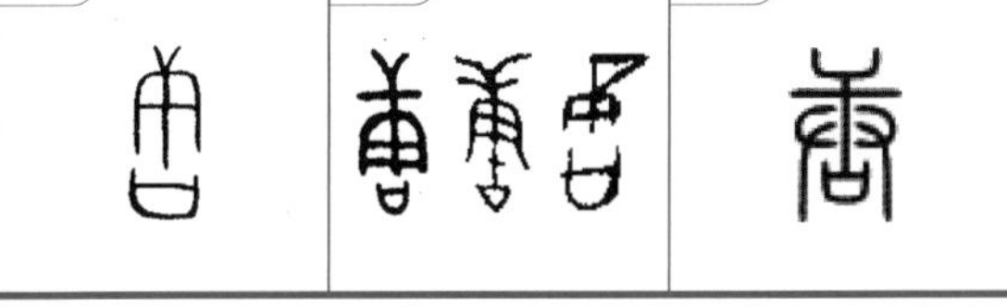	북이나 종 같은 **악기**(庚)소리처럼 **크게 하는 말**(口)에서 '**당황스럽다**'를 뜻하나, 후에 나라이름으로 쓰이면서 '**당나라**'를 뜻하였다.

급수	번호 / 급	부수 / 획수	한자	훈음	중국 / 일본	어휘
	853 / 3급Ⅱ	口부 / 총10획	唐	당나라/당황할 당	唐 / 唐	唐詩(당시) 荒唐(황당) 唐突(당돌) 唐手(당수)
	854 / 3급	米부 / 총16획	糖	엿 당 / 사탕 탕	糖 / 糖	糖分(당분) 糖度(당도) 沙糖(사탕) 糖水肉(탕수육)

말이을/수염 이	갑문 / 금문 / 소전	
而		턱 밑에 드리운 '**수염**' 모양으로, 앞뒤 '**말을 이어 주는**' 조사나 '**너**'를 뜻한다.

급수	번호 / 급	부수 / 획수	한자	훈음	중국 / 일본	어휘
진흥 준3급 / 검정 3급	855 / 3급	而부 / 총6획	而	말이을 이	而 / 而	似而非(사이비) 形而上學(형이상학) 而立(이립)
진흥 3급	856 / 3급Ⅱ	而부 / 총9획	耐	견딜 내:	耐 / 耐	忍耐(인내) 耐久性(내구성) 耐震(내진) 耐性(내성)

어구 풀이
❸丑肉(축육) : 쇠고기.
❹丑月(축월) : 음력 섣달의 다른 말.

21 확인학습

1 다음 漢字의 訓과 音을 쓰시오. (*는 3급·3급II 고유 한자입니다.)

(1) 寸	(2) 村	(3) 守	(4) 尋 *
(5) 爵 *	(6) 射	(7) 謝	(8) 討
(9) 付 *	(10) 附 *	(11) 符 *	(12) 府
(13) 腐 *	(14) 使	(15) 侍 *	(16) 時
(17) 詩	(18) 便	(19) 待	(20) 特
(21) 等	(22) 斯	(23) 浸 *	(24) 寢
(25) 妻 *	(26) 誓	(27) 庚 *	(28) 逮 *
(29) 隸 *	(30) 暫	(31) 婦	(32) 歸
(33) 君	(34) 訴	(35) 群	(36) 丑 *
(37) 唐 *	(38) 岳 *	(39) 而 *	(40) 耐 *

2 다음 漢字語의 讀音을 쓰시오.

(1) 寸數	(2) 漁村	(3) 守節	(4) 尋訪
(5) 公爵	(6) 反射	(7) 謝罪	(8) 檢討
(9) 當付	(10) 附屬	(11) 符籍	(12) 府庫
(13) 陳腐	(14) 寺院	(15) 侍從	(16) 時代
(17) 詩經	(18) 持參	(19) 待接	(20) 特技
(21) 高等	(22) 侵略	(23) 浸透	(24) 寢室

(25) 妻弟
(26) 安康
(27) 庚炎
(28) 逮捕
(29) 隷屬
(30) 掃滅
(31) 主婦
(32) 歸家
(33) 夫君
(34) 郡守
(35) 群衆
(36) 丑月
(37) 荒唐
(38) 糖度
(39) 而立
(40) 忍耐
(41) 發布
(42) 布施
(43) 糖分
(44) 沙糖
(45) 書家
(46) 晝間
(47) 畫家
(48) 盡心
(49) 反感
(50) 及落
(51) 音律
(52) 調律

3 다음 訓과 音을 지닌 漢字를 쓰시오. (*는 3급·3급II 고유 한자입니다.)

(1) 가질 지
(2) 견딜 내 *
(3) 고을 군
(4) 기다릴 대
(5) 당나라 당 *
(6) 돌아갈 귀
(7) 때 시
(8) 마디 촌
(9) 마을 부
(10) 마을 촌
(11) 말이을 이 *
(12) 며느리 부
(13) 모실 시 *
(14) 무리 군
(15) 무리 등
(16) 벼슬 작 *
(17) 별 경 *
(18) 부호 부 *
(19) 붙을 부 *
(20) 사례할 사
(21) 소 축 *
(22) 시 시
(23) 썩을 부 *
(24) 쏠 사
(25) 쓸 소
(26) 아내 처 *
(27) 엿 당 *
(28) 임금 군
(29) 잘 침
(30) 잠길 침 *
(31) 잡을 체 *
(32) 절 사
(33) 종 례 *
(34) 줄 부 *
(35) 지킬 수
(36) 찾을 심 *
(37) 칠 토
(38) 침노할 침
(39) 특별할 특
(40) 편안할 강

22과 弓·行·人·倉·余 모양을 가진 한자

시초 단 耑

갑문

금문

소전

초목의 **싹**(屮＝山)이 **뿌리**(而)에서 처음 땅을 뚫고 올라오는 데서 '**시초**' '**구멍**'을 뜻한다.

시험	번호/급수	부수/획수	한자	훈음	중국/일본	용례
진흥 4급 검정 4급	857 4급Ⅱ	立부 총14획	端	끝/바를 단	중국 端 일본 端	端午(단오) 端緖(단서) 端役(단역) 端雅(단아)

쓰일/쓸 수 需

갑문

금문

소전

비(雨)를 맞고 있는 **사람**(天＝而)이 비가 그치기를 '**바라는**' 데서 '**구하다**' '**쓰다**'를 뜻한다.

파자 **비**(雨)에 **수염**(而)까지 젖은 사람이 비가 그치기를 바람에서 '**구하다**'를 뜻한다.

시험	번호/급수	부수/획수	한자	훈음	중국/일본	설명	용례
	858 3급Ⅱ	雨부 총14획	需	구할/쓰일/쓸 수	중국 需 일본 需		需給(수급) 內需(내수) 婚需(혼수) 需要供給(수요공급)
진흥 준3급 검정 3급	859 4급	人부 총16획	儒	선비 유	중국 儒 일본 儒		儒敎(유교) 儒林(유림) 儒生(유생) 儒學(유학)
진흥 5급 검정 5급	860 6급	身부 총7획	身	몸 신	중국 身 일본 身	부수 글자. 사람 몸의 옆 모양.	身體(신체) 身分(신분) 身長(신장)

활 궁 弓

갑문

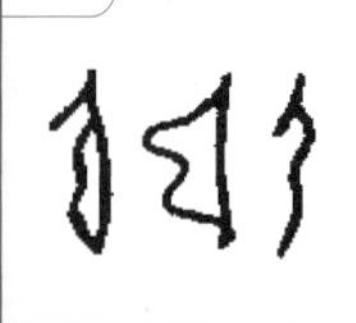

금문

소전

활의 모양을 본뜬 글자로 '**활**'이나 활의 작용과 관계가 있다.

시험	번호/급수	부수/획수	한자	훈음	중국/일본	설명	용례
진흥 4급 검정 준3급	861 3급Ⅱ	弓부 총3획	弓	활 궁	중국 弓 일본 弓		弓道(궁도) 弓術(궁술) 弓矢(궁시) 洋弓(양궁)
진흥 준3급 검정 3급	862 4급	穴부 총15획	窮	다할/궁할 궁	중국 穷 일본 窮		窮理(궁리) 無窮花(무궁화) 窮餘之策(궁여지책)
진흥 4급 검정 준3급	863 4급Ⅱ	弓부 총4획	引	끌 인	중국 引 일본 引	활과 화살 모양.	引繼(인계) 引上(인상) 引導(인도)
진흥 3급	864 3급	弓부 총5획	弘	클 홍	중국 弘 일본 弘	활의 가장 단단한 부분을 나타낸 모양이 厶로 변한 지사 문자임.	弘報(홍보) 弘益(홍익)
진흥 5급 검정 5급	865 6급	弓부 총11획	強	굳셀 강(:)	중국 强 일본 強		強弱(강약) 強國(강국) 強忍(강인) 俗 强
진흥 5급 검정 5급	866 6급	弓부 총10획	弱	약할 약	중국 弱 일본 弱	활줄이 끊어져 너덜거리는 모양, 또는 새의 날개가 늘어진 모양.	弱小(약소) 弱點(약점)
	867 3급	大부 총6획	夷	오랑캐 이	중국 夷 일본 夷	큰 사람 옆에 활을 둔 모양이 겹쳐 지금 같은 모양이 됨.	夷國(이국) 東夷族(동이족)
진흥 3급	868 3급	弓부 총4획	弔	조상할 조:	중국 吊 일본 弔	옛 풍습에 사람을 風葬(풍장)할 때 활 메고 시신을 지키던 모습.	弔問(조문) 弔慰金(조위금)

아우 제	갑문	금문	소전	
弟				주살(弋)의 줄을 차례차례 **활**(弓) 모양으로 감아놓은 모양에서 **'차례' '순서' '아우'**를 뜻한다. 파자 **갈래머리**(丫: 갈래 아)하고 **활**(弓)을 **삐쳐**(丿) 틀어지게 맨 **'아우'**를 뜻한다.

진흥 6급 검정 8급	869 8급	弓부 총7획	弟	아우 제:	중국 弟 일본 弟	兄弟(형제) 弟子(제자) 師弟(사제) 呼兄呼弟(호형호제)
진흥 5급 검정 준4급	870 6급	竹부 총11획	第	차례 제:	중국 第 일본 第	及第(급제) 落第(낙제) 第三國(제삼국) 第一(제일)

아닐/말 불	갑문	금문	소전	
弗	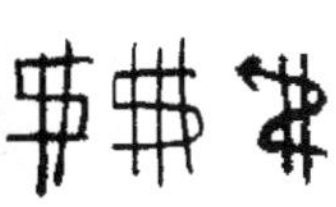			**활**(弓) 모양으로 **굽은 화살**(‖)을 묶어 **'교정함'**을 뜻하나, 묶어 두어 쓰지 못함에서 **'아니다' '말다'**를 뜻한다.

진흥 4급 검정 준3급	871 4급Ⅱ	人부 총7획	佛	부처 불	중국 佛 일본 仏	佛教(불교) 佛經(불경) 佛家(불가) 佛法(불법)
진흥 3급	872 3급Ⅱ	手부 총8획	拂	떨칠 불	중국 拂 일본 払	支拂(지불) 完拂(완불) 後拂(후불) 還拂(환불)
진흥 준3급 검정 4급	873 5급	貝부 총12획	費	쓸 비:	중국 费 일본 費	費用(비용) 浪費(낭비) 會費(회비) 旅費(여비)

다닐 행	갑문	금문	소전	
行	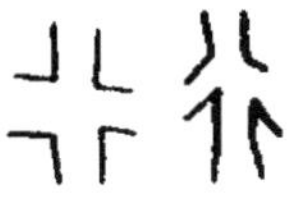			사람이나 마차가 다니던 **네 거리 모양**의 길에서 **'다니다' '가다'**를 뜻한다.

진흥 5급 검정 5급	874 6급	行부 총6획	行	다닐 행(:) 항렬 항(:)	중국 行 일본 行	行動(행동) 行列(행렬) 行進(행진) 行列字(항렬자)

쉬어가기

속담과 한자성어

■ 감나무 밑에서 홍시 떨어지기 기다린다 → 守株待兎(수주대토)
아무런 노력도 하지 않고 좋은 결과를 얻으려고만 한다는 말이다.

■ 수박 겉핥기 → 走馬看山(주마간산)
일이나 물건의 본질은 모르고 겉만 건드림을 비유하여 이르는 말. 수박의 껍질을 핥으면 무슨 맛이겠는가? 그와 같이 일의 내용도 모르고 겉으로만 건성으로 하는 척하며 넘긴다는 뜻이다.

■ 강 건너 불구경 → 袖手傍觀(수수방관) * 袖 소매 수(1급)
자신과는 직접적인 이해 관계가 없다고 하여 너무 무관심한 태도를 보일 때 쓰는 말이다.

人 사람 인

갑문

금문

소전
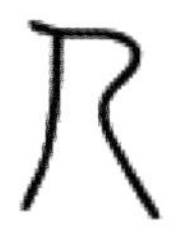

사람이 옆으로 서 있는 **모양**. 변(邊)으로 쓰일 때는 亻(인)을 쓰며 **'사람' '남**(他人)'을 뜻한다.

진흥 8급 / 검정 8급	875	8급	人부	총2획	人	사람 인	중국 人	일본 人	人間(인간) 人品(인품) 人形(인형) 人性(인성)
진흥 준3급 / 검정 3급	876	4급	人부	총4획	仁	어질 인	중국 仁	일본 仁	仁慈(인자) 仁者無敵(인자무적) 仁術(인술) 仁義(인의)
진흥 5급 / 검정 5급	877	6급	人부	총9획	信	믿을 신:	중국 信	일본 信	信號(신호) 信仰(신앙) 信念(신념) ❶信望(신망)
진흥 준5급 / 검정 준5급	878	7급	人부	총6획	休	쉴 휴	중국 休	일본 休	休暇(휴가) 休息(휴식) 連休(연휴) 休學(휴학)

以 써 이

갑문

금문
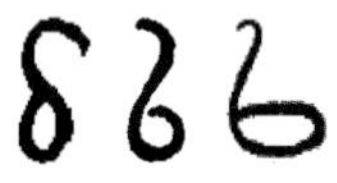
소전

막 태어나려는 뒤집힌 태아의 **모습**(厶)에 **사람**(人)을 더해 **시작**의 **'원인' '이유'**에서 **'~로써'**를 뜻한다.

파자 쟁기모양의 **도구**(厶)로써 일하는 **사람**(人)에서 **'~로써'**를 뜻한다.

진흥 준4급 / 검정 준4급	879	5급	人부	총5획	以	써 이:	중국 以	일본 以	以上(이상) 以北(이북) 以內(이내) 以心傳心(이심전심)
	880	3급	人부	총7획	似	닮을/같을 사:	중국 似	일본 似	似而非(사이비) 類似品(유사품) 非夢似夢(비몽사몽)

保 지킬 보

갑문

금문

소전
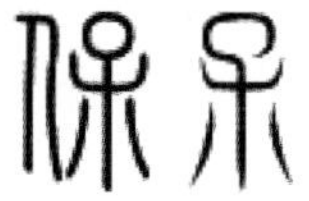

사람(亻)이 어린**아이**(子)를 **강보**(八)에 **감싸**(子·宀+八=呆) 안아 **'지키거나' '보살핌'**을 뜻한다.

진흥 4급 / 검정 준3급	881	4급Ⅱ	人부	총9획	保	지킬 보(:)	중국 保	일본 保	保護(보호) 保全(보전) 保守(보수) 保險(보험)

攸 바 유

갑문

금문

소전

사람(亻)이 채찍이나 **도구**(丨)를 들고 **쳐서**(攵) 오래 **'다스려'** 하는 **'바'**를 뜻한다.

진흥 3급	882	3급Ⅱ	心부	총11획	悠	멀 유	중국 悠	일본 悠	❷悠久(유구) ❸悠然(유연) 悠悠自適(유유자적) 悠長(유장)
진흥 4급 / 검정 준3급	883	4급Ⅱ	人부	총10획	修	닦을/고칠 수	중국 修	일본 修	修養(수양) 修行(수행) 修學旅行(수학여행) 修飾(수식)

시험	번호/급수	부수/획수	한자	훈음	중국/일본	용례
진흥 3급	884 / 4급	木부 / 총11획	條	가지 조	중국 条 / 일본 条	條目(조목) 條件(조건) 條項(조항) ❹條文(조문)

곳집 창 倉

갑문	금문	소전

지붕(亼)과 **문**(戶＝⼾)과 **에워싼**(口) **창고** 형태의 **푸르고** 싱싱하게 곡식을 두는 '**곳집**'.

참고 倉(창)은 곡식을 보관하는 창고이고, 庫(고)는 기타 물건을 보관하는 창고이다.

시험	번호/급수	부수/획수	한자	훈음	중국/일본	용례
진흥 3급	885 / 3급Ⅱ	人부 / 총10획	倉	창고/곳집 창(:)	중국 仓 / 일본 倉	倉庫(창고) 穀倉(곡창) 營倉(영창) 彈倉(탄창)
진흥 준3급 / 검정 준3급	886 / 4급Ⅱ	刀부 / 총12획	創	비롯할 창:	중국 创 / 일본 創	創造(창조) 創作(창작) 創始(창시) 創業者(창업자)
	887 / 3급Ⅱ	艸부 / 총14획	蒼	푸를 창	중국 苍 / 일본 蒼	蒼白(창백) 蒼空(창공) 蒼天(창천) 蒼生(창생)

나 여 余

갑문	금문	소전

지붕(亼)과 **나무**(木) 기둥만 있는, **관리**가 먼 길을 갈 때 지니던 간편한 개인용 이동식 **막사**에서 '**나**'를 뜻한다.

시험	번호/급수	부수/획수	한자	훈음	중국/일본	용례
진흥 준3급 / 검정 3급	888 / 3급	人부 / 총7획	余	나 여	중국 余 / 일본 余	余等(여등) ❺余輩(여배) *餘(여)의 俗字.
진흥 준4급 / 검정 4급	889 / 4급Ⅱ	食부 / 총16획	餘	남을 여	중국 馀 / 일본 余	餘裕(여유) 餘暇(여가) 餘生(여생) 餘力(여력)
	890 / 3급Ⅱ	彳부 / 총10획	徐	천천히 서(:)	중국 徐 / 일본 徐	徐行(서행) 徐步(서보) 徐羅伐(서라벌) 徐緩(서완)
	891 / 3급Ⅱ	攴부 / 총11획	敍	펼/베풀 서	중국 叙 / 일본 叙	敍述(서술) 敍品(서품) 敍事詩(서사시) 自敍傳(자서전)
진흥 4급 / 검정 준3급	892 / 4급Ⅱ	阜부 / 총10획	除	덜 제	중국 除 / 일본 除	除去(제거) 除外(제외) 除草(제초) 除名(제명)
	893 / 3급Ⅱ	辵부 / 총11획	途	길 도:	중국 途 / 일본 途	途上(도상) 用途(용도) 別途(별도) 開途國(개도국)
	894 / 3급	土부 / 총13획	塗	칠할/진흙 도	중국 涂 / 일본 塗	塗壁(도벽) 塗料(도료) ❻塗炭(도탄) 塗色(도색)
	895 / 3급	斗부 / 총11획	斜	비낄 사	중국 斜 / 일본 斜	斜線(사선) 斜角(사각) 斜視(사시) 傾斜度(경사도)

어구 풀이

❶信望(신망) : 믿고 기대함. 또는 그런 믿음과 덕망.
❷悠久(유구) : 연대가 아득히 길고 오래됨.
❸悠然(유연) : 침착하고 여유가 있음. 유유하고 태연함.
❹條文(조문) : 규정이나 법령 따위에서 조목으로 나누어 적은 글.
❺余輩(여배) : 우리네. '우리'를 문어적으로 이르는 말.
❻塗炭(도탄) : 진구렁이나 숯불에 빠졌다는 뜻으로, 몹시 곤궁하여 고통스러운 지경을 이르는 말.

22 확인학습

1 다음 漢字의 訓과 音을 쓰시오. (* 는 3급·3급Ⅱ 고유 한자입니다.)

(1) 端	(2) 需 *	(3) 儒	(4) 身
(5) 弓 *	(6) 窮	(7) 引	(8) 弘 *
(9) 強	(10) 弱	(11) 夷 *	(12) 弔 *
(13) 弟	(14) 第	(15) 佛	(16) 拂 *
(17) 費	(18) 行	(19) 人	(20) 仁
(21) 信	(22) 休	(23) 以	(24) 似 *
(25) 保	(26) 悠 *	(27) 修	(28) 條
(29) 倉 *	(30) 創	(31) 蒼 *	(32) 余 *
(33) 餘	(34) 徐 *	(35) 敍 *	(36) 除
(37) 途 *	(38) 塗 *	(39) 斜 *	

2 다음 漢字語의 讀音을 쓰시오.

(1) 端役	(2) 婚需	(3) 儒敎	(4) 身分
(5) 洋弓	(6) 窮理	(7) 引導	(8) 弘益
(9) 強忍	(10) 弱小	(11) 夷國	(12) 弔問
(13) 弟子	(14) 及第	(15) 佛經	(16) 還拂
(17) 浪費	(18) 行進	(19) 人形	(20) 仁術
(21) 信仰	(22) 休學	(23) 以內	(24) 類似

⑵⑸ 保全		⑵⑹ 悠久		⑵⑺ 修飾		⑵⑻ 條項	
⑵⑼ 穀倉		⑶⓪ 創作		⑶⑴ 蒼生		⑶⑵ 余等	
⑶⑶ 餘力		⑶⑷ 徐行		⑶⑸ 敍述		⑶⑹ 除外	
⑶⑺ 別途		⑶⑻ 塗炭		⑶⑼ 斜線		⑷⓪ 行列	
⑷⑴ 行動		⑷⑵ 弓矢		⑷⑶ 弔喪		⑷⑷ 引上	
⑷⑸ 師弟		⑷⑹ 人性		⑷⑺ 入門		⑷⑻ 敍品	
⑷⑼ 斜角							

3 다음 訓과 音을 지닌 漢字를 쓰시오. (*는 3급·3급Ⅱ 고유 한자입니다.)

(1) 가지 조		(2) 구할 수	*	(3) 굳셀 강		(4) 길 도	*
(5) 끌 인		(6) 끝 단		(7) 나 여	*	(8) 남을 여	
(9) 다닐 행		(10) 다할 궁		(11) 닦을 수		(12) 닮을 사	*
(13) 덜 제		(14) 떨칠 불	*	(15) 멀 유	*	(16) 몸 신	
(17) 믿을 신		(18) 부처 불		(19) 비낄 사	*	(20) 비롯할 창	
(21) 사람 인		(22) 선비 유		(23) 쉴 휴		(24) 써 이	
(25) 쓸 비		(26) 아우 제		(27) 약할 약		(28) 어질 인	
(29) 오랑캐 이	*	(30) 조상할 조	*	(31) 지킬 보		(32) 차례 제	
(33) 창고 창	*	(34) 천천히 서	*	(35) 칠할 도	*	(36) 클 홍	*
(37) 펼 서	*	(38) 푸를 창	*	(39) 활 궁	*		

23과 乍·內·八·今·予 모양을 가진 한자

잠깐 사 乍

갑문 / 금문 / 소전

아직 이루지 못한 옷깃 부분을 **바느질**하여 '**잠깐**' 동안에 '**옷을 이룸**'을 뜻한다.

진흥 3급	896 / 3급	言부 / 총12획	詐	속일	사	중국 诈 / 일본 詐	詐欺(사기) 詐稱(사칭) 詐取(사취) 詐術(사술)
진흥 5급 / 검정 5급	897 / 6급	人부 / 총7획	作	지을	작	중국 作 / 일본 作	作文(작문) 作成(작성) 作業(작업) 作品(작품)
진흥 5급 / 검정 준4급	898 / 6급	日부 / 총9획	昨	어제	작	중국 昨 / 일본 昨	昨日(작일) 昨年(작년) 昨今(작금) 昨夜(작야)

낄 개 介

갑문 / 금문 / 소전

사람(人)의 몸을 감싸는 갑옷으로, 몸이 '**갑옷**' **사이**(八)에 끼어 있다는 뜻에서 '**끼다**'를 뜻한다.

진흥 3급	899 / 3급Ⅱ	人부 / 총4획	介	낄	개:	중국 介 / 일본 介	介入(개입) 介意(개의) 仲介(중개) 媒介體(매개체)
진흥 7급 / 검정 7급	900 / 7급	入부 / 총2획	入	들	입	중국 入 / 일본 入	부수 글자. 어느 곳으로 들어가는 모양.	入口(입구) 入場(입장) 出入(출입)

안 내 內

갑문 / 금문 / 소전

집(冂) 안으로 **들어가는**(入) 데서 '**안**' '**속**'을 뜻한다.

참고 **먼**(冂) 경계 안이나 **성**(冂)안으로 **들어가는**(入) 데서 '**안**'을 뜻한다.

진흥 6급 / 검정 7급	901 / 7급	入부 / 총4획	內	안	내:	중국 内 / 일본 内	內外(내외) 內部(내부) 內容(내용) 內申成績(내신성적)
진흥 준3급 / 검정 준3급	902 / 4급	糸부 / 총10획	納	들일	납	중국 纳 / 일본 納	納得(납득) 納稅(납세) 納付金(납부금) 納涼(납량)
진흥 5급 / 검정 5급	903 / 4급Ⅱ	肉부 / 총6획	肉	고기	육	중국 肉 / 일본 肉	부수 글자. 고깃덩이 모양.	血肉(혈육) 肉食(육식) 肉感(육감)

온전 전 全

금문 / 소전

하자가 없어 보석에 **드는**(入) **완전한 옥**(玉=王)이나, 거푸집에 완전하게 쇳물을 부어놓은 데서 '**온전하다**'를 뜻한다.

파자 궁에 **들어가**(入) **왕**(王)처럼 '**온전히**' 갖추어 봄.

진흥 준5급 / 검정 5급	904 / 7급	入부 / 총6획	全	온전	전	중국 全 / 일본 全	全部(전부) 全體(전체) 全國(전국) 全能(전능)

진흥/검정	번호/급수	부수/획수	한자	훈음	중국/일본	설명	용례
진흥 7급 검정 8급	905 8급	金부 총8획	金	쇠 금 성 김	중국 金 일본 金	부수 글자. 쇠를 만드는 주조 틀. 또는 흙 속 광물.	金屬(금속) 金冠(금관) 金九(김구)

남녘 병 丙

갑문 

금문 

소전 

물건 받침대, 물고기 꼬리, 철판(一) **안**(内)에 불을 **뜨겁고 밝게** 피워 전병을 굽던 도구.

참고 '丙'이 천간으로 쓰이면서 '**남쪽**'이나 **불**(火)을 뜻하여 주로 '**밝음**'을 나타낸다.

진흥/검정	번호/급수	부수/획수	한자	훈음	중국/일본	용례
진흥 4급 검정 준3급	906 3급Ⅱ	一부 총5획	丙	남녘 병:	중국 丙 일본 丙	丙子胡亂(병자호란) 丙夜(병야) 丙日(병일) 丙方(병방)
진흥 5급 검정 준4급	907 6급	疒부 총10획	病	병 병:	중국 病 일본 病	病者(병자) 病院(병원) 病苦(병고) 病名(병명)

두 량 兩

금문 

소전 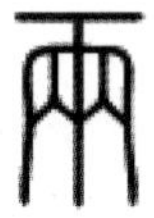

두 마리 말의 어깨부분에 걸어 **마차**를 끌게 하던 **멍에**(亼) 부분에서 '**두**' '**둘**'을 뜻한다.

참고 (㒼;평평할 만) **많은**(廿:스물 입) 누에가 섶에 **들어가**(入) **비단**(巾)을 짜듯 **가지런히**(㒳) 고치를 지은 데서 '**평평함**'을 뜻한다.

진흥/검정	번호/급수	부수/획수	한자	훈음	중국/일본	설명	용례
진흥 준4급 검정 4급	908 4급Ⅱ	入부 총8획	兩	두 량:	중국 两 일본 両		兩面(양면) 兩班(양반) 兩家(양가) 兩極(양극)
진흥 4급 검정 준3급	909 4급Ⅱ	水부 총14획	滿	찰 만(:)	중국 满 일본 満		滿足(만족) 滿期(만기) 滿場一致(만장일치) 滿醉(만취)
진흥 8급 검정 8급	910 8급	八부 총2획	八	여덟 팔	중국 八 일본 八	좌우로 분별함을 나타낸 글자.	八面(팔면) 八角(팔각) 八道(팔도)

나눌 분 分

갑문 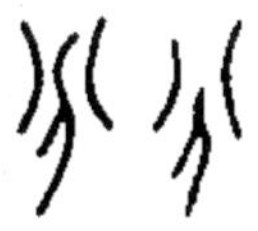

금문 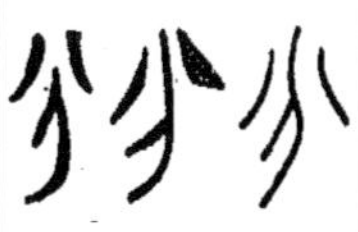

소전 

칼(刀)로 쪼개어 '**반**'으로 **나눔**(八)에서 '**나누다**' '**구별하다**'를 뜻한다.

진흥/검정	번호/급수	부수/획수	한자	훈음	중국/일본	용례
진흥 준5급 검정 5급	911 6급	刀부 총4획	分	나눌 분(:)	중국 分 일본 分	分列(분열) 分野(분야) 分家(분가) 分析(분석)
진흥 3급	912 3급Ⅱ	糸부 총10획	紛	어지러울 분	중국 纷 일본 紛	紛糾(분규) 紛爭(분쟁) 紛亂(분란) 紛然(분연)
진흥 3급	913 4급	米부 총10획	粉	가루 분(:)	중국 粉 일본 粉	粉末(분말) 粉乳(분유) 粉食(분식) 粉筆(분필)
진흥 준4급 검정 4급	914 4급Ⅱ	貝부 총11획	貧	가난할 빈	중국 贫 일본 貧	貧困(빈곤) 貧民(빈민) 貧血(빈혈) 貧富(빈부)
	915 3급Ⅱ	宀부 총14획	寡	적을/홀어미 과:	중국 寡 일본 寡	寡默(과묵) 寡慾(과욕) 寡婦(과부) 寡宅(과댁)

이제 금 今

갑문 금문 소전

이제 막 **'모이거나**(亼[모일 집])' 방금 가려 '**덮은**' 물건(一⇒フ[及;'미칠 급'의 고문]) 모양에서 '**지금**' '**이제**' '**가려**' '**덮음**'을 뜻한다.
참고 **종**(亼)으로 소리를 내어 **이르게**(フ) 함에서 '**지금**' '**이제**'를 뜻한다.

시험	번호/급수	부수/획수	한자	훈음	중국/일본	용례
진흥 준5급 검정 준5급	916 6급	人부 총4획	今	이제 금	중국 今 일본 今	今年(금년) 今日(금일) 今方(금방) 今週(금주)
	917 3급Ⅱ	玉부 총12획	琴	거문고 금	중국 琴 일본 琴	風琴(풍금) 彈琴(탄금) ❶心琴(심금) 琴絃(금현)
	918 3급Ⅱ	口부 총7획	含	머금을 함	중국 含 일본 含	含有(함유) 含量(함량) ❷含蓄(함축) 含憤(함분)
진흥 준3급 검정 3급	919 3급	口부 총7획	吟	읊을 음	중국 吟 일본 吟	吟客(음객) 吟味(음미) 吟遊詩人(음유시인) 吟詩(음시)
진흥 4급 검정 준3급	920 4급Ⅱ	阜부 총11획	陰	그늘 음	중국 阴 일본 陰	陰地(음지) 陰性(음성) 陰影(음영) 陰謀(음모)
진흥 준4급 검정 4급	921 5급	心부 총8획	念	생각 념:	중국 念 일본 念	念慮(염려) 念願(염원) 信念(신념) 理念(이념)
	922 3급	貝부 총11획	貪	탐낼 탐	중국 贪 일본 貪	貪慾(탐욕) 貪政(탐정) 食貪(식탐) 貪官汚吏(탐관오리)

합할 합 合

갑문 금문 소전

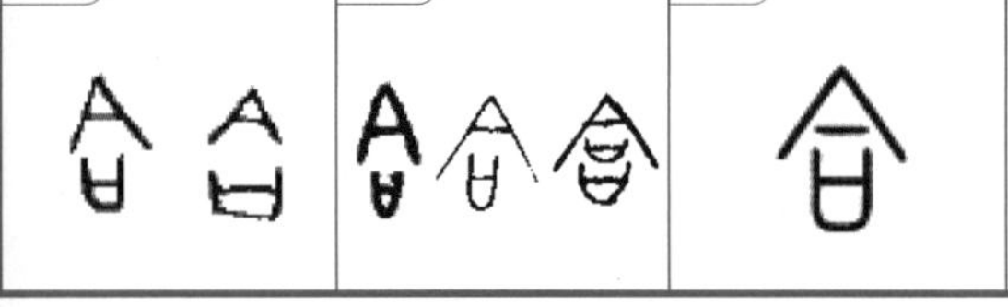

그릇의 '**덮는**' **뚜껑**(亼)과 **그릇**(口)이 서로 잘 맞거나, 또는 여러 사람의 **말**(口)이 **모여**(亼) 합해짐에서 '**합하다**' '**모이다**' '**맞다**'를 뜻한다.
참고 盒(합)과 같은 자.

시험	번호/급수	부수/획수	한자	훈음	중국/일본	용례
진흥 준5급 검정 5급	923 6급	口부 총6획	合	합할 합	중국 合 일본 合	合格(합격) 合宿(합숙) 合流(합류) 合同(합동)
진흥 4급 검정 준3급	924 3급Ⅱ	手부 총9획	拾	주울 습 열 십	중국 拾 일본 拾	收拾(수습) 拾得(습득) 拾集(습집) ＊十(십)의 갖은자.
진흥 준4급 검정 4급	925 5급	糸부 총12획	給	줄 급	중국 给 일본 給	給食(급식) 給與(급여) 供給(공급) 給油(급유)
진흥 준5급 검정 5급	926 7급	竹부 총12획	答	대답 답	중국 答 일본 答	答案(답안) 答禮(답례) 正答(정답) 答辭(답사)
진흥 3급	927 3급Ⅱ	土부 총13획	塔	탑 탑	중국 塔 일본 塔	石塔(석탑) 塔碑(탑비) 鐵塔(철탑) 尖塔(첨탑)

하여금 령 令

갑문 금문 소전

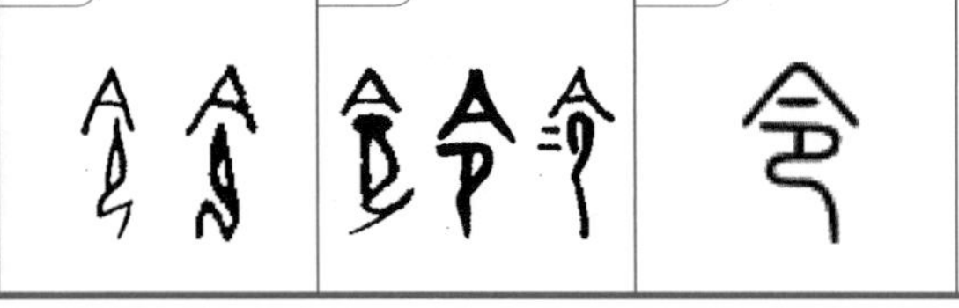

사람을 **모아**(亼[모을 집]) **꿇어앉은 사람**(卩=㔾)에게 **명령**을 내림에서 '**하여금**' '**부림**'을 뜻한다. 또는 **요령**(搖鈴=亼)소리에 꿇어앉은 **사람**(卩)으로 '**하여금**' '**명령**'하여 '**부림**'을 뜻한다.

급수	번호/급수	부수/획수	한자	훈음	중국/일본	용례
진흥 준4급 검정 4급	928 5급	人부 총5획	令	하여금 령(:)	중국 令 일본 令	令狀(영장) 令監(영감) 發令(발령) 令夫人(영부인)
진흥 준4급 검정 4급	929 5급	頁부 총14획	領	거느릴 령	중국 领 일본 領	大統領(대통령) 領土(영토) 領收證(영수증) 領有(영유)
진흥 3급	930 3급Ⅱ	山부 총17획	嶺	고개 령	중국 岭 일본 嶺	大關嶺(대관령) 嶺東(영동) ❸分水嶺(분수령) 嶺南(영남)
	931 3급	雨부 총13획	零	떨어질/영 령	중국 零 일본 零	零下(영하) 零點(영점) ❹零細民(영세민) 零度(영도)
진흥 준4급 검정 4급	932 5급	冫부 총7획	冷	찰 랭:	중국 冷 일본 冷	冷水(냉수) 冷凍(냉동) 冷笑(냉소) 冷害(냉해)
진흥 5급 검정 5급	933 7급	口부 총8획	命	목숨 명:	중국 命 일본 命	生命(생명) 使命(사명) 命令(명령) 命中(명중)

나 여 予

갑문

소전

위아래 **면포**(マ · ㄱ) 사이에서 '**북**'에 감긴 **실**(亅)을 풀어 **펼쳐** 주어, 차례로 베를 짜는 데서 '**주다**'가 뜻이나, 余(여)와 음이 같아 '**나**'를 뜻한다.

참고 豫(미리 예)의 俗字(속자).

급수	번호/급수	부수/획수	한자	훈음	중국/일본	용례
	934 3급	亅부 총4획	予	나/줄 여	중국 予 일본 予	❺予小子(여소자) 予寧(여녕) *豫(예)의 略字.
진흥 준4급 검정 4급	935 5급	广부 총7획	序	차례 서:	중국 序 일본 序	秩序(질서) 序頭(서두) 序列(서열) 序詩(서시)
진흥 5급 검정 준4급	936 6급	里부 총11획	野	들 야:	중국 野 일본 野	野外(야외) 野黨(야당) 野遊會(야유회) 野山(야산)

창/긴창 모 矛

금문
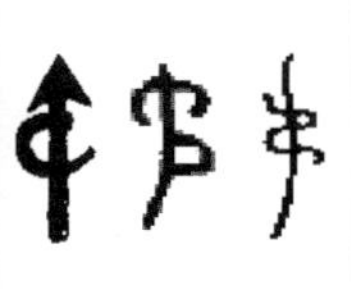

소전

날카로운 **창끝**(マ)과 장식(ㄱ)이나 **깃발**(ノ)이 달린 **갈고리**(亅) 창에서 찌르는 '**창**'을 뜻한다.

급수	번호/급수	부수/획수	한자	훈음	중국/일본	용례
진흥 준3급 검정 3급	937 3급Ⅱ	木부 총9획	柔	부드러울 유	중국 柔 일본 柔	柔順(유순) 柔軟性(유연성) 優柔不斷(우유부단)
진흥 4급 검정 준3급	938 4급Ⅱ	力부 총11획	務	힘쓸 무:	중국 务 일본 務	義務(의무) 勤務(근무) 總務(총무) 雜務(잡무)
	939 3급	雨부 총19획	霧	안개 무:	중국 雾 일본 霧	雲霧(운무) 霧帶(무대) ❻霧散(무산) 煙霧(연무)

어구 풀이

❶心琴(심금) : 외부의 자극에 따라 미묘하게 움직이는 마음을 비유적으로 이르는 말.
❷含蓄(함축) : ① 겉으로 드러내지 아니하고 속에 간직함. ② 말이나 글이 많은 뜻을 담고 있음.
❸分水嶺(분수령) : ① 분수계가 되는 산마루나 산맥. ② 어떤 사물이나 사태가 발전하는 전환점을 비유적으로 이르는 말.
❹零細民(영세민) : 수입이 적어 몹시 가난한 사람.
❺予小子(여소자) : 천자의 자칭.
❻霧散(무산) : 안개가 걷히듯 흩어져 없어짐.

23 확인학습

1 다음 漢字의 訓과 音을 쓰시오. (*는 3급·3급II 고유 한자입니다.)

(1) 詐 *	(2) 作	(3) 昨	(4) 介 *
(5) 入	(6) 內	(7) 納	(8) 肉
(9) 全	(10) 金	(11) 丙 *	(12) 病
(13) 兩	(14) 滿	(15) 八	(16) 分
(17) 紛 *	(18) 粉	(19) 貧	(20) 寡 *
(21) 今	(22) 琴 *	(23) 含 *	(24) 吟 *
(25) 陰	(26) 念	(27) 貪 *	(28) 合
(29) 拾 *	(30) 給	(31) 答	(32) 塔 *
(33) 令	(34) 領	(35) 嶺 *	(36) 零 *
(37) 冷	(38) 命	(39) 予 *	(40) 序
(41) 野	(42) 柔 *	(43) 務	(44) 霧 *

2 다음 漢字語의 讀音을 쓰시오.

(1) 詐稱	(2) 作業	(3) 昨夜	(4) 仲介
(5) 入場	(6) 內容	(7) 納稅	(8) 肉食
(9) 全體	(10) 金冠	(11) 丙方	(12) 病苦
(13) 兩極	(14) 滿足	(15) 八面	(16) 分析
(17) 紛糾	(18) 粉筆	(19) 貧血	(20) 寡默
(21) 今週	(22) 彈琴	(23) 含量	(24) 吟味

(25) 陰謀	(26) 念慮	(27) 貪慾	(28) 合宿
(29) 拾集	(30) 給與	(31) 答辭	(32) 石塔
(33) 發令	(34) 領土	(35) 嶺南	(36) 零下
(37) 冷害	(38) 命令	(39) 予寧	(40) 秩序
(41) 野山	(42) 柔順	(43) 雜務	(44) 霧帶

3 다음 訓과 音을 지닌 漢字를 쓰시오. (*는 3급·3급II 고유 한자입니다.)

(1) 가난할 빈	(2) 가루 분	(3) 거느릴 령	(4) 거문고 금 *
(5) 고개 령 *	(6) 고기 육	(7) 그늘 음	(8) 낄 개 *
(9) 나 여 *	(10) 나눌 분	(11) 남녘 병 *	(12) 대답 답
(13) 두 량	(14) 들 야	(15) 들 입	(16) 들일 납
(17) 떨어질 령 *	(18) 머금을 함 *	(19) 목숨 명	(20) 병 병
(21) 부드러울 유 *	(22) 생각 념	(23) 속일 사 *	(24) 쇠 금
(25) 안 내	(26) 안개 무 *	(27) 어제 작	(28) 어지러울 분 *
(29) 여덟 팔	(30) 온전 전	(31) 읊을 음 *	(32) 이제 금
(33) 적을 과 *	(34) 주울 습 *	(35) 줄 급	(36) 지을 작
(37) 차례 서	(38) 찰 랭	(39) 찰 만	(40) 탐낼 탐 *
(41) 탑 탑 *	(42) 하여금 령	(43) 합할 합	(44) 힘쓸 무

24과 子·丸·京·立·音 모양을 가진 한자

아들 자 子

갑문
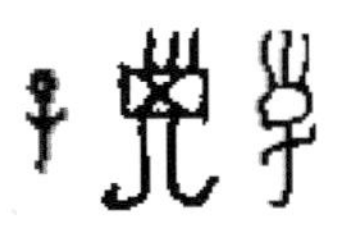

금문

소전

머리가 큰 어린아이가 강보에 싸인 모양으로, **'자식' '아들' '새끼'** 등을 뜻한다.

진흥 8급 / 검정 8급	940 / 7급	子부 / 총3획	子	아들 자	중국 子 / 일본 子	子孫(자손) 子女(자녀) 子息(자식) 子音(자음)
진흥 준5급 / 검정 준5급	941 / 7급	子부 / 총6획	字	글자 자	중국 字 / 일본 字	文字(문자) 字音(자음) 字幕(자막) 習字(습자)
진흥 3급	942 / 4급	子부 / 총4획	孔	구멍 공:	중국 孔 / 일본 孔	氣孔(기공) 孔穴(공혈) 毛孔(모공) 孔孟(공맹)
진흥 준3급 / 검정 3급	943 / 4급	厂부 / 총9획	厚	두터울 후:	중국 厚 / 일본 厚	❶厚謝(후사) 厚德(후덕) 厚意(후의) 厚生(후생)
진흥 3급	944 / 3급Ⅱ	子부 / 총8획	孟	맏 맹:	중국 孟 / 일본 孟	처음 태어난 아이[子: 씨, 처음 수확한 곡식]를 그릇에 바쳐 제물로 바치던 형상. 孟子(맹자) 孟浪(맹랑)
	945 / 3급Ⅱ	犬부 / 총11획	猛	사나울 맹:	중국 猛 / 일본 猛	猛烈(맹렬) 猛獸(맹수) 勇猛(용맹) 猛犬(맹견)
진흥 3급	946 / 3급	亅부 / 총2획	了	마칠 료	중국 了 / 일본 了	終了(종료) 完了(완료) 滿了(만료) 修了(수료)

누릴 향 享

갑문

금문

소전
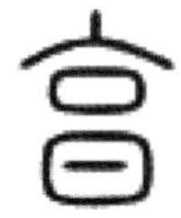

높은 제단 모양으로 신에게 제물을 바치거나 신이 흠향하는 데서, **'누리다' '드리다'**를 뜻한다.

파자 **높은**(亠) **제단**(口)에 **아이**(子)가 복을 **'누리기'** 위해 제물을 **'드림'**을 뜻한다.

진흥 3급	947 / 3급	亠부 / 총8획	享	누릴 향:	중국 享 / 일본 享	❷享壽(향수) 享樂(향락) 祭享(제향) 享年(향년)
	948 / 3급	攴부 / 총12획	敦	도타울 돈	중국 敦 / 일본 敦	敦篤(돈독) ❸敦厚(돈후) 敦睦(돈목) 敦實(돈실)
	949 / 3급	邑부 / 총11획	郭	외성/둘레 곽	중국 郭 / 일본 郭	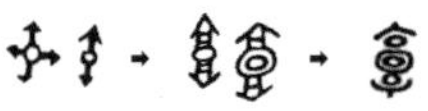 성에 망루를 그린 모양. 城郭(성곽) 外郭(외곽)
진흥 3급	950 / 3급	亠부 / 총7획	亨	형통할 형	중국 亨 / 일본 亨	萬事亨通(만사형통) 亨泰(형태) 亨途(형도)

둥글 환 丸

소전

仄(측:기울 측)의 **반대**(乀+人)모양으로, 반대로 기울어(仄) 구르는 둥근 **'알'**에서 **'둥글다'**를 뜻한다.

참고 丮(잡을 극)이 다른 글자와 쓰일 때 丸(환)으로 변하여 쓰여 **'잡다'**를 뜻한다.

진흥 3급	951 / 3급	丶부 / 총3획	丸	둥글 환	중국 丸 / 일본 丸	丸藥(환약) 彈丸(탄환) 淸心丸(청심환) 砲丸(포환)

시험	번호/급수	부수/획수	한자	훈·음	중국/일본	어휘
	952 / 3급	子부 / 총11획	孰	누구 숙	중국 孰 / 일본 孰	높은 집〔享〕과 손에 무엇을 잡은 丮(극)으로 잘 익은 음식과 관련. 孰與(숙여) 孰若(숙약)
진흥 3급	953 / 3급Ⅱ	火부 / 총15획	熟	익을 숙	중국 熟 / 일본 熟	熟達(숙달) 熟成(숙성) 熟練(숙련) 熟眠(숙면)

서울 경 京

갑문

금문

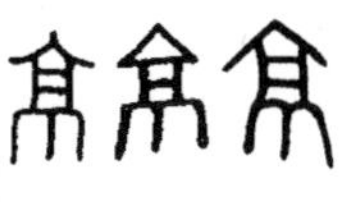

소전

높게(亠) 잘 **에워싸**(口) **받쳐**(冂=小) 지은 임금 집인 궁궐에서 '**서울**' '**크다**'를 뜻한다.

파자 **높게**(亠) 잘 지어 **에워싸**(口)인 궁궐 주위에 **작은**(小) 민가가 있는 '**서울**'을 뜻한다.

시험	번호/급수	부수/획수	한자	훈·음	중국/일본	어휘
진흥 5급 / 검정 5급	954 / 6급	亠부 / 총8획	京	서울 경	중국 京 / 일본 京	京城(경성) 京畿道(경기도) 京鄕(경향) 上京(상경)
진흥 4급 / 검정 4급	955 / 5급	日부 / 총12획	景	볕 경(:)	중국 景 / 일본 景	景致(경치) 景氣(경기) 景福宮(경복궁) 風景(풍경)
진흥 준3급 / 검정 3급	956 / 3급Ⅱ	水부 / 총11획	涼	서늘할 량	중국 凉 / 일본 涼	❹清涼(청량) 涼風(양풍) 納涼(납량) 俗 凉
	957 / 3급	言부 / 총15획	諒	살펴알/믿을 량	중국 谅 / 일본 諒	諒解(양해) 諒知(양지) 海諒(해량) 諒察(양찰)
	958 / 3급Ⅱ	彡부 / 총15획	影	그림자 영:	중국 影 / 일본 影	影像(영상) 影響(영향) 陰影(음영) 投影(투영)
	959 / 3급	手부 / 총11획	掠	노략질할 략	중국 掠 / 일본 掠	掠奪(약탈) 侵掠(침략) ❺掠治(약치) 掠盜(약도)

설 립 立

갑문

금문

소전

사람(大=亣)이 **땅**(一) 위에 서 있는 모양에서 '**서다**'를 뜻한다.

시험	번호/급수	부수/획수	한자	훈·음	중국/일본	어휘
진흥 7급 / 검정 준5급	960 / 7급	立부 / 총5획	立	설 립	중국 立 / 일본 立	立法(입법) 立春大吉(입춘대길) 立體(입체) 立冬(입동)
진흥 준5급 / 검정 준5급	961 / 5급	人부 / 총7획	位	자리 위	중국 位 / 일본 位	位置(위치) 方位(방위) 單位(단위) 地位(지위)
진흥 준3급 / 검정 3급	962 / 3급	水부 / 총8획	泣	울 읍	중국 泣 / 일본 泣	泣哭(읍곡) ❻泣訴(읍소) 感泣(감읍) 泣血(읍혈)
	963 / 3급	立부 / 총10획	竝	나란히 병:	중국 并 / 일본 並	竝立(병립) 竝設(병설) 竝行(병행) 竝用(병용)

어구 풀이

❶厚謝(후사) : 후하게 사례함. 또는 그 사례.
❷享壽(향수) : 오래 사는 복을 누림.
❸敦厚(돈후) : 인정이 두터움. 돈독함.
❹清涼(청량) : 맑고 서늘함.
❺掠治(약치) : 매질을 하며 죄인을 신문하던 일.
❻泣訴(읍소) : 눈물을 흘리며 간절히 하소연함.

普 넓을 보

금문	소전

많은 **사람**(並=竝)을 두루두루 넓게 비추는 **해**(日)에서 '**넓다**'를 뜻한다.

급수	번호	부수/획수	한자	훈음	중국	일본	용례
진흥 3급	964 / 4급	日부 총12획	普	넓을 보:	普	普	普及(보급) 普及所(보급소) 普通(보통) 普遍(보편)
진흥 3급	965 / 3급Ⅱ	言부 총19획	譜	족보/적을 보:	谱	譜	族譜(족보) 樂譜(악보) 年譜(연보) 系譜(계보)

咅 깔볼/경멸할 투/부

금문	소전
	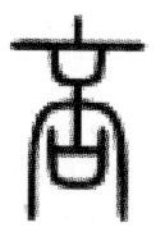

'杏=否(부)'와 자형이 같은 글자로, **아니라고**(不=立) **말하여**(口) '**비웃고**' '**갈라짐**'을 뜻한다.

급수	번호	부수/획수	한자	훈음	중국	일본	용례
진흥 준3급 / 검정 4급	966 / 5급	人부 총10획	倍	곱절 배:	倍	倍	倍率(배율) 倍數(배수) 倍達(배달) 倍加(배가)
	967 / 3급Ⅱ	土부 총11획	培	북돋울 배:	培	培	培養(배양) 栽培(재배) 培植(배식: 북돋아 심음)
진흥 5급 / 검정 5급	968 / 6급	邑부 총11획	部	떼 부	部	部	部族(부족) 部隊(부대) 部屬(부속) 部品(부품)

妾 첩 첩

갑문	금문	소전
	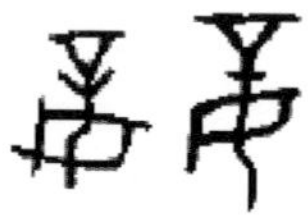	

죄(辛=立)를 지은 **여자**(女)나 포로로 잡혀온 **여자**(女)를 몸종으로 삼은 데서 '**첩**'을 뜻한다.

파자 **서서**(立) 주인을 모시는 **여자**(女) '**시종**'에서 '**첩**'을 뜻한다.

※ 참고: 辛(허물 건)

급수	번호	부수/획수	한자	훈음	중국	일본	용례
진흥 3급	969 / 3급	女부 총8획	妾	첩 첩	妾	妾	妾子(첩자) 妾室(첩실) 小妾(소첩) 愛妾(애첩)
진흥 4급 / 검정 준3급	970 / 4급Ⅱ	手부 총11획	接	이을/접할 접	接	接	接着(접착) 接近(접근) 近接(근접) 接觸(접촉)

彥 선비 언

금문	소전
	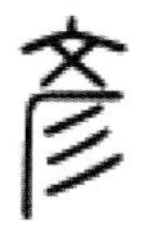

글(文)과 **활**(弓=彡)솜씨가 **언덕**(厂)처럼 높은 '**선비**'를 뜻하나, 후에 弓이 彡으로 변해 선비의 **문재**(文才)가 빛나거나 **완전하고 뛰어남**을 뜻했다.

참고 彥(언)이 본자로 '彦'은 俗字.

급수	번호	부수/획수	한자	훈음	중국	일본	용례
진흥 준3급 / 검정 3급	971 / 3급Ⅱ	頁부 총18획	顏	낯/얼굴 안:	颜	顔	顏色(안색) 無顏(무안) 厚顏無恥(후안무치) 俗 顔
진흥 준4급 / 검정 4급	972 / 5급	生부 총11획	產	낳을 산:	产	産	產母(산모) 產業(산업) 產地(산지) 產卵(산란)

진흥 5급 / 검정 5급	973 / 6급	言부 / 총7획	言	말씀 언	중국 言 / 일본 言	부수 글자. 입과 혀, 또는 입과 악기 모양.	言及(언급) 名言(명언) 言語(언어)

소리 음 音

금문

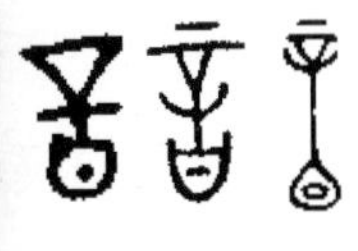

소전

악기(辛=立)를 **입**(口)에 물고 **소리**(-)를 내거나, **말**(言=音)의 **소리**(-)로 '**소리**'를 뜻한다.

참고 啻(뜻 유쾌할 억)과 意(뜻 가득찰 억)은 '意(의)'로 변해 쓰이며 '음'을 돕는다.

진흥 5급 / 검정 5급	974 / 6급	音부 / 총9획	音	소리 음	중국 音 / 일본 音	音盤(음반) 音樂(음악) 音標(음표) 音律(음률)
진흥 준4급 / 검정 4급	975 / 4급Ⅱ	日부 / 총13획	暗	어두울 암:	중국 暗 / 일본 暗	暗示(암시) 暗記(암기) 暗算(암산) 暗誦(암송)
진흥 5급 / 검정 5급	976 / 6급	心부 / 총13획	意	뜻 의:	중국 意 / 일본 意	意義(의의) 意識(의식) 意見(의견) 意志(의지)
진흥 준4급 / 검정 준4급	977 / 5급	人부 / 총15획	億	억 억	중국 亿 / 일본 億	億萬(억만) 數億(수억) 億兆蒼生(억조창생) 億兆(억조)
진흥 준3급 / 검정 3급	978 / 3급Ⅱ	心부 / 총16획	憶	생각할 억	중국 忆 / 일본 憶	記憶(기억) 追憶(추억) 憶念(억념) 憶昔(억석)

찰흙 시 戠

갑문

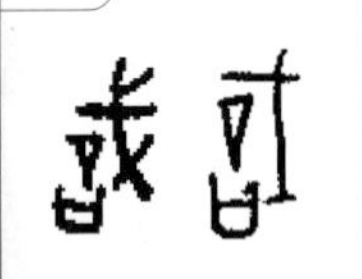

금문

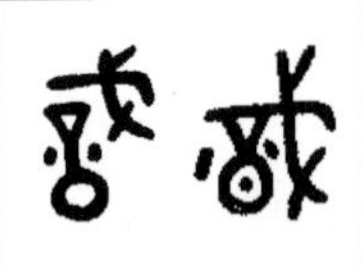

소전

소리(音)기호를 **창**(戈) 위의 장식물에 '**기록**'해 놓거나, **소리**(音)를 **창**(戈)으로 진흙에 '**기록**'하는 것으로 보아 '**찰진 흙**'을 뜻한다.

진흥 준4급 / 검정 4급	979 / 5급	言부 / 총19획	識	알 식 / 기록할 지	중국 识 / 일본 識	識別(식별) 知識(지식) 認識(인식) 標識(표지)
진흥 3급	980 / 4급	糸부 / 총18획	織	짤 직	중국 织 / 일본 織	織物(직물) 織造(직조) 組織(조직) 染織(염직)
진흥 준3급 / 검정 준3급	981 / 4급Ⅱ	耳부 / 총18획	職	직분/벼슬 직	중국 职 / 일본 職	職業(직업) 職位(직위) 職種(직종) 職級(직급)

마침내 경 竟

갑문

금문

소전

연주 **소리**(音)를 마치고 일어서 가는 **사람**(儿)에서 '**마치다**' '**끝나다**' '**다하다**'를 뜻한다.

	982 / 3급	立부 / 총11획	竟	다할/마침내 경:	중국 竟 / 일본 竟	竟夜(경야) 畢竟(필경) 終竟(종경) 究竟(구경)
진흥 준3급 / 검정 준3급	983 / 4급Ⅱ	土부 / 총14획	境	지경 경	중국 境 / 일본 境	境界(경계) 困境(곤경) 國境(국경) 環境(환경)
진흥 준3급 / 검정 3급	984 / 4급	金부 / 총19획	鏡	거울 경:	중국 镜 / 일본 鏡	眼鏡(안경) 望遠鏡(망원경) 破鏡(파경) 鏡臺(경대)

24 확인학습

1 다음 漢字의 訓과 音을 쓰시오. (*는 3급·3급II 고유 한자입니다.)

(1) 子	(2) 字	(3) 孔	(4) 厚
(5) 孟 *	(6) 猛 *	(7) 了 *	(8) 享 *
(9) 敦 *	(10) 郭 *	(11) 亨 *	(12) 丸 *
(13) 孰 *	(14) 熟 *	(15) 京	(16) 景
(17) 涼 *	(18) 諒 *	(19) 影 *	(20) 掠 *
(21) 立	(22) 位	(23) 泣 *	(24) 竝 *
(25) 普	(26) 譜 *	(27) 倍	(28) 培 *
(29) 部	(30) 妾 *	(31) 接	(32) 顏 *
(33) 産	(34) 言	(35) 音	(36) 暗
(37) 意	(38) 億	(39) 憶 *	(40) 識
(41) 織	(42) 職	(43) 竟 *	(44) 境
(45) 鏡			

2 다음 漢字語의 讀音을 쓰시오.

(1) 子息	(2) 字幕	(3) 毛孔	(4) 厚意
(5) 孟子	(6) 猛犬	(7) 修了	(8) 享樂
(9) 敦篤	(10) 外郭	(11) 亨泰	(12) 砲丸
(13) 孰與	(14) 熟達	(15) 上京	(16) 景致
(17) 納涼	(18) 諒解	(19) 影響	(20) 掠奪
(21) 立冬	(22) 單位	(23) 泣哭	(24) 竝行
(25) 普通	(26) 系譜	(27) 倍達	(28) 培養

(29) 部族 (30) 小妾 (31) 近接 (32) 無顔

(33) 産卵 (34) 言及 (35) 音盤 (36) 暗誦

(37) 意見 (38) 數億 (39) 記憶 (40) 認識

(41) 組織 (42) 職業 (43) 畢竟 (44) 困境

(45) 眼鏡

3 다음 訓과 音을 지닌 漢字를 쓰시오. (*는 3급·3급II 고유 한자입니다.)

(1) 거울 경	(2) 곱절 배	(3) 구멍 공	(4) 그림자 영 *
(5) 글자 자	(6) 나란히 병 *	(7) 낯 안 *	(8) 낳을 산
(9) 넓을 보	(10) 노략질할 략 *	(11) 누구 숙 *	(12) 누릴 향 *
(13) 다할 경 *	(14) 도타울 돈 *	(15) 두터울 후	(16) 둥글 환 *
(17) 떼 부	(18) 뜻 의	(19) 마칠 료 *	(20) 맏 맹 *
(21) 말씀 언	(22) 별 경	(23) 북돋울 배 *	(24) 사나울 맹 *
(25) 살펴알 량 *	(26) 생각할 억 *	(27) 서늘할 량 *	(28) 서울 경
(29) 설 립	(30) 소리 음	(31) 아들 자	(32) 알 식
(33) 어두울 암	(34) 억 억	(35) 외성 곽 *	(36) 울 읍 *
(37) 이을 접	(38) 익을 숙 *	(39) 자리 위	(40) 족보 보 *
(41) 지경 경	(42) 직분 직	(43) 짤 직	(44) 첩 첩 *
(45) 형통할 형 *			

25과 辛·幸·巠·川·求 모양을 가진 한자

글월 장 章

금문 / 소전

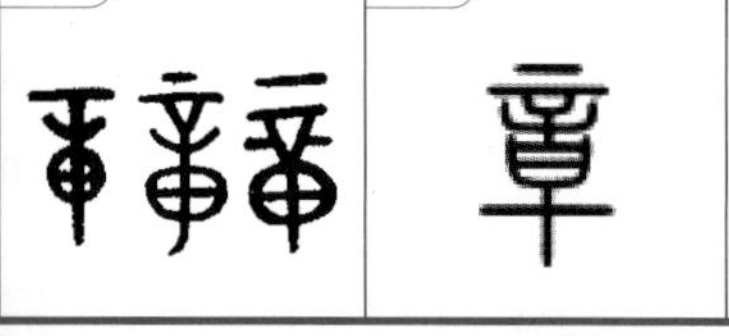

죄인(辛)에게 죄의 내용을 문신(曰)으로 드러나게 새김에서 '무늬' '문체' '법' '글' '문체'를 뜻한다.
파자 소리(音)가 많이(十) 모인 '글'을 뜻한다.

급수	번호	급	부수	획수	한자	훈음	중국	일본	용례
진흥 5급 / 검정 준4급	985	6급	立부	총11획	章	글월 장	章	章	文章(문장) 圖章(도장) ❶旗章(기장) 體力章(체력장)
진흥 3급	986	4급II	阜부	총14획	障	막힐 장	障	障	保障(보장) 障害(장해) 障壁(장벽) 故障(고장)

홑 단 單

갑문 / 금문 / 소전

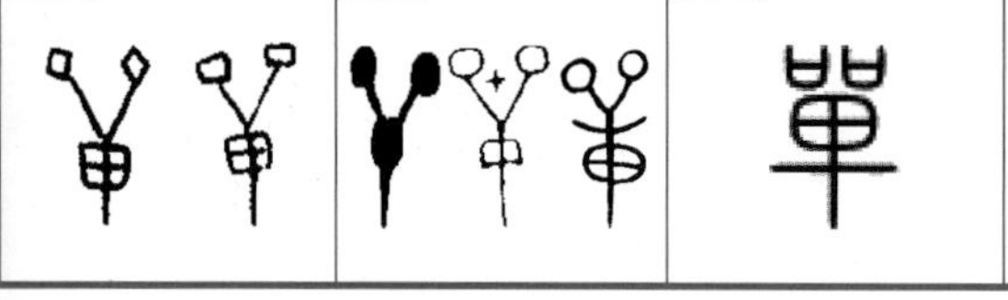

갈라진 끝에 돌(吅)과, 그물(田), 긴 자루(十)가 있는 개인용 사냥도구에서 '홑'을 뜻한다.

급수	번호	급	부수	획수	한자	훈음	중국	일본	용례
진흥 4급 / 검정 준3급	987	4급II	口부	총12획	單	홑 단 / 흉노임금 선	单	単	單語(단어) 單位(단위) 單獨(단독) 單式(단식)
진흥 준4급 / 검정 준4급	988	6급	戈부	총16획	戰	싸움 전:	战	戦	戰爭(전쟁) 戰死(전사) 戰略(전략) 休戰(휴전)
진흥 3급	989	4급	弓부	총15획	彈	탄알 탄:	弹	弾	彈藥(탄약) 防彈(방탄) 彈丸(탄환) 彈力(탄력)
	990	3급II	示부	총17획	禪	선 선	禅	禅	參禪(참선) 禪院(선원) ❷禪讓(선양) 禪房(선방)

매울 신 辛

갑문 / 금문 / 소전

'죄인'이나 '노예'에게 문신하던 도구로, 문신할 때 괴로움에서 '맵다' '괴롭다'를 뜻한다.

급수	번호	급	부수	획수	한자	훈음	중국	일본	용례
진흥 4급 / 검정 준3급	991	3급	辛부	총7획	辛	매울 신	辛	辛	辛苦(신고) 辛味(신미) ❸辛勝(신승) 千辛萬苦(천신만고)
	992	3급	宀부	총10획	宰	재상 재:	宰	宰	宰相(재상) 主宰(주재) 宰官(재관) ❹太宰(태재)
	993	3급	辛부	총16획	辨	분별할 변:	辨	弁	❺辨濟(변제) 辨別力(변별력) 辨明(변명) 辨償(변상)
진흥 3급	994	4급	辛부	총21획	辯	말씀 변:	辩	弁	辯論(변론) 雄辯(웅변) 答辯(답변) 辯護士(변호사)

어구 풀이

❶旗章(기장) : 국기, 군기, 교기 따위와 같이 특정한 단체나 개인을 대표하여 나타내는 기를 통틀어 이르는 말.
❷禪讓(선양) : 임금의 자리를 물려줌. 양위(攘位).
❸辛勝(신승) : 경기 따위에서 힘들게 겨우 이김.
❹太宰(태재) : ① 중국 은나라·주나라 때에, 천지를 보좌하던 벼슬. ② 옛 중국의 으뜸 벼슬.
❺辨濟(변제) : 남에게 진 빚을 갚음.

임금 벽/피할 피	갑문	금문	소전	
辟	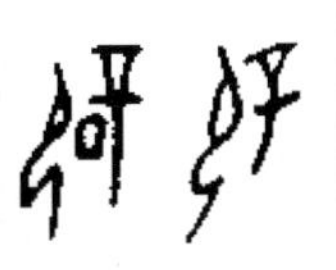	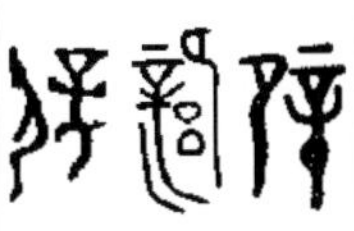		죄에 따라 **몸**(尸) 일부를 **잘라**(口) **형벌**을 가하던 **도구**(辛)로, 형을 집행하던 **'임금'** **'법'**을 뜻하며, 선악을 가리던 데서 **'나누다'** **'피하다'**를 뜻한다. 참고 'ㅁ'를 죄를 묻는 입으로도 본다.

급수	번호/급	부수/획수	한자	훈음	중국/일본	낱말
진흥 3급	995 4급Ⅱ	土부 총16획	壁	벽 벽	중국 壁 일본 壁	壁紙(벽지) 壁畫(벽화) 壁報(벽보) 絶壁(절벽)
진흥 3급	996 4급	辵부 총17획	避	피할 피:	중국 避 일본 避	避暑地(피서지) 逃避(도피) 避難(피난) 避身(피신)

다행 행	갑문	금문	소전	
幸				**죄인**의 양손을 **가운데**(Ⅱ)에 넣고 **양쪽**(十·十)끝을 묶던 **'형틀'**모양으로, 빈 **형틀**에서 법에 걸리지 않아 **'다행'**임을 뜻한다.

급수	번호/급	부수/획수	한자	훈음	중국/일본	낱말
진흥 5급 검정 준4급	997 6급	干부 총8획	幸	다행 행:	중국 幸 일본 幸	幸運(행운) 幸福(행복) 多幸(다행) 天幸(천행)
진흥 준3급 검정 3급	998 3급Ⅱ	土부 총11획	執	잡을 집	중국 执 일본 執	執念(집념) 執權(집권) 執着(집착) 執筆(집필)

다스릴 복	갑문	금문	소전	
𠬝	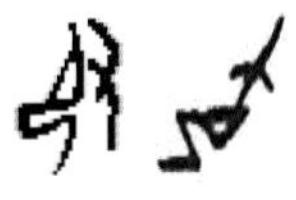			**죄인**(卩)을 **손**(又)으로 잡아 꿇어앉혀 **'다스림'**을 뜻한다.

급수	번호/급	부수/획수	한자	훈음	중국/일본	낱말
진흥 5급 검정 준4급	999 6급	月부 총8획	服	옷 복	중국 服 일본 服	校服(교복) 服裝(복장) 服從(복종) 服用(복용)
진흥 준4급 검정 4급	1000 4급Ⅱ	土부 총12획	報	알릴/갚을 보:	중국 报 일본 報	報答(보답) 報償(보상) 報道(보도) 週報(주보)

쉬어가기

명시 감상

■ 友人會宿 (우인회숙) 李白(이 백)

滌蕩千古愁 (척탕천고수) 천고의 시름이 씻어지도록
留連百壺飮 (류연백호음) 한 자리에서 술을 많이 마시네
良宵宜且談 (량소의차담) 좋은 밤, 얘기 또한 길어만 가고
皓月不能寢 (호월불능침) 달도 밝아 잠들 수 없네
醉來臥空山 (취래와공산) 취하여 고요한 산에 누우니
天地卽衾枕 (천지즉금침) 천지가 곧 베개이고 이불이로다

滌 씻을 척 (1급) 蕩 쓸어버릴 탕 (1급) 壺 병 호 (급외) 宵 밤 소 (1급) 皓 흴/밝을 호 (2급) 衾 이불 금 (1급)

엿볼 역	금문	소전	
睪	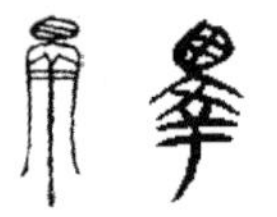		눈(目=罒)으로 **죄**(幸)가 있는지를 살펴보는 데서 **'엿보다'**를 뜻한다.

	1001 / 3급Ⅱ	言부 총20획	譯	번역할 역	중국 译 / 일본 訳	譯書(역서) 譯官(역관) 飜譯(번역) 通譯(통역)
진흥 3급	1002 / 3급Ⅱ	馬부 총23획	驛	역 역	중국 驿 / 일본 駅	驛前(역전) 驛務員(역무원) 驛長(역장) ❶簡易驛(간이역)
	1003 / 3급Ⅱ	釆부 총20획	釋	풀 석	중국 释 / 일본 釈	解釋(해석) ❷稀釋(희석) 保釋(보석) 釋放(석방)
진흥 3급	1004 / 3급Ⅱ	水부 총16획	澤	못 택	중국 泽 / 일본 沢	光澤(광택) 惠澤(혜택) 德澤(덕택) ❸潤澤(윤택)
진흥 3급	1005 / 4급	手부 총16획	擇	가릴 택	중국 择 / 일본 択	擇日(택일) 選擇(선택) ❹採擇(채택) 擇一(택일)

물줄기/지하수 경	금문	소전	
巠			베를 짜기 위해 베틀에 세로로 **씨실**을 **곧게** 감아 놓은 모습이다.

	1006 / 3급Ⅱ	彳부 총10획	徑	지름길/길 경	중국 径 / 일본 径	直徑(직경) 半徑(반경) 口徑(구경) ❺徑行(경행)
진흥 4급 / 검정 준3급	1007 / 4급Ⅱ	糸부 총13획	經	글/지날 경	중국 经 / 일본 経	經營(경영) ❻經濟(경제) 經驗(경험) 經過(경과)
진흥 준4급 / 검정 준4급	1008 / 5급	車부 총14획	輕	가벼울 경	중국 轻 / 일본 軽	❼輕重(경중) 輕率(경솔) 輕工業(경공업) 輕減(경감)

내 천	갑문	금문	소전	
川	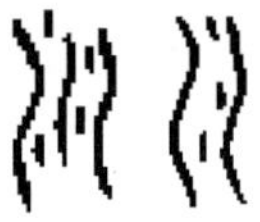	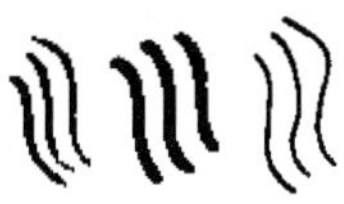		양 **기슭**(巜) 사이를 흐르는 **물줄기**(巛)로, 아래로 흐르는 **'내'**를 뜻한다. 참고 '巛'=작은 도랑 견, '巜'=큰 도랑 괴, '巛'=내 천. 巛이 川의 본자(本字).

진흥 7급 / 검정 6급	1009 / 7급	巛부 총3획	川	내 천	중국 川 / 일본 川	開川(개천) 河川(하천) 川邊(천변) 仁川(인천)
진흥 준3급 / 검정 준4급	1010 / 5급	巛부 총6획	州	고을 주	중국 州 / 일본 州	濟州(제주) 光州(광주) 州牧(주목) 慶州(경주)
	1011 / 3급Ⅱ	水부 총9획	洲	물가 주	중국 洲 / 일본 州	滿洲(만주) 三角洲(삼각주) 亞洲(아주) 六大洲(육대주)
진흥 준3급 / 검정 4급	1012 / 5급	火부 총7획	災	재앙 재	중국 灾 / 일본 災	災難(재난) ❽災害(재해) 火災(화재) 災殃(재앙)

급수	번호	부수	한자	훈음	중국·일본	단어
흥 준4급 / 정 준4급	1013 / 6급	言부 / 총10획	訓	가르칠 훈:	중국 训 / 일본 訓	訓示(훈시) 訓練(훈련) 敎訓(교훈) 訓育(훈육)
흥 준4급 / 정 준4급	1014 / 5급	頁부 / 총12획	順	순할 순:	중국 顺 / 일본 順	順應(순응) 順從(순종) [9]順理(순리) 順序(순서)
흥 3급	1015 / 3급Ⅱ	巛부 / 총7획	巡	돌/순행할 순	중국 巡 / 일본 巡	巡禮(순례) [10]巡察(순찰) 巡更(순경) 巡航(순항)
흥 3급	1016 / 4급	水부 / 총9획	派	갈래 파	중국 派 / 일본 派	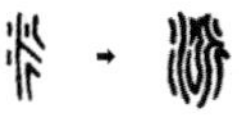 물 흐름의 갈래를 표현한 글자. 派遣(파견) 宗派(종파)
	1017 / 4급Ⅱ	肉부 / 총10획	脈	줄기 맥	중국 脉 / 일본 脈	脈絡(맥락) 鑛脈(광맥) 文脈(문맥) 命脈(명맥)

구할 구

求

갑문 

금문 

소전 

옷(衣)이 십(十)자로 변하고 털(丶·氵·ㄑ)이 있는 가죽옷으로, 가죽 털옷을 '구하다'를 뜻한다.

급수	번호	부수	한자	훈음	중국·일본	단어
흥 준4급 / 정 4급	1018 / 4급Ⅱ	水부 / 총7획	求	구할 구	중국 求 / 일본 求	求愛(구애) 求人(구인) 求職(구직) [11]求道(구도)
흥 4급 / 정 4급	1019 / 5급	攴부 / 총11획	救	구원할 구:	중국 救 / 일본 救	救援(구원) 救國(구국) 救急車(구급차) 救濟(구제)
흥 준3급 / 정 준4급	1020 / 6급	玉부 / 총11획	球	공/옥경 구	중국 球 / 일본 球	眼球(안구) 電球(전구) 地球(지구) 球技(구기)

물 수

水

갑문 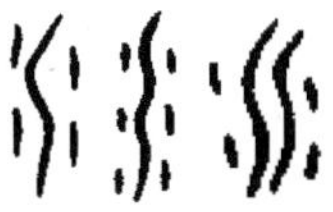

금문 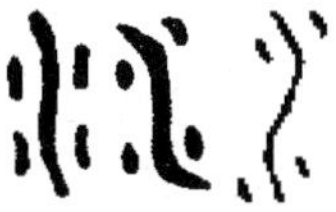

소전 

흐르는 물의 모양으로 강 이름이나 '물'과 관계있는 이름에 쓰인다.
참고 水＝氵＝氺.

급수	번호	부수	한자	훈음	중국·일본	단어
흥 8급 / 정 8급	1021 / 8급	水부 / 총4획	水	물 수	중국 水 / 일본 水	水泳(수영) [12]水準(수준) 水墨畫(수묵화) 水位(수위)
흥 준4급 / 정 준4급	1022 / 5급	水부 / 총5획	氷	얼음 빙	중국 冰 / 일본 氷	氷河(빙하) 氷壁(빙벽) 氷水(빙수) 氷板(빙판)

어구 풀이

[1]簡易驛(간이역) : 일반 역과는 달리 역무원이 없고 정차만 하는 역.
[2]稀釋(희석) : 용액에 물이나 다른 용매를 더하여 농도를 묽게 함.
[3]潤澤(윤택) : ① 윤기 있는 광택. ② 살림이 풍부함.
[4]採擇(채택) : 작품, 의견, 제도 따위를 골라서 다루거나 뽑아 씀.
[5]徑行(경행) : 지름길을 이용해서 감.
[6]經濟(경제) : 인간의 생활에 필요한 재화나 용역을 생산·분배·소비하는 모든 활동.
[7]輕重(경중) : ① 가벼움과 무거움, 또는 가볍고 무거운 정도. ② 중요함과 중요하지 않음.
[8]災害(재해) : 재앙으로 말미암아 받는 피해.
[9]順理(순리) : 순한 이치나 도리. 또는 도리나 이치에 순종함.
[10]巡察(순찰) : 여러 곳을 돌아다니며 사정을 살핌.
[11]求道(구도) : ① 진리나 종교적인 깨달음의 경지를 구함. ② 불법의 정도(正道)를 구함.
[12]水準(수준) : ① 사물의 가치·등급·품질 따위의 일정한 표준이나 정도. ② 수면(水面)의 위치.

25 확인학습

1 다음 漢字의 訓과 音을 쓰시오. (*는 3급·3급II 고유 한자입니다.)

(1) 章	(2) 障	(3) 單	(4) 戰
(5) 彈	(6) 禪 *	(7) 辛 *	(8) 宰 *
(9) 辨 *	(10) 辯	(11) 壁	(12) 避
(13) 幸	(14) 執 *	(15) 服	(16) 報
(17) 譯 *	(18) 驛 *	(19) 釋 *	(20) 澤 *
(21) 擇	(22) 徑 *	(23) 經	(24) 輕
(25) 川	(26) 州	(27) 洲 *	(28) 災
(29) 訓	(30) 順	(31) 巡 *	(32) 派
(33) 脈	(34) 求	(35) 救	(36) 球
(37) 水	(38) 氷		

2 다음 漢字語의 讀音을 쓰시오.

(1) 圖章	(2) 障壁	(3) 單式	(4) 戰死
(5) 彈丸	(6) 禪院	(7) 辛苦	(8) 宰相
(9) 辨明	(10) 辯論	(11) 絕壁	(12) 避難
(13) 幸福	(14) 執着	(15) 服用	(16) 報道
(17) 通譯	(18) 驛長	(19) 解釋	(20) 德澤
(21) 選擇	(22) 直徑	(23) 經驗	(24) 輕率

(25) 河川	(26) 慶州	(27) 滿洲	(28) 火災
(29) 訓練	(30) 順序	(31) 巡察	(32) 宗派
(33) 脈絡	(34) 求道	(35) 救援	(36) 球技
(37) 水泳	(38) 氷壁	(39) 金屬	(40) 金氏
(41) 收拾	(42) 拾萬	(43) 識別	(44) 標識
(45) 諒知	(46) 海諒	(47) 冷凍	(48) 寒冷
(49) 立法	(50) 起立		

3 다음 訓과 音을 지닌 漢字를 쓰시오. (＊는 3급·3급II 고유 한자입니다.)

(1) 가르칠 훈	(2) 가릴 택	(3) 가벼울 경	(4) 갈래 파
(5) 고을 주	(6) 공 구	(7) 구원할 구	(8) 구할 구
(9) 글 경	(10) 글월 장	(11) 내 천	(12) 다행 행
(13) 돌 순 ＊	(14) 막힐 장	(15) 말씀 변	(16) 매울 신 ＊
(17) 못 택 ＊	(18) 물 수	(19) 물가 주 ＊	(20) 번역할 역 ＊
(21) 벽 벽	(22) 분별할 변 ＊	(23) 선 선 ＊	(24) 순할 순
(25) 싸움 전	(26) 알릴 보	(27) 얼음 빙	(28) 역 역 ＊
(29) 옷 복	(30) 잡을 집 ＊	(31) 재상 재 ＊	(32) 재앙 재
(33) 줄기 맥	(34) 지름길 경 ＊	(35) 탄알 탄	(36) 풀 석 ＊
(37) 피할 피	(38) 홀 단		

26과 永·首·頁·朮·禾·番 모양을 가진 한자

길 영	갑문	금문	소전	
永				사람이 **물속**에서 멀리 **헤엄쳐** 가는 모습이나, 강물이 길게 흐르는 데서 **'길다' '오래'**를 뜻한다.

급수	번호	부수/획수	한자	훈음	중국/일본	용례
진흥 5급 / 검정 5급	1023 / 6급	水부 / 총5획	永	길 영:	중국 永 / 일본 永	永遠(영원) 永久(영구) 永生(영생) 永住(영주)
진흥 3급	1024 / 3급	水부 / 총8획	泳	헤엄칠 영	중국 泳 / 일본 泳	水泳(수영) 背泳(배영) ❶遊泳(유영) 蝶泳(접영)
	1025 / 3급	言부 / 총12획	詠	읊을 영:	중국 咏 / 일본 詠	詠歌(영가) 吟詠(음영) 朗詠(낭영) 詠歎(영탄)
진흥 4급 / 검정 준3급	1026 / 4급Ⅱ	手부 / 총8획	承	이을 승	중국 承 / 일본 承	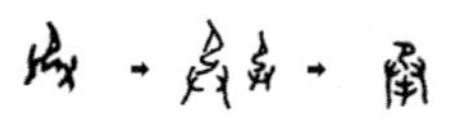 여러 사람이 받드는 모양으로 '받들다'라는 뜻임. 承認(승인)
	1027 / 3급Ⅱ	艸부 / 총14획	蒸	찔 증	중국 蒸 / 일본 蒸	蒸氣(증기) 蒸發(증발) 蒸散(증산) 水蒸氣(수증기)

나무새길 록	갑문	금문	소전	
彔				**두레박**(彑)으로 **물**(水=氺)을 길어 논밭에 뿌려 **'혜택'**을 보거나, 즙이 많은 물건을 깎아 **자루**(彑)에 담아 **물**(水)을 짜는 데서 **'깎다'**를 뜻한다.

급수	번호	부수/획수	한자	훈음	중국/일본	용례
	1028 / 3급Ⅱ	示부 / 총13획	祿	녹 록	중국 禄 / 일본 禄	❷貫祿(관록) 福祿(복록) 國祿(국록) 祿米(녹미)
진흥 5급 / 검정 준4급	1029 / 6급	糸부 / 총14획	綠	푸를 록	중국 绿 / 일본 緑	綠末(녹말) 綠色(녹색) 綠茶(녹차) 綠內障(녹내장)
진흥 준3급 / 검정 준4급	1030 / 4급Ⅱ	金부 / 총16획	錄	기록 록	중국 录 / 일본 録	記錄(기록) 登錄(등록) 錄音(녹음) 錄畫(녹화)

단 단	금문	소전	
彖			**머리**(彑)와 **연결**된 **통돼지**(豖)를 잡아 걸어놓은 모습으로, 괘의 **전체**에서 **'단'**을 뜻한다.

급수	번호	부수/획수	한자	훈음	중국/일본	용례
진흥 3급	1031 / 4급	糸부 / 총15획	緣	인연 연	중국 缘 / 일본 縁	因緣(인연) ❸緣由(연유) 緣分(연분) 血緣(혈연)

낯/얼굴 면	갑문	금문	소전	
面	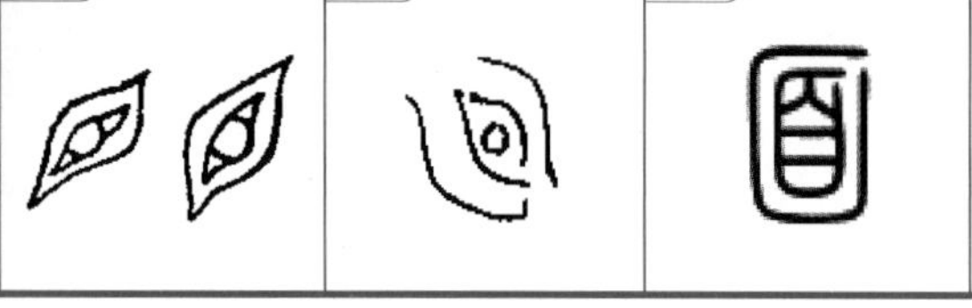			**머리**(百) 양옆 **볼**([ ]). 얼굴의 **윤곽**(口)에 **눈**(目)을 그려 **'얼굴' '낯' '표면'**을 뜻한다.

급수	번호/급	부수/획수	한자	훈음	중국/일본	어휘
진흥 준5급 검정 5급	1032 7급	面부 총9획	面	낯 면:	중국 面 일본 面	面刀(면도) 面談(면담) 面像(면상) 面會(면회)

首 머리/우두머리 수

갑문	금문	소전

머리털(巛=丷)을 강조한 **머리**(百)부분에서 **'머리'** 나 **'우두머리'**를 뜻한다.

급수	번호/급	부수/획수	한자	훈음	중국/일본	어휘
진흥 5급 검정 5급	1033 5급	首부 총9획	首	머리 수	중국 首 일본 首	首相(수상) 首都(수도) 首席(수석) ❹首腦部(수뇌부)
진흥 준5급 검정 5급	1034 7급	辵부 총13획	道	길/말할 도:	중국 道 일본 道	道德(도덕) 道路(도로) 道廳(도청) 道理(도리)
진흥 준3급	1035 4급Ⅱ	寸부 총16획	導	인도할 도:	중국 导 일본 導	善導(선도) 引導(인도) ❺誘導(유도) 半導體(반도체)

頁 머리 혈

갑문	금문	소전
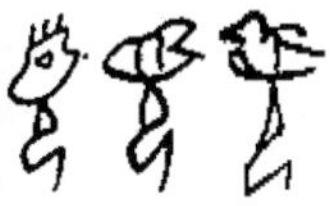		

머리(百)와 **목**(八)으로, **'머리'**를 뜻하나, **머리 부분의 명칭**에 많이 쓰인다.

급수	번호/급	부수/획수	한자	훈음	중국/일본	어휘
진흥 준3급 검정 3급	1036 3급	頁부 총12획	須	모름지기 수	중국 须 일본 須	必須(필수) ❻須要(수요) 須知(수지) 須髮(수발)
	1037 3급	火부 총13획	煩	번거로울 번	중국 烦 일본 煩	❼煩說(번설) 煩雜(번잡) 煩惱(번뇌) 百八煩惱(백팔번뇌)
진흥 준3급 검정 4급	1038 5급	頁부 총19획	類	무리 류:	중국 类 일본 類	類推(유추) 分類(분류) 類別(유별) 鳥類(조류)
	1039 3급	頁부 총21획	顧	돌아볼 고	중국 顾 일본 顧	顧問(고문) 顧客(고객) 顧命(고명) 回顧錄(회고록)
진흥 5급 검정 5급	1040 7급	夊부 총10획	夏	여름 하:	중국 夏 일본 夏	夏至(하지) 夏服(하복) 夏季(하계) 夏期(하기)
진흥 준3급 검정 3급	1041 3급Ⅱ	心부 총15획	憂	근심 우	중국 忧 일본 憂	憂慮(우려) ❽憂國(우국) 憂世(우세) 憂愁(우수)
진흥 3급	1042 4급	人부 총17획	優	뛰어날 우 넉넉할	중국 优 일본 優	❾優等(우등) 優勝(우승) 優良(우량) 優柔不斷(우유부단)

어구 풀이

❶遊泳(유영) : ① 물 속에서 헤엄치며 놂. ② 떠돌아다니는 일.
❷貫祿(관록) : 어떤 일에 대하여 쌓은 상당한 경력과 그에 따라 갖추어진 위엄이나 권위.
❸緣由(연유) : 사유(事由).
❹首腦部(수뇌부) : 어떤 조직이나 단체, 기관의 가장 중요한 지위에 있는 사람들.
❺誘導(유도) : 사람이나 물건을 목적한 장소나 방향으로 이끎.
❻須要(수요) : 필요(必要).
❼煩說(번설) : ① 너저분한 잔말. ② 떠들어 소문을 내는 것.
❽憂國(우국) : 나랏일을 근심하고 염려함.
❾優等(우등) : ① 우수한 등급. ② 성적 따위가 우수한 것. 또는 그런 성적.

삽주뿌리/차조 출 朮

갑문 · 금문 · 소전

끈기가 있어 **손**(又=十) **양쪽**(八=儿)에 붙은 **조**(丶)로 '**차조**'를 뜻한다.

시험	번호	부수	한자	훈음	중국/일본	용례
진흥 3급	1043 3급Ⅱ	辵부 총9획	述	펼/지을 술	중국 述 일본 述	記述(기술) 述語(술어) 口述(구술) 著述(저술)
진흥 준3급 검정 준4급	1044 6급	行부 총11획	術	재주 술	중국 术 일본 術	美術(미술) 武術(무술) 手術(수술) 戰術(전술)

삼 마 麻

금문 · 소전

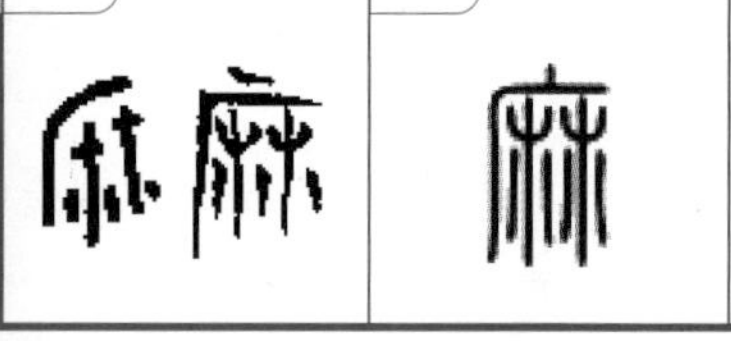

집(广)에서 **삼 껍질**(朩)을 벗겨 **삼실**(𣏟)을 만드는 데서 '**마비**' 성분이 있는 '**삼**'을 뜻한다.

참고 𣏟(삼파) 모시**풀껍질**(朩)처럼 껍질을 벗겨 쌓아둔 **삼실**(𣏟)에서 '**삼**'을 뜻한다.

시험	번호	부수	한자	훈음	중국/일본	용례
진흥 3급	1045 3급Ⅱ	麻부 총11획	麻	삼 마(:)	중국 麻 일본 麻	麻仁(마인) 麻布(마포) 大麻草(대마초) 麻藥(마약)
	1046 3급Ⅱ	石부 총16획	磨	갈 마	중국 磨 일본 磨	鍊磨(연마) 磨滅(마멸) 磨光(마광) 磨製(마제)

벼 화 禾

갑문 · 금문 · 소전

벼가 익어 고개를 숙인 모양으로, **이삭**(丿)이 **줄기**(木) 위에 달린 '**벼**'를 뜻한다.

시험	번호	부수	한자	훈음	중국/일본	용례
	1047 3급	禾부 총5획	禾	벼 화	중국 禾 일본 禾	禾苗(화묘) 禾穀(화곡) 禾尺(화척) 禾束(화속: 볏단)
진흥 5급 검정 5급	1048 6급	口부 총8획	和	화할 화	중국 和 일본 和	和解(화해) 和音(화음) 和答(화답) 和睦(화목)
진흥 5급 검정 5급	1049 6급	刀부 총7획	利	이할 리:	중국 利 일본 利	利律(이율) 利子(이자) 利益(이익) 銳利(예리)
진흥 3급	1050 3급	木부 총11획	梨	배 리	중국 梨 일본 梨	梨花(이화) 山梨(산리) 烏飛梨落(오비이락) 梨雪(이설)
진흥 4급 검정 3급	1051 4급	禾부 총7획	私	사사로울 사	중국 私 일본 私	私立(사립) 私的(사적) 私事(사사) 私慾(사욕)

가을 추 秋

갑문 · 소전

벼(禾) 밭에서 **불**(火)로 **메뚜기**(龜=龝)를 박멸하던 '**가을**'을 뜻한다.

참고 龝=秋의 고자(古字).

흥 5급 정 5급	1052 7급	禾부 총9획	秋	가을	추	중국 秋 일본 秋		秋夕(추석) 秋收(추수) 秋季(추계) 秋穀(추곡)
흥 준3급 정 준3급	1053 3급Ⅱ	心부 총13획	愁	근심	수	중국 愁 일본 愁		憂愁(우수) 鄕愁(향수) 哀愁(애수) 愁心(수심)
흥 준4급 정 4급	1054 4급	子부 총8획	季	계절	계:	중국 季 일본 季	벼[禾]가 어린[子] 것, 諸子(제자) 중 가장 젊은 사람을 말함.	季節(계절) 春季(춘계)
흥 준4급 정 4급	1055 4급Ⅱ	香부 총9획	香	향기	향	중국 香 일본 香	부수 글자. 그릇에 담긴 곡식으로 그 향기를 말함.	香水(향수) 香氣(향기) 香草(향초)

맡길 위 委

갑문 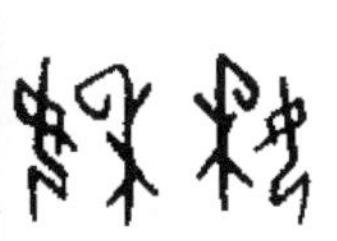 금문  소전 

굽은 **곡식**(禾) 이삭처럼 자신을 굽히는 **여자**(女), 또는 **벼이삭**(禾) 터는 일은 **여자**(女)에게 '**쌓아**' '**맡김**'을 뜻한다.

흥 3급	1056 4급	女부 총8획	委	맡길	위	중국 委 일본 委	委身(위신) 委任(위임) 委員(위원) 委曲(위곡)

다스릴 력 厤

갑문  금문  소전 

논 **두둑**(厂)에 농사지은 **벼**(秝)를 **차례**로 세워 '**다스려둠**'을 뜻한다.

참고 (秝: 秝 나무 성글 력) 나무나 **벼**(禾)가 드문드문 있는 데서 '**나무성금**'을 뜻한다.

	1057 3급Ⅱ	日부 총16획	曆	책력	력	중국 历 일본 暦	曆書(역서) 月曆(월력) 陰曆(음력) 太陽曆(태양력)
흥 준4급 정 준4급	1058 5급	止부 총16획	歷	지낼	력	중국 历 일본 歴	歷史(역사) 歷代(역대) 經歷(경력) 履歷書(이력서)

차례 번 番

금문  소전 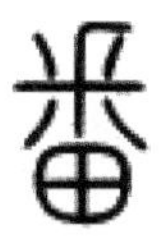

짐승의 서로 다른 **발자국**(釆+田)이 '**번갈아**' 차례로 **밭**(田)에 찍힌 데서 '**차례**'를 뜻한다.

흥 5급 정 5급	1059 6급	田부 총12획	番	차례	번	중국 番 일본 番	番地(번지) 當番(당번) 番號(번호) 順番(순번)
	1060 3급	飛부 총21획	飜	번역할	번	중국 翻 일본 翻	飜譯(번역) 飜覆(번복) 飜案(번안) 同 翻(번)
	1061 3급	手부 총15획	播	뿌릴	파(:)	중국 播 일본 播	播種(파종) 播多(파다) 播遷(파천) 傳播(전파)
	1062 3급Ⅱ	宀부 총15획	審	살필	심	중국 审 일본 審	審問(심문) 審査(심사) 審判(심판) 審議(심의)

1 다음 漢字의 訓과 音을 쓰시오. (＊는 3급·3급Ⅱ 고유 한자입니다.)

(1) 永	(2) 泳 *	(3) 詠 *	(4) 承
(5) 蒸 *	(6) 祿 *	(7) 綠	(8) 錄
(9) 緣	(10) 面	(11) 首	(12) 道
(13) 導	(14) 須 *	(15) 煩 *	(16) 類
(17) 顧 *	(18) 夏	(19) 憂 *	(20) 優
(21) 述 *	(22) 術	(23) 麻 *	(24) 磨 *
(25) 禾 *	(26) 和	(27) 利	(28) 梨 *
(29) 私	(30) 秋	(31) 愁 *	(32) 季
(33) 香	(34) 委	(35) 曆 *	(36) 歷
(37) 番	(38) 飜 *	(39) 播 *	(40) 審 *

2 다음 漢字語의 讀音을 쓰시오.

(1) 永遠	(2) 背泳	(3) 詠歎	(4) 承認
(5) 蒸氣	(6) 國祿	(7) 綠末	(8) 錄畫
(9) 血緣	(10) 面會	(11) 首席	(12) 道廳
(13) 引導	(14) 必須	(15) 煩惱	(16) 鳥類
(17) 顧問	(18) 夏季	(19) 憂愁	(20) 優等
(21) 口述	(22) 武術	(23) 麻布	(24) 鍊磨

⑵⑸ 禾束		⑵⑹ 和解		⑵⑺ 利益		⑵⑻ 梨雪	
⑵⑼ 私慾		⑶⓪ 秋穀		⑶⑴ 鄕愁		⑶⑵ 季節	
⑶⑶ 香水		⑶⑷ 委身		⑶⑸ 月曆		⑶⑹ 歷史	
⑶⑺ 番號		⑶⑻ 飜譯		⑶⑼ 播多		⑷⓪ 審議	
⑷⑴ 永住		⑷⑵ 氷板		⑷⑶ 綠茶		⑷⑷ 緣由	
⑷⑸ 需要		⑷⑹ 順理		⑷⑺ 麻仁		⑷⑻ 曆書	
⑷⑼ 春季		⑸⓪ 優秀		⑸⑴ 委員			

3 다음 訓과 音을 지닌 漢字를 쓰시오. (*는 3급·3급Ⅱ 고유 한자입니다.)

(1) 재주 술		(2) 지낼 력		(3) 가을 추		(4) 갈 마	*
(5) 계절 계		(6) 근심 수	*	(7) 근심 우	*	(8) 기록 록	
(9) 길 도		(10) 길 영		(11) 낯 면		(12) 녹 록	*
(13) 돌아볼 고	*	(14) 뛰어날 우		(15) 맡길 위		(16) 머리 수	
(17) 모름지기 수	*	(18) 무리 류		(19) 배 리	*	(20) 번거로울 번	*
(21) 번역할 번	*	(22) 벼 화	*	(23) 뿌릴 파	*	(24) 사사로울 사	
(25) 살필 심	*	(26) 삼 마	*	(27) 여름 하		(28) 읊을 영	*
(29) 이을 승		(30) 이할 리		(31) 인도할 도		(32) 인연 연	
(33) 찔 증	*	(34) 차례 번		(35) 책력 력	*	(36) 펼 술	*
(37) 푸를 록		(38) 향기 향		(39) 헤엄칠 영	*	(40) 화할 화	

27과 老·者·公·斗·米 모양을 가진 한자

탈 승	갑문	금문	소전	
乘				**머리**(丿)와 **나무**(木)에 올라타고 있는 **양 발**(舛=北)을 그려 **'타다' '오르다'**를 뜻한다.

진흥 준3급 검정 3급	1063 3급Ⅱ	丿부 총10획	乘	탈 승	중국 乘 일본 乘	乘馬(승마) 乘車(승차) 乘用車(승용차) 乘船(승선)

겸할 겸	금문	소전	
兼			벼 **두 포기**(秝)를 **똑같이** 겹쳐 **나란히 손**(⺕)으로 잡은 모습으로 **'겸하다'**를 뜻한다.

진흥 3급	1064 3급Ⅱ	八부 총10획	兼	겸할 겸	중국 兼 일본 兼	兼職(겸직) 兼任(겸임) 兼備(겸비) 兼業(겸업)
	1065 3급Ⅱ	言부 총17획	謙	겸손할 겸	중국 谦 일본 謙	謙語(겸어) 謙讓(겸양) 謙虛(겸허) 謙辭(겸사)
	1066 3급	广부 총13획	廉	청렴할 렴	중국 廉 일본 廉	廉探(염탐) 低廉(저렴) ❶廉恥(염치) 淸廉(청렴)
	1067 3급	女부 총13획	嫌	싫어할 혐	중국 嫌 일본 嫌	嫌惡(혐오) 嫌疑(혐의) 嫌怨(혐원) 嫌氣性(혐기성)

늙을 로	갑문	금문	소전	
老				머리털을 늘어뜨린 **노인이**(毛+儿=耂) **지팡이**(匕)를 잡고 있는 데서 **'늙다' '늙은이'**를 뜻한다. 참고 耆(기)=60세, 老(노)=70세, 耋(질)=80세, 耄(모)=90세.

진흥 준5급 검정 5급	1068 7급	老부 총6획	老	늙을 로:	중국 老 일본 老	老人(노인) 老衰(노쇠) 老弱者(노약자) 養老院(양로원)
진흥 준4급 검정 준4급	1069 5급	老부 총6획	考	생각할 고(:)	중국 考 일본 考	考慮(고려) 考察(고찰) 考査(고사) 考案(고안)
진흥 준5급 검정 5급	1070 7급	子부 총7획	孝	효도 효:	중국 孝 일본 孝	孝心(효심) 孝道(효도) 孝誠(효성) 孝婦(효부)
진흥 준5급 검정 5급	1071 8급	攴부 총11획	敎	가르칠 교:	중국 教 일본 教	爻[산가지]와 子[아이], 攴[막대]가 합쳐진 글자로, 아이를 때리며 셈을 가르침. / 敎育(교육) 俗 教

놈 자	갑문	금문	소전	
者				나물과 **고기**(米=耂) 등 **솥**(曰)에 **'여러 물건'**을 넣고 **삶는** 모양으로, **여러 물건이나 '사람'** 등을 나타내어 **'놈'**을 뜻하기도 한다. 파자 **노인**(耂)에게 **아뢰는**(白) **'놈'**을 뜻한다.

진흥	검정	번호	급수	부수	획수	한자	훈음	중국	일본	단어
5급	준4급	1072	6급	老부	총9획	者	놈/사람 자	者	者	讀者(독자) 記者(기자) 富者(부자) 加害者(가해자)
준4급	4급	1073	5급	邑부	총12획	都	도읍 도	都	都	都邑(도읍) 都市(도시) ❷都賣(도매) 都心(도심)
준3급	3급	1074	3급	日부	총13획	暑	더울 서:	暑	暑	避暑(피서) 處暑(처서) 大暑(대서) 暑氣(서기)
3급		1075	3급Ⅱ	网부	총14획	署	관청/마을 서:	署	署	官公署(관공서) 部署(부서) 稅務署(세무서) 署長(서장)
		1076	3급Ⅱ	糸부	총15획	緖	실마리 서:	绪	緒	緖言(서언) 緖論(서론) 端緖(단서) 頭緖(두서)
준3급	3급	1077	3급Ⅱ	言부	총16획	諸	모두 제	诸	諸	諸君(제군) 諸國(제국) 諸般(제반) 諸位(제위)
준3급	3급	1078	3급Ⅱ	艸부	총13획	著	나타날 저:	著	著	著述(저술) 著者(저자) 著書(저서) 著作權(저작권)

외/오이 과

瓜

금문 금문

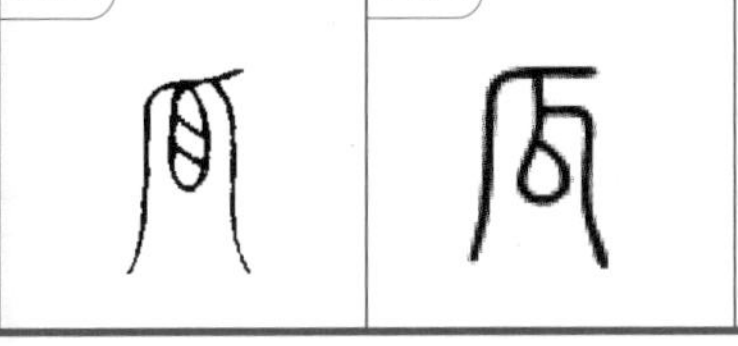

덩굴에 **외따로** 붙은 오이를 그린 모양으로 '**오이**' '**외**'를 뜻하며, **덩굴식물**과 관계가 있다.

진흥	검정	번호	급수	부수	획수	한자	훈음	중국	일본	단어
준3급	3급	1079	4급	子부	총8획	孤	외로울 고	孤	孤	孤獨(고독) 孤兒(고아) 孤高(고고) 孤立(고립)

공평할 공

公

갑문 금문 소전

고르게 **나눈**(八) **그릇**(口＝厶) 안의 물건에서 '**똑같다**' '**공평하다**'를 뜻한다.

진흥	검정	번호	급수	부수	획수	한자	훈음	중국	일본	단어
준4급	준4급	1080	6급	八부	총4획	公	공평할/공변될 공	公	公	公平(공평) 公立(공립) 公職(공직) 公共(공공)
4급	준3급	1081	4급	木부	총8획	松	소나무 송	松	松	松花(송화) 松林(송림) 松板(송판) 松柏(송백)
3급		1082	3급Ⅱ	言부	총11획	訟	송사할 송:	讼	訟	訟事(송사) 訴訟(소송) 民事訴訟(민사소송)
3급		1083	4급	頁부	총13획	頌	기릴/칭송할 송:	颂	頌	❸頌辭(송사) 頌歌(송가) 稱頌(칭송) 頌德碑(송덕비)
		1084	3급	羽부	총10획	翁	늙은이 옹	翁	翁	老翁(노옹) 婦翁(부옹) 翁主(옹주) 塞翁之馬(새옹지마)

어구 풀이

❶廉恥(염치) : 체면을 차릴 줄 알며 부끄러움을 아는 마음.
❷都賣(도매) : 물건을 낱개로 팔지 않고 모개로 팖.
❸頌辭(송사) : 공덕을 기리는 말.

골 곡 谷

갑문	금문	소전
	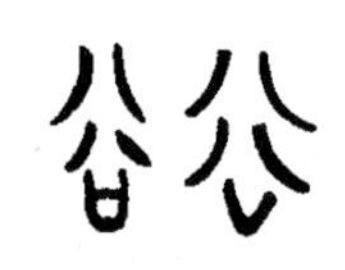	

산 사이(仌)를 흐르는 물과 계곡 입구(口) 또는 바위로 '**계곡**'을 형상화한 글자이다.

급수	번호	부수/획수	한자	훈음	중국/일본	단어
진흥 4급 / 검정 준3급	1085 / 3급Ⅱ	谷부 / 총7획	谷	골 곡	중국 谷 / 일본 谷	溪谷(계곡) 谷風(곡풍) 深山幽谷(심산유곡) 谷水(곡수)
진흥 4급 / 검정 준3급	1086 / 4급Ⅱ	人부 / 총9획	俗	풍속 속	중국 俗 / 일본 俗	❶俗世(속세) 俗談(속담) 民俗(민속) 風俗(풍속)
진흥 4급 / 검정 4급	1087 / 5급	水부 / 총10획	浴	목욕할 욕	중국 浴 / 일본 浴	浴室(욕실) 日光浴(일광욕) 森林浴(삼림욕) 海水浴(해수욕)
진흥 준3급 / 검정 3급	1088 / 3급Ⅱ	欠부 / 총11획	欲	하고자할 욕	중국 欲 / 일본 欲	欲生(욕생) 欲求不滿(욕구불만) 欲界(욕계) 欲情(욕정)
진흥 3급	1089 / 3급Ⅱ	心부 / 총15획	慾	욕심 욕	중국 欲 / 일본 欲	慾求(욕구) 慾心(욕심) 貪慾(탐욕) 慾望(욕망)
진흥 3급	1090 / 3급Ⅱ	衣부 / 총12획	裕	넉넉할 유:	중국 裕 / 일본 裕	❷裕福(유복) 餘裕(여유) 富裕(부유) 裕足(유족)

얼굴 용 容

갑문	금문	소전

집(宀)이 산의 물을 다 받는 **계곡**(谷)처럼 '**넓거나**', 많은 표정이 담긴 '**얼굴**'로, '**너그럽고**' '**편안함**' '**받아들임**', 또는 耳目口鼻(이목구비)가 다 갖추어진 '**얼굴**'을 뜻한다.

급수	번호	부수/획수	한자	훈음	중국/일본	단어
진흥 4급 / 검정 준3급	1091 / 4급Ⅱ	宀부 / 총10획	容	얼굴 용	중국 容 / 일본 容	容貌(용모) 受容(수용) 容器(용기) 容易(용이)

기운 기 气

갑문	금문	소전
	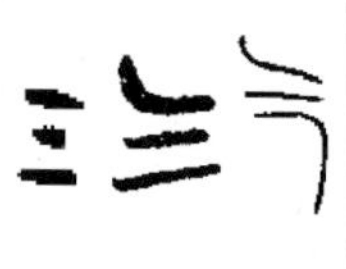	

하늘에 가로로 늘어선 **띠구름** 모양으로 '**기운**' '**기**'를 뜻한다.

급수	번호	부수/획수	한자	훈음	중국/일본	단어
진흥 준5급 / 검정 5급	1092 / 7급	气부 / 총10획	氣	기운 기	중국 气 / 일본 気	氣運(기운) 氣溫(기온) 氣候(기후) 氣體(기체)
검정 4급	1093 / 5급	水부 / 총7획	汽	물끓는김 기	중국 汽 / 일본 汽	汽車(기차) ❸汽笛(기적) 汽船(기선) 汽水(기수)

말/구기 두 斗

갑문	금문	소전

자루가 있는 **곡식을 헤아리는** '**말**'을 뜻한다.

급수	번호/급	부수/획	한자	훈음	중국/일본	용례
진흥 4급 검정 준3급	1094 4급Ⅱ	斗부 총4획	斗	말 두	중국 斗 일본 斗	大斗(대두) 斗量(두량) 北斗七星(북두칠성)
진흥 준4급 검정 4급	1095 5급	斗부 총10획	料	헤아릴 료(:)	중국 料 일본 料	料理(요리) 料金(요금) 資料(자료) 料食(요식)
진흥 5급 검정 5급	1096 6급	禾부 총9획	科	과목 과	중국 科 일본 科	科目(과목) 文科(문과) 科學(과학) 教科書(교과서)

쌀 미

米

갑문

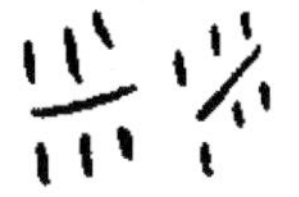

금문

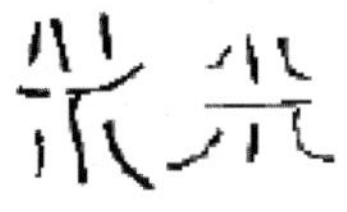

소전

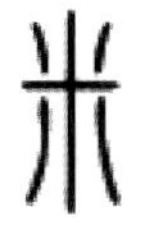

껍질을 벗긴 **벼 알맹이**로 '**쌀**'을 뜻한다.

급수	번호/급	부수/획	한자	훈음	중국/일본	용례
진흥 5급 검정 5급	1097 6급	米부 총6획	米	쌀 미	중국 米 일본 米	玄米(현미) 米穀(미곡) 供養米(공양미) 誠米(성미)
	1098 3급	辵부 총10획	迷	미혹할 미(:)	중국 迷 일본 迷	迷路(미로) 迷惑(미혹) 迷信(미신) ❹迷宮(미궁)
	1099 3급Ⅱ	艸부 총12획	菊	국화 국	중국 菊 일본 菊	쌀[米]을 손으로 감싼[勹]듯한 풀[艹], 즉 국화. 匊(움킬 국)은 '국'의 음이 됨. 菊花(국화) 菊版(국판)

뼈 골

骨

갑문

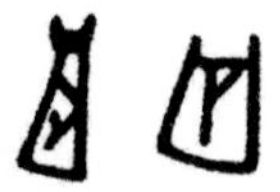

금문

소전

뼈(冎:살 발라낼 과)에 **고**기(月)가 남아 있는 모습으로 '**뼈**'를 뜻한다.

급수	번호/급	부수/획	한자	훈음	중국/일본	용례
진흥 4급 검정 4급	1100 4급	骨부 총10획	骨	뼈 골	중국 骨 일본 骨	骨格(골격) 骨盤(골반) 骨折(골절) 强骨(강골)

입비뚤어질 괘

咼

금문

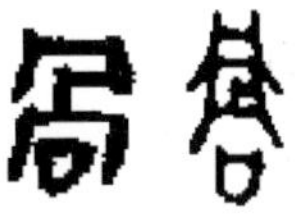

소전

뼈(骨)에서 **살**(月)을 발라낸 冎(살 발라낼 과)에 **입**(口)을 더한 자로 '**입이 삐뚤어짐**'을 뜻하지만, 冎와 咼는 살이 없는 '**앙상한 텅 빈 뼈**'라는 의미로 같이 쓰인다.

급수	번호/급	부수/획	한자	훈음	중국/일본	용례
진흥 준4급 검정 준4급	1101 5급	辵부 총13획	過	지날 과:	중국 过 일본 過	過去(과거) 過程(과정) 過激(과격) 過渡期(과도기)
	1102 3급Ⅱ	示부 총14획	禍	재앙 화:	중국 祸 일본 禍	❺士禍(사화) ❻禍根(화근) 災禍(재화) 轉禍爲福(전화위복)

어구 풀이

❶俗世(속세) : 불가에서 일반 사회를 이르는 말.
❷裕福(유복) : 살림이 넉넉함.
❸汽笛(기적) : 기차나 배 따위에서 증기를 내뿜는 힘으로 경적 소리를 내는 장치. 또는 그 소리.
❹迷宮(미궁) : ① 들어가면 나올 길을 쉽게 찾을 수 없게 되어 있는 곳. ② 사건, 문제 따위가 얽혀서 쉽게 해결하지 못하게 된 상태.
❺士禍(사화) : 조선 시대에, 조신(朝臣) 및 선비들이 정치적 반대파에게 몰려 참혹한 화를 입었던 일.
❻禍根(화근) : 재앙의 근원.

27 확인학습

1 다음 漢字의 訓과 音을 쓰시오. (*는 3급·3급II 고유 한자입니다.)

(1) 乘 *	(2) 兼 *	(3) 謙 *	(4) 廉 *
(5) 嫌 *	(6) 老	(7) 考	(8) 孝
(9) 敎	(10) 者	(11) 都	(12) 暑 *
(13) 署 *	(14) 緖 *	(15) 諸 *	(16) 著 *
(17) 孤	(18) 公	(19) 松	(20) 訟 *
(21) 頌	(22) 翁 *	(23) 谷 *	(24) 俗
(25) 浴	(26) 欲 *	(27) 慾 *	(28) 裕 *
(29) 容	(30) 氣	(31) 汽	(32) 斗
(33) 料	(34) 科	(35) 米	(36) 迷 *
(37) 菊 *	(38) 骨	(39) 過	(40) 禍 *

2 다음 漢字語의 讀音을 쓰시오.

(1) 乘船	(2) 兼職	(3) 謙讓	(4) 低廉
(5) 嫌疑	(6) 老衰	(7) 考慮	(8) 孝誠
(9) 敎育	(10) 富者	(11) 都賣	(12) 避暑
(13) 署長	(14) 頭緖	(15) 諸國	(16) 著者
(17) 孤立	(18) 公職	(19) 松板	(20) 訴訟
(21) 稱頌	(22) 老翁	(23) 谷水	(24) 風俗

(25) 浴室	(26) 欲情	(27) 貪慾	(28) 裕福
(29) 容易	(30) 氣體	(31) 汽笛	(32) 斗量
(33) 料理	(34) 科學	(35) 誠米	(36) 迷惑
(37) 菊版	(38) 骨盤	(39) 過激	(40) 士禍
(41) 料食	(42) 資料	(43) 老人	(44) 養老
(45) 清廉	(46) 廉探	(47) 私立	(48) 松花
(49) 谷風	(50) 容貌		

3 다음 訓과 音을 지닌 漢字를 쓰시오. (*는 3급·3급II 고유 한자입니다.)

(1) 뼈 골	(2) 가르칠 교	(3) 겸손할 겸 *	(4) 겸할 겸 *
(5) 골 곡 *	(6) 공평할 공	(7) 과목 과	(8) 관청 서 *
(9) 국화 국 *	(10) 기릴 송	(11) 기운 기	(12) 나타날 저 *
(13) 넉넉할 유 *	(14) 놈 자	(15) 늙은이 옹 *	(16) 늙을 로
(17) 더울 서 *	(18) 도읍 도	(19) 말 두	(20) 모두 제 *
(21) 목욕할 욕	(22) 물끓는김 기	(23) 미혹할 미 *	(24) 생각할 고
(25) 소나무 송	(26) 송사할 송 *	(27) 실마리 서 *	(28) 싫어할 혐 *
(29) 쌀 미	(30) 얼굴 용	(31) 외로울 고	(32) 욕심 욕 *
(33) 재앙 화 *	(34) 지날 과	(35) 청렴할 렴 *	(36) 탈 승 *
(37) 풍속 속	(38) 하고자할 욕 *	(39) 헤아릴 료	(40) 효도 효

28과 𠂤·幺·玄·糸·雚 모양을 가진 한자

언덕/쌓을 퇴	갑문	금문	소전	
𠂤				**무더기**를 이룬 흙더미에서 '**쌓다**' '**언덕**' '**무리**'를 뜻한다. 참고 𠂤는 𠂤의 변형. 堆(퇴)의 本字.

진흥 준3급 / 검정 3급	1103 / 3급Ⅱ	辵부 / 총10획	追	따를/쫓을 추	중국 追	일본 追	追擊(추격) 追放(추방) 追加(추가) 追求(추구)
	1104 / 3급Ⅱ	巾부 / 총9획	帥	장수 수	중국 帅	일본 帥	將帥(장수) 元帥(원수) 總帥(총수) 統帥權(통수권)
진흥 준4급 / 검정 4급	1105 / 4급Ⅱ	巾부 / 총10획	師	스승 사	중국 师	일본 師	敎師(교사) 師範(사범) 師表(사표) 師團(사단)

벼슬 관	갑문	금문	소전	
官				**집**(宀)을 **언덕**(𠂤)처럼 크고 높게 지어 관리들이 거처하며 백성을 **다스리던** 데서 '**벼슬**'을 뜻한다.

진흥 4급 / 검정 준3급	1106 / 4급Ⅱ	宀부 / 총8획	官	벼슬 관	중국 官	일본 官	長官(장관) 官認(관인) 官吏(관리) 官廳(관청)
진흥 3급	1107 / 4급	竹부 / 총14획	管	대롱/주관할 관	중국 管	일본 管	管樂器(관악기) 管絃樂團(관현악단) 管理(관리)
	1108 / 3급Ⅱ	食부 / 총17획	館	집 관	중국 馆	일본 館	館長(관장) 公館(공관) 美術館(미술관) 圖書館(도서관)

성/법칙 려	갑문	금문	소전	
呂	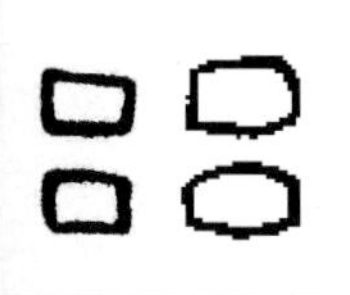	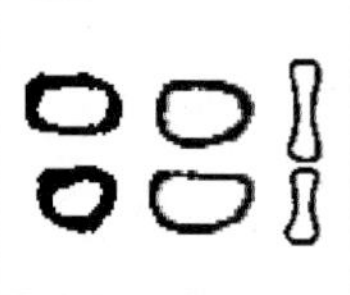		집과 집 또는 방과 **방**(口)이 **나란히 이어지거나**(呂), 일정한 '**등뼈**'에서 '**법칙**'을 뜻한다.

진흥 준3급	1109 / 4급Ⅱ	宀부 / 총10획	宮	집 궁	중국 宫	일본 宮	宮女(궁녀) 宮合(궁합) 東宮(동궁) 景福宮(경복궁)

작을 요	갑문	금문	소전	
幺		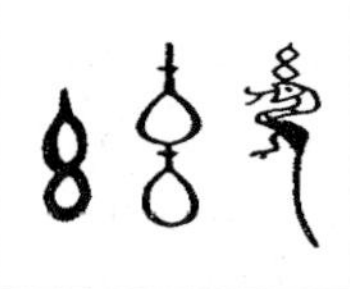	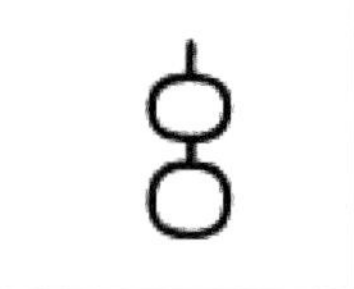	**가는 실**(糸=幺)이나, 미세해서 분별이 어려운 물체에서 '**작다**'를 뜻한다. 참고 𢇇(북에실꿸 관) 상투(丱) 모양의 베 짜는 북에 실(絲=幺幺)을 꿴데서 '**북에 실 꿰다**'를 뜻한다. ※ 幺幺: 작을 유. ※ 丱: 쌍상투/총각 관.

진흥 준3급 / 검정 3급	1110 / 3급Ⅱ	幺부 / 총5획	幼	어릴 유	중국 幼	일본 幼	幼年(유년) 幼兒(유아) 幼弱(유약) 幼稚園(유치원)
	1111 / 3급Ⅱ	幺부 / 총9획	幽	그윽할 유	중국 幽	일본 幽	幽靈(유령) 幽閉(유폐) 幽明(유명) 深山幽谷(심산유곡)

	번호/급수	부수/획수	한자	훈	음	중국/일본	풀이 / 낱말
흥 3급	1112 3급II	耳부 총17획	聯	연이을	련	중국 联 일본 聯	 적의 귀를 이은 모양, 연결된 귀고리와 장식 끈. / 聯想(연상) 聯合(연합)
흥 준4급 정 4급	1113 5급	門부 총19획	關	관계할/빗장	관	중국 关 일본 関	關文(관문) 關心(관심) 關係(관계) 關節炎(관절염)
	1114 3급II	水부 총17획	濕	젖을	습	중국 湿 일본 湿	해[日] 아래 실[絲]을 그려 젖은 실을 나타냄. / 濕度(습도) 濕氣(습기) 濕潤(습윤)
	1115 4급	頁부 총23획	顯	나타낼	현:	중국 显 일본 顕	顯示(현시) 顯著(현저) 顯微鏡(현미경) 顯忠日(현충일)

즐길 락 樂

갑문	금문	소전
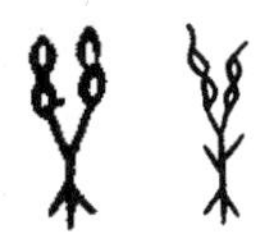		

작은 **줄**(𢆶)을 매달아 **엄지**(白)로 **나무**(木) 받침대가 있는 현악기를 연주하는 데서 **'즐겁다'** **'음악'** **'좋아하다'**를 뜻한다.

	번호/급수	부수/획수	한자	훈	음	중국/일본	낱말
진흥 5급 검정 5급	1116 6급	木부 총15획	樂	즐길 노래 좋아할	락 악 요	중국 乐 일본 楽	樂園(낙원) 娛樂(오락) 音樂(음악) 樂山樂水(요산요수)
진흥 5급 검정 준4급	1117 6급	艸부 총19획	藥	약	약	중국 药 일본 薬	藥局(약국) 藥效(약효) 藥師(약사) 藥物(약물)

검을/가물거릴 현 玄

갑문	금문	소전
	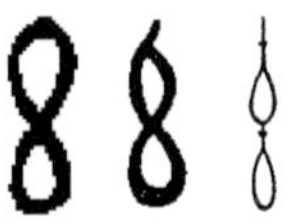	

깊고 텅 빈 곳에 발처럼 **'매단 검붉은 줄'**이 가물가물하여 **'검고'** **'그윽하게'** 보임을 뜻한다.

참고 玄(현)자는 대부분 **'매달다'**는 뜻을 지닌다.

	번호/급수	부수/획수	한자	훈	음	중국/일본	낱말
	1118 3급II	玄부 총5획	玄	검을	현	중국 玄 일본 玄	玄武(현무) 玄妙(현묘) 玄關(현관) 玄孫(현손)
진흥 3급	1119 3급	糸부 총11획	絃	줄	현	중국 弦 일본 絃	絃樂器(현악기) 管絃樂(관현악) 絃歌(현가) 絃索(현삭)

짐승 축 畜

갑문	금문	소전
	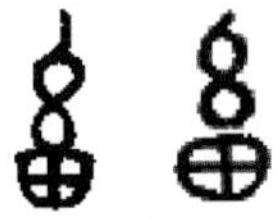	

매어(玄)놓은, **밭**(田)에 있는 **'짐승'**이나, 밭에 물건을 쌓아둔 곡식으로 **'가축'**의 먹이에서 **'가축'**을 뜻한다.

참고 짐승 위(胃=田)에 달린 **창자**(玄)로 **'가축'**을 뜻한다.

번호/급수	부수/획수	한자	훈	음	중국/일본	풀이 / 낱말
1120 3급II	田부 총10획	畜	짐승/기를	축	중국 畜 일본 畜	畜産(축산) 家畜(가축) 牧畜(목축) 畜舍(축사)
1121 4급II	艸부 총14획	蓄	모을	축	중국 蓄 일본 蓄	備蓄(비축) 貯蓄(저축) 蓄積(축적) 含蓄性(함축성)
1122 3급II	玄부 총11획	率	비율 거느릴	률 솔	중국 率 일본 率	 새 그물을 펼쳐 놓은 모양의 상형 문자. / 比率(비율) 能率(능률) 統率(통솔)

이 자	갑문	금문	소전	
玆	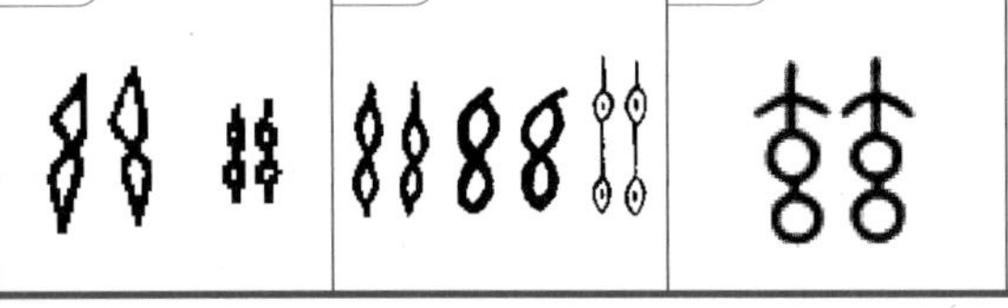			따뜻한 물에 불린 고치에서 뽑은 실을 물에 씻어 일정한 장소에 연달아 **매달아**(玆) 둠에서 '**이, 이에**' '**따뜻함**'을 뜻하고, 씻은 물이 더러움에서 '**검다**'를 뜻하며, 玆(**무성할 자**)와 혼용한다.

	1123 / 3급	玄부 총10획	玆	검을/이 자	중국 玆 / 일본 玆	머리에 艸(艹)가 있는 玆(무성할 자)와는 다른 글자.	今玆(금자) 來玆(내자)
진흥 준3급 / 검정 3급	1124 / 3급Ⅱ	心부 총13획	慈	사랑/어머니 자	중국 慈 / 일본 慈	慈善(자선) 慈愛(자애) 仁慈(인자) 慈堂(자당)	

몇 기	금문	소전		
幾	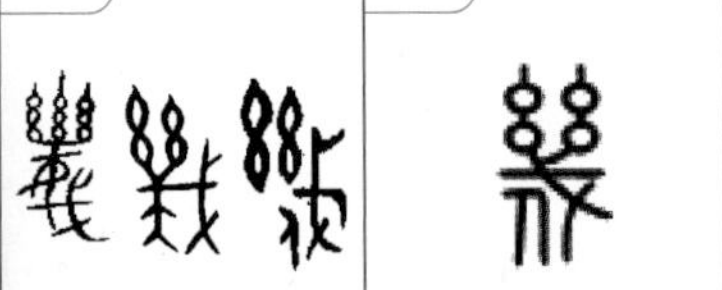			곧 공격하려는 적의 수나 **작은**(幺) 움직임까지 살펴보는 **창**(戈)을 맨 **사람**(人)에서 '**몇**' '**기미**' '**거의**' '**가까이**' '**살피다**'를 뜻한다. 중국 간체자에서는 '几'로 변한다.

진흥 준3급 / 검정 3급	1125 / 3급	幺부 총12획	幾	몇/기미 기	중국 几 / 일본 幾	❶幾何(기하) 幾何級數(기하급수) 幾微(기미) 幾度(기도)
진흥 3급	1126 / 3급Ⅱ	田부 총15획	畿	경기 기	중국 畿 / 일본 畿	京畿道(경기도) 畿內(기내) 畿湖(기호) 九畿(구기)
진흥 3급	1127 / 4급	木부 총16획	機	틀/때 기	중국 机 / 일본 機	機能(기능) 機械(기계) 機密(기밀) 機會(기회)
	1128 / 3급	食부 총11획	飢	주릴 기	중국 饥 / 일본 飢	飢餓(기아) 虛飢(허기) 飢渴(기갈) 同 饑(기)

실 사/멱	갑문	금문	소전	
糸	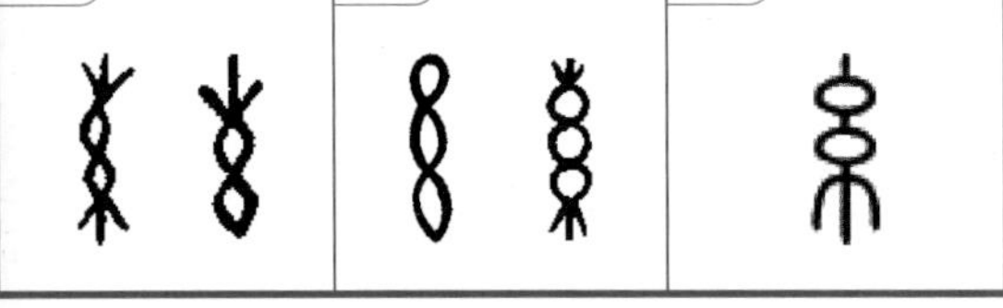			가느다란 **실 모양**으로, '**실, 끈, 천**, 오색(靑·黃·赤·白·黑)' 등을 나타낸다.

진흥 4급 / 검정 준3급	1129 / 4급	糸부 총12획	絲	실 사	중국 丝 / 일본 糸	綿絲(면사) 鐵絲(철사) 生絲(생사) 一絲不亂(일사불란)
진흥 준3급 / 검정 준3급	1130 / 4급Ⅱ	糸부 총10획	素	본디/흴 소(:)	중국 素 / 일본 素	素材(소재) ❷素朴(소박) 素望(소망) 素服(소복)
진흥 3급	1131 / 4급	糸부 총7획	系	이을/이어맬 계:	중국 系 / 일본 系	系譜(계보) 系列(계열) 系統(계통) 系派(계파)
진흥 3급	1132 / 4급Ⅱ	人부 총9획	係	맬 계:	중국 系 / 일본 係	❸係長(계장) 關係(관계) 係員(계원) 因果關係(인과관계)
진흥 5급 / 검정 준4급	1133 / 6급	子부 총10획	孫	손자 손(:)	중국 孙 / 일본 孫	孫子(손자) 子孫(자손) 後孫(후손) 曾孫(증손)

어구 풀이 ❶幾何(기하) : ① 얼마. ② 기하학.

縣 고을 현

금문	소전
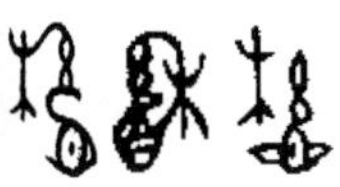	

죄인 머리(𥄉=首)를 거꾸로(県=県) 매달아(系) 놓듯, 주·군(州·郡)에 달린 '고을'을 뜻한다.

번호	부수	한자	훈음	중국	일본	어휘
1134 / 3급	糸부 총16획	縣	고을 현:	县	県	州縣(주현) 縣令(현령) ❹縣監(현감) 縣官(현관)
1135 / 3급II	心부 총20획	懸	매달 현:	悬	懸	懸垂幕(현수막) ❺懸欄(현란) ❻懸案(현안) 懸板(현판)

䜌 말이을 련

갑문	금문	소전

고치를 '다스려' 실을 뽑거나, 실(絲)처럼 말(言)이 길게 이어짐에서 '말을 잇다'를 뜻한다.
참고 입으로 부는 관악기(言)에 실(糸)을 길게 이은 장식에서 '이어짐'을 뜻한다고도 한다.

시험	번호	부수	한자	훈음	중국	일본	어휘
진흥 3급	1136 / 3급II	心부 총23획	戀	그리워할/사모할 련:	恋	恋	戀愛(연애) 戀人(연인) ❼悲戀(비련) 戀慕(연모)
진흥 4급 / 검정 4급	1137 / 5급	言부 총23획	變	변할 변:	变	変	變化(변화) 變更(변경) 變聲期(변성기) 變亂(변란)

雚 황새 관

갑문	금문	소전
	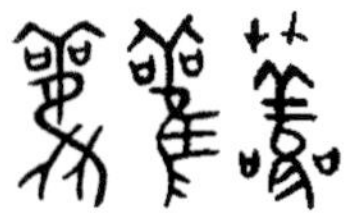	

머리에 뿔 털(卄=艹)과 큰 눈(䀠=吅)이 있는 물가에 사는 새(隹) '황새, 백로'나 '수리'를 뜻한다.
참고 뿔 털(卄=艹)에 시끄럽게(吅) 우는 새(隹)인 '왜가리'나 황새로 보기도 한다.

시험	번호	부수	한자	훈음	중국	일본	어휘
진흥 준4급 / 검정 4급	1138 / 5급	見부 총25획	觀	볼 관	观	観	觀察(관찰) 觀光(관광) 觀衆(관중) ❽觀點(관점)
진흥 준3급 / 검정 3급	1139 / 4급	力부 총20획	勸	권할 권:	劝	勧	勸誘(권유) 勸奬(권장) 勸善懲惡(권선징악) 勸告(권고)
진흥 4급 / 검정 준3급	1140 / 4급II	木부 총22획	權	권세 권	权	権	權勢(권세) 權利(권리) ❾權益(권익) 權力(권력)
진흥 준3급 / 검정 3급	1141 / 4급	欠부 총22획	歡	기쁠 환	欢	歓	歡聲(환성) ❿歡迎(환영) 歡樂(환락) 歡喜(환희)

어구 풀이

❷素朴(소박) : 꾸밈이나 거짓이 없이 있는 그대로임.
❸係長(계장) : 계 단위 조직을 감독하는 직책. 또는 그 직책을 맡고 있는 사람.
❹縣監(현감) : 조선 시대에 둔, 작은 현(縣)의 으뜸 벼슬.
❺懸欄(현란) : 소란 반자. 반자틀을, '井'자를 여러 개 모은 것처럼 소란을 맞추어 짜고, 그 구멍마다 네모진 개판(蓋板) 조각을 얹은 반자. 우물 반자, 조정 반자, 화반자가 있음.
❻懸案(현안) : 이전부터 의논하여 오면서도 아직 해결되지 않은 채 남아 있는 문제나 의안.
❼悲戀(비련) : ① 슬프게 끝나는 사랑. ② 애절한 그리움.
❽觀點(관점) : 사물이나 현상을 관찰할 때, 그 사람이 보고 생각하는 태도나 방향 또는 처지.
❾權益(권익) : 권리와 그에 따르는 이익.
❿歡迎(환영) : 오는 사람을 기쁜 마음으로 반갑게 맞음.

28 확인학습

1 다음 漢字의 訓과 音을 쓰시오. (*는 3급·3급II 고유 한자입니다.)

(1) 追 *	(2) 帥 *	(3) 師	(4) 官
(5) 管	(6) 館 *	(7) 宮	(8) 幼 *
(9) 幽 *	(10) 聯 *	(11) 關	(12) 濕 *
(13) 顯	(14) 樂	(15) 藥	(16) 玄 *
(17) 絃 *	(18) 畜 *	(19) 蓄	(20) 率 *
(21) 玆 *	(22) 慈 *	(23) 幾 *	(24) 畿 *
(25) 機	(26) 飢 *	(27) 絲	(28) 素
(29) 系	(30) 係	(31) 孫	(32) 縣 *
(33) 懸 *	(34) 戀 *	(35) 變	(36) 觀
(37) 勸	(38) 權	(39) 歡	

2 다음 漢字語의 讀音을 쓰시오.

(1) 追求	(2) 元帥	(3) 師表	(4) 官廳
(5) 管理	(6) 公館	(7) 東宮	(8) 幼弱
(9) 幽靈	(10) 聯合	(11) 關心	(12) 濕氣
(13) 顯示	(14) 娛樂	(15) 藥物	(16) 玄關
(17) 絃歌	(18) 畜産	(19) 備蓄	(20) 比率
(21) 來玆	(22) 慈愛	(23) 幾微	(24) 畿湖

(25) 機會	(26) 飢餓	(27) 生絲	(28) 素朴
(29) 系統	(30) 關係	(31) 曾孫	(32) 縣監
(33) 懸案	(34) 戀慕	(35) 變更	(36) 觀衆
(37) 勸奬	(38) 權力	(39) 歡迎	(40) 樂園
(41) 音樂	(42) 樂山	(43) 快樂	(44) 統率
(45) 打率	(46) 能率	(47) 官吏	(48) 宮合
(49) 戀愛	(50) 悲戀		

3 다음 訓과 音을 지닌 漢字를 쓰시오. (*는 3급·3급II 고유 한자입니다.)

(1) 검을 현 *	(2) 경기 기 *	(3) 고을 현 *	(4) 관계할 관
(5) 권세 권	(6) 권할 권	(7) 그리워할 련 *	(8) 그윽할 유 *
(9) 기쁠 환	(10) 나타낼 현	(11) 대롱 관	(12) 따를 추 *
(13) 매달 현 *	(14) 맬 계	(15) 몇 기 *	(16) 모을 축
(17) 벼슬 관	(18) 변할 변	(19) 본디 소	(20) 볼 관
(21) 비율 률 *	(22) 사랑 자 *	(23) 손자 손	(24) 스승 사
(25) 실 사	(26) 약 약	(27) 어릴 유 *	(28) 연이을 련 *
(29) 검을 자 *	(30) 이을 계	(31) 장수 수 *	(32) 젖을 습 *
(33) 주릴 기 *	(34) 줄 현 *	(35) 즐길 락	(36) 짐승 축 *
(37) 집 관 *	(38) 집 궁	(39) 틀 기	

29과 隹·鳥·馬·長·玉 모양을 가진 한자

잴 약/확 蒦

금문

소전

머리에 **뿔 털**(卝)이 난 **새**(隹)인 '雈'(=萑:수리부엉이 환)을 **손**(又)으로 **잡아 '재다'**를 뜻한다.

번호	부수	한자	훈	음	중국	일본	용례
1142 4급Ⅱ	言부 총21획	護	도울	호:	护	護	護國(호국) 護送(호송) 護身術(호신술) 看護(간호)
1143 3급	禾부 총19획	穫	거둘	확	获	穫	收穫(수확) 穫稻(확도) 秋穫(추확) 耕穫(경확)
1144 3급Ⅱ	犬부 총17획	獲	얻을	획	获	獲	漁獲(어획) 獲得(획득) 捕獲(포획) 獲利(획리)

새 추 隹

갑문

금문

소전

배가 불룩하고 목이 짧고 꼬리 부분을 간단히 그린 **새의 모양**으로 **새 종류와 관계가 있다.**

시험	번호	부수	한자	훈	음	중국	일본	용례
진흥 준3급 검정 3급	1145 4급	手부 총11획	推	밀	추	推	推	推薦(추천) 推進(추진) 推測(추측) 推究(추구)
진흥 준3급 검정 3급	1146 3급	口부 총11획	唯	오직	유	唯	唯	唯一無二(유일무이) 唯物史觀(유물사관) 唯心(유심)
	1147 3급	心부 총11획	惟	생각할	유	惟	惟	思惟(사유) 惟獨(유독) 伏惟(복유) 謀惟(모유)
진흥 3급	1148 3급Ⅱ	糸부 총14획	維	벼리	유	维	維	維新(유신) 維持費(유지비) 維持(유지) 維綱(유강)
진흥 준4급 검정 4급	1149 4급Ⅱ	辵부 총12획	進	나아갈	진:	进	進	進路(진로) 進學(진학) 進度(진도) 進退兩難(진퇴양난)
	1150 3급Ⅱ	禾부 총13획	稚	어릴	치	稚	稚	稚氣(치기) 幼稚(유치) 稚拙(치졸) 稚魚(치어)
진흥 준3급 검정 3급	1151 3급	言부 총15획	誰	누구	수	谁	誰	誰何(수하) 爲誰(위수) 誰某(수모: 아무개)
진흥 준3급 검정 3급	1152 3급	隹부 총17획	雖	비록	수	虽	雖	비록, 만일, 하물며, 즉 등 발어사로 많이 쓰임. 雖然(수연: 바로 그러하나)
	1153 3급Ⅱ	人부 총13획	催	재촉할	최	催	催	開催(개최) 催眠(최면) 催淚彈(최루탄) 主催(주최)
진흥 준4급 검정 준4급	1154 6급	隹부 총12획	集	모을	집	集	集	集計(집계) 集團(집단) 集合(집합) 集會(집회)
진흥 3급	1155 4급	隹부 총18획	雜	섞일	잡	杂	雑	雜草(잡초) 雜誌(잡지) 雜念(잡념) 混雜(혼잡)
진흥 준3급	1156 4급Ⅱ	水부 총13획	準	준할/법	준:	准	準	準備(준비) 準例(준례) 標準(표준) 準優勝(준우승)

	1157 / 3급Ⅱ	隹부 / 총18획	雙	쌍/두 쌍	중국 双 / 일본 双	雙眼鏡(쌍안경) 雙龍(쌍룡) 雙和湯(쌍화탕)	
	1158 / 3급Ⅱ	大부 / 총14획	奪	빼앗을 탈	중국 夺 / 일본 奪	奪還(탈환) 奪取(탈취) 掠奪(약탈) 削奪官職(삭탈관직)	
	1159 / 3급Ⅱ	大부 / 총16획	奮	떨칠 분:	중국 奋 / 일본 奮	奮發(분발) 激奮(격분) 興奮(흥분) 孤軍奮鬪(고군분투)	
흥 준3급	1160 / 4급Ⅱ	网부 / 총19획	羅	벌릴/벌 라	중국 罗 / 일본 羅	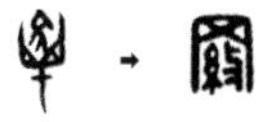 그물을 벌려 새를 잡는 모양.	羅列(나열) 全羅(전라)
흥 4급 / 정 4급	1161 / 5급	臼부 / 총18획	舊	예 구:	중국 旧 / 일본 旧	舊派(구파) 舊習(구습) 舊式(구식) 舊石器(구석기)	
흥 3급	1162 / 4급Ⅱ	石부 / 총15획	確	굳을 확	중국 确 / 일본 確	 새[隹]가 일정 구역[冂]을 넘는 모양. 隺(높이날 확) 음에 돌, 즉 단단함을 이름.	確信(확신) 確答(확답)
	1163 / 3급Ⅱ	鳥부 / 총21획	鶴	학/두루미 학	중국 鹤 / 일본 鶴	仙鶴(선학) 鶴壽(학수) 鶴舞(학무) 群鷄一鶴(군계일학)	
흥 3급	1164 / 4급	隹부 / 총19획	離	떠날 리:	중국 离 / 일본 離	離婚(이혼) 離散(이산) 離別(이별) 分離(분리)	

새 금

禽

갑문 

금문 

소전 

날짐승을 **덮어**(今=亼) 잡는 **그물**(凶)에 **자루**(禸) 달린 도구에서 '**날짐승**'인 '**새**'를 뜻한다.

참고 '禸(유)'는 **긴 자루**나 **긴 꼬리**를 나타낼 때 주로 쓰인다.

1168 / 3급Ⅱ	禸부 / 총13획	禽	날짐승/새 금	중국 禽 / 일본 禽	家禽(가금) 禽獸(금수) 猛禽(맹금) 珍禽(진금)

매 응

應

금문 

소전 

집(广)에서 **사람**(亻)이 기르는 **새**(隹)로 다른 **조류**(鳥)를 사냥하는 '**매**'를 뜻한다.

흥 4급 / 정 준3급	1165 / 4급Ⅱ	心부 / 총17획	應	응할 응:	중국 应 / 일본 応	應答(응답) 應試(응시) 應援(응원) 應急(응급)
	1166 / 3급	隹부 / 총12획	雁	기러기 안:	중국 雁 / 일본 雁	雁信(안신) 雁柱(안주) 雁行(안행) 雁書(안서)

놀라볼 구

瞿

금문 

소전 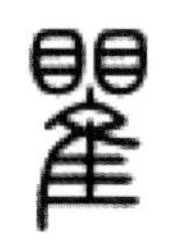

좌우로 **노려보는**(䀠) **매**(隹)가 놀라거나, **새**(隹)가 놀라 좌우로 **봄**(䀠)에서 '**놀라 봄**'을 뜻한다.

참고 (䀠; 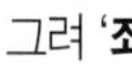 ⇒ 䀠 좌우로 볼 **구**) 좌우에 **눈**(目)을 그려 '**좌우로 봄**'을 뜻한다.

1167 / 3급	心부 / 총21획	懼	두려울 구	중국 惧 / 일본 懼	危懼(위구) 疑懼(의구) 恐懼(공구) 驚懼(경구)

꿩깃 적 翟

금문	소전

날개 **깃**(羽)이나 꼬리가 아름답고 화려한 **새**(隹)에서, '**꿩의 깃**'을 뜻한다.

급수	번호	부수/급	획수	한자	훈음	중국	일본	용례
검정 4급	1169	日부 / 5급	총18획	曜	빛날 요	曜	曜	曜日(요일) 日曜日(일요일) ❶曜靈(요령) 月曜病(월요병)
진흥 3급	1170	水부 / 3급	총17획	濯	씻을 탁	濯	濯	洗濯(세탁) 濯足(탁족) 洗濯物(세탁물) 濯枝雨(탁지우)
	1171	足부 / 3급	총21획	躍	뛸 약	跃	躍	躍進(약진) 跳躍(도약) 活躍(활약) 飛躍(비약)

화할 옹 雍

갑문	금문	소전
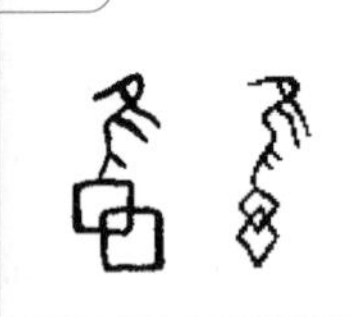	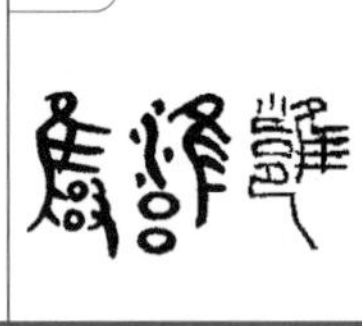	

사방이 **높은**(亠) **언덕**(阜 = 阝 = 乡)과 물로 에워쌓이듯 막힌 곳에 사는, 우는 소리가 아름다운 새(隹)에서 '**화하다**'를 뜻한다.

참고 고문은 雝(할미새 옹)과 같다. 邕(화할 옹).

급수	번호	부수/급	획수	한자	훈음	중국	일본	용례
	1172	手부 / 3급	총16획	擁	낄/안을 옹:	拥	擁	擁立(옹립) 抱擁(포옹) ▪擁壁(옹벽) 擁護(옹호)

팔뚝 굉 厷

갑문	금문	소전
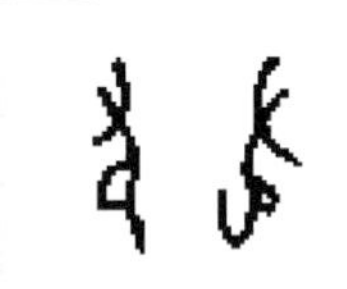		

힘쓸 때 **손**(又 = 𠂇)을 튼튼하게 **구부린 모양**(厶)에서 '**팔뚝**' '**튼튼함**'을 뜻한다.

급수	번호	부수/급	획수	한자	훈음	중국	일본	용례
진흥 4급 / 검정 4급	1173	隹부 / 5급	총12획	雄	수컷 웅	雄	雄	雄强(웅강) 雄飛(웅비) 雄壯(웅장) 雄辯(웅변)

새 조 鳥

갑문	금문	소전

새의 머리와 눈동자, 긴 꼬리 다리 등을 표현한 글자로 '**새**'를 뜻한다.

급수	번호	부수/급	획수	한자	훈음	중국	일본	용례
진흥 준4급 / 검정 4급	1174	鳥부 / 4급Ⅱ	총11획	鳥	새 조	鸟	鳥	鳥類(조류) 鳥獸(조수) 白鳥(백조) 吉鳥(길조)
진흥 준3급 / 검정 3급	1175	鳥부 / 4급	총14획	鳴	울 명	鸣	鳴	悲鳴(비명) 耳鳴(이명) ❸鷄鳴(계명) 鳴動(명동)
진흥 준4급 / 검정 4급	1176	山부 / 5급	총10획	島	섬 도	岛	島	落島(낙도) 島民(도민) 韓半島(한반도) 列島(열도)
	1177	鳥부 / 3급Ⅱ	총14획	鳳	새 봉:	凤	鳳	鳳蝶(봉접) 鳳枕(봉침) ❹鳳德(봉덕) 鳳仙花(봉선화)

급수	번호	부수	한자	훈	음	중국/일본	자원	어휘
진흥 준3급 검정 3급	1178 3급Ⅱ	火부 총10획	烏	까마귀	오	중국 乌 일본 烏	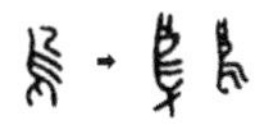 눈 부위를 생략한 새 모양.	烏飛梨落(오비이락) 烏竹(오죽)
	1179 3급	口부 총13획	嗚	슬플	오	중국 呜 일본 嗚		嗚呼(오호) ❺嗚泣(오읍) 嗚呼痛哉(오호통재)

말 마 馬

갑문

금문

소전

말의 **눈**과 **깃털**과 **다리**를 강조한 모양으로 '**말**'을 뜻한다.

급수	번호	부수	한자	훈	음	중국/일본	어휘
진흥 준5급 검정 6급	1180 5급	馬부 총10획	馬	말	마:	중국 马 일본 馬	馬具(마구) 馬耳東風(마이동풍) 塞翁之馬(새옹지마)
	1181 3급	竹부 총16획	篤	도타울	독	중국 笃 일본 篤	篤實(독실) 篤信(독신) 敦篤(돈독) 危篤(위독)

긴 장 長

갑문

금문

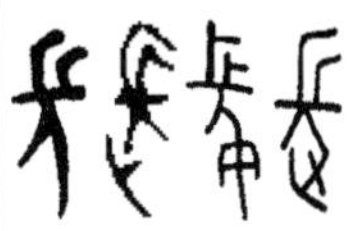

소전

머리가 긴 노인이 지팡이를 들고 서 있는 모양에서 '**길다**' '**어른**' '**자라다**'를 뜻한다.

급수	번호	부수	한자	훈	음	중국/일본	어휘
진흥 준5급 검정 5급	1182 8급	長부 총8획	長	긴/어른	장(:)	중국 长 일본 長	長短(장단) 長點(장점) 長官(장관) 長期(장기)
진흥 3급	1183 4급	巾부 총11획	帳	장막	장(:)	중국 帐 일본 帳	帳幕(장막) ❻帳簿(장부) 布帳(포장) 日記帳(일기장)
진흥 3급	1184 4급	弓부 총11획	張	베풀	장	중국 张 일본 張	張力(장력) 誇張(과장) 張皇(장황) 伸張(신장)

구슬 옥 玉

갑문

금문

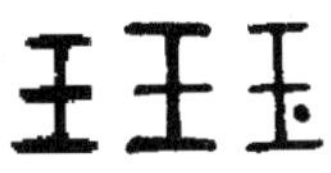

소전

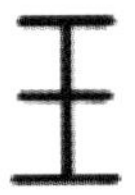

줄(丨)에 일정한 간격으로 **꿴 구슬**(三)로 王(왕)과 구분하기 위해 '丶'를 더해 '**옥**'을 뜻한다.

급수	번호	부수	한자	훈	음	중국/일본	어휘
진흥 준5급 검정 6급	1185 4급Ⅱ	玉부 총5획	玉	구슬	옥	중국 玉 일본 玉	玉寶(옥보) 玉篇(옥편) 玉手(옥수) 玉雪(옥설)
진흥 준3급 검정 5급	1186 6급	玉부 총10획	班	나눌	반	중국 班 일본 班	班列(반열) 班長(반장) 兩班(양반) 班常會(반상회)

어구 풀이

❶曜靈(요령) : '태양(太陽)'을 달리 이르는 말.
❷擁壁(옹벽) : 땅을 깎거나 흙을 쌓아 생기는 비탈이 흙의 압력으로 무너져 내리지 않도록 만든 벽.
❸鷄鳴(계명) : ① 닭이 욺. 또는 그런 울음. ② 계명 축시(새벽1~3시).
❹鳳德(봉덕) : 성인 군자의 덕.
❺嗚泣(오읍) : 목메어 욺. 또는 그런 울음. 오열(嗚咽).
❻帳簿(장부) : 물건의 출납이나 돈의 수지(收支) 계산을 적어 두는 책.

29 확인학습

1 다음 漢字의 訓과 音을 쓰시오. (*는 3급·3급II 고유 한자입니다.)

(1) 護	(2) 穫 *	(3) 獲 *	(4) 推
(5) 唯 *	(6) 惟 *	(7) 維 *	(8) 進
(9) 稚 *	(10) 誰 *	(11) 雖 *	(12) 催 *
(13) 集	(14) 雜	(15) 準	(16) 雙 *
(17) 奪 *	(18) 奮 *	(19) 羅	(20) 舊
(21) 確	(22) 鶴 *	(23) 離	(24) 應
(25) 雁 *	(26) 懼 *	(27) 禽 *	(28) 曜
(29) 濯 *	(30) 躍 *	(31) 擁 *	(32) 雄
(33) 鳥	(34) 鳴	(35) 島	(36) 鳳 *
(37) 烏 *	(38) 嗚 *	(39) 馬	(40) 篤 *
(41) 長	(42) 帳	(43) 張	(44) 玉
(45) 班			

2 다음 漢字語의 讀音을 쓰시오.

(1) 護送	(2) 收穫	(3) 獲得	(4) 推進
(5) 唯心	(6) 思惟	(7) 維持	(8) 進學
(9) 稚拙	(10) 誰何	(11) 雖然	(12) 主催
(13) 集合	(14) 雜念	(15) 標準	(16) 雙龍
(17) 奪取	(18) 興奮	(19) 羅列	(20) 舊式
(21) 確信	(22) 仙鶴	(23) 離散	(24) 應急
(25) 雁信	(26) 疑懼	(27) 猛禽	(28) 曜日

(29) 洗濯 [ ]	(30) 活躍 [ ]	(31) 抱擁 [ ]	(32) 雄壯 [ ]
(33) 白鳥 [ ]	(34) 耳鳴 [ ]	(35) 列島 [ ]	(36) 鳳枕 [ ]
(37) 烏竹 [ ]	(38) 嗚呼 [ ]	(39) 馬具 [ ]	(40) 敦篤 [ ]
(41) 長期 [ ]	(42) 布帳 [ ]	(43) 誇張 [ ]	(44) 玉篇 [ ]
(45) 班列 [ ]			

3 다음 訓과 音을 지닌 漢字를 쓰시오. (* 는 3급·3급Ⅱ 고유 한자입니다.)

(1) 거둘 확 [*]	(2) 구슬 옥 [ ]	(3) 굳을 확 [ ]	(4) 기러기 안 [*]
(5) 긴 장 [ ]	(6) 까마귀 오 [*]	(7) 길 옹 [*]	(8) 나눌 반 [ ]
(9) 나아갈 진 [ ]	(10) 누구 수 [*]	(11) 도울 호 [ ]	(12) 도타울 독 [*]
(13) 두려울 구 [*]	(14) 떠날 리 [ ]	(15) 떨칠 분 [*]	(16) 뛸 약 [*]
(17) 말 마 [ ]	(18) 모을 집 [ ]	(19) 밀 추 [ ]	(20) 벌릴 라 [ ]
(21) 베풀 장 [ ]	(22) 벼리 유 [*]	(23) 비록 수 [*]	(24) 빛날 요 [ ]
(25) 빼앗을 탈 [*]	(26) 날짐승 금 [*]	(27) 새 봉 [*]	(28) 새 조 [ ]
(29) 생각할 유 [*]	(30) 섞일 잡 [ ]	(31) 섬 도 [ ]	(32) 수컷 웅 [ ]
(33) 슬플 오 [*]	(34) 쌍 쌍 [*]	(35) 씻을 탁 [*]	(36) 어릴 치 [*]
(37) 얻을 획 [*]	(38) 예 구 [ ]	(39) 오직 유 [*]	(40) 울 명 [ ]
(41) 응할 응 [ ]	(42) 장막 장 [ ]	(43) 재촉할 최 [*]	(44) 준할 준 [ ]
(45) 학 학 [*]			

30과 主·堇·示·四·西·酉 모양을 가진 한자

임금 왕 王

갑문

금문

소전

넓적하고 **큰 도끼 모양**으로, 도끼로 많은 사람을 다스리던 **'왕'**에서 **'크고, 많음'**을 뜻한다.

참고 (㞷 무성할 황) **땅**(土) 위에 어지러운 **발**(㞢=之)자국처럼 **'많은'** 초목이 **'무성하게' '어지럽게'** 자람. '㞷(황)' 변형⇒'王(왕)'·主(주).

진흥 8급 / 검정 준5급	1187 / 8급	玉부 / 총4획	王	임금 왕	중국	王	일본	王	王朝(왕조) 王室(왕실) 王孫(왕손) 王陵(왕릉)
	1188 / 3급Ⅱ	犬부 / 총7획	狂	미칠 광	중국	狂	일본	狂	狂亂(광란) 狂氣(광기) 狂犬病(광견병) 狂奔(광분)

임금/주인 주 主

갑문

금문

소전
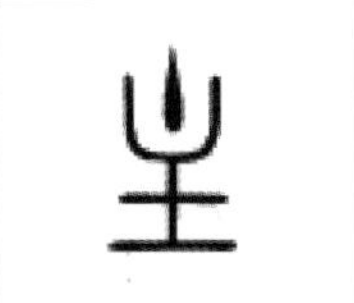

등불(丶)이 등잔이나 **횃대**(王) 가운데에 있는 데서, 일이나 사물의 **중심**에서 **'주인'**을 뜻한다.

진흥 6급 / 검정 준5급	1189 / 7급	丶부 / 총5획	主	주인 주	중국	主	일본	主	主人(주인) 主演(주연) 主催(주최) 主管(주관)
진흥 준5급 / 검정 5급	1190 / 7급	人부 / 총7획	住	살 주:	중국	住	일본	住	住民(주민) 住所(주소) 居住(거주) 住宅(주택)
진흥 준4급 / 검정 준4급	1191 / 6급	水부 / 총8획	注	부을/물댈 주:	중국	注	일본	注	注油(주유) 注意(주의) 注入(주입) 注視(주시)
진흥 3급	1192 / 3급Ⅱ	木부 / 총9획	柱	기둥 주	중국	柱	일본	柱	柱石(주석) 支柱(지주) 電柱(전주) 柱根(주근)
진흥 4급 / 검정 4급	1193 / 4급Ⅱ	彳부 / 총8획	往	갈 왕:	중국	往	일본	往	往年(왕년) 往來(왕래) 往復(왕복) 說往說來(설왕설래)

누를 황 黃

갑문

금문

소전

사람이 허리춤에 **가로**로 차고 다니던 누런 **노리개**(田) 색에서 **'누르다' '누렇다'**를 뜻한다.

참고 **'黃'**은 가로로 차던 노리개에서 黃자를 만나는 글자는 **'가로'**라는 숨은 뜻을 갖는다.

진흥 5급 / 검정 5급	1194 / 6급	黃부 / 총12획	黃	누를 황	중국	黄	일본	黄	黃色(황색) 黃金(황금) 黃昏(황혼) 黃土(황토)
	1195 / 3급Ⅱ	木부 / 총16획	橫	가로 횡	중국	横	일본	横	橫斷步道(횡단보도) 橫材(횡재) 橫列(횡렬) 橫厄(횡액)
진흥 준4급 / 검정 4급	1196 / 5급	广부 / 총15획	廣	넓을 광:	중국	广	일본	広	廣野(광야) 廣場(광장) 廣告(광고) 廣範圍(광범위)
	1197 / 4급	金부 / 총23획	鑛	쇳돌 광:	중국	矿	일본	鉱	鑛夫(광부) 鑛山(광산) 金鑛(금광) 鑛業(광업)
	1198 / 3급	手부 / 총18획	擴	넓힐 확	중국	扩	일본	拡	擴張(확장) 擴大(확대) 擴散(확산) 擴聲器(확성기)

진흙 근 堇

갑문	금문	소전

사람을 묶어 **불**(火)태워 비를 구하던 모양으로 어려움에 처함을 뜻하나, 후에 제물을 **끈적한 진흙**(土)으로 만든 사람 형상을 쓰면서 '**土**'의 형태가 되어 '**진흙**' '**조금**' '**어려움**'을 뜻한다.

급수	번호	부수	한자	훈음	중국/일본	용례
	1199 / 3급	人부 총13획	僅	겨우 근:	중국 仅 / 일본 僅	僅僅(근근: 간신히) 僅少(근소) 僅僅得生(근근득생)
진흥 준3급 / 검정 3급	1200 / 4급	力부 총13획	勤	부지런할 근(:)	중국 勤 / 일본 勤	勤勉(근면) 勤儉(근검) 勤勞(근로) 勤務(근무)
진흥 3급	1201 / 3급	言부 총18획	謹	삼갈 근:	중국 谨 / 일본 謹	謹弔(근조) 謹身(근신) 謹嚴(근엄) 謹賀新年(근하신년)
진흥 3급	1202 / 4급	欠부 총15획	歎	탄식할 탄:	중국 叹 / 일본 歎	歎息(탄식) 感歎(감탄) 恨歎(한탄) 歎服(탄복)
진흥 준5급 / 검정 5급	1203 / 7급	水부 총14획	漢	한수/한나라 한:	중국 汉 / 일본 漢	漢陽(한양) 漢江(한강) 漢字(한자) 漢文(한문)
진흥 준3급 / 검정 준3급	1204 / 4급Ⅱ	隹부 총19획	難	어려울 난(:)	중국 难 / 일본 難	難處(난처) 難關(난관) 難民(난민) 難易(난이)

보일 시 示

갑문	금문	소전
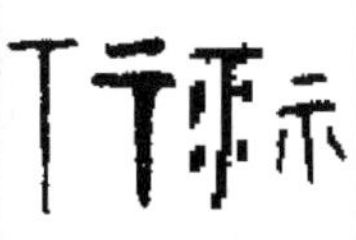	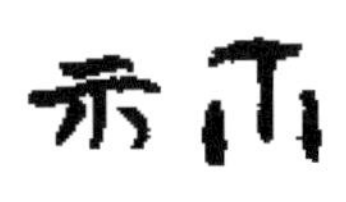	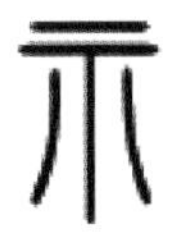

신이나 조상에 제사 지내던 돌 **제단**(丅) 위 **희생물**(一)과 흐르는 **핏물**(八)로 '**신**'이 길흉을 '**보이거나**', 제사를 드려 마음을 보임에서 '**보이다**'를 뜻한다. 위패(位牌) 모양이라고도 한다.

급수	번호	부수	한자	훈음	중국/일본	용례
진흥 5급 / 검정 5급	1205 / 5급	示부 총5획	示	보일 시:	중국 示 / 일본 示	表示(표시) 示範(시범) 訓示(훈시) 展示(전시)
진흥 준3급 / 검정 준3급	1206 / 4급Ⅱ	宀부 총8획	宗	마루/종교 종	중국 宗 / 일본 宗	 제단이 모셔져 있는 집, 즉 宗家(종가)집을 말함. — 宗孫(종손) 宗教(종교)
진흥 준3급 / 검정 3급	1207 / 4급	山부 총11획	崇	높을 숭	중국 崇 / 일본 崇	崇尙(숭상) 崇拜(숭배) 崇高(숭고) 崇儒(숭유)

제사 제 祭

갑문	금문	소전
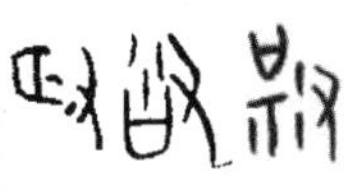		

고기(月)덩이를 **손**(又)으로 **제단**(示)에 올려놓고 '**제사**'함을 뜻한다.

급수	번호	부수	한자	훈음	중국/일본	용례
진흥 4급 / 검정 4급	1208 / 4급Ⅱ	示부 총11획	祭	제사 제:	중국 祭 / 일본 祭	祭祀(제사) 祭禮(제례) 祭壇(제단) 祝祭(축제)
진흥 준3급	1209 / 4급Ⅱ	阜부 총14획	際	즈음/가 제	중국 际 / 일본 際	實際(실제) 交際(교제) 國際(국제) 此際(차제)
진흥 4급 / 검정 4급	1210 / 4급Ⅱ	宀부 총14획	察	살필 찰	중국 察 / 일본 察	巡察(순찰) 警察(경찰) 檢察(검찰) 觀察(관찰)

질그릇 **요/유**	금문	소전	
䍃			**육장**(月)을 담는 진흙을 구워 만든 **장군**(缶) 모양 항아리에서 '**질그릇**' '**항아리**'를 뜻한다.

	번호	부수	한자	훈음		중국/일본		어휘
	1211 / 3급	手부 / 총13획	搖	흔들	요	중국 摇 / 일본 揺		搖亂(요란) 搖動(요동) 搖之不動(요지부동) 搖車(요거)
	1212 / 3급	辵부 / 총14획	遙	멀	요	중국 遥 / 일본 遥		遙度(요탁) 遙遠(요원) 遙天(요천) ❶遙拜(요배)
진흥 준3급 / 검정 준3급	1213 / 4급Ⅱ	言부 / 총17획	謠	노래	요	중국 谣 / 일본 謡		童謠(동요) 民謠(민요) 歌謠(가요) 俗謠(속요)

넉 **사**	갑문	금문	소전	
四		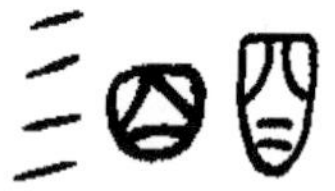	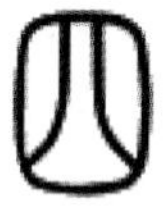	**코**에서 **콧물**이나, 입에서 기운이 갈라져 나오는 모양이나, 숫자 **넷**, '**넉**'을 뜻한다.

	번호	부수	한자	훈음		중국/일본		어휘
진흥 8급 / 검정 8급	1214 / 8급	口부 / 총5획	四	넉	사:	중국 四 / 일본 四		四君子(사군자) 四季(사계) 四書三經(사서삼경)
진흥 준3급 / 검정 준3급	1215 / 4급Ⅱ	网부 / 총14획	罰	벌할	벌	중국 罚 / 일본 罰	詈(꾸짖을 리)에 刀(칼 도)를 더해 죄인을 칼로 벌 주던 일을 뜻함.	罰金(벌금) 罰則(벌칙)

덮을 **아**	소전	
襾		**눌러**(一) **그릇**(凵)을 **덮은**(冖=冂) 데서 '**덮음**'을 뜻한다. 참고 襾(아)는 '覀' 모양으로 쓰인다.

	번호	부수	한자	훈음		중국/일본		어휘
진흥 6급 / 검정 8급	1216 / 8급	襾부 / 총6획	西	서녘	서	중국 西 / 일본 西		西洋(서양) 西海(서해) ❷西紀(서기) 西方極樂(서방극락)
진흥 3급	1217 / 3급Ⅱ	木부 / 총10획	栗	밤	률	중국 栗 / 일본 栗	 밤이 열린 모양으로 밤나무를 뜻함.	生栗(생률) 栗木(율목)
	1218 / 3급	米부 / 총12획	粟	조	속	중국 粟 / 일본 粟	 손으로 기장을 잡은 모양, 찧지 않은 곡식을 뜻함.	粟米(속미) ❸粟奴(속노)
진흥 준4급 / 검정 4급	1219 / 5급	人부 / 총15획	價	값	가	중국 价 / 일본 価		價値(가치) 定價(정가) 特價(특가) 價格(가격)
	1220 / 3급Ⅱ	辵부 / 총16획	遷	옮길	천:	중국 迁 / 일본 遷	 물건을 들고 위로 가는 모양에서 '옮기다'란 뜻이 됨.	變遷(변천) 左遷(좌천)

어구 풀이
❶遙拜(요배) : 대상이 멀리 떨어져 있을 때 연고가 있는 쪽을 바라보고 절을 함. 또는 그렇게 하는 절.
❷西紀(서기) : 기원 후.
❸粟奴(속노) : 조의 깜부기.
❹票決(표결) : 투표를 하여 결정함.
❺浮漂(부표) : 물 위에 떠서 이리저리 마구 떠돌아다님.

표 표	금문	소전	
票			불(火)똥이 **일어나**(舁) **굴뚝**(囟)으로 **튀어**(䙳:가벼울 표) **올라**(舁) 밝게 '**드러나 보임**'(示). 파자 중요한 물건을 표시해 **덮어**(襾) 신(示)에게 바쳐 보이는 데서 '**표**' '**표하다**'를 뜻한다.

진흥 준3급 검정 준3급	1221 4급Ⅱ	示부 총11획	票	불똥튈/표 표	중국 票 일본 票	投票(투표) ❹票決(표결) 郵票(우표) 賣票所(매표소)
	1222 3급	水부 총14획	漂	떠다닐 표	중국 漂 일본 漂	漂流(표류) ❺浮漂(부표) 漂白(표백) 漂迫(표박)
	1223 4급	木부 총15획	標	표할 표	중국 标 일본 標	標示(표시) 標準(표준) 標識(표지) 標本(표본)

막을 인	금문	소전	
垔			**대소쿠리**(襾)로 연기만 빠지도록 덮은 **높게 흙**(壬=土)으로 쌓은 굴뚝에서 '**막다**'를 뜻한다.

진흥 준3급 검정 준3급	1224 4급Ⅱ	火부 총13획	煙	연기 연	중국 烟 일본 煙	煙氣(연기) 禁煙(금연) 煙草(연초) 愛煙(애연)

닭/술그릇 유	갑문	금문	소전	
酉				**술그릇**을 보고 만든 글자로 '**술**' '**발효식품**'을 뜻하며, 12지지(地支)로 쓰여 '**닭**'을 뜻한다.

진흥 4급 검정 준3급	1225 3급	酉부 총7획	酉	술그릇/닭 유	중국 酉 일본 酉	12지의 10번째. 서쪽. 가을. / 酉時(유시) 酉方(유방)
진흥 준3급 검정 3급	1226 4급	酉부 총10획	酒	술 주	중국 酒 일본 酒	酒類(주류) 酒宴(주연) 酒幕(주막) 酒量(주량)
	1227 3급	酉부 총17획	醜	추할/더러울 추	중국 丑 일본 醜	醜女(추녀) 醜行(추행) 醜雜(추잡) 醜態(추태)
진흥 준4급 검정 준4급	1228 6급	酉부 총18획	醫	의원 의	중국 医 일본 医	醫師(의사) 醫院(의원) 醫藥(의약) 韓醫(한의)

쉬어가기

마음에 새겨 두면 좋을 명언

■ 自暴者 不可與有言也 自棄者 不可與有爲也 (자포자 불가여유언야, 자기자 불가여유위야)
자신을 스스로 해치는 사람과는 함께 이야기 할 수 없으며, 스스로를 버리는 사람과는 함께 일할 수 없다.

『孟子』 離婁 上篇

30 확인학습

1 다음 漢字의 訓과 音을 쓰시오. (*는 3급·3급Ⅱ 고유 한자입니다.)

(1) 王 　(2) 狂 * 　(3) 主 　(4) 住
(5) 注 　(6) 柱 * 　(7) 往 　(8) 黃
(9) 橫 * 　(10) 廣 　(11) 鑛 　(12) 擴 *
(13) 僅 * 　(14) 勤 　(15) 謹 * 　(16) 歎
(17) 漢 　(18) 難 　(19) 示 　(20) 宗
(21) 崇 　(22) 祭 　(23) 際 　(24) 察
(25) 搖 * 　(26) 遙 * 　(27) 謠 　(28) 四
(29) 罰 　(30) 西 　(31) 栗 * 　(32) 粟 *
(33) 價 　(34) 遷 * 　(35) 票 　(36) 漂 *
(37) 標 　(38) 煙 　(39) 酉 * 　(40) 酒
(41) 醜 * 　(42) 醫

2 다음 漢字語의 讀音을 쓰시오.

(1) 王陵 　(2) 狂亂 　(3) 主催 　(4) 居住
(5) 注視 　(6) 支柱 　(7) 往復 　(8) 黃土
(9) 橫材 　(10) 廣野 　(11) 金鑛 　(12) 擴張
(13) 僅少 　(14) 勤勞 　(15) 謹嚴 　(16) 歎息
(17) 漢字 　(18) 難易 　(19) 示範 　(20) 宗敎
(21) 崇尙 　(22) 祝祭 　(23) 交際 　(24) 檢察

(25) 搖亂	(26) 遙遠	(27) 民謠	(28) 四季
(29) 罰則	(30) 西海	(31) 生栗	(32) 粟米
(33) 價値	(34) 左遷	(35) 投票	(36) 漂白
(37) 標本	(38) 禁煙	(39) 酉時	(40) 酒量
(41) 醜行	(42) 醫藥		

3 다음 訓과 音을 지닌 漢字를 쓰시오. (*는 3급·3급Ⅱ 고유 한자입니다.)

(1) 가로 횡 *	(2) 갈 왕	(3) 값 가	(4) 겨우 근 *
(5) 기둥 주 *	(6) 넉 사	(7) 넓을 광	(8) 넓힐 확 *
(9) 노래 요	(10) 높을 숭	(11) 누를 황	(12) 술그릇 유 *
(13) 떠다닐 표 *	(14) 마루 종	(15) 멀 요 *	(16) 미칠 광 *
(17) 밤 률 *	(18) 벌할 벌	(19) 보일 시	(20) 부을 주
(21) 부지런할 근	(22) 살 주	(23) 살필 찰	(24) 삼갈 근 *
(25) 서녘 서	(26) 쇳돌 광	(27) 술 주	(28) 어려울 난
(29) 연기 연	(30) 옮길 천 *	(31) 의원 의	(32) 임금 왕
(33) 제사 제	(34) 조 속 *	(35) 주인 주	(36) 즈음 제
(37) 추할 추 *	(38) 탄식할 탄	(39) 불똥튈 표	(40) 표할 표
(41) 한수 한	(42) 흔들 요 *		

31과 衣·卒·穴·犬·父 모양을 가진 한자

우두머리 추

酋

갑문	금문	소전

향기가 위로 **나뉘어**(八) 오르는 **잘 익은 술**(酉)을 '**두목**'에게 받침에서 '**우두머리**'를 뜻한다.

급수	번호	부수/획수	한자	훈	음	중국/일본	활용 단어
진흥 4급 / 검정 준3급	1229 / 4급Ⅱ	寸부 총12획	尊	높을	존	중국 尊 / 일본 尊	尊重(존중) 尊稱(존칭) 尊敬(존경) 自尊心(자존심)
	1230 / 3급	辵부 총16획	遵	좇을	준:	중국 遵 / 일본 遵	遵範(준범) 遵行(준행) 遵守(준수) 遵法(준법) 遵用(준용)
진흥 준3급 / 검정 3급	1231 / 3급Ⅱ	犬부 총12획	猶	오히려	유	중국 犹 / 일본 猶	❶猶豫(유예) 猶不足(유부족) ❷猶父(유부) 猶女(유녀)

옷 의

衣

갑문	금문	소전
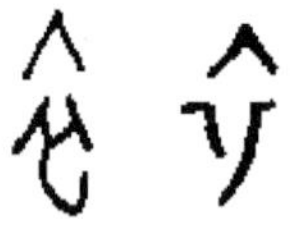	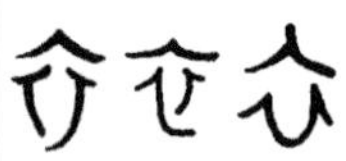	

옷의 **깃**(亠)과 **소매**와 **옷자락**(𧘇)이 잘 나타나 있는 웃옷의 모양으로 '**옷**'을 뜻한다.

급수	번호	부수/획수	한자	훈	음	중국/일본	활용 단어
진흥 준5급 / 검정 준5급	1232 / 6급	衣부 총6획	衣	옷	의	중국 衣 / 일본 衣	衣服(의복) 衣食住(의식주) 衣裳(의상) 衣紙(의지)
진흥 4급 / 검정 준3급	1233 / 4급	人부 총8획	依	의지할	의	중국 依 / 일본 依	依支(의지) 依存(의존) ❸依舊(의구) 依他心(의타심)
진흥 5급 / 검정 준4급	1234 / 6급	衣부 총8획	表	겉	표	중국 表 / 일본 表	表示(표시) 表面(표면) 表現(표현) 表出(표출)
진흥 준3급 / 검정 3급	1235 / 3급Ⅱ	口부 총9획	哀	슬플	애	중국 哀 / 일본 哀	哀惜(애석) ❹哀愁(애수) 哀願(애원) 哀痛(애통)
	1236 / 3급Ⅱ	衣부 총10획	衰	쇠할	쇠	중국 衰 / 일본 衰	衰弱(쇠약) 衰退(쇠퇴) 老衰(노쇠) 興亡盛衰(흥망성쇠)

잃을 상

喪

갑문	금문	소전
	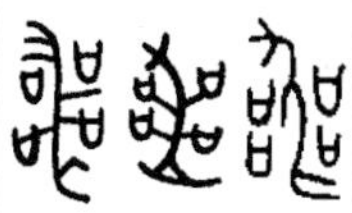	

뽕나무의 **잎**(吅)과 **가지**(十)를 걸어, 사람이 **죽음**(亡=亾)을 표하여(䘮) '**죽다**'를 뜻한다.

참고 사람이 **죽어**(亡=亾) 많은 사람(㗊)이 **시끄럽게**(吅) **우는**(哭) 데서 '**잃다**'를 뜻한다.

급수	번호	부수/획수	한자	훈	음	중국/일본	활용 단어
진흥 준3급 / 검정 3급	1237 / 3급Ⅱ	口부 총12획	喪	잃을	상(:)	중국 丧 / 일본 喪	喪服(상복) 喪失(상실) 弔喪(조상) 喪家(상가)

성/긴옷 원

袁

금문	금문	소전

옷(衣)깃에 **끈**(一)과 옷 가운데 둥근 **옥**(口)이나 천을 덧댄 '**넓고**' '**긴 옷**'으로, '**성**'으로 쓰인다.

흥 준4급 / 정 준4급	1238 / 6급	口부 총13획	園	동산 원	중국 园 / 일본 園	學園(학원) 公園(공원) 庭園(정원) 園藝(원예)
흥 5급 / 정 5급	1239 / 6급	辵부 총14획	遠	멀 원:	중국 远 / 일본 遠	遠視(원시) 遠洋(원양) 遠近(원근) 遠距離(원거리)

놀라볼 경

瞏

금문

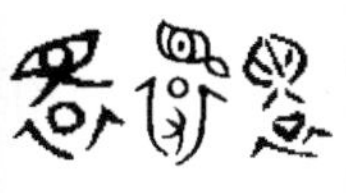

소전

눈(目＝罒)으로 **옷**(衣) 위에 고리 모양의 **둥근**(口) 옥을 **길게**(袁) 늘어뜨린 것을 놀라보는(瞏＝睘) 데서 **'놀라서 보다'**를 뜻한다.

참고 睘(경)은 **'둥글다'**를 뜻함.

흥 3급	1240 / 4급	玉부 총17획	環	고리 환	중국 环 / 일본 環	循環(순환) 環境(환경) 花環(화환) ❺環狀(환상)
	1241 / 3급Ⅱ	辵부 총17획	還	돌아올 환	중국 还 / 일본 還	❻還元(환원) 還生(환생) 還甲(환갑) 召還(소환)

도울 양

襄

금문

소전

옷(衣)을 벗듯, 땅속을 **갈아**(耕＝井＝㐬) 생강 같은 **덩이뿌리**(吅) 채취를 **'도움'**을 뜻한다.

참고 **옷**(衣)을 벗고 농요를 **부르며**(吅) 밭을 **갈아**(耕＝井＝㐬) 밭일을 **'도움'**을 뜻한다.

흥 3급	1242 / 3급Ⅱ	土부 총20획	壤	흙덩이 양:	중국 壤 / 일본 壌	土壤(토양) ❼擊壤(격양) 壤土(양토) 天壤之差(천양지차)
흥 준3급 / 정 3급	1243 / 3급Ⅱ	言부 총24획	讓	사양할 양:	중국 让 / 일본 譲	辭讓(사양) 讓步(양보) 讓渡(양도) 分讓(분양)

품을 회

褱

금문

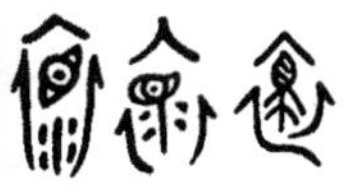

소전

옷(衣)으로 **눈**(目＝罒)에서 **눈물**(氺)이 흐름을(眔) 덮어 **감추는** 데서 **'품다'**를 뜻한다.

1244 / 3급Ⅱ	土부 총19획	壞	무너질 괴:	중국 坏 / 일본 壊	破壞(파괴) ❽壞滅(괴멸) 崩壞(붕괴) 壞血病(괴혈병)
1245 / 3급Ⅱ	心부 총19획	懷	품을 회	중국 怀 / 일본 懐	懷疑(회의) 感懷(감회) 懷抱(회포) 懷古(회고)

어구 풀이

❶猶豫(유예) : 망설여 일을 결행하지 아니함.
❷猶父(유부) : 스승, 숙부.
❸依舊(의구) : 옛 모양과 다름이 없음. 옛날 그대로 변함이 없음.
❹哀愁(애수) : 마음을 서글프게 하는 슬픈 시름.
❺環狀(환상) : 고리처럼 동그랗게 생긴 형상.
❻還元(환원) : 본디의 상태로 다시 돌아감. 또는 그렇게 되게 함.
❼擊壤(격양) : 중국에서 행하던 민간 놀이의 하나. 두 개의 나무 중 하나를 땅 위에 놓고 다른 토막을 던져 맞추던 놀이.
❽壞滅(괴멸) : 조직이나 체계 따위가 모조리 파괴되어 멸망함.

마칠 졸 卒

갑문	금문	소전

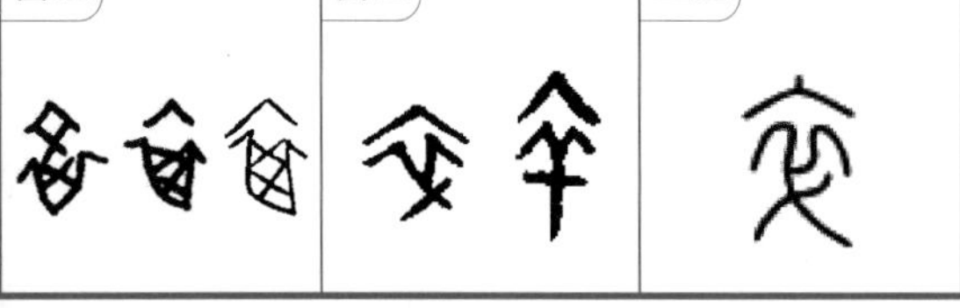

옷(衣=衣)에 **갑편**(+=一)이나 부호를 단 옷을 입은 **'졸병'**으로, 전투에서 장군보다 잘 죽는 데서 **'갑자기' '죽다' '마치다'**를 뜻한다.

파자 **높은**(亠) 장군을 따르는(从) **많은**(十) **'졸병'**.

시험 급수	번호	급수	부수	총획	한자	훈음	중국	일본	용례
진흥 준4급 / 검정 준4급	1246	5급	十부	총8획	卒	군사/마칠 졸	卒	卒	兵卒(병졸) 卒倒(졸도) 卒業(졸업) 腦卒中(뇌졸중)
	1247	3급Ⅱ	酉부	총15획	醉	취할 취:	醉	酔	醉中(취중) 陶醉(도취) 醉氣(취기) 醉興(취흥)

굴/구멍 혈 穴

갑문	금문	소전

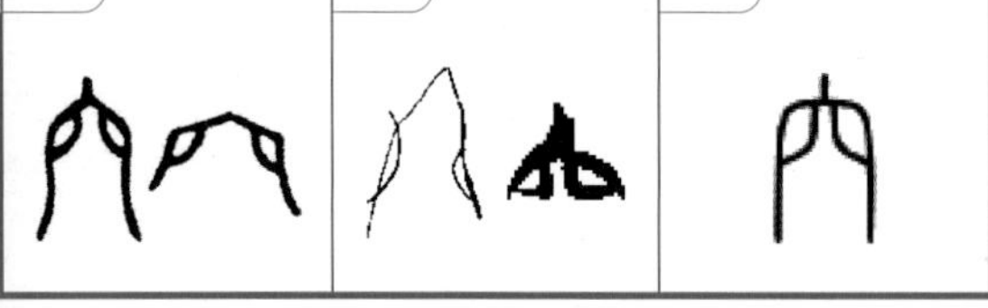

동굴이나 땅을 파고 만든 **움집**의 형태로 **'굴' '구멍'**을 뜻한다.

참고 **집**(宀)처럼 틈을 **나누어**(八) 넓힌 **'굴'**을 뜻한다.

시험 급수	번호	급수	부수	총획	한자	훈음	중국	일본	용례
	1248	3급Ⅱ	穴부	총5획	穴	구멍/굴 혈	穴	穴	經穴(경혈) 穴居(혈거) 墓穴(묘혈) 穴處(혈처)
진흥 5급 / 검정 준4급	1249	6급	穴부	총11획	窓	창문 창	窗	窓	窓門(창문) 鐵窓(철창) 窓口(창구) 窓戶紙(창호지)
	1250	3급	穴부	총22획	竊	훔칠/몰래 절	窃	窃	竊盜(절도) 竊取(절취) 竊笑(절소) 竊位(절위)

개 견 犬

갑문	금문	소전

개의 **옆모습**을 나타낸 것으로 **'개'**나 짐승, 자신을 낮추거나 **하찮은 것**을 비유할 때 쓰인다.

시험 급수	번호	급수	부수	총획	한자	훈음	중국	일본	용례
진흥 5급 / 검정 6급	1251	4급	犬부	총4획	犬	개 견	犬	犬	愛犬(애견) 鬪犬(투견) 犬馬之勞(견마지로) 忠犬(충견)
진흥 준3급 / 검정 준3급	1252	4급	人부	총6획	伏	엎드릴 복	伏	伏	伏線(복선) 潛伏(잠복) 屈伏(굴복) 降伏(항복)
진흥 3급	1253	3급Ⅱ	穴부	총9획	突	갑자기 돌	突	突	突發(돌발) 衝突(충돌) 突出(돌출) 突破(돌파)
	1254	3급Ⅱ	口부	총10획	哭	울 곡	哭	哭	痛哭(통곡) 哭聲(곡성) 哭泣(곡읍) 弔哭(조곡)
진흥 준3급 / 검정 4급	1255	4급Ⅱ	口부	총16획	器	그릇 기	器	器	器械(기계) 器官(기관) 器具(기구) 大器晩成(대기만성)
	1256	3급	自부	총10획	臭	냄새 취:	臭	臭	惡臭(악취) 體臭(체취) 臭氣(취기) 脫臭(탈취)
진흥 준3급 / 검정 준3급	1257	4급Ⅱ	犬부	총8획	狀	형상/모양 상 / 문서 장:	状	状	狀況(상황) 症狀(증상) 賞狀(상장) 年賀狀(연하장)

1258 / 3급Ⅱ	犬부 / 총14획	獄	옥 옥	중국 狱 / 일본 獄	獄中(옥중) 獄死(옥사) 地獄(지옥) 脫獄(탈옥)	
1259 / 3급Ⅱ	犬부 / 총19획	獸	짐승 수	중국 兽 / 일본 獸	 單의 변형과 犬을 합쳐 사냥 대상인 '짐승'을 뜻함.	禽獸(금수) 鳥獸(조수)
1260 / 3급	水부 / 총11획	淚	눈물 루:	중국 泪 / 일본 涙	淚液(누액) 落淚(낙루) 血淚(혈루) 催淚彈(최루탄)	
1261 / 4급Ⅱ	土부 / 총17획	壓	누를/억누를 압	중국 压 / 일본 圧	壓迫(압박) 壓力(압력) 壓縮(압축) 抑壓(억압)	
흥 준4급 / 정 준4급 — 1262 / 7급	火부 / 총12획	然	그럴 연	중국 然 / 일본 然	개〔犬〕고기〔月: 肉의 변형자〕를 불로 '태우다'가 뜻이나 '그러하다'로 쓰임.	當然(당연) 自然(자연)
1263 / 4급	火부 / 총16획	燃	탈/불사를 연	중국 燃 / 일본 燃	燃燒(연소) 燃燈(연등) 燃料(연료) 再燃(재연)	

달릴 발 友 소전

개(犬)가 발을 **삐치며**(丿) 달리는 데서 '**달리다**'를 뜻한다.

1264 / 3급	手부 / 총8획	拔	뽑을/빼 발	중국 拔 / 일본 抜	拔劍(발검) 選拔(선발) 拔群(발군) 拔本塞源(발본색원)
흥 3급 — 1265 / 4급	髟부 / 총15획	髮	터럭 발	중국 发 / 일본 髪	假髮(가발) 毛髮(모발) 理髮(이발) 危機一髮(위기일발)

아비 부 父

갑문  금문  소전 

도끼나 **사냥 도구**(八)를 **손**(又=乂)에 들고 사냥이나 식량 생산을 하는 '**아비**'를 뜻한다.

흥 8급 / 정 8급 — 1266 / 8급	父부 / 총4획	父	아비/아버지 부	중국 父 / 일본 父	生父(생부) 父母(부모) 父傳子傳(부전자전) 父系(부계)

쉬어가기

마음에 새겨 두면 좋은 명언

■ 道德經 第18章 (도덕경 제18장)

大道廢, 有仁義 (대도폐, 유인의) 대도가 없어지면 인이니 의니 하는 것이 강조되고,
智慧出, 有大僞 (지혜출, 유대위) 지혜가 나서면 엄청난 위선이 생겨납니다.
六親不和, 有孝慈 (육친불화, 유자애) 집안 사람끼리 불화하면 효니 자애니 논란이 일고,
國家昏亂 有忠臣 (국가혼란, 유충신) 나라가 어지러워지면 충신이 나타납니다.

31 확인학습

1 다음 漢字의 訓과 音을 쓰시오. (*는 3급·3급II 고유 한자입니다.)

(1) 尊	(2) 遵 *	(3) 猶 *	(4) 衣
(5) 依	(6) 表	(7) 哀 *	(8) 衰 *
(9) 喪 *	(10) 園	(11) 遠	(12) 環
(13) 還 *	(14) 壤 *	(15) 讓 *	(16) 壞 *
(17) 懷 *	(18) 卒	(19) 醉 *	(20) 穴 *
(21) 窓	(22) 竊 *	(23) 犬	(24) 伏
(25) 突 *	(26) 哭 *	(27) 器	(28) 臭 *
(29) 狀	(30) 獄 *	(31) 獸 *	(32) 淚 *
(33) 壓	(34) 然	(35) 燃	(36) 拔
(37) 髮	(38) 父		

2 다음 漢字語의 讀音을 쓰시오.

(1) 尊敬	(2) 遵法	(3) 猶豫	(4) 衣紙
(5) 依存	(6) 表面	(7) 哀痛	(8) 衰弱
(9) 弔喪	(10) 庭園	(11) 遠洋	(12) 環境
(13) 召還	(14) 擊壤	(15) 分讓	(16) 崩壞
(17) 懷古	(18) 卒業	(19) 醉氣	(20) 經穴
(21) 窓口	(22) 竊盜	(23) 鬪犬	(24) 屈伏
(25) 突發	(26) 痛哭	(27) 器械	(28) 體臭

(29) 狀況	(30) 地獄	(31) 禽獸	(32) 淚液
(33) 抑壓	(34) 當然	(35) 再燃	(36) 選拔
(37) 假髮	(38) 父母	(39) 症狀	(40) 賞狀
(41) 淚水	(42) 血淚	(43) 西海	(44) 酉方
(45) 四季	(46) 酒量	(47) 壤土	(48) 破壞
(49) 哀惜	(50) 衰退		

3 다음 訓과 音을 지닌 漢字를 쓰시오. (* 는 3급·3급II 고유 한자입니다.)

(1) 갑자기 돌 *	(2) 개 견	(3) 겉 표	(4) 고리 환
(5) 군사 졸	(6) 구멍 혈 *	(7) 그럴 연	(8) 그릇 기
(9) 냄새 취 *	(10) 높을 존	(11) 누를 압	(12) 눈물 루 *
(13) 돌아올 환 *	(14) 동산 원	(15) 멀 원	(16) 무너질 괴 *
(17) 뽑을 발 *	(18) 사양할 양 *	(19) 쇠할 쇠 *	(20) 슬플 애 *
(21) 아비 부	(22) 엎드릴 복	(23) 오히려 유 *	(24) 옥 옥 *
(25) 옷 의	(26) 울 곡 *	(27) 의지할 의	(28) 잃을 상 *
(29) 좇을 준 *	(30) 짐승 수 *	(31) 창문 창	(32) 취할 취 *
(33) 탈 연	(34) 터럭 발	(35) 품을 회 *	(36) 형상 상
(37) 훔칠 절 *	(38) 흙덩이 양 *		

32과 交·文·卑·雨·己·巴 모양을 가진 한자

사귈 교	갑문	금문	소전	
交				사람의 발이 **엇갈려** 있는 데서 **'섞이다' '바뀌다' '서로' '사귀다'**를 뜻한다.

진흥/검정	번호/급수	부수/획수	한자	훈음	중국/일본	어휘
진흥 5급 검정 5급	1267 6급	亠부 총6획	交	사귈/바꿀 교	중국 交 일본 交	交流(교류) 交代(교대) 交換(교환) 交感(교감)
	1268 3급	邑부 총9획	郊	들 교	중국 郊 일본 郊	遠郊(원교) 近郊(근교) 郊外(교외) 郊原(교원)
진흥 준5급 검정 5급	1269 8급	木부 총10획	校	학교 교:	중국 校 일본 校	校長(교장) 校庭(교정) 校舍(교사) 將校(장교)
진흥 3급	1270 3급Ⅱ	車부 총13획	較	견줄/비교 교	중국 较 일본 較	比較(비교) 較差(교차) 日較差(일교차) 較量(교량)
진흥 준4급 검정 4급	1271 5급	攴부 총10획	效	본받을 효:	중국 效 일본 効	效能(효능) 藥效(약효) 無效(무효) 效果(효과)

글월/무늬 문	갑문	금문	소전	
文		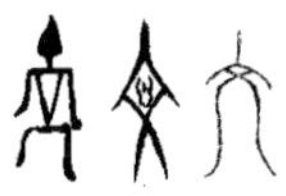		**사람의 몸**에 **'문신'**을 한 **모양**으로, **'무늬' '글월' '문체'** 등을 뜻한다.

진흥/검정	번호/급수	부수/획수	한자	훈음	중국/일본	어휘
진흥 6급 검정 준5급	1272 7급	文부 총4획	文	글월 문	중국 文 일본 文	文法(문법) 文藝(문예) 文學(문학) 文理(문리)
	1273 3급Ⅱ	糸부 총10획	紋	무늬 문	중국 纹 일본 紋	波紋(파문) 指紋(지문) 紋樣(문양) 紋章(문장)
	1274 3급	心부 총15획	憫	민망할 민	중국 悯 일본 憫	憐憫(연민) 憫然(민연) 憫迫(민박) 憫笑(민소)

귀신 귀	갑문	금문	소전	
鬼				**귀신가면**(甶:귀신머리 불)을 쓴 **무당**(儿)이 **앉은**(厶) 모습이나, 죽어 머리가 커진 **'귀신'**, 또는 **죽은 사람**의 정기가 **모아서** 된 **'귀신'**을 뜻한다.

번호/급수	부수/획수	한자	훈음	중국/일본	어휘
1275 3급Ⅱ	鬼부 총10획	鬼	귀신 귀:	중국 鬼 일본 鬼	鬼神(귀신) 惡鬼(악귀) 鬼才(귀재) 神出鬼沒(신출귀몰)
1276 3급	心부 총13획	愧	부끄러울 괴:	중국 愧 일본 愧	❶慙愧(참괴) 愧心(괴심) 愧色(괴색) 自愧之心(자괴지심)
1277 3급	土부 총13획	塊	흙덩이 괴	중국 块 일본 塊	塊形(괴형) 土塊(토괴) 金塊(금괴) 塊根(괴근)

어구 풀이 ❶慙愧(참괴) : 매우 부끄러워함. ❷惱殺(뇌쇄) : 애가 타도록 몹시 괴로워함. 또는 그렇게 괴롭힘.

낮을 비

卑

갑문

금문

소전

주기(酒器)나 의식(儀式)용 **도구**(甲＝由)를 **손**(又＝十)으로 잡은, 신분이 '**낮은**' 사람을 뜻한다.

번호/급수	부수/획수	한자	훈음	중국/일본	용례
1278 3급Ⅱ	十부 총8획	卑	낮을 비:	중국 卑 일본 卑	卑屈(비굴) 卑劣(비열) 野卑(야비) 卑下(비하)
1279 3급Ⅱ	女부 총11획	婢	여자종 비	중국 婢 일본 婢	奴婢(노비) 婢妾(비첩) 官婢(관비) 侍婢(시비)
1280 4급	石부 총13획	碑	비석 비	중국 碑 일본 碑	碑石(비석) 碑銘(비명) 墓碑(묘비) 碑刻(비각)

정수리 신

囟

금문

소전

머리 가운데 부분인 '**정수리**'의 상형(象形)이다.

참고 㐫(머리털 노)는 **정수리**(囟) 위에 **머리털**(巛)이 있음을 나타낸다.

번호/급수	부수/획수	한자	훈음	중국/일본	용례
진흥 3급 1281 3급Ⅱ	肉부 총13획	腦	뇌수/골 뇌	중국 脑 일본 脳	腦炎(뇌염) 腦裏(뇌리) 腦死(뇌사) 腦波(뇌파)
1282 3급	心부 총12획	惱	번뇌할 뇌	중국 恼 일본 悩	煩惱(번뇌) 苦惱(고뇌) ❷惱殺(뇌쇄) 百八煩惱(백팔번뇌)

천창 창

囱

소전

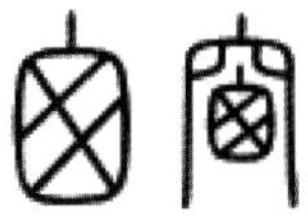

실내 공기나 연기를 빠르게 환기하려 만든 지붕에 만든 '**천창**'이나 '**굴뚝**'을 뜻한다.

참고 '囱'은 댓가지를 엮어 만든 '**창**'이나 '**굴뚝**'.

번호/급수	부수/획수	한자	훈음	중국/일본	용례
진흥 준3급 1283 4급Ⅱ	糸부 총17획	總	다 총:	중국 总 일본 総	總務(총무) 總理(총리) 總長(총장) 總裁(총재)
진흥 3급 1284 3급	耳부 총17획	聰	귀밝을 총	중국 聪 일본 聡	聰明(총명) 聰氣(총기) 聰悟(총오) 聰敏(총민)

쉬어가기

속담과 한자성어

■ 하늘은 스스로 돕는 자를 돕는다 → 愚公移山(우공이산)
선하게 꾸준히 노력하는 자는 하늘도 돕는다는 말이다.

■ 우물에 가 숭늉 찾는다 → 緣木求魚(연목구어)
우물을 길어서 밥을 지은 후에 숭늉이 있을 것인데, 성미가 몹시 급하여 터무니없이 재촉하거나 서둘러, 참고 기다리지 못함을 이르는 말이다.

이를 운 云

갑문

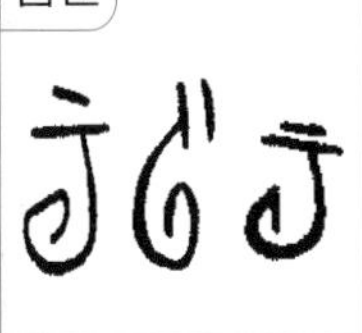

금문

소전

공기 기운 중에 수증기가 엉긴 **뭉게구름 모양**으로, 말의 기운에서 **'이르다' '구름'**을 뜻한다.

참고 '雲(운)'의 古字(고자).

진흥	검정	번호	급수	부수	획수	한자	훈	음	중국	일본	단어
준3급	3급	1285	3급	二부	총4획	云	이를	운	云	云	云云(운운) 云謂(운위) ❶云爲(운위) 云何(운하)
준4급	준4급	1286	5급	雨부	총12획	雲	구름	운	云	雲	雲霧(운무) 雲雨(운우) 雲峰(운봉) 雲海(운해)
		1287	3급Ⅱ	鬼부	총14획	魂	넋	혼	魂	魂	魂靈(혼령) 靈魂(영혼) 魂神(혼신) 鬪魂(투혼)

비 우 雨

갑문

금문

소전

하늘에서 내리는 **'비'**의 모양으로, 비와 관계있는 **기상상태**를 뜻한다.

진흥	검정	번호	급수	부수	획수	한자	훈	음	중국	일본	단어
4급	4급	1288	5급	雨부	총8획	雨	비	우:	雨	雨	雨備(우비) 雨衣(우의) 雨期(우기) 暴雨(폭우)
준5급	5급	1289	7급	雨부	총13획	電	번개	전:	电	電	電子(전자) 電流(전류) 電話(전화) 電氣(전기)
		1290	3급Ⅱ	雨부	총13획	雷	우레	뢰	雷	雷	雷聲(뇌성) 地雷(지뢰) 雷管(뇌관) 附和雷同(부화뇌동)
준4급	준4급	1291	6급	雨부	총11획	雪	눈/씻을	설	雪	雪	雪山(설산) 雪峰(설봉) 雪景(설경) ❷雪辱(설욕)

몸/중심 기 己

갑문

금문

소전

주살이나, 여러 실을 묶는 **중심** 몸인, **벼리**가 되는 **'굽은'** 실에서 **'몸' '자기'**를 뜻한다.

참고 己(기)는 아이 모양인 '巳(사)'나, 뱃속에서 이미 다 자란 아이인 '已'와 혼용한다.

진흥	검정	번호	급수	부수	획수	한자	훈	음	중국	일본	단어
준5급	6급	1292	5급	己부	총3획	己	몸	기	己	己	知己(지기) 利己(이기) 自己(자기) ❸克己(극기)
		1293	3급	心부	총7획	忌	꺼릴	기	忌	忌	忌日(기일) 忌避(기피) 禁忌(금기) 週忌(주기)
3급		1294	4급	糸부	총9획	紀	벼리/법	기	纪	紀	軍紀(군기) 紀綱(기강) ❹檀紀(단기) 紀律(기율)
준5급	5급	1295	7급	言부	총10획	記	기록할	기	记	記	記錄(기록) 記念(기념) 記號(기호) 記述(기술)
4급	준3급	1296	4급Ⅱ	走부	총10획	起	일어날	기	起	起	起立(기립) ❺起伏(기복) 起案(기안) 起床(기상)

급수	번호	급수	부수	획수	한자	훈음	중국	일본	용례
	1297	3급Ⅱ	女부	총6획	妃	왕비 비	妃	妃	王妃(왕비) 皇妃(황비) 楊貴妃(양귀비) 大妃(대비)
진흥 준3급	1298	4급Ⅱ	酉부	총10획	配	짝/나눌 배:	配	配	配匹(배필) 交配(교배) 配達(배달) 配置(배치)
진흥 준4급 검정 4급	1299	5급	攴부	총7획	改	고칠 개:	改	改	改正(개정) 改名(개명) 改善(개선) 改造(개조)

뱀 사 巳

갑문 · 금문 · 소전

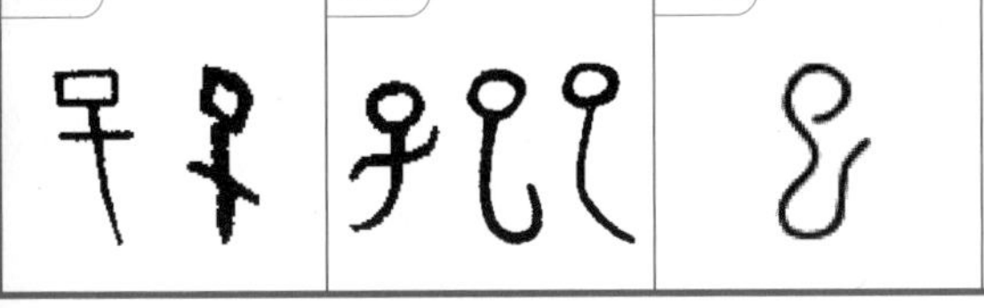

아직 태어나지 않은 **미숙한 '아이'** 모양이나 지지(地支)로 쓰이면서 **'뱀'**을 뜻한다.

급수	번호	급수	부수	획수	한자	훈음	중국	일본	용례
진흥 4급 검정 준3급	1300	3급	己부	총3획	巳	뱀 사:	巳	巳	여섯째 지지. 巳時(사시) 乙巳條約(을사조약)
진흥 3급	1301	3급Ⅱ	示부	총8획	祀	제사 사	祀	祀	祭祀(제사) 告祀(고사) 祀典(사전) 時祀(시사)
진흥 준3급 검정 3급	1302	3급Ⅱ	己부	총3획	已	이미 이:	已	已	已往(이왕) 已甚(이심) 不得已(부득이) 已知(이지)

꼬리 파 巴

갑문 · 소전

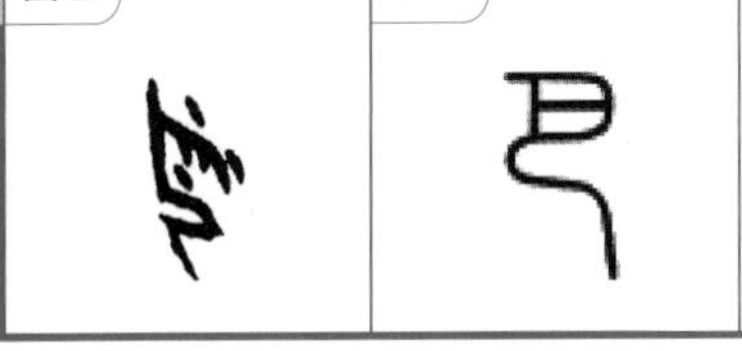

손으로 잡고 **할퀴어 뜯거나** 입을 크게 벌린 모습으로, 코끼리도 잡아먹는다는 전설상의 길고 **큰 뱀**에서 **'꼬리' '땅이름'**을 뜻한다.

급수	번호	급수	부수	획수	한자	훈음	중국	일본	용례
	1303	3급	手부	총7획	把	잡을 파:	把	把	把筆(파필) 把守兵(파수병) ❻把手(파수) 把持(파지)
진흥 3급	1304	3급Ⅱ	肉부	총8획	肥	살찔 비:	肥	肥	肥滿(비만) 天高馬肥(천고마비) 肥大(비대) 肥料(비료)

고을 읍 邑

갑문 · 금문 · 소전

성곽(口) 아래 **꿇어앉은 사람**(㔾=巴)으로, 일정한 구역에 사는 사람에서 **'고을'**을 뜻한다.

급수	번호	급수	부수	획수	한자	훈음	중국	일본	용례
진흥 준5급 검정 5급	1305	7급	邑부	총7획	邑	고을 읍	邑	邑	都邑(도읍) 邑內(읍내) 邑長(읍장) 邑民(읍민)

어구 풀이

❶云爲(운위) : ① 말과 행동을 아울러 이르는 말. ② 세태와 인정을 아울러 이르는 말.
❷雪辱(설욕) : 부끄러움을 씻음.
❸克己(극기) : 자기의 감정이나 욕심, 충동 따위를 이성적 의지로 눌러 이김.
❹檀紀(단기) : 단군기원.
❺起伏(기복) : ① 지세(地勢)가 높아졌다 낮아졌다 함. ② 세력이나 기세 따위가 성하였다 쇠하였다 함.
❻把手(파수) : ① 손을 잡음. ② 그릇 따위의 손잡이.

32 확인학습

1 다음 漢字의 訓과 音을 쓰시오. (*는 3급·3급Ⅱ 고유 한자입니다.)

(1) 交	(2) 郊 *	(3) 校	(4) 較 *
(5) 效	(6) 文	(7) 紋 *	(8) 憫 *
(9) 鬼 *	(10) 愧 *	(11) 塊 *	(12) 卑 *
(13) 婢 *	(14) 碑	(15) 腦 *	(16) 惱 *
(17) 總	(18) 聰 *	(19) 云 *	(20) 雲
(21) 魂 *	(22) 雨	(23) 電	(24) 雷 *
(25) 雪	(26) 己	(27) 忌 *	(28) 紀
(29) 記	(30) 起	(31) 妃 *	(32) 配
(33) 改	(34) 巳 *	(35) 祀 *	(36) 已 *
(37) 把 *	(38) 肥 *	(39) 邑	

2 다음 漢字語의 讀音을 쓰시오.

(1) 交換	(2) 遠郊	(3) 校庭	(4) 較差
(5) 無效	(6) 文藝	(7) 指紋	(8) 憫迫
(9) 惡鬼	(10) 慙愧	(11) 塊根	(12) 卑下
(13) 奴婢	(14) 碑銘	(15) 腦炎	(16) 煩惱
(17) 總長	(18) 聰氣	(19) 云爲	(20) 雲海
(21) 魂神	(22) 雨備	(23) 電氣	(24) 雷聲
(25) 雪辱	(26) 克己	(27) 忌避	(28) 軍紀

(29) 記號	(30) 起床	(31) 皇妃	(32) 配達
(33) 改造	(34) 巳時	(35) 告祀	(36) 已往
(37) 把持	(38) 肥滿	(39) 邑內	(40) 知己
(41) 戊巳	(42) 已甚	(43) 乙未	(44) 雷管
(45) 地雷	(46) 交代	(47) 文理	(48) 塊形
(49) 碑刻			

3 다음 訓과 音을 지닌 漢字를 쓰시오. (＊는 3급·3급Ⅱ 고유 한자입니다.)

(1) 견줄 교 ＊	(2) 고을 읍	(3) 고칠 개	(4) 구름 운
(5) 귀밝을 총 ＊	(6) 귀신 귀 ＊	(7) 글월 문	(8) 기록할 기
(9) 꺼릴 기 ＊	(10) 낮을 비 ＊	(11) 넋 혼 ＊	(12) 뇌수 뇌 ＊
(13) 눈 설	(14) 다 총	(15) 들 교 ＊	(16) 몸 기
(17) 무늬 문 ＊	(18) 민망할 민 ＊	(19) 뱀 사 ＊	(20) 번개 전
(21) 번뇌할 뇌 ＊	(22) 벼리 기	(23) 본받을 효	(24) 부끄러울 괴 ＊
(25) 비 우	(26) 비석 비	(27) 사귈 교	(28) 살찔 비 ＊
(29) 여자종 비 ＊	(30) 왕비 비 ＊	(31) 우레 뢰 ＊	(32) 이를 운 ＊
(33) 이미 이 ＊	(34) 일어날 기	(35) 잡을 파 ＊	(36) 제사 사 ＊
(37) 짝 배	(38) 학교 교	(39) 흙덩이 괴 ＊	

33과 乙·也·卩·女·母 모양을 가진 한자

빛 색	갑문	금문	소전
色		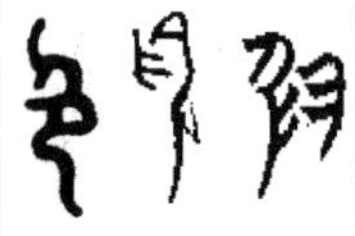	

선 **사람**(⺈)이 **꿇어앉은 사람**(㔾=巴)을 화난 얼굴빛을 띠고 훈계하는 데서 얼굴'**색**'을 뜻한다.
참고 서 있는 **사람**(⺈)과 **꿇어앉은 사람**(㔾=巴)으로 '**여러 모양**' '**가지각색**'을 뜻한다.

급수	번호/급	부수/획	한자	훈음	중국/일본	단어
진흥 준5급 / 검정 5급	1306 / 7급	色부 / 총6획	色	빛 색	중국 色 / 일본 色	色相(색상) 色盲(색맹) 色彩(색채) 本色(본색)
진흥 준3급 / 검정 준3급	1307 / 4급Ⅱ	糸부 / 총12획	絕	끊을 절	중국 绝 / 일본 絶	絕緣(절연) 絕交(절교) 絕對(절대) 絕望(절망)

새/굽을 을	갑문	금문	소전
乙			

굽은 **새싹**, **새**, **큰 띠 모양**, **짐승가슴** 등의 설이 있다. 대부분 '**달라붙다**'의 의미로 쓰인다.

급수	번호/급	부수/획	한자	훈음	중국/일본	단어
진흥 4급 / 검정 준3급	1308 / 3급Ⅱ	乙부 / 총1획	乙	새 을	중국 乙 / 일본 乙	십간의 둘째. 乙巳(을사) 乙夜(을야) 乙覽(을람)
	1309 / 3급	乙부 / 총3획	乞	빌 걸	중국 乞 / 일본 乞	求乞(구걸) 乞神(걸신) 門前乞食(문전걸식) 乞身(걸신)

갈 지	갑문	금문	소전
之	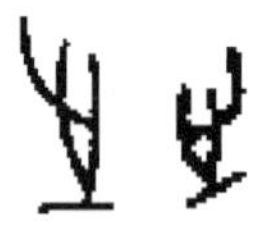		

서 있는 **발인** '止'와 같이 **땅과 발**을 나타내나, 뜻은 '止'와 달리 '**가다**'를 뜻한다.

급수	번호/급	부수/획	한자	훈음	중국/일본	단어
진흥 준3급 / 검정 3급	1310 / 3급Ⅱ	丿부 / 총4획	之	갈/어조사 지	중국 之 / 일본 之	搖之不動(요지부동) 左之右之(좌지우지) 之東之西(지동지서)

이끼/어조사 야	금문	소전
也	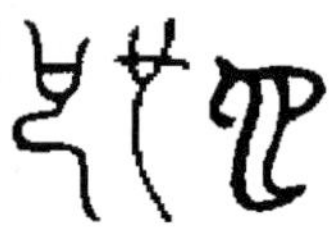	

'**뱀**'처럼 **길거나** '**움푹 파인 모양**'으로 '**어조사**'로 쓰이며, 한자의 '**토**'를 뜻하는 '**입겿**·**입겻**'의 잘못이 '**이끼**'로 변했다.
참고 它(다를/뱀 타)는 대부분 '也'로 변한다.

급수	번호/급	부수/획	한자	훈음	중국/일본	단어
진흥 준3급 / 검정 3급	1311 / 3급	乙부 / 총3획	也	어조사 야:	중국 也 / 일본 也	言則是也(언즉시야) 及其也(급기야) 也帶(야대)
진흥 준5급 / 검정 6급	1312 / 7급	土부 / 총6획	地	땅 지	중국 地 / 일본 地	地球(지구) 地方(지방) 地域(지역) 地獄(지옥)
진흥 3급	1313 / 3급Ⅱ	水부 / 총6획	池	못 지	중국 池 / 일본 池	城池(성지) 貯水池(저수지) 乾電池(건전지) 墨池(묵지)
진흥 준4급 / 검정 4급	1314 / 5급	人부 / 총5획	他	다를 타	중국 他 / 일본 他	他人(타인) 他律(타율) 他意(타의) 他姓(타성)

병부/신표/굽힐 절	갑문	금문	소전	
卩		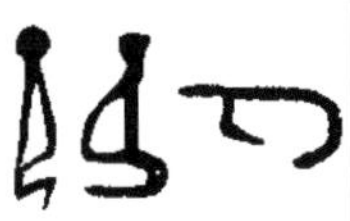		몸을 **굽혀** 꿇어앉은 사람 모양으로, **꿇어앉은** 지방관에게 '**병부**'를 주는 것을 뜻한다. 참고 卩＝㔾＝マ＝巴.

진흥 준3급 검정 3급	1315 4급	犬부 총5획	犯	범할 범:	중국 犯 일본 犯	犯行(범행) 犯罪(범죄) 共犯(공범) 侵犯(침범)
진흥 3급	1316 4급	竹부 총15획	範	법 범:	중국 范 일본 範	模範(모범) 師範(사범) 規範(규범) 範圍(범위)
	1317 3급	厂부 총4획	厄	액/재앙 액	중국 厄 일본 厄	厄氣(액기) 厄運(액운) 橫厄(횡액) 災厄(재액)

위태할 위	갑문	금문	소전	
危				**사람**(⺈)이 **언덕**(厂) 위와 아래에 **꿇어앉아**(㔾) 모두 위태로운 데서 '**위태롭다**'를 뜻한다.

진흥 4급 검정 준3급	1318 4급	卩부 총6획	危	위태할 위	중국 危 일본 危	危殆(위태) 危急(위급) 危篤(위독) 危險(위험)

누워뒹굴 원	갑문	금문	소전	
夗				**저녁**(夕)에 사람이 몸을 **굽혀**(㔾) 옆으로 누움에서 '**누워 뒹굴다**'를 뜻한다.

진흥 준3급 검정 3급	1319 4급	心부 총9획	怨	원망할 원:	중국 怨 일본 怨	怨望(원망) 怨恨(원한) 怨聲(원성) 民怨(민원)

쉬어가기

명시 감상

■ 雜詩 1 (잡시 1)

陶淵明 (도연명)

人生無根蔕 (인생무근체) 인생은 뿌리도 꼭지도 없어
飄如陌上塵 (표여맥상진) 길 위에 흩날리는 먼지와 같네
分散逐風轉 (분산축풍전) 바람 따라 흩어지고 뒹구니
此已非常身 (차이비상신) 이 몸은 이미 항상 똑같지 않다
落地爲兄弟 (낙지위형제) 세상에 나와 형 아우하는 것이
何必骨肉親 (하필골육친) 어찌 반드시 한 핏줄이라야 하랴
得歡當作樂 (득환당작락) 기쁜 일은 마땅히 즐겨야 하니
斗酒聚比隣 (두주취비린) 한 말 술로 이웃과 어울려 보네
盛年不重來 (성년부중래) 젊은 시절은 거듭 오지 않고
一日難再晨 (일일난재신) 하루에 새벽은 두 번 있지 않으니
及時當勉勵 (급시당면려) 좋은 때 놓치지 말고 힘써야 마땅함이라
歲月不待人 (세월부대인) 세월은 사람을 기다리지 않느니

蔕 꼭지/가시 체(급외) 飄 회오리바람 표 (1급)
陌 길/두렁 맥(급외) 聚 모일 취 (2급)

계집 녀	갑문	금문	소전	
女		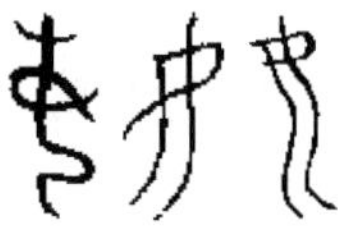		두 손을 꿇어앉은 무릎에 가지런히 올리고 있는 **여자 모습**이나, 두 손이 묶여 잡혀온 **여자**에서 '**여자**' '**계집**'을 뜻한다.

급수	번호/급	부수/획수	한자	훈음	중국/일본	용례
진흥 8급 검정 8급	1320 8급	女부 총3획	女	계집 녀	중국 女 일본 女	女性(여성) 女王(여왕) 男女(남녀) 女人天下(여인천하)
진흥 준4급 검정 4급	1321 4급II	女부 총6획	好	좋을 호:	중국 好 일본 好	好奇心(호기심) 好意(호의) 好感(호감) 好評(호평)
진흥 3급	1322 3급II	女부 총5획	奴	종 노	중국 奴 일본 奴	 손으로 여자를 잡은 모양으로, 잡힌 여자 즉 '종'을 뜻함. | 奴婢(노비) 奴隷(노예)
진흥 준3급 검정 준3급	1323 4급II	力부 총7획	努	힘쓸 노	중국 努 일본 努	❶努力(노력) ❷努肉(노육)
진흥 4급 검정 준3급	1324 4급II	心부 총9획	怒	성낼 노:	중국 怒 일본 怒	怒氣(노기) 怒發大發(노발대발) 憤怒(분노) 激怒(격노)
진흥 3급	1325 3급	女부 총9획	姦	간사할 간:	중국 奸 일본 姦	姦淫(간음) 姦通(간통) 輪姦(윤간) 和姦(화간)
진흥 준3급 검정 3급	1326 3급	水부 총6획	汝	너 여:	중국 汝 일본 汝	汝等(여등) 汝輩(여배) 汝矣島(여의도)
진흥 준4급 검정 준4급	1327 4급II	女부 총6획	如	같을 여	중국 如 일본 如	如何間(여하간) ❸如反掌(여반장) 如一(여일) 如干(여간)
진흥 3급	1328 3급II	心부 총10획	恕	용서할 서:	중국 恕 일본 恕	容恕(용서) ❹寬恕(관서) 恕免(서면) 忠恕(충서)

편안 안	갑문	금문	소전	
安				**집**(宀)에 **여자**(女)가 편히 있거나, **집**(宀) 안을 편하게 하는 '**노예**'나 **여자**(女)에서 '**편하다**'를 뜻한다.

급수	번호/급	부수/획수	한자	훈음	중국/일본	용례
진흥 준5급 검정 5급	1329 7급	宀부 총6획	安	편안 안	중국 安 일본 安	安全(안전) ❺安寧(안녕) 安逸(안일) 安貧樂道(안빈낙도)
진흥 준4급 검정 4급	1330 5급	木부 총10획	案	책상 안:	중국 案 일본 案	案件(안건) 案席(안석) 意案(의안) 提案(제안)
진흥 3급	1331 3급II	宀부 총10획	宴	잔치 연:	중국 宴 일본 宴	 해(日)가 밝아도 일하지 않고 편안히 있는 여자(女)에서 '편하다'를 뜻한다. | 宴會(연회) 壽宴(수연)

요긴할 요	갑문	금문	
要		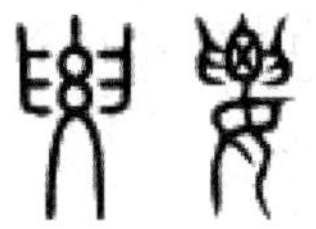	두 손으로 **덮어**(襾) 잡은 **여자**(女)의 중요한 허리에서 '**중요하다**' '**요긴하다**'를 뜻한다.

	번호 / 급수	부수 / 획수	한자	훈음	중국 / 일본	어휘
흥 준4급 정 준4급	1332 5급	襾부 총9획	要	요긴할 요	중국 要 일본 要	要約(요약) 要點(요점) 要求(요구) 要請(요청)
	1333 3급	肉부 총13획	腰	허리 요	중국 腰 일본 腰	腰痛(요통) 細腰(세요) 腰帶(요대) 腰折腹痛(요절복통)

어미 모(말 무)

母(毋)

갑문	금문	소전

여자(女)의 가슴을 표하는 **두 점**(:)을 표하여 아이가 있는 **'어미'**를 뜻하며, 毋(무)는 **금지선**(一)을 그어 아이가 있는 어미(母)에 접근을 금함에서 **'말다'** **'없다'**를 뜻한다.

참고 '毋'와 '母'자의 자원(字源)을 같게 보기도 한다.

	번호 / 급수	부수 / 획수	한자	훈음	중국 / 일본	어휘
흥 8급 정 8급	1334 8급	毋부 총5획	母	어미/어머니 모:	중국 母 일본 母	父母(부모) 母子(모자) 母親(모친) 母音(모음)
흥 3급	1335 4급Ⅱ	毋부 총8획	毒	독 독	중국 毒 일본 毒	毒氣(독기) 毒蛇(독사) 毒殺(독살) ❻毒舌(독설)

매양 매

每

갑문	금문	소전

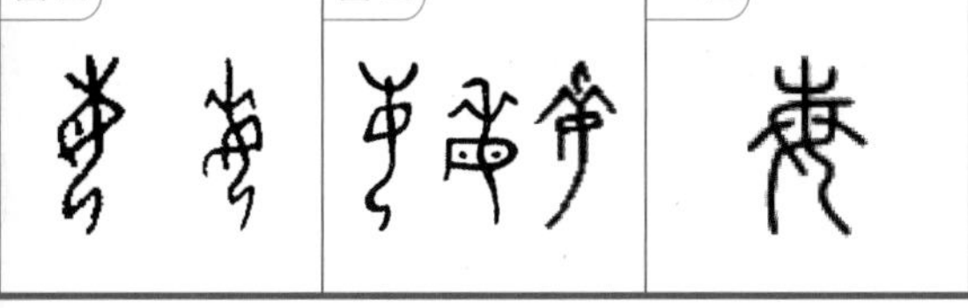

매일 머리에 화려한 **장식**(𠂉)을 한 성인 **여자**(母)에서 **'매양' '매일' '아름답다'**를 뜻한다.

	번호 / 급수	부수 / 획수	한자	훈음	중국 / 일본	어휘
흥 준5급 정 5급	1336 7급	毋부 총7획	每	매양 매(:)	중국 每 일본 每	每番(매번) 每年(매년) 每週(매주) 每回(매회)
	1337 3급	人부 총9획	侮	업신여길 모:	중국 侮 일본 侮	侮辱(모욕) 輕侮(경모) 受侮(수모) ❼慢侮(만모)
흥 3급	1338 3급Ⅱ	木부 총11획	梅	매화 매	중국 梅 일본 梅	梅實(매실) 梅雨(매우) 紅梅(홍매) 梅香(매향)
흥 준5급 정 5급	1339 7급	水부 총10획	海	바다 해:	중국 海 일본 海	海岸(해안) 海軍(해군) 海水(해수) 海邊(해변)
흥 3급	1340 3급	攴부 총11획	敏	민첩할 민	중국 敏 일본 敏	敏感(민감) ❽英敏(영민) 銳敏(예민) 過敏(과민)
흥 3급	1341 3급Ⅱ	心부 총10획	悔	뉘우칠 회:	중국 悔 일본 悔	後悔(후회) 悔恨(회한) 悔改(회개) 悔心(회심)
흥 3급	1342 3급Ⅱ	糸부 총17획	繁	번성할 번	중국 繁 일본 繁	繁盛(번성) 繁昌(번창) 繁榮(번영) 繁華街(번화가)

어구 풀이

❶努力(노력) : 목적을 이루기 위해 몸과 마음을 다하여 애를 씀.
❷努肉(노육) : 궂은살. 헌 데에 두드러지게 내민 군더더기 살. 군살.
❸如反掌(여반장) : 손바닥을 뒤집는 것과 같다는 뜻으로, 일이 매우 쉬움을 이르는 말.
❹寬恕(관서) : 죄나 허물 따위를 너그럽게 용서함. 관면(寬免).
❺安寧(안녕) : ① 아무 탈 없이 편안함. ② 편한 사이에서 서로 만나거나 헤어질 때 정답게 하는 인사말.
❻毒舌(독설) : 남을 해치거나 비방하는 모질고 악독스러운 말.
❼慢侮(만모) : 거만한 태도로 남을 업신여김.
❽英敏(영민) : 뛰어나게 현명(賢明)하고 민첩함.

33 확인학습

1 다음 漢字의 訓과 音을 쓰시오. (*는 3급·3급Ⅱ 고유 한자입니다.)

(1) 色	(2) 絕	(3) 乙 *	(4) 乞 *
(5) 之 *	(6) 也 *	(7) 地	(8) 池 *
(9) 鬼	(10) 犯	(11) 範	(12) 厄 *
(13) 危	(14) 怨	(15) 女	(16) 好
(17) 奴 *	(18) 努	(19) 怒	(20) 姦 *
(21) 汝 *	(22) 如	(23) 恕 *	(24) 安
(25) 案	(26) 宴 *	(27) 要	(28) 腰 *
(29) 母	(30) 毒	(31) 每	(32) 侮 *
(33) 梅 *	(34) 海	(35) 敏 *	(36) 悔 *
(37) 繁 *			

2 다음 漢字語의 讀音을 쓰시오.

(1) 色彩	(2) 絕望	(3) 乙夜	(4) 求乞
(5) 之東	(6) 也帶	(7) 地球	(8) 城池
(9) 他姓	(10) 也帶	(11) 範圍	(12) 災厄
(13) 危殆	(14) 怨聲	(15) 女王	(16) 好評
(17) 奴婢	(18) 努力	(19) 激怒	(20) 姦通
(21) 汝等	(22) 如干	(23) 容恕	(24) 安寧

(25) 提案 (26) 宴會 (27) 要求 (28) 腰痛

(29) 母親 (30) 毒舌 (31) 每回 (32) 侮辱

(33) 梅雨 (34) 海邊 (35) 英敏 (36) 悔改

(37) 繁昌 (38) 邑內 (39) 色相 (40) 怒氣

(41) 恕免 (42) 奴隷 (43) 如一 (44) 母音

(45) 每番 (46) 要求 (47) 票決

3 다음 訓과 音을 지닌 漢字를 쓰시오. (*는 3급·3급Ⅱ 고유 한자입니다.)

(1) 간사할 간 * (2) 갈 지 * (3) 같을 여 (4) 계집 녀

(5) 끊을 절 (6) 너 여 * (7) 뉘우칠 회 * (8) 다를 타

(9) 독 독 (10) 땅 지 (11) 매양 매 (12) 매화 매 *

(13) 못 지 * (14) 민첩할 민 * (15) 바다 해 (16) 번성할 번 *

(17) 범할 범 (18) 법 범 (19) 빌 걸 * (20) 빛 색

(21) 새 을 * (22) 성낼 노 (23) 액 액 * (24) 어미 모

(25) 어조사 야 * (26) 업신여길 모 * (27) 요긴할 요 (28) 용서할 서 *

(29) 원망할 원 (30) 위태할 위 (31) 잔치 연 * (32) 종 노 *

(33) 좋을 호 (34) 책상 안 (35) 편안 안 (36) 허리 요 *

(37) 힘쓸 노

34과 方·巾·制·亢·凡 모양을 가진 한자

모/이방인 방	갑문	금문	소전	
方	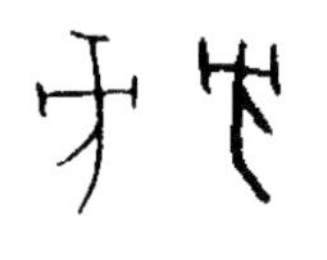	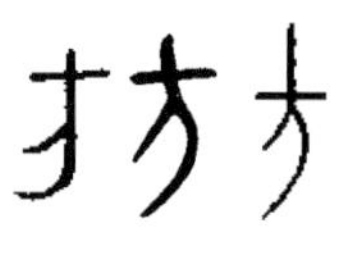		땅을 파는 도구나, 목이 **형틀**(⊢⊣)**에** 묶여 있는 사방에서 잡혀온 **이방인**으로, 모난 '**삽**' '**쟁기**' 또는 사방의 외부 부족(部族)에서 '**모**' '**모나다**' '**방향**' '**방법**' '**장소**'를 뜻한다.

급수	번호/급	부수/획수	한자	훈음	중국/일본	단어
진흥 6급 검정 준5급	1343 7급	方부 총4획	方	모 방	중국 方 일본 方	方向(방향) 方法(방법) 方式(방식) 方案(방안)
진흥 3급	1344 4급	女부 총7획	妨	방해할 방	중국 妨 일본 妨	妨害(방해) 無妨(무방) 妨賢(방현) 妨害罪(방해죄)
진흥 4급 검정 준3급	1345 4급Ⅱ	阜부 총7획	防	막을 방	중국 防 일본 防	防犯(방범) ❶防共(방공) 防水(방수) 防害(방해)
진흥 3급	1346 3급Ⅱ	艸부 총8획	芳	꽃다울 방	중국 芳 일본 芳	❷芳年(방년) 芳草(방초) 芳名錄(방명록) 芳香(방향)
진흥 4급 검정 준3급	1347 4급Ⅱ	戶부 총8획	房	방 방	중국 房 일본 房	冊房(책방) 舍廊房(사랑방) 暖房(난방) 茶房(다방)
진흥 5급 검정 5급	1348 6급	攴부 총8획	放	놓을 방(:)	중국 放 일본 放	放浪(방랑) 放送(방송) 放心(방심) 放學(방학)
	1349 3급	人부 총10획	倣	본뜰/모방할 방:	중국 仿 일본 倣	模倣(모방) ❸倣似(방사) 倣古(방고) 依倣(의방)
진흥 4급 검정 준3급	1350 4급Ⅱ	言부 총11획	訪	찾을 방:	중국 访 일본 訪	訪問(방문) 答訪(답방) 探訪(탐방) 訪韓(방한)

곁 방	갑문	금문	소전	
旁				우물정자로 **널리**(井=凡=) 주위 사방을 **쟁기**(方)질 하거나, 나라 주위 사방 **널리**(凡) **이방인**(方)이 국경 곁에 사는 데서 '**곁**' '**두루**' '**돕다**'를 뜻한다.

급수	번호/급	부수/획수	한자	훈음	중국/일본	단어
	1351 3급	人부 총12획	傍	곁 방	중국 傍 일본 傍	❹傍觀(방관) 傍若無人(방약무인) 傍聽(방청) ❺傍系(방계)

깃발 언	갑문	금문	소전	
㫃				**깃대**(Ƴ=方)에 **깃발**(㇏=人)이 바람에 나부끼는 모양에서 '**깃발**'을 뜻한다.

급수	번호/급	부수/획수	한자	훈음	중국/일본	단어
	1352 3급Ⅱ	方부 총11획	旋	돌 선	중국 旋 일본 旋	旋回(선회) 周旋(주선) 旋風(선풍) 旋盤(선반)
진흥 준3급 검정 3급	1353 4급Ⅱ	方부 총9획	施	베풀 시:	중국 施 일본 施	施工(시공) 施行(시행) 施賞(시상) ❻施策(시책)
진흥 5급 검정 준4급	1354 6급	方부 총11획	族	겨레 족	중국 族 일본 族	家族(가족) 族譜(족보) 親族(친족) 族長(족장)

급수	번호	부수	한자	훈	음	중국/일본	어휘
진흥 4급 / 검정 4급	1355 / 5급	方부 / 총10획	旅	나그네	려	중국 旅 / 일본 旅	旅券(여권) 旅行(여행) 旅館(여관) 旅程(여정)
진흥 준3급 / 검정 3급	1356 / 4급	辵부 / 총13획	遊	놀	유	중국 游 / 일본 遊	遊覽(유람) [7]遊說(유세) 遊園地(유원지) 遊牧民(유목민)
진흥 준3급 / 검정 3급	1357 / 3급	方부 / 총8획	於	어조사 / 탄식할	어 / 오	중국 於 / 일본 於	於此彼(어차피) 於焉(어언) 於中間(어중간)

노래할 교

敫

금문

소전

흰(白) 햇빛이 **놓여져**(放) 밝은 빛이 사방으로 '**밝게 빛남**'에서 '**밝은 해그림자**'를 뜻한다.

급수	번호	부수	한자	훈	음	중국/일본	어휘
진흥 3급	1358 / 4급	水부 / 총16획	激	격할	격	중국 激 / 일본 激	激突(격돌) 激勵(격려) 過激(과격) 激讚(격찬)

놀/희롱할 오

敖

금문

소전

밖에 **나가**(出=土) 놀게 **내놓은**(放) 데서 '**놀다**'를 뜻한다.

파자 밖 **흙**(土) 바닥에 나가서 놀게 **내치는**(放) 데서 '**놀다**'를 뜻한다.

급수	번호	부수	한자	훈	음	중국/일본	어휘
	1359 / 3급	人부 / 총13획	傲	거만할	오:	중국 傲 / 일본 傲	傲氣(오기) 傲慢(오만) [8]怠傲(태오) [9]傲視(오시)

수건 건

巾

갑문
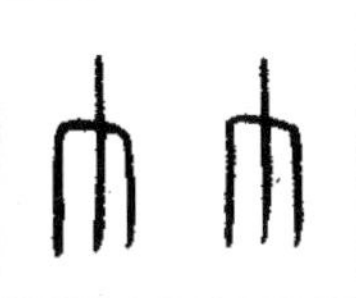

금문
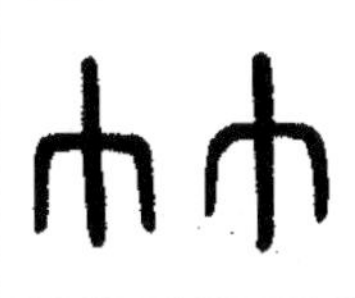

소전

천을 걸어놓은 모양으로 '**수건**'이나 '**헝겊**' 실로 짠 '**피륙**'을 뜻한다.

참고 帀(두를 잡)

급수	번호	부수	한자	훈	음	중국/일본	어휘
진흥 3급	1360 / 4급Ⅱ	巾부 / 총11획	帶	띠	대(:)	중국 带 / 일본 帯	革帶(혁대) 縱帶(종대) 眼帶(안대) 溫帶(온대)
	1361 / 3급	水부 / 총14획	滯	막힐	체	중국 滞 / 일본 滞	停滯(정체) [10]滯留(체류) 延滯(연체) [11]積滯(적체)

어구 풀이

[1]防共(방공) : 공산주의 세력을 막아 냄.
[2]芳年(방년) : 이십 세 전후의 한창 젊은 꽃다운 나이.
[3]倣似(방사) : 아주 비슷함.
[4]傍觀(방관) : 어떤 일에 직접 나서서 관여하지 않고 곁에서 보기만 함.
[5]傍系(방계) : ① 직접적이고 주(主)된 계통에서 갈라져 나가거나 벗어나 있는 관련 계통.
② 시조(始祖)가 같은 혈족 가운데 직계에서 갈라져 나온 친계(親系).
[6]施策(시책) : 어떤 정책을 시행함. 또는 그 정책.
[7]遊說(유세) : 자기 의견 또는 자기 소속 정당의 주장을 선전하며 돌아다님.
[8]怠傲(태오) : 거만하고 버릇이 없음.
[9]傲視(오시) : 오만하게 봄.
[10]滯留(체류) : 객지에 가서 머물러 있음.
[11]積滯(적체) : 쌓이고 쌓여 제대로 통하지 못하고 막힘.

저자 시 市

갑문	금문	소전

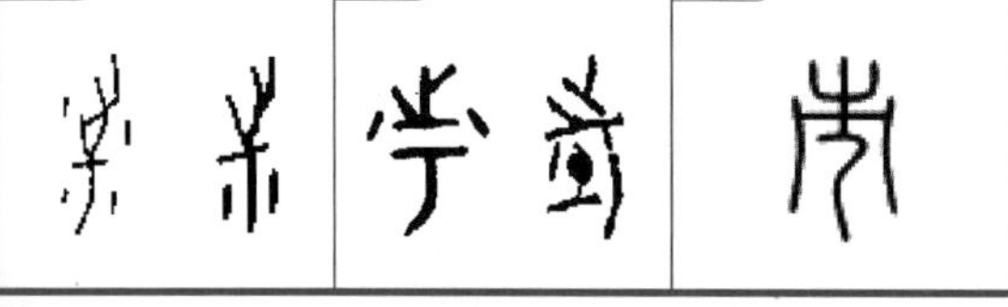

사람의 **발**(㞢=亠)이 모이던 일정**구역**(冂=巾)이나, **깃발**(巾) 걸린 **시장**(巿=市)에서 **번화**하고 소란한 '**저자**'를 뜻한다.

참고 '巿(슬갑 불)'은 **허리띠**(一) 아래 **수건**(巾)을 느려 무릎을 **가린** '**슬갑(膝甲)**'이다.

진흥 준5급 검정 5급	1362 7급	巾부 총5획	市	저자 시:	중국 市 일본 市	市場(시장) 市內(시내) 市廳(시청) 市價(시가)
진흥 준4급 검정 4급	1363 4급	女부 총8획	姊	손윗누이 자	중국 姊 일본 姉	姊妹(자매) 母姊(모자) 姊妹結緣(자매결연) 本 姉
진흥 3급	1364 3급II	肉부 총9획	肺	허파 폐:	중국 肺 일본 肺	肺炎(폐렴) 肺病(폐병) 心肺(심폐) 肺氣量(폐기량) 同 肺

임금 제 帝

갑문	금문	소전

천신인 하늘에 제를 올리기 위해 나무를 '**묶어**' 태우던 데서 '**황제**' '**임금**'을 뜻한다.

파자 **높은**(亠) 곳에 **벌려**(丷) **덮은**(冖) **수건**(巾)위에 앉는 '**임금**'인 '**천자**'.

진흥 준3급 검정 3급	1365 4급	巾부 총9획	帝	임금 제:	중국 帝 일본 帝	帝王(제왕) 皇帝(황제) 帝國主義(제국주의) 帝國(제국)

절제할 제 制

갑문	금문	소전

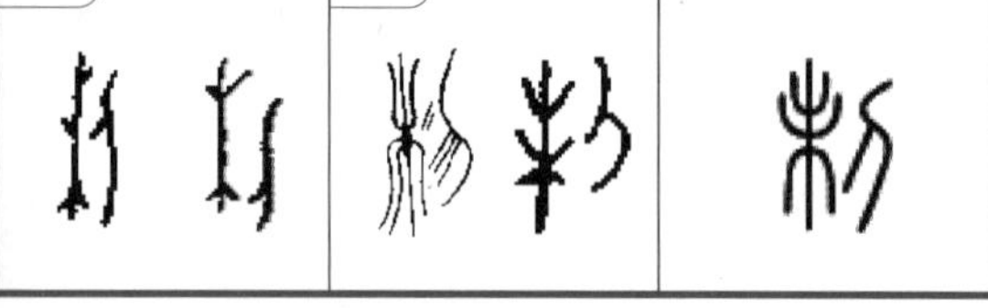

우거진 나뭇가지(未=𠀐)를 **칼**(刂)로 규격에 맞게 잘라내는 데서 '**절제하다**' '**마르다**'를 뜻한다.

진흥 준3급 검정 준3급	1366 4급II	刀부 총8획	制	마를/절제할 제:	중국 制 일본 制	制度(제도) ❶制裁(제재) 制服(제복) 制限(제한)
진흥 4급 검정 준3급	1367 4급II	衣부 총14획	製	지을 제:	중국 制 일본 製	製圖(제도) 製藥(제약) 製造(제조) 製品(제품)

무너질 폐 敝

갑문	금문	소전

천(巾)을 **쳐서**(攴) **찢거나**(八:나눌 별) 구멍을 내는 데서 '**해지다**'를 뜻한다.

참고 㡀(옷해질 폐) 옷이나 **천**(巾)이 **나뉘어**(八) 찢어짐에서 '**옷 해지다**'를 뜻한다.

	1368 3급II	廾부 총15획	弊	해질/폐단 폐:	중국 弊 일본 弊	弊家(폐가) 弊端(폐단) 弊習(폐습) 民弊(민폐)
	1369 3급	巾부 총15획	幣	화폐/폐백 폐:	중국 币 일본 幣	❷僞幣(위폐) 幣物(폐물) 紙幣(지폐) 幣貢(폐공)
	1370 3급	艸부 총16획	蔽	덮을/가릴 폐:	중국 蔽 일본 蔽	隱蔽(은폐) 蔽塞(폐색) ❸建蔽率(건폐율) 蔽一言(폐일언)

가지런할 제 齊

갑문	금문	소전

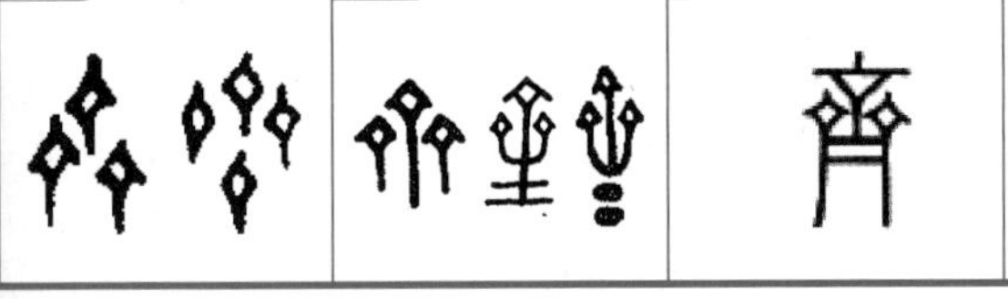

곡식의 **이삭**(䒑=𠆢)이 **가지런히**(二) 자란 모양에서 '**가지런하다**'를 뜻한다.

급수	번호	부수/획수	한자	훈음	중국/일본	단어
흥 3급	1371 / 3급Ⅱ	齊부 총14획	齊	가지런할 제	중국 齐 / 일본 斉	齊唱(제창) 一齊(일제) 修身齊家(수신제가) [4]齊心(제심)
흥 3급	1372 / 4급Ⅱ	水부 총17획	濟	건널/건질 제:	중국 济 / 일본 済	經濟(경제) 救濟(구제) 濟度(제도) 決濟(결제)

높을 항 亢

갑문	금문	소전

사람의 다리를 묶어 높게 세워둔 모양이나, **머리**(亠) 부분이 **안석**(几)처럼 '**높음**'을 뜻한다.

급수	번호	부수/획수	한자	훈음	중국/일본	단어
흥 3급	1373 / 4급	手부 총7획	抗	겨룰/항거할 항	중국 抗 / 일본 抗	抗菌(항균) 抗議(항의) 抗拒(항거) 抗生(항생)
흥 3급	1374 / 4급Ⅱ	舟부 총10획	航	배 항:	중국 航 / 일본 航	航海(항해) 航路(항로) 航空(항공) 運航(운항)

무릇 범 凡

갑문	금문	소전

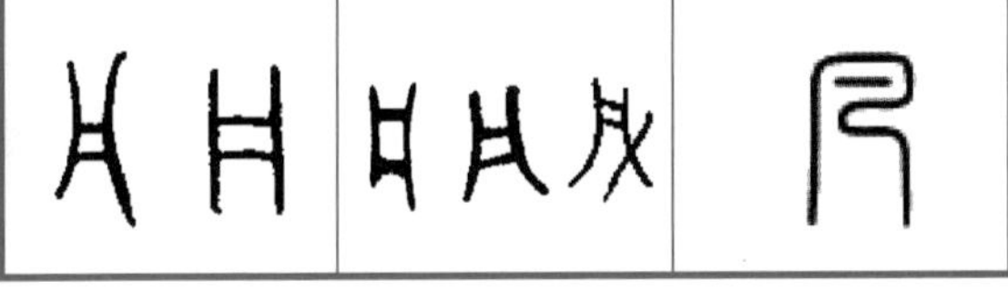

여러 용도로 쓰이는 **넓은** 쟁반을 그린 상형자(象形字)에서 '**무릇**' '**대강**' '**모두**'를 뜻한다.
참고 넓은 그릇이나 **배의 돛** 모양이라고도 한다.

급수	번호	부수/획수	한자	훈음	중국/일본	단어
흥 준3급 / 정 3급	1375 / 3급Ⅱ	几부 총3획	凡	무릇 범(:)	중국 凡 / 일본 凡	禮儀凡節(예의범절) 平凡(평범) 凡常(범상) 凡民(범민)
흥 3급	1376 / 4급Ⅱ	竹부 총16획	築	쌓을 축	중국 筑 / 일본 築	建築(건축) 築臺(축대) 新築(신축) 增築(증축)

붉을 단 丹

갑문	금문	소전

우물(井) 모양 광구(鑛口)와 **보석**(丶) 모양 '丹'의 변형으로 붉은 보석에서 '**붉다**'를 뜻한다.

급수	번호	부수/획수	한자	훈음	중국/일본	단어
흥 4급 / 정 준3급	1377 / 3급Ⅱ	丶부 총4획	丹	붉을 단	중국 丹 / 일본 丹	丹楓(단풍) 丹田呼吸(단전호흡) 一片丹心(일편단심)

어구 풀이

[1]制裁(제재) : ① 일정한 규칙이나 관습의 위반에 대하여 제한하거나 금지함. 또는 그런 조치.
② 법이나 규정을 어겼을 때 국가가 처벌이나 금지 따위를 행함. 또는 그런 일.
[2]僞幣(위폐) : 위조 지폐.
[3]建蔽率(건폐율) : 대지 면적에 대한 건물의 바닥 면적의 비율.
[4]齊心(제심) : ① 마음을 같이함. ② 부부가 마음을 합함.

34 확인학습

1 다음 漢字의 訓과 音을 쓰시오. (*는 3급·3급Ⅱ 고유 한자입니다.)

(1) 方	(2) 妨	(3) 防	(4) 芳 *
(5) 房	(6) 放	(7) 倣 *	(8) 訪
(9) 傍 *	(10) 旋 *	(11) 施	(12) 族
(13) 旅	(14) 遊	(15) 於 *	(16) 激
(17) 傲 *	(18) 帶	(19) 滯 *	(20) 市
(21) 姊	(22) 肺 *	(23) 帝	(24) 制
(25) 製	(26) 弊 *	(27) 幣 *	(28) 蔽 *
(29) 齊 *	(30) 濟	(31) 抗	(32) 航
(33) 凡 *	(34) 築	(35) 丹 *	

2 다음 漢字語의 讀音을 쓰시오.

(1) 方案	(2) 妨害	(3) 防共	(4) 芳草
(5) 暖房	(6) 放學	(7) 模倣	(8) 答訪
(9) 傍聽	(10) 旋風	(11) 施策	(12) 族譜
(13) 旅行	(14) 遊說	(15) 於焉	(16) 激突
(17) 傲慢	(18) 革帶	(19) 滯留	(20) 市價
(21) 姊妹	(22) 肺炎	(23) 帝王	(24) 制裁

(25) 製圖	(26) 弊習	(27) 僞幣	(28) 隱蔽
(29) 齊唱	(30) 救濟	(31) 抗拒	(32) 航空
(33) 平凡	(34) 增築	(35) 丹楓	(36) 旋回
(37) 旅券	(38) 倣古	(39) 傲視	(40) 凡常
(41) 丹田	(42) 片舟	(43) 甘味	(44) 眼帶
(45) 皇帝	(46) 市場	(47) 制限	(48) 放浪

3 다음 訓과 音을 지닌 漢字를 쓰시오. (＊는 3급·3급Ⅱ 고유 한자입니다.)

(1) 가지런할 제 ＊	(2) 거만할 오 ＊	(3) 건널 제	(4) 겨레 족
(5) 겨룰 항	(6) 격할 격	(7) 곁 방 ＊	(8) 꽃다울 방 ＊
(9) 나그네 려	(10) 놀 유	(11) 놓을 방	(12) 덮을 폐 ＊
(13) 돌 선 ＊	(14) 띠 대	(15) 막을 방	(16) 막힐 체 ＊
(17) 모 방	(18) 무릇 범 ＊	(19) 방 방	(20) 방해할 방
(21) 배 항	(22) 베풀 시	(23) 본뜰 방 ＊	(24) 붉을 단 ＊
(25) 손윗누이 자	(26) 쌓을 축	(27) 어조사 어 ＊	(28) 임금 제
(29) 저자 시	(30) 마를 제	(31) 지을 제	(32) 찾을 방
(33) 해질 폐 ＊	(34) 허파 폐 ＊	(35) 화폐 폐 ＊	

35과 舟·殳·甬·周·甫·畐 모양을 가진 한자

배 주	갑문	금문	소전	
舟				나무로 만든 작은 배 모양으로 '**배**'나 배처럼 생긴 넓은 '**쟁반**' '**소반**'을 뜻한다.

급수	번호	부수/획수	한자	훈음	중국/일본	용례
진흥 3급	1378 / 3급	舟부 총6획	舟	배 주	중국 舟 / 일본 舟	❶片舟(편주) 舟遊(주유) 刻舟求劍(각주구검) 方舟(방주)
진흥 3급	1379 / 3급Ⅱ	舟부 총10획	般	일반/가지 반	중국 般 / 일본 般	 그릇〔舟〕 모양의 악기를 치는〔殳〕 모양에서 '그릇' '음악'이 본뜻임. 一般(일반) 般樂(반락)
	1380 / 3급	皿부 총15획	盤	소반/쟁반 반	중국 盘 / 일본 盤	盤石(반석) ❷基盤(기반) 骨盤(골반) 音盤(음반)

창/몽둥이/칠 수	갑문	금문	소전	
殳				날이 없는 창이나 **몽둥이**(几)를 **손**(又)에 들고 있는 데서 '**창**' '**몽둥이**'를 뜻한다.

급수	번호	부수/획수	한자	훈음	중국/일본	용례
진흥 준3급 / 검정 3급	1381 / 4급	手부 총7획	投	던질 투	중국 投 / 일본 投	❸投書(투서) 投藥(투약) 投射(투사) 投票(투표)
진흥 3급	1382 / 3급Ⅱ	彳부 총7획	役	부릴 역	중국 役 / 일본 役	配役(배역) 用役(용역) ❹役割(역할) 使役(사역)
	1383 / 3급Ⅱ	疒부 총9획	疫	전염병 역	중국 疫 / 일본 疫	檢疫(검역) 免疫(면역) 疫病(역병) 紅疫(홍역)
진흥 준3급 / 검정 3급	1384 / 4급Ⅱ	言부 총11획	設	베풀/가령 설	중국 设 / 일본 設	設立(설립) 設置(설치) 設定(설정) 設或(설혹)
진흥 준3급 / 검정 준3급	1385 / 4급Ⅱ	殳부 총11획	殺	죽일 살 / 감할 쇄:	중국 杀 / 일본 殺	殺生(살생) 殺害(살해) 殺菌(살균) 殺到(쇄도)
	1386 / 3급	殳부 총13획	毁	헐 훼:	중국 毁 / 일본 毀	毁短(훼단) 毁損(훼손) 毁傷(훼상) 毁言(훼언)
진흥 준3급 / 검정 3급	1387 / 4급	殳부 총9획	段	층계 단	중국 段 / 일본 段	 손〔又〕으로 연장〔几〕을 들고 돌을 떼는 모습. 階段(계단) 手段(수단)
진흥 준3급 / 검정 3급	1388 / 4급	禾부 총15획	穀	곡식 곡	중국 谷 / 일본 穀	穀物(곡물) 雜穀(잡곡) 穀食(곡식) 穀類(곡류)
	1389 / 4급	手부 총17획	擊	칠 격	중국 击 / 일본 撃	긴 나무〔殳〕를 손으로 잡고 수레 앞부분을 두드려 속도를 조절하던 일에서 '치다'의 뜻이 됨. 攻擊(공격)
	1390 / 3급	糸부 총19획	繫	맬 계:	중국 系 / 일본 繋	❺繫留(계류) 連繫(연계) 繫屬(계속) 囚繫(수계)

어구 풀이

❶片舟(편주) : 작은 배. 조각배.
❷基盤(기반) : 기초가 되는 바탕. 또는 사물의 토대.
❸投書(투서) : 드러나지 않은 사실의 내막이나 남의 잘못을 적어서 어떤 기관이나 대상에게 몰래 보내는 일. 또는 그런 글.
❹役割(역할) : 자기가 마땅히 하여야 할 맡은 바 직책이나 임무.

뿔 각 角

갑문	금문	소전
		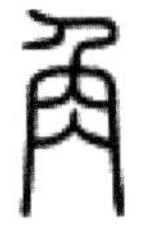

짐승의 뿔 모양에서 '뿔'을 뜻한다.

진흥 준4급 / 검정 준4급	1391 / 6급	角부 / 총7획	角	뿔/다툴 각	중국 角 / 일본 角		角木(각목) 角度(각도) 角質(각질) ❻角逐(각축)
진흥 4급 / 검정 준3급	1392 / 4급Ⅱ	角부 / 총13획	解	풀 해:	중국 解 / 일본 解	 두 손으로 소뿔을 뽑는 모양.	解決(해결) 解答(해답)

쓸 용 用

갑문	금문	소전
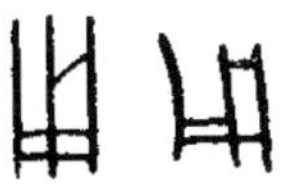	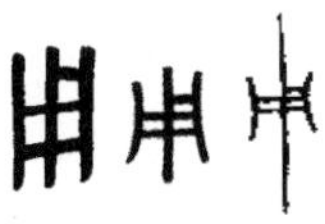	

여러 용도로 쓰이는 **나무로 만든 '통'**에서 **'쓰다'**를 뜻하며, 甬(**종/솟을/길 용**)은 **솟은**(マ) 손잡이 부위가 있는 **나무통**(用)이나, 매달아 걸고 치던 **'종'**을 뜻한다.

진흥 5급 / 검정 5급	1393 / 6급	用부 / 총5획	用	쓸 용:	중국 用 / 일본 用	用務(용무) 用役(용역) 用途(용도) 用件(용건)
	1394 / 3급	广부 / 총11획	庸	떳떳할 용	중국 庸 / 일본 庸	中庸(중용) ❼登庸(등용) 庸醫(용의) 庸劣(용렬)
진흥 5급 / 검정 준4급	1395 / 6급	力부 / 총9획	勇	날랠 용:	중국 勇 / 일본 勇	勇氣(용기) 勇猛(용맹) 勇敢(용감) 勇士(용사)
진흥 5급 / 검정 5급	1396 / 6급	辵부 / 총11획	通	통할 통	중국 通 / 일본 通	通路(통로) 通帳(통장) ❽通達(통달) 通報(통보)
진흥 준3급 / 검정 3급	1397 / 4급	疒부 / 총12획	痛	아플 통:	중국 痛 / 일본 痛	痛症(통증) 哀痛(애통) 痛哭(통곡) 憤痛(분통)
	1398 / 3급	言부 / 총14획	誦	욀 송:	중국 诵 / 일본 誦	朗誦(낭송) 暗誦(암송) ❾誦讀(송독) 愛誦(애송)

갖출 비 備

갑문	금문	소전
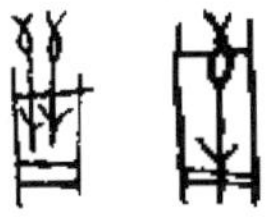	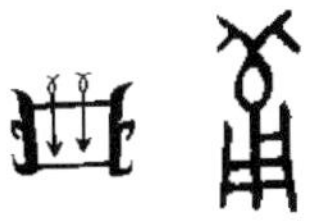	

화살통에 화살이 가득 **갖추어진** 모양이다.

파자 **뿔**(卄)같이 뾰족한 화살을 **감싸**(勹) 갖추어 언제든 **쓸**(用) 수 있게 **'갖춤'**을 뜻한다.

참고 지금은 備(비)를 많이 쓴다.

진흥 준4급 / 검정 4급	1399 / 4급Ⅱ	人부 / 총12획	備	갖출 비:	중국 备 / 일본 備	準備(준비) 備品(비품) ❿備蓄(비축) 豫備(예비)

어구 풀이

❺繫留(계류) : ① 일정한 곳을 벗어나지 못하도록 밧줄 같은 것으로 붙잡아 매어 놓음. ② 어떤 사건이 해결되지 않고 걸려 있음.
❻角逐(각축) : 서로 이기려고 다투며 덤벼듦.
❼登庸(등용) : 인재를 뽑아서 씀.
❽通達(통달) : ① 막힘없이 환히 통함. ② 말이나 문서로써 기별하여 알림.
❾誦讀(송독) : ① 소리를 내어 글을 읽음. ② 외워서 글을 읽음.
❿備蓄(비축) : 만약의 경우를 대비하여 미리 갖추어 모아 두거나 저축함.

두루 주	갑문	금문	소전	
周	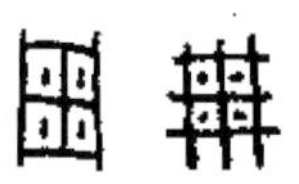	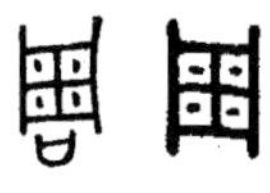	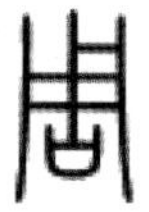	밭(田=用)에 심은 **농작물**을 고르게 잘 자라도록 보살피는 **사람**(口)에서 '**두루**'를 뜻한다.

검정/진흥	번호	부수	한자	훈음	중국	일본	단어
진흥 3급	1400 / 4급	口부 / 총8획	周	두루 주	周	周	❶周易(주역) 周旋(주선) 周圍(주위) 周邊(주변)
검정 4급	1401 / 5급	辵부 / 총12획	週	주일 주	周	週	週末(주말) 週報(주보) 週初(주초) 週刊(주간)
진흥 준4급 / 검정 4급	1402 / 5급	言부 / 총15획	調	고를 조	调	調	調和(조화) 調律(조율) 調節(조절) ❷調達(조달)

클 보	갑문	금문	소전	
甫				많은 **싹**(屮=十)들이 **점점**(丶) 자라나 크는 **남새밭**(田=用)에서 데서 '**크다**' '**넓다**'를 뜻한다.

검정/진흥	번호	부수	한자	훈음	중국	일본	단어
진흥 3급	1403 / 3급Ⅱ	衣부 / 총12획	補	기울 보:	补	補	補藥(보약) 補助(보조) 補充(보충) 補修(보수)
진흥 3급	1404 / 3급Ⅱ	水부 / 총10획	浦	개/물가 포	浦	浦	물가의 도시 이름에 많이 씀. ❸浦口(포구) 浦港(포항)
진흥 3급	1405 / 3급	手부 / 총10획	捕	잡을 포:	捕	捕	❹捕獲(포획) 捕卒(포졸) 捕捉(포착) 生捕(생포)

펼 부	갑문	금문	소전	
尃				**남새밭**(甫)에 종자나 어린 묘를 **손**(寸)으로 널리 펼쳐 심는 데서 '**펴다**' '**펴지다**'를 뜻한다.

검정/진흥	번호	부수	한자	훈음	중국	일본	단어
	1406 / 3급Ⅱ	竹부 / 총19획	簿	문서 부(:)	簿	簿	出席簿(출석부) 帳簿(장부) ❺簿記(부기) 名簿(명부)
진흥 3급	1407 / 3급Ⅱ	艸부 / 총17획	薄	엷을 박	薄	薄	❻淺薄(천박) 薄待(박대) 薄福(박복) 薄命(박명)
진흥 3급	1408 / 4급Ⅱ	十부 / 총12획	博	넓을 박	博	博	博覽會(박람회) 博士(박사) ❼博識(박식) 博物館(박물관)

어구 풀이

❶周易(주역) : 고대 중국의 철학서로 육경(六經)의 하나.
❷調達(조달) : 자금이나 물자 따위를 대어 줌.
❸浦口(포구) : 배가 드나드는 개의 어귀.
❹捕獲(포획) : ① 적병을 사로잡음. ② 짐승이나 물고기를 잡음.
❺簿記(부기) : 자산, 자본, 부채의 수지·증감 따위를 밝히는 기장법(記帳法).
❻淺薄(천박) : 학문이나 생각 따위가 얕거나, 말이나 행동 따위가 상스러움.
❼博識(박식) : 지식이 넓고 아는 것이 많음.

오로지 전	갑문	금문	소전	
專	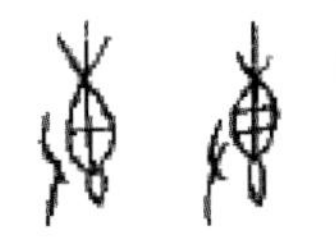		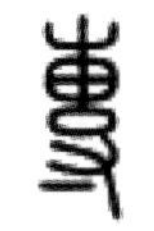	**물레**(叀)나 실패를 **손**(寸)으로 **돌려** 조심하여 실을 감는 데서 '**오로지**' '**물레**' '**돌다**'를 뜻한다.

진흥 준3급 / 검정 준3급	1409 / 4급	寸부 / 총11획	專	오로지 전	중국 专 / 일본 専	專門(전문) 專攻(전공) 專任(전임) ❽專務(전무)
진흥 준4급 / 검정 4급	1410 / 5급	人부 / 총13획	傳	전할 전	중국 传 / 일본 伝	傳達(전달) 傳來(전래) 傳染(전염) ❾遺傳(유전)
진흥 준3급 / 검정 3급	1411 / 4급	車부 / 총18획	轉	구를 전:	중국 转 / 일본 転	轉出(전출) 轉勤(전근) ❿轉用(전용) 轉補(전보)
진흥 준3급 / 검정 4급	1412 / 5급	口부 / 총14획	團	둥글/모일 단	중국 团 / 일본 団	團合(단합) 團束(단속) 團結(단결) 團體(단체)

은혜 혜	금문	소전	
惠		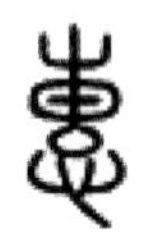	**물레**(叀)처럼 둥글게 뭉친 **열매·꽃·이삭**을 은혜롭게 여기는 **마음**(心)에서 '**은혜**'를 뜻한다.

진흥 4급 / 검정 4급	1413 / 4급Ⅱ	心부 / 총12획	惠	은혜 혜:	중국 惠 / 일본 恵	恩惠(은혜) ⓫特惠(특혜) 惠澤(혜택) 慈惠(자혜)

찰 복	갑문	금문	소전	
畐	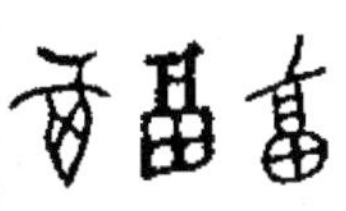	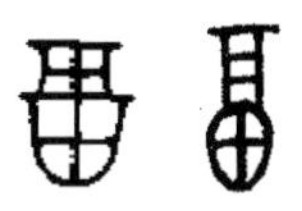	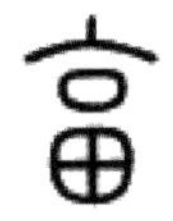	술을 가득 담아 신에게 복을 빌던 목이 긴 **술동이**에서 '**차다**' '**가득 차다**'를 뜻한다.

진흥 준4급 / 검정 준4급	1414 / 5급	示부 / 총14획	福	복 복	중국 福 / 일본 福	福券(복권) 幸福(행복) ⓬福地(복지) 福音(복음)
	1415 / 3급	巾부 / 총12획	幅	폭/너비 폭	중국 幅 / 일본 幅	步幅(보폭) 增幅(증폭) 江幅(강폭) 車幅(차폭)
진흥 준3급	1416 / 4급Ⅱ	刀부 / 총11획	副	버금 부:	중국 副 / 일본 副	副業(부업) ⓭副詞(부사) 副作用(부작용) 副賞(부상)
진흥 준4급 / 검정 4급	1417 / 4급Ⅱ	宀부 / 총12획	富	부자 부:	중국 富 / 일본 富	富者(부자) 富裕(부유) 富國(부국) ⓮富貴(부귀)

어구 풀이

❽專務(전무) : ① 어떤 일을 전문적으로 맡아 봄. 또는 그런 사람. ② 전무이사.
❾遺傳(유전) : ① 물려받아 내려옴. 또는 그렇게 정함.
② 어버이의 성격, 체질, 형상 따위의 형질이 자손에게 전해짐. 또는 그런 현상.
❿轉用(전용) : 예정되어 있는 곳에 쓰지 아니하고 다른 데로 돌려서 씀.
⓫特惠(특혜) : 특별한 은혜나 혜택.
⓬福地(복지) : ① 신선들이 사는 곳. ② 행복을 누리며 잘 살 수 있는 땅.
⓭副詞(부사) : 용언 또는 다른 말 앞에 놓여 그 뜻을 분명하게 하는 품사.
⓮富貴(부귀) : 재산이 많고 지위가 높음.

1 다음 漢字의 訓과 音을 쓰시오. (* 는 3급·3급Ⅱ 고유 한자입니다.)

(1) 舟 *	(2) 般 *	(3) 盤 *	(4) 投
(5) 役 *	(6) 疫 *	(7) 設	(8) 殺
(9) 毁 *	(10) 段	(11) 穀	(12) 擊
(13) 繫 *	(14) 角	(15) 解	(16) 用
(17) 庸 *	(18) 勇	(19) 通	(20) 痛
(21) 誦 *	(22) 備	(23) 周	(24) 週
(25) 調	(26) 補 *	(27) 浦 *	(28) 捕 *
(29) 簿 *	(30) 薄 *	(31) 博	(32) 尃
(33) 傳	(34) 轉	(35) 團	(36) 惠
(37) 福	(38) 幅 *	(39) 簿	(40) 富

2 다음 漢字語의 讀音을 쓰시오.

(1) 片舟	(2) 一般	(3) 盤石	(4) 投射
(5) 用役	(6) 檢疫	(7) 設置	(8) 殺菌
(9) 毁損	(10) 手段	(11) 雜穀	(12) 攻擊
(13) 連繫	(14) 角逐	(15) 解答	(16) 用務
(17) 庸劣	(18) 勇猛	(19) 通報	(20) 哀痛
(21) 誦讀	(22) 豫備	(23) 周邊	(24) 週初

(25) 調律		(26) 補修		(27) 浦口		(28) 捕獲	
(29) 帳簿		(30) 淺薄		(31) 博識		(32) 專務	
(33) 傳染		(34) 轉勤		(35) 團束		(36) 特惠	
(37) 福券		(38) 車幅		(39) 副業		(40) 富貴	
(41) 殺生		(42) 殺到		(43) 博士		(44) 傳達	
(45) 補助		(46) 周圍		(47) 角木		(48) 勇敢	
(49) 通路		(50) 週間					

3 다음 訓과 音을 지닌 漢字를 쓰시오. (*는 3급·3급II 고유 한자입니다.)

(1) 갖출 비		(2) 개 포	*	(3) 고를 조		(4) 곡식 곡	
(5) 구를 전		(6) 기울 보	*	(7) 날랠 용		(8) 넓을 박	
(9) 던질 투		(10) 두루 주		(11) 둥글 단		(12) 떳떳할 용	*
(13) 맬 계	*	(14) 문서 부	*	(15) 배 주	*	(16) 버금 부	
(17) 베풀 설		(18) 복 복		(19) 부릴 역	*	(20) 부자 부	
(21) 뿔 각		(22) 소반 반	*	(23) 쓸 용		(24) 아플 통	
(25) 엷을 박	*	(26) 오로지 전		(27) 욀 송	*	(28) 은혜 혜	
(29) 일반 반	*	(30) 잡을 포	*	(31) 전염병 역	*	(32) 전할 전	
(33) 주일 주		(34) 죽일 살		(35) 층계 단		(36) 칠 격	
(37) 통할 통		(38) 폭 폭	*	(39) 풀 해		(40) 헐 훼	*

36과 卜·占·非·少·手·義 모양을 가진 한자

점/점칠 복 卜

갑문	금문	소전
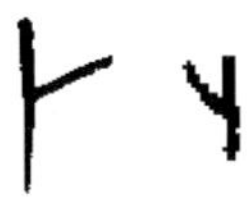		

거북이 **등껍질**을 불에 구워 **갈라진 모양**을 보고 길흉을 점치는 데서 '**점**'을 뜻한다.

시험	번호/급수	부수/획수	한자	훈음	중국/일본	용례
진흥 3급	1418 / 3급	卜부 / 총2획	卜	점 복	중국 卜 / 일본 卜	卜債(복채) 卜術(복술) 卜馬(복마) ❶卜居(복거)
	1419 / 3급	走부 / 총9획	赴	다다를/갈 부:	중국 赴 / 일본 赴	赴任(부임) 赴援(부원) 赴擧(부거) 新赴(신부)
진흥 5급 / 검정 준4급	1420 / 6급	木부 / 총6획	朴	성/소박할 박	중국 朴 / 일본 朴	(姓) 素朴(소박) 質朴(질박) 厚朴(후박) 朴刀(박도)
진흥 6급 / 검정 7급	1421 / 8급	夕부 / 총5획	外	바깥 외:	중국 外 / 일본 外	外出(외출) 外國(외국) 外交(외교) 外科(외과)

곧을 정 貞

갑문	금문	소전

점(卜)을 치기위해 **큰 솥**(鼎=貝)에 재물을 바치고 좋고 옳은 **일을 물음**에서 '**곧다**'를 뜻한다.

파자 **점**(卜)괘가 곧게 나오길 바라 **재물**(貝)을 바침에서 '**곧다**'를 뜻한다.

시험	번호/급수	부수/획수	한자	훈음	중국/일본	용례
진흥 준3급 / 검정 3급	1422 / 3급Ⅱ	貝부 / 총9획	貞	곧을 정	중국 贞 / 일본 貞	貞淑(정숙) 貞潔(정결) 貞節(정절) 不貞(부정)

점령할/점칠 점 占

갑문	금문	소전

점괘(卜)가 **거북껍질**(口)에 **차지하고** 나타남, 또는 **점괘**(卜)의 길흉을 판단하여 묻거나 **말함**(口)에서 '**점령하다**' '**점치다**'를 뜻한다.

시험	번호/급수	부수/획수	한자	훈음	중국/일본	용례
진흥 3급	1423 / 4급	卜부 / 총5획	占	점칠/점령할 점	중국 占 / 일본 占	占星術(점성술) 占居(점거) 占領(점령) 占有(점유)
진흥 준4급 / 검정 4급	1424 / 5급	广부 / 총8획	店	가게 점:	중국 店 / 일본 店	賣店(매점) 店員(점원) 商店(상점) 百貨店(백화점)
진흥 준3급 / 검정 준3급	1425 / 4급	黑부 / 총17획	點	점 점(:)	중국 点 / 일본 点	點數(점수) 點檢(점검) 點火(점화) ❷點心(점심)

억조 조 兆

갑문	금문	소전
	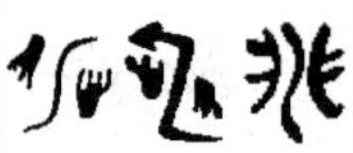	

거북 등딱지가 불에 **갈라지는** 모양을 보고 '**조짐**'을 점치거나, 많은 느낌인 '**억조**'를 뜻한다. 또는 서로 **갈라져 가거나** 갈라서는 모양에서 잘못된 '**조짐**'을 뜻한다.

시험	번호/급수	부수/획수	한자	훈음	중국/일본	용례
진흥 4급 / 검정 준3급	1426 / 3급Ⅱ	儿부 / 총6획	兆	조짐/억조 조	중국 兆 / 일본 兆	徵兆(징조) 吉兆(길조) 前兆(전조) 凶兆(흉조)

번호/급수	부수/획수	한자	훈	음	중국/일본	어휘
1427 / 3급	手부 / 총9획	挑	돋울	도	중국 挑 / 일본 挑	挑發(도발) 挑戰(도전) 挑出(도출) [3]挑燈(도등)
1428 / 3급Ⅱ	木부 / 총10획	桃	복숭아	도	중국 桃 / 일본 桃	桃花(도화) 胡桃(호도) 武陵桃源(무릉도원) 黃桃(황도)
진흥 3급 1429 / 4급	辵부 / 총10획	逃	도망할	도	중국 逃 / 일본 逃	逃走(도주) 逃避(도피) 逃亡(도망) 逃命(도명)
1430 / 3급	足부 / 총13획	跳	뛸	도	중국 跳 / 일본 跳	跳躍(도약) 跳奔(도분) 跳脫(도탈) 高跳(고도)

아닐 비 非

갑문

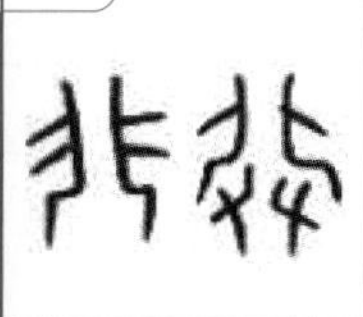

금문

소전

서로 반대로 펼쳐진 **새의 날개**에서 **반대**의 의미인 '**아니다**'를 뜻한다. 갑골문을 보면 사람이 서로 등지고 있는 모양에서 부정의 의미로 '**아니다**'를 뜻한다.

번호/급수	부수/획수	한자	훈	음	중국/일본	어휘
진흥 4급 검정 준3급 1431 / 4급Ⅱ	非부 / 총8획	非	아닐	비:	중국 非 / 일본 非	非理(비리) 非難(비난) 非常口(비상구) 非命(비명)
진흥 4급 검정 준3급 1432 / 4급Ⅱ	心부 / 총12획	悲	슬플	비:	중국 悲 / 일본 悲	悲劇(비극) 悲戀(비련) 悲慘(비참) 悲觀(비관)
1433 / 3급Ⅱ	手부 / 총11획	排	밀칠/물리칠	배	중국 排 / 일본 排	排出(배출) 排除(배제) 排卵(배란) 排斥(배척)
진흥 3급 1434 / 3급Ⅱ	車부 / 총15획	輩	무리	배:	중국 辈 / 일본 輩	先輩(선배) 不良輩(불량배) 年輩(연배) 暴力輩(폭력배)
진흥 준4급 검정 4급 1435 / 5급	网부 / 총13획	罪	허물	죄:	중국 罪 / 일본 罪	罪人(죄인) 犯罪(범죄) 罪名(죄명) 免罪(면죄)

닮을 초 肖

금문

소전

작은(小) 사각형으로 **똑같이** 잘라놓은 **고기**(月)나, **작은**(小) **달**(月)로 '**작다**' '**닮다**'를 뜻한다.

번호/급수	부수/획수	한자	훈	음	중국/일본	어휘
1436 / 3급Ⅱ	肉부 / 총7획	肖	닮을/같을	초	중국 肖 / 일본 肖	肖像畫(초상화) [4]不肖子(불초자) [5]肖似(초사) 肖像(초상)
진흥 5급 검정 준4급 1437 / 6급	水부 / 총10획	消	사라질	소	중국 消 / 일본 消	消毒(소독) 消防署(소방서) 消滅(소멸) 消却(소각)
1438 / 3급Ⅱ	刀부 / 총9획	削	깎을	삭	중국 削 / 일본 削	削除(삭제) 削髮(삭발) 添削(첨삭) 削減(삭감)

어구 풀이

[1]卜居(복거) : 살 만한 곳을 가려서 정함.
[2]點心(점심) : ① 낮에 끼니로 먹는 음식. ② 무당이 삼신에게 떡과 과일 따위의 간단한 음식을 차려 놓고, 갓난아이의 젖이나 죽은 사람의 명복을 비는 일.
[3]挑燈(도등) : 등잔의 심지를 돋우어 불을 더 밝게 함.
[4]不肖子(불초자) : 아들이 부모를 상대하여 자기를 낮추어 이르는 일인칭.
[5]肖似(초사) : 닮음.

적을 소 少

갑문	금문	소전

약간의 **작은 물건**이 올망졸망 흩어져 있는 모양에서, 少는 '**적다**'를 小는 '**작다**'를 뜻한다.

급수	번호	부수/획수	한자	훈음	중국	일본	용례
진흥 6급 / 검정 준5급	1439 / 7급	小부 / 총4획	少	적을 소:	少	少	少女(소녀) 少額(소액) 減少(감소) 少量(소량)
	1440 / 3급Ⅱ	水부 / 총7획	沙	모래 사	沙	沙	沙漠(사막) 黃沙(황사) 白沙場(백사장) 沙浴(사욕)
	1441 / 3급	力부 / 총6획	劣	못할 렬	劣	劣	愚劣(우열) 劣勢(열세) 庸劣(용렬) 劣等(열등)
진흥 5급 / 검정 준4급	1442 / 6급	目부 / 총9획	省	살필 성 / 덜 생	省	省	省察(성찰) 省墓(성묘) 省略(생략) 國防省(국방성)
진흥 4급 / 검정 준3급	1443 / 4급	女부 / 총7획	妙	묘할 묘:	妙	妙	妙案(묘안) 妙技(묘기) 妙藥(묘약) 絶妙(절묘)
	1444 / 3급	手부 / 총7획	抄	뽑을 초	抄	抄	抄譯(초역) 戶籍抄本(호적초본) 抄出(초출) 抄筆(초필)
	1445 / 3급	禾부 / 총9획	秒	분초 초 / 벼끝 묘	秒	秒	秒針(초침) 秒速(초속) 秒忽(묘홀: 작은 것)
진흥 8급 / 검정 7급	1446 / 8급	小부 / 총3획	小	작을 소:	小	小	 小說(소설) 大小(대소) 小便(소변)

밥 식 食

갑문	금문	소전

뚜껑(亼)과 **고소한**(皀: 고소할 흡/급) 밥이 담긴 밥그릇 모양에서 '**밥**' '**음식**' '**먹다**'를 뜻한다.

급수	번호	부수/획수	한자	훈음	중국	일본	용례
진흥 준5급 / 검정 5급	1447 / 7급	食부 / 총9획	食	밥/먹을 식	食	食	食事(식사) 食堂(식당) 食水(식수) 食品(식품)
	1448 / 3급Ⅱ	食부 / 총14획	飾	꾸밀 식	饰	飾	假飾(가식) 虛禮虛飾(허례허식) 修飾語(수식어)

손 수 手

금문	소전

사람의 **다섯 손가락**과 **손목**을 그려 '**손**'을 뜻한다.

급수	번호	부수/획수	한자	훈음	중국	일본	용례
진흥 7급 / 검정 7급	1449 / 7급	手부 / 총4획	手	손 수(:)	手	手	手工(수공) 手足(수족) 洗手(세수) 手術(수술)
진흥 4급 / 검정 준3급	1450 / 4급Ⅱ	手부 / 총9획	拜	절 배:	拜	拝	 허리를 굽혀 손으로 풀을 뽑는 모양이 절하는 것 같아 '절'의 뜻이 / 拜上(배상) 拜禮(배례)

터럭 모	금문	소전	
毛		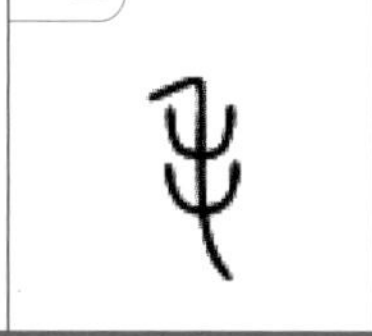	사람이나 짐승의 **몸에 난** 털로 '**터럭**' '**조금**'을 뜻한다.

흥 5급 정 5급	1453 4급Ⅱ	毛부 총4획	毛	털 모	중국 毛 일본 毛	毛髮(모발) 毛細血管(모세혈관) 毛皮(모피) 毛根(모근)

나 아	갑문	금문	소전	
我				개인용 **날 달린 창**(戉)이나, 후에 **손**(手)으로 **창**(戈)을 잡은 모습처럼 변해 '**나**'를 뜻한다. 또는 **창**(戈)으로 고기를 **잘게**(三) **자르는 모양**으로도 본다.

흥 준3급 정 3급	1451 3급Ⅱ	戈부 총7획	我	나/우리 아:	중국 我 일본 我	自我(자아) 我執(아집) 我軍(아군) 無我境(무아경)
흥 3급	1452 3급	食부 총16획	餓	주릴 아:	중국 饿 일본 餓	餓死(아사) 飢餓(기아) 餓鬼(아귀) 餓殺(아살)

옳을 의	갑문	금문	소전	
義	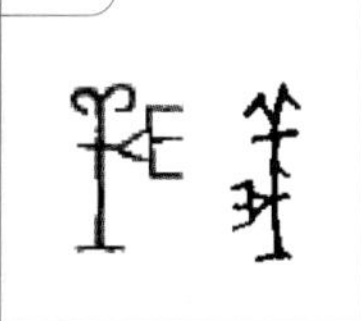			새의 깃으로 **양**(羊)뿔처럼 장식한 의식(儀式)용 **창**(我). 또는 **양**(羊)고기를 **잘라**(我) 나누어 먹는 데서 '**옳다**'를 뜻한다. 파자 **양**(羊)을 **창**(我)으로 잡아 옳은 일을 하는 데서 '**옳다**' '**바르다**' '**의리**'를 뜻한다.

흥 준4급 정 4급	1454 4급Ⅱ	羊부 총13획	義	옳을 의:	중국 义 일본 義	義理(의리) 義氣(의기) 義務(의무) 正義(정의)
흥 3급	1455 4급	人부 총15획	儀	거동/법 의	중국 仪 일본 儀	儀式(의식) 禮儀(예의) 地球儀(지구의) 葬儀(장의)
흥 준3급 정 3급	1456 4급Ⅱ	言부 총20획	議	의논 의	중국 议 일본 議	議員(의원) 議論(의논) 議決(의결) 議事堂(의사당)

쉬어가기

마음에 새겨 두면 좋을 명언

- 自信者 人亦信之 吳越皆兄弟, 自疑者 人亦疑之 身外皆敵國(자신자 인역신지 오월개형제, 자의자 인역의지 신외개적국)
  스스로 믿는 자는 남도 또한 그를 믿으니, 오나라, 월나라와 같은 원수 사이도 모두 형제와 같이 될 수 있으나, 스스로를 의심하는 자는 남도 또한 그를 믿어 주지않으니 모두 원수와 같아진다. 『明心寶鑑』省心 上篇
- 一日淸閑一日仙(일일청한일일선)
  하루라도 마음이 깨끗하고 편안하면 그 하루는 신선이라 할 수 있다. 『明心寶鑑』省心
- 知人者智, 自知者明(자인자지, 자지자명)
  남을 아는 사람은 지혜롭고, 자신을 아는 사람은 명석하다. 『老子』제33장

36 확인학습

1 다음 漢字의 訓과 音을 쓰시오. (*는 3급·3급II 고유 한자입니다.)

(1) 卜 *	(2) 赴 *	(3) 朴 *	(4) 外
(5) 貞 *	(6) 占	(7) 店	(8) 點
(9) 兆 *	(10) 挑 *	(11) 桃	(12) 逃
(13) 跳 *	(14) 非	(15) 悲	(16) 排
(17) 輩 *	(18) 罪	(19) 肖	(20) 消
(21) 削 *	(22) 少	(23) 沙	(24) 劣
(25) 省	(26) 妙	(27) 抄 *	(28) 秒 *
(29) 小	(30) 食	(31) 飾	(32) 手
(33) 拜	(34) 我 *	(35) 餓	(36) 毛
(37) 義	(38) 儀	(39) 議	

2 다음 漢字語의 讀音을 쓰시오.

(1) 卜術	(2) 赴任	(3) 素朴	(4) 外科
(5) 貞潔	(6) 占領	(7) 賣店	(8) 點火
(9) 吉兆	(10) 挑發	(11) 桃花	(12) 逃亡
(13) 跳躍	(14) 非難	(15) 悲慘	(16) 排除
(17) 先輩	(18) 罪名	(19) 肖像	(20) 消毒
(21) 削髮	(22) 少量	(23) 沙漠	(24) 劣等

(25) 省察	(26) 絕妙	(27) 抄譯	(28) 秒速
(29) 小便	(30) 食事	(31) 假飾	(32) 手足
(33) 拜上	(34) 我執	(35) 餓死	(36) 毛髮
(37) 義務	(38) 儀式	(39) 議決	(40) 省問
(41) 省略	(42) 秒針	(43) 秒忽	(44) 貞節
(45) 眞理	(46) 前兆	(47) 非常	(48) 手術
(49) 毛根	(50) 肖似	(51) 省墓	

3 다음 訓과 音을 지닌 漢字를 쓰시오. (*는 3급·3급Ⅱ 고유 한자입니다.)

(1) 가게 점	(2) 거동 의	(3) 곧을 정 *	(4) 깎을 삭 *
(5) 꾸밀 식 *	(6) 나 아 *	(7) 다다를 부 *	(8) 닮을 초 *
(9) 도망할 도	(10) 돋울 도 *	(11) 뛸 도 *	(12) 모래 사 *
(13) 못할 렬 *	(14) 묘할 묘	(15) 무리 배 *	(16) 밀칠 배 *
(17) 바깥 외	(18) 밥 식	(19) 복숭아 도 *	(20) 분초 초 *
(21) 뽑을 초 *	(22) 사라질 소	(23) 살필 성	(24) 성 박
(25) 손 수	(26) 슬플 비	(27) 아닐 비	(28) 조짐 조 *
(29) 옳을 의	(30) 의논 의	(31) 작을 소	(32) 적을 소
(33) 절 배	(34) 점 복 *	(35) 점 점	(36) 점칠 점
(37) 주릴 아 *	(38) 털 모	(39) 허물 죄	

37과 羊·丰·奉·失·氏 모양을 가진 한자

양 양 羊

갑문 / 금문 / 소전

양의 **머리**에 있는 **두 뿔**을 강조하여 **희생 제물**로 많이 쓰이는 '**양**'을 뜻한다.
※ 𦍌이 本字.

	번호/급수	부수/획수	한자	훈음		중국/일본		어휘
진흥 준5급 / 검정 6급	1457 / 4급Ⅱ	羊부 / 총6획	羊	양	양	중국	羊	羊毛(양모) ❶羊腸(양장) 羊皮(양피) 綿羊(면양)
						일본	羊	
진흥 5급 / 검정 준4급	1458 / 6급	水부 / 총9획	洋	큰바다	양	중국	洋	五大洋(오대양) 太平洋(태평양) 洋食(양식) 西洋(서양)
						일본	洋	
진흥 준4급 / 검정 4급	1459 / 5급	食부 / 총15획	養	기를	양:	중국	养	養老院(양로원) ❷養育(양육) 養護(양호) 養成(양성)
						일본	養	
진흥 3급	1460 / 4급	木부 / 총15획	樣	모양	양	중국	样	模樣(모양) 多樣(다양) 各樣各色(각양각색) 樣式(양식)
						일본	様	
진흥 3급	1461 / 3급	示부 / 총11획	祥	상서	상	중국	祥	祥福(상복) 不祥事(불상사) 發祥地(발상지) ❸祥雲(상운)
						일본	祥	
	1462 / 3급Ⅱ	言부 / 총13획	詳	자세할	상	중국	详	詳細(상세) ❹昭詳(소상) 詳述(상술) 未詳(미상)
						일본	詳	
진흥 5급 / 검정 준4급	1463 / 6급	羊부 / 총9획	美	아름다울	미(:)	중국	美	美人(미인) 美軍(미군) 美術(미술) 美容(미용)
						일본	美	
진흥 4급 / 검정 4급	1464 / 5급	目부 / 총12획	着	붙을/닿을	착	중국	着	着用(착용) 着地(착지) 着陸(착륙) ❺着想(착상)
						일본	着	

다를 차 差

금문 / 소전

어긋나게 늘어진 **벼이삭**(禾=𠂹=𦍌)을 **왼손**(左)으로 잡고 있는 데서 '**다르다**' '**어긋나다**'를 뜻한다.
파자 **양**(𦍌) 털이 **삐져**(丿)나와 옷감이 잘못 **만들어져**(工) '**다르고**' '**어긋나게**' 됨.

	번호/급수	부수/획수	한자	훈음		중국/일본		어휘
진흥 3급	1465 / 4급	工부 / 총10획	差	어긋날/다를	차	중국	差	差異(차이) 差別(차별) 差額(차액) 差等(차등)
						일본	差	

착할 선 善

금문 / 소전

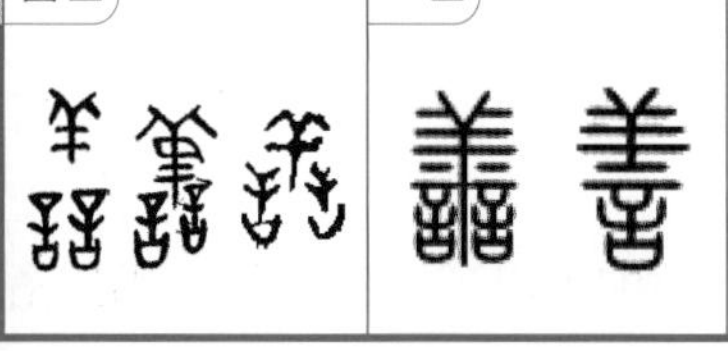

양(羊)이 순하고 착함을 여러 사람이 **말함**(誩:다투어말할 경)에서 '**좋다**' '**착하다**'를 뜻한다.

	번호/급수	부수/획수	한자	훈음		중국/일본		어휘
진흥 준4급 / 검정 4급	1466 / 5급	口부 / 총12획	善	착할	선:	중국	善	善惡(선악) 善處(선처) 善良(선량) 善心(선심)
						일본	善	

어구 풀이

❶羊腸(양장) : ① 양의 창자. ② 꼬불꼬불하고 험한 길을 비유적으로 이르는 말.
❷養育(양육) : 아이를 보살펴서 자라게 함.
❸祥雲(상운) : 복되고 좋은 일이 있을 조짐이 보이는 구름.
❹昭詳(소상) : 분명하고 상세함.
❺着想(착상) : 어떤 일이나 창작의 실마리가 되는 생각이나 구상 따위를 잡음. 또는 그 생각이나 구상.

새끼양 달 羍

소전

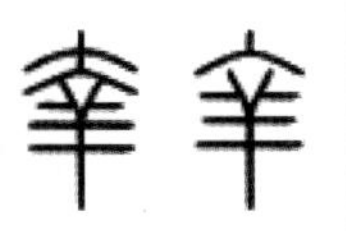

사람(大=土)이 어린 **양**(羊)을 돌보는데서 **'어린양**(羍=幸)' **'새끼양'**을 뜻한다.

진흥 4급 / 검정 준3급	1467 / 4급Ⅱ	辵부 / 총13획	達	통달할 달	중국 达 / 일본 達	達人(달인) ❻達辯(달변) 發達(발달) 達成(달성)

해할 해 害

금문

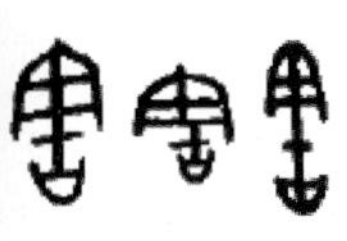

소전

집(宀)안을 **흐트러지게**(丯: **흐트러질 개**) 하는 **말**(口)에서 **'해롭다' '해하다'**를 뜻한다.

진흥 준4급 / 검정 4급	1468 / 5급	宀부 / 총10획	害	해할 해:	중국 害 / 일본 害	害蟲(해충) 公害(공해) 避害(피해) 害毒(해독)
	1469 / 3급Ⅱ	刀부 / 총12획	割	벨 할	중국 割 / 일본 割	分割(분할) 割腹(할복) 割增料(할증료) 割引(할인)
진흥 3급	1470 / 4급	心부 / 총16획	憲	법 헌:	중국 宪 / 일본 憲	 害 아래 눈〔目〕과 마음〔心〕을 두어 죄를 빨리 분별함을 의미함. 憲法(헌법) 憲章(헌장)

새길 갈 㓞

갑문

금문

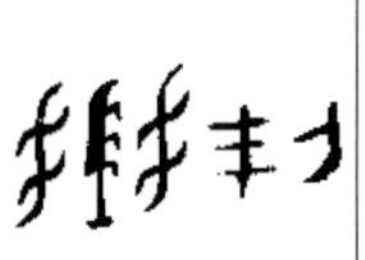

소전

정한 일을 **흐트러지지**(丯) 않게 **칼**(刀)로 새겨두는 데서 **'새기다'**를 뜻한다.

진흥 3급	1471 / 3급Ⅱ	大부 / 총9획	契	맺을/계약 계:	중국 契 / 일본 契	契約(계약) ❼契機(계기) 親睦契(친목계) ❽契主(계주)
진흥 준3급 / 검정 준3급	1472 / 4급Ⅱ	水부 / 총15획	潔	깨끗할 결	중국 洁 / 일본 潔	淸潔(청결) 潔白(결백) 純潔(순결) 簡潔(간결)

살별/비 혜 彗

갑문

소전

두 손(⺕)으로 **비**(丰丰)를 들고 쓰는 모양으로, **비 모양의 별**에서 **'살별' '비'**를 뜻한다.

1473 / 3급Ⅱ	心부 / 총15획	慧	슬기로울 혜:	중국 慧 / 일본 慧	智慧(지혜) ❾慧眼(혜안) 慧聖(혜성) ❿慧劍(혜검)

어구 풀이

❻達辯(달변) : 능숙하여 막힘이 없는 말.
❼契機(계기) : 어떤 일이 일어나거나 변화하도록 만드는 결정적인 원인이나 기회.
❽契主(계주) : 계를 조직하여 관리하는 사람.
❾慧眼(혜안) : 사물을 꿰뚫어 보는 안목과 식견.
❿慧劍(혜검) : 지혜의 칼이라는 뜻으로, 번뇌의 얽매임을 끊어 버리는 지혜를 이르는 말.

무성할 봉 丰

갑문	금문	소전
		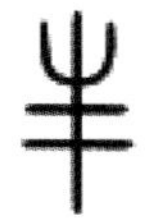

풀이 위아래로 **무성히** 잘 자라나고 있는 모양에서 '**무성하다**'를 뜻한다.

시험	번호/급수	부수/획수	한자	훈음	중국/일본	용례
진흥 3급	1474 / 3급Ⅱ	山부 / 총10획	峯	봉우리 봉	중국 峰 / 일본 峯	最高峰(최고봉) 雪峰(설봉) 雲峰(운봉) 同 峰
	1475 / 3급	虫부 / 총13획	蜂	벌 봉	중국 蜂 / 일본 蜂	蜂針(봉침) 蜂起(봉기) 養蜂(양봉) ❶分蜂(분봉)
진흥 준3급 / 검정 3급	1476 / 3급Ⅱ	辵부 / 총11획	逢	만날 봉	중국 逢 / 일본 逢	相逢(상봉) 逢變(봉변) 逢着(봉착) 逢年(봉년)
진흥 3급	1477 / 3급	邑부 / 총7획	邦	나라 방	중국 邦 / 일본 邦	友邦(우방) 聯邦(연방) 合邦(합방) 異邦人(이방인)

봄 춘 春

갑문	금문	소전
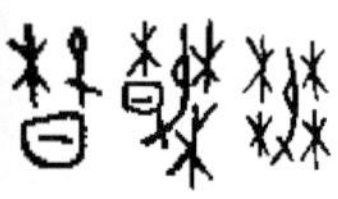	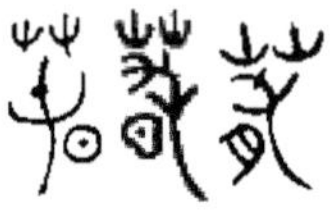	

모든 **풀**(艹)의 **싹**(屯)이 **무성해**(𡗗)지는 **햇볕**(日)이 따뜻한 '**봄**'을 뜻한다.

참고 '𡗗'의 모양은 여러 가지 형태에서 변해왔으나 대개 **무성함, 많음**을 뜻한다.

시험	번호/급수	부수/획수	한자	훈음	중국/일본	용례
진흥 5급 / 검정 5급	1478 / 7급	日부 / 총9획	春	봄 춘	중국 春 / 일본 春	春困症(춘곤증) 春夏秋冬(춘하추동) 春季(춘계)

받들 봉 奉

금문	소전

무성한(丰) 재물을 **두 손**(廾)으로 받들어 바침에서 '**받들다**'를 뜻한다.

파자 **세**(三) **사람**(人), 즉 **많은**(𡗗) 사람이 재물을 **손**(扌)으로 바침에서 '**받들다**'를 뜻한다.

시험	번호/급수	부수/획수	한자	훈음	중국/일본	용례
진흥 준4급 / 검정 준4급	1479 / 5급	大부 / 총8획	奉	받들 봉:	중국 奉 / 일본 奉	奉獻(봉헌) 奉仕(봉사) 奉養(봉양) ❷奉祝(봉축)
	1480 / 3급Ⅱ	大부 / 총9획	奏	아뢸/연주할 주	중국 奏 / 일본 奏	 卉(훼)의 약자인 屮(철)을 두 손으로 '받들어' 올림. — 獨奏(독주) 奏者(주자)
진흥 준3급 / 검정 3급	1481 / 3급Ⅱ	水부 / 총10획	泰	클/편안할 태	중국 泰 / 일본 泰	 두 손〔廾〕사이로 물이 빠지는 모양. 물 속에서 물건을 거르는 모양. — 泰山北斗(태산북두)

주먹밥 권 关

금문	소전

쌀(米)을 **두 손**(廾)으로 둥글게 뭉쳐 쥐고 있는 데서 '**움큼**' '**뭉치다**' '**둥글다**'를 뜻한다.

참고 금문에서는 **뭉친 문서**(十)를 **펼쳐**(八) **두 손**(廾=大)으로 들고 있는 모습으로 보인다.

시험	번호/급수	부수/획수	한자	훈음	중국/일본	용례
진흥 3급	1482 / 4급	刀부 / 총8획	券	문서 권	중국 券 / 일본 券	旅券(여권) 證券(증권) 福券(복권) 食券(식권)

진흥	검정	번호	급	부수	획수	한자	훈	음	중국	일본	어휘
준3급	3급	1483	4급	卩부	총8획	卷	책	권	卷	卷	❸壓卷(압권) 卷頭言(권두언) 席卷(석권) 卷甲(권갑)
3급		1484	3급Ⅱ	手부	총10획	拳	주먹	권:	拳	拳	拳銃(권총) 拳鬪(권투) 拳法(권법) 鐵拳(철권)

나 짐 朕

갑문

금문

소전

배(舟=月)를 수리하거나 '**옮기려**' **도구**(丨:연장·상앗대)를 **두 손**(廾)으로 **들고**(关) 있는 사람으로, 신분의 귀천과 관계없이 '**자신**'을 일컫는 자칭(自稱)에서 '**나**'를 뜻한다. 속뜻은 '**옮김**'.

진흥	검정	번호	급	부수	획수	한자	훈	음	중국	일본	어휘
5급	준4급	1485	6급	力부	총12획	勝	이길	승	胜	勝	勝利(승리) 勝者(승자) 勝敗(승패) 決勝戰(결승전)
		1486	3급	馬부	총20획	騰	오를	등	腾	騰	急騰(급등) 騰落(등락) ❹漸騰(점등) 飛騰(비등)

각시/성씨 씨 氏

갑문

금문

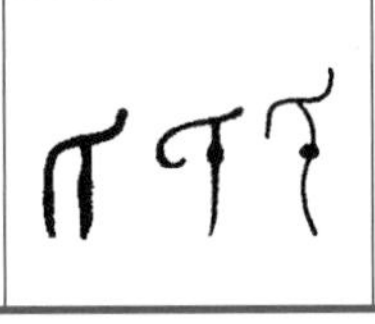

소전

씨에서 싹 터 뻗은 **줄기**와 **뿌리**, 또는 같은 나무뿌리에서, 같은 '**성씨**' '**바탕**'을 뜻한다.

참고 옛날에 부인은 이름이 없어 친정의 성씨에 '氏'자를 붙여 써서 '**각시**'를 뜻한다.

진흥	검정	번호	급	부수	획수	한자	훈	음	중국	일본	어휘
준4급	4급	1487	4급	氏부	총4획	氏	성/각시	씨	氏	氏	姓氏(성씨) 氏族(씨족) 創氏改名(창씨개명) 宗氏(종씨)
준4급	준4급	1488	7급	糸부	총10획	紙	종이	지	纸	紙	紙幣(지폐) 紙錢(지전) 壁紙(벽지) 油紙(유지)
준4급	4급	1489	4급Ⅱ	人부	총7획	低	낮을	저:	低	低	나무뿌리 밑을 나타낸 氐(근본 저)에 亻을 첨가한 글자. / 低賃金(저임금) 低速(저속)
3급		1490	4급	广부	총8획	底	밑	저:	底	底	海底(해저) ❺底意(저의) 徹底(철저) 底邊(저변)
3급		1491	3급Ⅱ	手부	총8획	抵	막을	저:	抵	抵	抵抗(저항) 抵觸(저촉) ❻抵當(저당) ❼大抵(대저)
3급		1492	3급	日부	총8획	昏	어두울	혼	昏	昏	 나무뿌리 밑 또는 사람 아래 해를 두어 '저녁'을 나타냄. / 黃昏(황혼) ❽昏迷(혼미)
4급	3급	1493	4급	女부	총11획	婚	혼인할	혼	婚	婚	婚姻(혼인) 婚禮(혼례) 婚事(혼사) 結婚(결혼)

어구 풀이

❶分蜂(분봉) : 여왕벌이 새 여왕벌에게 집을 물려주고, 일벌의 일부와 함께 따로 새집을 만드는 일.
❷奉祝(봉축) : 공경하는 마음으로 축하함.
❸壓卷(압권) : ① 여러 책이나 작품 가운데 제일 잘된 책이나 작품. ② 하나의 책이나 작품 가운데 가장 잘된 부분. ③ 여럿 가운데 가장 뛰어난 것.
❹漸騰(점등) : 시세가 점점 오름.
❺底意(저의) : 겉으로 드러나지 아니한, 속에 품은 생각.
❻抵當(저당) : ① 맞서서 겨룸. ② 볼모로 삼음. ③ 부동산이나 동산을 채무의 담보로 잡거나 담보로 잡힘.
❼大抵(대저) : 대체로 보아서. 무릇.
❽昏迷(혼미) : ① 의식이 흐림. 또는 그런 상태. ② 정세 따위가 분명하지 아니하고 불안정함. 또는 그런 상태.

37 확인학습

1 다음 漢字의 訓과 音을 쓰시오. (*는 3급·3급II 고유 한자입니다.)

(1) 羊	(2) 洋	(3) 養	(4) 樣
(5) 祥 *	(6) 詳 *	(7) 美	(8) 着
(9) 差	(10) 善	(11) 達	(12) 害
(13) 割 *	(14) 憲	(15) 契 *	(16) 潔
(17) 慧 *	(18) 峯 *	(19) 蜂 *	(20) 逢 *
(21) 邦 *	(22) 春	(23) 奉	(24) 奏 *
(25) 泰 *	(26) 券	(27) 卷	(28) 拳 *
(29) 勝	(30) 騰 *	(31) 氏	(32) 紙
(33) 低	(34) 底	(35) 抵 *	(36) 昏 *
(37) 婚			

2 다음 漢字語의 讀音을 쓰시오.

(1) 羊皮	(2) 洋食	(3) 養護	(4) 模樣
(5) 祥雲	(6) 詳述	(7) 美容	(8) 着陸
(9) 差異	(10) 善處	(11) 達辯	(12) 避害
(13) 割引	(14) 憲法	(15) 契約	(16) 簡潔
(17) 智慧	(18) 雲峰	(19) 蜂起	(20) 相逢
(21) 合邦	(22) 春季	(23) 奉養	(24) 獨奏

(25) 泰山　(26) 證券　(27) 壓卷　(28) 拳鬪

(29) 勝敗　(30) 飛騰　(31) 宗氏　(32) 壁紙

(33) 低速　(34) 海底　(35) 抵當　(36) 黃昏

(37) 結婚　(38) 着地　(39) 差別　(40) 善良

(41) 養成　(42) 春節　(43) 泰斗　(44) 奉祝

(45) 拳法　(46) 氏族　(47) 民衆

3 다음 訓과 音을 지닌 漢字를 쓰시오. (*는 3급·3급Ⅱ 고유 한자입니다.)

(1) 기를 양　(2) 깨끗할 결　(3) 나라 방 *　(4) 낮을 저

(5) 어긋날 차　(6) 막을 저 *　(7) 만날 봉 *　(8) 맺을 계 *

(9) 모양 양　(10) 문서 권　(11) 밑 저　(12) 받들 봉

(13) 벌 봉 *　(14) 법 헌　(15) 벨 할 *　(16) 봄 춘

(17) 봉우리 봉 *　(18) 붙을 착　(19) 상서 상 *　(20) 성 씨

(21) 슬기로울 혜 *　(22) 아뢸 주 *　(23) 아름다울 미　(24) 양 양

(25) 어두울 혼 *　(26) 오를 등 *　(27) 이길 승　(28) 자세할 상 *

(29) 종이 지　(30) 주먹 권 *　(31) 착할 선　(32) 책 권

(33) 큰바다 양　(34) 클 태 *　(35) 통달할 달　(36) 해할 해

(37) 혼인할 혼

38과 民·生·欠·牙·不 모양을 가진 한자

백성 민	갑문	금문	소전
民		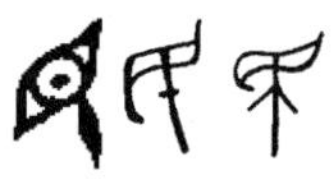	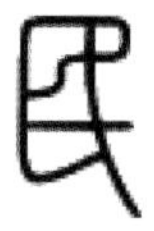

뾰족한 무기로 눈을 찔린 '**노예**'에서 벼슬 없는 서민 '**백성**'을 뜻하였다.
※ 모든(一) 성씨(氏).

	번호/급수	부수/획수	한자	훈음	중국/일본	단어
진흥 준5급 / 검정 5급	1494 / 8급	氏부 / 총5획	民	백성 민	중국 民 / 일본 民	民主(민주) 民俗(민속) 民謠(민요) 民衆(민중)
진흥 준3급 / 검정 3급	1495 / 3급Ⅱ	目부 / 총10획	眠	잠잘 면	중국 眠 / 일본 眠	睡眠(수면) 不眠症(불면증) 冬眠(동면) *眼(눈 안)
진흥 7급 / 검정 6급	1496 / 7급	十부 / 총3획	千	일천 천	중국 千 / 일본 千	千年(천년) 千字文(천자문) 千念(천념) 千代(천대)

진칠 둔	갑문	금문	소전
屯			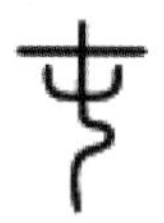

진 치듯 한 곳에서, **어렵게 땅**(一)을 뚫고 **부드러운 싹**(屮=乚)을 틔움에서 '**진 치다**' '**어려움**'을 뜻한다.

	번호/급수	부수/획수	한자	훈음	중국/일본	단어
	1497 / 3급	屮부 / 총4획	屯	진칠 둔	중국 屯 / 일본 屯	屯土(둔토) 屯監(둔감) 屯畓(둔답) 屯田(둔전)
	1498 / 3급	金부 / 총12획	鈍	둔할 둔	중국 钝 / 일본 鈍	愚鈍(우둔) 鈍濁(둔탁) 鈍器(둔기) 鈍感(둔감)
진흥 4급 / 검정 준3급	1499 / 4급Ⅱ	糸부 / 총10획	純	순수할 순	중국 纯 / 일본 純	清純(청순) 純種(순종) 純潔(순결) 純金(순금)

거스를 역	갑문	금문	소전
屰			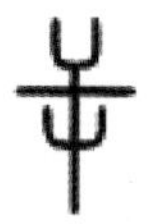

사람이 거꾸로 있는 모양에서 '**거스름**' '**반대**'를 뜻한다.
참고 欮(歋숨찰 궐) 숨이 **거꾸로**(屰) 차올라 입 **벌려**(欠) 토해내는 데서 '**숨차다**' '**쿨룩거리다**'를 뜻한다.

	번호/급수	부수/획수	한자	훈음	중국/일본	단어
진흥 4급 / 검정 준3급	1500 / 4급Ⅱ	辵부 / 총10획	逆	거스를 역	중국 逆 / 일본 逆	逆境(역경) 逆行(역행) 逆說(역설) 逆賊(역적)
	1501 / 3급	月부 / 총10획	朔	초하루 삭	중국 朔 / 일본 朔	朔望(삭망) 朔地(삭지) 朔風(삭풍) 朔月(삭월)
	1502 / 3급	厂부 / 총12획	厥	그/짧을 궐	중국 厥 / 일본 厥	厥角(궐각) 厥女(궐녀) 厥尾(궐미) 厥明(궐명: 다음날)

날 생	갑문	금문	소전
生			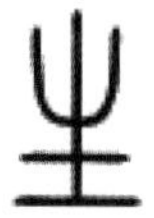

초목이 싹터(屮=牛) **땅**(一)에서 자라나는 모양에서 '**낳다**' '**살다**' '**자라다**'를 뜻한다.

진흥/검정	번호	급수	부수/획수	한자	훈음	중국/일본	용례
진흥 7급 검정 6급	1503	8급	生부 총5획	生	날 생	중국 生 일본 生	生命(생명) 生育(생육) 生産(생산) 生活(생활)
진흥 5급 검정 5급	1504	5급	心부 총8획	性	성품 성:	중국 性 일본 性	性品(성품) 性格(성격) 性急(성급) 適性(적성)
진흥 준5급 검정 6급	1505	7급	女부 총8획	姓	성 성:	중국 姓 일본 姓	姓名(성명) 他姓(타성) 百姓(백성) 同姓(동성)
	1506	3급Ⅱ	阜부 총12획	隆	높을/성할 륭	중국 隆 일본 隆	隆盛(융성) 隆崇(융숭) 隆起(융기) *陵(언덕 릉)
진흥 준4급 검정 4급	1507	4급Ⅱ	日부 총9획	星	별 성	중국 星 일본 星	 풀[生]과 주위의 별 모양. / 金星(금성) 星雲(성운)

하품 흠	갑문	금문	소전	
欠				기운이 없고 피곤하여 크게 **입을 벌려**(⺈) 하품하는 **사람**(人)에서 '**하품**' '**부족**'을 뜻한다.

진흥/검정	번호	급수	부수/획수	한자	훈음	중국/일본	용례
진흥 5급 검정 준4급	1508	6급	食부 총13획	飮	마실 음:	중국 饮 일본 飲	飮酒(음주) 飮料水(음료수) 飮福(음복) 飮毒(음독)
진흥 준3급 검정 3급	1509	3급Ⅱ	口부 총7획	吹	불 취:	중국 吹 일본 吹	吹入(취입) 鼓吹(고취) 吹鳴(취명) 吹笛(취적)
진흥 준4급 검정 4급	1510	4급Ⅱ	欠부 총6획	次	버금 차	중국 次 일본 次	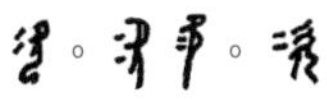 본래 숨쉬는 모양 또는 입에서 침 튀기는 모양이나, 二에서 '버금'의 뜻이 됨. / 次男(차남)
진흥 3급	1511	4급	女부 총9획	姿	모양 자:	중국 姿 일본 姿	姿勢(자세) 姿態(자태) 姿色(자색) 容姿(용자)
	1512	3급	心부 총10획	恣	방자할/마음대로 자:	중국 恣 일본 恣	放恣(방자) 恣行(자행) 恣意(자의) 恣樂(자락)
진흥 3급	1513	4급	貝부 총13획	資	재물 자	중국 资 일본 資	資本(자본) 資格(자격) 資質(자질) 資料(자료)
진흥 3급	1514	4급	皿부 총12획	盜	도둑 도	중국 盗 일본 盗	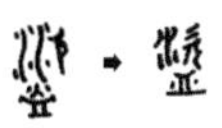 그릇에 담긴 음식을 보고 침 흘리는 모습. / 强盜(강도) 盜難(도난)

성(姓) 오	갑문	금문	소전	
吳				사람이 머리를 **기울여**(夨 :기울 녈) **입**(口) 벌려 크게 노래하거나, **동이**(口)를 어깨에 메고 있는 **사람**(夨)으로 '**큰소리**'로 노래를 잘하거나, 동이를 많이 생산하던 '**오나라**' '姓(성)'을 뜻한다.

진흥/검정	번호	급수	부수/획수	한자	훈음	중국/일본	용례
	1515	3급	女부 총10획	娛	즐길 오:	중국 娱 일본 娯	娛樂(오락) 娛樂室(오락실) 歡娛(환오) 喜娛(희오)
진흥 4급 검정 준3급	1516	4급Ⅱ	言부 총14획	誤	그르칠 오:	중국 误 일본 誤	誤算(오산) 誤用(오용) 誤解(오해) 誤報(오보)

더욱 우 尤

갑문	금문	소전

더욱 잘 **드러나는 손**(又=尢)에 있는 **상처**(丶)에서 '**허물**' '**더욱**'을 뜻한다.
※ 尢은 又의 변체.
참고 尢(尣 절름발이 왕) 사람(大)의 한쪽 다리를 **굽혀**(乚) '**절름발이**'를 뜻한다.

진흥 준3급 / 검정 3급	1517 / 3급	尢부 총4획	尤	더욱 우	중국 尤 / 일본 尤		尤物(우물: 가장 뛰어난 물건) 尤甚(우심) 尤極(우극)
진흥 준3급 / 검정 3급	1518 / 4급	尢부 총12획	就	나아갈 취:	중국 就 / 일본 就	 높고 큰 집[京]을 향해 나아감.	就業(취업) 就學(취학) 就職(취직)

어금니 아 牙

금문	소전

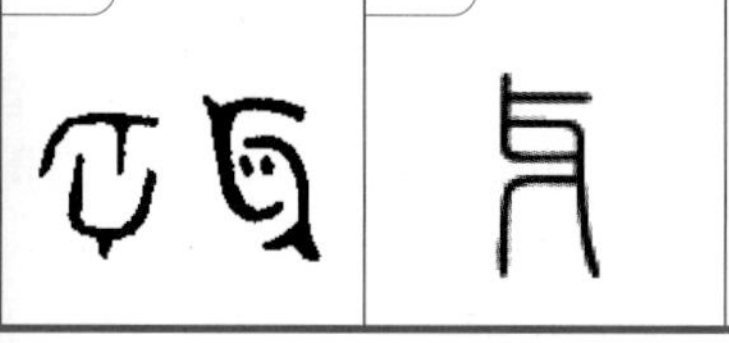

아래위 어금니나 **송곳니**가 맞닿은 모양에서 '**어금니**'를 뜻한다.

	1519 / 3급Ⅱ	牙부 총4획	牙	어금니 아	중국 牙 / 일본 牙	齒牙(치아) 象牙(상아) 牙城(아성) 牙音(아음)
	1520 / 3급Ⅱ	艸부 총8획	芽	싹 아	중국 芽 / 일본 芽	發芽(발아) 麥芽(맥아) 新芽(신아) 草芽(초아)
진흥 3급	1521 / 3급Ⅱ	隹부 총12획	雅	맑을 아(:)	중국 雅 / 일본 雅	淸雅(청아) 雅號(아호) 優雅(우아) 雅量(아량)
	1522 / 3급Ⅱ	邑부 총7획	邪	간사할 사	중국 邪 / 일본 邪	邪敎(사교) 邪惡(사악) 邪心(사심) 斥邪(척사)

또 역 亦

갑문	금문	소전

사람(大=亣) 양 옆 **겨드랑이**에 **두 점**(八)을 찍어 팔을 자꾸 흔들며 가는 데서 '**또**'를 뜻한다.

진흥 준3급 / 검정 3급	1523 / 3급Ⅱ	亠부 총6획	亦	또 역	중국 亦 / 일본 亦	亦是(역시: 또한) 亦然(역연: 또한 그러함)
	1524 / 3급Ⅱ	足부 총13획	跡	발자취 적	중국 迹 / 일본 跡	遺跡(유적) 追跡(추적) 古跡(고적) 潛跡(잠적)

붉을 적 赤

갑문	금문	소전

크고(大=土) 붉은 **불**(火=灬=㣺)빛이나, **죄인**(大)을 알몸으로 붉은 **불**(火)에 처형하는데서 '**붉다**' '**발가숭이**' '**멸하다**'를 뜻한다.
파자 **흙**(土)이 **불**(火=㣺)에 '**붉게**' 달구어짐.

진흥 준4급 / 검정 준4급	1525 / 5급	赤부 총7획	赤	붉을 적	중국 赤 / 일본 赤	赤色(적색) 赤血球(적혈구) 赤字(적자) 赤潮(적조)

아니 불	갑문	금문	소전	
不				땅(一) 아래 씨눈 배아에서 **뿌리**(小)는 내리고 움은 아직 트지 않은 데서 '**아니다**'를 뜻한다.

급수	번호/급	부수/획	한자	훈음	중국/일본	용례
진흥 준5급 검정 준5급	1526 7급	一부 총4획	不	아니 불(부)	중국 不 일본 不	不良(불량) 不滿(불만) 不潔(불결) 不正(부정)
진흥 4급 검정 준3급	1527 4급	口부 총7획	否	아닐 부:	중국 否 일본 否	否認(부인) 拒否(거부) 否決(부결) 否定(부정)
진흥 준3급 검정 3급	1528 3급	木부 총8획	杯	잔 배	중국 杯 일본 杯	乾杯(건배) 祝杯(축배) 優勝杯(우승배) 苦杯(고배)
진흥 8급 검정 7급	1529 7급	一부 총3획	上	윗 상:	중국 上 일본 上	평면 위에 선을 두어 위를 나타냄. / 上下(상하) 上流(상류) 上級(상급)
진흥 8급 검정 7급	1530 7급	一부 총3획	下	아래 하:	중국 下 일본 下	평면 아래에 선을 두어 아래를 나타냄. / 下落(하락) 下級(하급) 下手(하수)

한 일	두 이	석 삼	여섯 륙	일곱 칠	아홉 구	
一	二	三	六	七	九	한자에 쓰이는 숫자는 一부터 三까지는 획수를 수로 쓰고 四 이상은 음을 빌린 가차 문자이다.

급수	번호/급	부수/획	한자	훈음	중국/일본	용례
진흥 8급 검정 8급	1531 8급	一부 총1획	一	한 일	중국 一 일본 一	一片丹心(일편단심) 一段落(일단락) 一致(일치)
진흥 8급 검정 8급	1532 8급	二부 총2획	二	두 이:	중국 二 일본 二	二等(이등) 二次(이차) 二重唱(이중창) 二分法(이분법)
진흥 8급 검정 8급	1533 8급	一부 총3획	三	석 삼	중국 三 일본 三	三位一體(삼위일체) 三寸(삼촌) 三伏(삼복) 三府(삼부)
진흥 8급 검정 8급	1534 8급	八부 총4획	六	여섯 륙	중국 六 일본 六	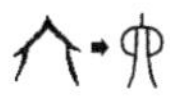 위에 지붕(亠)과 육 면으로 나뉘어(八) 쌓인 집 모양에서 '여섯'을 뜻한다. / 六書(육서) 六角(육각)
진흥 8급 검정 8급	1535 8급	一부 총2획	七	일곱 칠	중국 七 일본 七	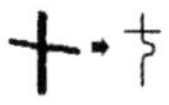 가로로 긴 물건(一)을 세로로 자르는(丨=乚) 모양으로 '칠'을 뜻하며, '자름'을 뜻함. / 七寶(칠보) 七書(칠서)
진흥 준3급 검정 4급	1536 5급	刀부 총4획	切	끊을 절 온통 체	중국 切 일본 切	切斷(절단) 切親(절친) 切下(절하) 一切(일체)
진흥 8급 검정 8급	1537 8급	乙부 총2획	九	아홉 구	중국 九 일본 九	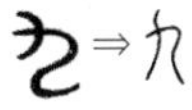 팔이나 꼬리가 굽듯 많이 구부러진 물체에서, 숫자의 가장 많은 끝에서 '아홉'을 나타낸다. / 九泉(구천) 九思(구사)
진흥 4급 검정 준3급	1538 4급Ⅱ	穴부 총7획	究	연구할/궁구할 구	중국 究 일본 究	研究(연구) 窮究(궁구) 研究室(연구실) 研究員(연구원)
	1539 3급Ⅱ	木부 총9획	染	물들 염:	중국 染 일본 染	染色(염색) 感染(감염) 汚染(오염) 染色體(염색체)
	1540 3급	車부 총9획	軌	바퀴자국 궤	중국 轨 일본 軌	軌道(궤도) 軌範(궤범) 軌跡(궤적) 軌模(궤모)

38 확인학습

1 다음 漢字의 訓과 音을 쓰시오. (*는 3급·3급Ⅱ 고유 한자입니다.)

(1) 民	(2) 眠 *	(3) 千	(4) 屯 *
(5) 鈍 *	(6) 純	(7) 逆	(8) 朔 *
(9) 厥 *	(10) 生	(11) 性	(12) 姓
(13) 隆 *	(14) 星	(15) 飮	(16) 吹 *
(17) 次	(18) 姿	(19) 恣 *	(20) 資
(21) 盜	(22) 娛 *	(23) 誤	(24) 尤 *
(25) 就	(26) 牙 *	(27) 芽 *	(28) 雅 *
(29) 邪 *	(30) 亦 *	(31) 跡 *	(32) 赤
(33) 不	(34) 否	(35) 杯 *	(36) 上
(37) 下	(38) 一	(39) 二	(40) 三
(41) 氏	(42) 七	(43) 切	(44) 九
(45) 究	(46) 染 *	(47) 軌 *	

2 다음 漢字語의 讀音을 쓰시오.

(1) 民衆	(2) 冬眠	(3) 千念	(4) 屯監
(5) 鈍濁	(6) 純種	(7) 逆說	(8) 朔望
(9) 厥女	(10) 生産	(11) 性急	(12) 百姓
(13) 隆盛	(14) 星雲	(15) 飮福	(16) 吹鳴
(17) 次男	(18) 姿態	(19) 放恣	(20) 資質
(21) 盜難	(22) 喜娛	(23) 誤報	(24) 尤物
(25) 就業	(26) 齒牙	(27) 草芽	(28) 雅量

(29) 邪惡 [ ]	(30) 亦是 [ ]	(31) 潛跡 [ ]	(32) 赤潮 [ ]
(33) 不滿 [ ]	(34) 否認 [ ]	(35) 苦杯 [ ]	(36) 上流 [ ]
(37) 下級 [ ]	(38) 一致 [ ]	(39) 二等 [ ]	(40) 三伏 [ ]
(41) 六角 [ ]	(42) 七寶 [ ]	(43) 切下 [ ]	(44) 九泉 [ ]
(45) 窮究 [ ]	(46) 汚染 [ ]	(47) 軌道 [ ]	

3 다음 訓과 音을 지닌 漢字를 쓰시오. (*는 3급·3급II 고유 한자입니다.)

(1) 간사할 사 [*]	(2) 거스를 역 [ ]	(3) 그 궐 [*]	(4) 그르칠 오 [ ]
(5) 끊을 절 [ ]	(6) 나아갈 취 [ ]	(7) 날 생 [ ]	(8) 높을 륭 [*]
(9) 더욱 우 [*]	(10) 도둑 도 [ ]	(11) 두 이 [ ]	(12) 둔할 둔 [*]
(13) 또 역 [*]	(14) 마실 음 [ ]	(15) 맑을 아 [*]	(16) 모양 자 [ ]
(17) 물들 염 [*]	(18) 바큇자국 궤 [*]	(19) 발자취 적 [*]	(20) 방자할 자 [*]
(21) 백성 민 [ ]	(22) 버금 차 [ ]	(23) 별 성 [ ]	(24) 불 취 [*]
(25) 붉을 적 [ ]	(26) 석 삼 [ ]	(27) 성 성 [ ]	(28) 성품 성 [ ]
(29) 순수할 순 [ ]	(30) 싹 아 [*]	(31) 아니 불 [ ]	(32) 아닐 부 [ ]
(33) 아래 하 [ ]	(34) 아홉 구 [ ]	(35) 어금니 아 [*]	(36) 여섯 륙 [ ]
(37) 연구할 구 [ ]	(38) 윗 상 [ ]	(39) 일곱 칠 [ ]	(40) 일천 천 [ ]
(41) 잔 배 [*]	(42) 잠잘 면 [*]	(43) 재물 자 [ ]	(44) 즐길 오 [*]
(45) 진칠 둔 [*]	(46) 초하루 삭 [*]	(47) 한 일 [ ]	

39과 十·止·正·足·是 모양을 가진 한자

다섯 오	갑문	금문	소전	
五	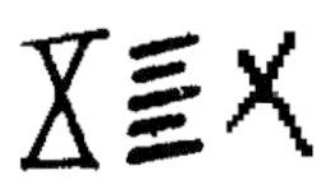			물건이 **교차한**(ㄨ·X) 모양에서 숫자 **중간**인 '**다섯**'이나, 천지(天地) 사이 '**오행**'을 뜻한다.

				한자	훈음		중국/일본		단어
진흥 8급	1541	二부	五	다섯	오:	중국	五	五服(오복) 五臟(오장) 三綱五倫(삼강오륜) 五味(오미)
검정 8급	8급	총4획				일본	五	
진흥 준3급	1542	口부	吾	나/우리	오	중국	吾	吾人(오인) 吾等(오등) 吾道(오도) 吾鼻三尺(오비삼척)
검정 3급	3급	총7획				일본	吾	
진흥 준3급	1543	心부	悟	깨달을	오:	중국	悟	覺悟(각오) 悟道(오도) 悟悅(오열) 大悟(대오)
검정 3급	3급Ⅱ	총10획				일본	悟	
진흥 준5급	1544	言부	語	말씀	어:	중국	语	論語(논어) 語錄(어록) 隱語(은어) 言語(언어)
검정 5급	7급	총14획				일본	語	

열 십	갑문	금문	소전	
十				**가로줄**(丨)이나 나무의 중간을 **묶은**(丶=一) '**십**'의 단위에서 '**열**' '**전부**' '**완전함**'을 뜻한다. 참고 十(열십), 廿(스물 입), 卅(서른 삽), 卌(마흔 십).

				한자	훈음		중국/일본		단어
진흥 8급	1545	十부	十	열	십	중국	十	十長生(십장생) 赤十字(적십자) 十干(십간) 十經(십경)
검정 8급	8급	총2획				일본	十	
진흥 5급	1546	言부	計	셀	계:	중국	计	計算(계산) 計量(계량) 計座(계좌) 計劃(계획)
검정 5급	6급	총9획				일본	計	
진흥 4급	1547	金부	針	바늘	침(:)	중국	针	針母(침모) 針葉樹(침엽수) 分針(분침) 方針(방침)
검정 준3급	4급	총10획				일본	針	
진흥 3급	1548	大부	奔	달릴	분	중국	奔	奔走(분주) 奔放(분방) 東奔西走(동분서주) 奔忙(분망)
	3급Ⅱ	총9획				일본	奔	
	1549	心부	憤	분할	분:	중국	愤	憤怒(분노) 憤痛(분통) 激憤(격분) 憤敗(분패)
	4급	총15획				일본	憤	
	1550	土부	墳	무덤	분	중국	坟	墳墓(분묘) 封墳(봉분) 古墳(고분) 荒墳(황분)
	3급	총15획				일본	墳	
진흥 3급	1551	糸부	索	찾을 노(끈)	색 삭	중국	索	 굵은 끈의 모양. 索引(색인) 索莫(삭막)
	3급Ⅱ	총10획				일본	索	
진흥 6급	1552	十부	南	남녘	남	중국	南	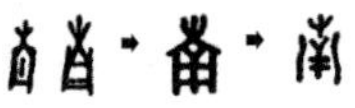 남방에 걸어 두던 악기에서 '남쪽'이란 뜻이 됨. 南向(남향)
검정 8급	8급	총9획				일본	南	

그칠/발 지	갑문	금문	소전	
止				서 있는 '**발**'의 모양을 보고 만든 글자에서 '**그치다**' '**머무르다**'를 뜻한다. 참고 '止(지)'자와 만나는 글자는 '**발**'의 **작용**과 관계가 있다.

급수	번호/급	부수/획수	한자	훈음	중국/일본	단어
흥 준4급 정 준4급	1553 5급	止부 총4획	止	그칠 지	중국 止 일본 止	止血(지혈) 禁止(금지) 停止(정지) 止揚(지양)
흥 3급	1554 3급Ⅱ	人부 총6획	企	꾀할/바랄 기	중국 企 일본 企	企待(기대) 企業(기업) 企劃(기획) 企圖(기도)
	1555 3급	肉부 총8획	肯	즐길 긍:	중국 肯 일본 肯	肯定(긍정) 肯志(긍지) 首肯(수긍) 肯意(긍의)
흥 4급 정 4급	1556 4급Ⅱ	齒부 총15획	齒	이 치	중국 齿 일본 歯	이 모양에 止(지)를 더해 음을 나타냄. / 齒科(치과) 齒藥(치약) 齒石(치석)

걸음 보
步

갑문	금문	소전
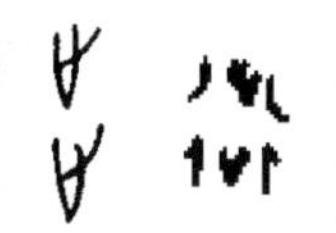		

위아래 **발**(⺪:밟을 달)을 두어 걸음을 뜻하여 **'걷다' '걸음'**을 뜻한다. '止=少'는 아래 발.

급수	번호/급	부수/획수	한자	훈음	중국/일본	단어
흥 5급 정 5급	1557 4급Ⅱ	止부 총7획	步	걸음 보:	중국 步 일본 歩	步行(보행) 徒步(도보) 散步(산보) 步幅(보폭)
흥 3급	1558 3급	水부 총10획	涉	건널 섭	중국 涉 일본 渉	涉獵(섭렵) 涉外(섭외) 干涉(간섭) 交涉(교섭)
	1559 3급	頁부 총16획	頻	자주 빈	중국 频 일본 頻	물을 건너기 전에 깊은 물을 돌아보는 모양으로, 본뜻은 涯(물가 애)임. / 頻度(빈도) 頻煩(빈번)

바를 정
正

갑문	금문	소전
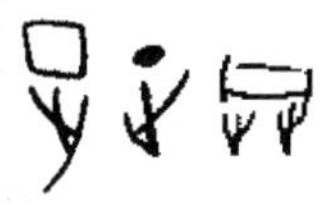		

잘못된 **나라**(口=一)를 **쳐서** 바로잡기 위해 **발**(止)로 나아감에서 **'바르다' '바로잡다'**를 뜻한다.

급수	번호/급	부수/획수	한자	훈음	중국/일본	단어
흥 6급 정 준5급	1560 7급	止부 총5획	正	바를 정(:)	중국 正 일본 正	正直(정직) 正答(정답) 正月(정월) 正義(정의)
흥 3급	1561 3급Ⅱ	彳부 총8획	征	칠 정	중국 征 일본 征	征服(정복) 出征(출정) 遠征(원정) 征討(정토)
흥 4급 정 4급	1562 4급Ⅱ	攴부 총8획	政	정사 정	중국 政 일본 政	政治(정치) 政府(정부) 政權(정권) 政局(정국)
흥 3급	1563 4급	攴부 총16획	整	가지런할 정:	중국 整 일본 整	調整(조정) 整理(정리) 整列(정렬) 整備(정비)
흥 3급	1564 3급Ⅱ	疒부 총10획	症	증세 증	중국 症 일본 症	症勢(증세) 症狀(증상) 後遺症(후유증) 炎症(염증)
	1565 3급	火부 총11획	焉	어찌/어조사 언	중국 焉 일본 焉	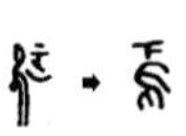 본래 새 종류이나, 어사(語辭)로 쓰임. / 終焉(종언) 焉烏(언오)
흥 준4급 정 준4급	1566 6급	宀부 총8획	定	정할 정:	중국 定 일본 定	定員(정원) 定價(정가) 定着(정착) 定立(정립)

늘일 연 延

갑문
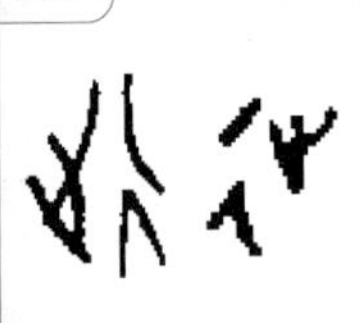

금문
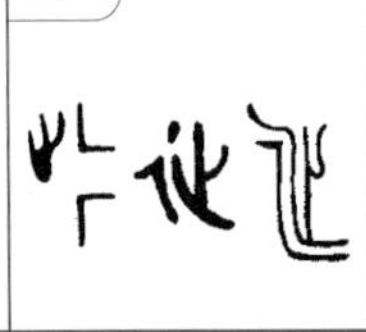

소전

천천히 가도록 **당겨**(厂=丿:당길 예) **발**(止)로 **걸어**(廴) 가는데 편히 **걷도록**(延:편히 걸을 전) 하는 데서 **'끌다' '늘이다'**를 뜻한다.

급수	번호/급	부수/획	한자	훈	음	중국/일본	용례
진흥 3급	1567 / 4급	廴부 / 총7획	延	늘일	연	중국 延 / 일본 延	延期(연기) 延長(연장) 遲延(지연) 延着(연착) *廷(조정 정)
	1568 / 3급	言부 / 총14획	誕	낳을/거짓	탄:	중국 诞 / 일본 誕	誕生(탄생) 誕辰(탄신) 聖誕節(성탄절) 誕妄(탄망)

다리/발 족 足

갑문

금문

소전

무릎(口)부터 **발**(止)까지에서 **'발'**을 나타내며, 만족하여 발이 머무름에서 **'만족'**을 뜻한다.

급수	번호/급	부수/획	한자	훈	음	중국/일본	용례
진흥 7급 / 검정 7급	1569 / 7급	足부 / 총7획	足	발/족할	족	중국 足 / 일본 足	滿足(만족) 足部(족부) 充足(충족) 足球(족구)
	1570 / 3급	手부 / 총10획	捉	잡을	착	중국 捉 / 일본 捉	捕捉(포착) 捉囚(착수) 捉來(착래) 捉送(착송)
	1571 / 3급Ⅱ	人부 / 총9획	促	재촉할	촉	중국 促 / 일본 促	促迫(촉박) 督促(독촉) 販促(판촉) 促求(촉구)

달릴 주 走

금문
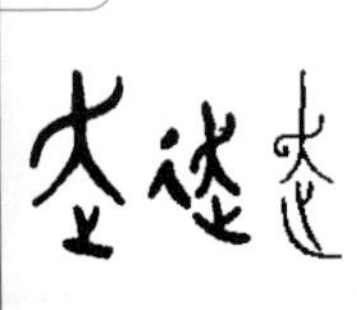

소전

사람이 몸을 **숙이고**(夭=大=土) **발**(止=龰)을 크게 달림에서 **'달리다'**를 뜻한다.

파자 **흙**(土) 아래에 발을 딛고 **발**(止⇒龰)로 힘껏 **'달림'**을 뜻한다.

급수	번호/급	부수/획	한자	훈	음	중국/일본	용례
진흥 준4급 / 검정 준3급	1572 / 4급Ⅱ	走부 / 총7획	走	달릴	주	중국 走 / 일본 走	走力(주력) 走行(주행) 競走(경주) 逃走(도주)
진흥 4급 / 검정 준3급	1573 / 4급	彳부 / 총10획	徒	무리/헛될	도	중국 徒 / 일본 徒	徒黨(도당) 徒步(도보) 徒輩(도배) *徙(옮길 사)

좇을 종 從

갑문
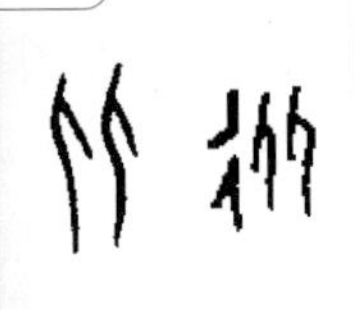

금문
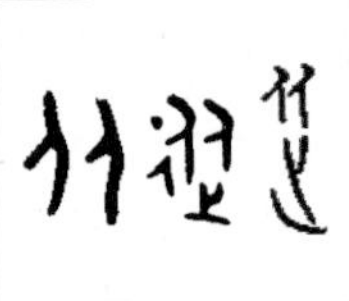

소전

따라 **걷는**(彳) **두 사람**(从)이 **발**(止=龰)로 서로를 **'좇음'**을 뜻한다.

급수	번호/급	부수/획	한자	훈	음	중국/일본	용례
진흥 준3급 / 검정 3급	1574 / 4급	彳부 / 총11획	從	좇을	종(:)	중국 从 / 일본 従	服從(복종) 從氏(종씨) 從軍(종군) 從屬(종속)
	1575 / 3급Ⅱ	糸부 / 총17획	縱	세로	종	중국 纵 / 일본 縦	縱斷(종단) 縱隊(종대) 放縱(방종) 操縱士(조종사)

是 이/옳을 시

금문 소전

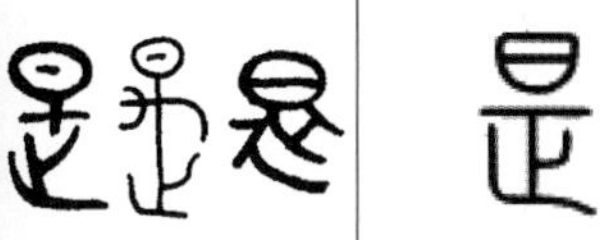

해(日)가 가장 **바르게**(正=疋) 머리 위에 떠오름에서, **'옳다' '바르다' '이**(斯)'를 뜻한다.

급수	번호/급	부수/획수	한자	훈음	중국/일본	용례
진흥 4급 검정 4급	1576 4급Ⅱ	日부 총9획	是	옳을/이 시:	중국 是 일본 是	是非(시비) 是認(시인) 或是(혹시) 亦是(역시)
진흥 3급	1577 3급	土부 총12획	堤	둑 제	중국 堤 일본 堤	堤防(제방) 防潮堤(방조제) 防波堤(방파제) 堤內地(제내지)
진흥 3급	1578 4급Ⅱ	手부 총12획	提	끌 제	중국 提 일본 提	提起(제기) 提出(제출) 提案(제안) 提供(제공)
진흥 5급 검정 준4급	1579 6급	頁부 총18획	題	제목 제	중국 题 일본 題	題目(제목) 題言(제언) 課題(과제) 難題(난제)

疋 발 소/필 필

갑문 금문 소전

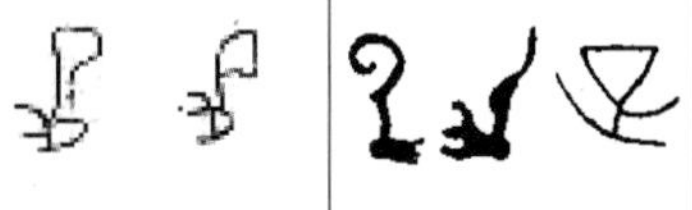

종아리와 발을 그려 '**발**'을 뜻하며, 걸음 폭으로 베를 재던 데서 '**필**'을 뜻한다.

급수	번호/급	부수/획수	한자	훈음	중국/일본	용례
진흥 3급	1580 3급Ⅱ	石부 총18획	礎	주춧돌 초	중국 础 일본 礎	礎石(초석) 基礎(기초) 柱礎(주초) 階礎(계초)

疑 의심할 의

갑문 금문 소전

갈 길을 잃어, 길에서 머뭇거려 **헤매는 사람**(치매 노인)에서 '**의심하다**'를 뜻한다.

파자 **비수**(匕)나 **화살**(矢)이 **나에게**(予=マ) 날아올까 **발**(疋)을 멈칫거림에서 '**의심함**'을 뜻한다.

급수	번호/급	부수/획수	한자	훈음	중국/일본	용례
진흥 3급	1581 4급	疋부 총14획	疑	의심 의	중국 疑 일본 疑	疑心(의심) 疑問(의문) 疑惑(의혹) 疑懼(의구)
	1582 3급	冫부 총16획	凝	엉길/모을 응:	중국 凝 일본 凝	凝固(응고) 凝視(응시) 凝集力(응집력) 凝結(응결)

此 이 차

갑문 금문 소전

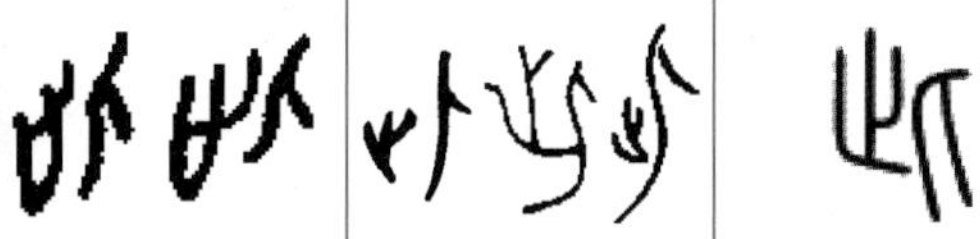

발(止)길을 멈춘 **사람**(匕:亻의 반대모양)이 있는 곳, 즉 **가까운 곳**에서 '**이**' '**이곳**'을 뜻한다.

급수	번호/급	부수/획수	한자	훈음	중국/일본	용례
진흥 준3급 검정 3급	1583 3급Ⅱ	止부 총6획	此	이 차	중국 此 일본 此	此後(차후) 如此(여차) 此日彼日(차일피일) *比(견줄 비)
	1584 3급Ⅱ	糸부 총11획	紫	자줏빛 자:	중국 紫 일본 紫	紫朱(자주) 紫外線(자외선) 紫色(자색) 紫李(자리)

39 확인학습

1 다음 漢字의 訓과 音을 쓰시오. (*는 3급·3급Ⅱ 고유 한자입니다.)

(1) 五	(2) 吾 *	(3) 悟 *	(4) 語
(5) 十	(6) 計	(7) 針	(8) 奔 *
(9) 憤	(10) 墳 *	(11) 索 *	(12) 南
(13) 止	(14) 企 *	(15) 肯 *	(16) 齒
(17) 步	(18) 涉 *	(19) 頻 *	(20) 正
(21) 征 *	(22) 政	(23) 整	(24) 症 *
(25) 焉 *	(26) 定	(27) 延	(28) 誕 *
(29) 足	(30) 捉 *	(31) 促 *	(32) 走
(33) 徒	(34) 從	(35) 縱 *	(36) 是
(37) 堤 *	(38) 提	(39) 題	(40) 礎 *
(41) 疑	(42) 凝 *	(43) 此 *	(44) 紫 *

2 다음 漢字語의 讀音을 쓰시오.

(1) 五味	(2) 吾等	(3) 覺悟	(4) 隱語
(5) 十經	(6) 計座	(7) 針母	(8) 奔放
(9) 憤痛	(10) 古墳	(11) 索引	(12) 南向
(13) 止揚	(14) 企待	(15) 肯意	(16) 齒藥
(17) 步幅	(18) 干涉	(19) 頻度	(20) 正答
(21) 征服	(22) 政局	(23) 整理	(24) 炎症

(25) 焉烏		(26) 定價		(27) 延着		(28) 誕生	
(29) 滿足		(30) 捉囚		(31) 促迫		(32) 競走	
(33) 徒輩		(34) 從軍		(35) 放縱		(36) 或是	
(37) 堤防		(38) 提案		(39) 課題		(40) 柱礎	
(41) 疑懼		(42) 凝視		(43) 如此		(44) 紫朱	

3 다음 訓과 音을 지닌 漢字를 쓰시오. (* 는 3급·3급Ⅱ 고유 한자입니다.)

(1) 가지런할 정		(2) 건널 섭	*	(3) 걸음 보		(4) 그칠 지	
(5) 깨달을 오	*	(6) 꾀할 기	*	(7) 끌 제		(8) 나 오	*
(9) 남녘 남		(10) 낳을 탄	*	(11) 늘일 연		(12) 다섯 오	
(13) 달릴 분	*	(14) 달릴 주		(15) 둑 제	*	(16) 말씀 어	
(17) 무덤 분	*	(18) 무리 도		(19) 바늘 침		(20) 바를 정	
(21) 발 족		(22) 분할 분		(23) 세로 종	*	(24) 셀 계	
(25) 어찌 언	*	(26) 엉길 응	*	(27) 열 십		(28) 의심 의	
(29) 옳을 시		(30) 이 차	*	(31) 이 치		(32) 자주 빈	*
(33) 자줏빛 자	*	(34) 잡을 착	*	(35) 재촉할 촉	*	(36) 정사 정	
(37) 정할 정		(38) 제목 제		(39) 주춧돌 초	*	(40) 즐길 긍	*
(41) 증세 증	*	(42) 좇을 종		(43) 찾을 색	*	(44) 칠 정	*

40과 先·舛·冬·复·至·自 모양을 가진 한자

거느릴 어 御

갑문 / 금문 / 소전

길(彳)을 갈 때 **절굿공이**(午)같은 도구를 잡고 **서서**(止) 몸을 **굽히고**(卩) '**모시는**'데서 '**거느림**'을 뜻한다.

참고 卸(짐부릴 사) **절굿공이**(午) 형태의 도구를 잡고 **멈추고**(止) 몸을 굽혀(卩) 짐을 '**풀거나**', 재앙을 **막음**(止)을 뜻한다.

	1585 / 3급Ⅱ	彳부 / 총11획	御	어거할/거느릴 어:	중국 御 / 일본 御	御命(어명) 御衣(어의) 制御(제어) 御用(어용)

먼저 선 先

갑문 / 금문 / 소전

발(止=㞢)이 먼저 앞서간 **사람**(儿)에서 '**먼저**' '**앞서다**'를 뜻한다.

참고 **소**(牛 ⇒ 㞢)는 뿔이 있어 **사람**(儿)보다 앞에 '**먼저**' 가게 함.

진흥 준5급 / 검정 6급	1586 / 8급	儿부 / 총6획	先	먼저 선	중국 先 / 일본 先	先生(선생) 先納(선납) 先驅者(선구자) 先例(선례)
진흥 준4급 / 검정 준4급	1587 / 5급	水부 / 총9획	洗	씻을 세:	중국 洗 / 일본 洗	洗手(세수) 洗禮(세례) 洗面(세면) 洗車(세차)
진흥 3급	1588 / 3급Ⅱ	貝부 / 총19획	贊	도울 찬:	중국 赞 / 일본 賛	두 사람이 예물〔貝〕을 들고 나아가〔兟:나아갈 신〕 만나거나 돕는 모양. / 贊成(찬성) 協贊(협찬)
	1589 / 4급	言부 / 총26획	讚	기릴 찬:	중국 赞 / 일본 讃	讚美(찬미) 讚揚(찬양) 稱讚(칭찬) 讚頌歌(찬송가)

북방/천간 계 癸

갑문 / 금문 / 소전

나무를 교차시켜 **돌게** 만든 측량도구, **물레**, 태양의 방향을 **헤아리는** 도구 등의 설이 있다.

파자 **걷듯**(癶) 움직이는 **하늘**(天)의 변화를 나누어 정한 '**천간**(天干)'에서 '**북방**'을 뜻한다.

진흥 4급 / 검정 준3급	1590 / 3급	癶부 / 총9획	癸	천간/북방 계:	중국 癸 / 일본 癸	癸丑日記(계축일기) ❶癸水(계수) 癸酉(계유)

오를 등 登

갑문 / 금문 / 소전

두 발(癶)로 **제기그릇**(豆)을 들고 제단에 오르는 데서 '**오르다**'를 뜻한다.

진흥 준5급 / 검정 5급	1591 / 7급	癶부 / 총12획	登	오를 등	중국 登 / 일본 登	登校(등교) 登山(등산) 登錄(등록) 登龍門(등용문)
진흥 4급 / 검정 준3급	1592 / 4급Ⅱ	火부 / 총16획	燈	등(불) 등	중국 灯 / 일본 灯	街路燈(가로등) 電燈(전등) 點燈(점등) 燈臺(등대)
진흥 준3급 / 검정 3급	1593 / 4급	言부 / 총19획	證	증거 증	중국 証 / 일본 证	證據(증거) 證言(증언) 證券(증권) 保證(보증)

등질/필 발 癶

갑문	금문	소전

발(𠃊 : 밟을 달)과 **발**(止)이 서로 등지고 걷는 데서 **'등지다' '걷다' '피다'**를 뜻한다.

진흥 5급 검정 준4급	1594 6급	癶부 총12획	發	필/쏠 발	중국 发 일본 発	發展(발전) 發干(발간) 發達(발달) 發射(발사)
	1595 3급Ⅱ	广부 총15획	廢	폐할/버릴 폐:	중국 废 일본 廃	廢校(폐교) 廢車(폐차) 廢業(폐업) 廢水(폐수)

어그러질 천 舛

금문	소전

발(夕)과 **발**(㐄 : 걸을 과)이 어수선하게 놓인 모양에서 **'어그러지다'**를 뜻한다.

	1596 3급Ⅱ	目부 총17획	瞬	눈깜짝일/순간 순	중국 瞬 일본 瞬	瞬間(순간) 瞬時(순시) ❷瞬視(순시) 瞬息(순식)
	1597 3급	阜부 총15획	鄰	이웃 린	중국 邻 일본 隣	隣接(인접) 隣近(인근) ❸交隣(교린) 近隣(근린)
	1598 3급	心부 총15획	憐	불쌍히여길 련	중국 怜 일본 憐	憐憫(연민) 可憐(가련) 同病相憐(동병상련) 憐察(연찰)
진흥 3급	1599 4급	人부 총12획	傑	뛰어날/호걸 걸	중국 杰 일본 傑	豪傑(호걸) 傑作(걸작) ❹傑出(걸출) 英傑(영걸)
진흥 준3급 검정 준3급	1600 4급	阜부 총9획	降	내릴 강: 항복할 항	중국 降 일본 降	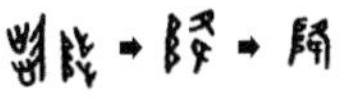 두발로 언덕을 내려오는 모양. 降雨(강우) 降伏(항복)

겨울 동 冬

갑문	금문	소전

실의 **양쪽 끝**으로 **'종결'**을 뜻하며, 제일 **뒤쳐오는**(夂) **추운**(冫) 계절에서 **'겨울'**을 뜻한다.

진흥 5급 검정 5급	1601 7급	冫부 총5획	冬	겨울 동(:)	중국 冬 일본 冬	冬眠(동면) 冬至(동지) 冬服(동복) ❺冬將軍(동장군)
진흥 준4급 검정 4급	1602 5급	糸부 총11획	終	마칠 종	중국 终 일본 終	終禮(종례) 終點(종점) 終末(종말) 終了(종료)
진흥 5급 검정 5급	1603 7급	彳부 총9획	後	뒤 후:	중국 后 일본 後	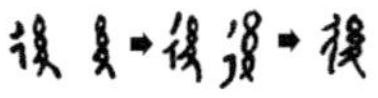 끈에 묶인 발로 길을 가다에서 '뒤'가 됨. 後繼(후계) 後事(후사)

어구 풀이

❶癸水(계수) : 성숙한 여성의 자궁에서 주기적으로 출혈하는 생리 현상.
❷瞬視(순시) : 눈을 깜빡거리며 봄.
❸交隣(교린) : 이웃 나라와의 사귐.
❹傑出(걸출) : 남보다 훨씬 뛰어남. 또는 그런 사람.
❺冬將軍(동장군) : 겨울 장군이라는 뜻으로, 혹독한 겨울 추위를 비유적으로 이르는 말.

천천히갈 준 夋

금문	소전
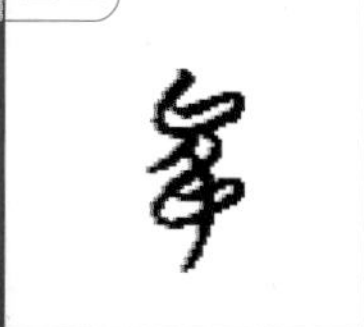	

높은 **관**(厶)을 쓴 **사람**(儿)이 **진실로**(允) 당당하고 거만하게 천천히 **걸음**(夊)에서 **'천천히 가다'** **'빼어나다'** **'뛰어나다'**를 뜻한다.

진흥 3급	1604 / 3급	人부 / 총9획	俊	준걸 준:	중국 俊 / 일본 俊	俊秀(준수) 俊傑(준걸) 俊才(준재) 俊逸(준일)

다시갈 복 复

갑문	금문	소전
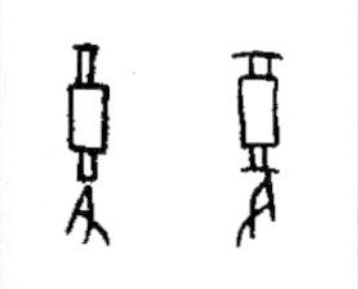	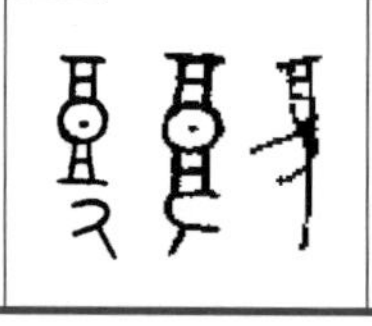	

지붕(亠) 아래 **방**(口=日)과 **발**(夊)로, **움집**에 사람의 **발**(夊)이 반복적으로 드나들던 입구, 또는 반복적으로 발로 밟아 일을 하던 **'풀무'** 모양에서 **'반복하다'** **'돌아가다'** **'다시'**를 뜻한다.

진흥 4급 / 검정 준3급	1605 / 4급Ⅱ	彳부 / 총12획	復	회복할 복 / 다시 부:	중국 复 / 일본 復	復古(복고) 復習(복습) 回復(회복) 復活(부활)
	1606 / 3급Ⅱ	襾부 / 총18획	覆	다시 복 / 덮을 부	중국 覆 / 일본 覆	覆面(복면) 覆蓋(복개) 飜覆(번복) 覆載(부재)
진흥 3급	1607 / 3급Ⅱ	尸부 / 총15획	履	밟을 리:	중국 履 / 일본 履	履修(이수) 履行(이행) 履歷(이력) 履霜(이상)
진흥 3급 / 검정 준4급	1608 / 3급Ⅱ	肉부 / 총13획	腹	배 복	중국 腹 / 일본 腹	腹部(복부) 腹痛(복통) 心腹(심복) 腹案(복안)
진흥 3급	1609 / 4급	衣부 / 총14획	複	겹칠 복	중국 复 / 일본 複	複寫(복사) 複利(복리) 複合(복합) 複製(복제)

이를 지 至

갑문	금문	소전
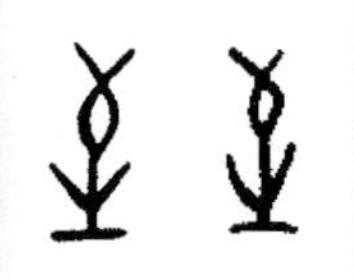	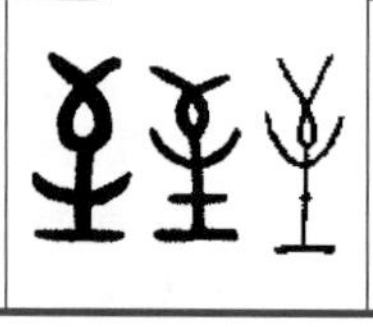	

땅에 새가 이른 모양이라 하나, **화살**(⻗)이 **지면**(一)에 떨어진 데서 **'이르다'** **'미치다'**를 뜻한다.

진흥 준4급 / 검정 4급	1610 / 4급Ⅱ	至부 / 총6획	至	이를 지	중국 至 / 일본 至	至極(지극) 至尊(지존) 至毒(지독) 至當(지당)
진흥 준4급 / 검정 4급	1611 / 5급	至부 / 총10획	致	이를/다할 치:	중국 致 / 일본 致	致富(치부) 致誠(치성) 致命(치명) 致賀(치하)
진흥 준5급 / 검정 5급	1612 / 8급	宀부 / 총9획	室	집/방 실	중국 室 / 일본 室	居室(거실) 教室(교실) 室內(실내) 寢室(침실)
진흥 3급	1613 / 3급	女부 / 총9획	姪	조카 질	중국 侄 / 일본 姪	姪女(질녀) 姪婦(질부) 從姪(종질) 叔姪(숙질)
진흥 준4급 / 검정 4급	1614 / 5급	刀부 / 총8획	到	이를 도:	중국 到 / 일본 到	到達(도달) 到着(도착) 殺到(쇄도) 周到(주도)
진흥 3급	1615 / 3급Ⅱ	人부 / 총10획	倒	넘어질 도:	중국 倒 / 일본 倒	倒産(도산) 壓倒(압도) 卒倒(졸도) 倒置(도치)

1616	至부	臺	대/집 대	중국 台		발[土]로 높[高]은 곳에 이름[至], 또는 높은 집 모양.	燈臺(등대) 臺本(대본)
3급Ⅱ	총14획			일본 台			

깃 우 羽

갑문 · 금문 · 소전

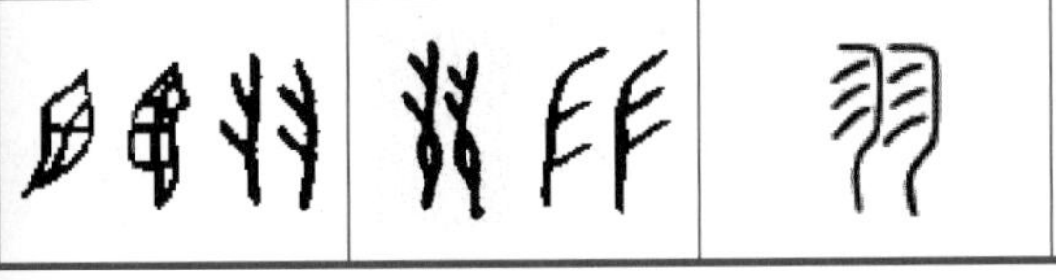

새가 날 수 있도록 돕는 새의 **두 깃**에서 '**깃**'을 뜻한다.

	1617	羽부	羽	깃 우:	중국 羽	羽毛(우모) 項羽壯士(항우장사) 羽客(우객: 선인)
진흥 3급	3급Ⅱ	총6획			일본 羽	

숱많을 진 㐱

갑문 · 금문 · 소전

사람(人) 몸에 긴 **털**(彡)이 자라 '**숱이 많음**'을 뜻한다.
참고 羽(새깃 처음 날 진) 凤(깃나서 처음 날을 진).

	1618	玉부	珍	보배 진	중국 珍	珍貴(진귀) 珍味(진미) 珍重(진중) 珍奇(진기)
진흥 3급	4급	총9획			일본 珍	

참여할 참/셋 삼 參

금문 · 소전

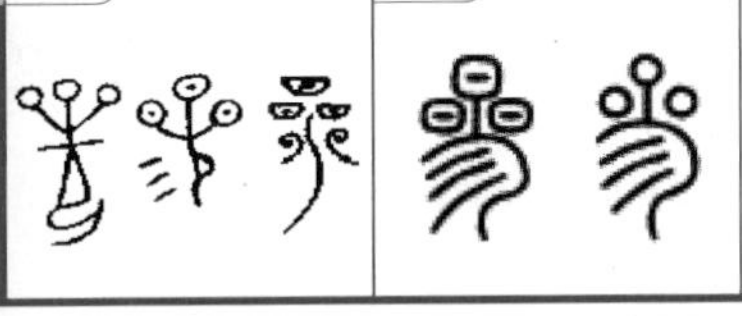

많은 **별**(晶=厽:담쌀 루)이 **사람**(人)의 머리에 비추는 **별빛**(彡)이나, 머리에 **장식**(厽)이 **많이**(㐱) 있는 데서 **많이** '**참여하다**' '**섞이다**'나, 숫자 **三**(삼)**의 갖은 자**로 쓰여 '**셋**'으로 쓰인다. 참고 彡(터럭 삼) 가지런히 나 있는 **터럭** 모양으로, '**장식**','**모양**' '**소리**' 등을 뜻함.

	1619	厶부	參	참여할 참 / 석 삼	중국 参 / 일본 参	參加(참가) 參席(참석) 參百(삼백) *三의 갖은자.
진흥 준4급 / 검정 준4급	5급	총11획				
	1620	心부	慘	참혹할 참	중국 惨 / 일본 惨	慘敗(참패) 慘變(참변) 悲慘(비참) 慘事(참사)
	3급	총14획				

스스로/코 자 自

갑문 · 금문 · 소전

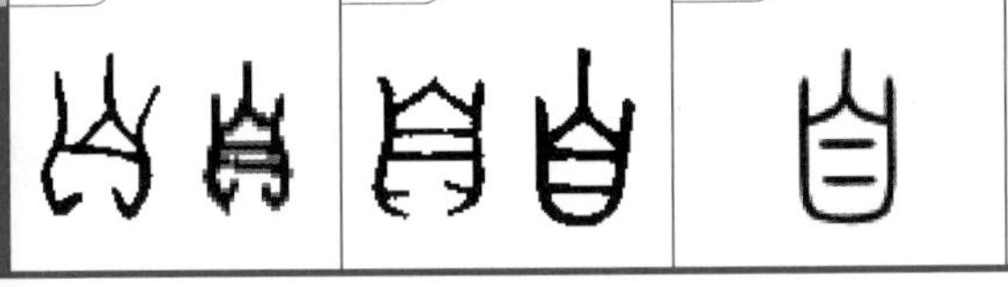

코의 모양이나, 코를 가리키며 자신을 말하는 데서 '**스스로**' '**자기**'를 뜻한다. 본뜻은 '**코**'다.

	1621	自부	自	스스로 자	중국 自 / 일본 自	自動(자동) 自習(자습) 自律(자율) 自信感(자신감)
진흥 7급 / 검정 준5급	7급	총6획				
	1622	心부	息	쉴 식	중국 息 / 일본 息	安息(안식) 休息(휴식) 歎息(탄식) 消息(소식)
진흥 준3급 / 검정 준3급	4급Ⅱ	총10획				
	1623	鼻부	鼻	코 비:	중국 鼻 / 일본 鼻	鼻炎(비염) 鼻笑(비소) 鼻音(비음) 鼻祖(비조)
진흥 4급 / 검정 4급	5급	총14획				
	1624	辵부	邊	가 변	중국 边 / 일본 辺	江邊(강변) 海邊(해변) 周邊(주변) 邊境(변경)
진흥 3급	4급Ⅱ	총19획				

40 확인학습

1 다음 漢字의 訓과 音을 쓰시오. (*는 3급·3급Ⅱ 고유 한자입니다.)

(1) 御 *	(2) 先	(3) 洗	(4) 贊 *
(5) 讚	(6) 癸 *	(7) 登	(8) 燈
(9) 證	(10) 發	(11) 廢 *	(12) 瞬 *
(13) 鄰 *	(14) 憐 *	(15) 傑	(16) 降
(17) 冬	(18) 終	(19) 後	(20) 俊 *
(21) 復	(22) 覆 *	(23) 履 *	(24) 腹 *
(25) 複	(26) 至	(27) 致	(28) 室
(29) 姪 *	(30) 到	(31) 倒 *	(32) 臺 *
(33) 羽 *	(34) 珍	(35) 參	(36) 慘 *
(37) 自	(38) 息	(39) 鼻	(40) 邊

2 다음 漢字語의 讀音을 쓰시오.

(1) 御用	(2) 先納	(3) 洗車	(4) 協贊
(5) 讚揚	(6) 癸水	(7) 登校	(8) 燈臺
(9) 保證	(10) 發射	(11) 廢水	(12) 瞬間
(13) 鄰接	(14) 憐憫	(15) 傑出	(16) 降伏
(17) 冬至	(18) 終點	(19) 後繼	(20) 俊才
(21) 復古	(22) 飜覆	(23) 履歷	(24) 腹部

(25) 複製	(26) 至當	(27) 致誠	(28) 寢室
(29) 姪女	(30) 殺到	(31) 倒置	(32) 臺本
(33) 羽客	(34) 珍貴	(35) 參席	(36) 慘變
(37) 自律	(38) 安息	(39) 鼻炎	(40) 邊境
(41) 六月	(42) 六角	(43) 十月	(44) 十經
(45) 切斷	(46) 一切	(47) 探索	(48) 索然
(49) 降雨	(50) 降將		

3 다음 訓과 音을 지닌 漢字를 쓰시오. (*는 3급·3급II 고유 한자입니다.)

(1) 가 변	(2) 어거할 어 *	(3) 겨울 동	(4) 겹칠 복
(5) 기릴 찬	(6) 깃 우 *	(7) 내릴 강	(8) 넘어질 도 *
(9) 눈깜짝일 순 *	(10) 다시 복 *	(11) 대 대 *	(12) 도울 찬 *
(13) 뒤 후	(14) 등불 등	(15) 뛰어날 걸	(16) 마칠 종
(17) 먼저 선	(18) 밟을 리 *	(19) 배 복 *	(20) 보배 진
(21) 천간 계 *	(22) 불쌍히여길 련 *	(23) 쉴 식	(24) 스스로 자
(25) 씻을 세	(26) 오를 등	(27) 이를 도	(28) 이를 지
(29) 이를 치	(30) 이웃 린 *	(31) 조카 질 *	(32) 준걸 준 *
(33) 증거 증	(34) 집 실	(35) 참여할 참	(36) 참혹할 참 *
(37) 코 비	(38) 폐할 폐 *	(39) 필 발	(40) 회복할 복

41과 且·直·井·昔·肙 모양을 가진 한자

또 차	갑문	금문	소전	
且	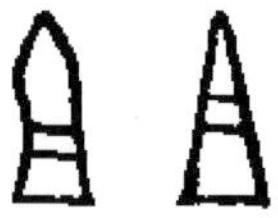	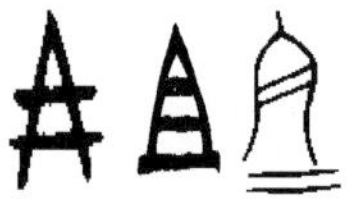		제단 위 **도마에 고기**를 **높게 '쌓은'** 모양, 조상 대대로의 位牌(위패)에서 **'또'**를 뜻한다.

진흥 준3급 검정 3급	1625 3급	一부 총5획	且	또/구차할 차:	중국 且 일본 且	且置(차치) 且說(차설) 苟且(구차) 重且大(중차대)
진흥 준3급 검정 4급	1626 5급	木부 총9획	查	조사할 사	중국 查 일본 査	調查(조사) 查證(사증) 實查(실사) 監查(감사)
진흥 준4급 검정 4급	1627 4급Ⅱ	力부 총7획	助	도울 조:	중국 助 일본 助	助詞(조사) 助言(조언) 助力(조력) 助教授(조교수)
진흥 준5급 검정 5급	1628 7급	示부 총10획	祖	할아버지 조	중국 祖 일본 祖	祖父(조부) 祖上(조상) 祖國(조국) 元祖(원조)
진흥 3급	1629 3급Ⅱ	禾부 총10획	租	조세 조	중국 租 일본 租	租稅(조세) 租借(조차) 租界(조계) 租庸調(조용조)
진흥 3급	1630 4급	糸부 총11획	組	짤 조	중국 组 일본 組	組立(조립) 組閣(조각) 組織(조직) 組合(조합)

마땅 의	갑문	금문	소전	
宜				'且'와 같은 글자로, **집**(宀)안에서 제물을 **쌓아**(且) 제사함이 **'마땅하다'**는 뜻이다.

진흥 3급	1631 3급	宀부 총8획	宜	마땅 의	중국 宜 일본 宜	宜當(의당) 便宜(편의) 時宜適切(시의적절) 適宜(적의)

갖출 구	갑문	금문	소전	
具			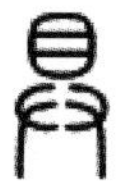	**솥**(鼎=貝=目)에 음식을 갖추어 **두 손**(廾=丌)으로 제단에 올리는 데서 **'갖추다'**를 뜻한다. 파자 많이 **쌓은**(且) 속에 **하나**(一) 더 쌓아 잘 **나누어**(八) **'갖춤'**을 뜻한다.

진흥 준3급 검정 4급	1632 5급	八부 총8획	具	갖출 구(:)	중국 具 일본 具	具象(구상) 道具(도구) 文房具(문방구) 具備(구비)
	1633 3급	人부 총10획	俱	함께 구	중국 俱 일본 俱	俱現(구현) 俱樂部(구락부) 俱存(구존) 俱全(구전)

곧을 직	갑문	금문	소전	
直	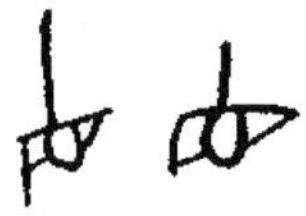			**곧은**(丨=十) 측량 도구를 **눈**(目)에 대고 **직각**(乚)**자**로 곧게 **'곧게'** 그림을 뜻한다. 파자 **사방**(十)을 **눈**(目)으로 살피고 **직각**(乚)자로 **'곧게'** 그림.

급수	번호	부수	한자	훈	음	중국/일본	단어
진흥 5급 검정 5급	1634 7급	目부 총8획	直	곧을	직	중국 直 일본 直	直線(직선) 直結(직결) 直行(직행) 直觀(직관)
진흥 준5급 검정 5급	1635 7급	木부 총12획	植	심을	식	중국 植 일본 植	植物(식물) 植樹(식수) 植民地(식민지) 植栽(식재)
진흥 3급	1636 3급Ⅱ	人부 총10획	値	값	치	중국 值 일본 値	價値(가치) 加重値(가중치) 數値(수치) 近似値(근사치)
진흥 3급	1637 4급Ⅱ	网부 총13획	置	둘	치:	중국 置 일본 置	置簿(치부) 設置(설치) 放置(방치) 配置(배치)
진흥 준4급 검정 준4급	1638 5급	彳부 총15획	德	큰/덕	덕	중국 德 일본 徳	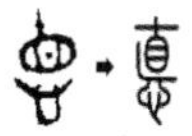 悳(덕)은 곧은(直) 마음(心)으로 '德(덕)'과 같은 자. / 道德(도덕) 德望(덕망)
진흥 4급 검정 준3급	1639 4급	耳부 총22획	聽	들을	청	중국 听 일본 聴	聽力(청력) 聽衆(청중) 聽取(청취) 聽覺(청각)
	1640 4급	广부 총25획	廳	관청	청	중국 厅 일본 庁	官廳(관청) 教育廳(교육청) 廳舍(청사) 區廳(구청)

참 진 眞

갑문 

금문 

소전 

숟가락(匕)으로 솥(鼎=目+乚+八)의 제사음식을 **조심히** 맛보는 **참된 행위**에서 '**참되다**'를 뜻한다.

파자 **비수**(匕) 같은 **눈**(目)으로 **숨은**(乚) 것까지 **나누어**(八) 살펴 아는 '**참**'된 행위.

급수	번호	부수	한자	훈	음	중국/일본	단어
진흥 준4급 검정 4급	1641 4급Ⅱ	目부 총10획	眞	참	진	중국 真 일본 真	眞實(진실) 眞理(진리) 眞僞(진위) 眞善美(진선미)
진흥 3급	1642 3급Ⅱ	金부 총18획	鎭	진압할	진(:)	중국 镇 일본 鎮	鎭靜(진정) 鎭壓(진압) 鎭火(진화) 鎭痛(진통)
	1643 3급Ⅱ	心부 총13획	愼	삼갈	신:	중국 慎 일본 慎	愼重(신중) 勤愼(근신) 愼擇(신택) 愼辭(신사)

쌓을 구 冓

갑문 

금문 

소전 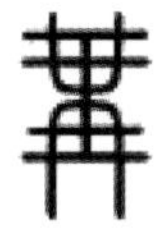

서로 만난 **두 마리의 물고기**나, 아가미를 **엮어 꿴 물고기**에서 '**얽다**' '**짜다**'를 뜻한다.

파자 '井'(우물 정)자 형태로 **거듭**(再) 더하여 얽는 데서 '**얽다**'를 뜻한다.

급수	번호	부수	한자	훈	음	중국/일본	단어
진흥 3급	1644 4급	木부 총14획	構	얽을	구	중국 构 일본 構	構圖(구도) 構想(구상) 構造(구조) 機構(기구)
진흥 3급 검정 준3급	1645 4급Ⅱ	言부 총17획	講	욀/강론할	강:	중국 讲 일본 講	講論(강론) 講義(강의) 講士(강사) 講習(강습)
진흥 준4급 검정 준4급	1646 5급	冂부 총6획	再	두	재:	중국 再 일본 再	 종을 매단 모양, 또는 冓를 접은 모양으로 중첩의 뜻으로 봄. / 再生(재생) 再考(재고)
진흥 3급	1647 4급	禾부 총14획	稱	일컬을	칭	중국 称 일본 称	 爯(들 승)은 손(爫)으로 물고기를 늘어뜨려(冉:늘어질 염) '들고' 있음을 뜻한다. / 稱讚(칭찬) 對稱(대칭)

앞 전 前

갑문	금문	소전
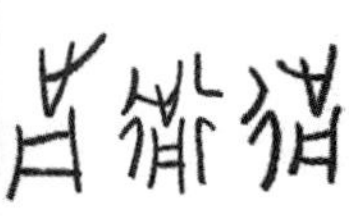		

제사하기 전에 먼저 **발**(止)을 **그릇**(凡→舟)에 씻는 데서 **'먼저' '앞'**을 뜻함. 또는 **발**(止=䒑)을 **배**(舟=月) **앞**(歬:前의 古字)에 두어 배가 **'앞'**으로 **'나아가다'**를 뜻한다.

진흥 준5급 / 검정 5급	1648 / 7급	刀부 / 총9획	前	앞 전	중국 前 / 일본 前	前後(전후) 前面(전면) 前半戰(전반전) 前期(전기)

우물 정 井

갑문	금문	소전
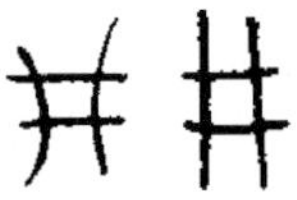	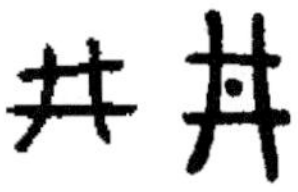	

사방을 쌓아 만든 **우물 난간**에서 **'우물'**을 뜻한다.

진흥 4급 / 검정 준3급	1649 / 3급Ⅱ	二부 / 총4획	井	우물 정(:)	중국 井 / 일본 井	井華水(정화수) 天井(천정) 管井(관정) 井間(정간)
진흥 4급 / 검정 준3급	1650 / 3급Ⅱ	耒부 / 총10획	耕	밭갈 경	중국 耕 / 일본 耕	耕作(경작) 農耕(농경) 水耕(수경) 耕田(경전)

찰 한 寒

금문	소전

집(宀)안에 **풀 더미**(茻=茾=井·𠀎) 속의 **사람**(人=八)이 **추위**(冫)에 떠는 데서 **'차다'**를 뜻한다.

파자 **집**(宀) **벽**(𠀎)이 **갈라진**(八) **틈**(寒)으로 **차가운**(冫) 바람이 들어와 **'차다'**를 뜻함.

진흥 준4급 / 검정 4급	1651 / 5급	宀부 / 총12획	寒	찰 한	중국 寒 / 일본 寒	寒氣(한기) 寒流(한류) 寒波(한파) 寒暖(한난)
	1652 / 3급Ⅱ	土부 / 총13획	塞	변방 새 / 막힐 색	중국 塞 / 일본 塞	要塞(요새) 窮塞(궁색) 塞翁之馬(새옹지마) 語塞(어색)

옛 석 昔

갑문	금문	소전

홍수(≈+𠀎)가 심하던 **옛날**(日) 일이나, **햇볕**(日)에 **말린 고기**를 **오래**둠에서 **'옛'**을 뜻한다.

진흥 준3급 / 검정 3급	1653 / 3급	日부 / 총8획	昔	옛 석	중국 昔 / 일본 昔	昔年(석년) 昔歲(석세) 昔日(석일) 昔者(석자)
진흥 준3급 / 검정 3급	1654 / 3급Ⅱ	心부 / 총11획	惜	아낄 석	중국 惜 / 일본 惜	哀惜(애석) 惜別(석별) 惜敗(석패) 惜福(석복)
진흥 준3급 / 검정 3급	1655 / 3급Ⅱ	人부 / 총10획	借	빌릴/빌 차:	중국 借 / 일본 借	借入(차입) 借名(차명) 借用(차용) 貸借(대차)
	1656 / 3급Ⅱ	金부 / 총16획	錯	어긋날/섞일 착	중국 错 / 일본 錯	錯視(착시) 錯覺(착각) 錯雜(착잡) 錯誤(착오)

진흥 3급	1657 / 4급	竹부 / 총20획	籍	문서 적	중국 籍 / 일본 籍	書籍(서적) 國籍(국적) 戶籍(호적) 除籍(제적)

흩을 산 散

갑문

금문

소전

숲(林＝𣶒)에서 잡은 **고기**(月)를 **쳐서**(攵) **흩어지게**(𢿱＝散＝撒)하는 데서 '**흩음**'을 뜻한다.
파자 **스물**(廿스물 입) **한**(一)번이나 **고기**(月)를 **쳐서**(攵) '**흩어지게**'함.

진흥 4급 / 검정 준3급	1658 / 4급	攴부 / 총12획	散	흩을 산:	중국 散 / 일본 散	散亂(산란) 散漫(산만) 散步(산보) 散文(산문)

장구벌레 연 肙

금문

소전

머리(口)와 꿈틀대는 긴 **몸**(月)이 있는 **연약한 애벌레**인 '**장구벌레**'를 뜻한다.

1659 / 3급	糸부 / 총13획	絹	비단 견	중국 绢 / 일본 絹	絹絲(견사) 絹織物(견직물) 人造絹(인조견) 絹本(견본)

밥통 위 胃

금문

소전

에워싼(囗) **음식**(米)을 소화하는 **위**(㘝＝田)인 **몸**(月)속 중에 '**밥통**'을 뜻한다.
파자 초목을 키우는 **밭**(田)처럼 **몸**(月)을 기르는 '**밥통**'을 뜻한다.

진흥 3급	1660 / 3급Ⅱ	肉부 / 총9획	胃	밥통 위	중국 胃 / 일본 胃	胃臟(위장) 胃壁(위벽) 胃腸(위장) 胃炎(위염)
	1661 / 3급Ⅱ	言부 / 총16획	謂	이를 위	중국 谓 / 일본 謂	所謂(소위: 이른바) 可謂(가위) 稱謂(칭위)

쉬어가기

마음에 새겨 두면 좋을 명언

■ 道德經 第33章(도덕경 제33장)

知人者智, 自知者明 (지인자지, 자지자명)
남을 아는 자는 지혜롭다 할 것이나 스스로를 아는 사람은 밝은 사람이다
勝人者有力, 自勝者强 (승인자유력, 자승자강)
남을 이기는 자는 힘 있는 사람이지만 스스로를 이기는 자야말로 강한 사람이다
知足者富, 强行者有志 (지족자부, 강행자유지)
만족할 줄 아는 자가 부유한 사람이며 힘써 행하는 자가 뜻이 있는 사람이다
不失其所者久, 死而不亡者壽 (부실기소자구, 사이불망자수)
자기의 분수를 아는 사람이 오래가는 것이요, 죽어도 잊혀지지 않는 자가 영원히 사는 것이다

41 확인학습

1 다음 漢字의 訓과 音을 쓰시오. (*는 3급·3급Ⅱ 고유 한자입니다.)

(1) 且	*	(2) 査		(3) 助		(4) 祖	
(5) 租	*	(6) 組		(7) 宜	*	(8) 具	
(9) 俱	*	(10) 直		(11) 植		(12) 値	*
(13) 置		(14) 德		(15) 聽		(16) 廳	
(17) 眞		(18) 鎭	*	(19) 愼	*	(20) 構	
(21) 講		(22) 再		(23) 稱		(24) 前	
(25) 井	*	(26) 耕	*	(27) 寒		(28) 塞	*
(29) 昔	*	(30) 惜	*	(31) 借	*	(32) 錯	*
(33) 籍		(34) 散		(35) 絹	*	(36) 胃	*
(37) 謂	*						

2 다음 漢字語의 讀音을 쓰시오.

(1) 且置		(2) 調査		(3) 助詞		(4) 元祖	
(5) 租稅		(6) 組閣		(7) 便宜		(8) 具備	
(9) 俱全		(10) 直觀		(11) 植樹		(12) 價値	
(13) 放置		(14) 德分		(15) 聽衆		(16) 廳舍	
(17) 眞僞		(18) 鎭壓		(19) 愼重		(20) 構圖	
(21) 講習		(22) 再生		(23) 對稱		(24) 前後	

(25) 管井	(26) 耕田	(27) 寒波	(28) 語塞
(29) 昔日	(30) 惜別	(31) 借入	(32) 錯誤
(33) 除籍	(34) 散步	(35) 絹絲	(36) 胃臟
(37) 所謂	(38) 復習	(39) 復活	(40) 覆土
(41) 覆載	(42) 參席	(43) 參千	(44) 窮塞
(45) 要塞	(46) 直結	(47) 眞實	

3 다음 訓과 音을 지닌 漢字를 쓰시오. (*는 3급·3급Ⅱ 고유 한자입니다.)

(1) 값 치 *	(2) 갖출 구	(3) 곧을 직	(4) 관청 청
(5) 도울 조	(6) 두 재	(7) 둘 치	(8) 들을 청
(9) 또 차 *	(10) 마땅 의 *	(11) 문서 적	(12) 밥통 위 *
(13) 밭갈 경 *	(14) 변방 새 *	(15) 비단 견 *	(16) 빌릴 차 *
(17) 삼갈 신 *	(18) 심을 식	(19) 아낄 석 *	(20) 앞 전
(21) 어긋날 착 *	(22) 얽을 구	(23) 옛 석 *	(24) 욀 강
(25) 우물 정 *	(26) 이를 위 *	(27) 일컬을 칭	(28) 조사할 사
(29) 조세 조 *	(30) 진압할 진 *	(31) 짤 조	(32) 찰 한
(33) 참 진	(34) 큰 덕	(35) 할아버지 조	(36) 함께 구 *
(37) 흩을 산			

42과 青·貝·毌·貴·能 모양을 가진 한자

푸를 청	금문	소전	
青	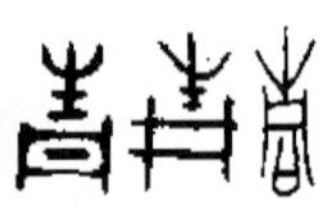		초목이 **자라는**(生=㞢) **우물**(丼=井=冄=円) 옆의 **깨끗하고** 푸른 나무에서 '**푸름**'을 뜻한다.

급수	번호/급	부수/획수	한자	훈음	중국/일본	어휘
진흥 6급 검정 7급	1662 8급	青부 총8획	青	푸를 청	중국 青 일본 青	青色(청색) 青春(청춘) 青銅(청동) 青龍(청룡)
진흥 5급 검정 준4급	1663 6급	水부 총11획	淸	맑을 청	중국 清 일본 清	淸純(청순) ❶淸貧(청빈) 淸廉(청렴) 淸潔(청결)
진흥 준3급 검정 3급	1664 3급	日부 총12획	晴	갤 청	중국 晴 일본 晴	快晴(쾌청) 晴天(청천) 晴空(청공) 晴朗(청랑)
진흥 4급 검정 준3급	1665 4급Ⅱ	言부 총15획	請	청할 청	중국 请 일본 請	招請(초청) ❷請約(청약) 請婚(청혼) 請求(청구)
진흥 준4급 검정 4급	1666 5급	心부 총11획	情	뜻 정	중국 情 일본 情	情緖(정서) 情感(정감) 情熱(정열) 情欲(정욕)
진흥 4급 검정 4급	1667 4급Ⅱ	米부 총14획	精	정할/세밀할 정	중국 精 일본 精	精神(정신) 精誠(정성) 精密(정밀) 精肉店(정육점)
진흥 준3급 검정 3급	1668 4급	青부 총16획	靜	고요할 정	중국 静 일본 静	靜寂(정적) 靜淑(정숙) 靜坐(정좌) 靜脈(정맥)

꾸짖을 책	갑문	금문	소전	
責				**가시**(朿=主)로 **조개**(貝)의 살을 파먹거나, 가시(朿)처럼 꾸짖어 오래 **쌓인** 빚을 **재물**(貝)로 갚기를 요구하는 데서 '**꾸짖다**' '**책임**'을 뜻한다. 또는 **가시**(朿=主)로 꿰어 모아 쌓게 한 **재물**(貝)에서 '**쌓다**' '**책임**' '**꾸짖다**'를 뜻한다.

급수	번호/급	부수/획수	한자	훈음	중국/일본	어휘
진흥 준4급 검정 준4급	1669 5급	貝부 총11획	責	꾸짖을 책	중국 责 일본 責	問責(문책) 責望(책망) ❸戒責(계책) 責任(책임)
진흥 준3급 검정 3급	1670 4급	禾부 총16획	積	쌓을 적	중국 积 일본 積	積金(적금) 積立(적립) 積極(적극) ❹積善(적선)
진흥 3급	1671 4급	糸부 총17획	績	길쌈/공 적	중국 绩 일본 績	成績(성적) 實績(실적) 行績(행적) 業績(업적)
	1672 3급Ⅱ	足부 총18획	蹟	자취 적	중국 迹 일본 蹟	古蹟(고적) 遺蹟(유적) 史蹟(사적) 奇蹟(기적)
진흥 3급	1673 3급Ⅱ	人부 총13획	債	빚 채:	중국 债 일본 債	債券(채권) 債務(채무) 外債(외채) 負債(부채)

조개 패	갑문	금문	소전	
貝		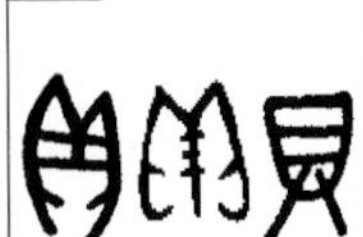		화폐로 쓰이던 **조개 모양**으로, '**재물**' '**돈**' '**재산**'을 뜻한다.

급수	번호 / 급	부수 / 총획	한자	훈음	중국	일본	풀이 / 어휘
흥 5급 정 5급	1674 3급	貝부 총7획	貝	조개 패:	贝	貝	貝貨(패화) 貝類(패류) 貝物(패물) 種貝(종패)
흥 준4급 정 4급	1675 5급	攴부 총11획	敗	패할 패:	败	敗	敗亡(패망) 敗北(패배) 敗者(패자) 敗戰(패전)
흥 준4급 정 4급	1676 5급	貝부 총15획	質	바탕/물을 질	质	質	 받침대인 斦(모탕 은)에 재물〔貝〕을 합해 기초 재물을 뜻함. 質問(질문) 品質(품질)
	1677 3급Ⅱ	金부 총18획	鎖	쇠사슬/자물쇠 쇄:	锁	鎖	鎖(쇄)의 방변인 '자개소리 쇄'가 음이 되고 金(금)이 뜻이 되어 자물쇠가 됨. 閉鎖(폐쇄) 連鎖(연쇄)
흥 준3급 정 준3급	1678 4급Ⅱ	宀부 총20획	寶	보배 보:	宝	宝	 집〔宀〕에 돈〔貝〕과 옥〔玉〕이 있고 缶(부)가 음임. 寶物(보물)

법칙 칙/곧 즉

則

갑문

금문

소전

솥(鼎=貝)에 중요한 법칙이나 법 등 곧 지켜야 할 **규율**을 **칼**(刂)로 새기는 데서 '**법칙**' '**곧**'을 뜻한다.

파자 **칼**(刂)로 **재물**(貝)을 법칙에 따라 나누는 데서 '**법칙**'을 뜻한다.

급수	번호 / 급	부수 / 총획	한자	훈음	중국	일본	어휘
흥 4급 정 4급	1679 5급	刀부 총9획	則	법칙 칙 곧 즉	则	則	規則(규칙) 校則(교칙) 則決(즉결) 則死(즉사)
흥 3급	1680 3급Ⅱ	人부 총11획	側	곁 측	侧	側	側近(측근) 側面(측면) 南側(남측) 左側(좌측)
흥 3급	1681 4급Ⅱ	水부 총12획	測	헤아릴 측	测	測	測定(측정) 豫測(예측) 觀測(관측) 測量(측량)

살 매

買

갑문

금문

소전

그물(罒)로 돈이 되는 **조개**(貝)를 잡아 물건을 사는 데서 '**사다**'를 뜻한다.

급수	번호 / 급	부수 / 총획	한자	훈음	중국	일본	어휘
흥 준4급 정 준4급	1682 5급	貝부 총12획	買	살 매:	买	買	買收(매수) 買價(매가) 買占賣惜(매점매석) 買食(매식)
흥 준4급 정 준4급	1683 5급	貝부 총15획	賣	팔 매(:)	卖	売	賣盡(매진) [5]賣渡(매도) 都賣商(도매상) 賣買(매매)
흥 5급 정 5급	1684 6급	言부 총22획	讀	읽을 독 구절 두	读	読	讀書(독서) 讀後感(독후감) 讀解(독해) 吏讀(이두)
흥 4급 정 준3급	1685 4급Ⅱ	糸부 총21획	續	이을 속	续	続	繼續(계속) 續編(속편) [6]續開(속개) 續刊(속간)

어구 풀이

[1]淸貧(청빈) : 성품이 깨끗하고 재물에 대한 욕심이 없어 가난함.
[2]請約(청약) : 일정한 내용의 계약을 체결할 것을 목적으로 하는 일방적·확정적 의사 표시.
[3]戒責(계책) : 허물이나 잘못을 꾸짖어 각성하는 마음이 생기게 함.
[4]積善(적선) : ① 착한 일을 많이 함. ② 동냥질에 응하는 일을 좋게 이르는 말.
[5]賣渡(매도) : 값을 받고 물건의 소유권을 다른 사람에게 넘김.
[6]續開(속개) : 잠시 중단되었던 회의 따위를 다시 계속하여 엶.

손님 빈 賓

갑문

금문

소전

집(宀)에 온 **손님**(丏=𠀀:가릴 면)이 **예물**(貝)을 갖추어 주인을 찾아뵙는 데서 '**손님**'을 뜻한다.

	번호	부수	한자	훈음	중국	일본	용례
	1686 3급	貝부 총14획	賓	손님 빈	宾	賓	國賓(국빈) 賓禮(빈례) 賓客(빈객) 迎賓官(영빈관)
진흥 3급	1687 4급	貝부 총9획	負	질/패할 부:	负	負	 사람이 돈[貝]을 가지고 있어 '믿다'란 뜻임. 負擔(부담) 負債(부채)

인원 원 員

갑문

금문

소전

둥근(○=口) 아가리와 **솥**(鼎=貝)으로, **둥글게 뭉치거나 모인** 사람에서 '**인원**'으로 쓰인다.

	번호	부수	한자	훈음	중국	일본	용례
진흥 준3급 / 검정 준3급	1688 4급Ⅱ	口부 총10획	員	인원 원	员	員	會員(회원) 議員(의원) 社員(사원) 定員(정원)
진흥 준3급 / 검정 준3급	1689 4급Ⅱ	口부 총13획	圓	둥글 원	圆	円	圓形(원형) 圓滿(원만) 圓熟(원숙) 圓卓(원탁)
	1690 3급Ⅱ	音부 총19획	韻	운 운:	韵	韻	韻文(운문) 韻律(운율) 韻致(운치) 韻字(운자)
진흥 준3급 / 검정 3급	1691 4급	手부 총13획	損	덜 손:	损	損	損失(손실) 損害(손해) 損益(손익) 損壞(손괴)

꿸 관 毌

갑문
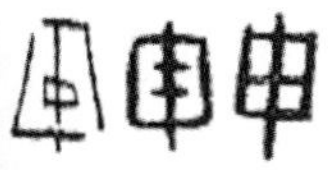
금문

소전

귀한 물건(□)을 **꿰어**(一) 놓은 모양에서 '**꿰다**'를 뜻한다.
※ 毋(말 무)와 다름.

	번호	부수	한자	훈음	중국	일본	용례
진흥 3급	1692 3급Ⅱ	貝부 총11획	貫	꿸 관(:)	贯	貫	貫通(관통) 貫徹(관철) 本貫(본관) 貫祿(관록)
진흥 3급	1693 3급Ⅱ	心부 총14획	慣	익숙할 관	惯	慣	慣行(관행) 慣習(관습) 慣例(관례) 慣用(관용)
진흥 준4급 / 검정 준4급	1694 5급	宀부 총14획	實	열매 실	实	実	實果(실과) 實際(실제) 實技(실기) 實用(실용)

귀할 귀 貴

금문

소전

두 손(臼)으로 **도구**(人)나 **삼태기**(臾=虫: 잠깐/만류할 유)에 흙이나 귀한 **재물**(貝)을 다스려 귀하게 함에서 '**귀하다**'를 뜻한다.

파자 인생 **가운데**(中) 한(一) 가지 귀한 **재물**(貝)에서 '**귀함**'을 뜻한다.

진흥 준4급 / 검정 준4급	1695 / 5급	貝부 / 총12획	貴	귀할 귀:	중국 贵	일본 貴	貴賓(귀빈) 貴下(귀하) 貴金屬(귀금속) 貴族(귀족)
진흥 4급 / 검정 준3급	1696 / 4급	辵부 / 총16획	遺	남길/잃을 유	중국 遗	일본 遺	遺言(유언) 遺産(유산) 遺物(유물) 遺書(유서)

작은덩어리 견 賫

갑문

금문

소전

두 손(臼)으로 **잡고**(臾=由) 있는 장례(葬禮)하기 위해 묶여 있는 **물건**(𠳋) 모양으로 **'작은 덩이'**를 뜻한다.
파자 **중심**(中)이 되게 **하나**(一)로 **쌓은**(𠳋) **'작은 덩이'**.

1697 / 3급	辵부 / 총14획	遣	보낼 견:	중국 遣	일본 遣	派遣(파견) 分遣(분견) 差遣(차견) 發遣(발견)

능할 능 能

금문

소전

소전

곰 모양의 글자.
파자 사냥을 잘하여 **머리**(厶)에 **고깃덩이**(月)를 물고 **두 발**(匕·匕)로 걷는 **곰**으로 둔해 보이나 끈기 있고 영리하여 **'능하다'** **'견디다'**를 뜻한다.

진흥 준4급 / 검정 준4급	1698 / 5급	肉부 / 총10획	能	능할 능	중국 能	일본 能	能力(능력) 能熟(능숙) 能通(능통) 能動(능동)
진흥 3급	1699 / 4급Ⅱ	心부 / 총14획	態	모습/태도 태:	중국 态	일본 態	態度(태도) 生態(생태) 狀態(상태) 形態(형태)
	1700 / 3급	网부 / 총15획	罷	마칠/파할 파:	중국 罢	일본 罷	罷業(파업) 罷免(파면) 罷場(파장) 罷職(파직)

쉬어가기

재미있는 한자 퍼즐

1		2		3	
		4			
5					
			6		7
8					

세로
1. 등불을 가까이 할 만하다는 뜻으로, 서늘한 가을밤은 등불을 가까이 하여 글 읽기에 좋음을 이르는 말.
2. 감히 범할 수 없는 높고 엄숙한 성질.
3. 반딧불·눈과 함께하는 노력이라는 뜻으로, 고생을 하면서 부지런하고 꾸준하게 공부하는 자세를 이르는 말.
6. 목적한 바를 이루었을 때의 느낌.
7. 겉으로 나타나거나 눈에 보이지 않는 부분. 뒷면.

가로
4. 눈 내리는 한겨울의 심한 추위.
5. 앞으로 실현될 수 있는 성질.
6. 일이 성공적으로 잘 되는 가운데. 임무를 _____에 수행하다.
8. 오래지 않은 동안에 몰라보게 변하여 아주 다른 세상이 된 것 같은 느낌.

정답

1燈		2尊		3螢	
火		4嚴	冬	雪	寒
5可	能	性		之	
親			6成	功	7裏
			就		面
8隔	世	之	感		

1 다음 漢字의 訓과 音을 쓰시오. (*는 3급·3급II 고유 한자입니다.)

(1) 靑 ( ) (2) 淸 ( ) (3) 晴 * ( ) (4) 請 ( )
(5) 情 ( ) (6) 精 ( ) (7) 靜 ( ) (8) 責 ( )
(9) 積 ( ) (10) 績 ( ) (11) 蹟 * ( ) (12) 債 * ( )
(13) 貝 * ( ) (14) 敗 ( ) (15) 質 ( ) (16) 鎖 * ( )
(17) 寶 ( ) (18) 則 ( ) (19) 側 * ( ) (20) 測 ( )
(21) 買 ( ) (22) 賣 ( ) (23) 讀 ( ) (24) 續 ( )
(25) 賓 * ( ) (26) 負 ( ) (27) 員 ( ) (28) 圓 ( )
(29) 韻 * ( ) (30) 損 ( ) (31) 貫 * ( ) (32) 慣 * ( )
(33) 實 ( ) (34) 貴 ( ) (35) 遺 ( ) (36) 遣 * ( )
(37) 能 ( ) (38) 態 ( ) (39) 罷 * ( )

2 다음 漢字語의 讀音을 쓰시오.

(1) 靑銅 ( ) (2) 淸純 ( ) (3) 晴天 ( ) (4) 請求 ( )
(5) 情緖 ( ) (6) 精密 ( ) (7) 靜脈 ( ) (8) 戒責 ( )
(9) 積善 ( ) (10) 成績 ( ) (11) 遺蹟 ( ) (12) 負債 ( )
(13) 貝類 ( ) (14) 敗亡 ( ) (15) 品質 ( ) (16) 閉鎖 ( )
(17) 寶物 ( ) (18) 規則 ( ) (19) 側近 ( ) (20) 測量 ( )
(21) 買收 ( ) (22) 賣盡 ( ) (23) 讀書 ( ) (24) 續開 ( )

(25) 國賓	(26) 負擔	(27) 定員	(28) 圓熟
(29) 韻律	(30) 損益	(31) 貫祿	(32) 慣用
(33) 實技	(34) 貴賓	(35) 遺産	(36) 派遣
(37) 能通	(38) 生態	(39) 罷免	(40) 則決
(41) 校則	(42) 讀解	(43) 吏讀	(44) 遺書
(45) 分遣	(46) 貫徹	(47) 責任	(48) 貴族
(49) 果實			

3 다음 訓과 音을 지닌 漢字를 쓰시오. (*는 3급·3급Ⅱ 고유 한자입니다.)

(1) 갈 청 *	(2) 곁 측 *	(3) 고요할 정	(4) 법칙 칙
(5) 귀할 귀	(6) 길쌈 적	(7) 꾸짖을 책	(8) 꿸 관 *
(9) 남길 유	(10) 능할 능	(11) 덜 손	(12) 둥글 원
(13) 뜻 정	(14) 마칠 파 *	(15) 맑을 청	(16) 모습 태
(17) 바탕 질	(18) 보낼 견 *	(19) 보배 보	(20) 빚 채 *
(21) 살 매	(22) 손님 빈 *	(23) 쇠사슬 쇄 *	(24) 쌓을 적
(25) 열매 실	(26) 운 운 *	(27) 이을 속	(28) 익숙할 관 *
(29) 인원 원	(30) 읽을 독	(31) 자취 적 *	(32) 정할 정
(33) 조개 패 *	(34) 질 부	(35) 청할 청	(36) 팔 매
(37) 패할 패	(38) 푸를 청	(39) 헤아릴 측	

43과 皮·韋·魚·庶·火 모양을 가진 한자

가죽/겉 피 皮

금문

소전

짐승의 가죽을 **손**(又)으로 벗겨내고 있는 모양에서 **'가죽' '표면' '겉'**을 뜻한다.

급수	번호/급	부수/획수	한자	훈음	음	중국/일본	용례
진흥 준3급 / 검정 3급	1701 / 3급Ⅱ	皮부 / 총5획	皮	가죽	피	중국 皮 / 일본 皮	毛皮(모피) 皮革(피혁) 皮相的(피상적) 鐵面皮(철면피)
진흥 준3급 / 검정 3급	1702 / 3급Ⅱ	彳부 / 총8획	彼	저	피:	중국 彼 / 일본 彼	彼岸(피안) 彼此(피차) 此日彼日(차일피일) 彼我(피아)
진흥 3급	1703 / 3급Ⅱ	衣부 / 총10획	被	입을/당할	피:	중국 被 / 일본 被	被服(피복) 被告(피고) 被害(피해) 被殺(피살)
진흥 준3급 / 검정 3급	1704 / 4급	疒부 / 총10획	疲	피곤할	피	중국 疲 / 일본 疲	疲困(피곤) 疲勞(피로) 疲弊(피폐) 心疲(심피)
진흥 4급 / 검정 4급	1705 / 4급Ⅱ	水부 / 총8획	波	물결	파	중국 波 / 일본 波	波動(파동) 波長(파장) 波及(파급) 電波(전파)
진흥 준3급 / 검정 준3급	1706 / 4급Ⅱ	石부 / 총10획	破	깨뜨릴	파:	중국 破 / 일본 破	破鏡(파경) 破壞(파괴) 破産(파산) 破廉恥(파렴치)
	1707 / 3급	頁부 / 총14획	頗	자못	파	중국 颇 / 일본 頗	頗多(파다: 자못 많음) 偏頗的(편파적)

가죽/감쌀 위 韋

갑문

금문

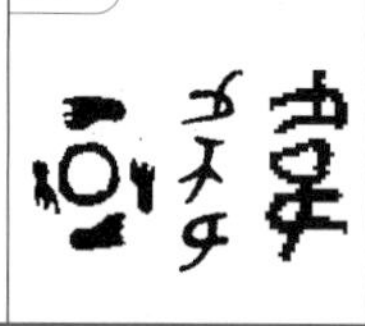

소전

두 발(夂·㐄)로 **성**(口)이나 마을 주위를 감싸고 서로 엇갈려 돌며 지키거나, **가죽**(口)을 **두 발**(夂·㐄)을 **어긋나게** 하여 무두질한 **다룬 가죽**으로, **'감싸다' '주위' '가죽'**을 뜻한다.

급수	번호/급	부수/획수	한자	훈음	음	중국/일본	용례
진흥 4급 / 검정 4급	1708 / 5급	人부 / 총11획	偉	클/거룩할	위	중국 伟 / 일본 偉	偉業(위업) 偉大(위대) 偉人(위인) 偉力(위력)
진흥 3급	1709 / 4급	口부 / 총12획	圍	에워쌀	위	중국 围 / 일본 囲	範圍(범위) 重圍(중위) 周圍(주위) 包圍(포위)
	1710 / 3급	辵부 / 총13획	違	어긋날	위	중국 违 / 일본 違	違法(위법) 違和感(위화감) 違反(위반) 違憲(위헌)
	1711 / 3급	糸부 / 총15획	緯	씨/씨줄	위	중국 纬 / 일본 緯	緯度(위도) 緯線(위선) 經緯(경위) 北緯(북위)
진흥 3급	1712 / 4급Ⅱ	行부 / 총16획	衛	지킬	위	중국 卫 / 일본 衛	守衛(수위) 衛生(위생) 護衛(호위) 民防衛(민방위) 本 衞

가죽 혁 革

갑문

금문

소전

가죽을 펴 말리는 **모양**이거나, 털을 제거한 가죽에서 **'가죽' '고치다'**를 뜻한다.
※ 가죽제품.
파자 펼쳐놓은 **머리**(凵)와 **앞다리**(一) **몸통**(口) **뒷다리**(一)와 **꼬리**(丨)모양의 **'가죽'**.

진흥 준3급	1713 / 4급	革부 / 총9획	革	가죽/고칠 혁	중국 革 / 일본 革	皮革(피혁) 革帶(혁대) 改革(개혁) 革新(혁신)

사슴 록 鹿

갑문 · 금문 · 소전

사슴의 **머리 뿔** 다리를 본뜬 글자로 '**사슴**'을 뜻한다.

참고 廌(해태치) **사슴**(鹿=声)같이 외뿔이 있는 **말**(馬=灬) 비슷한 '**신성한 짐승**'인 '**해치**(獬廌)'를 뜻한다.

진흥 3급	1714 / 3급	鹿부 / 총11획	鹿	사슴 록	중국 鹿 / 일본 鹿		鹿尾(녹미) 鹿角(녹각) 鹿血(녹혈) 鹿皮(녹피)
	1715 / 4급Ⅱ	鹿부 / 총19획	麗	고울 려	중국 丽 / 일본 麗	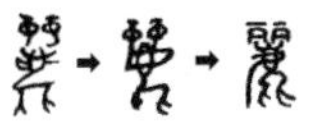 보통 사슴(鹿)보다 뿔이 더 아름다운 사슴.	華麗(화려) 麗曲(여곡)
	1716 / 3급	艸부 / 총17획	薦	천거할 천:	중국 荐 / 일본 薦	 신성한 짐승이 먹는 풀 이름, 또는 그 짐승이 있는 자리.	推薦(추천) 薦聞(천문)
진흥 4급 / 검정 준3급	1717 / 4급Ⅱ	心부 / 총15획	慶	경사 경:	중국 庆 / 일본 慶	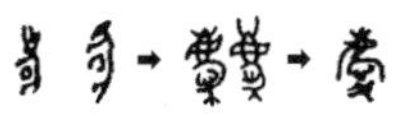 경사에 쓰인 짐승 심장에서 '경사'란 뜻이 됨.	慶祝(경축)

용 룡 龍

갑문 · 금문 · 소전

상상의 동물인 조화를 부려 높은 하늘로 날아오르는 긴 '**용**'으로 '**제왕**'을 뜻하기도 한다.

진흥 3급	1718 / 4급	龍부 / 총16획	龍	용 룡	중국 龙 / 일본 竜	龍宮(용궁) 龍虎(용호) 青龍(청룡) 龍顔(용안)
	1719 / 3급Ⅱ	衣부 / 총22획	襲	엄습할 습	중국 袭 / 일본 襲	空襲(공습) 逆襲(역습) 世襲(세습) 襲擊(습격)

고기 어 魚

갑문 · 금문 · 소전

물고기의 **머리**(⺈)와 **몸통**(田) **꼬리**(灬)를 나타내 '**물고기**'를 뜻한다.

진흥 5급 / 검정 6급	1720 / 5급	魚부 / 총11획	魚	고기/물고기 어	중국 鱼 / 일본 魚	養魚(양어) 魚類(어류) 人魚(인어) 魚頭肉尾(어두육미)
진흥 준4급 / 검정 준4급	1721 / 5급	水부 / 총14획	漁	고기잡을 어	중국 渔 / 일본 漁	漁業(어업) 漁夫(어부) 漁村(어촌) 漁港(어항)
진흥 4급 / 검정 4급	1722 / 5급	魚부 / 총17획	鮮	고울/생선 선	중국 鲜 / 일본 鮮	生鮮(생선) 新鮮(신선) 鮮明(선명) 朝鮮(조선)
	1723 / 3급Ⅱ	艸부 / 총20획	蘇	되살아날 소	중국 苏 / 일본 蘇	蘇生(소생) 蘇聯(소련) 蘇鐵(소철) 蘇息(소식)
	1724 / 3급Ⅱ	行부 / 총16획	衡	저울대 형	중국 衡 / 일본 衡	平衡(평형) 衡平(형평) 均衡(균형) 權衡(권형)

蟲 벌레 충

갑문	금문	소전

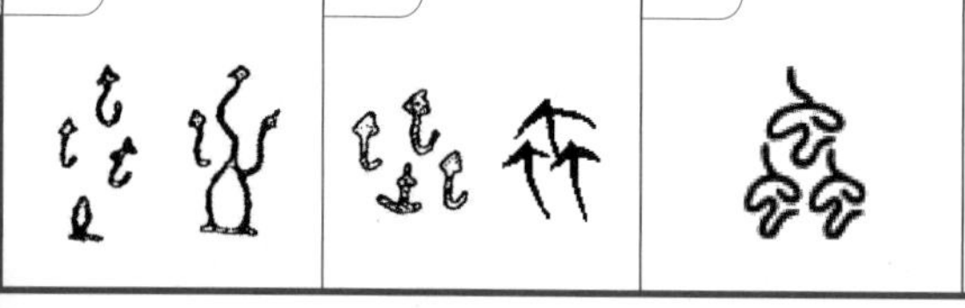

많은 **벌레**(虫)에서 '벌레'를 뜻한다.
참고 '虫(벌레 훼/충)'은 머리가 크고 독을 가진 **뱀 모양**으로, 모든 '**벌레의 통칭**(統稱)' '갑각류' '파충류' '곤충'까지를 뜻한다.

진흥 4급 / 검정 4급	1725 / 4급Ⅱ	虫부 / 총18획	蟲	벌레 충	중국 虫 / 일본 虫	寄生蟲(기생충) 害蟲(해충) 蟲齒(충치) 病蟲害(병충해)

它 뱀 타/사

갑문	금문	소전

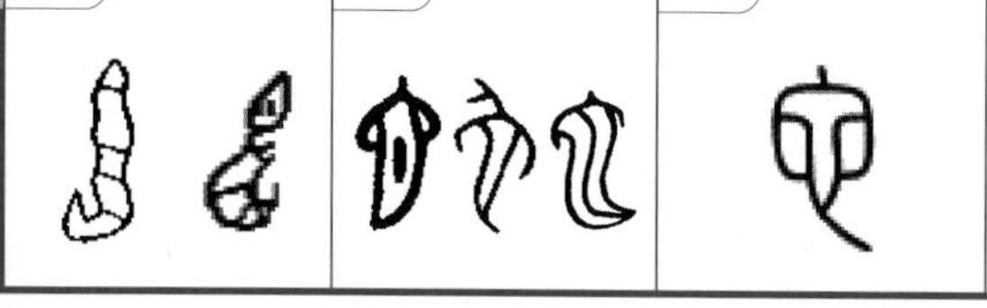

머리(宀)가 크고 꿈틀꿈틀 **변화**(匕)하는 몸이 긴 '**뱀**'에서 '**다르다**'로 쓰인다.

	1726 / 3급Ⅱ	虫부 / 총11획	蛇	긴뱀 사	중국 蛇 / 일본 蛇	毒蛇(독사) 1蛇足(사족) 龍頭蛇尾(용두사미) 白蛇(백사)

風 바람 풍

갑문	금문	소전

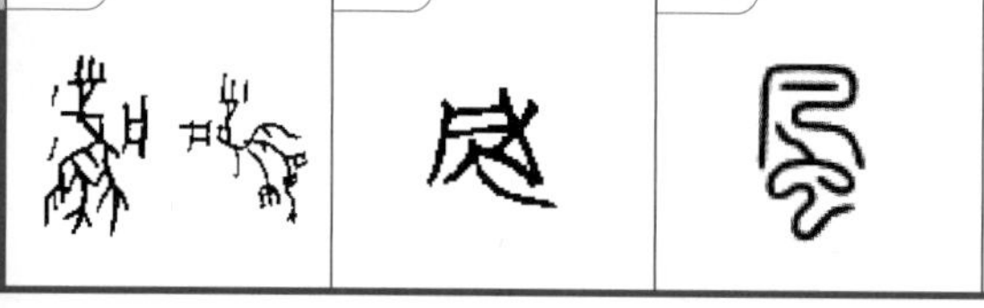

바람의 영향을 많이 받는 배의 **돛**(凡)과 **벌레**(蟲=虫)에서 '**바람**'을 나타낸다.
참고 갑골문은 봉황새의 모양을 나타낸다.

진흥 5급 / 검정 준4급	1727 / 6급	風부 / 총9획	風	바람 풍	중국 风 / 일본 風	風車(풍차) 風速(풍속) 風習(풍습) 風景畫(풍경화)
검정 3급	1728 / 3급Ⅱ	木부 / 총13획	楓	단풍(나무) 풍	중국 枫 / 일본 楓	丹楓(단풍) 楓菊(풍국) 楓葉(풍엽) 楓林(풍림)

廾 두손받들 공

갑문	금문	소전

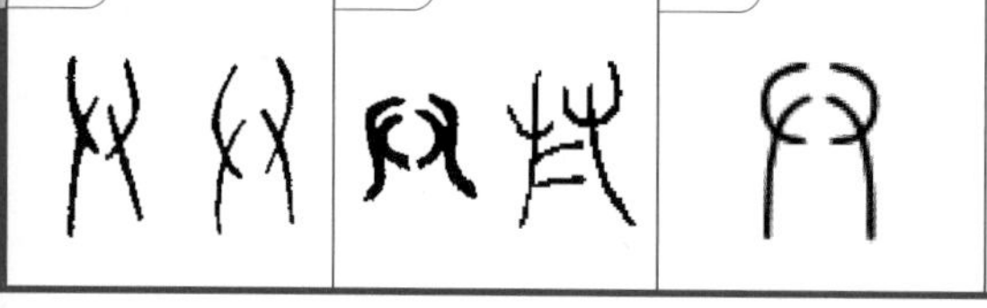

손(屮)과 **손**(又=屮)을 마주잡은 모양으로 '**두 손 잡다**'를 뜻한다.

	1729 / 3급Ⅱ	廾부 / 총7획	弄	희롱할 롱:	중국 弄 / 일본 弄	戲弄(희롱) 弄談(농담) 才弄(재롱) 弄調(농조)
진흥 준4급 / 검정 준4급	1730 / 7급	竹부 / 총14획	算	셈(할) 산:	중국 算 / 일본 算	대나무[竹]로 만든 주판(珠板) 알, 즉 알[目]을 두 손[廾]으로 셈하는 모양. 算數(산수) 豫算(예산)

升 되 승

갑문	금문	소전

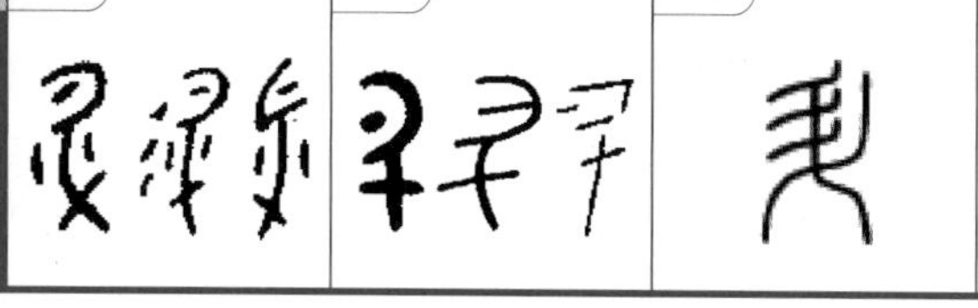

곡식을 위로 **비스듬히**(丿) 많이(卄:스물 입) **올라오게** 담은 '**되**'를 뜻한다.

번호/급수	부수/획수	한자	훈음	중국/일본	해설	단어
1731 / 3급Ⅱ	日부 / 총8획	昇	오를 승	중국 升 / 일본 昇		昇格(승격) 昇天(승천) 昇降機(승강기) 昇進(승진)
진흥 준3급 / 검정 준3급 / 1732 / 4급Ⅱ	飛부 / 총9획	飛	날 비	중국 飞 / 일본 飛	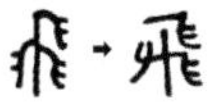 새가 두 날개를 펴고 나는 모습.	飛上(비상) 飛行機(비행기)

무리 서 庶

갑문 

금문 

소전 

집(广) 안에서 돌(石=廿)을 불(灬)로 데워 솥에 넣어 많은 사람의 음식을 하던 데서 **'무리'**를 뜻한다.

파자 **집**(广)에 **많은**(廿=廿) 사람이 **불**(灬)을 피우고 있어 **'여러'**를 뜻한다.

번호/급수	부수/획수	한자	훈음	중국/일본	해설	단어
진흥 3급 / 1733 / 3급	广부 / 총11획	庶	무리/여러 서:	중국 庶 / 일본 庶		庶民(서민) 庶務(서무) 庶子(서자) 庶出(서출)
진흥 5급 / 검정 준4급 / 1734 / 6급	广부 / 총9획	度	법도 도: / 헤아릴 탁	중국 度 / 일본 度	庶에서 灬를 빼고 손을 첨가해 손으로 '헤아림'을 말함.	年度(연도) ❷度支部(탁지부)
1735 / 3급Ⅱ	水부 / 총12획	渡	건널 도	중국 渡 / 일본 渡		渡美(도미) 渡河(도하) 讓渡稅(양도세) 不渡(부도)
진흥 5급 / 검정 준4급 / 1736 / 6급	巾부 / 총10획	席	자리 석	중국 席 / 일본 席	庶에서 灬를 빼고 깔고 앉는 巾을 첨가해 '자리'를 뜻함.	出席(출석) 座席(좌석) 席卷(석권)
1737 / 3급Ⅱ	火부 / 총16획	燕	제비 연:	중국 燕 / 일본 燕	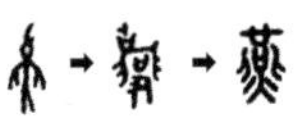 제비가 날개를 펴고 있는 모양.	燕尾服(연미복) 燕喜(연희)

불 화 火

갑문 

금문 

소전 

불이 타오르는 모습으로 **'불'**을 뜻한다. 글자 아래에서는 '灬'로 쓰인다.

번호/급수	부수/획수	한자	훈음	중국/일본	해설	단어
진흥 8급 / 검정 8급 / 1738 / 8급	火부 / 총4획	火	불 화(:)	중국 火 / 일본 火		火災(화재) 火傷(화상) 火爐(화로) 火曜日(화요일)
진흥 준3급 / 검정 3급 / 1739 / 3급Ⅱ	火부 / 총8획	炎	불꽃 염	중국 炎 / 일본 炎	 불 위에 불을 더해 거센 불, 불꽃을 뜻함.	炎天(염천) 炎火(염화)
진흥 3급 / 1740 / 3급Ⅱ	水부 / 총11획	淡	맑을 담:	중국 淡 / 일본 淡		淡白(담백) 淡水(담수) 淡淡(담담) 淡泊(담박)
진흥 준4급 / 검정 4급 / 1741 / 5급	言부 / 총15획	談	말씀 담	중국 谈 / 일본 談		會談(회담) 談判(담판) 談笑(담소) 談話(담화)
1742 / 4급	火부 / 총6획	灰	재 회	중국 灰 / 일본 灰	 손[又]으로 만질 수 있는 꺼진 불[火], 즉 재를 말함.	灰色(회색) 灰滅(회멸)
진흥 준3급 / 검정 4급 / 1743 / 5급	火부 / 총9획	炭	숯/원소 탄:	중국 炭 / 일본 炭		炭鑛(탄광) 石炭(석탄) 炭素(탄소) 炭脈(탄맥)

어구 풀이

❶蛇足(사족) : 화사첨족(畫蛇添足). 뱀을 다 그리고 나서 있지도 아니한 발을 덧붙여 그려 넣는다는 뜻으로, 쓸데없는 군짓을 하여 도리어 잘못되게 함을 이르는 말.

❷度支部(탁지부) : 대한 제국 때에 둔, 국가 전반의 재정(財政)을 맡아 보던 중앙 관청.

43 확인학습

1 다음 漢字의 訓과 音을 쓰시오. (*는 3급·3급II 고유 한자입니다.)

(1) 皮 *	(2) 彼 *	(3) 被 *	(4) 疲
(5) 波	(6) 破	(7) 頗 *	(8) 偉
(9) 圍	(10) 違 *	(11) 緯 *	(12) 衛
(13) 革	(14) 鹿 *	(15) 麗	(16) 薦 *
(17) 慶	(18) 龍	(19) 襲 *	(20) 魚
(21) 漁	(22) 鮮	(23) 蘇 *	(24) 衡 *
(25) 蟲	(26) 蛇 *	(27) 風	(28) 楓 *
(29) 弄 *	(30) 算	(31) 昇 *	(32) 飛
(33) 庶 *	(34) 度	(35) 渡 *	(36) 席
(37) 燕 *	(38) 火	(39) 炎 *	(40) 淡 *
(41) 談	(42) 灰	(43) 炭	

2 다음 漢字語의 讀音을 쓰시오.

(1) 皮革	(2) 彼我	(3) 被告	(4) 疲勞
(5) 波及	(6) 破鏡	(7) 頗多	(8) 偉業
(9) 包圍	(10) 違憲	(11) 緯線	(12) 衛生
(13) 改革	(14) 鹿血	(15) 麗曲	(16) 薦聞
(17) 慶祝	(18) 龍顔	(19) 襲擊	(20) 養魚
(21) 漁業	(22) 鮮明	(23) 蘇生	(24) 衡平

성(姓) 로 盧

갑문 / 금문 / 소전

호랑이(虍) 입처럼 아가리가 큰, **음식덩이**(凷:덩이 괴)를 **담은**(盧=盧:밥그릇 로) 불에 검게 그을린 **그릇**(皿)에서 '**밥그릇**'을 뜻하나, 주로 '**성씨**'로 많이 쓰인다.

	1754 / 3급Ⅱ	火부 / 총20획	爐	화로 로	중국 炉	일본 炉		輕水爐(경수로) 火爐(화로) 爐邊(노변) 原子爐(원자로)
흥 3급	1755 / 4급	心부 / 총15획	慮	생각할 려	중국 虑	일본 慮	 호랑이(虍)를 두렵게 생각(思)하는 데서 '생각하다' '염려하다'를 뜻한다.	配慮(배려) 考慮(고려)

범 호 虎

갑문 / 금문 / 소전

머리가 크고 **큰 입**에 긴 **꼬리**를 가진 범의 모습에서 '**범**'을 뜻한다.

흥 준3급 / 정 3급	1756 / 3급Ⅱ	虍부 / 총8획	虎	범 호(:)	중국 虎	일본 虎		猛虎(맹호) ❸虎患(호환) 虎死留皮(호사유피) 虎口(호구)
	1757 / 4급	刀부 / 총15획	劇	심할/연극 극	중국 剧	일본 劇	豦(원숭이 거) 음에 刀(칼 도)를 합해 더욱 '심함'을 뜻함.	劇藥(극약) 演劇(연극) 劇本(극본)
	1758 / 4급	手부 / 총16획	據	근거/의거할 거:	중국 据	일본 拠		根據(근거) 據點(거점) 證據物(증거물) 依據(의거)
흥 5급 / 정 준4급	1759 / 6급	虍부 / 총13획	號	이름 호:	중국 号	일본 号		番號(번호) 雅號(아호) 暗號(암호) 號令(호령)
	1760 / 3급	辵부 / 총14획	遞	갈릴 체	중국 递	일본 逓		郵遞局(우체국) ❹遞增(체증) 遞減(체감) 遞信(체신)
흥 4급 / 정 4급	1761 / 4급Ⅱ	虍부 / 총11획	處	곳 처:	중국 处	일본 処	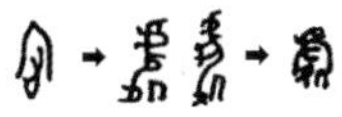 虎(호) 음에 발[夂]을 멈추고 안석[几]에 있는 모양.	處女(처녀)
흥 준3급 / 정 준3급	1762 / 4급Ⅱ	虍부 / 총12획	虛	빌 허	중국 虚	일본 虚	虎(호)가 음이 되고 丘(언덕 구)가 뜻이 되어 큰 언덕을 뜻함.	虛實(허실) 虛空(허공)
	1763 / 3급Ⅱ	戈부 / 총17획	戲	놀이/희롱할 희	중국 戏	일본 戯		戲弄(희롱) 戲劇(희극) 戲曲(희곡) 遊戲(유희) 俗 戱
	1764 / 3급Ⅱ	犬부 / 총20획	獻	드릴 헌:	중국 献	일본 献	개[犬]를 솥[鬲]에 삶아 제사에 바치던 모양.	獻納(헌납) 獻物(헌물) 獻血(헌혈)

오지병 격 鬲

갑문 / 금문 / 소전

흙을 구워 다시 잿물을 발라 만든 다리가 있는 **병 모양의 솥**에서 '**오지병**'을 뜻한다.

1765 / 3급Ⅱ	阜부 / 총13획	隔	사이뜰 격	중국 隔	일본 隔		隔差(격차) 隔離(격리) 隔世之感(격세지감) 隔絶(격절)

얽힐 구 丩

갑문	금문	소전

식물의 **넝쿨**이 서로 **얽혀 있는 모양**에서 '**얽히다**' '**넝쿨**'을 뜻한다.

진흥 4급 / 검정 준3급	1766 / 4급Ⅱ	攴부 총6획	收	거둘 수	중국 收 / 일본 収	收益(수익) 收入(수입) ❶收監(수감) 收容(수용)
	1767 / 3급	口부 총5획	叫	부르짖을 규	중국 叫 / 일본 叫	❷絶叫(절규) 大叫(대규) 叫聲(규성) 叫號(규호)
	1768 / 3급	糸부 총8획	糾	얽힐/모을 규	중국 纠 / 일본 糾	糾彈(규탄) ❸紛糾(분규) 糾合(규합) 糾明(규명)

높을 앙 卬

금문	소전

서 있는 **사람**(人=⺈)을 꿇어앉은 **사람**(卩)이 우러러 보는 데서 '**우러르다**' '**오르다**'를 뜻한다.

진흥 준3급 / 검정 3급	1769 / 3급Ⅱ	人부 총6획	仰	우러를 앙:	중국 仰 / 일본 仰	仰祝(앙축) 仰望(앙망) 仰事父母(앙사부모) 仰天(앙천)
진흥 준3급 / 검정 3급	1770 / 4급	辵부 총8획	迎	맞을 영	중국 迎 / 일본 迎	迎接(영접) 歡迎(환영) 迎入(영입) 迎賓館(영빈관)
	1771 / 3급Ⅱ	手부 총7획	抑	누를 억	중국 抑 / 일본 抑	❹抑止(억지) 抑壓(억압) 抑留(억류) 抑制(억제)

토끼 묘 卯

갑문	금문	소전
		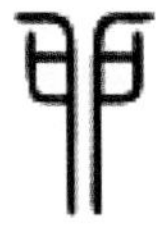

문을 활짝 **열거나, 물건**을 **반으로 잘라**(戼=卯) 많아지는 데서 '**무성하다**' '**나누다**'를 뜻하며, **12지지의 넷째**로 쓰이면서 오전 5시~7시인 '**묘시**' '**토끼**'를 뜻한다.

진흥 4급 / 검정 준3급	1772 / 3급	卩부 총5획	卯	무성할/토끼 묘:	중국 卯 / 일본 卯	己卯士禍(기묘사화) 卯時(묘시) 卯飮(묘음: 아침 술)
진흥 준3급 / 검정 3급	1773 / 4급Ⅱ	田부 총10획	留	머무를 류	중국 留 / 일본 留	 농사 짓는 밭(田)에 '머무름'. 卯(묘)는 음을 도움. — 留學(유학) 留保(유보)
진흥 준3급 / 검정 3급	1774 / 4급	木부 총9획	柳	버들 류(:)	중국 柳 / 일본 柳	花柳界(화류계) ❺柳眉(유미) 楊柳(양류) 細柳(세류)
진흥 3급	1775 / 3급Ⅱ	貝부 총12획	貿	무역할 무:	중국 贸 / 일본 貿	貿易(무역) 密貿易(밀무역) 貿易協會(무역협회)
	1776 / 3급	卩부 총12획	卿	벼슬 경	중국 卿 / 일본 卿	公卿(공경) 上卿(상경) 卿宰(경재) ❻卿相(경상)
진흥 준3급 / 검정 3급	1777 / 4급	卩부 총7획	卵	알 란:	중국 卵 / 일본 卵	 물고기 양쪽 배와 알의 형상. — 鷄卵(계란) 受精卵(수정란)

원숭이 우	금문	소전	
禺			머리(囟=田)가 크고 **긴 꼬리**(内)가 있는 '**원숭이**'를 뜻한다. 참고 '内(유)'자는 **긴 것**과 관계가 있다.

	번호	부수	한자	훈음	중국	일본	어휘
	1778 / 3급Ⅱ	人부 총11획	偶	짝/허수아비 우:	偶	偶	偶然(우연) 配偶者(배우자) ❼偶發(우발) 偶像(우상)
진흥 4급 검정 준3급	1779 / 4급	辵부 총13획	遇	만날/대접할 우	遇	遇	禮遇(예우) 待遇(대우) 處遇(처우) ❽境遇(경우)
진흥 3급	1780 / 3급Ⅱ	心부 총13획	愚	어리석을 우	愚	愚	愚鈍(우둔) ❾愚直(우직) 愚弄(우롱) 愚問賢答(우문현답)

일만 만	갑문	금문	소전	
萬				**집게**(艸=++)와 **몸통**(田), **꼬리**(内)를 가진 번식력이 강해 수가 많은 '**전갈**'에서 '**만**'을 뜻한다. 파자 **풀**(++)**밭**(田)에 전갈 **발자국**(内)이 많아 숫자 '**일만**' '**많음**'을 뜻한다.

	번호	부수	한자	훈음	중국	일본	어휘
진흥 준5급 검정 5급	1781 / 8급	艸부 총13획	萬	일만 만:	万	万	萬物(만물) 萬歲(만세) 萬里(만리) 萬能(만능)
	1782 / 3급Ⅱ	力부 총17획	勵	힘쓸 려:	励	励	激勵(격려) 奬勵賞(장려상) ❿督勵(독려) 勵精(여정)

범/동방 인	갑문	금문	소전	
寅				굽은 **활**(矢)을 **판**(口)에 대고 조심히 **펴거나**, 활을 달라고 조심히 말함에서 '**삼가다**'를 뜻하나, **셋째 지지**(地支)로 쓰이면서 '**범**' '**동방**'을 뜻한다.

	번호	부수	한자	훈음	중국	일본	어휘
진흥 4급 검정 준3급	1783 / 3급	宀부 총11획	寅	동방/범 인	寅	寅	寅時(인시) ⓫寅年(인년) ⓬寅畏(인외) 寅念(인념)
진흥 3급	1784 / 4급Ⅱ	水부 총14획	演	펼 연:	演	演	演技(연기) 演劇(연극) 演藝界(연예계) 演習(연습)

어구 풀이

❶收監(수감) : 사람을 구치소나 교도소에 가두어 넣음.
❷絶叫(절규) : 있는 힘을 다하여 절절하고 애타게 부르짖음.
❸紛糾(분규) : 이해나 주장이 뒤얽혀서 말썽이 많고 시끄러움.
❹抑止(억지) : 억눌러 못하게 함.
❺柳眉(유미) : 버들잎 같은 눈썹이란 뜻으로, 미인의 눈썹을 이르는 말.
❻卿相(경상) : ① 육경(六卿)과 삼상(三相)을 아울러 이르는 말. ② 재상(宰相).
❼偶發(우발) : 우연히 일어남. 또는 그런 일.
❽境遇(경우) : ① 사리나 도리.
② 놓여 있는 조건이나 놓이게 된 형편이나 사정.
❾愚直(우직) : 어리석고 고지식함.
❿督勵(독려) : 감독하며 격려함.
⓫寅年(인년) : 간지(干支)가 인(寅)으로 된 해. 갑인년(甲寅年)·병인년(丙寅年)·무인년(戊寅年) 따위를 이름.
⓬寅畏(인외) : 공경하고 두려워함.

44 확인학습

1 다음 漢字의 訓과 音을 쓰시오. (*는 3급·3급Ⅱ 고유 한자입니다.)

(1) 螢 *	(2) 榮	(3) 營	(4) 勞
(5) 必	(6) 密	(7) 蜜 *	(8) 祕
(9) 思	(10) 心	(11) 爐 *	(12) 慮
(13) 虎 *	(14) 劇	(15) 據	(16) 號
(17) 遞 *	(18) 處	(19) 虛	(20) 戲 *
(21) 獻 *	(22) 隔 *	(23) 收	(24) 叫 *
(25) 糾 *	(26) 仰 *	(27) 迎	(28) 抑 *
(29) 卯 *	(30) 留	(31) 柳	(32) 貿 *
(33) 卿 *	(34) 卵	(35) 偶 *	(36) 遇
(37) 愚 *	(38) 萬	(39) 勵 *	(40) 寅 *
(41) 演			

2 다음 漢字語의 讀音을 쓰시오.

(1) 螢石	(2) 榮華	(3) 經營	(4) 勞使
(5) 必要	(6) 密使	(7) 蜜蜂	(8) 神祕
(9) 思考	(10) 善心	(11) 火爐	(12) 念慮
(13) 虎患	(14) 劇本	(15) 據點	(16) 暗號
(17) 遞增	(18) 處女	(19) 虛實	(20) 戲曲
(21) 獻物	(22) 隔離	(23) 收容	(24) 絶叫

(25) 糾合　(26) 仰祝　(27) 迎接　(28) 抑留

(29) 卯時　(30) 留保　(31) 細柳　(32) 貿易

(33) 公卿　(34) 鷄卵　(35) 偶然　(36) 境遇

(37) 愚弄　(38) 萬能　(39) 督勵　(40) 寅時

(41) 演習

3 다음 訓과 音을 지닌 漢字를 쓰시오. (＊는 3급·3급Ⅱ 고유 한자입니다.)

(1) 갈릴 체 ＊　(2) 거둘 수　(3) 경영 영　(4) 곳 처

(5) 근거 거　(6) 꿀 밀 ＊　(7) 놀이 희 ＊　(8) 누를 억 ＊

(9) 동방 인 ＊　(10) 드릴 헌 ＊　(11) 마음 심　(12) 만날 우

(13) 맞을 영　(14) 머무를 류　(15) 무역할 무 ＊　(16) 반드시 필

(17) 반딧불 형 ＊　(18) 버들 류　(19) 범 호 ＊　(20) 벼슬 경 ＊

(21) 부르짖을 규 ＊　(22) 빌 허　(23) 빽빽할 밀　(24) 사이뜰 격 ＊

(25) 생각 사　(26) 생각할 려　(27) 수고할 로　(28) 숨길 비

(29) 심할 극　(30) 알 란　(31) 어리석을 우 ＊　(32) 얽힐 규 ＊

(33) 영화 영　(34) 우러를 앙 ＊　(35) 이름 호　(36) 일만 만

(37) 짝 우 ＊　(38) 무성할 묘 ＊　(39) 펼 연　(40) 화로 로 ＊

(41) 힘쓸 려 ＊

45과 商·耳·亞·血·妻 모양을 가진 한자

밑동 적/뿐 시 商

금문  소전 

묶은 **나무**(帝)를 받치는 **제단**(口)이나, 꽃대에 모인 **꽃받침**(啻=啇)인 **꼭지**에서 **'밑동' '근본'**을 뜻한다. 啻(시)는 啇(적)으로 모양이 변해 혼용한다.

시험	번호/급수	부수/획수	한자	훈음	중국/일본	단어
	1785 / 3급	水부 / 총14획	滴	물방울 적	중국 滴 / 일본 滴	滴水(적수) 點滴(점적) [1]餘滴(여적) 滴露(적로)
	1786 / 3급Ⅱ	手부 / 총14획	摘	딸 적	중국 摘 / 일본 摘	摘發(적발) 摘載(적재) 摘出(적출) 指摘(지적)
진흥 4급 / 검정 준3급	1787 / 4급	辵부 / 총15획	適	맞을/마침 적	중국 适 / 일본 適	適切(적절) 適性(적성) 適應(적응) 適用(적용)
진흥 4급 / 검정 4급	1788 / 4급Ⅱ	攴부 / 총15획	敵	대적할 적	중국 敌 / 일본 敵	敵對(적대) 敵軍(적군) 敵國(적국) 敵手(적수)
진흥 준4급 / 검정 4급	1789 / 5급	口부 / 총11획	商	장사 상	중국 商 / 일본 商	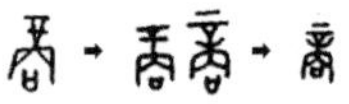 건축물 모양, 또는 冏(경)으로 인해 내부 사정을 잘 안다는 뜻. / 商業(상업)

귀 이 耳

갑문 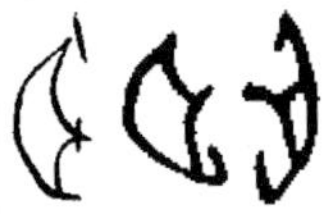 금문 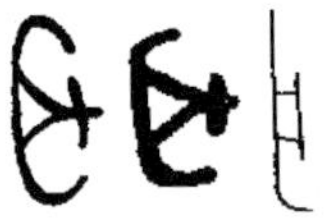 소전 

귀의 윤곽과 귓구멍에서 **소리**와 관계있는 **'귀' '소문' '들음'**을 뜻한다.

시험	번호/급수	부수/획수	한자	훈음	중국/일본	단어
진흥 준5급 / 검정 6급	1790 / 5급	耳부 / 총6획	耳	귀 이:	중국 耳 / 일본 耳	耳順(이순) 耳鳴(이명) 耳目口鼻(이목구비) 逆耳(역이)
	1791 / 3급	耳부 / 총9획	耶	어조사 야	중국 耶 / 일본 耶	[2]耶蘇(야소) [3]耶華和(야화화)
	1792 / 3급	手부 / 총21획	攝	다스릴/잡을 섭	중국 摄 / 일본 摂	攝政(섭정) 攝取(섭취) 包攝(포섭) 攝氏(섭씨)
진흥 3급	1793 / 3급Ⅱ	心부 / 총10획	恥	부끄러울 치	중국 耻 / 일본 恥	恥事(치사) 恥部(치부) 廉恥(염치) 恥辱(치욕)

경쇠 경 磬

갑문  금문  소전 

장식(士)과 여러 **조각**(尸)을 매단 **악기**(声=声)를 손에 막대를 들고 **치는**(殳), **돌**(石)로 된 **'경쇠'**를 뜻한다.

시험	번호/급수	부수/획수	한자	훈음	중국/일본	단어
진흥 4급 / 검정 4급	1794 / 4급Ⅱ	耳부 / 총17획	聲	소리 성	중국 声 / 일본 声	聲樂(성악) 聲優(성우) 聲援(성원) 聲量(성량)

어구 풀이

[1]餘滴(여적) : 글을 다 쓰거나 그림을 다 그리고 난 뒤에 남은 먹물.
[2]耶蘇(야소) : '예수'의 한자음.
[3]耶華和(야화화) : '여호와'의 한자음.
[4]徵集(징집) : ① 물건을 거두어 모음. ② 병역 의무자를 현역에 복무할 의무를 부과하여 불러모음.
[5]互助(호조) : 서로 도움. 상조(相助).

가질 취 取

갑문	금문	소전
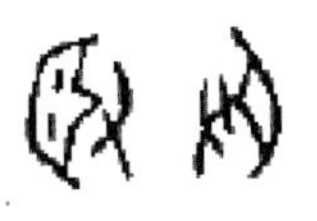	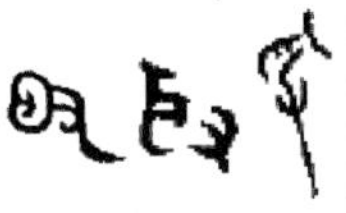	

사냥에서 잡은 동물의 **귀**(耳)를 **손**(又)으로 베어 바치거나, 전쟁에서 적과 싸워 이겨 **귀**(耳)를 **손**(又)으로 취하던 데서 **'가지다'**를 뜻한다.

진흥	검정	번호	급수	부수	총획	한자	훈	음	중국	일본	자원	용례
4급	준3급	1795	4급Ⅱ	又부	총8획	取	가질	취:	取	取		取得稅(취득세) 取消(취소) 去取(거취) 取材(취재)
		1796	4급	走부	총15획	趣	뜻	취:	趣	趣		興趣(흥취) 趣味(취미) 情趣(정취) 趣向(취향)
4급	4급	1797	5급	日부	총12획	最	가장	최:	最	最	 투구 쓴 장수의 귀를 취하는 데서 '가장'이란 뜻이 됨.	最高(최고) 最新(최신)

작을 미 𢼸

갑문	금문	소전
	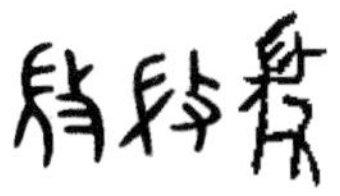	

힘이 약한 **노인**(長=𠑹)을 **치거나**(攵), 작은 **싹**(山) 또는 길게 늘어진 힘없는 **머리카락**(長=𠑹)을 **다스리는**(攵) 데서 **'작다' '약하다'**를 뜻한다.

진흥	검정	번호	급수	부수	총획	한자	훈	음	중국	일본	자원	용례
		1798	3급Ⅱ	彳부	총13획	微	작을	미	微	微		微量(미량) 微細(미세) 微弱(미약) 微笑(미소)
		1799	3급Ⅱ	彳부	총15획	徵	부를 음률이름	징 치	征	徴		徵用(징용) ❹徵集(징집) 徵兵(징병) 徵音(치음)
		1800	3급	心부	총19획	懲	징계할	징	惩	懲		懲罰(징벌) 懲役(징역) 懲戒(징계) 勸善懲惡(권선징악)
8급	7급	1801	8급	山부	총3획	山	메	산	山	山	 산부리를 강조한 산 모양.	山水(산수) 山河(산하)
준4급	4급	1802	5급	人부	총5획	仙	신선	선	仙	仙		神仙(신선) 仙女(선녀) 仙人掌(선인장) 仙境(선경)

풀성할 착/삭 丵

소전
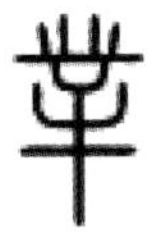

초목이 다투어 무성하게 나오는 모양에서 **'풀이 성함'**을 뜻한다.

파자 **풀**(++=业)이 **무성하게**(丫:무성할 임) 자람.

진흥	검정	번호	급수	부수	총획	한자	훈	음	중국	일본	자원	용례
5급	준4급	1803	6급	木부	총13획	業	일/업	업	业	業		業績(업적) 業務(업무) 業報(업보) 職業(직업)
5급	5급	1804	6급	寸부	총14획	對	대할	대:	对	対	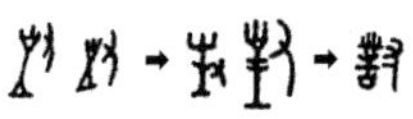 손에 어떤 도구(촛대, 막대, 홀)를 들고 있는 모양.	對答(대답)
준3급	3급	1805	3급Ⅱ	瓦부	총5획	瓦	기와	와:	瓦	瓦	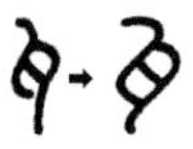 지붕에 기와가 나란히 있는 모양.	瓦當(와당) 瓦解(와해)
		1806	3급	二부	총4획	互	서로	호:	互	互	 工(공) 형태의 끈을 엮는 기게.	互稱(호칭) 相互(상호) ❺互助(호조)

亞 버금 아

갑문	금문	소전

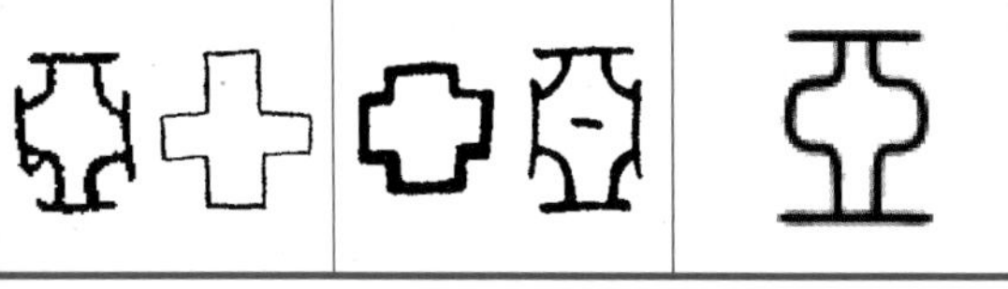

사방이 막힌 **무덤**이나 집터 모양으로, 사람이 **죽어 다음** 세상으로 가는 데서 '**버금**'을 뜻한다.

진흥 3급	1807 / 3급Ⅱ	二부 총8획	亞	버금 아(:)	중국 亚 / 일본 亜	亞聖(아성) 亞熱帶(아열대) 東南亞(동남아) 亞流(아류)
진흥 준4급 / 검정 4급	1808 / 5급	心부 총12획	惡	악할 악 / 미워할 오	중국 恶 / 일본 悪	惡夢(악몽) 惡談(악담) 憎惡心(증오심) 惡寒(오한)

凶 흉할 흉

금문	소전

움푹 파인 **함정**(凵)과 덮개 혹은 **빠진 모양**(×)에서 '**흉하다**'를 뜻한다.

진흥 준4급 / 검정 준4급	1809 / 5급	凵부 총4획	凶	흉할 흉	중국 凶 / 일본 凶	凶年(흉년) 凶家(흉가) 凶作(흉작) 凶計(흉계)
진흥 준3급 / 검정 3급	1810 / 3급Ⅱ	肉부 총10획	胸	가슴 흉	중국 胸 / 일본 胸	胸部(흉부) 胸像(흉상) 胸中(흉중) 胸腹(흉복)

益 더할 익

갑문	금문	소전

물(水＝氺)이 **그릇**(皿)에 **차고 넘쳐** 풍성하고 여유 있는 데서 '**더하다**' '**유익하다**'를 뜻한다.

파자 음식을 **나누고**(八) 또 다시 **한**(一)번 **나누어**(八) **그릇**(皿)마다 가득 **넉넉히** '**더해**' 줌.

진흥 4급 / 검정 준3급	1811 / 4급Ⅱ	皿부 총10획	益	더할 익	중국 益 / 일본 益	有益(유익) ❶益鳥(익조) 便益施設(편익시설) 公益(공익)

血 피 혈

갑문	금문	소전

희생물의 **피**(丶)를 담아놓은 **그릇**(皿)에서 '**피**' '**눈물**' '**열렬함**'을 뜻한다.

진흥 5급 / 검정 5급	1812 / 4급Ⅱ	血부 총6획	血	피 혈	중국 血 / 일본 血	血氣(혈기) 血脈(혈맥) 血管(혈관) 血壓(혈압)
진흥 4급 / 검정 준3급	1813 / 4급Ⅱ	血부 총12획	衆	무리 중:	중국 众 / 일본 衆	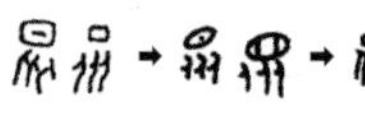 해 아래 많은 사람으로 '무리'란 뜻이 됨. / 觀衆(관중)

어구 풀이

❶益鳥(익조) : 사람에게 직접·간접으로 도움을 주는 새. 제비·까치 같이 해충을 잡아먹는 새를 이름.
❷數飛(삭비) : 어미 새가 새끼에게 나는 것을 거듭 가르친다는 뜻으로, 부모가 자식을 열심히 가르침을 비유적으로 이르는 말.
❸屢空(누공) : 늘 가난함.
❹屢代(누대) : 여러 대.

끌 루	갑문	금문	소전	
婁				머리에 대상자나 물건을 **포개어** 이고 옮기는 **여자**(女)에서 **'끌다' '자루' '여러'**를 뜻한다. 파자 **꿰어**(毌) 쌓아 똬리 **가운데**(中)에 이고 있는 **여자**(女)에서 **'끌다' '여러' '쌓다'**를 뜻한다.

흥 준4급 정 준4급	1814 7급	攴부 총15획	數	셈 수: 자주 삭 촘촘할 촉	중국 数 일본 数	數學(수학) 算數(산수) 數量(수량) ❷數飛(삭비)
	1815 3급	尸부 총14획	屢	여러 루:	중국 屡 일본 屢	屢次(누차) ❸屢空(누공) 屢月(누월) ❹屢代(누대)
	1816 3급Ⅱ	木부 총15획	樓	다락 루	중국 楼 일본 楼	樓臺(누대) 望樓(망루) 樓閣(누각) 城樓(성루)

횃불/밝을 료	갑문	금문	소전	
尞				땔나무를 쌓아 **불**로 **밝게** 태워 제사하는 모양. 파자 큰(大) **불똥**(丷)이 **해**(日)처럼 밝게 피었다가 점점 **작아져**(小) 꺼지는 데서 **'횃불'**에서 **'밝다'**를 뜻한다.

1817 3급	人부 총14획	僚	동료 료	중국 僚 일본 僚	同僚(동료) 官僚(관료) 閣僚(각료) 幕僚(막료)

45 확인학습

1 다음 漢字의 訓과 音을 쓰시오. (*는 3급·3급Ⅱ 고유 한자입니다.)

(1) 滴 *	(2) 摘 *	(3) 適	(4) 敵
(5) 商	(6) 耳	(7) 耶 *	(8) 攝 *
(9) 恥 *	(10) 聲	(11) 取	(12) 趣
(13) 最	(14) 微 *	(15) 徵 *	(16) 懲 *
(17) 山	(18) 仙	(19) 業	(20) 對
(21) 瓦 *	(22) 互 *	(23) 亞 *	(24) 惡
(25) 凶	(26) 胸 *	(27) 益	(28) 血
(29) 衆	(30) 數	(31) 屢 *	(32) 樓 *
(33) 僚 *			

2 다음 漢字語의 讀音을 쓰시오.

(1) 滴水	(2) 指摘	(3) 適應	(4) 敵對
(5) 商業	(6) 耳鳴	(7) 耶蘇	(8) 包攝
(9) 廉恥	(10) 聲援	(11) 取消	(12) 趣味
(13) 最新	(14) 微細	(15) 徵集	(16) 懲役
(17) 山河	(18) 仙境	(19) 業績	(20) 對答
(21) 瓦解	(22) 互稱	(23) 亞聖	(24) 惡談

(25) 凶作	(26) 胸像	(27) 有益	(28) 血壓
(29) 觀衆	(30) 算數	(31) 屢次	(32) 望樓
(33) 閣僚	(34) 年度	(35) 度地	(36) 胃炎
(37) 肺炎	(38) 徵收	(39) 徵音	(40) 惡夢
(41) 惡寒	(42) 數量	(43) 數飛	(44) 樓臺
(45) 城樓	(46) 居留	(47) 留保	(48) 勞苦
(49) 疲勞			

3 다음 訓과 音을 지닌 漢字를 쓰시오. (*는 3급·3급II 고유 한자입니다.)

(1) 가슴 흉 *	(2) 가장 최	(3) 가질 취	(4) 귀 이
(5) 기와 와 *	(6) 다락 루 *	(7) 다스릴 섭 *	(8) 대적할 적
(9) 대할 대	(10) 더할 익	(11) 동료 료 *	(12) 딸 적 *
(13) 뜻 취	(14) 맞을 적	(15) 메 산	(16) 무리 중
(17) 물방울 적 *	(18) 버금 아 *	(19) 부끄러울 치 *	(20) 부를 징 *
(21) 서로 호 *	(22) 셈 수	(23) 소리 성	(24) 신선 선
(25) 악할 악	(26) 어조사 야 *	(27) 일 업	(28) 여러 루 *
(29) 작을 미 *	(30) 장사 상	(31) 징계할 징 *	(32) 피 혈
(33) 흉할 흉			

3급 진흥회, 검정회

추가 한자 익히기

46과 巾·貳·壹·鐘 모양을 가진 한자

수건 건	갑문	금문	소전	
巾				허리춤에 **늘어뜨려**(冂) **사람**(丨)이 차고 다니던 '**수건**'을 뜻한다.

두 이	금문	소전	
貳			**주살**(弋) 둘(二)인 弍(이)처럼, **재물**(貝)이 **거듭** 늘어나거나 재물을 나누는 데서 '二'의 갖은자로 쓰인다.

한 일	금문	소전	
壹			**병**(壺:병 호)에 변함없고 한결같은 **길한**(吉) 물건이 있는 데서 '**하나**'를 뜻하며 '一'의 갖은자가 된다. 파자 **선비**(士)가 **덮어둔**(冖) 오직 제사에만 쓰는 **제기**(豆)에서 '**하나**'를 뜻한다.

쇠북 종	갑문	금문	소전	
鐘				**쇠**(金)로 만든 악기로 **죄인**(童)을 치듯 쳐서 소리 내는 '**쇠북**'을 뜻한다. 참고 鍾(종 **종**)와 같은 뜻으로 쓰이기도 한다.

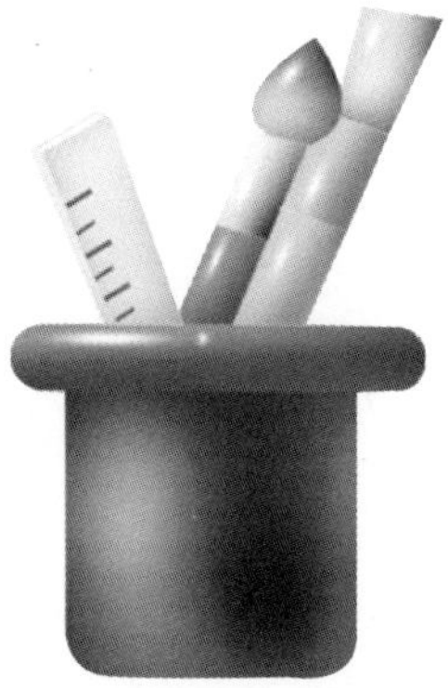

진흥회 교과 어휘

- 家畜(가축)[집 가, 짐승 축] 집(家)에서 기르는 짐승(畜). 집안의 가축. 소·말·돼지·닭·개 따위를 통틀어 이름.
- 簡單(간단)[간략할 간, 홑/오직 단] 간략하고(簡) 단순함(單). 간략하고 오직 하나여서 복잡하지 않음. 간략하고 뚜렷함.
- 諫言(간언)[간할 간, 말씀 언] 간(諫)하는 말(言). 웃어른이나 임금에게 하는 충고.
- 葛藤(갈등)[칡 갈, 등나무 등] 칡(葛)과 등나무(藤)처럼 서로 얽힘. 일이나 사정이 서로 복잡하게 뒤얽혀 화합하지 못함. 서로 다른 두 가지 욕구가 충돌하는 상태. 서로 다툼.
- 概念(개념)[대개/대강 개, 생각/생각할 념] 대강(概)의 생각(念). 어떤 사물 현상에 대한 대개의 지식. 대략적인 생각이나 뜻.
- 凱旋(개선)[개선할/즐길 개, 돌/돌아올 선] (전쟁이나 경기에서) 이겨 즐기며(凱) 돌아옴(旋). 싸움에서 이기고 돌아 옴.
- 慨歎(개탄)[슬퍼할/분할 개, 탄식할 탄] 분하게(慨) 여기어 탄식(歎息)함. 어떤 일이나 현상에 대하여 못마땅하거나 분하게 여기어 한탄함.
- 坑道(갱도)[구덩이 갱, 길 도] 땅속 갱내(坑內)에 뚫어놓은 길(道). 광산이나 건축 공사장에서 공사의 편의를 위하여 땅속에 뚫어 놓은 길.
- 乾燥(건조)[하늘/마를 건, 마를 조] 습기나 물기가 증발하여 마른(乾=燥) 상태. 물기를 없앰. 마름. 여유나 생기가 없음.
- 檢閱(검열)[검사할 검, 볼 열] 검사(檢査)하여 열람(閱覽)함. 조사하여 봄. 어떤 행위나 사업 따위에 잘못이 있나 없나를 살펴 조사함. 군기나 교육, 작전 준비, 장비 따위의 군사 상태를 살펴봄.
- 揭揚(게양)[높이들/걸 게, 날릴/오를 양] 기(旗) 따위를 높게 걸어(揭) 올림(揚). 높이 들어 올려 겖. 높이 걸어 드날림.
- 激勵(격려)(격할 격, 힘쓸 려)[떨칠 격, 힘쓸 려] 용기를 떨치고(激) 힘내게(勵) 함. 용기나 의욕을 북돋워 힘을 내게 함. 용기나 힘 따위를 북돋아 줌.
- 隔差(격차)[사이뜰/사이 격, 다를/어긋날 차] 빈부·실력·기술·임금 따위의 사이(隔)가 벌어져 차이(差異)가 남. 수준이나 품질 등의 차이.
- 結晶(결정)[맺을 결, 맑을/수정 정] 육각형의 결정체인 수정(晶)처럼 배열이 규칙적으로 맺어짐(結). 원자·분자·이온 등이 규칙 있게 배열되어 이루어짐. 노력의 결과가 훌륭한 결과로 나타나는 것. 노력의 결과를 얻음.
- 缺乏(결핍)[이지러질/모자랄 결, 모자랄 핍] 축나서 모자람(缺=乏). 다 써서 없어짐. 있어야 할 것이 모자라거나 없어짐.
- 缺陷(결함)[이지러질/모자랄 결, 빠질 함] 모자라거나(缺) 부족하여 빠짐(陷). 부족하거나 완전하지 못하여 흠이 되는 점.
- 謙遜(겸손)[겸손할 겸, 겸손할/사양할 손] 겸손하게(謙) 몸을 낮추어 사양함(遜). 남을 높이고 자기를 낮추는 태도.
- 頃刻(경각)[이랑/잠깐 경, 새길/시간 각] 잠깐 동안의 시간. 아주 짧은 동안. 눈 깜빡할 사이.
- 啓蒙(계몽)[열/가르칠 계, 어두울/어리석을 몽] 어린이나 어리석은(蒙) 사람을 가르쳐(啓) 깨우쳐 줌. 지식 수준이 낮거나 의식이 덜 깬 사람들을 깨우쳐 줌.
- 苦悶(고민)[쓸/괴로워할 고, 답답할/번민할 민] 괴로워하며(苦) 번민함(悶). 괴롭고 답답하여 속을 태움.
- 古墳(고분)[예 고, 무덤 분] 옛(古) 무덤(墳). 고대의 무덤.
- 枯死(고사)[마를 고, 죽을 사] 말라(枯) 죽음(死). 나무나 풀이 말라 죽음.

• 雇傭(고용)[품팔 고, 품팔 용] 품삯을 받고(雇) 남의 일을 해주는 품팔이(傭) 꾼. 보수를 받고 남의 일을 하여 줌. *품: 일을 하는데 드는 노력이나 수고. 남의 일을 해 줄 때의 노동력.
• 鼓吹(고취)[북 고, 불 취] 북(鼓)을 치고 피리를 붊(吹). 사상 등을 강력히 주장하여 널리 알림. 용기와 기운을 북돋아 일으킴.
• 攻擊(공격)[칠 공, 칠/부딪칠 격] 상대를 이기기 위해, 치고(攻) 부딪침(擊). 운동 경기. 오락 등에서 이기기 위한 적극적인 행동. 나아가 적을 치고 때림.
• 空欄(공란)[빌 공, 난간/난 란/난] 비어있는(空) 난(欄). 노트나 연습장 등의 빈 난. 빈칸. *난=구획·부분.
• 貢獻(공헌)[바칠 공, 드릴 헌] 지난날, 공물을 나라에 바치어(貢) 드림(獻). 사회를 위하여 이바지함. 힘을 들이어 이바지함.
• 恐慌(공황)[두려울 공, 어리둥절할 황] 두렵고(恐) 어리둥절 함(慌). (갑자기 닥치거나 변한 사태에) 두렵고 놀라 어찌할 바를 모르고 어리둥절함.
• 瓜年(과년)[오이 과, 해 년] '瓜(과)'자를 파자(破字) 하면 '八(팔)'자 두 개가 되어 '16세'에 이르는 해(年)를 뜻하여 '여자 나이 16세'를 뜻함. 여자가 혼기에 이른 나이.
• 誇張(과장)[자랑할 과, 베풀/말할 장] 사실보다 크게 자랑하여(誇) 말함(張). 사실보다 지나치게 떠벌려 나타냄.
• 寡占(과점)[적을 과, 점령할/점칠/차지할 점] 적은(寡) 수가 차지함(占). 어떤 상품 시장의 대부분을 소수의 기업이 차지하는 일. 독과점. 독점(獨占).
• 官僚(관료)[벼슬 관, 동료 료] 같은 관직(官職)에 있는 동료(同僚). 정부의 관리. 특히, 정치적인 영향력을 지닌 고급 관리.
• 寬容(관용)[너그러울 관, 얼굴/용서할 용] 너그럽게(寬) 용서(容恕)함. 너그럽게 용서하고 받아들임.
• 官廳(관청)[벼슬 관, 관청 청] 관리(官吏)들이 나랏일 하는 관청(官廳). 국가 기관의 사무를 실제로 맡아보는 곳.
• 鑛物(광물)[쇳돌/광석 광, 물건 물] 광석(鑛石) 따위의 물건(物件). 천연으로 나며 질이 고르고 화학적 조성이 일정한 물질. 지각 속에 섞여 있는 천연의 무기물.
• 狂人(광인)[미칠 광, 사람 인] 미친(狂) 사람(人). 미치광이.
• 掛圖(괘도)[걸 괘, 그림 도] 벽에 걸(掛) 수 있게 만든 그림(圖)이나 지도. (여러 사람 앞에서 설명 할 때) 벽이나 나무 틀에 걸어 놓을 수 있게 만든 그림이나 지도 또는 도표 따위.
• 傀儡(괴뢰)[허수아비/꼭두각시 괴, 꼭두각시 뢰] 꼭두각시(傀=儡). 허수아비. 망석중이. 남의 앞잡이로 이용당하는 사람.
• 巧妙(교묘)[공교할/잘할 교, 묘할 묘] 썩 잘되고(巧) 묘함(妙). 솜씨나 재치가 있고 약삭빠르다.
• 絞首(교수)[목맬 교, 머리/목 수] 목(首)을 매어(絞) 죽임. 죄가 무거운 사형수의 목을 옭아 죽이는 형벌.
• 郊外(교외)[들 교, 바깥/밖 외] 도시나 마을주변의 들(郊) 밖(外). 도시나 마을 주변의 들이나 논밭이 많은 곳.
• 矯正(교정)[바로잡을 교, 바를 정] 바로잡아(矯) 바르게(正) 함. 좋지 않은 버릇이나 결점 따위를 바로잡아 고침.
• 膠着(교착)[아교/굳을 교, 붙을 착] 아주 굳게(膠) 붙음(着). 아주 단단히 붙음. 어떤 상태가 그대로 고정되어 좀처럼 변화가 없음.
• 交替(교체)[사귈/서로 교, 바꿀/갈릴 체] 다른 사람 또는 다른 것과 서로(交) 바꿈(替). 서로 바뀜.
• 敎鞭(교편)[가르칠 교, 채찍/회초리 편] 학생을 가르칠(敎) 때 쓰는 회초리(鞭). 선생님이 수업에 사용하는 가느다란 막대기.
• 交換(교환)[사귈/서로 교, 바꿀 환] 서로(交) 바꿈(換). 서로 주고받음.
• 狡猾(교활)[교활할 교, 교활할 활] 간사하고 교활함(狡=猾). 간사하고 꾀가 많음.
• 丘陵(구릉)[언덕 구, 언덕 릉] 언덕(丘陵). 무덤.
• 驅使(구사)[몰 구, 하여금/부릴 사] 사람이나 동물을 몰아쳐(驅) 부림(使). 말이나 기교, 수사법을 능숙하

게 마음대로 다루어 씀.

- 拘束(구속)[잡을 구, 묶을 속] (마음대로 못하게) 잡아(拘) 묶음(束). 잡아서 봉인함. 행동의 자유를 제한하거나 속박함.
- 屈伏(굴복)[굽힐 굴, 엎드릴 복] 머리를 굽히어(屈) 꿇어 엎드림(伏). 힘이 모자라서 주장이나 뜻을 굽히고 복종함.
- 宮闕(궁궐)[집/궁궐 궁, 대궐 궐] 시대에 따라 궁궐의 뜻은 약간씩 달랐으며, 궁(宮)이란 말은 처음에는 빈천한 사람이 사는 곳을 뜻했으나 진한(秦漢) 이후에는 왕이 사는 곳을 의미하게 되었다. 또 궐(闕)이란 말은 궁성 위에 우뚝 솟아 주위를 감시하는 망대를 가리키는 말로 궁궐은 이 두 단어가 합성된 것이다. 임금이 거처하는 집. 궁궐은 예전부터 우주 전체를 상징하며 그 중심에 임금이 산다. 궁실·궁전·대궐· 어궐(御闕) 등으로도 불린다.
- 宮殿(궁전)[집/궁궐 궁, 전각/궁궐 전] 임금이 거처하는 궁궐(宮=殿). 대궐(大闕). 천자(天子)가 거처(居處)하는 왕궁(王宮).
- 倦怠(권태)[게으를 권, 게으를 태] 게으름(倦=怠)이나 싫증. 심신이 피로하여 나른함.
- 軌道(궤도)[바퀴자국 궤, 길 도] 차가 지나다녀 바퀴자국(軌)이 생긴 길(道). 물체가 일정한 법칙에 따라 운동할 때 그리는 일정한 경로. 기차나 전차 따위가 달릴 수 있도록 일정하게 마련해 놓은 길. 무슨 일이 정상적으로 진행되어 가는 길.
- 鬼神(귀신)[귀신 귀, 귀신 신] 사람이 죽어서 된 혼령인 귀(鬼)와 하늘의 신(神). 사람의 죽은 넋. 사람을 해친다는 무서운 존재. 특수한 재주가 있는 사람. 생김새가 몹시 무서운 존재.
- 閨房(규방)[안방/부인 규, 방 방] 부녀자 특히 부인(閨)이 거처하는 방(房). 부부의 침실. 도장방.
- 根幹(근간)[뿌리 근, 줄기 간] 뿌리(根)와 줄기(幹). 사물의 바탕이나 중심이 되는 부분.
- 根據(근거)[뿌리 근, 근거/의거할 거] 근본(根本)이 되는 거점(據點). 어떠한 행동을 하는데 터전이 되는 곳. 의논·의견 등에 그 근본이 되는 사실.
- 近鄰(근린)[가까울 근, 이웃 린] 가까운(近) 이웃(鄰). 가까운 곳.
- 筋肉(근육)[힘줄 근, 고기/살 육] 몸의 힘줄(筋)과 살(肉). 수축(收縮)·이완(弛緩)에 의(依)해서 사람이나 동물의 몸을 운동시키는 기관(器官). 일반적으로는 살갗 밑에 있는 살로, 뼈와 뼈 사이에 붙어 있는 골격근(骨格筋)을 가리킴. 힘살.
- 錦繡(금수)[비단 금, 수놓을 수] 수를 놓은(繡) 비단(錦). 아름다운 옷.
- 禽獸(금수)[새/날짐승 금, 짐승/길짐승 수] 날짐승(禽)과 길짐승(獸). 곧, 모든 짐승. 행실이 아주 나쁜 사람을 비유하여 이르는 말.
- 琴瑟(금슬)[거문고 금, 큰거문고/비파 슬] 거문고(琴)와 비파(瑟). 부부사이의 다정하고 화목한 '금실지락(琴瑟之樂)'의 준말.
- 金融(금융)[쇠/돈 금/성 김, 녹을/화할 융] 돈(金)의 융통(融通). 경제계에서의 자금의 수요와 공급의 관계.
- 急騰(급등)[급할/갑자기 급, 오를 등] 갑자기(急) 오름(騰). 물가나 시세 따위가 갑자기 오름.
- 肯定(긍정)[즐길/긍정할 긍, 정할 정] 긍정하여(肯) 그러하다고 인정(認定)함. 어떤 사실이나 생각·설 따위를 그러하다고 인정함.
- 矜持(긍지)[자랑할 긍, 가질 지] 자신의 능력을 믿어 자랑스러움(矜)을 가짐(持). 자신을 아끼는 마음을 가짐.
- 祈禱(기도)[빌 기, 빌 도] 신명(神明)에 복을 비는(祈=禱) 일. 인간보다 능력이 뛰어나다고 생각하는 절대적 존재에게 원하는 바를 빎.
- 岐路(기로)[갈림길 기, 길 로] 갈림(岐)길(路). 몇 개로 갈라진 길.
- 欺瞞(기만)[속일 기, 속일 만] 남을 속여(欺=瞞) 넘김. 남을 그럴듯하게 속임.
- 起訴(기소)[일어날 기, 호소할 소] 소송(訴訟)을 일으킴(起). 검사가 공소를 제기 함. 검사가 특정한 형사사건에 대하여 법원에 심판을 요구하는 일.
- 飢餓(기아)[주릴/굶주릴 기, 주릴/굶주릴 아] 굶주림(飢=餓). 굶고 있음.

• 氣壓(기압)[기운/공기 기, 누를 압] 대기(大氣)의 압력(壓力). 대기가 지구의 인력으로 인하여 끌리어 지구 표면에 생기는 압력.
• 忌憚(기탄)[꺼릴 기, 꺼릴 탄] 꺼림(忌=憚). 어려워함. 어렵게 여겨 꺼림.
• 嗜好(기호)[즐길 기, 좋을 호] 어떤 일이나 물건 등을 즐기고(嗜) 좋아함(好). 어떤 사물을 즐기고 좋아함.
• 緊張(긴장)[긴할/팽팽할 긴, 베풀/멜 장] (악기 줄이나 활시위를) 팽팽하게(緊) 멘(張) 것 같은 심리적 상태. 마음을 조이고 정신을 바짝 차림. 정세나 분위기가 평온하지 않은 상태. 근육이나 신경 중추의 지속적인 수축, 흥분 상태. 강직과는 달리 하나의 자극에 의하여 일어나며, 에너지의 소모가 거의 없다.
• 懶怠(나태)[게으를 라, 게으를 태] 게으름(懶=怠). 게으르고 느림.
• 拉致(납치)[끌 납, 이를/나아갈 치] 강제 수단을 써서 억지로 끌어서(拉) 데리고 감(致). 강제로 끌고 감.
• 朗誦(낭송)[밝을 낭, 욀 송] 밝게(朗) 소리 내어 글을 욈(誦). 소리 내어 읽음.
• 內賓(내빈)[올 래, 손님 빈] 찾아온(來) 손님(賓). 초대받아 찾아온 손님.
• 冷却(냉각)[찰 랭, 물리칠/물러날 각] 더운 물건을 차게(冷) 하기 위해 열을 물러나게(却) 함. 더운 물건을 차게 함. 아주 식어서 차게 됨.
• 奴隸(노예)[종 노, 종/부릴 예] 의 소유물로 되어 종(奴)처럼 부림(隸)을 당하는 사람. 모든 권리와 생산 수단을 빼앗기고, 사고 팔리기도 하던 노예제 사회의 피지배 계급이다. 인간으로서 기본적인 권리나 자유를 빼앗겨 자기 의사나 행동을 주장하지 못하고 남에게 사역(使役)되는 사람. 인격의 존엄성마저 저버리면서까지 어떤 목적에 얽매인 사람.
• 老翁(노옹)[늙을 로, 늙은이 옹] 늙은(老) 늙은이(翁). 늙은 남자. 나이가 많은 남자.
• 祿俸(녹봉)[녹 록, 녹 봉] 녹(祿=俸). 예전 벼슬아치에게 주던 금품.
• 濃度(농도)[짙을 농, 법도/정도 도] 액체 따위의 짙은(濃) 정도(程度). 일정량의 기체나 액체 속에 있는 그 성분의 비율. 빛깔의 짙은 정도. 물체가 빛을 흡수하는 정도를 나타냄.
• 雷電(뇌전)[우레/천둥 뢰, 번개 전] 천둥(雷)과 번개(電). 천둥 번개.
• 樓閣(누각)[다락 루, 집 각] 사방이 탁 트이게 높이 지은 다락(樓) 집(閣). 사방을 바라 볼 수 있게 높이 지은 다락집. *다락; 부엌 위에 이층처럼 만들어 물건을 넣어 두는 곳. 높은 기둥 위에 벽이 없는 마루를 놓아 지은 집.
• 陋名(누명)[더러울/천할 루, 이름 명] 지저분한 평판에 오르내리는 천한(陋) 이름(名). 억울하게 뒤집어쓴 불명예.
• 淚腺(누선)[눈물 루, 샘 선] 눈물(淚)샘(腺). 눈물을 분비하는 조직.
• 漏電(누전)[샐 루, 번개/전기 전] 절연(絕緣)이 잘못되어 전기(電)가 샘(漏). 전기가 전깃줄 밖으로 새어 흐르는 것.
• 多汗症(다한증)[많을 다, 땀 한, 증세 증] 땀(汗)이 많이(多) 나는 증세(症勢). 땀이 지나치게 많이 나는 증세.
• 檀君(단군)[박달나무 단, 임금 군] 신단수(神檀樹) 아래에서 세상을 다스리던 환웅의 아들로 한국 태초의 임금(君). 한국의 국조로 받드는 태초의 임금으로 환웅의 아들이며 일종의 개국신으로, 기원 전 24세기 경 아사달에 도읍하여 단군 조선을 건국하였다 함. 단군왕검(檀君王儉).
• 鍛鍊(단련)[쇠 불릴 단, 쇠불릴/단련할/두드릴 련] 쇠붙이를 불에 달구어(鍛) 두드려서(鍊) 단단하게 함. 몸과 마음을 닦음. 배운 것을 익숙하게 익힘.
• 膽囊(담낭)[쓸개 담, 주머니 낭] 쓸개(膽) 주머니(囊). 간에서 분비하는 쓸개 즙을 저장 농축하는 얇은 막의 주머니로 된 내장. 쓸개.
• 踏査(답사)[밟을 답, 조사할 사] 현장을 밟아보고(踏) 조사함(査). 실지로 현장에 가서 직접 보고 조사함.
• 臺本(대본)[대 대, 근본/책 본] 어떠한 토대(土臺)가 되는 책(本). 연극의 상연이나 영화 제작 등에 기본이 되는 각본.
• 對酌(대작)[대할 대, 술부을/잔질할 작] 서로 대하고(對) 잔질함(酌). 서로 마주하고 술을 마심.
• 垈地(대지)[집터/터 대, 따/땅 지] 집터(垈)로서의 땅(地). 건물이나 집터인 땅.

- 圖鑑(도감)[그림 도, 거울/볼 감] 그림(圖)이나 사진을 모아서 알아보기(鑑) 쉽게 설명한 책. 같은 종류의 차이를 한눈으로 식별할 수 있도록 사진·그림을 모아서 설명한 책.
- 陶工(도공)[질그릇 도, 장인/만들 공] 질그릇(陶)을 전문으로 만드는(工) 사람. 옹기장이. 옹기를 전문으로 만드는 사람.
- 塗褙(도배)[칠할/풀칠할 도, 속적삼/배접할 배] (풀칠하여[塗] 배접하듯[褙]) 벽 따위에 종이를 바름. 종이로 벽이나 반자·장지· 따위를 바르는 일. *반자; 천장을 평평하게 만든 시설.
- 跳躍(도약)[뛸 도, 뛸/뛰어오를 약] (몸을 날려) 위로 뛰어(跳)오름(躍). 몸을 위로 솟구쳐 뛰는 것.
- 稻作(도작)[벼 도, 지을 작] 벼(稻)농사를 지음(作). 벼농사. 벼를 가꾸고 거두는 일.
- 渡河(도하)[건널 도, 물/강 하] 강(河)을 건넘(渡). 강이나 내를 건넘. 도강(渡江).
- 敦篤(돈독)[도타울/두터울 돈, 도타울/두터울 독] 인정이 두터움(敦=篤). 인정이 많음.
- 頓悟(돈오)[조아릴/갑자기 돈, 깨달을 오] 갑자기(頓) 깨달음(悟). 문득 깨달음. 수행의 단계를 거치지 않고 갑자기 교리를 깨달음.
- 洞窟(동굴)[골/빌 동/밝을 통, 굴 굴] 안이 텅 비어(洞) 넓고 깊은 큰 굴(窟). 자연적으로 생긴 깊고 넓은 굴. 지하 공동(空洞)의 하나.
- 棟梁(동량)[마룻대 동, 들보/돌다리 량] 마룻대(棟)와 들보(梁). 한 집안이나 나라의 기둥이 될만한 인재를 뜻하는, '동량지재(棟梁之材)'의 준말.
- 凍死(동사)[얼 동, 죽을 사] 얼어(凍) 죽음(死). 추워 얼어 죽음.
- 鈍角(둔각)[둔할/무딜 둔, 뿔 각] 두 변이 이루는 꼭지가 무디게(鈍) 보이는 각(角). 직각보다 크고, 180도보다 작은 각.
- 屯田(둔전)[진칠 둔, 밭 전] 한 곳에 진치고(屯) 있는 군사를 위한 밭(田). 주둔함 병사의 군량미를 자급하기 위해 마련한 밭. 각 궁과 관아에 딸려 있던 밭.
- 摩擦(마찰)[문지를 마, 문지를/비빌 찰] 무엇을 대고 문질러(摩) 비빔(擦). 두 물체가 서로 닿아 비벼짐. 이해나 의견이 맞지 않아 서로 충돌하는 일. 운동하는 물체를 방해하는 현상.
- 幕(막)[장막/막 막] 무엇을 가리는 막(幕). 비바람을 가리는 임시로 만든 집인 움막. 칸과 칸을 막는 피륙 따위. 극장이나 무대에서 객석과 무대사이를 가리는 천.
- 灣(만)[물굽이 만] 바다가 육지 속으로 파고들어 물굽이(灣)가 있는 곳. 육지로 쑥 들어온 바다부분.
- 埋葬(매장)[묻을 매, 장사지낼 장] 땅에 묻어(埋) 장사지냄(葬). 시체나 유골을 땅에 묻음. 못된 사람을 용서하지 않고 따돌림을 비유.
- 媒體(매체)[중매/매개 매, 몸 체] (어떤 일을 전달하는) 매개(媒介)가 되는 물체(物體). 어떤 작용을 한쪽에서 다른 쪽으로 전달하는 물체.
- 脈絡(맥락)[줄기/혈맥 맥, 이을/얽을 락] 혈맥(血脈)이 계속 이어짐(絡). 혈관의 계통. 얼기설기한 속사정. 서로 이어져 있는 관계나 연관. 서로의 흐름.
- 猛獸(맹수)[사나울 맹, 짐승 수] 성질이 사나운(猛) 짐승(獸). 육식을 하는 매우 사나운 짐승.
- 萌芽(맹아)[싹 맹, 싹 아] 식물에 새로 튼 싹(萌=芽). 새로운 일의 시초. 사물의 시초.
- 免疫(면역)[면할 면, 전염병 역] 사람이나 동물의 몸에 전염병(疫)균이 들어와도 병을 면할(免) 수 있는 저항력이 있는 것. 같은 병원균에 대하여 항체(抗體)가 만들어져 발병하지 않는 것. 같은 일이 되풀이됨에 따라 습관화 되는 현상.
- 綿織(면직)[솜 면, 짤 직] 솜(綿)실로 짠(織) 천. 무명실로 짠 피륙. 면직물(綿織物).
- 滅亡(멸망)[꺼질/멸할 멸, 망할 망] 멸하여(滅) 망함(亡). 망하여 없어짐.
- 蔑視(멸시)[꺼질/멸할/업신여길 멸, 볼 시] 업신여겨(蔑) 봄(視). 몹시 낮추어 봄. 깔봄.
- 冥府(명부)[어두울/저승 명, 마을 부] 사람이 죽은 다음에 가는 저승(冥)에 있는 마을(府). 사람이 죽어 간다는 곳. 사람이 죽은 다음 심판을 받는다는 저승의 법정.
- 名詞(명사)[이름 명, 말/글 사] 사물의 이름(名)을 나타내는 말(詞). 사물의 이름을 나타내는 품사. 이름씨.
- 名譽(명예)[이름 명, 기릴/명예 예] 세상에서 인정받는 좋은 이름(名)이나 영예(榮譽). 사람의 사회적인 평

가 또는 가치. 세상에 널리 인정받아 얻은 좋은 평판이나 이름.

- 模倣(모방)[본뜰/본 모, 본뜰 방] 본받아(模) 본뜸(倣). 본뜸. 흉내 냄.
- 矛盾(모순)[창 모, 방패 순] 창(矛)과 방패(盾). 어떤 사실의 앞뒤, 또는 두 사실이 이치상 어긋나서 서로 맞지 않음을 이르는 말. 중국 초나라의 상인이 창과 방패를 팔면서 창은 어떤 방패로도 막지 못하는 창이라 하고 방패는 어떤 창으로도 뚫지 못하는 방패라 하여, 앞뒤가 맞지 않은 말을 하였다는 데서 유래되었다. 두 가지의 판단이나 사상이 서로 배타적이어서 양립할 수 없는 관계.
- 茅屋(모옥)[띠 모, 집 옥] 이엉이나 띠(茅) 따위로 지붕을 인 초라한 집(屋). '자기집'을 낮추어 부르는 말.
- 謀議(모의)[꾀/꾀할 모, 의논할 의] (무슨 일을) 꾀하고(謀) 의논함(議). 여럿이 같은 의사로써 범죄의 계획 및 실행 수단을 의논함.
- 冒險(모험)[무릅쓸 모, 험할 험] 위험(危險)을 무릅씀(冒). 성공할 가망이 적은 일을 요행을 바라며 해 봄. 일을 위험을 감수하고 하는 것.
- 沐浴(목욕)[머리감을 목, 목욕할/씻을 욕] 머리를 감으며(沐) 몸을 씻는(浴) 일. 온몸을 씻음.
- 沒入(몰입)[빠질 몰, 들 입] 빠져 듦. 깊이 파고 들거나 빠짐. 지난날, 죄인의 재산을 몰수하고 그 가족을 관아의 종으로 삼던 일.
- 蒙昧(몽매)[어두울/어리석을 몽, 어두울 매] 어리석고(蒙) 사리에 어두움(昧). 사리에 어둡고 어리석음.
- 苗木(묘목)[모 묘, 나무 목] 묘종(苗種→모종)할 어린 나무(木). 옮겨심기 위해 가꾼 어린 나무.
- 描寫(묘사)[그릴 묘, 베낄 사] (보거나 느낀 것을) 그리듯이(描) 베낌(寫). 그림을 그리듯 글을 씀. 사물(事物)을 있는 그대로 그리거나 베끼듯 글을 씀.
- 無影(무영)[없을 무, 그림자 영] 그림자(影)가 없음(無). 빛이 없음.
- 舞踊(무용)[춤출 무, 뛸 용] 음악에 맞게 춤추고(舞) 즐겁게 뛰며(踊) 움직이는 예술. 음악에 맞추어서 몸을 움직여 감정과 의지를 나타내는 예술.
- 美貌(미모)[아름다울 미, 모양 모] 아름다운(美) 얼굴 모양(貌). 예쁜 얼굴.
- 微分(미분)[작을 미, 나눌 분] 독립 변수의 작은(微) 변화에 따라 나누어진(分) 함수값의 변화. 어떤 함수의 미분 계수를 구하는 셈법.
- 迷信(미신)([미혹할 미, 믿을 신] 미혹되어(迷) 믿음(信). 어리석어서 그릇된 신앙(信仰)을 잘못 믿음.
- 未畢(미필)[아닐 미, 마칠 필] 아직 마치지(未) 아니함(畢). 아직 끝내지 못함.
- 民譚(민담[백성 민, 클/말씀/이야기 담] 예로부터 민간(民間)에 전하여 내려오는 이야기(譚). 예로부터 입으로 민간에 전해 내려오는 이야기.
- 博物館(박물관)[넓을 박, 물건/만물 물, 집 관] 여러 분야의 자료가 되는 널리(博) 모은 물품(物品)을 보관 진열하는 집(館). 여러 사람들에게 보이어 교육이나 연구에 도움이 되도록, 고고학적 자료, 예술품, 역사적 유물, 그 밖의 학술 자료들을 널리 모아서 보관, 진열하는 시설.
- 伴侶(반려)[짝 반, 짝 려] 짝(伴=侶)이 되는 동무. 생각이나 행동을 같이하는 사람.
- 發掘(발굴)[필/드러낼 발, 팔 굴] 땅 속에 묻혀 있는 유적 따위를 드러나게(發) 파냄(掘). 알려지지 않거나 뛰어난 인재나 희귀한 물건을 찾아냄.
- 拔萃(발췌)[뽑을 발, 모을 췌] 중요한 부분만 뽑아(拔) 모음(萃). 가려 뽑다, 책이나 글 등에서 필요하다고 생각하는 부분만을 가려서 뽑음. 여럿 속에서 훨씬 뛰어남.
- 防禦(방어)[막을 방, 막을 어] 상대편의 공격을 막음(防=禦). 적이 침입을 막음.
- 賠償(배상)[물어줄 배, 갚을 상] 남에게 입힌 손해를 물어내어(賠) 갚음(償). 남에게 입힌 손해를 물어줌.
- 俳優(배우)[배우/광대 배, 넉넉할/광대 우] 광대(俳=優). 연극(演劇)이나 영화(映畫) 속의 인물(人物)로 분장(扮裝)하여 연기(演技)하는 사람.
- 排斥(배척)[밀칠 배, 물리칠 척] 밀쳐서(排) 물리침(斥). 반대하여 물리침. 거부하여 물리침.
- 白鹿潭(백록담)[흰 백, 사슴 록, 못 담] 흰사슴(白鹿)이 이곳에 떼를 지어서 놀면서 물을 마셨다는 못(潭). 제주도 한라산 정상에 있는 화구호(火口湖).
- 白眉(백미)[흰 백, 눈썹 미] 중국 마씨(馬氏) 집안 5형제 중에서 흰(白) 털이 섞인 눈썹(眉)의 마량이 뛰어

났다는 고사. 여러 사람 중에서 가장 뛰어난 사람. 많은 것 중에서 가장 뛰어난 것.

- 伯父(백부)[맏 백, 아비 부] 아버지(父) 형제 중에 맏이(伯). 큰아버지.
- 煩惱(번뇌)[번거로울/괴로울 번, 번뇌할/괴로울 뇌] 마음이 시달려 괴로움(煩=惱). 마음이나 몸을 괴롭히는 모든 헛된 생각.
- 飜譯(번역)[날/뒤칠 번, 번역할 역] 한 나라의 말로 된 글을 다른 나라 말로 뒤바꿔(翻·飜) 번역함(譯). 어떤 말의 글을 다른 나라 말의 글로 옮김.
- 氾濫(범람)[넘칠 범, 넘칠/퍼질 람] 물이 흘러넘쳐(氾·汎) 퍼짐(濫). 넘침. 바람직하지 못한 것이 크게 나돎.
- 僻地(벽지)[궁벽할/후미질 벽, 따/땅 지] 외따로 떨어져 후미진(僻) 땅(地). (도시에서 멀리 떨어진) 으슥하고 한적한 곳. 궁벽한 땅. 외진 곳.
- 辨別(변별)[분별할/나눌 변, 다를/나눌 별] 서로 다름을 분별하여(辨) 나눔(別). 서로 다른 점을 구별함. 옳고 그름이나 좋고 나쁨을 가림.
- 病棟(병동)[병 병, 마룻대/건물 동] 여러 개의 병실(病室)로 된 한 채의 건물(棟). 병원 안에 있는 여러 병실로 된 한 채의 병실.
- 竝列(병렬)[나란할 병, 벌릴 렬] 나란히(竝) 벌림(列). 나란히 벌여 세움. 전지 따위를 같은 극끼리 나란히 연결하는 일.
- 輔國(보국)[도울 보, 나라 국] 나랏(國)일을 도움(輔). 충성을 다해 나랏일을 도움. 조선시대 정일품 벼슬 이름인, '보국숭록대부(輔國崇祿大夫)'의 준말.
- 保護(보호)[지킬 보, 도울/보호할 호] (위험 따위로부터) 약한 것을 잘 지켜(保) 돌봄(護). 위험이나 곤란 따위가 미치지 아니하도록 잘 보살펴 돌봄. 경찰에 일시적으로 머무르게 함.
- 覆蓋(복개)[다시/덮을/덮개 복, 덮을 개] 덮개(覆)를 덮음(蓋). 덮개. 뚜껑. 더러워진 하천에 덮개 구조물을 씌워 겉으로 보이지 않도록 하는 일.
- 福祉(복지)[복 복, 복 지] 행복(幸福)한 복(祉). 행복한 삶. 만족할 만한 생활환경.
- 封建(봉건)[봉할 봉, 세울 건] 봉토(封土)를 나누어 제후를 세운다는(建) 뜻으로, 군주가 직접 관할하는 땅 이외의 땅을 제후에게 나누어 주어 그 봉토를 다스리게 하던 일.
- 蜂蜜(봉밀)[벌 봉, 꿀 밀] 벌(蜂)의 꿀(蜜). 꿀.
- 訃告(부고)[부고 부, 고할/알릴 고] 부고(訃告)를 보내 사람의 죽음을 알림(告). 사람의 죽음을 알림.
- 附錄(부록)[붙을 부, 기록할 록] 본문 끝에 덧붙이는(附) 기록(錄). 책의 끝에 참고자료로 덧붙이는 인쇄물.
- 附屬(부속)[붙을 부, 붙일/속할 속] 주된 것에 붙어(附) 속(屬)함. 주된 것에 딸려 있음.
- 赴任(부임)[다다를/갈 부, 맡길 임] 임명을 받아 임지(任地)로 감(赴). 자신이 맡은 일자리로 감.
- 分娩(분만)[나눌 분, 낳을 만] 모태에서 분리(分離)되어 아이를 낳음(娩). 아이를 낳음.
- 奮發(분발)[떨칠 분, 필/일어날 발] 떨쳐(奮) 일어남(發). 마음과 힘을 합쳐 일으킴.
- 分析(분석)[나눌 분, 쪼갤/가를 석] 사물을 분해(分解)하여 그 사물의 성분·요소 등을 밝혀 가르는(析) 일. 복합된 사물을 그 요소나 성질에 따라서 가르는 일. 화학적 또는 물리적 방법으로 물질의 원소를 분해하는 일.
- 分裂(분열)[나눌 분, 찢을 렬/열] 나누어(分) 찢어짐(裂). 찢어져 갈라짐. 어떤 집단이 여러 파로 갈라짐.
- 崩壞(붕괴)[무너질 붕, 무너질 괴] 허물어져 무너짐(崩=壞). 방사선 원소가 방사선을 내며 다른 원소로 바뀌는 현상.
- 鼻腔(비강)[코 비, 속빌 강] 코(鼻) 속의 빈(腔) 곳. 콧속.
- 碑銘(비명)[비석 비, 새길 명] 비(碑)에 새긴(銘) 글. 비석의 면에 새긴 글씨.
- 誹謗(비방)[헐뜯을 비, 헐뜯을 방] 남을 헐뜯음(誹=謗). 남을 나쁘게 말함. 남을 비웃고 헐뜯어서 말함.
- 卑俗語(비속어)[낮을 비, 풍속/속될 속, 말씀 어] 격이 낮고(卑) 속된(俗) 말(語). 거칠고 비속한 말, 욕설.
- 比喩(비유)[견줄 비, 깨우칠/비유할 비] 사물을 그와 비슷한 사물을 견주어(比) 비유하는(喩) 일. 사물을 설명할 때 그와 비슷한 다른 사물을 빌려 표현하는 방법.

- 比率(비율)[견줄 비, 비율 율/률/거느릴 솔] 일정한 양이나 수에 견주는(比) 다른 양이나 수의 비율(比率). 사건 따위가 일어날 확실성의 정도나 비율.
- 頻度(빈도)[자주 빈, 법도/정도 도] 같은 것이 자주(頻) 반복되는 정도(程度). 똑 같은 것이 반복되는 도수.
- 祠堂(사당)[사당 사, 집 당] 사당(祠) 집(堂). 신주를 모신 집. 조상의 신을 모셔 놓은 집.
- 沙漠(사막)[모래 사, 넓을/사막 막] 모래(砂)사막(漠). 아득히 넓고 모래나 자갈 따위로 뒤덮인 불모의 벌판. 강수량이 적고 식물이 거의 자라지 않으며, 자갈과 모래로 뒤덮인 불모의 땅.
- 赦免(사면)[용서할 사, 면할 면] 죄를 용서하여(赦) 형벌을 면제(免除)함. 죄나 허물을 용서하여 형벌을 면제하거나 감소해 주는 일.
- 斜陽(사양)[비길/기울 사, 볕 양] 서쪽으로 기우는(斜) 햇볕(陽)처럼, 점점 몰락해 감. 새로운 것에 압도되어 점점 몰락해 가는 일.
- 似而非(사이비)[닮을/같을 사, 말이을 이, 아닐 비] 비슷하나(似) 그러나(而) 아님(非). 것으로는 비슷하나 속은 완전히 다름.
- 辭典(사전)[말씀/말 사, 법/책 전] 말(辭)을 모아놓은 책(典). 낱말을 모아 일정한 순서로 배열하여, 발음·뜻· 용법(用法)· 어원(語原) 등을 해설한 책.
- 蛇足(사족)[긴뱀/뱀 사, 발 족] '화사첨족(畫蛇添足)'의 준말. ('뱀을 그리는데 있지도 않은 발까지 그린다'는 뜻으로) 안 해도 될 일을 하다 도리어 일을 그르침을 이르는 말.
- 四肢(사지)[넉 사, 팔다리 지] 네(四) 개의 팔다리(肢). 사람의 두 팔과 두 다리.
- 寺刹(사찰)[절 사, 절 찰] 절(寺=刹). 사원(寺院).
- 奢侈(사치)[사치할/지나칠 사, 사치할 치] 분수에 넘치게 지나치게(奢) 사치함(侈). 필요 이상으로 돈이나 물건을 씀. 분수에 넘치게 옷·음식· 거처 따위를 치레함. 분수에 넘게 호화스러움.
- 朔望月(삭망월)[초하루 삭, 바랄/보름 망, 달 월] 달(月)이 초하루(朔)에서 다음 초하루 까지, 또는 보름(望)에서 다음 보름 까지의 기간. 달이 초하루에서 다음 초하루 까지나, 보름에서 다음 보름까지 가는데 걸리는 시간.
- 山岳(산악)[메/뫼 산, 큰산 악] 작은 산(山)과 험한 산(岳) 등 모든 산. 육지 가운데 다른 곳보다 두드러지게 솟아 있는 높고 험한 부분.
- 撒布(살포)[뿌릴 살, 베/펼 포] 여기저기 뿌려(撒) 펼침(布). 액체나 가루 따위를 흩어 뿌림. 돈이나 종이 따위를 여기저기 뿌림.
- 三綱(삼강)[석 삼, 벼리 강] 유교의 기본 되는 세(三) 가지 중요한 벼리(綱). 군위신강(君爲臣綱)·부위자강(父爲子綱)·부위부강(夫爲婦綱). *벼리; 그물을 단단히 버텨주는 줄.
- 森林(삼림)[수풀/빽빽할 삼, 수풀 림] 나무가 빽빽한(森) 수풀(林). 나무가 많이 우거져 있는 곳.
- 插畫(삽화)[꽂을 삽, 그림 화] 문장 중안에 끼워(插) 넣은 그림(畫). 신문·잡지·서적 따위에서, 문장의 내용을 보완하거나 이해를 돕기 위해 장면을 묘사하여 끼워 넣은 그림.
- 上位圈(상위권)[윗 상, 자리 위, 우리/경계 권] 윗(上)자리(位)에 속하는 경계(圈). 윗길에 속하는 범위. 상위에 속하는 범위 안.
- 象徵(상징)[코끼리/모양 상, 부를/이룰 징] 어떤 상상이나 개념을 구체적인 형상(形象)으로 이루어(徵) 나타냄. 추상적인 개념이나 사물을 구체적인 사물로 나타냄.
- 相互(상호)[서로 상, 서로 호] 서로(相)서로(互) 함께. 상대가 되는 이쪽과 저쪽 모두. 피차가 서로. 호상(互相).
- 狀況(상황)[형상/모양 상/문서 장, 상황 황] 어떤 일이 되어가는 모양(狀)이나 상황(況). 어떤 일이 되어 가는 과정(過程)이나 또는 상태(狀態), 형편(形便).
- 生殖(생식)[날 생, 불릴 식] 낳아서(生) 불림(殖). 생물이 자기와 닮은 개체를 만들어 종족을 유지하는 것.
- 敍述(서술)[펼 서, 재주/말할 술] 차례대로 펼쳐(敍) 말함(述). 어떤 사실을 차례로 좇아 말하거나 적음.
- 誓約(서약)[맹세할 서, 맺을 약] 맹세하고(誓) 약속(約束)함. 맹세하여 약속함.
- 書札(서찰)[글 서, 편지 찰] (상대에게 전달할 내용의) 글(書)을 쓴 편지(札). 편지.

- 書翰(서한)[글 서, 편지 한] 간단히 쓴 글(書)이나 편지(翰). 편지.
- 徐行(서행)[천천할 서, 다닐 행] 천천히(徐) 다님(行). 사람이나 차가 천천히 감.
- 船舶(선박)[배 선, 배 박] (주로 규모가 큰) 배(船=舶). 배를 전문 용어로서 이르는 말.
- 禪宗(선종)[선 선, 마루/종교 종] 설법과 경문에 의지 하지 않고, 참선(參禪)에 의하여 진리를 직접 파악하려는 종파(宗派). 달마대사가 양(梁)나라 무제(武帝) 때 중국에 전한 종파로, 참선에 의해 불도를 터득하려는 종파.
- 旋回(선회)[돌/빙 두를 선, 돌 회] 빙 둘러(旋) 돎(回). 둘레를 빙빙 돎. 원을 그리며 돎.
- 纖維(섬유)[가늘 섬, 벼리/줄 유] 생물체의 몸을 이루는 가는(纖) 줄(維) 같은 물질. 가는 실 모양의 고분자 물질. 생물체의 몸을 이루는 가늘고 긴 실 모양의 물질.
- 攝取(섭취)[다스릴/잡을/당길 섭, 가질/취할 취] 영양분을 끌어당겨(攝) 취함(取). 영양분을 몸속으로 흡수시킴. 자기 것으로 받아들임.
- 紹介(소개)[이을 소, 끼일 개] 관계를 이어주기(紹) 위해 중간에 끼임(介). 중간에 끼여 서로의 관계를 맺어 줌. 두 사람 사이를 연결해 줌. 미지의 일의 내용을 해설하여 사람들에게 알리는 일.
- 疎外(소외)[소통할/멀어질 소, 바깥/밖 외] 점점 멀어져(疏) 제외(除外) 됨. 주위에서 꺼리며 따돌림. 꺼리며 멀리 함.
- 疏遠(소원)[소통할/멀 소, 멀 원] 친분이 멀리하여(疏) 점점 멀어짐(遠). 친분이 가깝지 못하고 멂. 소식이나 왕래가 오래 끊긴 상태에 있음.
- 所謂(소위)[바 소, 이를 위] 이른(謂)바(所). 말하는 바.
- 騷音(소음)[떠들 소, 소리 음] 떠드는(騷) 소리(音). 시끄러운 소리. 불규칙하게 뒤섞여 불쾌하고 시끄러운 소리. 시끄럽게 들리어 불쾌감(不快感)을 자아내는 소리의 총칭.
- 垂簾(수렴)[드리울 수, 발 렴] 발(簾)을 드리움(垂). 발을 느러뜨림. 늘어뜨린 발. '수렴청정(垂簾聽政)'의 준말.
- 收斂(수렴)[거둘 수, 거둘 렴] 돈이나 물품을 거두어(收=斂) 들임. 세금을 받아들임. (생각이나 주장 따위를) 한군데로 모음. (혈관 따위를) 오그라 들게 함.
- 狩獵(수렵)[사냥 수, 사냥 렵] 사냥(狩=獵). 야생의 짐승을 잡는 일.
- 受賂(수뢰)[받을 수, 뇌물 뢰] 뇌물(賂)을 받음(受). 직위를 이용하여 부정한 재물을 받음.
- 睡眠(수면)[졸음/잘 수, 잠잘 면] 잠(眠)을 잠(睡). 자는 일. 활동을 쉬는 일을 비유.
- 受侮(수모)[받을 수, 업신여길 모] 모욕(侮辱)을 받음(受). 남에게 모멸을 당함.
- 搜査(수사)[찾을 수, 조사할 사] 찾아서(搜) 조사함(査). 범인을 찾거나 범인의 증거를 수집하는 일.
- 需要(수요)[쓰일/쓸/구할 수, 요긴할/구할 요] 필요해서 구하고자(需=要) 함. 어떤 재화나 용역을 일정한 가격으로 사려고 하는 욕구. 구매력의 뒷받침이 있는 상품 구매의 욕망.
- 羞恥(수치)[부끄러울 수, 부끄러울 치] 부끄러움(羞=恥). 수괴(羞愧).
- 隨筆(수필)따를 수, 붓 필] 붓(筆) 가는 데로 따라(隨) 쓴 글. 일정한 형식 없이 감상·의견 따위를 생각나는 대로 자유롭게 적은 글.
- 瞬間(순간)[눈 깜짝일 순, 사이 간] 눈 깜짝할(瞬) 사이(間). 극히 짧은 시간. 잠깐 동안.
- 純粹(순수)[순수할 순, 순수할 수] 잡스러운 것이 있지 않고 순수함(純=粹). 다른 것이 조금도 섞이지 않음. 딴 생각이나 그릇된 욕심이 전혀 없음. 완전함.
- 脣音(순음)[입술 순, 소리 음] 입술(脣)소리(音). 두 입술 사이에서 내는 소리. 'ㅂ·ㅁ·ㅍ' 따위.
- 殉葬(순장)[따라죽을 순, 장사지낼 장] (임금이나 귀족이 죽었을 때) 따라 죽어(殉) 장사지내는(葬) 일. 옛날 임금이나 귀족이 죽으면 그를 따르던 사람이나 동물, 또는 아끼던 물건을 함께 묻던 일.
- 濕度(습도)[젖을/축축할 습, 정도 도] 물기가 있는 축축한(濕) 정도(程度). 축축한 기운. 공기 중에 수증기가 있는 정도.
- 昇華(승화)[오를 승, 빛날 화] 영화(榮華)롭고 권세있는 지위에 오름(昇). 고채가 액체 상태를 거치지 않고 기체로 변화하는 일. 사물이 보다 높은 수준으로 발전하는 일. 저속한 성적 애너지를 문화 예술로 전환하

는 일.

- 信賴(신뢰)[믿을 신, 의뢰할/의지할 뢰] 믿고(信) 의지함(賴). 굳게 믿고 의지함. 신용하여 의뢰함. 남을 믿고 의지함.
- 愼重(신중)[삼갈/진실로 신, 무거울/중할 중] 매우 진실하고(愼) 중하게(重) 여김. 매우 조심스러움.
- 信託(신탁)[믿을 신, 부탁할/맡길 탁] 믿고(信) 맡김(託). 남에게 일정한 목적에 따라 재산의 관리와 처분을 맡기는 일.
- 審議(심의)[살필 심, 의논할 의] 안건 등을 상세히 살펴(審) 그 가부를 논의함(議). 심사하고 토의하는 것.
- 惡魔(악마)[악할/나쁠 악/미워할 오, 마귀 마] 나쁜(惡) 마귀(魔). 남을 못살게 구는 악독한 사람이나 악령(惡靈). 신을 적대하고 사람을 유혹하여 죄를 저지르게 함.
- 惡臭(악취)[악할/나쁠 악/미워할 오, 냄새 취] 나쁜(惡) 냄새(臭). 불쾌하고 고약한 냄새.
- 安寧(안녕)[편안 안, 편안 녕] 안전(安全)하고 편안함(寧). 사회가 평화롭고 질서가 흐트러지지 않음. 사람을 만나거나 헤어질 때의 인사말.
- 哀悼(애도)[슬플 애, 슬퍼할 도] 사람의 죽음을 슬퍼함(哀=悼). 사람의 죽음을 슬퍼하고 애석해함.
- 厄運(액운)[액 액, 옮길/운수 운] 액(厄)을 당할 운수(運數). 재난을 당할 운수.
- 輿論(여론)[수레/많을 여, 논할 론] 많은(輿) 사람이 논함(論). 사회 공통된 의견. 사회의 어떠한 현상이나 정치적 문제 등에 대하여 국민들이 나타내는 공통된 의견.
- 旅程(여정)[나그네 려, 한도/길 정] 여행(旅行)의 일정(日程). 나그넷길. 여행의 노정(路程).
- 役割(역할)[부릴/일 역, 벨/나눌 할] 나누어(割) 맡은 일(役). 제가 하여야 할 제 앞의 일. 구실. 특별히 맡은 소임.
- 年齡(연령)[해 년, 나이 령] 한해(年)를 단위로 계산한 나이(齡). 나이.
- 憐憫(연민)[불쌍히여길 련, 민망할/불쌍히여길 민] 불쌍하고(憐=憫) 딱하게 여김. 불쌍하고 가련함.
- 燃燒(연소)[탈 연, 사를/탈 소] 불이 붙어서 탐(燃=燒). 불에 탐. 주로 물질이 산소와 화합할 때, 다량의 열을 내며 동시에 빛을 내는 현상. 열과 빛을 내지 않는 산화도 포함함.
- 鹽酸(염산)[소금 염, 실/초 산] 염화(鹽化) 수소(水素)의 발연성(發煙性) 강한 산성(酸性) 액체. 순수(純粹)한 것은 무색이고, 센 산성(酸性)을 띠는 데, 물감, 간장, 합성 수지(樹脂), 조미료(調味料), 약품의 제조(製造) 따위로 화학 공업에 널리 씀. HCl.
- 厭世(염세)[싫어할 염, 인간/세상 세] 세상(世上)을 싫어함(厭). 세상을 괴롭고 귀찮게 여겨 비판적으로 생각하고 싫어함.
- 永訣(영결)[길/오랠 영, 이별할 결] 영원(永遠)한 이별(訣). 죽은 사람과 영원히 이별함. 영구히 헤어짐.
- 令孃(영양)[하여금/좋을 령, 아가씨 양] 모든 면에서 '좋은(令) 아가씨(孃)'. 남을 높여 그의 '딸'을 이르는 말. 영애(令愛).
- 零下(영하)[떨어질/영 령, 아래 하] 0(零)℃ 이하(以下). 기온의 도수를 나타내는 때, 0℃ 이하를 이르는 말.
- 靈魂(영혼)[신령 령, 넋 혼] 죽은 사람의 영혼(靈魂)인 넋(魂). 육체에 머물러 그것을 지배하고, 정신 현상의 근원이 되며, 육체가 없어져도 독립하여 존재할 수 있다고 믿어지는 대상. 사람의 정신적 활동의 본원이 되는 실체.
- 預金(예금)[맡길/미리 예, 쇠/돈 금/성 김] 은행 등 금융기관에 돈(金)을 맡김(預). 일정한 계약에 의하여 은행이나 우체국 따위에 돈을 맡기는 일.
- 誤謬(오류)[그르칠 오, 그르칠/어긋날 류] 그릇되어(誤) 어긋나다(謬). 이치에 어긋난 인식.
- 傲慢(오만)[거만할/업신여길 오, 거만할 만] 남을 업신여기고(傲) 거만함(慢). 건방지고 거만함. 잘난체 하며 남을 업신여기는 태도가 있음.
- 汚染(오염)[더러울 오, 물들 염] 더럽게(汚) 물듦(染). 더러워 짐. 물이나 환경을 더럽게 물들임.
- 沃土(옥토)[기름질 옥, 흙/땅 토] 기름진(沃) 땅(土). 식물이 잘자라는 비옥한 땅.
- 緩和(완화)[느릴 완, 화할 화] 느리고(緩) 온화(溫和)함. 풀어서 느슨하게 하거나 편안하게 함. 급박한 것을 느슨하게 함. 시간이 갈수록 감소하는 일.

- 歪曲(왜곡)[기울 왜, 굽을 곡] 사실을 기울이고(歪) 굽게(曲) 함. 비틀어 곱새김.
- 倭亂(왜란)[왜나라/오랑캐 왜, 어지러울 란] 왜인(倭人)들이 일으킨 난리(亂離). '임진왜란'의 준말.
- 畏敬(외경)[두려울 외, 공경할 경] 두려워(畏) 하면서 공경함(敬). 공경하면서 두려워함. 경외(敬畏).
- 尿道(요도)[오줌 뇨, 길 도] 오줌(尿)길(道). 방광에 괸 오줌을 몸 밖으로 내보내는 관. 오줌 줄.
- 搖籃(요람)[흔들 요, 바구니 람] 아이를 눕혀 흔들어(搖) 재우는 바구니(籃). 젖먹이를 눕히거나 앉히고 흔들어서 잠재우는 것. 사물이 발달하는 처음.
- 要塞(요새)[요긴할/중요할 요, 막힐 색/변방 새] 국방의 중요한(要) 변방(塞)지역에 설치한 시설. 국방상 중요한 지점에 마련해놓은 군사적 방어 시설. 차지하기 어렵게 되어 있는 대상이나 목표.
- 夭折(요절)[일찍죽을 요, 꺾을 절] 젊은 나이에 일찍죽어(夭) 삶이 꺾임(折). 젊어서 일찍 죽음.
- 腰痛(요통)[허리 요, 아플 통] 허리(腰)가 아픔(痛). 허리가 아픈 병. 허리앓이.
- 溶解(용해)[녹일 용, 풀 해] 녹아(溶) 풀어짐(解). 기체 또는 고체가 액체에 녹는 현상.
- 優劣(우열)[넉넉할 우, 못할 렬] 우수(優秀)함과 열등(劣等)함. 낫고 못함.
- 右翼(우익)[오른 우, 날개 익] 새나 비행기 따위의 오른쪽 날개. 보수적인고 점진적인 당파나 거기에 딸린 사람. 야구에서 외야의 오른쪽.
- 寓話(우화)[부칠 우, 말씀/이야기 화] 어떤 뜻을 다른 사물에 붙여서(寓) 하는 이야기(話). 인격화한 동식물이나 기타 사물을 주인공으로 하여 그들의 행동 속에 풍자와 교훈의 뜻을 나타내는 이야기. 《이솝 이야기》 따위가 여기에 속한다. 딴 사물에 빗대어서 교훈적, 풍자적 내용을 엮은 이야기.
- 運搬(운반)[옮길 운, 옮길/나를 반] 옮겨(運) 나름(搬). 물건 따위를 옮겨 나르는 일.
- 鬱蒼(울창)[답답할/울창할 울, 푸를 창] 울창하여(鬱) 푸름(蒼). 울울창창의 준말로, 큰 나무들이 빽빽하게 들어서 우거진 모양이 푸름. 매우 무성하고 푸르다.
- 月蝕(월식)[달 월, 좀먹을 식] 지구의 그림자가 밝은 달(月)의 일부를 먹어(蝕) 들어가 가리는 현상. 달의 일부 또는 전체가 지구의 그림자에 가려서 보이지 않게 되는 현상. 개기 월식과 부분 월식이 있다.
- 緯度(위도)[씨/가로 위, 법도/단위 도] 적도와 평행하게 남북을 가로(緯)로 잰 거리의 단위(度). 지구 위의 위치를 나타내는 좌표축 중에서 가로로 된 것.
- 慰勞(위로)[위로할 위, 일할/수고로울 로] 수고로움(勞)을 위로함(慰). 따뜻한 말이나 행동으로 괴로움을 덜어 주거나 슬픔을 달래 줌. 고달픔을 풀도록 따뜻하게 대함.
- 僞造(위조)[거짓 위, 지을/꾸밀 조] 거짓(僞)으로 꾸밈(造). 가짜를 만듦. 거짓으로 속여 진짜처럼 만듦.
- 威脅(위협)[위엄/으를 위, 위협할 협] 힘으로 으르고(威) 협박(脅迫)함. 힘으로 협박하는 것.
- 紐帶(유대)[맺을/끈 뉴, 띠 대] 끈(紐)과 띠(帶)라는 뜻에서, 두 개의 것을 묶어서 연결을 맺게 하는 중요한 조건.
- 遺蹟(유적)[남길 유, 자취/발자취 적] 옛 인류가 남긴(遺) 유형물의 자취(蹟). 건축물이나 고분 등 고고학적인 유물이 남아있는 사적. 역사상 큰 사변 따위가 있었던 자리.
- 幼稚(유치)[어릴 유, 어릴 치] (사람의 나이가) 어림(幼＝稚). 수준이 낮거나 미숙하다. 생각이나 하는 짓이 어리다.
- 誘惑(유혹)[꾈 유, 미혹할 혹] 꾀어서(誘) 미혹함(惑). 남을 꾀어서 정신을 어지럽게 함.
- 輪郭(윤곽)[바퀴 륜, 둘레 곽/클 확] 바퀴(輪)의 둘레(廓). 테두리. 겉모양. 외모. 사물의 겉모양이나 대강.
- 隆盛(융성)[높을 륭, 성할 성] 기운차게 높이(隆) 일어거나 대단히 번성(繁盛)함. 기운이 매우 성함. 매우 기운차게 일어나거나 대단히 번성함.
- 淫亂(음란)[음란할 음, 어지러울 란] 음탕(淫蕩)하고 난잡(亂雜)함. 방탕하고 난잡함.
- 音韻(음운)[소리 음, 운 운] 한자의 음(音)과 운(韻). 한자 음에서 초성이 '음(音)'이고 중성과 종성이 '운(韻)' 임. 예를 들어 '강'에서 'ㄱ'은 초성 'ㅏ'은 중성 'ㅇ'은 종성 임.
- 凝固(응고)[엉길 응, 굳을 고] 엉기어(凝) 굳어짐(固). 응결(凝結). 액체나 기체가 고체로 변함, 또는 그러한 현상.
- 裏面(이면)[속/안 리, 낯/면 면] 안(裏)쪽 면(面). 겉으로 드러나지 않는 속사정. 뒷면.

- 利潤(이윤)[이할/이로울 리, 불을 윤] 이익(利益)을 불림(潤). 돈벌이를 하는 동안에 남는 돈을 말함.
- 匿名性(익명성)[숨길 닉, 이름 명, 성품/성질 성] 본 이름(名)을 숨기려(匿) 하는 성질(性質). 이름을 숨기려는 경향.
- 翌日(익일)[다음날 익, 날 일] 다음(翌)날(日). 이튿날.
- 咽喉(인후)[목구멍 인, 목구멍 후] 목구멍(咽=喉). 입안 기도와 식도가 만나는 곳.
- 賃金(임금)[품삯 임, 쇠/돈 금/성 김] 고용되어 일하고 품삯(賃)으로 받는 돈(金). 노동의 대가로 받는 보수.
- 妊娠(임신)[아이 밸 임, 아이 밸 신] 아이 뱀(妊=娠). 아이를 뱀.
- 粒子(입자)[낟알 립, 아들/어조사 자] 낟알(粒+子). 낱낱의 알. 물질을 구성하는 미세한 크기의 물체.
- 自愧(자괴)[스스로 자, 부끄러울 괴] 스스로(自) 부끄러워함(愧). 자기 스스로 부끄러워함.
- 磁力(자력)[자석 자, 힘 력] 자석(磁)의 힘(力). 자기력(磁氣力). 같은 극끼리 서로 밀어내거나 다른 극끼리 서로 당기는 힘.
- 諮問(자문)[물을 자, 물을 문] 남에게 의견을 물음(諮=問). 아랫사람에게 의견을 물음. 전문가에게 의견을 물음.
- 潛水(잠수)[잠길 잠, 물 수] 물(水)속으로 잠겨(潛) 들어감. 물속으로 들어감.
- 暫時(잠시)[잠깐/잠시 잠, 때 시] 잠깐(暫) 때(時). 짧은 시간. 잠깐 동안. 오래지 않은 짧은 동안에.
- 障碍(장애)[막을/가로막을 장, 거리낄 애] 가로 막아서(障) 거리낌(碍). 신체 기관이 본래의 제 기능을 하지 못하거나 정신 능력에 결함이 있는 상태. 거치적거리어 지장이 되는 것. 유선 통신이나 무선 통신에서 신호의 전송을 방해하는 잡음이나 혼신 따위의 물리적 현상. *碍(애)=礙(애)의 속자(俗字).
- 莊園(장원)[씩씩할/별장 장, 동산 원] 별장(別莊) 형태의 큰 집과 잘 가꾸어진 동산(園)이 있는 토지. 왕실·귀족·부호·사원 등이 소유한 넓고 큰 토지.
- 匠人(장인)[장인/기술자 장, 사람 인] 기술(匠)이 있는 사람(人). 목공(木工)이나 도공(陶工) 등과 같이 손으로 물건을 만드는 일을 업으로 하는 사람.
- 災殃(재앙)[재앙 재, 재앙 앙] 하늘이 내리는 재앙(災)이나 죽은 신이 내리는 재앙(殃). 뜻하지 아니하게 생긴 불행한 변고. 또는 천재지변으로 인한 불행한 사고. 천재지변으로 인한 온갖 불행한 일.
- 裁判(재판)[옷마를/헤아릴 재, 판단할 판] 옳고 그름을 헤아리어(裁) 판단함(判). 구체적인 다툼사건을 해결하기 위하여 국가 기관인 법원이나 법관이 내리는 공권적 판단.
- 顚倒(전도)[엎드러질/이마/넘어질 전, 넘어질 도] 엎어져 넘어지거나(顚) 넘어뜨림(倒). 거꾸로 뒤바뀜.
- 絕叫(절규)[끊을/다할 절, 부르짖을 규] 힘을 다하여(絕) 부르짖음(叫). 온몸의 힘을 다하여 부르짖음.
- 店鋪(점포)[가게 점, 펼/가게/벌일 포] 가게(店)를 벌인(鋪) 집. 은행이나 금융기관 따위에서, 고객을 상대로 하는 지점·출장소 따위. 가겟집.
- 情緖(정서)[뜻/마음 정, 실마리 서] 사람의 마음에 일어나는 여러 가지 감정(感情)의 실마리(緖). 어떤 사물 또는 경우에 부딪쳐 일어나는 온갖 감정·상념 또는 그러한 감정을 불러일으키는 기분·분위기.
- 提携(제휴)[끌 제, 이끌 휴] 서로 손을 잡고 이끎(提=携). 서로 도와줌. 공동으로 일을 함.
- 彫刻(조각)[새길 조, 새길/깎을 각] 재료를 새기고(彫) 깎아(刻) 입체 형상을 만듦. 재료를 새기거나 깎아서 조형 미술의 하나로 나무·돌·금속 따위에 서화를 새기거나 또는 물상 따위를 입체적으로 새김.
- 調劑(조제)[고를 조, 약제/약지을 제] 여러 가지 약제를 고르게(調) 조합하여 약을 지음(劑). 여러 가지 약품을 고르게 조합하여 약을 지음.
- 族閥(족벌)[겨레 족, 문벌 벌] 큰 세력을 가진 문벌(門閥)의 일족(一族). 큰 세력을 가진 가문의 일가친척.
- 拙稿(졸고)[졸할/서툴 졸, 원고/볏집 고] 서툴게(拙) 쓴 원고(原稿). 자기가 쓴 원고의 겸칭.
- 宗廟(종묘)[마루/사당 종, 사당 묘] 조상을 모시는 사당(宗=廟). 조선 시대에 역대 임금과 왕비의 위패를 모시던 왕실의 사당.
- 縱橫(종횡)[세로 종, 가로 횡] 세로(縱)와 가로(橫). 방종함. 자유자재로 행동함. 천하를 경영함. 구불구불한 모양.
- 週末(주말)[주일 주, 끝 말] 한 주일(週)의 끝(末). 요일의 말미로 토요일, 일요일을 말함.

- 鑄造(주조)[쇠 불릴 주, 지을/만들 조] 쇠를 불려(鑄) 물건을 만듦(造). 쇳물을 거푸집에 부어 필요한 물건을 만듦.
- 主軸(주축)[임금/주인/주될 주, 굴대 축] 몇 개의 축을 가진 도형이나 물체에서 주되는(主) 축(軸). 일정한 단체나 부문에서, 주요한 축을 이루는 사람이나 대상, 원동기에서 직접 동력을 받는 전동축.
- 遵法(준법)[좇을 준, 법 법] 법률(法律)이나 규칙을 좇아(遵) 따름. 법령을 지킴. 법을 따름.
- 中庸(중용)[가운데 중, 떳떳할/항상 용] 어느 곳에도 치우치지 않고 가운데서(中) 올바르게 항상(庸) 보통임. 재능이 보통임. 지나치거나 모자람이 없는 알맞은 일. 공자(孔子)의 제자 자사(子思)가 지은, 중용의 덕을 최고 기준으로 삼은 유교 경전.
- 蒸散(증산)[찔/증발할 증, 흩을 산] 물질이 증발(蒸)하여 흩어져(散) 없어짐. 식물체 안의 수분이 수증기가 되어 몸 밖으로 배출되는 작용. 기공 증산과 표피 증산이 있으며, 주로 기공의 개폐에 의해 조절된다.
- 贈與(증여)[줄 증, 더불/줄 여] 남에게 금품을 줌(贈＝與). 물건을 선물로 줌. 자기 재산을 무상으로 상대편에게 줄 의사를 나타내고, 상대편이 이를 받아들이는 일.
- 憎惡(증오)[미울 증, 악할 악/미워할 오] 미워함(憎＝惡). 몹시 미워함.
- 脂肪(지방)[기름 지, 기름 방] 유지(油脂)가 상온에서 고체를 이룬 기름덩이(肪). 기름. 동물에서는 피하·근육·간 따위에 저장되며, 에너지원이지만 몸무게가 느는 원인이 되기도 함. 지방산(脂肪酸)과 글리세롤의 에스테르 중(中) 상온에서 고체(固體)인 것.
- 地獄(지옥)[따/땅 지, 옥/감옥 옥] 큰 죄를 짓고 죽은 사람들이 간다는 땅(地)속의 끝없이 벌을 받는다는 감옥(獄). 기독교에서, 큰 죄를 짓고 죽은 사람들이 구원을 받지 못하고 끝없이 벌을 받는다는 곳. 불교에서, 죄업을 짓고 매우 심한 괴로움의 세계에 난 중생이나 그런 중생의 세계. 또는 그런 생존. 아주 괴롭거나 더없이 참담한 광경, 또는 그런 형편을 비유적으로 이르는 말.
- 地震(지진)[따/땅 지, 우레/떨릴 진] 땅(地)이 갈라지거나 요동치며 떨리는(震) 현상. 땅이 흔들리고 갈라지는 지각 변동 현상. 땅속에서의 화산 활동, 단층 운동, 지하수 침식 따위로 지각이 일정한 기간 동안 갑자기 흔들리며 움직이는 것.
- 遲滯(지체)[더딜/늦을 지, 막힐/머무를 체] 일이 늦어지거나(遲) 머물러져(滯) 더딤. 때를 늦추거나 질질 끎. 정당한 이유 없이 의무 이행을 늦추는 일.
- 智慧(지혜)[슬기/지혜 지, 슬기 혜] 지혜롭고(智) 슬기로움(慧). 슬기로움. 삶의 경험이 풍부하거나 세상 이치나 도리를 잘 알아 일을 바르고 옳게 처리하는, 마음이나 두뇌의 능력.
- 振動(진동)[떨칠/흔들릴 진, 움직일 동] (같은 모양으로 반복하여) 흔들려(振) 움직임(動). 일정하게 움직임. 냄새 따위가 심하게 나는 상태.
- 診療(진료)[진찰할 진, 병고칠 료] 진찰(診察)하고 병을 고침(療). 의사가 환자를 진찰하고 치료하는 일.
- 塵土(진토)[티끌 진, 흙 토] 티끌(塵)과 흙(土). 먼지와 흙. 가치가 없는 것을 비유.
- 振幅(진폭)[떨칠/흔들릴 진, 폭 폭] 흔들리는(振) 물체의 좌우 사이의 폭(幅). 진동하는 물체세서 그 정지 위치에서 좌우 극점에 이르기 까지 변한 위치의 최대값.
- 疾病(질병)[병 질, 병 병] 몸의 온갖 병(疾＝病). 괴로움에 앓음. 신체의 온갖 기능의 장애로 건강하지 않은 이상 상태. 신체의 온갖 기능의 장애로 말미암은 병. 병이 들어 몸이 아픈 상태.
- 窒息(질식)[막힐 질, 쉴/숨쉴 식] 숨(息)이 막힘(窒). 숨통이 막히거나 산소가 부족하여 숨을 쉴 수 없게 됨.
- 懲罰(징벌)[징계할/혼낼 징, 벌할 벌] 혼내고(懲) 벌(罰)을 줌. 장래를 경계하기 위해 벌을 줌. 부당한 행위에 대해 응징하는 뜻으로 주는 벌.
- 錯雜(착잡)[어긋날/섞일 착, 섞일 잡] 뒤섞이어(錯) 복잡(複雜)함. 뒤섞이어 어수선함.
- 燦爛(찬란)[빛날 찬, 빛날 란] 훌륭하고 빛나다(燦＝爛). 빛이 눈부시게 아름답다. 광체가 번쩍번쩍하고 환함.
- 慘狀(참상)[참혹할 참, 형상/모양 상/문서 장] 참혹한(慘) 모양(狀). 끔찍하고 비참한 모습이나 상태.
- 蒼空(창공)[푸를 창, 빌/하늘 공] 푸른(蒼) 하늘(空). 창천(蒼天).
- 滄海(창해)[큰바다 창, 바다 해] 넓고 큰 바다(滄＝海). 넓고 푸른 바다.

• 遷都(천도)[옮길 천, 도읍 도] 도읍(都)을 옮김(遷). 한나라의 수도를 옮김.
• 天賦(천부)[하늘 천, 부세/줄 부] 하늘(天)이 줌(賦). (능력 등을) 태어날 때 가지고 태어남. 선천적으로 타고남.
• 尖端(첨단)[뾰족할 첨, 끝 단] 물건의 뾰족(尖)한 끝(端). 시대의 흐름이나 유행에 앞장서는 것.
• 添削(첨삭)[더할 첨, 깍을 삭] 더하거나(添) 깍음(削). 시나 답안지 등의 내용을 보충하거나 삭제하여 고침.
• 捷徑(첩경)[빠를 첩, 지름길/길 경] 빠른(捷)길(徑). 지름길. 어떤 일을 하는데 이르기 쉬운 방법.
• 淸廉(청렴)[맑을 청, 청렴할/검소할 렴] 성품이 맑고(淸) 고결하고 탐욕이 없어 검소함(廉). 마음이 고결하고 재물 욕심이 없음.
• 締結(체결)[맺을 체, 맺을 결] 계약이나 조약을 맺음(締 = 結). 얽어서 맴.
• 遞增(체증)[갈릴/차례 체, 더할 증] (수량이) 차례(遞)로 더해(增) 감. 수량이 점차 늘어남. *↔체감(遞減).
• 抄錄(초록)[뽑을 초, 기록할 록] 필요한 부분만 가려 뽑아(抄) 기록함(錄). 필요한 것만 뽑아서 쓴 기록.
• 招聘(초빙)[부를 초, 부를 빙] 예를 갖추어 불러(招 = 聘) 맞아들임. 예를 갖추어 남을 모셔 들임.
• 肖像(초상)[닮을/같을 초, 모양 상] 사람의 모습을 꼭 닮게(肖) 그린 모양(像)의 그림. 그림이나 사진 따위에 나타난) 어떤 사람의 얼굴이나 모습.
• 超越(초월)[뛰어넘을/넘을 초, 넘을 월] 어떤 한계나 표준을 넘음(超 = 越). 벗어나 뛰어넘다, 일정한 한계나 범위를 뛰어넘음. 경험이나 인식의 범위를 벗어나 그 바깥 또는 그 위에 위치하는 일.
• 叢書(총서)[떨기/모일 총, 글/책 서] 여러 가지 책(書)을 한데 모은(叢) 서적. 같은 제목이나 형식·체재로 통일하여 편집·간행한 여러 권의 서적.
• 醜聞(추문)[추할 추, 들을 문] 추잡(醜雜)한 소문(所聞). 좋지 못한 소문. 지저분하고 잡스러운 소문.
• 趨勢(추세)[달아날/쫓을 추, 형세/기세 세] 대세(大勢)를 쫓아감(趨). 어떤 현상이 일정한 방향으로 향하는 힘. 세상일이 되어가는 형편.
• 推薦(추천)[밀 추, 천거할 천] 적절한 대상을 어떤 자리에 밀어(推) 천거(薦擧) 하는 일. 인재를 천거함. 좋거나 알맞다고 생각하는 물건을 남에게 권함.
• 抽出(추출)[뽑을 추, 날 출] 뽑아(抽) 냄(出). 빼냄. 전체 속에서 어떤 물건이나 요소를 빼 냄. 표본을 뽑아내는 일.
• 蹴球(축구)[찰 축, 공구] 공(球)을 발로 차거나(蹴) 머리를 이용하여 공을 상대편의 골 속으로 넣음으로 승부를 겨루는 경기. 11명이 팀을 이루며, 골키퍼 이외에는 손을 쓰면 안 되고 주로 머리와 발을 사용한다.
• 縮尺(축척)[줄일 축, 자 척] 줄인(縮) 자(尺). 축소시킬 비례의 척도. 지도에서의 거리와 지표에서의 실제 거리와의 비. 피륙 따위가 정한 자수에서 부족함.
• 衝突(충돌)[찌를/부딪칠 충, 갑자기/부딪칠 돌] 서로 맞부딪치다(衝突). 움직이는 두 물체가 접촉하여 짧은 시간 내에 서로 힘을 미침. 서로의 의견이 맞지 아니하여 서로 맞섬.
• 醉氣(취기)[취할 취, 기운 기] 술에 취한(醉) 기운(氣運). 술에 취에 얼큰해진 기운.
• 趣味(취미)[뜻/향할 취, 맛 미] 마음이 향하는(趣) 흥미(興味). 마음에 끌려 일정한 방향으로 쏠리는 흥미. 전문적으로 하는 것이 아니라 즐기기 위하여 하는 일. 아름다운 대상을 감상하고 이해하는 힘. 감흥을 느끼어 마음이 당기는 멋.
• 炊事(취사)[불땔 취, 일 사] 불 때서(炊) 밥을 짓는 일(事). 불을 사용하여 음식을 만드는 일.
• 勅書(칙서)[칙서 칙, 글 서] 칙령(勅令)을 적은 글(書). 임금이 특정인에게 알릴 일이나 경계할 일을 적은 글.
• 親戚(친척)[친할 친, 친척 척] 친한(親) 친척(戚). 가까운 겨레. 친족과 외척을 아울러 이르는 말.
• 鍼灸(침구)[침 침, 뜸 구] 침(鍼)과 뜸(灸). 한방에서 '침'과 '뜸'을 아울러 이르는 말.
• 沈黙(침묵)[잠길/숨길 침/성 심, 잠잠할 묵] 말을 숨기고(沈) 잠잠히(黙) 있음. 아무 소리도 들리지 않는 고요한 상태. 아무 말도 없이 잠잠히 있음. 또는 그런 상태. 정적(靜寂)이 흐름. 또는 그런 상태. 어떤 일에 대하여 그 내용을 밝히지 아니하거나 비밀을 지킴. 또는 그런 상태.
• 稱讚(칭찬)[일컬을 칭, 기릴 찬] 좋은 점을 일컬어(稱) 기림(讚). 좋은 점이나 착하고 훌륭한 일을 높이 평

가함. 좋은 일을 한다거나 했다고, 또는 어떤 일을 잘 한다거나 했다고 말하거나 높이 평가하는 것.

- **墮落(타락)[떨어질/빠질 타, 떨어질/빠질 락]** 품행이 나빠서 못된 구렁에 빠짐(墮=落). 올바른 길에서 벗어나 잘못된 길로 빠지는 일. 죄를 범하여 불신의 생활에 빠지는 일.
- **琢磨(탁마)[다듬을/쪼을 탁, 갈 마]** 옥석(玉石)을 쪼으고(琢) 갊(磨). 학문이나 덕행을 닦음.
- **誕生(탄생)[낳을/거짓 탄, 날/낳을 생]** 사람이 태어남(誕=生). 특히 성인 또는 귀인이 태어남을 높여 이르는 말.
- **奪取(탈취)[빼앗을 탈, 가질 취]** 빼앗아(奪) 가짐(取). 남의것을 억지로 빼앗아 가짐.
- **耽溺(탐닉)[즐길 탐, 빠질 닉]** 어떤 일에 즐겨(耽) 빠짐(溺). 어떤 일을 매우 즐겨 거기에 빠짐.
- **貪慾(탐욕)[탐낼 탐, 욕심 욕]** 탐내는(貪) 욕심(慾心). 사물을 지나치게 탐하는 욕심.
- **胎氣(태기)[아이밸 태, 기운 기]** 아이를 밴(胎) 기운(氣). 아이를 밴 기미.
- **太陽曆(태양력)[클 태, 볕 양, 책력 력]** 태양(太陽)을 기준으로 삼는 책력(曆). 지구가 태양의 둘레를 한 바퀴 도는데 걸리는 시간을 1년으로 삼는 달력.
- **颱風(태풍)[태풍 태, 바람 풍]** 태풍(颱)바람(風). 북태평양 남서부에서 발생하여 아시아 대륙 동부로 불어오는, 폭풍우를 수반한 맹렬한 열대 저기압. 또는, 그 열대성 저기압이 동반하는 폭풍우. 풍속은 초속 17.2미터 이상으로 중심에서 수십 km 떨어진 곳이 가장 크며, 중심은 비교적 조용한 편이다. 보통 7~9월에 내습하여 종종 해난과 풍수해를 일으킨다.
- **免鼈歌(토별가)[토끼 토, 자라 별, 노래 가]** 토끼(免)와 자라(鼈)를 중심으로 노래(歌)와 사설로 엮은 판소리. 판소리 수궁가(水宮歌)의 다른 이름.
- **堆積(퇴적)[쌓을 퇴, 쌓을 적]** 많이 덮쳐 쌓음(堆=積). 많이 겹쳐 쌓임.
- **透明(투명)[사무칠/통할 투, 밝을 명]** 흐리지 않고 맑아 빛이 통하여(透) 속이 다 보일 정도로 밝음(明). 물 따위가 속까지 환히 비치도록 맑음. 사람의 말이나 태도, 펼쳐진 상황 따위가 분명함. 앞으로의 움직임이나 미래의 전망 따위가 예측할 수 있게 분명함.
- **特殊(특수)[특별할 특, 다를 수]** 특별히(特) 다름(殊). 보통과 아주 다름.
- **罷市(파시)[마칠/그만둘 파, 저자 시]** 시장(市場)을 그만두고(罷) 상가 문을 닫음. '중국 진(晉)나라의 양호(洋祜)가 재임 중 죽자, 백성들이 그를 추모 하기 위해 시장을 열지 않았다는 고사에서' 중국에서 도시의 상인이 다 가게를 닫고 무건 파는 일을 중지하는 일.
- **把握(파악)[잡을 파, 쥘 악]** 손에 잡아(把) 쥠(握). 어떤 일을 잘 이해하여 확실하게 앎.
- **播種(파종)[뿌릴 파, 씨 종]** 씨(種)를 뿌림(播). 논이나 밭에 씨앗을 뿌림.
- **霸權(패권)[으뜸 패, 권세 권]** 패자(霸者)의 권력(權力). 우두머리나 승자의 권력.
- **偏西風(편서풍)[치우칠/한쪽 편, 서녘 서, 바람 풍]** 중위도 지역의 상공에서 서쪽(西) 한쪽(偏)에서 동쪽으로 부는 바람(風). 위도30도에서 60도 사이의 중위도 지방에서 일년내 서쪽에서 동쪽으로 부는 바람.
- **編輯(편집)[엮을 편, 모을 집]** 여러 가지 자료를 모아(輯) 엮은(編) 책·신문 등을 엮음. 일정한 방침 아래 여러 가지 재료를 모아 신문, 잡지, 책 따위를 만드는 일. 또는 영화 필름이나 녹음테이프, 문서 따위를 하나의 작품으로 완성하는 일.
- **平衡(평형)[평평할 평, 저울대 형]** 수평(水平)을 이룬 저울대(衡)처럼 똑바름. 저울대가 수평을 이루고 있음. 사물이 한쪽으로 기울지 않고 안정해 있음. 몸을 굽혀 머리와 허리가 저울대처럼 바르게 하는 절.
- **廢鑛(폐광)[폐할/버릴 폐, 쇳돌/광석 광]** 광산(鑛山)의 발굴을 폐지(廢止)함. 광산에서 광물을 캐내는 일을 중지함. 또는 그 광산.
- **幣帛(폐백)[화폐/예물 폐, 비단 백]** 예를 갖추어 보내는 예물(幣)과 비단(帛) 따위. 혼인 때 신랑이 신부 집에 보내는 예물. 신부가 처음으로 시부모를 뵐 때 올리는 대추나 포 따위.
- **弊社(폐사)[패단/해질/나쁠 폐, 모일/회사 사]** 좀 나쁘다(弊) 즉 좋지 않은 회사(會社)라는 뜻으로 자신의 회사를 이르는 말. 남에게 자기 회사를 겸손하게 이르는 말.
- **抛棄(포기)[던질 포, 버릴 기]** 하던 일을 중도에 던져(抛) 버림(棄). 하려던 일을 도중에 그만두어 버림. 자기의 권리나 자격, 물건 따위를 내던져 버림. 시합이나 대결 등에서 승부를 겨루는 것을 포기함. 투표나

의결(議決) 등에서 자기의 권리를 버리고 행사하지 않음.

- 葡萄糖(포도당)[포도 포, 포도 도, 엿 당] 포도(葡萄)·꿀 등에 널리 분포 되어 있는 당(糖). 단당류의 한 가지. 단맛이 있는 과일 등에 널리 분포하며 생명 에너지의 원료가 됨.
- 捕虜(포로)[잡을 포, 사로잡을/적 로] 사로잡힌(捕) 적(虜). 전투(戰鬪)에서 사로잡힌 적군(敵軍). 어떤 것에 매여서 꼼짝 못하는 상태. 사로잡은 적.
- 飽和(포화)[배부를/가득찰 포, 화할/합할 화] 가장 큰 한도까지 가득 차게(飽) 합한(和) 상태. 더 이상의 양을 수용할 수 없이 가득 참. 일정한 조건하에 있는 어떤 상태량의 변화에 따라서 다른 양의 증가가 나타날 경우에, 앞의 것을 아무리 크게 변화시켜도 뒤의 것이 일정 한도에서 머무르는 일. 이상(以上) 더 앞 것을 변화(變化)시켜도 하나의 극대(極大)를 넘지 않는 일.
- 標準語(표준어)[표할 표, 준할 준, 말씀 어] 한 나라의 공용문(公用文)이나 학교(學校)·방송(放送) 등에서 쓰이는 표준(標準)으로 정한 언어(言語). 교양 있는 사람들이 두루 쓰는 현대 서울말. 한 나라에서 공용어로 쓰는 규범으로서의 언어. 의사소통의 불편을 덜기 위하여 전 국민이 공통적으로 쓸 공용어의 자격을 부여받은 말로, 우리나라에서는 교양 있는 사람들이 두루 쓰는 현대 서울말로 정함을 원칙으로 한다.
- 瑕疵(하자)[허물 하, 허물 자] 허물(瑕=疵). 흠. 결점. 법률적으로, 당사자가 예상한 상태나 조건 따위가 결여되어 있는 상태.
- 虐待(학대)[모질/사나울 학, 기다릴/대접할 대] 몹시 괴롭히거나 사납게(虐) 대우(待遇)함. 몹시 괴롭히거나 가혹하게 대우함.
- 旱魃(한발)[가물 한, 가물/가물 귀신 발] 가뭄(旱)을 일으키는 귀신(魃). 가뭄. 가물.
- 函數(함수)[함 함, 셈 수] 어떤 상자(函)에 일정한 가치의 물건을 넣으면 그에 해당하는 수(數)의 값이 나온다는 뜻. 하나의 값이 주어지면 그에 대응하여 다른 하나의 값이 따라서 정해질 때, 그 정해지는 값을 먼저 주어지는 값에 상대하여 이르는 말. y가 x의 함수일 때 $y=f(x)$로 표시한다.
- 含蓄(함축)[머금을/품을 함, 모을/쌓을 축] 마음속 깊이 품고서(含) 쌓아(蓄) 둠. 어떤 뜻을 말이나 글 속에 깊이 압축하여 담음. 풍부한 내용이나 깊은 뜻이 들어있음.
- 巷說(항설)[거리 항, 말씀 설] 거리(巷)에 떠도는 말(說). 항간에 여러 사람들에 의해 떠도는 소문. 동내에 떠도는 소문. 항담(巷談).
- 亢星(항성)[높을/별이름 항, 별 성] 28개의 별자리(亢)의 둘째 별(星). 동쪽 둘째 별자리. 처녀자리에 있음.
- 解夢(해몽)[풀 해, 꿈 몽] 꿈(夢)에 나타난 일을 풀어(解) 길흉을 판단함. 꿈의 내용을 들어서 길흉을 판단함.
- 解剖(해부)[풀 해, 쪼갤/가를 부] 생물체를 풀어(解)헤치고 갈라(剖) 내부 구조를 연구하고 관찰함. 생물체의 일부나 전부를 갈라 헤쳐 그 내부 구조와 각 부분 사이의 관련 및 병인(病因), 사인(死因) 따위를 조사하는 일. 사물의 조리를 자세히 분석하여 연구함.
- 核(핵)(씨 핵)[중심 핵] (사물이나 활동의) 중심(核). 생물 세포의 중심에 있는 둥근 물체. 핵무기. 지구 중심핵.
- 許諾(허락)[허락할/바랄 허, 허락할 낙] 바라는 것을 허락함(許=諾). 청하고 바라는 바를 들어줌.
- 穴居(혈거)[굴 혈, 살 거] 동굴(穴) 속에서 삶(居). 굴에서 삶.
- 螢雪(형설)[반딧불 형, 눈 설] 반딧불(螢)과눈(雪)빛으로 학문을 닦아 세운 공. 중국《진서(晉書)》에 나오는 말로, 진나라 차윤(車胤)이 반딧불을 모아 그 불빛으로 글을 읽고, 손강(孫康)이 가난하여 겨울밤에는 눈빛에 비추어 글을 읽었다는 고사에서 유래한다. 고생을 하면서 공부하여 얻은 보람. 고생한 성과. 형설지공(螢雪之功)의 준말.
- 胡亂(호란)[되/나라이름 호, 어지러울 란] 북방 호인(胡人)들에 의한 병란(兵亂). '병자호란'의 준말.
- 酷寒(혹한)[심할 혹, 찰/추울 한] 심한(酷) 추위(寒). 몹시 심한 추위.
- 魂魄(혼백)[넋 혼, 넋 백] 죽으면 하늘로 돌아가는 넋(魂)과 땅으로 돌아가는 넋(魄). 혼과 넋. 영혼. 넋.
- 混濁(혼탁)[섞을 혼, 흐릴 탁] 불순한 것이 섞여(混) 흐림(濁). 기체·액체 따위가 불순물이 섞이어 맑지 않고 흐림. 사회현상 정치 따위가 어지럽고 흐림.
- 忽然(홀연)[갑자기 홀, 그러할 연] 갑자기(忽) 그렇게(然). 뜻밖에. 갑자기. 갑자기 나타나거나 사라지는 모

양.

- 洪水(홍수)[넓을/클 홍, 물 수] 큰(洪) 물(水). 비가 많이 와서 하천이 넘치거나 땅이 물에 잠기게 된 상태. 사람이나 물건이 엄청 쏟아져 나옴을 비유하여 이르는 말.
- 華燭(화촉)[빛날 화, 촛불 촉] 화려(華麗)한 등촉(燈燭). 화려하게 물을 들인 밀초. 혼례를 밝히는 촛불로, '혼례'를 이르는 말.
- 擴大(확대)[넓힐 확, 큰 대] 넓혀(擴) 크게(大) 함. 모양이나 규모 따위를 늘이어서 크게 함.
- 還穀(환곡)[돌아올 환, 곡식 곡] 돌려(還) 받는 곡식(穀). 조선시대, 개인 창고에 보관 하였다가 봄에 백성에게 꾸어주고 가을에 이자를 붙여 받아들이던 곡식.
- 幻想(환상)[헛보일/홀릴 환, 생각 상] 홀린(幻) 것 같은 생각(想). 허깨비 같은 생각. 현실적인 기초나 가능성이 없는 헛된 생각이나 공상. 종잡을 수 없이 일어나는 생각. 어떤 사람이나 사실에 대하여 근거 없이 덮어놓고 좋게만 보는 태도.
- 闊葉(활엽)[넓을 활, 잎 엽] 넓은(闊) 잎(葉). 넓고 큰 잎사귀.
- 回顧(회고)[돌아올/돌 회, 돌아볼 고] 돌아다(回) 봄(顧). 지난 일을 돌이켜 봄. 옛일을 생각함.
- 膾炙(회자)[회 회, 구울 자/구울 적] 회(膾)와 구운(炙) 고기. 맛있는 회나 구운 고기처럼 '널리 사람의 입에 오르 내리는 일'을 이르는 말.
- 獲得(획득)[얻을 획, 얻을 득] 얻음(獲 = 得). 얻어 내거나 얻어 가짐. 뜻밖에 이득을 봄.
- 嚆矢(효시)[울릴/울 효, 화살 시] 우는(嚆)살(矢). '전쟁에서 우는살을 먼저 쏘았기 때문에' 일의 시초를 이르는 말.
- 勳章(훈장)[공 훈, 글/무늬 장] 나라에 훈공(勳功)이 있는 이에게 내려 주는 휘장(徽章). 나라에 크게 공헌한 사람에게 그 공로를 기리기 위하여 나라에서 주는 휘장.
- 毁損(훼손)[헐/헐뜯을 훼, 덜/해칠 손] 명예를 헐뜯거나(毁) 해침(損). 체면 · 명예를 손상함. 헐거나 깨뜨려 못 쓰게 함. 비방하는 험담을 하거나 체면이나 명예를 손상함.
- 休憩(휴게)[쉴 휴, 쉴 게] 잠깐 쉬는(休 = 憩) 일. 일을 하거나 길을 걷는 도중에 잠깐 시는 일.
- 戲曲(희곡)[놀이/연기 희, 굽을/악곡 곡] 무대 위에서 공연하는 것을 전제로 하여, 대사를 중심으로 쓰여진 연극(戲)의 악곡(曲)이나, 연극 대본. 상연할 목적으로 쓴 연극의 각본.
- 戲弄(희롱)[놀이 희, 희롱할 롱] 말이나 행동으로 놀이(戲)삼아 희롱함(弄). 장난하며 놂. 장난삼아 놀림.
- 犧牲(희생)[희생 희, 희생 생] 제사 지낼 때 제물로 바치는 산 짐승(犧 = 牲). 다른 사람이나 어떤 목적을 위하여 자신의 목숨, 재산, 명예, 이익 따위를 바치거나 버림. *희생; 제사에 바치는 산 짐승.
- 稀少(희소)[드물 희, 적을 소] 드물고(稀) 적음(少). 드물어 얼마 안 되고 적음.

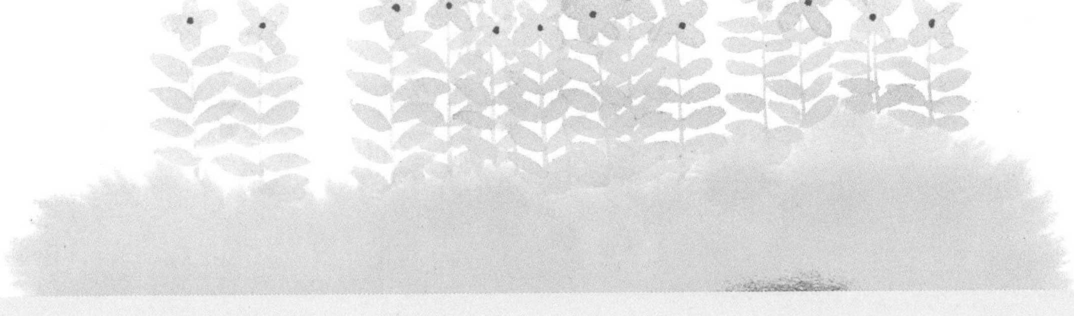

采采芣苢薄言掇
賦也掇拾也捋取其子
采采芣苢薄言袺之
賦也袺以衣貯之而執其衽
間也色重千芣苢三章章四句
有喬木不可休息吳氏曰詩作思漢有
可泳叶于誑反思江之永叶弋亮反矣不可
有樛木葛藟荒之樂只君子
孔子曰關雎樂而不淫哀而不傷
情之正聲氣之和也蓋德如雎鳩
固可以見其一端矣至於寤寐反
不過其則焉則詩人情性之正又

3급 한자 총정리

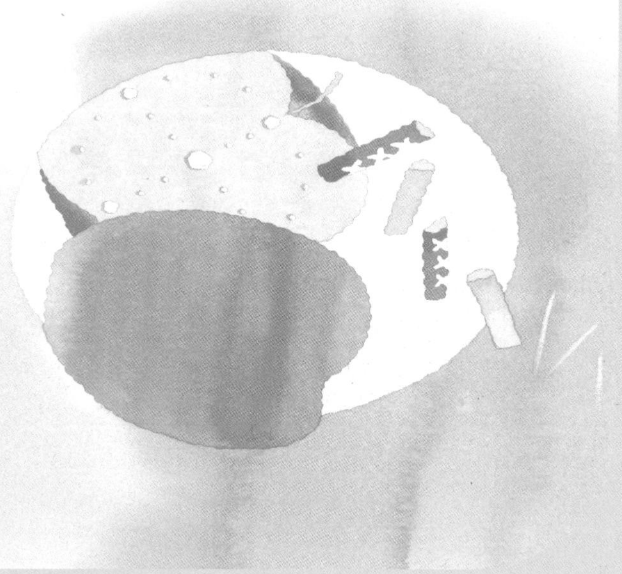

한자총정리

4급 배정 한자 쓰기

장정 정	힘줄 근	형세 세	뜰 정	반 반	높을 고	기후 후	상 상	동녘 동
머무를 정	더할 가	재주 예	성인 성	판단할 판	다리 교	붉을 주	수풀 림	익힐 련
쌓을 저	처음 초	선비 사	장할 장	낮 오	큰 대	실과 과	금할 금	수레 거
칠 타	알 인	벼슬 사	꾸밀 장	허락할 허	클 태	과정 과	극진할 극	곳집 고
옳을 가	부를 초	모일 사	장수 장	해 년	하늘 천	아닐 미	서로 상	진칠 진
노래 가	다를 별	길할 길	장려할 장	소 우	보낼 송	맛 미	생각 상	이을 련
물 하	흙 토	맺을 결	혀 설	물건 건	지아비 부	누이 매	깊을 심	군사 군
어찌 기	자리 좌	뜻 지	살 활	칠 목	잃을 실	끝 말	찾을 탐	옮길 운
부칠 기	거리 가	기록할 지	말씀 화	고할 고	알 지	나무 목	올 래	휘두를 휘
힘 력	뭍 륙	맡길 임	집 사	지을 조	지혜 지	근본 본	묶을 속	집 가
화할 협	더울 열	길 정	집 택	웃음 소	짧을 단	오얏 리	빠를 속	무리 대

코끼리 상	형벌 형	검소할 검	저녁 석	세포 포	곤할 곤	완전할 완	총 총	비로소 시
미리 예	모양 형	검사할 검	이름 명	대포 포	돌아올 회	빛 광	거느릴 통	예 고
씨 핵	펼 전	험할 험	밤 야	과녁 적	그림 도	아이 아	흐를 류	쓸 고
새길 각	날 출	시험 험	액체 액	맺을 약	인할 인	형 형	기를 육	연고 고
거짓 가	굽힐 굴	각각 각	많을 다	붙일 속	은혜 은	상황 황	빛날 화	굳을 고
겨를 가	문 호	격식 격	옮길 이	홀로 독	따뜻할 온	빌 축	우편 우	낱 개
살 거	책 편	떨어질 락	벌일 렬	입 구	물건 품	다툴 경	세상 세	호수 호
집 옥	책 책	간략할 략	매울 렬	글귀 구	구분할 구	벗을 탈	잎 엽	콩 두
판 국	법 전	손 객	법식 례	공경 경	잡을 조	세금 세	납 연	머리 두
위로할 위	바퀴 륜	이마 액	죽을 사	깨우칠 경	으뜸 원	말씀 설	배 선	싸움 투
갈 연	논할 론	길 로	쌀 포	놀랄 경	집 원	채울 충	다스릴 치	기쁠 희

나무 수	배울 학	물러갈 퇴	친할 친	터 기	집 당	단 단	흰 백	한국 한
굽을 곡	깨달을 각	한 한	힘쓸 면	기약 기	마땅 당	박달나무 단	칠 박	아침 조
농사 농	베낄 사	한할 한	문 문	기 기	무리 당	얻을 득	익힐 습	조수 조
풍년 풍	멜 담	어질 량	물을 문	구태여 감	물건 물	베풀 선	일백 백	달 월
예도 례	방패 간	밝을 랑	들을 문	엄할 엄	고를 균	이를 조	잘 숙	밝을 명
몸 체	평평할 평	눈 목	열 개	한가지 동	바꿀 역	풀 초	줄일 축	기울 경
갈 거	평할 평	볼 간	닫을 폐	골 동	볕 양	대 죽	샘 천	견줄 비
법 법	부를 호	볼 견	사이 간	구리 동	마당 장	높을 탁	줄 선	비평할 비
더불 여	눈 안	나타날 현	간략할 간	향할 향	창자 장	부를 창	언덕 원	섬돌 계
들 거	뿌리 근	법 규	한가할 한	떳떳할 상	다칠 상	본뜰 모	근원 원	섞일 혼
일 흥	은 은	볼 시	달 감	상줄 상	날 일	무덤 묘	원할 원	가리킬 지

될 화	대신 대	성할 성	밭 전	씨 종	굳을 견	바랄 망	꽃부리 영	새 신
꽃 화	법 식	정성 성	사내 남	종발 종	어질 현	한가지 공	결단할 결	끊을 단
재물 화	시험 시	해 세	가늘 세	검을 흑	볼 감	항구 항	이지러질 결	이을 계
북녘 북	칠 벌	남을 잔	지경 계	더할 증	볼 람	가릴 선	쾌할 쾌	군사 병
등 배	혹 혹	돈 전	마을 리	층 층	장인 공	다를 이	사기 사	도장 인
마디 절	나라 국	쇠 철	다스릴 리	모일 회	공 공	사나울 폭	하여금 사	닭 계
시골 향	지경 역	갑옷 갑	헤아릴 량	없을 무	칠 공	불터질 폭	고칠 경	캘 채
경계할 계	덜 감	납 신	양식 량	춤출 무	빌 공	가운데 중	편할 편	할 위
도적 적	느낄 감	귀신 신	아이 동	클 거	강 강	충성 충	가까울 근	숨을 은
위엄 위	이룰 성	말미암을 유	무거울 중	막을 거	붉을 홍	근심 환	바 소	사랑 애
호반 무	재 성	기름 유	움직일 동	신하 신	망할 망	비칠 영	꺾을 절	다툴 쟁

젖 유	돌 석	재물 재	낮 주	사례할 사	편안할 강	끌 인	쉴 휴	안 내
따뜻할 난	오른 우	있을 재	그림 화	마을 부	쓸 소	굳셀 강	써 이	들일 납
도울 원	왼 좌	있을 존	다할 진	절 사	며느리 부	약할 약	지킬 보	고기 육
어지러울 란	있을 유	빼어날 수	세울 건	때 시	돌아갈 귀	아우 제	닦을 수	온전 전
말씀 사	벗 우	등급 급	굳셀 건	시 시	임금 군	차례 제	가지 조	쇠 금
받을 수	베 포	마실 흡	엄숙할 숙	가질 지	고을 군	부처 불	비롯할 창	병 병
줄 수	바랄 희	급할 급	마디 촌	기다릴 대	무리 군	쓸 비	남을 여	두 량
아재비 숙	돌아올 반	일 사	마을 촌	특별할 특	끝 단	다닐 행	덜 제	찰 만
감독할 독	널 판	법칙 률	지킬 수	무리 등	선비 유	사람 인	지을 작	여덟 팔
지탱할 지	재주 재	붓 필	칠 토	침노할 침	몸 신	어질 인	어제 작	나눌 분
재주 기	재목 재	글 서	쏠 사	잘 침	다할 궁	믿을 신	들 입	가루 분

가난할 빈	차례 서	넓을 보	짤 직	피할 피	순할 순	기록 록	이할 리	가르칠 교
이제 금	들 야	곱절 배	직분 직	다행 행	갈래 파	인연 연	사사로울 사	놈 자
그늘 음	힘쓸 무	떼 부	지경 경	옷 복	줄기 맥	낯 면	가을 추	도읍 도
생각 념	아들 자	이을 접	거울 경	알릴 보	구할 구	머리 수	계절 계	외로울 고
합할 합	글자 자	낳을 산	글월 장	가릴 택	구원할 구	길 도	향기 향	공평할 공
줄 급	구멍 공	말씀 언	막힐 장	글 경	공 구	인도할 도	맡길 위	소나무 송
대답 답	두터울 후	소리 음	홑 단	가벼울 경	물 수	무리 류	지낼 력	기릴 송
하여금 령	서울 경	어두울 암	싸움 전	내 천	얼음 빙	여름 하	차례 번	풍속 속
거느릴 령	볕 경	뜻 의	탄알 탄	고을 주	길 영	뛰어날 우	늙을 로	목욕할 욕
찰 랭	설 립	억 억	말씀 변	재앙 재	이을 승	재주 술	생각할 고	얼굴 용
목숨 명	자리 위	알 식	벽 벽	가르칠 훈	푸를 록	화할 화	효도 효	기운 기

물끓는김 기	관계할 관	변할 변	벌릴 라	긴 장	넓을 광	살필 찰	높을 존	그릇 기
말 두	나타낼 현	볼 관	예 구	장막 장	쇳돌 광	노래 요	옷 의	형상 상
헤아릴 료	즐길 락	권할 권	굳을 확	베풀 장	부지런할 근	넉 사	의지할 의	누를 압
과목 과	약 약	권세 권	떠날 리	구슬 옥	탄식할 탄	벌할 벌	겉 표	그럴 연
쌀 미	모을 축	기쁠 환	응할 응	나눌 반	한수 한	서녘 서	동산 원	탈 연
뼈 골	틀 기	도울 호	빛날 요	임금 왕	어려울 난	값 가	멀 원	터럭 발
지날 과	실 사	밀 추	수컷 웅	주인 주	보일 시	불똥튈 표	고리 환	아비 부
스승 사	본디 소	나아갈 진	새 조	살 주	마루 종	표할 표	군사 졸	사귈 교
벼슬 관	이을 계	모을 집	울 명	부을 주	높을 승	연기 연	창문 창	학교 교
대롱 관	맬 계	섞일 잡	섬 도	갈 왕	제사 제	술 주	개 견	본받을 효
집 궁	손자 손	준할 준	말 마	누를 황	즈음 제	의원 의	엎드릴 복	글월 문

비석 비	고칠 개	좋을 호	모 방	띠 대	베풀 설	갖출 비	버금 부	사라질 소
다 총	고을 읍	힘쓸 노	방해할 방	저자 시	죽일 살	두루 주	부자 부	작을 소
구름 운	빛 색	성낼 노	막을 방	손윗누이 자	층계 단	주일 주	성 박	적을 소
비 우	끊을 절	같을 여	방 방	임금 제	곡식 곡	고를 조	바깥 외	살필 성
번개 전	땅 지	편안 안	놓을 방	마를 제	칠 격	넓을 박	점칠 점	묘할 묘
눈 설	다를 타	책상 안	찾을 방	지을 제	뿔 각	오로지 전	가게 점	밥 식
몸 기	범할 범	요긴할 요	베풀 시	건널 제	풀 해	전할 전	점 점	손 수
벼리 기	법 범	어미 모	겨레 족	겨룰 항	쓸 용	구를 전	도망할 도	절 배
기록할 기	위태할 위	독 독	나그네 려	배 항	날랠 용	둥글 단	아닐 비	털 모
일어날 기	원망할 원	매양 매	놀 유	쌓을 축	통할 통	은혜 혜	슬플 비	옳을 의
짝 배	계집 녀	바다 해	격할 격	던질 투	아플 통	복 복	허물 죄	거동 의

의논 의	법 헌	혼인할 혼	모양 자	두 이	바늘 침	발 족	오를 등	이를 지
양 양	깨끗할 결	백성 민	재물 자	석 삼	분할 분	달릴 주	등불 등	이를 치
큰바다 양	봄 춘	일천 천	도둑 도	여섯 륙	남녘 남	무리 도	증거 증	집 실
기를 양	받들 봉	순수할 순	그르칠 오	일곱 칠	그칠 지	좇을 종	필 발	이를 도
모양 양	문서 권	거스를 역	나아갈 취	끊을 절	이 치	옳을 시	뛰어날 걸	보배 진
아름다울 미	책 권	날 생	붉을 적	아홉 구	걸음 보	끌 제	내릴 강	참여할 참
붙을 착	이길 승	성품 성	윗 상	연구할 구	바를 정	제목 제	겨울 동	스스로 자
어긋날 차	성 씨	성 성	아래 하	다섯 오	정사 정	의심 의	마칠 종	쉴 식
착할 선	종이 지	별 성	아니 불	말씀 어	가지런할 정	먼저 선	뒤 후	코 비
통달할 달	낮을 저	마실 음	아닐 부	열 십	정할 정	씻을 세	회복할 복	가 변
해할 해	밑 저	버금 차	한 일	셀 계	늘일 연	기릴 찬	겹칠 복	조사할 사

도울 조	두 재	뜻 정	살 매	능할 능	용 룡	말씀 담	생각할 려	만날 우
할아버지 조	일컬을 칭	정할 정	팔 매	모습 태	고기 어	재 회	심할 극	일만 만
짤 조	얽을 구	고요할 정	읽을 독	피곤할 피	고기잡을 어	숯 탄	근거 거	펼 연
갖출 구	욀 강	꾸짖을 책	이을 속	물결 파	고울 선	영화 영	이름 호	맞을 적
곧을 직	앞 전	쌓을 적	질 부	깨뜨릴 파	벌레 충	경영 영	곳 처	대적할 적
심을 식	찰 한	길쌈 적	인원 원	클 위	바람 풍	수고할 로	빌 허	장사 상
둘 치	문서 적	패할 패	둥글 원	에워쌀 위	셈 산	반드시 필	거둘 수	귀 이
큰 덕	흩을 산	바탕 질	덜 손	지킬 위	날 비	빽빽할 밀	맞을 영	소리 성
들을 청	푸를 청	보배 보	열매 실	가죽 혁	법도 도	숨길 비	머무를 류	가질 취
관청 청	맑을 청	법칙 칙	귀할 귀	고울 려	자리 석	마음 심	버들 류	뜻 취
참 진	청할 청	헤아릴 측	남길 유	경사 경	불 화	생각 사	알 란	가장 최

메 산	흉할 흉	아름다울 가	시내 계	미칠 급	인륜 륜	남녘 병	가운데 앙	천간 임
신선 선	더할 익	하늘 건	천간 계	그 기	잊을 망	뱀/지지 사	같을 약	우물 정
일 업	피 혈	수건 건	골 곡	이에 내	토끼 묘	개/지지 술	닭/지지 유	조짐/조 조
대할 대	무리 중	밭갈 경	오랠 구	붉을 단	꼬리 미	주울 습/열 십	새/천간 을	앉을 좌
악할 악	셈 수	천간/별 경	활 궁	칼 도	밥 반	매울 신	범/지지 인	별/지지 진
조개 패	조각 편							

3급(3급Ⅱ 포함) 고유 한자 음훈 달기

訂	寧	荷	架	忍	召	超	坐	封
亭	阿	騎	賀	梁	昭	吐	佳	涯
頂	何	脅	刀	那	照	粧	桂	掛

睦	莊	毫	矣	賴	豚	泥	愈	飽
陵	藏	豪	俟	刺	蒙	屛	輸	酌
曉	臟	矯	株	策	逐	殿	久	陶
燒	捨	尖	珠	凍	遂	拙	閣	燭
壽	托	奈	殊	陳	像	啓	絡	觸
鑄	伴	丈	森	鍊	亥	肩	露	濁
壬	牽	扶	茶	蘭	該	編	夢	旬
賃	遲	替	霜	欄	尾	遍	銘	殉
淫	浩	秩	漆	蓮	尺	偏	裂	拘
廷	添	矢	麥	軟	漏	倫	葬	狗
片	稿	疾	墻	輝	刷	劍	抱	苟

司	克	蝶	震	陷	于	眉	謀	掌
詞	悅	沿	晨	搜	宇	循	媒	勿
只	閱	怠	脣	稻	兮	寬	其	忽
囚	銳	殆	辱	獵	汚	龜	欺	賜
菌	蔬	姑	却	刊	誇	免	匹	揚
姻	疏	枯	脚	肝	聘	逸	甚	楊
驅	徹	胡	蓋	岸	懇	免	巖	暢
燥	棄	豈	譽	汗	浪	晩	尙	湯
冠	畢	鼓	輿	旱	郞	閏	裳	旦
沈	垂	辰	沒	軒	廊	潤	嘗	但
枕	睡	振	換	乎	娘	某	償	冥

恒	募	乾	潛	貸	伸	埋	臨	綱
慢	慕	幹	卽	惑	坤	衝	鑑	鋼
漫	暮	廟	響	咸	宙	墨	濫	妄
曰	伯	盟	戊	淺	抽	默	鹽	忙
昌	泊	朋	茂	賤	笛	曾	貢	忘
冒	迫	崩	戌	踐	苗	憎	恐	茫
渴	錦	頃	械	哉	畏	贈	項	罔
謁	綿	皆	戚	栽	累	僧	鴻	荒
莫	貌	旣	滅	裁	畓	距	巧	盲
漠	碧	慨	越	載	踏	緊	靈	供
幕	皇	槪	賦	押	裏	臥	剛	恭

洪	斯	岳	桑	隨	及	庚	夷	塗
巷	哲	妥	怪	稀	劃	逮	弔	斜
翼	誓	奚	騷	返	尋	隷	拂	詐
仲	逝	溪	淑	叛	爵	丑	似	介
央	析	彩	寂	飯	付	唐	悠	丙
殃	慙	菜	枝	版	附	糖	倉	紛
訣	暫	僞	拓	販	符	而	蒼	寡
吏	漸	淨	若	乃	腐	耐	余	琴
硬	斥	浮	諾	誘	侍	需	徐	含
斤	訴	緩	佐	透	浸	弓	敍	吟
祈	丘	又	墮	携	妻	弘	途	貪

拾	享	竝	執	祿	曆	緖	禍	率
塔	敦	譜	譯	須	飜	諸	追	玆
嶺	郭	培	驛	煩	播	著	帥	慈
零	丸	妄	釋	顧	審	訟	館	幾
予	孰	顔	澤	憂	乘	翁	幼	畿
柔	熟	憶	徑	述	兼	谷	幽	飢
霧	涼	竟	洲	麻	謙	欲	聯	縣
孟	諒	禪	巡	磨	廉	慾	濕	懸
猛	影	辛	泳	禾	嫌	裕	玄	戀
了	掠	宰	詠	梨	暑	迷	絃	穫
亨	泣	辨	蒸	愁	署	菊	畜	獲

唯	雁	柱	酉	懷	郊	聰	乙	腰
惟	懼	橫	醜	醉	較	云	乞	侮
維	禽	擴	遵	穴	紋	魂	之	梅
稚	濯	僅	猶	竊	憫	雷	也	敏
誰	躍	謹	哀	突	鬼	忌	池	悔
雖	擁	搖	衰	哭	愧	妃	厄	繁
催	鳳	遙	喪	臭	塊	已	奴	芳
雙	烏	栗	還	獄	卑	巳	姦	倣
奪	鳴	粟	壞	獸	婢	祀	汝	傍
奮	篤	遷	讓	淚	腦	把	恕	旋
鶴	狂	漂	壤	拔	惱	肥	宴	於

傲	盤	薄	肖	割	抵	尤	悟	誕
滯	役	幅	削	契	昏	牙	奔	捉
肺	疫	卜	沙	慧	眠	芽	墳	促
弊	毁	赴	劣	峯	屯	雅	索	縱
幣	繫	貞	抄	蜂	鈍	邪	企	堤
蔽	庸	兆	秒	逢	朔	亦	肯	礎
齊	誦	挑	飾	邦	厥	跡	涉	凝
凡	補	桃	我	奏	隆	杯	頻	此
丹	浦	跳	餓	泰	吹	染	征	紫
舟	捕	排	祥	拳	恣	軌	症	御
般	簿	輩	詳	騰	娛	吾	焉	贊

癸	臺	耕	債	彼	楓	虎	卿	徵
廢	羽	塞	貝	被	弄	遞	偶	懲
瞬	慘	昔	鎖	頗	昇	戲	愚	瓦
隣	且	惜	側	違	庶	獻	勵	互
憐	租	借	賓	緯	渡	隔	寅	胸
俊	宜	錯	韻	鹿	燕	叫	滴	屢
覆	俱	絹	貫	薦	炎	糾	摘	樓
履	値	胃	慣	襲	淡	仰	耶	僚
腹	鎭	謂	遣	蘇	螢	抑	攝	亞
姪	愼	晴	罷	衡	蜜	卯	恥	
倒	井	蹟	皮	蛇	爐	貿	微	

진흥회, 검정회 추가 한자 음훈 달기

巾	貳	壹	鐘				

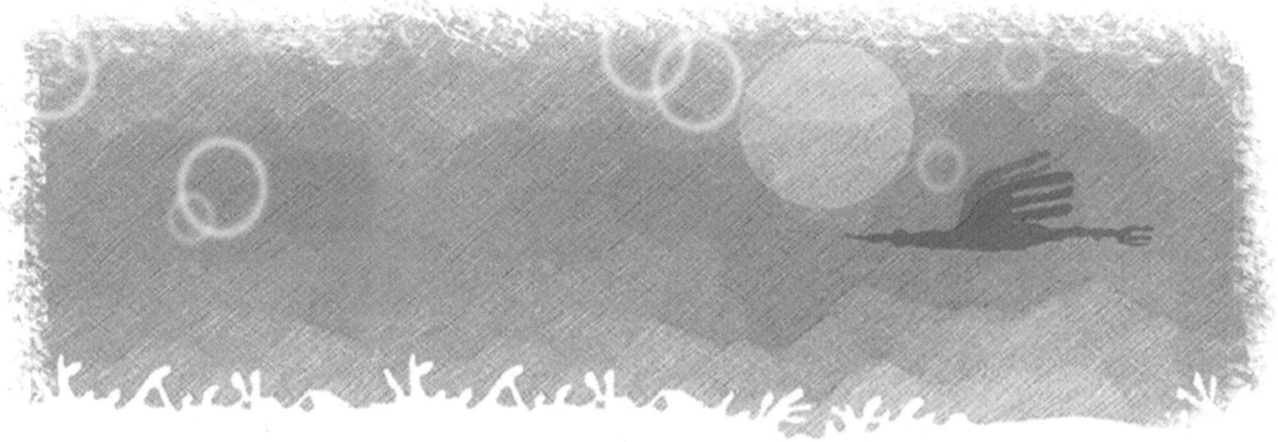

采采芣苢薄言掇
掇也掇拾也捋取其子
采采芣苢薄言袺之
也袺以衣積之而執其
也色重千斤芣苢三章章四
喬木不可休息詩作思漢有
泳思江之永矣不
有樛木葛藟荒之樂只君
子曰關雎樂而不淫哀而不
情之正聲氣之和也蓋德如雎
可以見其一體矣至於寤寐
其則焉則詩人情性之正又

3급 한자읽기

한자읽기

01 名文

중의 名文이라는 聖書의 「전도서」에서는 '하늘 아래 새것이 있을 리 없다'고 한 마디로 斷言했지만 나는 自身이 글을 쓰는 첫째 目的은 勿論이고 남의 글을 읽는 첫째 목적도 '새로운 것'을 얻기 위해서라고 敢히 말하겠다. '새로운 것'하면 으레 知識과 情報를 생각하겠으되, 남의 삶을 體驗할 수 있는 記錄과 想像의 文學도 包含된다. 자신이 가 보지 못한 旅路의 삶과 가지지 못한 思想과 미치지 못한 想像과 知識이 생생하게 어우러진 內容의 글을 읽는 것은 곧 自身이 새로워지는 것을 뜻한다.

그러나 아무리 새로운 것을 구할 수 있는 글이라고 하더라도, 正確하고 眞實하지 않으면 차라리 읽지 않는 것만 못하다. 不正確한 知識과 거짓 經驗과 拙劣한 想像力은 언젠가는 그 글을 읽는 사람을 낭패하게 만들고 背信感을 느끼게 만들게 마련이다. 그리고 흔히 사람과 글을 同一視하는 傾向이 있는데, 內容이 正直하고 率直한 글은 우선 훌륭한 글이라고 할 수 있을 것이다. 사람의 倫理가 아니라 글의 內容의 眞實性인 것이다. 하늘 아래 완벽한 人格이란 있을 수 없다. 그렇지만 率直한 사람은 謙虛하고 堂堂한 글을 쓴다. 孔子가 시경의 詩 300篇의 內容에 대해서 말씀한 '생각(하는 마음)이 사악함이 없다〔思無邪〕'를 詩를 쓰는 마음의 姿勢에 대한 것이라고 擴大 解釋한다면, 나의 지나친 牽强附會인가?

지금 名文으로 待接받고 있는 글들 중에서 僞善的 感情 과잉의 憂國衷情과 殉愛譜의 글들은 없는가?

박종만의 「名文의 세 가지 조건」 중에서
(월간조선 2000년 7월호 별책부록)

명문 / 명문 / 성서
단언 / 자신
목적 / 물론
감 / 지식 / 정보
체험 / 기록 / 상상 / 문학 / 포함
여로 / 사상 / 상상 / 지식
내용 / 자신
정확
진실 / 부정확 / 지식
경험 / 졸렬 / 상상력
배신감 / 동일시
경향 / 내용 / 정직 / 솔직
윤리 / 내용 / 진실성
인격 / 솔직 / 겸허
당당 / 공자 / 시 / 편 / 내용
사무사 / 시 / 자세
확대 / 해석 / 견강부회
명문 / 대접 / 위선적 / 감정 / 우국충정
순애보

02 옛말

옛말에 "구슬이 서 말이라도 꿰어야 寶貝"라는 말이 있다. 이를 論述에 適用하여 보면 아무리 思考力이 뛰어나고 背景 知識이 豊富하다고 하더라도 제대로 表現을 못하면 讀者를 說得해야 하는 論述의 基本적인 所任을 다할 수 없다는 말이다. 그러니 表現力이 얼마나 重要한가. 우리 周圍에 똑같은 유머를 傳達해도 배꼽 빠지도록 재미있게 傳達하는 사람이 있는가 하면, 썰렁하게 傳達하는 사람이 있는 것은 바로 말하는 表現力의 差異이다.

잘 쓴 論述文이란 筆者의 생각과 느낌, 主張이 가장 效果的으로 傳達되는 表現力이 좋은 글을 말한다. 좋은 글이 되기 위해서는 充實性, 獨創性, 誠實性, 一貫性을 갖추어야 하고, 명료성, 正確性 등을 가져야 한다. 表現이 잘된 글이 좋은 글이라면 思考力, 創意力을 向上시키는 것과 同時에 表現力을 向上시켜야 한다. 표현력의 主要 要素는 適切한 概念이나 用語의 驅使, 매끄러우면서도 簡潔하고 正確한 文章, 體系的인 構成, 適切한 分量 등이 있다. 주지하는 바이지만 論述은 相對方을 論理的으로 說得하는 글이다. 그러므로 分明한 主題를 가지고 알맞은 體裁로 쉽고 正確하게 傳達하면 成功이다.

"옛말 그른 것 없다"라는 말이 있다. 祖上들의 體驗의 結果이니 또 하나의 옛말을 생각해 보자. 좋은 글쓰기 工夫로 많은 사람들은 옛사람인 구양수의 옛말 '三多'를 굳게 믿고 있다. 즉 글을 잘 쓰기 위해서는 多讀, 多作, 多商量이 必要하다는 것이다.

이만종의 「三多」 중에서
(월간조선 2000년 7월호 별책부록)

보배 ▶ 貝 : 본음은 '패'
논술 / 적용 / 사고력 / 배경 / 지식
풍부 / 표현 / 독자 / 설득 / 논술
기본 / 소임 / 표현력 / 중요
주위 / 전달 / 전달
전달
표현력 / 차이
논술문 / 필자 / 주장 / 효과적 / 전달
표현력 / 충실성 / 독창성
성실성 / 일관성 / 정확성 / 표현
사고력 / 창의력 / 향상 / 동시
표현력 / 향상 / 주요 / 요소 / 적절 / 개념 / 용어
구사 / 간결 / 정확 / 문장 / 체계적 / 구성 / 적절
분량 / 논술 / 상대방 / 논리적 / 설득
분명 / 주제 / 체재 / 정확
전달 / 성공
조상 / 체험 / 결과
공부
삼다 / 다독
다작 / 다상량 / 필요

03 우리는 民族 中興의 歷史的 使命을 띠고 이 땅에 태어났다. 祖上의 빛난 얼을 오늘에 되살려, 안으로 自主 獨立의 姿勢를 確立하고, 밖으로 人類 共榮에 이바지할 때이다. 이에 우리의 나아갈 바를 밝혀 敎育의 指標로 삼는다.

誠實한 마음과 튼튼한 몸으로, 學文과 技術을 배우고 익히며, 타고난 저마다의 素質을 啓發하고, 우리의 處地를 躍進의 발판으로 삼아, 創造의 힘과 開拓의 精神을 기른다. 公益과 秩序를 앞세우며 能率과 實質을 崇尙하고 敬愛와 信義에 뿌리박은 相扶 相助의 傳統을 이어받아, 明朗하고 따뜻한 協同 精神을 북돋운다. 우리의 創意와 協力을 바탕으로 나라가 發展하며, 나라의 隆盛이 나의 發展의 根本임을 깨달아, 自由와 權利에 따르는 責任과 義務를 다하며, 스스로 國家 建設에 參與하고 奉仕하는 國民 精神을 드높인다.

反共 民主 精神에 透徹한 愛國 愛族이 우리의 삶의 길이며, 自由 世界의 理想을 實現하는 基盤이다. 길이 後孫에 물려줄 榮光된 統一 祖國의 앞날을 내다보며, 信念과 긍지를 지닌 勤勉한 國民으로서, 民族의 슬기를 모아 줄기찬 努力으로, 새 歷史를 創造하자.

국민 교육 헌장

민족 / 중흥 / 역사적 / 사명
조상 / 자주 / 독립 / 자세 / 확립
인류 / 공영
교육 / 지표
성실 / 학문 / 기술
소질 / 계발 / 처지 / 약진 / 창조
개척 / 정신 / 공익 / 질서 / 능률 / 실질 / 숭상
경애 / 신의 / 상부 / 상조 / 전통 / 명랑
협동 / 정신 / 창의 / 협력 / 발전
융성 / 발전 / 근본 / 자유 / 권리
책임 / 의무 / 국가 / 건설 / 참여 / 봉사 / 국민 정신
반공/민주/정신/투철/애국/애족/자유/세계
이상 / 실현 / 기반 / 후손 / 영광 / 통일 / 조국
신념 / 근면 / 국민 / 민족
노력 / 역사 / 창조

04 故鄕은 앨범이다. 故鄕에는 成長을 멈춘 자신의 어린 時節이 빛바랜 寫眞 속처럼 있다. 모래성을 쌓던 바닷가에서, 水平線 너머에 무엇이 있다는 것을 알아버리고 돌아온 옛 少年은 잃어버린 童話 대신 世上에서 주워온 우화들을 조가비처럼 陳列할 것이다.

아침녘에 넓은 바다는 꿈을 키우고 저녁녘에 넓은 바다는 慾心을 지운다. 어린 時節의 내 夢想을 키운 바다는 이제 萬慾을 버린 내 老年의 무엇을 키울 것인가.

사람은 무엇이 키우는가. 故鄕의 산이 키우고 시냇물이 키운다. 그 나머지를 家庭 키우고 學校가 키운다. 그러고도 모자라는 것을 牛乳가 키우고 밥이 키운다. 사람들은 父母에게 孝道하고 나라에는 忠誠하면서 故鄕에 대해서는 報答하는 德目을 모른다. 내게 歸鄕은 歸依다.

나의 뼈를 기른 것이 8割이 멸치다. 나는 지금도 내 故鄕 바다의 멸치 없이는 밥을 못 먹는다.

내가 태어나면서부터 먹은 主食은 내 故鄕 욕지도의 名産인 고구마다. 그 때는 그토록 실미나더니 최근 맛을 보니 꿀맛이었다.

내가 자랄 때 가장 맛있었던 것은 밀감이다. 當時 우리 나라에서는 나지 않아 값비싸고 貴하던 것이 지금은 이 섬이 主産地가 되어 있다.

나는 어릴 때 먹던 멸치와 고구마와 밀감을 먹으러 돌아간다. 내 少時를 養育한 자양이 내 老年을 保養할 것이다.

김성우의 「돌아가는 배」 중에서
(삶과 꿈, 1999년)

고향 / 고향 / 성장
시절 / 사진 / 수평선
소년 / 동화
세상 / 진열
욕심
시절 / 몽상 / 만욕 / 노년
고향
가정 / 학교 / 우유
부모 / 효도 / 충성 / 고향
보답 / 덕목 / 귀향 / 귀의
할 / 고향
주식 / 고향 / 명산
당시
귀 / 주산지
소시
양육 / 노년 / 보양

05 驛 앞 청원食堂에서 '콧등치기' 한 그릇으로 늦은 點心을

때운다. 후루룩 먹다 보면 얼기설기 메밀반죽 국수 가닥이 사정없이 콧등을 후려친대서 콧등치기란다. 정선에는 惟獨 후다닥 해치우는 이런 식의 치기 飮食이 많다. 강냉이밥인 '사절치기'도 옥수수 한 알을 네 개로 만들어 밥을 지었대서 나온 말. 어차피 논農事 짧은 궁벽한 산살림에 걸판진 飮食 호사는 어려웠을 터이다. 오죽하면 딸 낳거든 평창에 시집 보내 이팝(쌀밥) 실컷 먹이라는 말이 나왔을까.

역 / 식당 / 점심
유독
음식
농사
음식

정선은 原來 '神仙 사는 깊은 산 속 桃源境 같다'하여 그 옛 이름이 桃源이었다는 곳. 유난히 산 많고 고개 많아 비행기재, 선마령재, 다 넘고 와도 백봉령 아홉 고개에 코가 깨진다고 했을 정도다. 그러나 非但 산길 오르내리는 現實의 고개만이 고개는 아닐 터이다. 변변한 땅뙈기 하나 없이 도란도란 세 끼 밥상마저 自由롭지 않은 가난 속에서 삶의 무게 지고 오르내려야 했을 人生의 고갯길인들 오죽 많았을까.

원래 / 신선 / 도원경 / 도원
비단
현실
자유
인생

정선아리랑은 그 太半이 女性들의 口傳 勞動謠. 1000여 수에 肉薄한다는 歌詞중에서 獨白처럼 자기 心情을 노랫말로 털어놓은 것이 惟獨 많다. 지금은 九切里 깊은 산 속까지 道路가 뚫려 있지만 孤單하고 힘겨울 때마다 나를 좀 보내 달라고, 아리랑 고개로 넘겨 달라고 노래로나마 哀願했던 것이다.

태반 / 여성 / 구전 / 노동요 / 육박
가사 / 독백 / 심정 / 유독
구절리 / 도로 / 고단
애원

그러나 같은 아리랑이면서도 정선아리랑은 진도아리랑 같은 질펀한 해학이나 가락의 격한 높낮이가 없다. 논보다 밭이, 그것도 비탈 밭이 많은 정선에서 힘겹게 일하며 빠르고 현란한 가락은 어려웠을 터이다. 일하다 허리를 펴고 산 너머 몰려오는 구름을 보며 '눈이 오려나/ 비가 오려나/ 억수장마 지려나…….' 無心中에 중얼거리다 가락이 되곤 했을 것이다.

무심중

김병종의 「화첩기행」 중에서

(효형출판, 1999년)

06 論述의 본래 目的 중의 하나는 學生들의 讀書 習慣을 生活化하고 깊이 있는 思索을 통해 自身을 表現하는 能力과 創意力을 기르도록 하는 데 있다. 그러므로 論述에서는 奇拔한 着想이나 特定 分野에 대한 知識이 필요하기보다는 平素에 폭넓은 讀書와 깊이 있는 思索을 통하여 人間의 삶에 대한 나름대로의 知的 洞察力을 갖추어야 한다. 여기서 論述文은 短期間의 學習으로는 效果를 거두기가 어렵고 平素에 폭넓은 讀書와 깊이 있는 思索을 통해서만 좋은 結果를 얻을 수 있다는 점을 認識할 必要가 있다. 特히 最近의 論述의 傾向을 보면 古典 텍스트를 提示文으로 活用해 現代 社會의 問題를 省察하도록 하는 問題들이 主宗을 이루고 있기 때문에 讀書力을 길러 두는 것이 論述 能力 向上에 지름길이 된다는 것을 念頭에 두어야 한다.

그러면 論述 能力도 向上시키고 올바른 삶의 智慧를 얻기 위한 效率的인 讀書의 方法은 무엇인가? 우선 讀書를 할 때 留意해야 할 점은 東西古今의 名文을 中心으로 처음부터 끝까지 忍耐를 가지고 깊이 있게 생각하면서 精讀해야 한다는 것이다. 一般的으로 古典은 人類史에 빛나는 높은 精神 세계를 담고 있는 作品을 意味한다. 文學, 哲學, 歷史, 社會, 科學, 藝術 등의 각 領域에서 당 시대 精神의 진수뿐만 아니라 오늘날에도 두고두고 吟味할 수 있는 意味를 지니고 있는 作品들이다. 따라서 古典을 우리의 問題 意識에 맞추어 읽다 보면 오늘의 問題를 바라보는 새로운 視角이 열리게 된다.

이석록의 「古典을 깊이 있게 읽어라」 중에서

(월간조선 2000년 7월호 별책부록)

논술 / 목적 / 학생 / 독서 / 습관
생활화 / 사색 / 자신 / 표현 / 능력 / 창의력
논술 / 기발 / 착상 / 특정 / 분야
지식 / 평소 / 독서 / 사색
인간 / 지적 / 통찰력
논술문 / 단기간 / 학습 / 효과 / 평소
독서 / 사색 / 결과
인식 / 필요 / 특 / 최근 / 논술 / 경향 / 고전
제시문/활용/현대/사회/문제/성찰/문제/주종
독서력 / 논술 / 능력 / 향상
염두
논술 / 능력 / 향상 / 지혜 / 효율적
독서 / 방법 / 독서 / 유의 / 동서고금
명문 / 중심 / 인내
정독 / 일반적 / 고전 / 인류사 / 정신
작품/의미/문학/철학/역사/사회/과학/예술
영역 / 정신
음미 / 의미 / 작품 / 고전
문제 / 의식 / 문제 / 시각

07 景氣가 좋을 때는 需要가 많기 때문에 物件 값이 비싸진다. 그리고 많은 사람들이 物件을 사려고 하기 때문에 百貨店에 사람이 많아 쇼핑하기에 너무 시끄럽고 煩雜하다. 손님이 많기 때문에 서비스의 質도 當然히 떨어진다. 한 마디로 돈은 돈대로 들고 손님 待接도 제대로 못 받기 일쑤이다.

경기 / 수요 / 물건
물건 / 백화점
번잡
질 / 당연 / 대접

반면에 景氣가 下落하면 바겐세일이 많아져 平素에 사고 싶었던 좋은 物件을 매우 低廉한 價格에 살 수 있다. 그리고 不況期에는 서비스의 질도 올라간다. 商店들이 顧客을 서로 誘致하려 하기 때문에 손님 待接이 極盡해지고, 손님이 적기 때문에 快適한 분위기의 넓은 賣場에서 쇼핑을 즐길 수 있다.

경기 / 하락 / 평소 / 물건
저렴 / 가격 / 불황기
상점 / 고객 / 유치 / 대접 / 극진
쾌적 / 매장

商品 價格과 서비스의 질 側面 말고도 청개구리 消費 原則이 좋은 理由가 또 하나 있다.

상품 / 가격 / 측면 / 소비 / 원칙 / 이유

好景氣에는 消費 需要나 投資 需要가 많아 利子率이 높아지게 마련이다. 利子率이 높을 때에는 現在의 消費를 줄이고 貯蓄을 해서 나중에 높은 利子 所得을 가지고 消費를 하는 것은 當然하다. 반면 不景氣에는 利子率이 매우 낮아지므로 消費를 延期할 理由가 줄어든다.

호경기 / 소비 / 수요 / 투자 / 수요 / 이자율
이자율 / 현재 / 소비 / 저축
이자 / 소득 / 소비 / 당연 / 불경기 / 이자율
소비 / 연기 / 이유

이러한 消費 原則을 實行에 옮기려면 상당한 自制力이 必要하다. 好景氣에는 나에게 돈이 많아지고 廣告는 넘쳐흘러 우리의 消費를 衝動질한다. 친구들이 百貨店에 가자고 자꾸 誘惑을 한다. 친구들에게 약간 왕따를 당하는 느낌이 들어도 이를 克服해야 한다. 나중에 웃는 사람이 되기 위해서다.

소비 / 원칙 / 실행 / 자제력 / 필요 / 호경기
광고 / 소비 / 충동
백화점 / 유혹
극복

국민은행 금융교육 TFT의「스무살 이제 돈과 친해질 나이」중에서

(미래의 창, 2003년)

08 健康

分野 베스트셀러 중 하나인 한 飜譯書는 아예 "우리가 먹는 거의 모든 飮食이 危險하다"고 警告한다. TV 다큐멘터리 등에선 衝擊的 映像으로 飮食에 대한 공포감을 傳播시키고 있어 정말이지 食卓에 앉을 때마다 '밥맛'이 떨어진다. 安全한 먹거리는 健康과 生命의 基本이며, 따라서 健全하지 못한 食品에 대한 告發과 問題 提起는 끊임없이 이어져야 한다. (중략)

건강 / 분야 / 번역서
음식 / 위험 / 경고
충격적 / 영상 / 음식 / 전파
식탁 / 안전 / 건강 / 생명
기본 / 건전 / 식품 / 고발 / 문제 / 제기

環境論者들의 主張대로 컵라면 容器의 환경 호르몬이 암을 일으키거나 생식 능력 減退를 일으킬 수도 있고, 生産과 流通 過程에서 大量 살포한 農藥과 항생제가 먼 훗날 健康에 深刻한 問題를 일으킬지도 모른다. 그러나 그렇다고 60億 名이 넘게 사는 世上에서 過去처럼 뒤뜰과 텃밭에서 키운 닭과 野菜 등 '親環境 飮食'만 固執할 수는 없는 노릇이다. 우리가 追求해야 할 食品 安全은 음식의 大量 生産-대량 加工-대량 流通 過程에서 邪惡한 人間의 慾心이 스며들지 않도록 徹底히 監視하는 것이지, 우리 세대의 모든 飮食을 否定하고 그 옛날의 먹거리로 돌아가자는 것은 아니다.

환경론자 / 주장 / 용기
감퇴 / 생산 / 유통 / 과정 / 대량
농약 / 건강 / 심각 / 문제
억 / 명 / 세상 / 과거
야채 / 친환경 / 음식 / 고집
추구 / 식품 / 안전 / 대량 / 생산 / 가공 / 유통
과정 / 사악 / 인간 / 욕심 / 철저 / 감시
음식 / 부정

사람의 몸은 그리 虛弱하지 않아서 웬만한 細菌이나 毒性이나 化學物質은 모두 이겨낼 수 있다. 設或 '쓰레기 만두'를 먹었다 해도, 基準値 以上의 環境 호르몬을 몇 번 攝取했다 해도 그리 큰 問題가 되지 않는다. 그보다 더 深刻한 것은 飮食에 대한 否定的인 認識이며, 먹을 때마다 人相을 찌푸리는 것이다.

찜찜한 氣分으로 깨끗한 飮食을 먹는 것보다 設或 쓰레기 만두라도 맛있게 먹는 것이 健康에 더 有益하다는 점을 强調하고 싶다.

허약 / 세균 / 독성 / 화학
물질 / 설혹 / 기준치
이상 / 환경 / 섭취 / 문제
심각 / 음식 / 부정적 / 인식
인상
기분 / 음식 / 설혹
건강 / 유익 / 강조

임호준 기자의 「'불량 식품' 스트레스」 기사 중에서

(조선일보, 2004년 6월 22일)

확인학습

※ 다음 글에서 밑줄 친 단어 중 한글로 쓰인 것은 漢字로 고치고, 漢字로 쓰인 것은 한글로 고쳐 쓰시오.

01

名文 중의 名文이라는 (1)성서의 「전도서」에서는 '하늘 아래 새것이 있을 리 없다'고 한 마디로 (2)단언했지만 나는 (3)자신이 글을 쓰는 첫째 目的은 (4)勿論이고 남의 글을 읽는 첫째 목적도 '새로운 것'을 얻기 위해서라고 敢히 말하겠다. '새로운 것'하면 으레 (5)지식과 (6)정보를 생각하겠으되, 남의 삶을 (7)체험할 수 있는 (8)기록과 (9)想像의 文學도 (10)包含된다. 자신이 가 보지 못한 (11)여로의 삶과 가지지 못한 (12)사상과 미치지 못한 상상과 지식이 생생하게 어우러진 (13)내용의 글을 읽는 것은 곧 자신이 새로워지는 것을 뜻한다.

그러나 아무리 새로운 것을 구할 수 있는 글이라고 하더라도, (14)정확하고 (15)진실하지 않으면 차라리 읽지 않는 것만 못하다. 부정확한 지식과 거짓 (16)경험과 (17)拙劣한 상상력은 언젠가는 그 글을 읽는 사람을 낭패하게 만들고 (18)배신감을 느끼게 만들게 마련이다. 그리고 흔히 사람과 글을 同一視하는 (19)경향이 있는데, 내용이 정직하고 (20)率直한 글은 우선 훌륭한 글이라고 할 수 있을 것이다. 사람의 (21)倫理가 아니라 글의 내용의 진실성인 것이다. 하늘 아래 완벽한 (22)인격이란 있을 수 없다. 그렇지만 솔직한 사람은 (23)謙虛하고 堂堂한 글을 쓴다. 孔子가 시경의 詩 300篇의 내용에 대해서 말씀한 '생각(하는 마음)이 사악함이 없다〔思無邪〕'를 詩를 쓰는 마음의 (24)자세에 대한 것이라고 (25)擴大 (26)解釋한다면, 나의 지나친 (27)牽强附會인가?

지금 名文으로 (28)대접받고 있는 글들 중에서 僞善的 (29)감정 과잉의 憂國 (30)衷情과 순애보의 글들은 없는가?

(1) 성서 (　　　)　(2) 단언 (　　　)　(3) 자신 (　　　)
(4) 勿論 (　　　)　(5) 지식 (　　　)　(6) 정보 (　　　)
(7) 체험 (　　　)　(8) 기록 (　　　)　(9) 想像 (　　　)
(10) 包含 (　　　)　(11) 여로 (　　　)　(12) 사상 (　　　)
(13) 내용 (　　　)　(14) 정확 (　　　)　(15) 진실 (　　　)
(16) 경험 (　　　)　(17) 拙劣 (　　　)　(18) 배신감 (　　　)
(19) 경향 (　　　)　(20) 率直 (　　　)　(21) 倫理 (　　　)
(22) 인격 (　　　)　(23) 謙虛 (　　　)　(24) 자세 (　　　)
(25) 擴大 (　　　)　(26) 解釋 (　　　)　(27) 牽强附會 (　　　)
(28) 대접 (　　　)　(29) 감정 (　　　)　(30) 衷情 (　　　)

정답

(1) 聖書 (2) 斷言 (3) 自身 (4) 물론 (5) 知識 (6) 情報 (7) 體驗 (8) 記錄 (9) 상상 (10) 포함
(11) 旅路 (12) 思想 (13) 內容 (14) 正確 (15) 眞實 (16) 經驗 (17) 졸렬 (18) 背信感 (19) 傾向 (20) 솔직
(21) 윤리 (22) 人格 (23) 겸허 (24) 姿勢 (25) 확대 (26) 해석 (27) 견강부회 (28) 待接 (29) 感情 (30) 충정

02

옛말에 "구슬이 서 말이라도 꿰어야 寶貝"라는 말이 있다. 이를 (1)論述에 (2)적용하여 보면 아무리 (3)사고력이 뛰어나고 (4)배경 知識이 (5)풍부하다고 하더라도 제대로 (6)표현을 못하면 讀者를 (7)설득해야 하는 논술의 (8)기본적인 (9)소임을 다할 수 없다는 말이다. 그러니 (10)표현력이 얼마나 (11)중요한가. 우리 (12)주위에 똑같은 유머를 (13)전달해도 배꼽 빠지도록 재미있게 전달하는 사람이 있는가 하면, 썰렁하게 전달하는 사람이 있는 것은 바로 말하는 표현력의 (14)차이이다.

잘 쓴 논술문이란 (15)필자의 생각과 느낌, (16)주장이 가장 (17)효과적으로 전달되는 표현력이 좋은 글을 말한다. 좋은 글이 되기 위해서는 (18)충실性, (19)독창性, (20)성실性, (21)一貫性을 갖추어야 하고, 명료성, 정확성 등을 가져야 한다. 표현이 잘된 글이 좋은 글이라면 사고력, (22)창의력을 향상시키는 것과 동시에 표현력을 향상시켜야 한다. 표현력의 主要 (23)요소는 (24)적절한 (25)槪念이나 용어의 (26)驅使, 매끄러우면서도 (27)간결하고 정확한 문장, 체계적인 (28)구성, 적절한 (29)분량 등이 있다. 주지하는 바이지만 논술은 상대방을 논리적으로 (30)설득하는 글이다. 그러므로 (31)분명한 (32)주제를 가지고 알맞은 (33)體裁로 쉽고 정확하게 전달하면 성공이다.

"옛말 그른 것 없다"라는 말이 있다. 조상들의 (34)체험의 결과이니 또 하나의 옛말을 생각해 보자. 좋은 글쓰기 工夫로 많은 사람들은 옛사람인 구양수의 옛말 '三多'를 굳게 믿고 있다. 즉 글을 잘 쓰기 위해서는 多讀, 多作, 多商量이 필요하다는 것이다.

(1) 論述 ( )	(2) 적용 ( )	(3) 사고력 ( )
(4) 배경 ( )	(5) 풍부 ( )	(6) 표현 ( )
(7) 설득 ( )	(8) 기본 ( )	(9) 소임 ( )
(10) 표현력 ( )	(11) 중요 ( )	(12) 주위 ( )
(13) 전달 ( )	(14) 차이 ( )	(15) 필자 ( )
(16) 주장 ( )	(17) 효과적 ( )	(18) 충실 ( )
(19) 독창 ( )	(20) 성실 ( )	(21) 一貫 ( )
(22) 창의력 ( )	(23) 요소 ( )	(24) 적절 ( )
(25) 槪念 ( )	(26) 驅使 ( )	(27) 간결 ( )
(28) 구성 ( )	(29) 분량 ( )	(30) 설득 ( )
(31) 분명 ( )	(32) 주제 ( )	(33) 體裁 ( )
(34) 체험 ( )		

정답

(1) 논술 (2) 適用 (3) 思考力 (4) 背景 (5) 豊富 (6) 表現 (7) 說得 (8) 基本 (9) 所任 (10) 表現力
(11) 重要 (12) 周圍 (13) 傳達 (14) 差異 (15) 筆者 (16) 主張 (17) 效果的 (18) 充實 (19) 獨創 (20) 誠實
(21) 일관 (22) 創意力 (23) 要素 (24) 適切 (25) 개념 (26) 구사 (27) 簡潔 (28) 構成 (29) 分量 (30) 說得
(31) 分明 (32) 主題 (33) 체재 (34) 體驗

03

우리는 ⑴민족 ⑵중흥의 ⑶역사적 ⑷사명을 띠고 이 땅에 태어났다. 祖上의 빛난 얼을 오늘에 되살려 안으로 自主 ⑸독립의 자세를 ⑹확립하고, 밖으로 ⑺인류 ⑻공영에 이바지할 때이다. 이에 우리의 나아갈 바를 밝혀 ⑼교육의 ⑽지표로 삼는다.

⑾성실한 마음과 튼튼한 몸으로, 학문과 ⑿기술을 배우고 익히며, 타고난 저마다의 ⒀소질을 ⒁啓發하고, 우리의 처지를 ⒂躍進의 발판으로 삼아, ⒃창조의 힘과 ⒄開拓의 ⒅정신을 기른다. ⒆공익과 ⒇秩序를 앞세우며 (21)能率과 실질을 (22)崇尙하고 경애와 (23)신의에 뿌리박은 (24)相扶 상조의 (25)전통을 이어받아, (26)명랑하고 따뜻한 (27)협동 정신을 북돋운다. 우리의 창의와 협력을 바탕으로 나라가 발전하며, 나라의 (28)隆盛이 나의 발전의 근본임을 깨달아, 자유와 (29)권리에 따르는 (30)책임과 (31)의무를 다하며, 스스로 국가 (32)건설에 (33)참여하고 (34)봉사하는 국민 정신을 드높인다.

反共 민주 정신에 (35)透徹한 애국 애족이 우리의 삶의 길이며, 자유 세계의 이상을 실현하는 (36)基盤이다. 길이 후손에 물려줄 (37)영광된 통일 조국의 앞날을 내다보며, (38)신념과 긍지를 지닌 (39)근면한 국민으로서, 민족의 슬기를 모아 줄기찬 (40)노력으로, 새 역사를 창조하자.

(1) 민족 ( )	(2) 중흥 ( )	(3) 역사적 ( )
(4) 사명 ( )	(5) 독립 ( )	(6) 확립 ( )
(7) 인류 ( )	(8) 공영 ( )	(9) 교육 ( )
(10) 지표 ( )	(11) 성실 ( )	(12) 기술 ( )
(13) 소질 ( )	(14) 啓發 ( )	(15) 躍進 ( )
(16) 창조 ( )	(17) 開拓 ( )	(18) 정신 ( )
(19) 공익 ( )	(20) 秩序 ( )	(21) 能率 ( )
(22) 崇尙 ( )	(23) 신의 ( )	(24) 相扶 ( )
(25) 전통 ( )	(26) 명랑 ( )	(27) 협동 ( )
(28) 隆盛 ( )	(29) 권리 ( )	(30) 책임 ( )
(31) 의무 ( )	(32) 건설 ( )	(33) 참여 ( )
(34) 봉사 ( )	(35) 透徹 ( )	(36) 基盤 ( )
(37) 영광 ( )	(38) 신념 ( )	(39) 근면 ( )
(40) 노력 ( )		

정답

(1) 民族 (2) 中興 (3) 歷史的 (4) 使命 (5) 獨立 (6) 確立 (7) 人類 (8) 共榮 (9) 敎育 (10) 指標
(11) 誠實 (12) 技術 (13) 素質 (14) 계발 (15) 약진 (16) 創造 (17) 개척 (18) 精神 (19) 公益 (20) 질서
(21) 능률 (22) 숭상 (23) 信義 (24) 상부 (25) 傳統 (26) 明朗 (27) 協同 (28) 융성 (29) 權利 (30) 責任
(31) 義務 (32) 建設 (33) 參與 (34) 奉仕 (35) 투철 (36) 기반 (37) 榮光 (38) 信念 (39) 勤勉 (40) 努力

04

(1)고향은 앨범이다. 고향에는 (2)성장을 멈춘 자신의 어린 (3)시절이 빛바랜 (4)사진 속처럼 있다. 모래성을 쌓던 바닷가에서, (5)수평선 너머에 무엇이 있다는 것을 알아버리고 돌아온 옛 少年은 잃어버린 (6)동화 대신 世上에서 주워온 우화들을 조가비처럼 (7)陳列할 것이다.

아침녘에 넓은 바다는 꿈을 키우고 저녁녘에 넓은 바다는 (8)慾心을 지운다. 어린 시절의 내 (9)夢想을 키운 바다는 이제 만욕을 버린 내 (10)노년의 무엇을 키울 것인가.

사람은 무엇이 키우는가. 고향의 산이 키우고 시냇물이 키운다. 그 나머지를 (11)가정이 키우고 學校가 키운다. 그러고도 모자라는 것을 (12)우유가 키우고 밥이 키운다. 사람들은 부모에게 (13)효도하고 나라에는 (14)충성하면서 고향에 대해서는 (15)보답하는 (16)덕목을 모른다. 내게 귀향은 (17)귀의다.

나의 뼈를 기른 것이 8할이 멸치다. 나는 지금도 내 고향 바다의 멸치 없이는 밥을 못 먹는다.

내가 태어나면서부터 먹은 주식은 내 고향 욕지도의 (18)명산인 고구마다. 그 때는 그토록 실미나더니 최근 맛을 보니 꿀맛이었다.

내가 자랄 때 가장 맛있었던 것은 밀감이다. (19)당시 우리 나라에서는 나지 않아 값비싸고 귀하던 것이 지금은 이 섬이 주산지가 되어 있다.

나는 어릴 때 먹던 멸치와 고구마와 밀감을 먹으러 돌아간다. 내 (20)소시를 (21)양육한 자양이 내 노년을 (22)보양할 것이다.

(1) 고향 (　　　)	(2) 성장 (　　　)	(3) 시절 (　　　)
(4) 사진 (　　　)	(5) 수평선 (　　　)	(6) 동화 (　　　)
(7) 陳列 (　　　)	(8) 慾心 (　　　)	(9) 夢想 (　　　)
(10) 노년 (　　　)	(11) 가정 (　　　)	(12) 우유 (　　　)
(13) 효도 (　　　)	(14) 충성 (　　　)	(15) 보답 (　　　)
(16) 덕목 (　　　)	(17) 귀의 (　　　)	(18) 명산 (　　　)
(19) 당시 (　　　)	(20) 소시 (　　　)	(21) 양육 (　　　)
(22) 보양 (　　　)		

정답

(1) 故鄕 (2) 成長 (3) 時節 (4) 寫眞 (5) 水平線 (6) 童話 (7) 진열 (8) 욕심 (9) 몽상 (10) 老年
(11) 家庭 (12) 牛乳 (13) 孝道 (14) 忠誠 (15) 報答 (16) 德目 (17) 歸依 (18) 名產 (19) 當時 (20) 少時
(21) 養育 (22) 保養

05

驛 앞 청원⑴식당에서 '콧등치기' 한 그릇으로 늦은 ⑵점심을 때운다. 후루룩 먹다 보면 얼기설기 메밀반죽 국수 가닥이 사정없이 콧등을 후려친대서 콧등치기란다. 정선에는 ⑶惟獨 후다닥 해치우는 이런 식의 치기 음식이 많다. 강냉이밥인 '사절치기'도 옥수수 한 알을 네 개로 만들어 밥을 지었대서 나온 말. 어차피 논⑷농사 짧은 궁벽한 산살림에 걸판진 음식 호사는 어려웠을 터이다. 오죽하면 딸 낳거든 평창에 시집 보내 이팝(쌀밥) 실컷 먹이라는 말이 나왔을까.

정선은 ⑸원래 "⑹신선 사는 깊은 산 속 ⑺桃源境 같다'하여 그 옛 이름이 桃源이었다는 곳. 유난히 산 많고 고개 많아 비행기재, 선마령재, 다 넘고 와도 백봉령 아홉 고개에 코가 깨진다고 했을 정도다. 그러나 ⑻非但 산길 오르내리는 ⑼현실의 고개만이 고개는 아닐 터이다. 변변한 땅뙈기 하나 없이 도란도란 세 끼 밥상마저 自由롭지 않은 가난 속에서 삶의 무게 지고 오르내려야 했을 人生의 고갯길인들 오죽 많았을까.

정선아리랑은 그 ⑽태반이 女性들의 ⑾구전 ⑿노동요. 1000여 수에 ⒀肉薄한다는 ⒁歌詞들 중에서 ⒂독백처럼 자기 ⒃심정을 노랫말로 털어놓은 것이 유독 많다. 지금은 九切里 깊은 산 속까지 ⒄도로가 뚫려 있지만 ⒅고단하고 힘겨울 때마다 나를 좀 보내 달라고, 아리랑 고개로 넘겨 달라고 노래로나마 ⒆哀願했던 것이다.

그러나 같은 아리랑이면서도 정선아리랑은 진도아리랑 같은 질펀한 해학이나 가락의 격한 높낮이가 없다. 논보다 밭이, 그것도 비탈 밭이 많은 정선에서 힘겹게 일하며 빠르고 현란한 가락은 어려웠을 터이다. 일하다 허리를 펴고 산 너머 몰려오는 구름을 보며 '눈이 오려나/ 비가 오려나/ 억수장마 지려나…….' 無心中에 중얼거리다 가락이 되곤 했을 것이다.

⑴ 식당 (　　)	⑵ 점심 (　　)	⑶ 惟獨 (　　)
⑷ 농사 (　　)	⑸ 원래 (　　)	⑹ 신선 (　　)
⑺ 桃源境 (　　)	⑻ 非但 (　　)	⑼ 현실 (　　)
⑽ 태반 (　　)	⑾ 구전 (　　)	⑿ 노동요 (　　)
⒀ 肉薄 (　　)	⒁ 歌詞 (　　)	⒂ 독백 (　　)
⒃ 심정 (　　)	⒄ 도로 (　　)	⒅ 고단 (　　)
⒆ 哀願 (　　)		

정답

⑴ 食堂 ⑵ 點心 ⑶ 유독 ⑷ 農事 ⑸ 原來 ⑹ 神仙 ⑺ 도원경 ⑻ 비단 ⑼ 現實 ⑽ 太半
⑾ 口傳 ⑿ 勞動謠 ⒀ 육박 ⒁ 가사 ⒂ 獨白 ⒃ 心情 ⒄ 道路 ⒅ 孤單 ⒆ 애원

06

論述의 본래 목적 중의 하나는 학생들의 독서 (1)習慣을 생활화하고 깊이 있는 (2)思索을 통해 자신을 표현하는 (3)능력과 (4)창의력을 기르도록 하는 데 있다. 그러므로 논술에서는 (5)奇拔한 (6)착상이나 특정 (7)분야에 대한 (8)지식이 필요하기보다는 평소에 폭넓은 독서와 깊이 있는 사색을 통하여 인간의 삶에 대한 나름대로의 지적 (9)통찰력을 갖추어야 한다. 여기서 논술문은 (10)단기간의 학습으로는 (11)효과를 거두기가 어렵고 평소에 폭넓은 독서와 깊이 있는 사색을 통해서만 좋은 결과를 얻을 수 있다는 점을 (12)인식할 필요가 있다. 特히 최근의 논술의 (13)경향을 보면 古典 텍스트를 (14)제시문으로 (15)활용해 현대 사회의 문제를 (16)성찰하도록 하는 문제들이 (17)주종을 이루고 있기 때문에 독서력을 길러 두는 것이 논술 능력 향상에 지름길이 된다는 것을 (18)염두에 두어야 한다.

그러면 논술 능력도 향상시키고 올바른 삶의 (19)智慧를 얻기 위한 (20)效率的인 독서의 방법은 무엇인가? 우선 독서를 할 때 (21)유의해야 할 점은 (22)동서고금의 명문을 중심으로 처음부터 끝까지 (23)忍耐를 가지고 깊이 있게 생각하면서 (24)정독해야 한다는 것이다. (25)一般的으로 고전은 (26)인류사에 빛나는 높은 (27)정신 세계를 담고 있는 작품을 (28)의미한다. 文學, (29)哲學, 歷史, 社會, 科學, (30)예술 등의 각 (31)영역에서 당 시대 정신의 진수뿐만 아니라 오늘날에도 두고두고 (32)吟味할 수 있는 의미를 지니고 있는 작품들이다. 따라서 고전을 우리의 문제 의식에 맞추어 읽다 보면 오늘의 문제를 바라보는 새로운 (33)시각이 열리게 된다.

(1) 習慣	(　　　)	(2) 思索	(　　　)	(3) 능력	(　　　)
(4) 창의력	(　　　)	(5) 奇拔	(　　　)	(6) 착상	(　　　)
(7) 분야	(　　　)	(8) 지식	(　　　)	(9) 통찰력	(　　　)
(10) 단기간	(　　　)	(11) 효과	(　　　)	(12) 인식	(　　　)
(13) 경향	(　　　)	(14) 제시문	(　　　)	(15) 활용	(　　　)
(16) 성찰	(　　　)	(17) 주종	(　　　)	(18) 염두	(　　　)
(19) 智慧	(　　　)	(20) 效率的	(　　　)	(21) 유의	(　　　)
(22) 동서고금	(　　　)	(23) 忍耐	(　　　)	(24) 정독	(　　　)
(25) 一般的	(　　　)	(26) 인류사	(　　　)	(27) 정신	(　　　)
(28) 의미	(　　　)	(29) 哲學	(　　　)	(30) 예술	(　　　)
(31) 영역	(　　　)	(32) 吟味	(　　　)	(33) 시각	(　　　)

정답

(1) 습관 (2) 사색 (3) 能力 (4) 創意力 (5) 기발 (6) 着想 (7) 分野 (8) 知識 (9) 洞察力 (10) 短期間
(11) 效果 (12) 認識 (13) 傾向 (14) 提示文 (15) 活用 (16) 省察 (17) 主宗 (18) 念頭 (19) 지혜 (20) 효율적
(21) 留意 (22) 東西古今 (23) 인내 (24) 精讀 (25) 일반적 (26) 人類史 (27) 精神 (28) 意味 (29) 철학 (30) 藝術
(31) 領域 (32) 음미 (33) 視角

07

(1)경기가 좋을 때는 (2)需要가 많기 때문에 (3)물건 값이 비싸진다. 그리고 많은 사람들이 물건을 사려고 하기 때문에 (4)백화점에 사람이 많아 쇼핑하기에 너무 시끄럽고 (5)煩雜하다. 손님이 많기 때문에 서비스의 (6)질도 당연히 떨어진다. 한 마디로 돈은 돈대로 들고 손님 대접도 제대로 못 받기 일쑤이다.

반면에 경기가 (7)하락하면 바겐세일이 많아져 (8)평소에 사고 싶었던 좋은 물건을 매우 (9)低廉한 (10)가격에 살 수 있다. 그리고 (11)불황기에는 서비스의 질도 올라간다. (12)상점들이 (13)顧客을 서로 (14)誘致하려 하기 때문에 손님 (15)대접이 (16)극진해지고, 손님이 적기 때문에 (17)쾌적한 분위기의 넓은 (18)매장에서 쇼핑을 즐길 수 있다.

상품 가격과 서비스의 질 (19)側面 말고도 청개구리 (20)소비 (21)원칙이 좋은 (22)이유가 또 하나 있다.

호경기에는 소비 수요나 (23)투자 수요가 많아 이자율이 높아지게 마련이다. 이자율이 높을 때에는 (24)현재의 소비를 줄이고 (25)저축을 해서 나중에 높은 이자 소득을 가지고 소비를 하는 것은 당연하다. 반면 불경기에는 이자율이 매우 낮아지므로 소비를 (26)연기할 이유가 줄어든다.

이러한 소비 원칙을 (27)실행에 옮기려면 상당한 (28)자제력이 필요하다. 호경기에는 나에게 돈이 많아지고 (29)광고는 넘쳐흘러 우리의 소비를 (30)衝動질한다. 친구들이 백화점에 가자고 자꾸 (31)誘惑을 한다. 친구들에게 약간 왕따를 당하는 느낌이 들어도 이를 (32)克服해야 한다. 나중에 웃는 사람이 되기 위해서다.

(1) 경기 ( ) (2) 需要 ( ) (3) 물건 ( )
(4) 백화점 ( ) (5) 煩雜 ( ) (6) 질 ( )
(7) 하락 ( ) (8) 평소 ( ) (9) 低廉 ( )
(10) 가격 ( ) (11) 불황기 ( ) (12) 상점 ( )
(13) 顧客 ( ) (14) 誘致 ( ) (15) 대접 ( )
(16) 극진 ( ) (17) 쾌적 ( ) (18) 매장 ( )
(19) 側面 ( ) (20) 소비 ( ) (21) 원칙 ( )
(22) 이유 ( ) (23) 투자 ( ) (24) 현재 ( )
(25) 저축 ( ) (26) 연기 ( ) (27) 실행 ( )
(28) 자제력 ( ) (29) 광고 ( ) (30) 衝動 ( )
(31) 誘惑 ( ) (32) 克服 ( )

정답

(1) 景氣 (2) 수요 (3) 物件 (4) 百貨店 (5) 번잡 (6) 質 (7) 下落 (8) 平素 (9) 저렴 (10) 價格
(11) 不況期 (12) 商店 (13) 고객 (14) 유치 (15) 待接 (16) 極盡 (17) 快適 (18) 賣場 (19) 측면 (20) 消費
(21) 原則 (22) 理由 (23) 投資 (24) 現在 (25) 貯蓄 (26) 延期 (27) 實行 (28) 自制力 (29) 廣告 (30) 충동
(31) 유혹 (32) 극복

342 · 한자능력검정시험 3급(3급 II 포함)

08

(1)건강 분야 베스트셀러 중 하나인 한 (2)飜譯書는 아예 "우리가 먹는 거의 모든 음식이 (3)위험하다"고 (4)경고한다. TV 다큐멘터리 등에선 (5)衝擊的 (6)映像으로 음식에 대한 공포감을 (7)傳播시키고 있어 정말이지 식탁에 앉을 때마다 '밥맛'이 떨어진다. 안전한 먹거리는 건강과 생명의 기본이며, 따라서 건전하지 못한 식품에 대한 (8)고발과 문제 제기는 끊임없이 이어져야 한다. (중략)

(9)환경론자들의 주장대로 컵라면 용기의 환경 호르몬이 암을 일으키거나 생식 능력 (10)감퇴를 일으킬 수도 있고, 생산과 (11)유통 (12)과정에서 대량 살포한 농약과 항생제가 먼 훗날 건강에 (13)심각한 문제를 일으킬지도 모른다. 그러나 그렇다고 60억 명이 넘게 사는 세상에서 (14)과거처럼 뒤뜰과 텃밭에서 키운 닭과 (15)野菜 등 '친환경 음식'만 (16)固執할 수는 없는 노릇이다. 우리가 (17)追求해야 할 식품 안전은 음식의 대량 생산-대량 가공-대량 유통 과정에서 (18)邪惡한 인간의 욕심이 스며들지 않도록 (19)徹底히 (20)감시하는 것이지, 우리 세대의 모든 음식을 부정하고 그 옛날의 먹거리로 돌아가자는 것은 아니다.

사람의 몸은 그리 (21)허약하지 않아서 웬만한 (22)細菌이나 (23)독성이나 화학 물질은 모두 이겨낼 수 있다. (24)설혹 '쓰레기 만두'를 먹었다 해도, (25)基準値 이상의 환경 호르몬을 몇 번 (26)攝取했다 해도 그리 큰 문제가 되지 않는다. 그보다 더 심각한 것은 음식에 대한 부정적인 (27)인식이며, 먹을 때마다 (28)인상을 찌푸리는 것이다.

찜찜한 (29)기분으로 깨끗한 음식을 먹는 것보다 설혹 쓰레기 만두라도 맛있게 먹는 것이 건강에 더 유익하다는 점을 (30)강조하고 싶다.

(1) 건강 ( )	(2) 飜譯書 ( )	(3) 위험 ( )
(4) 경고 ( )	(5) 衝擊的 ( )	(6) 映像 ( )
(7) 傳播 ( )	(8) 고발 ( )	(9) 환경 ( )
(10) 감퇴 ( )	(11) 유통 ( )	(12) 과정 ( )
(13) 심각 ( )	(14) 과거 ( )	(15) 野菜 ( )
(16) 固執 ( )	(17) 追求 ( )	(18) 邪惡 ( )
(19) 徹底 ( )	(20) 감시 ( )	(21) 허약 ( )
(22) 細菌 ( )	(23) 독성 ( )	(24) 설혹 ( )
(25) 基準値 ( )	(26) 攝取 ( )	(27) 인식 ( )
(28) 인상 ( )	(29) 기분 ( )	(30) 강조 ( )

정답

(1) 健康 (2) 번역서 (3) 危險 (4) 警告 (5) 충격적 (6) 영상 (7) 전파 (8) 告發 (9) 環境 (10) 減退
(11) 流通 (12) 過程 (13) 深刻 (14) 過去 (15) 야채 (16) 고집 (17) 추구 (18) 사악 (19) 철저 (20) 監視
(21) 虛弱 (22) 세균 (23) 毒性 (24) 設或 (25) 기준치 (26) 섭취 (27) 認識 (28) 人相 (29) 氣分 (30) 强調

采苤莒薄言掇

也掇拾也將取其

采苤莒薄言祜之繽采

也色重千羋莒三章章四

也祜以衣積之而輄其

采木不可休息詩

泳詶汌思汜之永反

有樛木鳶矚荒之樂只君

子曰關雎樂而不淫哀而不

情之正聲氣之和也蓋德如雎

可以見其一稽矣至於窈窕

迴其則焉剆詩人情性之正

3급 부록

한자의 3요소

한자는 우리말과 달리 글자마다 고유한 모양〔形〕과 소리〔音〕와 뜻〔義〕을 가지고 있는데, 이를 '한자의 3요소'라고 한다. 따라서, 한자를 익힐 때는 3요소를 함께 익혀야 한다.

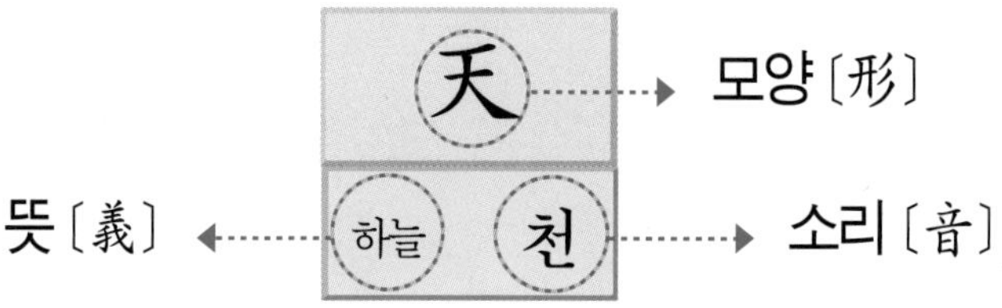

육서(六書)

육서란 한자가 어떻게 만들어졌고 어떤 짜임새를 갖고 있는가에 대한 이론이다. 즉 한자가 만들어진 여섯 가지 원리를 말한다.

1 상형문자(象形文字) : 사물의 모양을 있는 그대로 본떠 만든 글자이다.

木 (나무 목)　가지가 있는 '나무' 모양을 본뜬 한자

水 (물 수)　'물'이 흐르는 모양을 본뜬 한자

2 지사문자(指事文字) : 무형(無形)의 추상적인 개념을 상징적인 부호로 표시하여 일종의 약속으로 사용하는 글자이다.

二 (두 이)　선 두 개를 옆으로 그어 '둘'을 나타낸 한자

下 (아래 하)　기준선 아래에 점을 찍어 '아래'를 표현한 한자

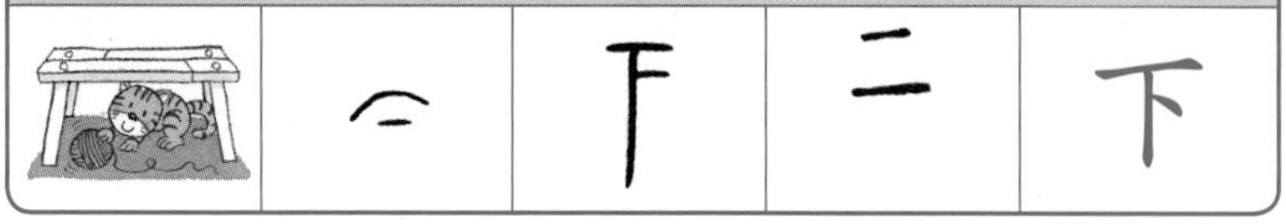

③ 회의문자(會意文字) : 두 개 이상의 상형문자나 지사문자가 합쳐져, 완전히 새로운 의미를 만들어 내는 글자이다.

好 (좋아할 호) 여인[女]이 아이[子]를 안고 좋아하는 모습에서 '좋다'를 뜻함.				
女 계집 녀	+	子 아들 자	=	好 좋아할 호

男 (사내 남) 밭[田]에서 힘[力]을 쓰며 열심히 일하는 사람에서 '사내'를 뜻함.				
田 밭 전	+	力 힘 력	=	男 사내 남

④ 형성문자(形聲文字) : 뜻을 나타내는 부분과 음을 나타내는 부분이 합쳐져 만들어진 글자이다.

淸 (맑을 청) 물이 맑다는 데서 물(氵)의 뜻과 청(靑)의 음이 합쳐진 한자				
氵 물 수	+	靑 푸를 청	=	淸 맑을 청

聞 (들을 문) 뜻을 나타내는 귀[耳]와 문(門)의 음이 합쳐진 한자				
耳 귀 이	+	門 문 문	=	聞 들을 문

⑤ 전주문자(轉注文字) : 본래의 의미가 확대되어 완전히 새로운 뜻과 음으로 만들어진 글자이다.

한자	본래의 의미		새로운 의미	
	뜻	음	뜻	음
樂	풍류	악	즐거울 / 좋아할	락 / 요
更	고칠	경	다시	갱
惡	악할	악	미워할	오

⑥ 가차문자(假借文字) : 뜻을 나타내는 한자가 없을 때, 뜻과 관계없이 비슷한 음이나 모양을 가진 글자를 빌려 쓰는 글자이다.

Asia ➡	亞細亞(아세아)	비슷한 음역을 빌려 쓴 한자
Dollar($) ➡	弗(불)	달러 화폐 모양과 비슷해서 빌려 쓴 한자
India ➡	印度(인도)	비슷한 음역을 빌려 쓴 한자

한자어의 짜임

1 주술관계(主述關係) 주어와 서술어로 이루어진 짜임

□ ‖ □

月 ‖ 明 (월명 : 달이 밝다.)
春 ‖ 來 (춘래 : 봄이 오다.)

2 술목관계(述目關係) 서술어와 목적어로 이루어진 짜임

□ | □

立 | 志 (입지 : 뜻을 세우다.)
植 | 木 (식목 : 나무를 심다.)

3 술보관계(述補關係) 서술어와 보어로 이루어진 짜임

□ / □

入 / 學 (입학 : 학교에 들어가다.)
有 / 益 (유익 : 이익이 있다.)

4 수식관계(修飾關係) 앞의 한자가 뒤의 한자를 꾸며 주는 짜임

□ → □

忠 → 臣 (충신 : 충성스런 신하)　　青 → 山 (청산 : 푸른 산)

5 병렬관계(竝列關係) 같은 성분의 한자끼리 연이어 결합한 짜임

□ = □

(1) **유사관계** : 서로 뜻이 같거나 비슷한 글자끼리 이루어진 한자어

土 = 地 (토지 : 땅)　　家 = 屋 (가옥 : 집)

□ ↔ □

(2) **대립관계** : 서로 의미가 반대되는 한자로 이루어진 한자어

上 ↔ 下 (상하 : 위아래)　　内 ↔ 外 (내외 : 안과 밖)

□ — □

(3) **대등관계** : 서로 의미가 대등한 한자로 이루어진 한자어

草 — 木 (초목 : 풀과 나무)　　日 — 月 (일월 : 해와 달)

한자의 필순

한자는 점과 획이 다양하게 교차하여 하나의 글자가 만들어져 쓰기가 까다롭다. 그래서 한자를 쓰는 기본적인 순서를 익히면 한자의 구조를 이해할 수 있어 좀더 쉽게 한자를 쓸 수 있다.

1 위에서 아래로 쓴다.

三 ➡ 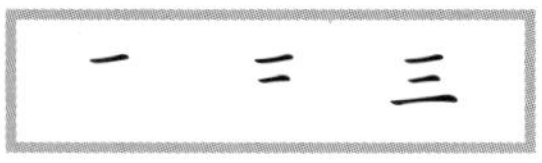

2 왼쪽에서 오른쪽으로 쓴다.

川 ➡ 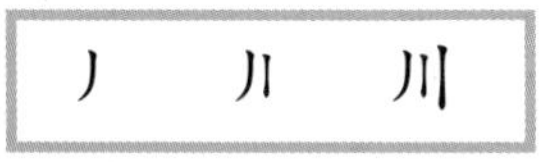

3 가로획을 먼저 쓰고, 세로획은 나중에 쓴다.

木 ➡ 

※ 예외 : 田 

4 좌우가 대칭일 때는 가운데를 먼저 쓴다.

山 ➡ 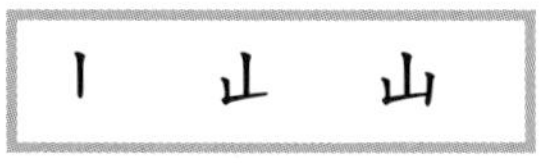

※ 예외 : 火 

5 꿰뚫는 획은 나중에 쓴다.

(1) 세로로 뚫는 경우

中 ➡ 

(2) 가로로 뚫는 경우

女 ➡ 

※ 예외 : 世 

6 꿰뚫는 획이 밑이 막히면 먼저 쓴다.

土 ➡ 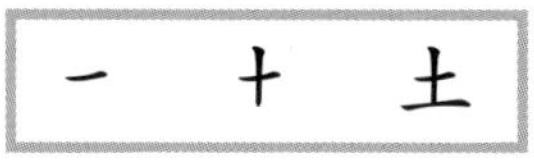

7 삐침(丿)은 파임(乀)보다 먼저 쓴다.

父 ➡ 

8 몸과 안으로 이루어진 글자는 몸을 먼저 쓴다.

同 ➡ 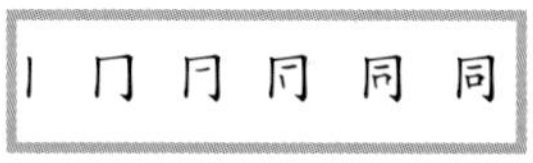

※ 예외 : 臣 

9 오른쪽 위에 있는 점은 나중에 찍는다.

代 ➡ 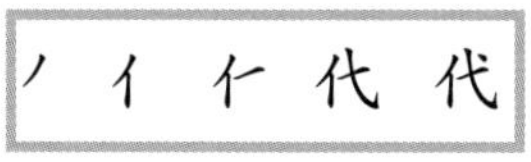

10 받침 중에서 走(辶)과 廴은 나중에 쓰고 나머지는 먼저 쓴다.

近 ➡ 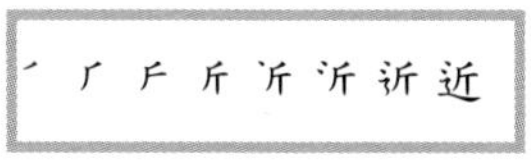

起 ➡ 

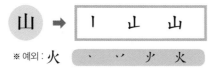

부수의 위치와 명칭

▶ 머리 · 두(頭 · 冠) : 부수가 글자 윗부분에 위치한다.

亠	돼지해머리	亡(망할 망)	交(사귈 교)	京(서울 경)
宀	갓머리(집 면)	守(지킬 수)	室(집 실)	官(벼슬 관)
艹	초 두머리(풀 초)	花(꽃 화)	苦(쓸 고)	英(꽃부리 영)
竹	대나무 죽	第(차례 제)	筆(붓 필)	答(대답할 답)
冖	민갓머리	冠(갓 관)	冥(어두울 명)	冤(원통할 원)
癶	필 발머리	登(오를 등)	發(필 발)	癸(열째천간 계)

▶ 변(邊) : 부수가 글자 왼쪽 부분에 위치한다.

亻	사람인변	仁(어질 인)	代(대신할 대)	件(물건 건)
彳	두인변(자축거릴 척, 걸을 척)	往(갈 왕)	役(부릴 역)	後(뒤 후)
忄	심방변(마음 심)	忙(바쁠 망)	性(성품 성)	快(쾌할 쾌)
禾	벼 화	科(과목 과)	秋(가을 추)	私(사사로울 사)
冫	이수변(얼음 빙)	冷(찰 랭)	凍(얼 동)	凝(엉길 응)
扌	재방변(손 수)	技(재주 기)	打(칠 타)	推(옮길 추)
犭	개사슴록(개 견)	狐(여우 호)	獨(홀로 독)	猛(사나울 맹)
氵	삼수변(물 수)	江(강 강)	法(법 법)	決(결정할 결)

▶ 방(傍) : 부수가 글자 오른쪽 부분에 위치한다.

刂	선칼도방(칼 도)	利(이로울 리)	刊(새길 간)	初(처음 초)
阝	우부방(고을 읍)	都(도읍 도)	邦(나라 방)	郡(고을 군)
卩	병부절	卯(토끼 묘)	印(도장 인)	卵(알 란)
欠	하품 흠	次(버금 차)	歌(노래 가)	欺(속일 기)

▶ 발 · 다리(脚) : 부수가 글자 아랫부분에 위치한다.

儿	어진사람 인	光(빛 광)	元(으뜸 원)	兄(형 형)
廾	스무입발(받들 공)	弁(고깔 변)	弄(희롱할 롱)	弊(폐단 폐)
灬	연화발(불 화)	無(없을 무)	烏(까마귀 오)	熱(더울 열)
皿	그릇 명	益(유익할 익)	盛(성할 성)	盡(다할 진)

▶ **엄(广)** : 부수가 글자의 위와 왼쪽 부분에 위치한다.

厂	민엄호(굴바위 엄)	原(근원 원)	厄(재앙 액)	厚(두터울 후)
尸	주검 시	尺(자 척)	局(판 국)	屋(집 옥)
广	엄호(집 엄)	府(마을 부)	序(차례 서)	度(법도 도)
疒	병질엄(병들어기댈 녁)	痛(아플 통)	病(병 병)	疲(피곤할 피)

▶ **받침(繞)** : 부수가 글자의 왼쪽과 아랫부분에 위치한다.

廴	민책받침(길게걸을 인)	建(세울 건)	延(늘일 연)	廷(조정 정)
辶	책받침(쉬엄쉬엄갈 착)	近(가까울 근)	逆(거스를 역)	連(이을 련)
走	달아날 주	赴(다다를 부)	起(일어날 기)	超(뛰어넘을 초)

▶ **몸(構)** : 부수가 글자 둘레를 에워싸고 있는 부분에 위치한다.

囗	큰입구몸(에운 담)	四(넉 사)	囚(가둘 수)	國(나라 국)
匚	감출 혜	匹(짝 필)	區(지경 구)	匿(숨길 닉)
凵	위튼입구몸(그릇/입벌릴 감)	凶(흉할 흉)	出(날 출)	凹(오목할 요)
門	문 문	開(열 개)	間(사이 간)	閉(닫을 폐)
行	다닐 행	術(재주 술)	街(거리 가)	衛(막을 위)

▶ **제부수** : 부수가 한 글자 전체를 구성한다.

木	나무 목	金	쇠 금	火	불 화
水	물 수	女	계집 녀	山	메 산

기본 부수와 변형된 부수

기본자		변형자	기본자		변형자
人(사람 인)	➡	亻(仁)	犬(개 견)	➡	犭(狗)
刀(칼 도)	➡	刂(別)	玉(구슬 옥)	➡	王(珠)
川(내 천)	➡	巛(巠)	示(보일 시)	➡	礻(礼)
心(마음 심)	➡	忄·㣺(性·慕)	老(늙을 로)	➡	耂(考)
手(손 수)	➡	扌(打)	肉(고기 육)	➡	月(肝)
攴(칠 복)	➡	攵(改)	艸(풀 초)	➡	艹(花)
水(물 수)	➡	氵·氺(江·泰)	衣(옷 의)	➡	衤(被)
火(불 화)	➡	灬(烈)	辵(쉬엄쉬엄갈 착)	➡	辶(近)
爪(손톱 조)	➡	爫(争)	邑(고을 읍)	➡	阝(우부방)(郡)
歹(뼈앙상할 알)	➡	歹(死)	阜(언덕 부)	➡	阝(좌부방)(防)

고사성어

1 街談巷說 가담항설
길거리나 동네에 떠도는 이야기 또는 소문.
동 街談巷語(가담항어), 聽塗說(도청도설)

2 假弄成眞 가롱성진
장난삼아 한일이 진짜가 되는 것.

3 佳人薄命 가인박명
여자의 용모가 아름다우면 운명이 짧거나 기구하다는 뜻.

4 刻骨難忘 각골난망
은혜를 입은 고마움이 뼛속깊이 새겨져 잊기 어려움.

5 刻骨銘心 각골명심
뼈 속에 새기고 마음 속에 새긴다는 것으로 마음속에 깊이 새겨 잊혀지지 아니함을 말함.

6 刻骨痛恨 각골통한
뼈에 사무쳐 마음 속 깊이 맺힌 원한.

7 角者無齒 각자무치
뿔이 있는 것은 이가 없다는 뜻으로, 한 사람이 모든 재주나 복을 겸할 수 없음을 이르는 말.

8 刻舟求劍 각주구검
배를 타고가다 칼을 강물에 빠뜨리고 배에 표시를 해두어 그 표시를 보고 찾으려 했다는 고사(故事)로, 어리석고 융통성이 없는 사람을 비유하는 말.

9 感慨無量 감개무량
마음에 사무치게 느껴짐이 한이 없음.

10 敢不生心 감불생심
힘이 부족해 감히 마음을 먹지 못함.

11 甘言利說 감언이설
달콤한 말과 이로운 말로 상대를 꼬이는 것을 말함.

12 感之德之 감지덕지
감사합니다. 덕분입니다. 고맙게 여기는 말.

13 甲男乙女 갑남을녀
갑이라는 남자와 을이라는 여자로, 평범한 사람을 이르는 말.
동 善男善女(선남선녀), 匹夫匹婦(필부필부), 張三李四(장삼이사).

13 江湖煙波 강호연파
강이나 호수 위에 뽀얗게 이는 잔물결. 자연 풍경.

15 改過遷善 개과천선
지나간 잘못을 고치고 착하게 됨.

16 蓋世之才 개세지재
세상을 덮을 만한 재능. 또는 그런 인물.

17 居安思危 거안사위
편안하게 거할 때 미리 위태로움을 생각함.

18 擧案齊眉 거안제미
밥상을 눈썹 높이까지 들어올려, 남편을 극진히 공경함.

19 去者必反 거자필반
떠난 자는 반드시 돌아옴.

20 車載斗量 거재두량
차에 싣고 말에 담을 만큼 많음을 뜻함. 물건이나 인재가 아주 흔 하여 귀하지 않음.

21 乞人憐天 걸인연천
거지가 하늘을 걱정한다는 뜻으로 격에 맞지 않는 걱정을 말함.

22 格物致知 격물치지
사물을 연구하여 그 이치를 잘 알게 됨.

23 隔世之感 격세지감
많은 변화가 있어 다른 세대인 것처럼 느끼게 됨.

24 牽強附會 견강부회
말을 억지로 끌어다 자기주장에 맞도록 함.
동 我田引水(아전인수).

25 見利思義 견리사의
이익을 보면 옳은지를 생각한다는 말.

26 犬馬之勞 견마지로
개나 말의 수고라는 뜻으로 윗사람에 바치는 자신의 노력을 낮추어 하는 말.

27 見物生心 견물생심
물건을 보면 욕심이 생긴다는 뜻.

28 見危致命 견위치명
위태로운 상황을 만나면 목숨을 바친다.

29 堅忍不拔
견인불발
오이 밭에서는 갓을 고쳐 쓰지 말라는 뜻으로 의심 받을 만한 일을 말라는 뜻.

30 犬兎之爭
견토지쟁
개와 토끼가 쫓고 쫓기다가 둘이 다 지쳐죽어 제삼자가 이익을 보게 되는 것을 비유.
동 漁父之利(어부지리)

31 結者解之
결자해지
맺은 사람이 풀어야 한다는 뜻으로 원인을 제공한 사람이 해결해야 한다는 뜻.

32 結草報恩
결초보은
풀을 엮어 은혜를 갚는다는 뜻으로, 죽어서까지도 은혜를 잊지 않고 갚음.

33 兼人之勇
겸인지용
혼자서 능히 여러 사람을 당해낼 만한 용기.

34 輕擧妄動
경거망동
경솔하게 함부로 행동함. 생각 없이 가볍고 망령되게 행동함.

35 經國濟世
경국제세
나라 일을 경륜하고 세상을 구제함. 경제(經濟)의 본말.

36 傾國之色
경국지색
나라를 위태하게 할 만한 대단한 미인.

37 經世濟民
경세제민
세상을 다스리고 백성을 구함

38 敬而遠之
경이원지
겉으로 공경하는 체 하면서 속으로 멀리함.

39 敬天勤民
경천근민
하느님을 공경하고 백성을 다스리기에 부지런함

40 驚天動地
경천동지
하늘이 놀라고 땅이 흔들린다는 말로, 세상을 놀라게 한다는 말.

41 敬天愛人
경천애인
하늘을 공경하고 사람을 사랑함.

42 鷄卵有骨
계란유골
달걀 속에도 뼈가 있다. 모처럼의 기회도 역시 잘 안될 때를 이름.

43 鷄鳴狗盜
계명구도
닭의 울음소리를 잘 내는 자와 개로 변장하여 도둑질을 잘 하는 자의 도움으로 맹상군(孟嘗君)이 위기를 모면한 고사에서 비롯된 말로, 작은 재주가 뜻밖에 큰 구실을 함.

44 孤軍奮鬪
고군분투
외로운 군력으로 분발하여 싸운다는 데서 홀로 여럿을 상대로하여 싸우는 것을 말함.

45 高臺廣室
고대광실
높은 대와 넓은 집이란 뜻에서, 굉장히 크고 좋은 집을 말함.

46 孤立無援
고립무원
고립되어 구원 받을 데가 없음.

47 鼓腹擊壤
고복격양
배가 불러 배를 두드리며 풍년이 들어 땅을 두드리며 노래함. 즉 근심걱정 없는 태평성대를 말함.

48 姑息之計
고식지계
당장에 편한 것만 취하는 계책.
동 臨時變通(임시변통)

49 苦肉之計
고육지계
궁한 처지에 몰려 상대편을 속이려 자기 몸을 괴롭혀 가면서 꾸미는 계책. 동 苦肉之策(고육지책)

50 孤掌難鳴
고장난명
손바닥 하나로는 소리가 나지 않는다. 혼자서 싸우지 못함. 혼자서 일을 이루기 어려움.

51 苦盡甘來
고진감래
쓴 것이 다하면 단 것이 옴. 고생 끝에 즐거움이 온다.

52 固執不通
고집불통
고집이 세어 조금도 융통성이 없음.

53 高枕安眠
고침안면
베게를 높이 하여 편안히 자듯이 잘 지냄을 이름.

54 曲學阿世
곡학아세
학문을 왜곡하여 세상에 아부함. 진실하지 못한 학자를 비유할 때 쓰이는 말.

55 骨肉相殘
골육상잔
같은 혈족끼리 서로 다투고 해(害)하는 것.
동 骨肉相爭(골육상쟁)

55 空中樓閣 공중누각
공중에 떠있는 누각. 곧 헛된 망상이나 현실성이 없는 이야기.

56 空前絶後 공전절후
전에도 없었고 앞으로도 없을 일.

57 過恭非禮 과공비례
지나치게 공손함은 예가 아님.

58 誇大妄想 과대망상
현재의 분수보다 지나치게 크게 생각하거나 믿는 일.

59 過猶不及 과유불급
지나친 것은 오히려 미치지 못함과 같다.

60 冠婚喪祭 관혼상제
관례(冠禮), 혼례(婚禮), 상례(喪禮), 제례(祭禮)를 통틀어 이름.

61 矯角殺牛 교각살우
뿔을 고치려다 소를 죽인다. 조그만 결점을 고치려다 일을 그르침.

62 巧言令色 교언영색
교묘한 말과 부드러운 얼굴빛으로 남의 환심을 사려함.

63 交友以信 교우이신
친구 사귀기를 믿음으로써 한다는 말로, 세속오계(世俗五戒)의 하나.

64 教學相長 교학상장
가르쳐 주거나 배우며 학업을 증진시킴.

65 九曲肝腸 구곡간장
굽이굽이 서린 창자라는 뜻으로 깊은 마음 속, 또는 시름이 쌓인 마음 속을 이르는 말.

66 口蜜腹劍 구밀복검
입으로는 달콤한 말을 하나 뱃속에는 칼을 지녔다는 뜻으로, 겉으로 친절한 체 하나 속으로 해칠 생각을 함.

67 九死一生 구사일생
여러 차례 죽을 고비를 넘기고 겨우 살아남.

68 口尙乳臭 구상유취
입에서 아직 젖내가 날 만큼 언행이 유치함.

69 九十春光 구십춘광
봄 석 달 90일 동안. 노인의 마음이 청년같이 젊음을 이름.

70 九牛一毛 구우일모
아홉 마리 소 가운데 하나의 털로, 썩 많은 가운데 극히 적은 것.

71 九折羊腸 구절양장
아홉 번 꺾이는 소의 창자처럼 험하고 꼬불꼬불한 산길.

72 國泰民安 국태민안
나라는 태평하고 백성은 평안함.

73 群鷄一鶴 군계일학
닭 무리속의 한 마리 학이란 뜻으로, 평범한 사람 가운데 뛰어난 사람을 일컫는 말.

74 君臣有義 군신유의
임금과 신하에게는 의(義)가 있어야 함.

75 群雄割據 군웅할거
여러 영웅이 세력을 다투어 땅을 갈라 버티고 있는 형세.

76 君爲臣綱 군위신강
임금은 신하의 모범이 되어야 한다는 말.

77 君子三樂 군자삼락
부모형제가 건강하게 살아있는 것, 하늘을 우러러 부끄러움이 없는 것, 천하의 영재를 얻어 교육시키는 군자의 세가지 즐거움을 이름.

78 窮餘之策 궁여지책
생각다 못해 해내는 계책.

79 權謀術數 권모술수
목적달성을 위해 인정이나 도덕을 가리지 않고 권세와 모략, 중상 등 갖은 방법 과 수단을 쓰는 술책.

80 權不十年 권불십년
아무리 높은 권세도 10년을 지속하기 어려움.

81 勸善懲惡 권선징악
착한 행실을 권하고 악한 행실을 징계함.

82 克己復禮 극기복례
자신의 욕망을 누르고 예의를 회복한다는 뜻.

83 極惡無道
극악무도
지극히 악하고도 도의심이 없음.

84 近墨者黑
근묵자흑
먹을 가까이 하면 검어진다는 뜻으로, 나쁜 사람과 사귀면 그 버릇에 물들기 쉽 다는 뜻.

85 近朱者赤
근주자적
붉은 색을 가까이하는 사람은 붉어지게 됨.

86 金科玉條
금과옥조
금이나 옥같이 귀중한 법칙이나 규정. 잘 정비된 나라의 법칙과 제도·기틀을 이른다.

87 金蘭之交
금란지교
쇠처럼 단단하고 난처럼 향기로운 사귐을 말함.

88 錦上添花
금상첨화
비단 위에 꽃을 더한다는 뜻으로, 좋은 일에 좋은 일을 더함.

89 金石盟約
금석맹약
금이나 돌 같은 굳은 약속.

90 今昔之感
금석지감
지금과 옛날의 형편이 너무 달라 느끼는 감정.
동 隔世之感(격세지감)

91 金石之交
금석지교
쇠나 돌처럼 굳고 변함없는 사귐.

92 金城湯池
금성탕지
쇠로 만든 성과 끓는 물로 채운 해자로, 방비가 견고한 성. 참고 垓字(해자) 적의 침입을 막기 위한 성 주위 연못.

93 今始初聞
금시초문
이제야 비로소 처음으로 들음.

94 錦衣夜行
금의야행
비단옷을 입고 밤에 다닌다는 뜻으로, 성공은 했지만 아무 효과를 내지 못함을 말한다.

95 錦衣玉食
금의옥식
비단옷과 옥같이 흰 쌀밥이란 뜻에서 호화롭고 사치스러운 의식을 가리킴.

96 錦衣還鄕
금의환향
비단옷을 입고 고향으로 돌아온다는 뜻으로, 타향에서 크게 성공하여 자기 집으 로 돌아감을 말함.

96 金枝玉葉
금지옥엽
금가지나 옥으로 된 잎처럼, 귀여운 자손이나 임금의 자손.

97 氣高萬丈
기고만장
기운이 만장이나 뻗었다는 뜻. 기세가 대단한 모양.

98 起死回生
기사회생
죽음에 처했다가 겨우 살아남. 중병의 환자를 살린다는 뜻으로 의술이 뛰어남.

99 奇想天外
기상천외
보통은 생각 할 수 없는 기발한 생각이나 그런 모양.

100 奇巖怪石
기암괴석
기묘한 바위와 괴상하게 생긴 돌.

101 氣盡脈盡
기진맥진
기운도 다하고 맥도 다하여 죽을 정도로 힘이 없음.

102 騎虎之勢
기호지세
달리는 호랑이 등에 타고 있으면 중간에 내릴 수 없듯이 일을 시작한 다음에 그 만 둘 수 없는 형편.

103 吉凶禍福
길흉화복
길흉과 화복.

104 落落長松
낙락장송
가지가 축축 길게 늘어지고 키가 큰 소나무.

105 落木寒天
낙목한천
낙엽 진 나무와 차가운 하늘, 곧 추운 겨울철.

106 落花流水
낙화유수
떨어지는 꽃과 흐르는 물. 남녀간의 정. 세월의 쇠잔영락(衰殘零落)함.

107 難攻不落
난공불락
장애물이 너무 견고해서 공격하기 어려워 함락시키지 못함. 즉 일을 이루기 어려움.

108 亂臣賊子
난신적자
나라를 어지럽게 하는 신하와 어버이를 해치는 자식.

109 難兄難弟
난형난제
누가 형인지 누가 아우인지 구분하기 어렵다. 사물의 우열이 없다.

110 南男北女
남남북녀
남쪽 지방은 남자가 잘생기고 북쪽 지방은 여자가 아름다움을 뜻함.

111 浪漫主義
낭만주의
고전주의를 반대하여 일어난 사조(思潮)로 자유(自由) 개성(個性) 감정(感情) 정서(情緖)를 중요시함.

112 內憂外患
내우외환
안과 밖의 근심 걱정거리.

113 內柔外剛
내유외강
사실은 마음이 약한데도 외부에는 강하게 나타남.

114 怒甲移乙
노갑이을
갑에게 당한 노여움을 을에게 옮김. 다른 사람에게 화풀이함.

115 怒氣衝天
노기충천
성난 기색이 하늘을 찌를 정도로 잔뜩 성이 나 있음을 말함.

116 路柳墻花
노류장화
누구나 손댈 수 있는 길가의 버들과 담 밑의 꽃. 기생을 의미함.

117 怒發大發
노발대발
아주 크게 노함. 크게 화를 냄을 뜻한다.

118 綠陰芳草
녹음방초
푸르른 나무 그늘과 향기로운 풀. 여름철 자연의 모습.

119 綠衣紅裳
녹의홍상
연두저고리에 다홍치마. 곱게 차려입은 젊은 아가씨 모습.

120 論功行賞
논공행상
공을 논하여 상을 내린다는 뜻.

121 弄瓦之慶
농와지경
실패모양의 질그릇을 가지고 노는 경사. 딸을 낳은 기쁨.

122 累卵之勢
누란지세
달걀을 포개어 놓은 것과 같은 몹시 위태로운 형세를 말함.

123 累卵之危
누란지위
달걀을 쌓아 놓은 것과 같이 매우 위태로움.

124 能小能大
능소능대
작은 일에도 능하고 큰 일에도 능하다는 데서, 모든 일에 두루 능함을 말함.

125 多多益善
다다익선
많으면 많을 수록 더욱 좋음.

126 多才多能
다재다능
재능이 많다는 말.

127 斷機之戒
단기지계
맹자의 어머니가 짜고 있던 날줄을 끊어 중도에 그만두면 아무 공이 없다는 것을 보여준 교훈.
동 孟母斷機(맹모단기)

128 單刀直入
단도직입
홀로 칼을 들고 적진으로 거침없이 쳐들어 감. 요점을 바로 풀이해 간다는 말로 쓰인다.

129 堂狗風月
당구풍월
당구삼년폐풍월(堂狗三年吠風月)의 준말. 서당개 삼년이면 풍월을 읊는다. 재주가 부족한 사람도 유능한 사람과 오래 같이하면 실력자가 된다.

130 大驚失色
대경실색
크게 놀라 얼굴빛이 하얗게 변함.

131 大器晩成
대기만성
큰 그릇은 오래 걸려 만들어지듯이, 큰 인물은 보통 사람보다 늦게 대성한다.

132 大同小異
대동소이
작은 부분만 다르고 크게 보면 같다. 비슷비슷 함.

133 大書特筆
대서특필
특히 드러나게 큰 글자로 적어 표시함.

134 大聲痛哭
대성통곡
큰 목소리로 슬피 욺.

135 大義名分
대의명분
큰 의리를 밝히고 분수를 지키어 정도에 어긋나지 않게 하는 것.

136 道聽塗說
도청도설
길에서 듣고 길에서 말하다. 경솔한 언행, 근거 없는 소문.

137 塗炭之苦
도탄지고
진흙 구덩이나 숯불에 빠진 고통. 생활이 곤궁하거나 비참한 경지.

138 獨不將軍
독불장군
혼자 장군이 되지 못한다는 뜻으로, 여럿이 같이 해야 한다는 말이 변하여 자 기 멋대로 일을 처리하는 사람을 말함.

139 讀書尙友
독서상우
독서를 통해서 옛사람과 벗이 되어 함께할 수 있음.

140 獨也靑靑
독야청청
홀로 푸르름. 혼탁한 세상에서 홀로 높은 절개를 드러내고 있음을 말함.

141 同價紅裳
동가홍상
같은 값이면 다홍치마. 기왕이면 좋은 것을 택한다는 뜻.

142 同苦同樂
동고동락
같이 고생하고 같이 즐김. 괴로움과 즐거움을 함께 함.

143 東問西答
동문서답
동쪽을 묻는데 서쪽을 말한다는 뜻으로, 엉뚱한 대답을 말함.

144 同病相憐
동병상련
같은 병의 환자끼리 서로 가엽게 여김. 처지가 같은 사람끼리 서로 동정하고 도움.

145 東奔西走
동분서주
동쪽으로 뛰고 서쪽으로 달린다. 여기저기 바쁘게 뛰어 다님.

146 同床異夢
동상이몽
같은 잠자리에 누워 다른 꿈을 꿈. 겉으로는 같은 행동을 하지만 속으로는 서로 다른 생각을 함.

147 斗酒不辭
두주불사
말 술도 사양하지 않는다는 뜻으로, 사나이다움의 과시 표현.

148 登高自卑
등고자비
높은 곳에 오르려면 낮은 곳부터라는 뜻으로, 일을 할 때 꼭 차례가 필요하다는 말. 지위가 높을수록 스스로를 낮춤.

149 登龍門
등용문
중궁 황하(黃河)상류에 있는 용문(龍門)의 급류를 잉어가 뛰어 오르면 용이 되어 하늘에 오른다는 전설에서 나온 말로, 출세의 관문을 말함.

150 燈下不明
등하불명
등잔 밑이 어둡다는 뜻으로, 가까이 있는 것은 오히려 알아내기 어려움을 이르는 말.

151 燈火可親
등화가친
등불을 가까이하여 책을 읽기 좋은 계절, 곧 가을철을 이르는 말.

152 良藥苦口
양약고구
좋은 약은 입에 쓰다는 말.

153 馬耳東風
마이동풍
말귀에 스치는 동쪽 바람으로, 남의 말이나 충고를 귀담아 듣지 않고 흘려버림 을 일컫는 말.

154 莫上莫下
막상막하
실력이 서로 비슷하여 누가 위고 아래인지 모르게 같음.

155 莫逆之友
막역지우
뜻이 맞아 서로 거역할 수 없이 매우 친한 벗을 말함.

156 萬頃蒼波
만경창파
만 이랑이 될 만큼이나 넓고 큰 푸른 바다. 한없이 넓고 푸른 바다.

157 萬古不變
만고불변
오랜 세월을 두고 변하지 않음.

158 萬古風霜
만고풍상
사는 동안에 겪은 온갖 수많은 고생이나 어려움.

159 晩時之歎
만시지탄
시기에 뒤늦었음을 원통해 하는 탄식.

160 罔極之恩
망극지은
다함이 없는 임금이나 부모의 은혜.

161 亡羊之歎
망양지탄
갈림길에서 양을 잃고 탄식한다는 뜻으로, 학문의 길이 여러 갈래여서 잡기 어렵 다는 말로 쓰임.

162 茫然自失
망연자실
정신을 잃고 어리둥절한 모양.

163 望雲之情
망운지정
구름을 바라보는 심정으로, 자식이 타향에서 고향의 부모를 그리는 정을 말한다.

164 麥秀之歎
맥수지탄
기자(箕子)가 이미 망해 폐허가 된 은(殷)나라 도읍지에 보리만 부질없이 자란 것을 보고 한탄한 고사(故事). 나라 잃은 한탄.

165 孟母三遷
맹모삼천
맹자의 어머니가 자식의 교육을 위해 묘지·시장·서당의 세 곳에 걸쳐 이사를 했던 일. 교육 환경의 중요성, 부모의 자식교육에 대한 열성을 말함. 동 三遷之敎(삼천지교)

166 面從腹背
면종복배
앞에서는 순종하는 체하고 속으로는 딴 마음을 먹음.

167 滅私奉公
멸사봉공
사적인 것을 버리고 공적인 것을 위하여 힘써 일함.

168 明鏡止水
명경지수
거울과 같이 맑고 잔잔한 물. 마음이 고요함. 허욕이 없음.

169 名實相符
명실상부
이름과 실제가 서로 부합함.

170 明若觀火
명약관화
불을 보듯이 분명하게 알 수 있음. 불 보듯이 명백함.

171 命在頃刻
명재경각
목숨이 경각에 있다, 곧 숨이 끊어질 지경에 이름.

172 毛遂自薦
모수자천
진(秦)나라가 조(趙)나라를 치자 초(楚)나라에 구원을 청할 사자(使者)를 물색 할 때, 모수(毛遂)가 스스로를 천거하여 망설이는 초왕을 칼로 위협하고 논리로 구슬리어 합종을 맺게 한 고사.

173 目不識丁
목불식정
눈으로 보고도 '丁'(정)자도 모름. 낫 놓고 'ㄱ'자도 모름.

174 目不忍見
목불인견
차마 눈 뜨고 볼 수 없는 참상이나 꼴불견.

175 無不通知
무불통지
무엇이든지 환히 통하여 모르는 것이 없음.

176 無骨好人
무골호인
뼈 없이 좋은 사람. 남의 비위에 두루 맞는 사람을 이르는 말.

177 武陵桃源
무릉도원
중국 진(晉)나라 때 도연명(陶淵明)의 도화원기(桃花源記)에 나오는 별천지(別 天地)로, 무릉에 사는 한 어부가 물에 떠내려가는 복숭아꽃을 따라가 찾았다는 곳.

178 無所不爲
무소불위
하지 못하는 것이 없다.

179 無爲徒食
무위도식
하는 일 없이 먹고 놀기만 함.

180 無爲自然
무위자연
인위를 보탬이 없는 자연 그대로의 상태를 말한다.

181 無知莫知
무지막지
하는 짓이 무지하고 또 우악스러움을 말한다.

182 文房四友
문방사우
서재에 꼭 있어야 할 네 벗. 즉 종이·붓·벼루·먹을 말함.

183 門外漢
문외한
어떤 일에 전문적인 지식이 없거나 관계가 없는 사람.

184 聞一知十
문일지십
하나를 들으면 열을 안다. 매우 총명함을 말한다.

185 門前成市
문전성시
권세가 높거나 부자가 되어, 찾아오는 손님들로 마치 시장을 이룬 것 같음을 이른 말.

186 物心一如
물심일여
마음과 형체가 구분됨이 없이 하나로 일치한 상태.

187 勿失好機
물실호기
좋은 기회를 놓치지 않음.

188 物我一體
물아일체
자연물과 내가 하나 된 상태, 즉 대상물에 완전히 몰입된 경지.

189 美辭麗句
미사여구
좋은 말과 화려한 글귀

190 尾生之信
미생지신
미련하고 우직하게 지키는 약속. 노(魯)나라 미생이 다리 아래서 여자를 만나 기로 기약하고 기다리다 물이 밀려와도 떠나지 않아 물에 휩쓸려 죽은 고사에 서 유래함.

191 博覽강記
박람강기
동서고금의 책을 널리 읽고 사물을 잘 기억함.

192 薄利多賣 박리다매
이익을 적게 보고 많이 팔아 이익을 올리는 일.

193 博而不精 박이부정
이것저것 널리 알지만 능숙하거나 세밀하지 못함.

194 拍掌大笑 박장대소
손뼉을 치며 크게 웃음.

195 博學多識 박학다식
학문이 넓고 아는 것이 많음.

196 半信半疑 반신반의
얼마쯤 믿으면서도 한편으로는 의심함.

197 拔本塞源 발본색원
근본을 뽑고 근원을 막음. 폐단의 근원을 아주 없애 버림.

198 發憤忘食 발분망식
일을 성취하기 위해 밥 먹을 생각도 잊고 분발하여 돌아다님.

199 拔山蓋世 발산개세
항우(項羽)의 힘을 비유한 말로 산을 뽑고 세상을 덮을 만한 힘과 기운을 이르는 말.
동 力拔山氣蓋世(역발산기개세).

200 傍若無人 방약무인
곁에 사람이 아무도 없는 것 같이 함부로 행동함.

201 背水之陣 배수지진
물을 등지고 진을 친다는 말로, 필승을 기하기 위하여 목숨을 걸고 펼친 진이나 그러한 싸움하는 병법.

202 背恩忘德 배은망덕
남에게 받은 은혜를 잊고 배반함.

203 百家爭鳴 백가쟁명
많은 학자 또는 전문가들이 논쟁하는 일.

204 百計無策 백계무책
온갖 계책이 다 소용없음.

205 白骨難忘 백골난망
죽어 백골이 되어도 잊기 어려움. 죽어도 잊지 못할 큰 은혜.

206 百年大計 백년대계
백년을 내다 본 큰 계획. 먼 장래를 내다보고 세운 계획.

207 百年河淸 백년하청
백년이나 황하의 물이 맑아지기를 기다림. 아무리 세월이 가도 일을 해결할 희망이 없음을 말함.

208 伯樂一顧 백락일고
아무도 알아보지 못하는 천리마를 백락은 한 눈에 알아보던 고사. 남이 자기 재능을 알고 잘 대우함을 이르는 말.

209 白面書生 백면서생
얼굴이 허여멀건한 글만 읽는 선비. 글만 읽어 세상일에 경험이 없거나 세상물정에 어두운 선비.

210 百發百中 백발백중
백번 쏘아 백번 모두 맞춤. 생각한 일들이 모두 꼭 들어맞음.

211 白眉 백미
다섯 형제 중 가장 뛰어난 흰 눈썹이 난 마량을 이르는 말에서 비롯된 말로, 여러 사람 중에서 가장 뛰어난 사람을 말한다.

212 伯牙絶絃 백아절현
전국시대(戰國時代) 거문고의 명수로 이름난 백아의 음악 세계를 알아주는 유일한 사람인 종자기(鍾子期)가 죽자 백아가 거문고의 줄을 끊어 버리고 더 이상 연주하지 않았다는 고사로, 친한 친구 죽음의 슬픔이나 친구와 이별을 이르는 말.

213 白衣民族 백의민족
예로부터 흰옷을 즐겨 입는 데서 우리민족을 이르는 말.

214 百戰老將 백전노장
수많은 싸움을 치른 노련한 장수, 세상의 온갖 풍파를 다 겪은 사람을 비유.

215 百戰百勝 백전백승
싸우는 때마다 모조리 이김.

216 百折不屈 백절불굴
백번 꺾어도 굴하지 않음. 어떠한 어려움에도 굽히지 않음.

217 伯仲之勢 백중지세
장남과 차남의 차이처럼 큰 차이가 없는 형세. 우열의 차이가 없음을 이르는 말.

218 百八煩惱
백팔번뇌
불교용어로 인간이 과거 현재 미래에 걸친 108가지의 번뇌(煩惱)를 말한다.

219 百害無益
백해무익
해롭기만 하고 이로울 것이 없다.

220 普遍主義
보편주의
개체(個體)보다 보편(普遍)이 참된 실체라고 보는 주장. 개인보다 사회나 국가를 더 중요시 생각하는 주의.

221 伏地不動
복지부동
땅에 엎드리어 움직이지 않는 듯한 공무원들의 보신주의를 말함.

222 封庫罷職
봉고파직
관고(官庫)를 봉하고 파면시키는 일로, 암행어사가 부정을 저지른 고을 원을 파면시키는 일.

223 富貴在天
부귀재천
부귀는 하늘에 달려 있어서 인력으로는 어찌할 수 없다는 뜻.

224 夫婦有別
부부유별
남편과 아내 사이에는 인륜상 서로 침범하지 못하는 다름이 있다는 말.

225 夫爲婦綱
부위부강
남편은 아내의 모범이 되어야 한다는 말.

226 父爲子綱
부위자강
부모는 자식의 모범이 되어야 한다는 말.

227 父傳子傳
부전자전
대대로 아버지가 자식에게 물려줌. 아버지와 자식이 비슷함.

228 不知其數
부지기수
그 수를 알 수 없음. 무수히 많음

229 夫唱婦隨
부창부수
남편이 창을 하면 아내도 따라하는 부부 화합의 도리. 그 남편에 그 부인. 남 편의 주장에 아내가 따름.

230 附和雷同
부화뇌동
아무런 줏대 없이 남의 의견이나 행동에 덩달아 따름. 뇌동(雷同)은 우뢰가 울리면 만물이 이에 응하여 울리는 것을 말한다.

231 北窓三友
북창삼우
백거이(白居易)시에 나온 말로 거문고·술·시를 일컫는 말.

232 不可思議
불가사의
사람의 생각으로 알 수 없는 일, 상식으로 알 수 없는 일.

233 不問可知
불문가지
묻지 아니하여도 앎.

234 不問曲直
불문곡직
옳고(直) 그름(曲)을 따지지 않고 함부로 일을 처리함.

235 不要不急
불요불급
꼭 필요하거나 급하지 않음.

236 不遠千里
불원천리
천리를 멀다 여기지 아니함.

237 不恥下問
불치하문
아래 사람에게 배우는 것을 부끄러이 여기지 않음.

238 不偏不黨
불편부당
어느 한쪽으로 기울어짐이 없이 공평함.

239 朋友有信
붕우유신
벗과 벗의 도리는 믿음에 있다는 말.

240 非夢似夢
비몽사몽
꿈같기도 하고 생시 같기도 한 어렴풋한 상태.

241 非一非再
비일비재
한 번 두 번이 아님.

242 貧者一燈
빈자일등
가난한 사람이 바치는 하나의 등(燈)이라는 뜻으로, 물질의 많고 적음보다 정성이 중요함을 이르는 말.

243 氷炭之間
빙탄지간
얼음과 숯의 사이라는 뜻으로 서로 화합할 수 없는 사이.

244 四顧無親
사고무친
사방을 둘러보아도 가족이나 친척이 없다. 의지할 곳 없이 외로움.

245 士氣衝天 사기충천
사기(士氣)가 하늘을 찌름.

246 士農工商 사농공상
선비·농부(農夫)·장인(匠人)·상인(商人)의 네 계급을 말한다.

247 事大交隣 사대교린
큰 나라는 섬기고 기타 작은 나라들과는 동등하게 사귀어 국익을 꾀하고자 하는 외교방법.

248 四面春風 사면춘풍
사방의 봄바람으로 모나지 않게 다 좋도록 처신하는 것.

249 四分五裂 사분오열
넷으로 나뉘고 다섯으로 갈라진다는 말로 이념·이익 등에 따라 갈라져 혼란스 러움을 말한다.

250 沙上樓閣 사상누각
모래위에 지은 집. 기초가 약하여 오래 가지 못함. 곧 헛된 것을 비유는 말.

251 死生決斷 사생결단
죽고 사는 것을 거들떠보지 않고 끝장을 내려고 덤벼듦.

252 四書三經 사서삼경
유교의 대표적 경전으로 논어(論語) 맹자(孟子) 중용(中庸) 大學(대학)의 사서 (四書)와 시경(詩經) 서경(書經) 역경(易經) 또는 주역(周易)의 삼경(三經).

253 四通八達 사통팔달
사방팔방으로 통하여 교통이 좋음을 뜻한다.

254 事必歸正 사필귀정
일은 반드시 바르게 됨을 뜻한다.

255 山紫水明 산자수명
산 빛이 붉고 흐르는 물이 맑다. 산수의 경치가 고우며 아침저녁의 경치가 좋 음을 말한다.

256 山川草木 산천초목
산천과 초록, 즉 자연을 가리킨다.

257 山戰水戰 산전수전
산에서 싸우고 물에서도 싸운다는 뜻으로, 세상 온갖 고난을 다 겪어 경험이 많음을 이른다.

258 山海珍味 산해진미
산과 바다의 산물(産物)을 다 갖추어 잘 차린 귀한 음식.

259 殺身成仁 살신성인
몸을 죽여 인(仁)을 이룬다. 옳은 일을 위해 자신의 몸을 희생함.

260 三綱五倫 삼강오륜
유교에서 말하는 가장 기본 된 인간의 도리. 삼강(三綱)은 군위신강(君爲臣綱) 부위자강(父爲子綱) 부위부강(夫爲婦綱), 오륜(五倫)은 군신유의(君臣有義) 부 자유친(父子有親) 부부유별(夫婦有別) 장유유서(長幼有序) 붕우유신(朋友有信)이다.

261 森羅萬象 삼라만상
우주에 속하는 온갖 사물과 모든 현상을 말함.
동 萬彙群象(만휘군상)

262 三旬九食 삼순구식
삼십일에 아홉 끼니 밖에 못 먹음. 가난하여 끼니를 많이 거름.

263 三位一體 삼위일체
기독교에서 성부(聖父) 성자(聖子) 성신(聖神)이 한 몸이라는 것.

264 三人成虎 삼인성호
여러 사람이 거리에 범이 있다고 말하면 거짓이라도 참말로 듣는다는 뜻.

265 三從之道 삼종지도
여자는 어려서는 부모를 따르고 결혼 후에는 남편에 순종하며 남편이 죽은 후 에는 자식을 따라야 한다는 도덕관.

266 三尺童子 삼척동자
아직 세 척 밖에 자라지 않은 철없는 아이.

267 傷弓之鳥 상궁지조
한 번 화살을 맞아 다친 새는 무슨 일이든 항상 두려워하고 경계함을 이르는 말.

268 桑田碧海 상전벽해
뽕밭이 변하여 푸른 바다가 된다는 말로, 세상의 변천이 심하여 사물이 바뀜을 비유하는 말이다.

269 塞翁之馬 새옹지마
변방에 살고 있는 늙은이의 말이 도망갔다 준마를 데려오고 아들이 말을 타다 다쳤으나 전쟁에 나가지 않아 목숨을 구했다는 고사로, 사람의 길흉화복(吉凶禍福)은 변화가 많음을 비유하는 말이다.

270 生不如死 생불여사
삶이 죽음만 같지 못하다는 말로, 매우 곤경에 처해 있음을 알리는 말.

271 先見之明 선견지명
앞일을 미리보아 판단하는 총명함.

272 先公後私 선공후사
공익을 먼저하고 사사로운 일을 뒤에 함을 말한다.

273 雪上加霜 설상가상
눈 위에 서리가 덮인다는 뜻으로, 불행이 계속해서 생김을 말한다.

274 說往說來 설왕설래
어떤 일의 시비를 따지느라 말로 옥신각신함.

275 世俗五戒 세속오계
원광법사(圓光法師)가 지은 화랑의 계명. 사군이충(事君以忠) 사친이효(事親以 孝) 교우이신(交友以信) 임전무퇴(臨戰無退) 살생유택(殺生有擇)의 다섯 가지 계율.

276 騷人墨客 소인묵객
시문과 서화를 일삼는 사람을 말한다.

277 小貪大失 소탐대실
작은 것을 탐하다 큰 것을 잃음.

278 束手無策 속수무책
손이 묶인 듯 어찌할 수 없음.

279 送舊迎新 송구영신
묵은해를 보내고 새해를 맞이함.

280 首丘初心 수구초심
여우가 죽을 때, 머리를 제 살던 굴 쪽으로 머리를 두고 죽는다. 고향을 그리 워하는 마음.

281 壽福康寧 수복강녕
장수하고 행복하며 건강하고 평안함.

282 手不釋卷 수불석권
손에서 책을 놓지 않는다. 학문에 부지런함.

283 修身齊家 수신제가
몸을 닦고 집안을 바로 잡음.

284 水魚之交 수어지교
물과 물고기의 관계처럼 교분이 매우 깊은 것을 말함.

285 守株待兎 수주대토
토끼가 나무그루에 부딪쳐 죽은 것을 보고, 다시 토끼가 걸리기만 바라며 나무 를 지키고 있음. 노력하지 않고 불가능한 일을 바라는것을 비유함.

286 宿虎衝鼻 숙호충비
잠자는 범의 코를 찌른다는 뜻으로, 스스로 화를 불러들임.

287 脣亡齒寒 순망치한
입술이 없으면 이가 시리다. 서로 밀접하여 한쪽이 망하면 다른 한쪽도 온전하 지 못하다는 뜻.

288 乘勝長驅 승승장구
싸움에서 이긴 기세를 타고 계속 적을 몰아침.

289 是是非非 시시비비
옳은 것은 옳고 그른 것은 그르다고 하는 일.

290 是非之心 시비지심
옳고 그름을 가릴 줄 아는 마음.

291 始終如一 시종여일
처음부터 끝까지 한결같아서 변함없음.

292 始終一貫 시종일관
처음부터 끝까지 한결같이 관찰함.

293 食少事煩 식소사번
먹을 것은 적고 할 일은 많음.

294 識字憂患 식자우환
글자를 알아서 도리어 근심거리가 된다. 알아서 도리어 병이 된다는 뜻.

295 信賞必罰 신상필벌
상을 줄만한 사람에게는 꼭 상을 주고, 벌을 줄 만한 사람에게는 꼭 벌을 줌. 상벌 규정을 분명히 함.

296 身言書判 신언서판
사람을 판단하는 네 가지 기준. 즉 몸가짐·말씨·문필·판단력을 뜻한다.

297 神出鬼沒 신출귀몰
귀신처럼 나타났다 귀신처럼 사라짐. 그 변화를 헤아릴 수 없는 일이나 사람을 말함.

298 身土不二 신토불이
몸과 땅은 둘이 아니다. 자기가 태어난 땅의 농산물이 몸에 좋다는 뜻이다. 우 리 농산물 보호운동 구호.

299 實事求是 실사구시
실제로 있는 일에서 진리를 구함을 뜻한다.

300 實學思想
실학사상
조선시대 임진왜란, 병자호란 뒤에 유교에 대한 반대 운동으로 실생활에 유익 됨을 목표로 연구하던 학문.

301 深思熟考
심사숙고
깊이 생각하고 익히 잘 생각함.

302 深山幽谷
심산유곡
깊은 산의 으슥한 골짜기.

303 十中八九
십중팔구
열이면 그 가운데 여덟이나 아홉은 그러함.

304 我田引水
아전인수
자기 논에 물을 댄다는 뜻으로, 자기에게만 이롭게 되도록 생각한다는 뜻.

305 惡戰苦鬪
악전고투
몹시 어렵게 싸우는 것.

306 安分知足
안분지족
편한 마음으로 제 분수를 지키며 만족한다는 뜻.

307 安貧樂道
안빈낙도
가난하면서도 평안하게 도를 즐기며 살아감을 말한다.

308 安心立命
안심입명
하찮은 일에 흔들리지 않는 경지

309 眼下無人
안하무인
눈앞에 사람이 없는 듯이 말하고 행동함. 남을 업신여김.

310 藥房甘草
약방감초
한약에 꼭 들어가는 감초처럼 어떤 일이나 빠짐없이 끼어드는 사람.

311 弱肉強食
약육강식
약한 것이 강한 것에 먹힌다.
생존경쟁(生存競爭)의 이치를 말함.

312 羊頭狗肉
양두구육
양머리를 걸어놓고 개고기를 판다는 말로 겉은 훌륭하나 속이 다름을 비유하여 말한다.

313 梁上君子
양상군자
도둑이 들보위에 숨어 있음을 알고 아들에게 사람의 본성은 다 선하나 나쁜 버릇이 들면 저 '양상군자'와 같이 된다고 말한 데서 도둑을 점잖게 부르는 말.

314 養虎遺患
양호유환
호랑이 새끼를 길러 근심거리를 일부러 만든다는 뜻으로 화근이 되는 것을 길 러 나중에 화를 당함을 비유함.

315 魚東肉西
어동육서
제사음식을 차릴 때, 생선은 동쪽에 고기는 서쪽에 놓는 것.

316 魚頭肉尾
어두육미
물고기는 머리, 짐승은 꼬리 쪽이 맛있다는 말.

317 漁父之利
어부지리
제삼자가 이익을 취함을 이르는 말.

318 語不成說
어불성설
하는 말이 이치에 맞지 않음. 말이 되지 않음.

319 抑強扶弱
억강부약
강한 자를 누르고 약한 자를 도움.

320 億兆蒼生
억조창생
수 많은 백성.

321 言語道斷
언어도단
말할 길이 막혔다. 어이없어 말이 나오지 않음.

322 言中有骨
언중유골
말속에 뼈가 있다. 말속에 깊은 뜻이 있는 것을 말한다.

323 言行一致
언행일치
말과 행동이 하나같이 똑같이 이루어짐.

324 嚴妻侍下
엄처시하
무서운 아내를 아래에서 모시고 있다는 데서, 아내에게 쥐어사는 남편을 조롱하는 말.

325 如履薄氷
여리박빙
엷은 얼음을 밟는 것과 같다. 아슬아슬 불안한 상태.

326 如出一口
여출일구
여러 사람의 말이 한결같이 같음.

327 女必從夫
여필종부
아내는 반드시 남편에게 순종해야 한다는 말.

328 易地思之
역지사지
처지를 바꾸어서 생각함. 상대방의 처지에서 생각함.

329 緣木求魚
연목구어
나무에 올라가서 고기를 구한다는 뜻으로, 불가능한 일을 억지로 하려고 함을 말한다.

330 連戰連勝
연전연승
전쟁에서 싸울 때마다 연달아 이김.

331 炎凉世態
염량세태
불 같이 타오르다 싸늘해지는 세태. 즉 권세가 있으면 아부하고 몰락하면 푸대 접하는 세상인심을 말한다.

332 榮枯盛衰
영고성쇠
사람이나 한나라의 운명이 필 때도 있고 질 때도 있고 융성할 때도 있고 쇠퇴 할 때도 있음을 말한다.

333 五車之書
오거지서
다섯 수레의 책으로 많은 장서를 이르는 말.

334 五穀百果
오곡백과
온갖 곡식과 온갖 과일.

335 五里霧中
오리무중
사방 오리(五里)가 안개에 쌓여 길을 알기가 어려운 것 같이 일의 갈피를 잡을 수 없는 상태를 가리킨다.

336 吾鼻三尺
오비삼척
내 코가 석자라는 뜻으로 내사정이 급하여 남을 돌볼 겨를이 없음.

337 烏飛梨落
오비이락
까마귀 날자 배 떨어진다는 뜻으로, 우연의 일치로 남에게 의심을 받을 때 하는 말.

338 傲霜孤節
오상고절
서릿발 날리는 추운 때에도 굴하지 않고 외로이 지키는 절개를 뜻한다.

339 烏合之卒
오합지졸
까마귀 떼와 같이 조직도 훈련도 없이 모인 무리.

340 玉骨仙風
옥골선풍
옥과 같은 골격과 선인과 같은 풍채.

341 屋上架屋
옥상가옥
지붕 위에 집을 더하는 일. 할 일없이 같은 일을 되풀이함.

342 溫故知新
온고지신
옛것을 익히어 새것을 앎.

343 曰可曰否
왈가왈부
어떤 일에 대하여 옳거니 옳지 않거니 하고 말함.

344 外柔內剛
외유내강
겉으로는 부드럽고 순하나 속은 곧고 꿋꿋하다.

345 樂山樂水
요산요수
'인자요산(仁者樂山)', '지자요수(知者樂水)'의 준말. 어진 사람은 산을 좋아하고 지혜로운 자는 물을 좋아한다는 말. 산수의 자연을 즐김.

346 搖之不動
요지부동
흔들어도 꼼짝 않음.

347 欲速不達
욕속부달
서둘러 하고자 하면 목표에 도달하지 못함.

348 龍頭蛇尾
용두사미
용의 머리와 뱀의 꼬리. 처음에는 그럴 듯하다가 끝은 보잘 것 없음.

349 龍尾鳳湯
용미봉탕
맛이 썩 좋은 음식.

350 龍蛇飛騰
용사비등
용과 뱀이 나는 것 같이 글씨가 힘찬 것을 말한다.

351 愚公移山
우공이산
우공이라는 노인이 자기 집 앞의 산을 다른 곳으로 옮기려고 노력하여 결국 이루 었다는 고사로, 무슨 일이든 끊임없는 노력이 있으면 반드시 이루어짐을 말한다.

352 雨順風調
우순풍조
비가 오고 바람이 부는 것이 때와 양이 알맞음.

353 右往左往
우왕좌왕
오른쪽으로 갔다 왼쪽으로 갔다 하며 종잡지 못함.

354 優柔不斷
우유부단
어물거리기만 하고 결단을 내리지 못함.

355 牛耳讀經
우이독경
쇠귀에 경 읽기라는 말로, 어리석어 남의 말을 이해하지 못함을 이름.

356 羽化登仙 우화등선
날개 돋친 신선이 되어 하늘로 올라가는 경지에 이름.

357 遠交近攻 원교근공
먼 나라와 우호관계를 맺고, 이웃나라를 공략하는 일.

358 遠禍召福 원화소복
재앙을 멀리하고 복을 부름.

359 月下氷人 월하빙인
월하노인(月下老人)과 빙상인(氷上人)의 약어로 중매쟁이를 이르는 말.

360 危機一髮 위기일발
위태로운 상황이 머리카락 하나 간격만큼의 절박함을 이름.

361 有口無言 유구무언
입은 있으나 할 말이 없음. 변명할 말이 없음.

362 柔能制剛 유능제강
부드러움이 능히 강함을 제어한다.

363 有名無實 유명무실
명목만 있고 실상은 없음.

364 流芳百世 유방백세
꽃다운 이름이 후세에 길이 전함.

365 有備無患 유비무환
미리 준비가 있으면 뒷걱정이 없다.

366 唯我獨尊 유아독존
세상에 오직 나보다 더 높은 사람이 없다고 뽐내는 일.

367 類類相從 유유상종
같은 무리끼리 서로 왕래하며 사귐. 비슷한 사람끼리 모이게 됨을 비유하는 말로 쓰인다.

368 悠悠自適 유유자적
속세에 얽매이지 않고 자기 하고 싶은 대로 마음 편히 사는 것.

369 唯一無二 유일무이
오직 하나이지 둘이 아님. 유일함을 강조하는 말.

370 遺臭萬年 유취만년
더러운 이름을 오래도록 남김.

371 隱忍自重 은인자중
마음속으로 참고 스스로 신중히 함.

372 陰德陽報 음덕양보
남모르게 덕을 쌓은 사람은 그 보답을 저절로 받게 된다는 뜻.

373 吟風弄月 음풍농월
바람을 읊조리고 달을 희롱한다는 말로 바람과 달에 대하여 시를 짓고 흥취를 자아내어 놀음.

374 異口同聲 이구동성
여러 사람의 말이 한결같음. 여러 사람이 똑같이 말을 함.

375 以卵擊石 이란격석
달걀로 돌을 친다는 뜻으로, 턱없이 약한 것으로 강한 것을 당해내려는 어리석음.

376 以卵投石 이란투석
달걀로 돌을 친다는 뜻으로 약한 것으로 는 강한 것을 이겨낼 수 없음을 나타 낸다.

377 耳目口鼻 이목구비
눈·코·귀·입을 통틀어 말함. 얼굴 생김.

378 以心傳心 이심전심
마음으로 마음을 전함. 말이 없어도 서로 마음이 통하여 아는 것.

379 以熱治熱 이열치열
열을 열로써 다스린다는 뜻으로, 힘에는 힘으로 상대함을 말한다.

380 利用厚生 이용후생
기물의 사용을 편리하게 하고 백성의 생활을 윤택하게 함.

381 泥田鬪狗 이전투구
진흙 밭의 개싸움이라는 뜻으로 명분 없는 일로 서로 싸우는 일.

382 離合集散 이합집산
헤어졌다가 모였다가 하는 일.

383 因果應報 인과응보
불교 용어로 전생(前生)에서의 행위로 현재(現在) 행복과 불행이 있고 현재에 인하여 내세(來世)에 행복과 불행이 생김을 말한다. 원인과 결과는 서로 관계가 있다.

384 人面獸心
인면수심
사람의 얼굴을 하였으나 속마음은 짐승 같다. 은혜를 모르거나 인정없는 사람을 욕하여 부르는 말.

385 人命在天
인명재천
사람의 목숨은 하늘에 달려 있다는 말.

386 人死留名
인사유명
사람은 죽어서 이름을 남김.
동 虎死留皮(호사유피)

387 仁義禮智
인의예지
유교의 네 가지 덕목. 어짊·의로움·예의·지혜.

388 仁者無敵
인자무적
어진 자에게는 적이 없다.

389 一刻千金
일각천금
매우 짧은 시간도 천금만큼 귀하다

390 一擧兩得
일거양득
하나의 행동으로 두 가지의 성과를 거두는 것.
동 一石二鳥(일석이조)

391 一口二言
일구이언
한 입으로 두 가지 말을 함.

392 日久月深
일구월심
세월이 흐를수록 바라는 마음이 더욱 간절해짐.

393 一刀兩斷
일도양단
한 칼에 둘로 나누듯이 일이나 행동을 선뜻 결정함을 가리킨다.

394 一蓮托生
일련탁생
어떤 일이 선악이나 결과에 대한 예견에 관계없이 끝까지 행동과 운명을 같이 함을 이르는 말.

395 一脈相通
일맥상통
하나의 맥락으로 서로 통한다는 데서 솜씨나 성격 등이 서로 비슷함을 말함.

396 一罰百戒
일벌백계
하나의 벌을 무거운 벌로 다스려 여러 사람에게 경계심을 갖도록 함.

397 一絲不亂
일사불란
하나의 실처럼 질서나 체계가 정연하여 어지러운 데가 없다.

398 一石二鳥
일석이조
하나의 돌로 두 마리 새를 잡듯, 한 가지 일로 두 가지 이익을 얻음. 동 一擧兩得(일거양득)

399 一笑一少
일소일소
한 번 웃으면 한 번 젊어짐.

400 一心同體
일심동체
여러 사람이 한 사람처럼 뜻을 합하여 굳게 결합하는 일.

401 一魚濁水
일어탁수
한 마리 물고기가 온 시내를 흐려 놓는다. 한 사람의 잘못으로 여러 사람이 피해 입는 것을 비유한 말.

402 一言半句
일언반구
한 마디의 말과 한 구의 반, 아주 짧은 말이나 글귀.

403 一葉知秋
일엽지추
하나의 낙엽이 가을이 왔음을 알게 해준다. 사소한 것을 보고도 큰일을 미루어 짐작할 수 있음.

404 一衣帶水
일의대수
한 가닥의 띠와 같이 좁은 냇물이나 바다.

405 一以貫之
일이관지
하나의 이치로 모든 일을 꿰뚫음.

406 一日三秋
일일삼추
하루가 가을 세 번, 즉 삼년 같게 느껴짐. 몹시 애태우며 기다림을 비유함.

407 一日之長
일일지장
하루 먼저 태어나서 나이가 조금 위임을 이르는 말.

408 一長一短
일장일단
하나의 장점이 있으면 단점도 있다는 것을 뜻한다.

409 一場春夢
일장춘몽
한 바탕의 봄 꿈, 부귀영화의 덧없음을 이르는 말.

410 一觸卽發
일촉즉발
조금 건드리기만 하여도 곧 폭발 할 것 같은 몹시 위험한 상태.

411 一寸光陰
일촌광음
한 마디 정도의 시간, 즉 아주 짧은 시간.

412 日就月將 일취월장
나날이 발전하고 다달이 진보함.

413 一波萬波 일파만파
하나의 파도가 여러 파장을 만들 듯, 작은 사건이 큰 파장을 불러 일으킴을 의미한다.

414 一敗塗地 일패도지
한 번 패하여 진흙땅에 떨어져 다시 일어설 수 없음을 뜻한다.

415 一片丹心 일편단심
한 조각 변치 않는 충성스러운 마음.

416 一筆揮之 일필휘지
글씨나 그림을 힘차게 쓰거나 그리는 것을 형용하는 말.

417 一喜一悲 일희일비
한편 기쁘고 한편 슬픔, 기쁜 일과 슬픈 일이 번갈아 일어남.

418 臨機應變 임기응변
그때의 변화나 상황에 다라 일을 알맞게 처리 하는 것.

419 立身揚名 입신양명
세상에 나아가 출세하고 이름을 날리는 것.

420 自強不息 자강불식
스스로 힘쓰고 가다듬어 쉬지 않음.

421 自激之心 자격지심
어떠한 일에 대하여 스스로 미흡하게 여김.

422 自給自足 자급자족
자기의 필요함을 스스로 생산하여 충당함을 뜻한다.

423 自問自答 자문자답
스스로 묻고 스스로 답함.

424 自手成家 자수성가
스스로의 힘으로 한 살림을 이룩함을 뜻한다.

425 自業自得 자업자득
자기가 저지른 일의 과보를 자기가 받는다.

426 自中之亂 자중지란
자기편끼리 일어나는 다툼.

427 自初至終 자초지종
처음부터 끝까지 이르는 동안 또 그 사실.

428 自暴自棄 자포자기
절망의 상태에 빠져 자신을 포기하고 돌보지 아니함.

429 自畫自讚 자화자찬
자기가 그린 그림을 스스로 칭찬한다는 뜻으로, 자기가 한일을 자랑함.

430 作心三日 작심삼일
마음 먹은 일이 사흘을 못 감. 결심이 굳지 못함을 비유함.

431 張三李四 장삼이사
장씨 셋과 이씨 넷으로 평범한 사람을 이르는 말.
동 甲男乙女(갑남을녀)

432 才勝德薄 재승덕박
재주는 남보다 낫지만 덕이 부족함.

433 赤手空拳 적수공권
맨손 맨주먹 이란 뜻으로 아무것도 가진 것이 없다는 뜻이다.

434 適者生存 적자생존
환경에 적응 하는 것만이 살고 적응하지 못하면 도태되어 사라짐.

435 適材適所 적재적소
인재에 알맞게 맞은 임무를 맡기는 일.

436 電光石火 전광석화
번갯불과 부싯돌이란 뜻으로, 극히 짧은 시간이나 재빠른 행동.

437 前代未聞 전대미문
이제가지 들어 보지 못한 매우 놀라운 일이나, 새로운 것을 두고 이르는 말.

438 前無後無 전무후무
전에도 없었고 후에도 없음.

439 轉禍爲福 전화위복
화가 바뀌어 복이 된다. 궂은 일을 당할 때 그것을 극복하여 좋은 일이 되게함을 이른다.

440 絶世佳人 절세가인
비할 데가 없는 아름다운 여인.

441 絶長補短 절장보단
긴 것을 잘라 짧은 것을 보충하듯 좋은 장점으로 부족한 데를 채움.

442 切齒腐心 절치부심
몹시 분하여 이를 갈며 속을 썩임.

443 漸入佳境 점입가경
점점 아름다운 경지로 들어간다는 뜻으로, 문장이나 산수 따위가 점차 재미있게 되어감.

444 朝令暮改 조령모개
아침에 내린 영(令)을 저녁에 다시 고친다는 말로 법령이나 명령을 자주 바꾸 는 것을 이르는 말.

445 朝變夕改 조변석개
아침 저녁으로 뜯어 고침, 곧 일을 자주 뜯어고침.

446 朝三暮四 조삼모사
송(宋)나라 저공(狙公)이 원숭이를 기르다 먹이 주는 것이 힘들어 먹이를 줄이려 아침에 3개 저녁에 4개를 준다고 하자 원숭이가 화를 내다 아침에 4개 저녁에 3개를 준다고 하자 기뻐하였다는 고사로, 간사한 꾀로 남을 속이는 것을 비유 하는 말.

447 鳥足之血 조족지혈
새 발의 피라는 말로, 극히 적은 양을 비유 하는 말.

448 足脫不及 족탈불급
맨발로 뛰어도 이르지 못함. 역량이 부족함.

449 存亡之秋 존망지추
죽고 사느냐의 절박한 상황.

450 種豆得豆 종두득두
콩 심은데 콩 난다. 뿌린 대로 거둔다.

451 縱橫無盡 종횡무진
세로와 가로로 다함이 없다는 데서, 자유자재하여 끝이 없는 상태를 말함.

452 坐不安席 좌불안석
불안하여 한자리에 오래 앉아 있지 못한다는 뜻.

453 坐井觀天 좌정관천
우물에 앉아서 하늘을 본다. 견문이 좁음을 말함.

454 左之右之 좌지우지
어떤 일을 제 맘대로 이리저리 다루는 것을 말한다.

455 左衝右突 좌충우돌
이리저리 마구 치고 받음.

456 主客一體 주객일체
주인과 손이 한 몸이라는 데서, 나와 나 밖의 대상이 하나가 됨을 말함.

457 晝耕夜讀 주경야독
낮에는 일하고 밤에는 글을 읽는다는 뜻으로, 바쁜 데도 어렵게 공부함을 이르는 말.

458 走馬看山 주마간산
달리는 말에서 산을 본다. 자세히 보지 않고 건성으로 지나침.

459 酒池肉林 주지육림
술로 이루어진 연못과 고기로 이루어진 숲으로 호화로움의 극에 달한 술잔치로, 호화로운 생활을 비유.

460 竹馬故友 죽마고우
죽마(竹馬)를 타고 함께 놀던 친구.

461 衆寡不敵 중과부적
적은 수로는 많은 수를 대적하지 못한다.

462 衆口難防 중구난방
여러 사람의 입은 막기 어렵다. 여러 사람의 의견이 모아 지지 않아 저마다 소 견을 펼치는 상황.

463 指鹿爲馬 지록위마
중국 진나라의 조고(趙高)가 이세황제(二世皇帝)에게 사슴을 말이라고 속여 바 친 고사로 윗사람을 농락하여 권세를 마음대로 함.

464 支離滅裂 지리멸렬
갈갈이 흩어지고 찢기어 갈피를 잡을 수 없음.

465 知命之年 지명지년
쉰 살의 나이를 달리 이르는 말.

466 池魚之殃 지어지앙
연못 물고기에게 닥친 재앙. 성에 불이나 불을 끄느라 물이 다 없 어져 물고기 가 죽게 된다는 고사로, 아무 죄 없고 관계도 없이 닥치는 재앙을 말한다.

467 知彼知己 지피지기
상대를 알고 나를 앎. 적의 사정과 나의 형편을 잘 알고 싸우면 백번 싸워서 백번 이긴다는 뜻이다.

468 至誠感天 지성감천
정성이 지극하면 하늘도 감동한다.

469 知行合一 지행합일
지식과 실천은 둘이 아니고 하나임. 앎과 실천을 함께 힘써야 함.

470 指呼之間 지호지간
손짓하여 부를 만한 가까운 거리를 말한다.

471 盡忠報國 진충보국
충성을 다하여 나라의 은혜를 갚음.

472 進退兩難 진퇴양난
'진퇴유곡(進退維谷)'과 같은 말로, 나아갈 수도 물러가기도 어려움.

473 此日彼日 차일피일
이 날이다 저 날이다 하고 약속 따위를 미루는 모양.

474 天高馬肥 천고마비
하늘이 높고 말이 살찐다. 가을을 수식하는 뜻으로 쓰이는 말.

475 千慮一得 천려일득
지혜로운 사람도 많은 생각 가운데는 간혹 실책이 있을 수 있다는 말

476 千慮一失 천려일실
천 번을 생각한 일에도 한 가지 쯤 실수가 있다. 지혜로운 사람도 실수가 있게 마련이라는 말.
반 千慮一得(천려일득)

477 天生緣分 천생연분
하늘이 내어준 연분이라는 말로 결혼하여 잘 살아가는 부부를 뜻한다.

478 千辛萬苦 천신만고
천가지 매운 맛과 만가지 쓴 맛이라는 뜻으로, 온갖 어려움에 고생스러움.

479 天壤之差 천양지차
하늘과 땅의 차이. 엄청난 차이.

480 天人共怒 천인공노
하늘과 사람이 함께 분노한다는 뜻에서, 도저히 용서할 수 없음을 비유함.

481 千載一遇 천재일우
천 년에 한 번 만날 수 있는 기회. 좀처럼 얻기 어려운 기회.

482 千差萬別 천차만별
여러 가지 차이와 여러 가지 구별이 많은 것.
동 千態萬象(천태만상)

483 千篇一律 천편일률
천 가지 책 모두 내용과 형식이 하나라는 뜻으로, 사건이나 사물이 모두 한결같이 단조롭다는 말이다.

484 徹頭徹尾 철두철미
처음부터 끝까지 투철함. 처음부터 끝까지 철저하게.

485 青天白日 청천백일
푸른 하늘의 밝은 태양으로 누구나 다 볼 수 있는 공개된 상황.

486 清風明月 청풍명월
맑은 바람과 밝은 달. 결백하고 온건한 사람의 성격을 평하는 말.

487 草綠同色 초록동색
풀색과 녹색은 같다는 말로, 서로 같은 처지나 같은 유의 사람끼리 행동함을 이르는 말.

488 初志一貫 초지일관
처음 품은 뜻을 한결같이 꿰뚫음.

489 寸鐵殺人 촌철살인
작은 쇳덩이로 사람을 죽일 수 있다. 짤막한 말 한마디로도 사람의 아픔을 찔러 감동시킴을 말한다.

490 秋風落葉 추풍낙엽
가을에 떨어지는 낙엽과 같이 덧없음을 이르는 말.

491 春秋筆法 춘추필법
춘추와 같은 비판의 태도가 썩 엄정한, 대의명분을 밝히어 세우는 사실의 논법을 말한다.

492 春夏秋冬 춘하추동
봄·여름·가을·겨울의 네 계절을 이르는 말.

493 出將入相 출장입상
나가서는 장수가 되고 들어와서는 재상이 된다는 뜻으로 문무를 겸비하여 장상의 벼슬을 모두 지낸 사람.

494 忠言逆耳 충언역이
충고하는 말은 귀에 거슬린다. 바른 말은 사람들이 듣기 싫어하지만 지신을 이롭게 함을 이른다.

495 取捨選擇 취사선택
취할 것은 취하고 버릴 것은 버린다.

496 醉生夢死
취생몽사
취한듯 살다 꿈같이 죽는다는 말로 한평생을 흐리멍텅하게 살아감.

497 七去之惡
칠거지악
아내를 내쫓는 이유가 되는 일곱 가지 사항.

498 他山之石
타산지석
다른 산의 쓸모없는 돌도 구슬을 가는데 소용이 된다는 뜻으로, 다른 사람의 하찮은 언행일지라도 자기의 지덕을 연마하는데 도움이 된다는 말이다.

499 卓上空論
탁상공론
탁자 위에서만 펼치는 헛된 논설. 실현성이 없는 이론을 말한다.

500 貪官汚吏
탐관오리
탐욕스런 관리와 마음이 더러운 관리를 말한다.

501 泰山北斗
태산북두
태산(泰山)과 북두성(北斗星)으로, 세상 사람으로부터 가장 존경받는 뛰어난 인 물.

502 泰然自若
태연자약
마음에 충동을 받아도 듬직하고 자연스러움.

503 太平聖代
태평성대
세상이 평화롭고 안락한 성군이 다스리던 시대.

504 破邪顯正
파사현정
사악한 것을 깨뜨리고 바른 도리를 드러냄을 이른 말.

505 破顔大笑
파안대소
얼굴빛을 밝게하여 크게 웃음을 이른다.

506 破竹之勢
파죽지세
대나무는 처음 한 번 칼이 들어가면 쉽게 끝까지 쪼개진다는 말로 감히 막을 수 없는 맹렬히 진군하는 기세.

507 八方美人
팔방미인
여러 방면의 일에 능통한 사람을 가리키는 말로, 어느 모로 보나 아름다운 미인.

508 敗家亡身
패가망신
집안을 무너뜨리고 자신의 신세도 망친다는 말.

509 抱腹絶倒
포복절도
배를 안고 넘어진다는 뜻으로, 몹시 우스움을 나타냄.

510 飽食暖衣
포식난의
배불리 먹고 따뜻하게 입음, 곧 의식이 넉넉함을 말함.

511 表裏不同
표리부동
겉과 속이 다른 마음이 음흉한 사람.

512 風待歲月
풍대세월
아무리 바라고 기다려도 실현된 가망성이 없는 것.

513 風樹之歎
풍수지탄
나무가 가만히 있고자 하나 바람이 그치지 않음을 한탄 한다는 말로, 자식이 부모에게 효도 하려고 하나 부모는 기다려 주지 않는다는 말로 부모가 돌아가신 뒤에 효도 못함을 후회함.

514 風前燈火
풍전등화
바람 앞의 등불로 매우 위급한 경우에 놓여 있음을 가리키는 말.

515 皮骨相接
피골상접
살가죽과 뼈가 맞붙을 정도로 몹시 마름.

516 彼此一般
피차일반
저편이나 이편이나 한 가지. 두 편이 서로 같음.

517 匹夫之勇
필부지용
평범한 사람의 용기라는 뜻으로 작은 용기를 말한다.

518 匹夫匹婦
필부필부
대수롭지 않은 평범한 남녀.
동 甲男乙女(갑남을녀) 張三李四(장삼이사)

519 何待明年
하대명년
언제 명년(明年; 내년)을 기다릴까? 기다리기가 지루함을 이르는 말.

520 下石上臺
하석상대
아랫돌을 빼서 윗돌을 괸다는 말로, 임시변통으로 이리저리 둘러 맞춤.

521 鶴首苦待
학수고대
학의 머리처럼 길게 빼고 기다린다는 뜻으로, 몹시 기다림.

522 漢江投石
한강투석
한강에 돌을 던진다는 뜻. 아무리 해도 전혀 효과가 없음.

523 含憤蓄怨
함분축원
분함을 품고 원한을 쌓는다는 뜻이다.

524 咸興差使
함흥차사
조선 초 태종이 아버지인 이성계를 모셔오려고 함흥으로 차사를 보냈으나 태 조 이성계는 차사가 오는 데로 죽이거나 가두어, 심부름 가서 아주 소식이 없 거나 더디게 올 때 쓰는 말.

525 合從連衡
합종연횡
소진(蘇秦)이 주장한 6개국이 동맹하여 진(秦)나라에 대항하자는 의견인 합종 (合從)과, 장의(張儀)가 주장한 의견으로 진나라와 그 동쪽의 6개국과 연합하 려던 외교정책인 연횡(連衡). *衡(저울대형, 가로횡)

526 恒茶飯事
항다반사
차마시는 일처럼, 늘 있는 일.

527 虛張聲勢
허장성세
공허하게 떠드는 소리와 힘이 있는 듯 불리어서 보이는 태도.

528 虛虛實實
허허실실
적의 허한 곳에 실한 것으로 공격하는 전술을 말함. 허실을 알아서 상대방의 동 정을 알아냄.

529 軒軒丈夫
헌헌장부
외모가 수려하고 쾌활한 남자.

530 賢母良妻
현모양처
어진 어머니이면서 착한 아내.

531 懸河口辯
현하구변
물이 세차게 흐르듯, 거침없이 쏟아 놓는 것처럼 말을 잘함.

532 螢雪之功
형설지공
진(晉)나라 차윤(車胤)은 비단주머니에 반딧불을 잡아넣어 공부하여 상서랑(尙書 郎)에 이르렀고, 손강(孫康)은 겨울에 눈에 반사되는 달빛으로 공부하여 벼슬이 어사대부(御史大夫)에 이르렀다. 고생하며 학문을 닦은 보람을 말함.

533 呼父呼兄
호부호형
아버지라 부르고 형이라 부른다는 말로, 부형을 부형답게 모심을 말한다.

534 虎死留皮
호사유피
호랑이는 죽어서 가죽을 남긴다. 즉 사람은 죽어서 이름을 남기라는 뜻. 人死留名(인사유명)

535 浩然之氣
호연지기
사물에서 해방된 자유로운 마음. 하늘과 땅 사이에 넘치게 가득한 넓고 큰 원기.

536 呼兄呼弟
호형호제
서로 형 아우 라 부르는 사이. 친 형제처럼 가까운 사이.

537 好衣好食
호의호식
좋은 옷과 좋은 음식으로, 잘 먹고 잘 사는 생활.

538 昏定晨省
혼정신성
저녁이면 잠자리를 정해드리고 새벽에는 주무신 자리를 살핀다는 뜻으로, 부모 님을 모시는 자식이 아침저녁으로 부모의 안부를 물어 살핌을 이름. 定省(정성)의 본래 말.

539 紅爐點雪
홍로점설
벌겋게 달아오른 화로에 한점의 눈이라는 뜻으로, 큰일에 작은 힘은 조금의 도 움도 되지 못함을 이른다.

540 弘益人間
홍익인간
널리 인간세상을 이롭게 한다는 뜻.

541 畫蛇添足
화사첨족
뱀을 그리는데 쓸데없이 발까지 그려 넣음. 안 해도 될 일을 하다 도리어 일을 망침.

542 花朝月夕
화조월석
꽃 피는 아침과 달뜨는 저녁. 경치가 좋은 시절. 봄날 아침과 가을 저녁의 즐거 운 한때.

543 確固不動
확고부동
확실하게 굳어 움직이지 않음.

544 會者定離
회자정리
만나면 반드시 헤어진다. 인생의 무상함을 말함.

545 後生可畏
후생가외
후배들은 선배들보다 나아질 가능성이 많기 때문에 젊고 기백 있는 후배를 두렵 게 여김.

546 厚顔無恥
후안무치
얼굴이 두꺼워 부끄러움을 모름. 뻔뻔스러움.

547 興亡盛衰
흥망성쇠
흥하고 망하고 성하고 쇠퇴함을 이른다.

548 興盡悲來
흥진비래
즐거움이 다하면 슬픈 일이 온다. 흥망과 성쇠가 서로 엇바뀌어 돌고 돎을 이르는 말.

549 喜怒哀樂
희노애락
기쁨과 노여움과 슬픔과 즐거움. 사람의 온갖 감정.

유의자

4급	4급	
歌 노래 가	曲 곡	歌曲(가곡)노래
可 옳을 가	能 능할 능	可能(가능)할 수 있음.
街 거리 가	道 길 도	街道(가도)큰 길거리.
家 집 가	屋 옥	家屋(가옥)사람이 사는 집.
歌 노래 가	謠 요	歌謠(가요)민요, 동요, 속요, 유행가를 통틀어 이르는 말.
家 집 가	宅 집 택	家宅(가택)사람이 사는 집.
簡 간	略 략	簡略(간략)간단하고 단출하다.
簡 간	素 소	簡素(간소)간략하고 소박하다.
簡 간	易 이	簡易(간이)간단하고 쉬움.
感 감	覺 각	感覺(감각)온몸을 통하여 자극을 받아들임.
監 감	査 사	監査(감사)감독하고 검사함.
減 감	省 생	減省(감생)덜어서 줄임.
減 감	殺 쇄	減殺(감쇄)줄어서 없어짐.
監 감	視 시	監視(감시)주의 깊게 지켜봄.
康 강	健 건	康健(강건)기력이 좋고 몸이 건강하다. 健康(건강)
強 강	烈 렬	強烈(강렬)강하고 세차다.
巨 거	大 대	巨大(거대)엄청나게 큼.
擧 거	動 동	擧動(거동)몸을 움직이는 태도. 몸가짐.
居 거	留 류	居留(거류)임시로 머물러 삶.
居 거	住 주	居住(거주)머물러 삶.
建 건	立 립	建立(건립)만들어 세움.
建 건	造 조	建造(건조)건물이나 배를 만드는 일.
激 격	烈 렬	激烈(격렬)몹시 세차다.
堅 견	固 고	堅固(견고)굳고 튼튼하다.
警 경	覺 각	警覺(경각)깨우쳐 깨닫게 함.
經 경	過 과	經過(경과)시간이 지나감.
境 경	界 계	境界(경계)지역이 갈라지는 한계.
警 경	戒 계	警戒(경계)사고 예방을 위해 주의하고 살핌.
經 경	歷 력	經歷(경력)겪어 지내온 일들.
經 경	書 서	經書(경서) 유교의 가르침을 적은 책.
競 경	爭 쟁	競爭(경쟁)서로 이기려고 다툼.
階 계	段 단	階段(계단)층계. 일하는데 밟는 순서.
計 계	量 량	計量(계량)분량이나 무게 따위를 잼.
計 계	算 산	計算(계산)수량을 셈.
繼 계	續 속	繼續(계속)끊이지 않고 이어짐.
繼 계	承 승	繼承(계승)선임자의 뒤를 이어받음.
階 계	層 층	階層(계층)사회를 형성하는 여러 층.
故 고	舊 구	故舊(고구)오래된 친구.
孤 고	獨 독	孤獨(고독)외로움.
考 고	慮 려	考慮(고려)생각하여 헤아림.
曲 곡	折 절	曲折(곡절)복잡한 사정이나 이유.

困 곤	窮 궁	困窮(곤궁)가난하고 구차함.
攻 공	擊 격	攻擊(공격)나아가 적을 침.
公 공	共 공	公共(공공)사회 일반이나 公衆(공중)과 관계되는 것.
共 공	同 동	共同(공동)둘 이상이 같이함.
空 공	虛 허	空虛(공허)텅 비다.
過 과	去 거	過去(과거)지난 일. 지나간 때.
過 과	失 실	過失(과실)잘못이나 허물.
果 과	實 실	果實(과실)열매.
過 과	誤 오	過誤(과오)잘못. 허물.
觀 관	覽 람	觀覽(관람).미술품 연극 따위를 구경함.
敎 교	訓 훈	敎訓(교훈)가르치고 깨우침.
具 구	備 비	具備(구비)두루 갖춤.
區 구	域 역	區域(구역)갈라놓은 지역.
救 구	濟 제	救濟(구제)어려운 사람을 도와줌.
救 구	助 조	救助(구조)위험한 상황의 사람을 도와서 구원함.
君 군	王 왕	君王(군왕)임금.
屈 굴	曲 곡	屈曲(굴곡)이리저리 굽고 꺾임.
屈 굴	折 절	屈折(굴절)휘어서 꺾임.
窮 궁	極 극	窮極(궁극)마지막이나 끝.
窮 궁	盡 진	窮盡(궁진)다하여 없어짐.
勸 권	勉 면	勸勉(권면)격려하여 힘쓰게 함.

規 규	模 모	規模(규모)일정한 한도 따위.
規 규	例 례	規例(규례)규칙과 정하여진 관례.
規 규	範 범	規範(규범)지켜야할 본보기.
規 규	律 율	規律(규율)생활 행위의 기준.
規 규	則 칙	規則(규칙)약정한 질서나 표준.
極 극	端 단	極端(극단)맨 끄트머리.
極 극	盡 진	極盡(극진)정성 등을 다함.
根 근	本 본	根本(근본)사물의 바탕. 기초.
根 근	源 원	根源(근원)사물의 본바탕.
急 급	速 속	急速(급속)급하고 빠름.
給 급	與 여	給與(급여)돈이나 물건을 베풀어 줌.
記 기	錄 록	記錄(기록)사실 따위를 적음.
技 기	術 술	技術(기술)일을 해내는 솜씨.
技 기	藝 예	技藝(기예)미술이나 공예 따위에 관한 기술.
羅 나	列 열	羅列(나열)죽 벌이여 놓음.
努 노	力 력	努力(노력)힘을 다해 애를 씀.
勞 노	務 무	勞務(노무)노동에 관한 사무.
路 노	程 정	路程(노정)목적지 까지의 거리나 길가는 과정.
論 논	議 의	論議(논의)의견을 내어 토의함.
段 단	階 계	段階(단계)일의 차례.
單 단	獨 독	單獨(단독)혼자. 단 하나.

端 단	末 말	端末(단말)끄트머리. 끝.
斷 단	絶 절	斷絶(단절)교류나 관계를 끊음.
擔 담	當 당	擔當(담당)어떤 일을 맡음.
擔 담	任 임	擔任(담임)책임지고 맡아봄.
談 담	話 화	談話(담화)허물없이 이야기를 나눔.
到 도	達 달	到達(도달)어떤 수준에 이르러 도달함.
徒 도	黨 당	徒黨(도당)떼 지은 무리.
道 도	路 로	道路(도로)비교적 큰길.
逃 도	亡 망	逃亡(도망)몰래 피해 달아남.
盜 도	賊 적	盜賊(도적)도둑.
道 도	程 정	道程(도정)여행의 경로.
到 도	着 착	到着(도착)목적지에 다다름.
逃 도	避 피	逃避(도피)도망하여 피함.
圖 도	畫 화	圖畫(도화)도면과 그림. 그림 그리기. 도화
末 말	端 단	末端(말단)물건의 맨 끝.
亡 망	失 실	亡失(망실)잃어버림.
明 명	朗 랑	明朗(명랑)밝고 환함.
名 명	號 호	名號(명호)이름과 호.
毛 모	髮 발	毛髮(모발)사람 몸에 난 터럭.
模 모	範 범	模範(모범)배울만한 본보기.
模 모	樣 양	模樣(모양)겉으로 나타나는 모습.

文 문	書 서	文書(문서)글이나 기호 따위로 생각을 나타낸 것.
文 문	章 장	文章(문장)생각을 글로 쓴 것.
物 물	件 건	物件(물건)형체를 갖춘 물질.
物 물	品 품	物品(물품)쓸만한 가치 있는 물건.
發 발	展 전	發展(발전)더 좋은 상태로 나아감.
防 방	守 수	防守(방수)막아서 지킴.
妨 방	害 해	妨害(방해)남의 일에 훼방을 놓음.
配 배	分 분	配分(배분)몫몫이 나누어 줌.
範 범	例 례	範例(범례)예로 삼아 모범으로 삼음.
法 법	度 도	法度(법도)법률과 제도.
法 법	律 률	法律(법률)강제적인 규범.
法 법	式 식	法式(법식)법도와 양식.
法 법	典 전	法典(법전)법률을 엮은 책.
法 법	則 칙	法則(법칙)꼭 지켜야하는 규범.
變 변	化 화	變化(변화)사물의 형상이나 성질이 달라짐.
變 변	更 경	變更(변경)바꾸어 고침.
兵 병	士 사	兵士(병사)군사.
兵 병	卒 졸	兵卒(병졸)군사.
報 보	告 고	報告(보고)일의 결과를 알림.
保 보	守 수	保守(보수)제도·방법·습관 등을 그대로 지킴.
保 보	衛 위	保衛(보위)보전하여 지킴.

保 보	護 호	保護(보호)보살펴 돌봄.
奉 봉	仕 사	奉仕(봉사)남을 위해 헌신적으로 일함.
部 부	隊 대	部隊(부대)일정한 규모의 군대 조직.
副 부	次 차	副次(부차)그 다음. 부수적인 관계.
憤 분	怒 노	憤怒(분노)몹시 성을 냄.
分 분	班 반	分班(분반)몇 반으로 나눔.
分 분	配 배	分配(분배)고르게 나눔.
分 분	別 별	分別(분별)구분하여 가름.
費 비	用 용	費用(비용)일하거나 쓰는 비용.
批 비	評 평	批評(비평)옳고 그름을 평가함.
貧 빈	困 곤	貧困(빈곤)가난해서 살림이 어려움.
貧 빈	窮 궁	貧窮(빈궁)가난하여 생활이 어려움.
思 사	考 고	思考(사고)생각하고 궁리함.
思 시	顧 고	思顧(사고)생각함. 궁리함.
思 사	念 념	思念(사념)마음속으로 생각함.
思 사	慮 려	思慮(사려)신중하게 생각함.
使 사	令 령	使令(사령)명령하여 일을 시킴.
思 사	想 상	思想(사상)생각. 견해.
辭 사	說 설	辭說(사설)잔소리로 늘어놓는 말.
舍 사	宅 택	舍宅(사택)관사. 사원용 주택.
社 사	會 회	社會(사회)같은 무리끼니 모인 집단.

算 산	數 수	算數(산수)셈에 관한 기초적인 학문.
想 상	念 념	想念(상념)마음에 떠오르는 생각.
象 상	形 형	象形(상형)어떤 물건을 본뜸.
生 생	産 산	生産(생산)인간에게 필요한 물품을 만듦.
省 생	略 략	省略(생략)줄이거나 뺌.
生 생	活 활	生活(생활)활동하며 살아감.
選 선	別 별	選別(선별)가려서 골라냄.
選 선	擇 택	選擇(선택)골라서 뽑음.
省 성	察 찰	省察(성찰)자신을 돌이켜 깊이 생각함.
素 소	朴 박	素朴(소박)꾸밈없이 그대로임.
損 손	失 실	損失(손실)손해를 봄.
損 손	害 해	損害(손해)해를 봄. 본전보다 밑짐.
樹 수	木 목	樹木(수목)나무.
守 수	防 방	守防(수방)지키고 막음.
授 수	與 여	授與(수여)상장이나 훈장 따위를 줌.
守 수	衛 위	守衛(수위)경비를 맡아봄. 경비보는 사람.
純 순	潔 결	純潔(순결)순수하고 아주 깨끗함.
崇 숭	高 고	崇高(숭고)존엄하고 거룩함.
承 승	繼 계	承繼(승계)뒤를 이음.
施 시	設 설	施設(시설)차린 설비.
始 시	初 초	始初(시초)맨 처음.

試 시	驗 험	試驗(시험)어느 것의 수준이나 능력을 알아 봄.
申 신	告 고	申告(신고)사실을 보고하는 일.
身 신	體 체	身體(신체)사람의 몸.
心 심	情 정	心情(심정)마음속의 생각.
兒 아	童 동	兒童(아동)어린아이.
樂 악	曲 곡	樂曲(악곡)음악의 곡조.
安 안	康 강	安康(안강)편안하고 무사함.
眼 안	目 목	眼目(안목)사물을 보는 능력.
約 약	束 속	約束(약속)무엇을 미리 정함.
糧 양	穀 곡	糧穀(양곡)양식으로 쓰는 곡식.
養 양	育 육	養育(양육)아이를 보살펴 자라게 함.
言 언	辯 변	言辯(언변)말솜씨나 말재주.
言 언	語 어	言語(언어)생각을 소리로 전하는 체계.
餘 여	暇 가	餘暇(여가)겨를 틈.
旅 여	客 객	旅客(여객)여행을 하고 있는 사람.
研 연	究 구	研究(연구)사물의 이치를 밝힘.
年 연	歲 세	年歲(연세)나이의 높임말.
連 연	續 속	連續(연속)끊이지 않고 계속 이음.
練 연	習 습	練習(연습)되풀이하여 익힘.
連 연	接 접	連接(연접)서로 잇닿음.
念 염	慮 려	念慮(염려)걱정하는 마음.

永 영	遠 원	永遠(영원)끝없는 세월.
英 영	特 특	英特(영특)특별히 뛰어남.
藝 예	術 술	藝術(예술)기예와 학술.
溫 온	暖 난	溫暖(온난)따뜻함.
完 완	全 전	完全(완전)부족하거나 흠이 없음.
要 요	求 구	要求(요구)달라고 함.
勇 용	敢 감	勇敢(용감)씩씩하고 겁 없이 기운차다.
優 우	秀 수	優秀(우수)여럿 가운데 뛰어남.
願 원	望 망	願望(원망)원하고 바람.
援 원	助 조	援助(원조)물품이나 돈 따위로 도와줌.
怨 원	恨 한	怨恨(원한)원통하고 한스러운 생각.
援 원	護 호	援護(원호)돕고 보살펴 줌.
偉 위	大 대	偉大(위대)뛰어나고 훌륭함.
委 위	任 임	委任(위임)남에게 맡김.
肉 육	身 신	肉身(육신)사람의 몸.
律 율	法 법	律法(율법)하늘이 내린 규범.
隱 은	祕 비	隱祕(은비)숨겨진 비밀.
恩 은	惠 혜	恩惠(은혜)고마운 혜택.
音 음	聲 성	音聲(음성)말소리.
議 의	論 론	議論(의론)서로 의견을 주고받음.
衣 의	服 복	衣服(의복)옷.

意 의	思 사	意思(의사)생각이나 마음.
意 의	志 지	意志(의지)생각. 뜻.
認 인	識 식	認識(인식)사물을 분별하고 판단해서 아는 일.
認 인	知 지	認知(인지)어떤 사실을 인정해서 앎.
姉 자	妹 매	姉妹(자매)여자 형제. 여자 동기.
資 자	質 질	資質(자질)타고난 성품이나 소질.
姿 자	態 태	姿態(자태)몸가짐과 맵시.
殘 잔	餘 여	殘餘(잔여)남아 있음.
才 재	藝 예	才藝(재예)재능과 기예.
財 재	貨 화	財貨(재화)재물.
貯 저	蓄 축	貯蓄(저축)절약하여 모아둠.
展 전	開 개	展開(전개)점차 크게 펼쳐짐.
典 전	例 례	典例(전례)건거가 되는 선례.
典 전	範 범	典範(전범)본보기가 될 만한 모범.
戰 전	爭 쟁	戰爭(전쟁)무력에 의한 싸움.
戰 전	鬪 투	戰鬪(전투)온갖 병기로 직접 싸움.
接 접	續 속	接續(접속)맞대서 이음.
接 접	着 착	接着(접착)끈기있게 붙음.
程 정	度 도	程度(정도)알맞은 한도.
停 정	留 류	停留(정류)멈추어 머무름.
精 정	誠 성	精誠(정성)참되고 성실한 마음.

情 정	意 의	情意(정의)따뜻한 마음과 참된 의사.
停 정	止 지	停止(정지)멈추거나 그침.
正 정	直 직	正直(정직)바르고 곧음.
情 정	趣 취	情趣(정취)깊은 정서를 자아내는 흥취.
政 정	治 치	政治(정치)나라를 다스리는 일.
帝 제	王 왕	帝王(제왕)황제와 국왕의 총칭.
製 제	作 작	製作(제작)물건을 만듦.
製 제	造 조	製造(제조)원료를 가공하여 제품을 만듦.
造 조	作 작	造作(조작)무슨 일을 꾸며냄.
組 조	織 직	組織(조직)짜서 이룸. 얽어서 만듦.
調 조	和 화	調和(조화)균형이 잘 잡힘.
尊 존	崇 숭	尊崇(존숭)존경하고 숭배함.
存 존	在 재	存在(존재)실제로 있음.
尊 존	重 중	尊重(존중)소중하게 여김.
卒 졸	兵 병	卒兵(졸병)지위가 낮은 병사.
終 종	結 결	終結(종결)끝을 냄.
終 종	端 단	終端(종단)맨 끝. 마지막.
終 종	末 말	終末(종말)일의 맨 끝.
終 종	止 지	終止(종지)끝마쳐 그치는 것.
坐 좌	席 석	坐席(좌석)앉는 자리.
座 좌	席 석	座席(좌석)앉는 자리.

住 주	居 거	住居(주거)자리 잡고 삶.
珠 주	玉 옥	珠玉(주옥)구슬과 옥.
朱 주	紅 홍	朱紅(주홍)누른빛을 약간 띤 붉은색. 주홍빛.
增 증	加 가	增加(증가)수나 양이 더 많아짐.
至 지	極 극	至極(지극)더없이 극진함.
知 지	識 식	知識(지식)알고 있는 내용.
珍 진	寶 보	珍寶(진보)진귀한 보배.
進 진	就 취	進就(진취)차차 진보하여감.
質 질	問 문	質問(질문)궁금한 것을 물음.
集 집	合 합	集合(집합)한군데로 모임.
集 집	會 회	集會(집회)단체의 일시적인 모임.
差 차	別 별	差別(차별)차등있게 구별함.
差 차	異 이	差異(차이)서로 차가 있음. 서로 다름.
讚 찬	頌 송	讚頌(찬송)미덕을 기리고 칭찬함.
參 참	與 여	參與(참여)참가하여 관계함.
冊 책	卷 권	冊卷(책권)서책의 권과 질.
處 처	所 소	處所(처소)사람이 거처하는 곳.
淸 청	潔 결	淸潔(청결)맑고 깨끗함.
靑 청	綠 록	靑綠(청록)녹색과 파란색의 중간색.
聽 청	聞 문	聽聞(청문)널리 퍼져있는 소문.
招 초	請 청	招請(초청)청하여 부름.

村 마을 촌	落 마을 락	村落(촌락)시골의 취락. 마을.
村 마을 촌	里 마을 리	村里(촌리)촌락. 마을.
蓄 축	積 적	蓄積(축적)많이 모이어 쌓아둠.
出 출	發 발	出發(출발)일의 시작.
出 출	生 생	出生(출생)태아가 모체에서 태어남.
充 충	滿 만	充滿(충만)가득하게 참.
充 충	足 족	充足(충족)넉넉하게 채움.
測 측	量 량	測量(측량)생각하여 헤아림.
層 층	階 계	層階(층계)계단. 층층대.
稱 칭	頌 송	稱頌(칭송)공덕을 칭찬하여 기림.
稱 칭	讚 찬	稱讚(칭찬)잘 한다고 추켜 줌.
打 타	擊 격	打擊(타격)때려 침. 손해 또는 손실.
脫 탈	落 락	脫落(탈락)떨어져 나감.
脫 탈	退 퇴	脫退(탈퇴)관계를 끊고 물러나옴.
探 탐	訪 방	探訪(탐방)찾아감.
討 토	伐 벌	討伐(토벌)적의 무리를 무력으로 쳐 없앰.
土 토	地 지	土地(토지)땅. 흙.
統 통	合 합	統合(통합)합쳐 하나로 만듦.
退 퇴	去 거	退去(퇴거)물러감. 거주를 옮김.
鬪 투	爭 쟁	鬪爭(투쟁)상대를 이기려고 싸움.
敗 패	北 배	敗北(패배)싸움이나 겨루기에서 짐.

平 평	均 균	平均(평균)고르게 한 것.
平 평	和 화	平和(평화)평온하고 화목함.
包 포	容 용	包容(포용)감싸 받아들임.
疲 피	困 곤	疲困(피곤)몸이나 마음이 지쳐 고달픔.
河 하	川 천	河川(하천)시내. 강.
河 하	海 해	河海(하해)큰 강과 바다.
限 한	界 계	限界(한계)땅의 경계. 범위.
寒 한	冷 랭	寒冷(한랭)매우 추움.
解 해	放 방	解放(해방)속박을 풀고 자유로움.
海 해	洋 양	海洋(해양)넓고 큰 바다.
幸 행	福 복	幸福(행복)만족한 상태.
許 허	可 가	許可(허가)청원 따위를 들어줌.
憲 헌	法 법	憲法(헌법)한국가의 최고의 법.
賢 현	良 량	賢良(현량)어질고 착함.
協 협	和 화	協和(협화)협력하여 화합함.
形 형	態 태	形態(형태)사물의 생김새나 모양.
護 호	衛 위	護衛(호위)따라다니며 신변을 경호함.
混 혼	雜 잡	混雜(혼잡)뒤섞여 어수선함.
和 화	協 협	和協(화협)서로 마음을 터놓고 협의함.
確 확	固 고	確固(확고)확실하고 굳다.
歡 환	喜 희	歡喜(환희)즐겁고 기쁨.

回 회	歸 귀	回歸(회귀)제자리로 돌아감.
會 회	社 사	會社(회사)영리 목적으로 설립된 법인.
休 휴	息 식	休息(휴식)잠깐 쉼.
希 희	望 망	希望(희망)앞일에 대하여 기대를 가지고 바람.
希 희	願 원	希願(희원)희망.

4급 3급

價 가	値 치	價値(가치)값어치. 값.
覺 각	悟 오	覺悟(각오)도리를 깨달음. 닥칠 일에 대비함.
間 간	隔 격	間隔(간격)공간적인 사이. 떨어진 거리.
康 강	寧 녕	康寧(강녕)건강하고 편안함.
開 개	拓 척	開拓(개척)거친 땅을 일구어 논밭을 만듦.
傾 경	倒 도	傾倒(경도)기울어 넘어짐. 사모하거나 열중함.
傾 경	斜 사	傾斜(경사)비스듬히 기울.
高 고	尙 상	高尙(고상)인품이나 학문의 정도가 높고 품위 있다.
關 관	聯 련	關聯(관련)서로 어떠한 관계에 있음. 聯關(연관)
官 관	吏 리	官吏(관리)관직에 있는 사람.
官 관	爵 작	官爵(관작)관직과 작위.
橋 교	梁 량	橋梁(교량)다리.
求 구	乞 걸	求乞(구걸)남에게 빌어서 얻음.

窮 (궁)	塞 (색)	窮塞(궁색)아주 가난함.
宮 (궁)	殿 (전)	宮殿(궁전)궁궐.
紀 (기)	綱 (강)	紀綱(기강)기율과 법도.
機 (기)	械 (계)	機械(기계)동력으로 일하는 장치.
納 (납)	付 (부)	納付(납부)수업료·공과금 따위를 냄.
冷 (냉)	涼 (량)	冷涼(냉량)쌀쌀하게 차갑다.
徒 (도)	輩 (배)	徒輩(도배)나쁜 짓을 하는 패거리. 떨거지.
童 (동)	蒙 (몽)	童蒙(동몽)아직 장가들지 않은 아이.
末 (말)	尾 (미)	末尾(말미)끝 부분.
勉 (면)	勵 (려)	勉勵(면려)힘써 함.
明 (명)	哲 (철)	明哲(명철)총명하고 사리에 밝음.
模 (모)	倣 (방)	模倣(모방)본뜨거나 본받음.
配 (배)	匹 (필)	配匹(배필)부부로의 짝.
報 (보)	償 (상)	報償(보상)진 빚이나 물건을 갚음.
憤 (분)	慨 (개)	憤慨(분개)몹시 분하게 여김.
分 (분)	辨 (변)	分辨(분변)사물에 대한 생각이나 판단.
分 (분)	析 (석)	分析(분석)복잡한 사물을 나누어 확실히 밝힘.
比 (비)	較 (교)	比較(비교)사물을 견주어 봄.
悲 (비)	哀 (애)	悲哀(비애)슬픔과 설움.
使 (사)	役 (역)	使役(사역)남을 부려 일을 시킴.
思 (사)	惟 (유)	思惟(사유)대상을 두루 생각하는 일.

散 (산)	漫 (만)	散漫(산만)어수선하여 질서가 없음.
山 (산)	岳 (악)	山岳(산악)험하게 솟은 산들.
相 (상)	互 (호)	相互(상호)피차가 서로.
星 (성)	辰 (신)	星辰(성신)많은 별.
洗 (세)	濯 (탁)	洗濯(세탁)빨래.
消 (소)	滅 (멸)	消滅(소멸)사라져 없어짐.
修 (수)	飾 (식)	修飾(수식)겉모양을 꾸밈.
收 (수)	拾 (습)	收拾(수습)재산이나 물건을 주어 들임.
收 (수)	穫 (확)	收穫(수확)농작물 따위를 거두어 들임.
植 (식)	栽 (재)	植栽(식재)초목을 심어 재배함.
安 (안)	寧 (녕)	安寧(안녕)아무 탈없이 편안함.
安 (안)	逸 (일)	安逸(안일)편안하고 한가로움.
連 (연)	繫 (계)	連繫(연계)이어서 맺는 일.
連 (연)	絡 (락)	連絡(연락)정보 따위를 전함.
研 (연)	磨 (마)	研磨(연마)배우고 갈고 닦음. *研=練=鍊
燃 (연)	燒 (소)	燃燒(연소)불이 붙어 탐.
永 (영)	久 (구)	永久(영구)무한히 계속 됨.
要 (요)	緊 (긴)	要緊(요긴)매우 중요함. 필요함.
容 (용)	貌 (모)	容貌(용모)사람의 얼굴 모습.
容 (용)	顔 (안)	容顔(용안)얼굴.
委 (위)	託 (탁)	委託(위탁)책임지어 맡김.

遊 유	戲 희	遊戲(유희)즐겁게 놂.
陸 육	地 지	陸地(육지)물 밖, 지구의 땅.
仁 인	慈 자	仁慈(인자)마음이 어질고 자애로움.
帳 장	幕 막	帳幕(장막)가리거나 둘러치는 막.
將 장	帥 수	將帥(장수)군사를 거느린 우두머리.
裝 장	飾 식	裝飾(장식)겉 모양을 아름답게 꾸밈.
災 재	殃 앙	災殃(재앙)뜻밖의 불행한 사고.
災 재	禍 화	災禍(재화)재앙과 화난.
錢 전	幣 폐	錢幣(전폐)돈.
靜 정	寂 적	靜寂(정적)고요하여 잠잠함.
整 정	齊 제	整齊(정제)정돈하여 가지런함.
祭 제	祀 사	祭祀(제사)혼령이나 넋에 정성을 바침.
提 제	携 휴	提携(제휴)서로 도와줌.
終 종	了 료	終了(종료)일의 마침.
中 중	央 앙	中央(중앙)한 가운데.
智 지	慧 혜	智慧(지혜)이치를 잘 아는 능력.
淸 청	淡 담	淸淡(청담)맑고 깨끗하다.
淸 청	雅 아	淸雅(청아)맑고 아담하다.
淸 청	淨 정	淸淨(청정)맑고 깨끗함.
招 초	聘 빙	招聘(초빙)예를 갖춰 불러들임.
祝 축	賀 하	祝賀(축하)남의 경사를 기쁘게 인사함.
侵 침	掠 략	侵掠(침략)침노해서 약탈함.
侵 침	奪 탈	侵奪(침탈)침략해 빼앗음.
探 탐	索 색	探索(탐색)더듬어 찾음.
統 통	率 솔	統率(통솔)무리를 거느려 다스림.
洞 통	徹 철	洞徹(통철)깊이 살펴서 환히 깨달음.
特 특	殊 수	特殊(특수)보통과 다름.
破 파	壞 괴	破壞(파괴)부수거나 무너뜨림.
波 파	浪 랑	波浪(파랑)크고 작은 물결.
寒 한	涼 량	寒涼(한량)기운 없고 얼굴이 파리함.
解 해	釋 석	解釋(해석)이해한 것을 설명함.
許 허	諾 락	許諾(허락)청하는 바를 들어줌.
顯 현	著 저	顯著(현저)뚜렷이 나타남.
婚 혼	姻 인	婚姻(혼인)남녀가 부부가 됨.
和 화	睦 목	和睦(화목)서로 뜻이 맞고 정다움.
貨 화	幣 폐	貨幣(화폐)돈. 상품을 교환하는 가치의 척도.
喜 희	悅 열	喜悅(희열)기쁨과 즐거움.

3급 4급

剛 강	健 건	剛健(강건)꿋꿋하고 굳세다.
鋼 강	鐵 철	鋼鐵(강철)강도를 높인 쇠.

牽 견	引 인	牽引(견인)끌어 당김.
訣 결	別 별	訣別(결별)기약없는 작별.
徑 경	路 로	徑路(경로)지름길.
契 계	約 약	契約(계약)약속.
溪 계	川 천	溪川(계천)시내와 내.
寡 과	少 소	寡少(과소)아주 적음.
貫 관	通 통	貫通(관통)끝까지 꿰뚫음. 通貫(통관)
怪 괴	奇 기	怪奇(괴기)괴상하고 기이함.
恭 공	敬 경	恭敬(공경)공손히 섬김.
巧 교	妙 묘	巧妙(교묘)재치있고 묘함.
拘 구	束 속	拘束(구속)마음대로 못하게 얽어맴.
鬼 귀	神 신	鬼神(귀신)죽은 사람의 넋.
祈 기	祝 축	祈祝(기축)빌고 바람.
緊 긴	急 급	緊急(긴급)아주 중대하고 급함.
露 노	出 출	露出(노출)겉으로 드러남.
陶 도	器 기	陶器(도기)오지그릇.eh
突 돌	進 진	突進(돌진)거침없이 곧장 나아감.
鈍 둔	朴 박	鈍朴(둔박)미련하고도 순박하다.
猛 맹	暴 포	猛暴(맹포)거칠고 사납다.
滅 멸	亡 망	滅亡(멸망)망하여 없어짐.
募 모	集 집	募集(모집)사람이나 사물을 모음.

茂 무	盛 성	茂盛(무성)초목이 우거지다.
貿 무	易 역	貿易(무역)다른 나라와 사고 팖.
微 미	少 소	微少(미소)아주 적음.
敏 민	速 속	敏速(민속)날쌔고 빠름.
邦 방	國 국	邦國(방국)나라.
繁 번	盛 성	繁盛(번성)한참 잘되어 성함.
補 보	助 조	補助(보조)모자란 부분을 보태어 도와줌.
賦 부	稅 세	賦稅(부세)세금을 부과함.
附 부	屬 속	附屬(부속)주된 것에 달려 있음.
扶 부	助 조	扶助(부조)남을 도와줌.
附 부	着 착	附着(부착)들러 붙음. 붙이거나 닮.
紛 분	亂 란	紛亂(분란)어수선하고 떠들썩함.
墳 분	墓 묘	墳墓(분묘)무덤.
奔 분	走 주	奔走(분주)바쁘게 뛰어다님.
朋 붕	友 우	朋友(붕우)벗.
賓 빈	客 객	賓客(빈객)귀한 손님.
削 삭	減 감	削減(삭감)비용 따위를 깍아서 줄임.
森 삼	林 림	森林(삼림)나무가 많이 우거진 수풀.
喪 상	失 실	喪失(상실)잃어버림.
釋 석	放 방	釋放(석방)구금되었던 사람을 풀어줌.
旋 선	回 회	旋回(선회)빙빙 돎.

巡 순	廻 회	巡廻(순회)여러 곳을 돎.
昭 소	明 명	昭明(소명)밝고 영리하다.
衰 쇠	亡 망	衰亡(쇠망)쇠퇴하여 망함.
衰 쇠	弱 약	衰弱(쇠약)몸외 쇠하여 약함.
壽 수	命 명	壽命(수명)살아있는 연한.
輸 수	送 송	輸送(수송)운송수단으로 물건을 실어 나름.
陳 진	設 설	陳設(진설)상에 음식을 법식에 따라 차림.
伸 신	張 장	伸張(신장)늘어나고 펼쳐짐.
尋 심	訪 방	尋訪(심방)방문해서 찾아봄.
審 심	查 사	審查(심사)조사해서 결정함.
顏 안	面 면	顏面(안면)얼굴. 낯.
謁 알	見 현	謁見(알현)찾아 뵘.
楊 양	柳 류	楊柳(양류)버드나무.
抑 억	壓 압	抑壓(억압)억지로 억누름.
閱 열	覽 람	閱覽(열람)책이나 문서 따위를 살핌.
零 영	落 락	零落(영락)시들어 떨어짐.
娛 오	樂 락	娛樂(오락)즐겁게 노는 일.
遙 요	遠 원	遙遠(요원)아득히 멀다.
憂 우	患 환	憂患(우환)근심 걱정 되는 일.
遊 유	戲 희	遊戲(유희)즐겁게 놂.
隆 융	崇 숭	隆崇(융숭)극진하고 정성스럽다.

宜 의	當 당	宜當(의당)마땅히. 으레.
慈 자	愛 애	慈愛(자애)아랫사람에 베푸는 사랑.
竊 절	盜 도	竊盜(절도)남의 물건을 훔침.
淨 정	潔 결	淨潔(정결)맑고 깨끗함.
征 정	伐 벌	征伐(정벌)무력을 써서 적을 침.
貞 정	直 직	貞直(정직)마음이 바르고 곧음.
租 조	稅 세	租稅(조세)국가나 단체가 국민에게 거두는 돈.
照 조	映 영	照映(조영)비춤.
俊 준	傑 걸	俊傑(준걸)재주와 슬기가 뛰어난 사람.
俊 준	秀 수	俊秀(준수)남달리 재주와 슬기가 빼어남.
遵 준	守 수	遵守(준수)명령 등을 좇아서 지킴.
贈 증	與 여	贈與(증여)선물로 줌.
憎 증	惡 오	憎惡(증오)몹시 미워함.
疾 질	病 병	疾病(질병)신체의 기능장애.
秩 질	序 서	秩序(질서)사물의 순서.
贊 찬	助 조	贊助(찬조)찬성하여 도움.
倉 창	庫 조	倉庫(창고)물건을 보관하는 건물.
昌 창	盛 조	昌盛(창성)일이 크게 잘 되어감.
滄 창	海 해	滄海(창해)넓고 큰 바다.
尺 척	度 도	尺度(척도)자로 재는 길이의 표준.
添 척	加 도	添加(첨가)더 넣음. 덧붙임.

尖 첨	端 단	尖端(첨단)뾰족한 끝.
追 추	從 종	追從(추종)남의 뒤를 따라서 좇음.
墮 타	落 락	墮落(타락)잘못된 길로 빠짐.
販 판	賣 매	販賣(판매)상품 따위를 팖.
誕 탄	生 생	誕生(탄생)사람이 태어남.
皮 피	革 혁	皮革(피혁)가죽.
恒 항	常 상	恒常(항상)늘. 언제나.
皇 황	帝 제	皇帝(황제)제국의 군주.
該 해	當 당	該當(해당)조건 따위에 들어맞음.
獻 헌	納 납	獻納(헌납)돈과 물품을 바침.
毫 호	髮 발	毫髮(호발)자디잔 털.
悔 회	恨 한	悔恨(회한)뉘우치고 한탄함.
獲 획	得 득	獲得(획득)손에 넣음.
携 휴	帶 대	携帶(휴대)손에 들거나 몸에 지님.

3급 3급

乾 건	燥 조	乾燥(건조)물기를 없앰.
哭 곡	泣 읍	哭泣(곡읍)소리를 내어 섧게 욺.
貢 공	獻 헌	貢獻(공헌)이바지함. 기여.
貫 관	徹 철	貫徹(관철)자기의 뜻을 끝까지 밀고나감.

丘 구	陵 릉	丘陵(구릉)언덕.
謹 근	愼 신	謹愼(근신)삼가고 조심함.
飢 기	餓 아	飢餓(기아)굶주림.
奈 내	何 하	奈何(내하)어찌?
但 단	只 지	但只(단지)다만. 오직.
貸 대	借 차	貸借(대차)꾸어주거나 꾸어옴.
刀 도	劍 검	刀劍(도검)칼이나 검.
跳 도	躍 약	跳躍(도약)위로 뛰어 오름.
敦 돈	篤 독	敦篤(돈독)인정이 두텁다.
盟 맹	誓 서	盟誓(맹서)'맹세'의 본딧말. 신 앞에서 약속함.
謀 모	策 책	謀策(모책)일을 처리하는 꾀.
迷 미	惑 혹	迷惑(미혹)무엇에 홀려 정신이 없음.
返 반	還 환	返還(반환)도로 돌려줌.
飜 번	譯 역	飜譯(번역)다른 나라 말로 바꿈.
繁 번	昌 창	繁昌(번창)일이 잘 되어 발전함.
崩 붕	壞 괴	崩壞(붕괴)허물어져 무너짐.
卑 비	賤 천	卑賤(비천)신분이 낮고 천함.
詐 사	欺 기	詐欺(사기)나쁜 꾀로 남을 속임.
敍 서	述 술	敍述(서술)생각 따위를 차례로 적거나 말함.
蔬 소	菜 채	蔬菜(소채)온갖 나물과 채소.
濕 습	潤 윤	濕潤(습윤)습기가 있음.

掠 약	奪 탈	掠奪(약탈)폭력으로 빼앗음.
疫 역	疾 질	疫疾(역질)천연두.
戀 연	慕 모	戀慕(연모)사랑하고 그리워함.
傲 오	慢 만	傲慢(오만)건방지고 거만함.
畏 외	懼 구	畏懼(외구)무섭고 두려움.
憂 우	愁 수	憂愁(우수)근심과 걱정.
宇 우	宙 주	宇宙(우주)천지의 모든 공간.
幼 유	稚 치	幼稚(유치)나이가 어리다.
忍 인	耐 내	忍耐(인내)괴로움이나 어려움을 참고 견딤.
賃 임	貸 대	賃貸(임대)돈을 받고 빌려줌.
刺 자	衝 충	刺衝(자충)찌르는 일.
粧 장	飾 식	粧飾(장식)겉을 꾸밈.
弔 조	喪 상	弔喪(조상)남의 상사에 조의를 나타냄.
拙 졸	劣 렬	拙劣(졸렬)서투르고 보잘 것 없음.
遲 지	晚 만	遲晚(지만)더디고 느즈러짐.
慙 참	愧 괴	慙愧(참괴)매우 부끄럽게 여김.
菜 채	蔬 소	菜蔬(채소)밭을 가꾸어 나는 푸성귀.
替 체	換 환	替換(체환)대신하여 갈아서 바꿈.
超 초	越 월	超越(초월)한계를 뛰어넘음.
沈 침	潛 잠	沈潛(침잠)가라앉음. 깊숙이 생각함.
貪 탐	慾 욕	貪慾(탐욕)탐하는 욕심.

怠 태	慢 만	怠慢(태만)게으르고 느림.
廢 폐	棄 기	廢棄(폐기)못쓰는 것을 버림.
捕 포	捉 착	捕捉(포착)꼭 붙잡음.
捕 포	獲 획	捕獲(포획)사로 잡음. 짐승을 잡음.
畢 필	竟 경	畢竟(필경)마침내. 결국에.
陷 함	沒 몰	陷沒(함몰)표면이 푹 꺼짐.
該 해	當 당	該當(해당)어떤 조건에 들어 맞음.
脅 협	迫 박	脅迫(협박)을러서 괴롭게 굶.
鴻 홍	雁 안	鴻雁(홍안)큰 기러기와 작은 기러기.
懷 회	抱 포	懷抱(회포)마음속에 품은 생각이나 정.
稀 희	薄 박	稀薄(희박)묽거나 엷다.

상대자 · 반대자

	4급 배정 한자	4급 배정 한자
가감	加 (더할 가)	減 (덜 감)
가부	可 (옳을 가)	否 (아닐 부)
간만	干 (마를 간)	滿 (찰 만)
감고	甘 (달 감)	苦 (쓸 고)
강산	江 (강 강)	山 (메 산)
강유	剛 (굳셀강)	柔 (부드러울 유)
강약	強 (강할강)	弱 (약할약)
개폐	開 (열 개)	閉 (닫을 폐)
객주	客 (손객)	主 (주인주)
거래	去 (갈 거)	來 (올 래)
결해	結 (맺을 결)	解 (풀 해)
경중	輕 (가벼울 경)	重 (무거울 중)
경향	京 (서울 경)	鄕 (시골 향)
계절	繼 (이을계)	絶 (끊을 절)
고금	古 (예 고)	今 (이제 금)
고락	苦 (쓸 고)	樂 (즐거울 락)
고비	高 (높을 고)	卑 (낮을 비)
고저	高 (높을 고)	低 (낮을 저)
곡직	曲 (굽을 곡)	直 (곧을 직)
골육	骨 (뼈 골)	肉 (고기 육)
공과	功 (공공)	過 (허물 과)
공방	攻 (칠 공)	防 (막을 방)
공수	攻 (칠 공)	守 (지킬수)
공사	公 (공평할 공)	私 (사사로울사)
관민	官 (벼슬 관)	民 (백성 민)

교학	敎 (가르칠 교)	學 (배울 학)
군신	君 (임금 군)	臣 (신하 신)
군민	君 (임금 군)	民 (백성 민)
기복	起 (일어날 기)	伏 (엎드릴 복)
기침	起 (일어날 기)	寢 (잘 침)
길흉	吉 (길할 길)	凶 (흉할 흉)
난이	難 (어려울 난)	易 (쉬울 이)
남북	南 (남녘 남)	北 (북녘 북)
남녀	男 (사내 남)	女 (계집 녀)
내외	內 (안 내)	外 (바깥 외)
냉온	冷 (찰 랭)	溫 (따뜻할 온)
냉열	冷 (찰 랭)	熱 (더울 열)
노소	老 (늙을 로)	少 (젊을 소)
노사	勞 (일할 로)	使 (부릴 사)
노소	老 (늙을 로)	少 (적을 소)
노사	勞 (일할 로)	使 (하여금 사)
다소	多 (많을 다)	少 (적을 소)
단복	單 (홑 단)	複 (겹칠 복)
단속	斷 (끊을 단)	續 (이을 속)
단석	旦 (아침 단)	夕 (저녁 석)
단장	短 (짧을 단)	長 (긴 장)
당락	當 (마땅 당)	落 (떨어질 락)
대소	大 (큰 대)	小 (작을 소)
동서	東 (동녘 동)	西 (서녘 서)
동이	同 (한가지 동)	異 (다를 이)
동정	動 (움직일 동)	靜 (고요할 정)

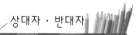

두미	頭 (머리 두)	尾 (꼬리 미)
득실	得 (얻을 득)	失 (잃을 실)
매매	賣 (팔 매)	買 (살 매)
명암	明 (밝을 명)	暗 (어두울 암)
문답	問 (물을 문)	答 (대답 답)
문무	文 (글월 문)	武 (군사 무)
물심	物 (물건 물)	心 (마음 심)
민관	民 (백성 민)	官 (벼슬 관)
반상	班 (반 반[양 반])	常 (항상 상[상 민])
방원	方 (모 방)	圓 (둥글 원)
발착	發 (필 발)	着 (붙을 착)
본말	本 (근본 본)	末 (끝 말)
부모	父 (아비 부)	母 (어미 모)
부부	夫 (남편 부)	婦 (아내 부)
부정	不 (아닐 부)	正 (바를 정)
부처	夫 (지아비 부)	妻 (아내 처)
분합	分 (나눌 분)	合 (합할 합)
비환	悲 (슬플 비)	歡 (기쁠 환)
빈부	貧 (가난할 빈)	富 (부할 부)
빙탄	氷 (얼음 빙)	炭 (숯 탄)
사제	師 (스승 사)	弟 (아우 제)
사활	死 (죽을 사)	活 (살 활)
산회	散 (흩을 산)	會 (모일 회)
산천	山 (메 산)	川 (내 천)
산해	山 (메 산)	海 (바다 해)
상벌	賞 (상줄 상)	罰 (벌할 벌)

상하	上 (윗 상)	下 (아래 하)
생사	生 (날 생)	死 (죽을 사)
생살	生 (날 생)	殺 (죽일 살)
선악	善 (착할 선)	惡 (악할 악)
선후	先 (먼저 선)	後 (뒤 후)
성패	成 (이룰 성)	敗 (패할 패)
손익	損 (덜 손)	益 (유익할 익)
송수	送 (보낼 송)	受 (받을 수)
송영	送 (보낼 송)	迎 (맞이할 영)
수급	受 (받을 수)	給 (줄 급)
수수	授 (줄 수)	受 (받을 수)
수여	受 (받을 수)	與 (줄 여)
수족	手 (손 수)	足 (발 족)
수화	水 (물 수)	火 (불 화)
순역	順 (순할 순)	逆 (거스릴 역)
승부	勝 (이길 승)	負 (질 부)
승패	勝 (이길 승)	敗 (패할 패)
시단	始 (비로소 시)	端 (끝 단)
시말	始 (비로소 시)	末 (끝 말)
시비	是 (옳을 시)	非 (아닐 비)
시종	始 (처음 시)	終 (끝 종)
신구	新 (새로울 신)	舊 (예 구)
심신	心 (마음 심)	身 (몸 신)
심체	心 (마음 심)	體 (몸 체)
안위	安 (편안 안)	危 (위태할 위)
애오	愛 (사랑 애)	惡 (미워할 오)

언행	言 (말씀 언)	行 (행할 행)
여야	與 (줄 여[여당])	野 (들 야[야당])
역순	逆 (거역할역)	順 (순할 순)
옥석	玉 (구슬 옥)	石 (돌 석)
온랭	溫 (따뜻할 온)	冷 (찰 냉)
온량	溫 (따뜻할 온)	涼 (서늘할 량)
왕래	往 (갈 왕)	來 (올 래)
왕복	往 (갈 왕)	復 (회복할 복)
우설	雨 (비 우)	雪 (눈 설)
원근	遠 (멀 원)	近 (가까울 근)
유무	有 (있을 유)	無 (없을 무)
육해	陸 (뭍 륙)	海 (바다 해)
은원	恩 (은혜 은)	怨 (원망할 원)
은현	隱 (숨을 은)	現 (나타날 현)
음양	陰 (그늘 음)	陽 (볕 양)
이동	異 (다를 이)	同 (같을 동)
이합	離 (떠날 리)	合 (합할 합)
이해	利 (이할 리)	害 (해할 해)
인과	因 (원인 인)	果 (결과 과)
일월	日 (날 일)	月 (달 월)
입출	入 (들 입)	出 (날 출)
자매	姉 (손위누이 자)	妹 (손아래누이 매)
자타	自 (스스로 자)	他 (다를 타)
장단	長 (긴 장)	短 (짧을 단)
장병	將 (장수 장)	兵 (병사 병)
장졸	將 (장수 장)	卒 (군사 졸)

전후	前 (앞 전)	後 (뒤 후)
절접	切 (끊을 절)	接 (이을 접)
정오	正 (바를 정)	誤 (그르칠 오)
조석	朝 (아침 조)	夕 (저녁 석)
조손	祖 (할아비 조)	孫 (손자 손)
존망	存 (있을 존)	亡 (망할 망)
좌우	左 (왼 좌)	右 (오른 우)
주객	主 (주인 주)	客 (손님 객)
주종	主 (주인 주)	從 (따를 종)
주야	晝 (낮 주)	夜 (밤 야)
증감	增 (더할 증)	減 (덜 감)
지천	地 (따 지)	天 (하늘 천)
진가	眞 (참 진)	假 (거짓 가)
진퇴	進 (나아갈 진)	退 (물러날 퇴)
집배	集 (모을 집)	配 (나눌 배)
집산	集 (모을 집)	散 (흩어질 산)
착발	着 (붙을 착)	發 (필 발)
천지	天 (하늘 천)	地 (땅 지)
초종	初 (처음 초)	終 (끝 종)
춘추	春 (봄 춘)	秋 (가을 추)
출결	出 (날 출)	缺 (이지러질 결)
출납	出 (날 출)	納 (들일 납)
출입	出 (날 출)	入 (들 입)
풍흉	豊 (풍성할 풍)	凶 (흉할 흉)
하동	夏 (여름 하)	冬 (겨울 동)
한난	寒 (찰 한)	暖 (따뜻할 난)

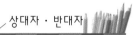

한열	寒 (찰 한)	熱 (더울 열)
한온	寒 (찰 한)	溫 (따뜻할 온)
허실	虛 (빌 허)	實 (열매 실)
형제	兄 (맏 형)	弟 (아우 제)
호오	好 (좋을 호)	惡 (미워할 오)
화전	和 (화할 화)	戰 (싸움전)
흑백	黑 (검을 흑)	白 (흰 백)
흥망	興 (흥할 흥)	亡 (망할 망)
희로	喜 (기쁠 희)	怒 (성낼 노)
희비	喜 (기쁠 희)	悲 (슬플 비)

	4급 배정 한자	3급II 3급 고유한자
간과	干 (방패 간)	戈 (창 과)
경위	經 (지날경)	緯 (씨 위)
경조	慶 (경사 경)	弔 (조상할 조)
귀천	貴 (귀할 귀)	賤 (천할 천)
근태	勤 (부지런할 근)	怠 (게으를 태)
다과	多 (많을 다)	寡 (적을 과)
득상	得 (얻을 득)	喪 (잃을 상)
미추	美 (아름다울 미)	醜 (추할 추)
성쇠	盛 (성할 성)	衰 (쇠할 쇠)
수미	首 (머리 수)	尾 (꼬리미)
심천	深 (깊을 심)	淺 (얕을 천)
애증	愛 (사랑 애)	憎 (미울 증)
영욕	榮 (영화 영)	辱 (욕될 욕)
우열	優 (넉넉할 우)	劣 (못날 렬[열])

우청	雨 (비 우)	晴 (갤 청)
임면	任 (맡길 임)	免 (면할 면)
장유	長 (어른 장)	幼 (어릴 유)
전답	田 (밭 전)	畓 (논 답)
조만	早 (이를 조)	晩 (늦을 만)
존망	存 (있을 존)	罔 (없을 망)
존폐	存 (있을 존)	廢 (폐할 폐)
존비	尊 (높을 존)	卑 (낮을 비)
주빈	主 (주인 주)	賓 (손 빈)
중과	衆 (무리 중)	寡 (적을 과)
진위	眞 (참 진)	僞 (거짓 위)
청탁	淸 (맑을 청)	濁 (흐릴 탁)
출몰	出 (날 출)	沒 (빠질 몰)
친소	親 (친할 친)	疏 (성글 소)
취사	取 (가질 취)	捨 (버릴 사)
표리	表 (겉 표)	裏 (속 리)
한서	寒 (찰 한)	暑 (더울 서)
현우	賢 (어질 현)	愚 (어리석을 우)
후박	厚 (두터울 후)	薄 (엷을 박)

	3급II 3급 고유한자	4급 배정 한자
고부	姑 (시어미 고)	婦 (며느리 부)
급락	及 (미칠 급)	落 (떨어질락)
단석	旦 (아침 단)	夕 (저녁 석)
복배	腹 (배 복)	背 (등 배)
봉별	逢 (만날 봉)	別 (나눌 별)

수급	需 (쓰일 수)	給 (줄 급)
승강	昇 (오를 승)	降 (내릴 강)
신축	伸 (펼 신)	縮 (줄일 축)
애환	哀 (슬플 애)	歡 (기쁠 환)
완급	緩 (느릴 완)	急 (급할 급)
완속	緩 (느릴 완)	速 (빠를 속)
좌립	坐 (앉을 좌)	立 (설 립)
지속	遲 (더딜 지)	速 (빠를 속)
찬반	贊 (도울 찬)	反 (돌이킬 반)
청우	晴 (갤 청)	雨 (비 우)
화복	禍 (재앙 화)	福 (복 복)
판매	販 (팔 판)	買 (살 매)
혼명	昏 (어두울 혼)	明 (밝을 명)
흉배	胸 (가슴 흉)	背 (등 배)

3급Ⅱ 3급 고유한자 3급Ⅱ 3급 고유한자

개열	慨 (슬퍼할 개)	悅 (기쁠 열)
건곤	乾 (하늘 건)	坤 (따 곤)
건습	乾 (마를 건)	濕 (젖을 습)
경연	硬 (굳을경)	軟 (연할 연)
금수	禽 (새금)	獸 (짐승 수)
노비	奴 (종노)	婢 (계집종 비)
대차	貸 (뀔/빌릴 대)	借 (빌릴 차)
부침	浮 (뜰 부)	沈 (잠길 침)
예둔	銳 (날카로울 예)	鈍 (둔할 둔)
장유	丈 (어른 장)	幼 (어릴 유)

조습	燥 (마를 조)	濕 (젖을 습)
조하	弔 (조상할 조)	賀 (하례할 하)
종횡	縱 (세로 종)	橫 (가로 횡)
첨삭	添 (더할 첨)	削 (깎을 삭)
피차	彼 (저 피)	此 (이 차)
피아	彼 (저 피)	我 (나 아)

상대어 · 반의어

4급 — 4급

加入(가입) ↔ 脫退(탈퇴)
減少(감소) ↔ 增加(증가)
感情(감정) ↔ 理性(이성)
個別(개별) ↔ 全體(전체)
巨富(거부) ↔ 極貧(극빈)
輕減(경감) ↔ 加重(가중)
高潔(고결) ↔ 低俗(저속)
故意(고의) ↔ 過失(과실)
固定(고정) ↔ 流動(유동)
苦痛(고통) ↔ 平安(평안)
空想(공상) ↔ 現實(현실)
共用(공용) ↔ 全用(전용)
空虛(공허) ↔ 充實(충실)
過去(과거) ↔ 未來(미래)
光明(광명) ↔ 暗黑(암흑)
求心(구심) ↔ 遠心(원심)
口傳(구전) ↔ 記錄(기록)
國內(국내) ↔ 國外(국외)
君子(군자) ↔ 小人(소인)
權利(권리) ↔ 義務(의무)
樂觀(낙관) ↔ 悲觀(비관)
來生(내생) ↔ 前生(전생)

4급 — 4급

內容(내용) ↔ 形式(형식)
內包(내포) ↔ 外延(외연)
多元(다원) ↔ 一元(일원)
單純(단순) ↔ 複雜(복잡)
單一(단일) ↔ 複合(복합)
短縮(단축) ↔ 延長(연장)
對話(대화) ↔ 獨白(독백)
動機(동기) ↔ 結果(결과)
登場(등장) ↔ 退場(퇴장)
母音(모음) ↔ 子音(자음)
文語(문어) ↔ 口語(구어)
文化(문화) ↔ 自然(자연)
物質(물질) ↔ 精神(정신)
未備(미비) ↔ 完備(완비)
密集(밀집) ↔ 散在(산재)
發達(발달) ↔ 退步(퇴보)
放心(방심) ↔ 操心(조심)
背恩(배은) ↔ 報恩(보은)
別居(별거) ↔ 同居(동거)
保守(보수) ↔ 進步(진보)
保守(보수) ↔ 革新(혁신)
複雜(복잡) ↔ 單純(단순)

4급 — 4급

本業(본업) ↔ 副業(부업)
分擔(분담) ↔ 全擔(전담)
分離(분리) ↔ 統合(통합)
不實(부실) ↔ 充實(충실)
秘密(비밀) ↔ 公開(공개)
非番(비번) ↔ 當番(당번)
死後(사후) ↔ 生前(생전)
生家(생가) ↔ 養家(양가)
生食(생식) ↔ 火食(화식)
生花(생화) ↔ 造花(조화)
善意(선의) ↔ 惡意(악의)
成功(성공) ↔ 失敗(실패)
消極(소극) ↔ 積極(적극)
所得(소득) ↔ 損失(손실)
消費(소비) ↔ 生産(생산)
勝利(승리) ↔ 敗北(패배)
安全(안전) ↔ 危險(위험)
連作(연작) ↔ 輪作(윤작)
原始(원시) ↔ 文名(문명)
原因(원인) ↔ 結果(결과)
恩惠(은혜) ↔ 怨恨(원한)
義務(의무) ↔ 權利(권리)

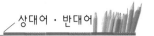

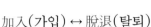

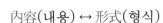

依支(의지) ↔ 自立(자립)
依他(의타) ↔ 自立(자립)
異端(이단) ↔ 正統(정통)
人爲(인위) ↔ 自然(자연)
立體(입체) ↔ 平面(평면)
自動(자동) ↔ 受動(수동)
子正(자정) ↔ 正午(정오)
敵對(적대) ↔ 友好(우호)

絶對(절대) ↔ 相對(상대)
正當(정당) ↔ 不當(부당)
正常(정상) ↔ 異常(이상)
增進(증진) ↔ 減退(감퇴)
直線(직선) ↔ 曲線(곡선)
直接(직접) ↔ 間接(간접)
質疑(질의) ↔ 應答(응답)
差別(차별) ↔ 平等(평등)

快樂(쾌락) ↔ 苦痛(고통)
脫黨(탈당) ↔ 入黨(입당)
退院(퇴원) ↔ 入院(입원)
破婚(파혼) ↔ 約婚(약혼)
合法(합법) ↔ 不法(불법)
幸福(행복) ↔ 不幸(불행)
好轉(호전) ↔ 逆轉(역전)
好況(호황) ↔ 不況(불황)

4급 — 3급Ⅱ 3급

加熱(가열) ↔ 冷却(냉각)
開放(개방) ↔ 閉鎖(폐쇄)
巨大(거대) ↔ 微小(미소)
拒絶(거절) ↔ 承諾(승낙)
建設(건설) ↔ 破壞(파괴)
傑作(걸작) ↔ 拙作(졸작)
儉約(검약) ↔ 浪費(낭비)
具體(구체) ↔ 抽象(추상)
屈服(굴복) ↔ 抵抗(저항)
屈辱(굴욕) ↔ 雪辱(설욕)
急性(급성) ↔ 慢性(만성)
急行(급행) ↔ 緩行(완행)
朗讀(낭독) ↔ 默讀(묵독)

4급 — 3급Ⅱ 3급

能動(능동) ↔ 被動(피동)
大乘(대승) ↔ 小乘(소승)
都心(도심) ↔ 郊外(교외)
獨創(독창) ↔ 模倣(모방)
密接(밀접) ↔ 疏遠(소원)
反目(반목) ↔ 和睦(화목)
白髮(백발) ↔ 紅顔(홍안)
富貴(부귀) ↔ 貧賤(빈천)
否定(부정) ↔ 肯定(긍정)
非凡(비범) ↔ 平凡(평범)
散文(산문) ↔ 韻文(운문)
榮轉(영전) ↔ 左遷(좌천)
原告(원고) ↔ 被告(피고)

4급 — 3급Ⅱ 3급

低俗(저속) ↔ 高尙(고상)
定着(정착) ↔ 漂流(표류)
直系(직계) ↔ 傍系(방계)
眞實(진실) ↔ 虛僞(허위)
創造(창조) ↔ 模倣(모방)
縮小(축소) ↔ 擴大(확대)
快勝(쾌승) ↔ 慘敗(참패)
脫色(탈색) ↔ 染色(염색)
投手(투수) ↔ 捕手(포수)
暴露(폭로) ↔ 隱蔽(은폐)
許多(허다) ↔ 稀貴(희귀)
許多(허다) ↔ 稀少(희소)

3급Ⅱ 3급 4급

架空(가공) ↔ 實際(실제)
假像(가상) ↔ 實在(실재)
却下(각하) ↔ 受理(수리)
干涉(간섭) ↔ 放任(방임)
僅少(근소) ↔ 過多(과다)
肯定(긍정) ↔ 否定(부정)
旣決(기결) ↔ 未決(미결)
濫讀(남독) ↔ 精讀(정독)
濫用(남용) ↔ 節約(절약)

3급Ⅱ 3급 4급

漠然(막연) ↔ 確然(확연)
忘却(망각) ↔ 記憶(기억)
滅亡(멸망) ↔ 興起(흥기)
富裕(부유) ↔ 貧困(빈곤)
紛爭(분쟁) ↔ 和解(화해)
悲哀(비애) ↔ 歡喜(환희)
卑語(비어) ↔ 敬語(경어)
詳述(상술) ↔ 略述(약술)
上昇(상승) ↔ 下降(하강)

3급Ⅱ 3급 4급

騷亂(소란) ↔ 靜肅(정숙)
疏遠(소원) ↔ 親近(친근)
靈魂(영혼) ↔ 肉體(육체)
偶然(우연) ↔ 必然(필연)
漸進(점진) ↔ 急進(급진)
弔客(조객) ↔ 賀客(하객)
濁音(탁음) ↔ 淸音(청음)
閉幕(폐막) ↔ 開幕(개막)

3급Ⅱ 3급 3급Ⅱ 3급

剛健(강건) ↔ 柔弱(유약)
乾燥(건조) ↔ 濕潤(습윤)
輕率(경솔) ↔ 愼重(신중)
高雅(고아) ↔ 卑俗(비속)
固執(고집) ↔ 妥協(타협)
供給(공급) ↔ 需要(수요)
拘束(구속) ↔ 釋放(석방)
奇拔(기발) ↔ 平凡(평범)
飢餓(기아) ↔ 飽食(포식)

3급Ⅱ 3급 3급Ⅱ 3급

緊密(긴밀) ↔ 疏遠(소원)
老鍊(노련) ↔ 未熟(미숙)
名譽(명예) ↔ 恥辱(치욕)
微官(미관) ↔ 顯官(현관)
敏感(민감) ↔ 鈍感(둔감)
敏速(민속) ↔ 遲鈍(지둔)
繁榮(번영) ↔ 衰退(쇠퇴)
凡人(범인) ↔ 超人(초인)
別館(별관) ↔ 本館(본관)

3급Ⅱ 3급 3급Ⅱ 3급

普遍(보편) ↔ 特殊(특수)
削減(삭감) ↔ 添加(첨가)
喪失(상실) ↔ 獲得(획득)
成熟(성숙) ↔ 未熟(미숙)
語幹(어간) ↔ 語尾(어미)
優越(우월) ↔ 劣等(열등)
聰明(총명) ↔ 愚鈍(우둔)
興奮(흥분) ↔ 鎭靜(진정)

약자 · 속자

4급 쓰기 배정 한자

본자	약자	훈	음
假	仮	거짓	가
價	価	값	가
擧	挙	들	거
學	学	배울	학
興	兴	일	흥
儉	倹	검소할	검
驗	験	시험할	험
險	険[险]	험할	험
堅	坚	굳을	견
賢	贤	어질	현
經	経	지날	경
鷄	鶏	닭	계
繼	継	이을	계
斷	断	끊을	단
觀	観	볼	관
歡	歓	기쁠	환
關	関	관계할	관
廣	広	넓을	광
敎	教	가르칠	교
區	区	구분할	구
舊	旧	예	구
國	国	나라	국
歸	帰	돌아갈	귀
師	师	스승	사
氣	気	기운	기
單	単	홑	단
戰	戦	싸움	전

본자	약자	훈	음
彈	弾	탄알	탄
團	団	둥글	단
擔	担	멜	담
當	当	마땅	당
黨	党	무리	당
對	対	대할	대
德	徳	큰	덕
聽	聴	들을	청
圖	図	그림	도
獨	独	홀로	독
賣	売	팔	매
讀	読	읽을	독
同	仝	같을	동
續	続	이을	속
燈	灯	등	등
樂	楽	즐거울	락
藥	薬	약	약
亂	乱	어지러울	란
辭	辞	말씀	사
覽	覧	볼	람
來	来	올	래
兩	両	두	량
滿	満	가득할	만
萬	万	일만	만
禮	礼	예도	례
勞	労	일할	로
榮	栄	영화	영

본자	약자	훈 · 음	
龍	竜	용	룡
數	数	셈	수
發	発	필	발
邊	辺	가	변
變	変	변할	변
寶	宝	보배	보
佛	仏	부처	불
寫	写	베낄	사
絲	糸	실	사
狀	状	형상	상
壯	壮	씩씩할	장
裝	装	꾸밀	장
獎	奨	장려할	장
將	将	장수	장
擇	択	가릴	택
聲	声	소리	성
屬	属	붙일	속
收	収	거둘	수
肅	粛	엄숙할	숙
實	実	열매	실
惡	悪	악할	악
兒	児	아이	아
壓	圧	누를	압
樣	様	모양	양
嚴	厳	엄할	엄
餘	余	남을	여
與	与	더불	여
藝	芸	재주	예

본자	약자	훈 · 음	
豫	予	미리	예
溫	温	따뜻할	온
圓	円	둥글	원
圍	囲	에울	위
爲	為	할	위
隱	隠	숨을	은
應	応	응할	응
醫	医	의원	의
雜	雑	섞일	잡
爭	争	다툴	쟁
靜	静	고요	정
傳	伝	전할	전
轉	転	구를	전
錢	銭	돈	전
點	点	점	점
濟	済	건널	제
條	条	가지	조
從	従	좇을	종
證	証	증거	증
晝	昼	낮	주
盡	尽	다할	진
參	参	참여할	참
處	処	곳	처
鐵	鉄	쇠	철
廳	庁	관청	청
體	体	몸	체
總	総	다	총
蟲	虫	벌레	충

본자	약자	훈	음
齒	歯	이	치
稱	称	일컬을	칭
豐	豊	풍년	풍
解	觧	풀	해
鄕	郷	시골	향

본자	약자	훈	음
虛	虚	빌	허
顯	顕	나타날	현
號	号	이름	호
畫	画	그림	화
會	会	모일	회

3급Ⅱ·3급 고유 한자

본자	약자	훈	음
緊	紧	긴할	긴
徑	径	지름길	경
擴	拡	넓힐	확
龜	亀	거북	귀
旣	既	이미	기
獸	獣	짐승	수
勵	励	힘쓸	려
獵	猟	사냥	렵
靈	霊	신령	령
螢	蛍	반딧불	형
爐	炉	화로	로
賴	頼	의뢰할	뢰
樓	楼	다락	루
廢	廃	폐할	폐
竝	並	나란히할	병
雙	双	쌍	쌍
釋	釈	풀	석
譯	訳	번역할	역
澤	沢	못	택

본자	약자	훈	음
驛	駅	역	역
譽	誉	명예	예
壽	寿	목숨	수
隨	随	따를	수
亞	亜	버금	아
巖	岩	바위	암
壤	壌	흙덩이	양
鹽	塩	소금	염
淺	浅	얕을	천
齊	斉	가지런할	제
慘	惨	참혹할	참
醉	酔	취할	취
獻	献	드릴	헌
懷	懐	품을	회

* 본책의 약자·속자는 「한국한자능력검정회」에서 공식적으로 제시한 한자를 바탕으로 구성하였습니다.
* 본책의 약자(略字)·속자(俗字)는 동자(同字), 고자(古字), 본자(本字), 이체자(異體字) 중의 일부를 흡수하였습니다.

동음이의어

가객	佳客	반가운 손님. 귀한 손.
	歌客	창을 잘하는 사람.
가계	家計	한 집안의 살림. 형편.
	家系	대대로 이어온 집안의 계통.
	家鷄	집에서 기르는 닭.
감사	感謝	고마움.
	監査	감독하고 검사함.
개선	改善	좋은 방향으로 고침.
	改選	새로 선출함.
거부	巨富	아주 큰 부자.
	拒否	승낙 하지 않음.
경비	經費	일을 하는데 드는 비용.
	警備	만일에 대비하여 경계하고 지킴.
경사	慶事	매우 즐겁고 기쁜 일.
	傾斜	비스듬히 기울어짐.
고대	古代	옛 시대.
	高大	높고 큼.
공모	公募	널리 공개하여 모집함.
	共謀	두 사람 이상이 범죄 실행을 모의함.
교정	校庭	학교의 운동장.
	矯正	좋지 않은 것을 바로 잡음.
국군	國君	나라의 임금.
	國軍	나라의 군대.

기인	奇人	기이한 사람.
	飢人	굶주린 사람.
	起因	일을 일으키는 원인.
	棄人	쓸모없는 사람.
노병	老兵	나이 많은 병사.
	老病	늙어서 오는 병.
농담	濃淡	짙음과 옅음.
	弄談	실없이 하는 우스갯소리.
단신	短信	짤막하게 쓴 편지.
	短身	키가 작은 몸.
	單身	혼자의 몸.
단정	斷情	정을 끊음.
	端整	깔끔하고 가지런하다.
	端正	얌전하고 깔끔하다.
대우	待遇	예로써 남을 대함.
	大雨	큰비.
	大憂	큰 근심.
동기	同期	같은 시기.
	冬期	겨울철.
	同氣	형제자매를 이르는 말.
	銅器	구리로 만든 그릇.
동문	同門	동창.
	東門	동쪽 문.
	洞門	동굴 입구.

	同文	글이나 글자가 같음.
동지	冬至	밤이 가장 긴 절기.
	同志	뜻을 같이 하는 일.
만성	慢性	오래 끄는 성질.
	晩成	늦게 이루어짐.
명문	名文	매우 잘 지은 글.
	名聞	세상 평판이나 소문.
	名門	문벌이 좋은 집안.
	明文	뚜렷하게 규정된 문구.
모사	模寫	흉내 내어 그대로 나타냄.
	謀事	일을 꾀함.
	謀士	일을 꾀하는 사람.
	毛絲	털실.
무기	武器	적과 싸우는 도구.
	武技	무예.
	無期	기한이 없음.
방문	房門	방으로 출입 하는 문.
	訪問	남을 찾아봄.
범인	凡人	평범한 사람.
	犯人	죄를 저지른 사람.
보도	報道	새 소식을 널리 알림.
	步道	사람이 다니는 길.
	寶刀	보배로운 칼.
	保導	보살피며 지도함.

보수	保守	보전하여 지킴.
	補修	부서진 곳을 손질하여 고침.
부상	富商	자본이 넉넉한 상인.
	負傷	몸에 상처를 입음.
	浮上	물위로 떠오름.
	副賞	정식 이외로 주는 상.
부인	否認	시인하지 않음.
	夫人	남의 아내를 높임말.
	婦人	결혼한 여자.
부자	夫子	덕행이 높은 사람.
	富者	살림이 넉넉한 사람.
	父子	아버지와 아들.
부정	否定	그렇지 않다고 함.
	不定	일정하지 않음.
	不正	바르지 않음.
	不貞	정조를 지키지 않음.
	不淨	깨끗하지 않음.
비행	非行	도리에 어긋난 행위.
	飛行	하늘을 날아다님.
사고	事故	뜻밖의 일이나 탈.
	思考	생각함.
	私庫	개인 보관창고.
	史庫	역사 보관 곳집.
사기	士氣	씩씩한 기개.

	史記	역사적 사실을 적은 책.
	沙器	사기그릇.
	事記	사건의 내용을 적은 기록.
	詐欺	나쁜 목적으로 남을 속임.
사은	師恩	스승의 은혜.
	私恩	사사로이 입은 은혜.
	謝恩	입은 은혜에 감사함.
사장	社長	회사의 대표자.
	死藏	쓰지 않고 간직하기만 함.
	沙場	모래밭.
	私藏	개인이 간직함.
사정	事情	일의 형편.
	司正	공직 질서를 바로 잡음.
	査正	조사하여 바로잡음.
	私情	사사로운 정.
	邪正	그릇됨과 올바름.
상가	商街	상점이 많이 늘어서 있는 거리.
	喪家	초상집.
상품	上品	높은 품격.
	商品	사고파는 물품.
	賞品	상으로 주는 물품.
선수	先手	먼저 수를 쓰는 일.
	選手	대표로 뽑힌 사람.
	善手	솜씨가 뛰어난 사람.

	船首	뱃머리.
성가	成家	따로 한집을 이룸.
	聖歌	성스러운 노래. 종교가곡 통칭.
성전	成典	정해진 법전이나 의식.
	聖典	성인의 언행을 기록한 책.
	聖殿	신성한 전당.
	聖戰	거룩한 사명을 띤 전쟁.
소장	小腸	음식을 소화하는 장의 한 부분.
	少壯	젊고 기운이 왕성함.
	少長	젊은이와 늙은이.
	少將	중장아래 군인계급.
	所長	所(소)자가 붙은 기관의 책임 자.
	所藏	귀한물건을 간직함.
	訴狀	소송제기를 위한 문서.
수도	水道	상수도(上水道)의 줄임말.
	首都	나라의 중앙 정부가 있는 도시.
	修道	도를 닦음.
수상	水上	물위.
	受傷	상처를 입음.
	手相	손금.
	首相	내각의 우두머리.
	殊常	보통과 달라 이상하다.
시도	試圖	시험 삼아 꾀하여 봄.
	市道	행정단위.

시청	市廳	시의 행정을 보는 청사.
	視聽	눈으로 보고 귀로 들음.
	試聽	시험 삼아 들어봄.
신부	信否	믿는 일과 못 믿는 일.
	神父	사제 서품을 받은 성직자.
	新婦	갓 결혼한 여자. 새색시.
	神符	부적.
양식	樣式	자연히 그렇게 정해진 형식.
	洋式	서양식(西洋式)의 준말.
	糧食	생활에 필요한 먹을거리.
	良識	건전한 사고방식.
역전	逆轉	반대로 돌아감.
	逆戰	역습하여 싸움.
	驛前	정거장 앞.
	歷傳	대대로 전해져 옴.
	力戰	힘을 다하여 싸움.
영화	映畫	사물을 영사막에 비추어 보이는 것.
	榮華	권력과 부귀를 누리는 것.
유도	乳道	젖이 나오는 분비샘.
	儒道	儒家(유가)의 도.
	柔道	상대의 힘을 이용하는 스포츠.
	誘導	꾀어서 이끎.
의사	意思	생각이나 마음.

	義士	의리와 지조를 굳게 지킨 사람.
	議事	어떤 안건을 토의함.
	醫師	병을 고치는 사람.
이성	異姓	다른 성.
	異性	성질이 다름. 남성과 여성.
	理性	이치를 논리적으로 판단하는 것.
인상	印象	사물이 사람에 주는 감각.
	引上	끌어 올림.
	人相	사람의 생김새와 골격.
장기	將器	장수가 될만한 기량.
	臟器	내장의 여러 기관.
	長期	오랜 기간.
	長技	가장 능한 재주. 특기.
전공	電工	전기공의 준말.
	全功	모든 공로나 공적.
	專攻	어느 일정부문을 연구함.
	前功	전에 세운 공로.
	戰功	전투에서 세운 공로.
전기	傳記	개인 일생의 사적을 적은 기록.
	前期	앞 기간.
	電氣	전자 이동에 의한 에너지의 한 형태.
	轉機	다른 상태로 변하는 계기.

전선	戰線	교전상태의 보병 전투 단위가 형성한 선.
	電線	전기가 통하도록 만든 금속선.
	戰船	해전에 쓰이는 배.
	全線	철도의 모든 선로.
전시	全市	온 시중. 시의 전체.
	戰時	전쟁을 하고 있는 때.
정부	政府	국가의 정책을 집행하는 행정부.
	正否	바름과 바르지 아니함.
	情夫	몰래 정을 통한 남자.
	征夫	싸움터로 나가는 군사.
정사	情事	남녀간 사랑에 관한일.
	情思	남녀가 서로 사랑하는 마음.
	靜思	조용히 생각함.
	正邪	바른 일과 사악한일.
	政事	정치에 관한일.
	正史	정확한 사실을 편찬한 역사.
조사	早死	일찍 죽다.
	助詞	문장에서 조사·어미 뒤에 붙는 단어.
	朝使	조정의 사신.
	照査	대조하여 조사함.
조정	朝廷	임금이 나라의 정치를 집행하던 곳.
	調整	알맞게 조절함.
조화	弔花	조상(弔喪)의 뜻으로 바치는 꽃.
	調和	서로 잘 어울림.
	造花	종이나 헝겊으로 만든 꽃.
	造化	천지자연의 이치.
주가	主家	주인의 집.
	住家	住宅(주택).
	株價	주식의 값.
	酒價	술값.
	酒家	술집.
주간	主幹	일을 주장하여 맡아 처리함.
	晝間	낮 동안.
	週刊	매주 마다 한번씩 펴냄.
	週間	한주일 동안.
중지	中指	가운뎃손가락.
	衆志	뭇 사람의 지혜나 뜻.
	中止	일을 중도에서 그만둠.
	重地	아주 중요한 곳.
	衆智	뭇 사람의 지혜.
지구	持久	오래 버티어 견딤.
	地區	어떤 일정한 구역.
	地球	인류가 살고 있는 천체.
	知舊	오랜 친구.
천재	千載	오랜 세월. 천년.

	天才	날 때부터 갖춘 뛰어난 재주.
	天災	자연적으로 일어난 재난.
	淺才	얕은 재주나 꾀.
초대	初代	어떤 계통의 첫 번째 사람. 또는 그 시대.
	招待	남을 청하여 대접함.
초상	初喪	사람이 죽어 장사 지내기까지의 일.
	肖像	어떤 사람의 얼굴이나 모습.
추수	秋收	가을걷이.
	秋水	가을철의 맑은 물.
	追水	모내기 후 논에 대는 물.
	追隨	남이 한 뒤를 따름.
축사	畜舍	가축을 기르는 건물.
	祝辭	축하를 뜻하는 말이나 글.
	逐邪	사악한 귀신이나 기운을 물리침.
	縮寫	원형보다 작게 줄여 베낌.
타력	他力	남의 힘.
	打力	타자가 공을 때리는 힘이나 능력.
탐구	探求	필요한 것을 더듬어 찾아 구함.
	探究	진리를 더듬어 깊이 연구함.
	貪求	탐욕스럽게 구함.
태고	太古	아주 오랜 옛날.

	太高	매우 높음.
통관	統管	하나로 싸잡아 관할함.
	通觀	전체에 걸쳐서 한 번 쭉 내다 봄.
	洞觀	꿰뚫어 봄.
	通貫	꿰뚫음.
	通關	세관을 통과하는 일.
파장	罷場	섰던 장이 파함.
	波長	음파 따위에서 마루에서 다음 머리가 지의 거리.
평정	平定	평온하게 진정시킴.
	平正	공평하고 올바름.
	平靜	평안하고 고요함.
	評定	평의하여 결정함.
포화	砲火	총포를 쏠 때 일어나는 불.
	飽和	무엇에 의해 한도가지 가득 찬 상태.
필사	必死	반드시 죽음. 죽음을 각오함.
	筆寫	베껴 씀.
하수	下壽	나이 60세 또는 80세를 이름.
	下手	수가 아래임.
	河水	하천의 물.
	賀壽	장수를 축하함.
향수	享受	받아서 누림.
	享壽	오래 사는 복을 누림.

	鄕愁	고향을 그리워하는 마음.
	香水	액체의 화장품 한 가지.
현상	現狀	현재의 상태.
	懸賞	상금이나 상품을 내거는 일.
	賢相	현명한 재상.
	現象	시간과 공간 속에 나타나는 대상.
	現像	영상이 드러나게 하는 일.
호기	好期	꼭 좋은 시기.
	好奇	신기한 것에 흥미를 가짐.
	好機	좋은 기회.
	號旗	신호에 쓰이는 기.
	豪氣	씩씩한 기상.
	浩氣	호연한 기상.
	呼氣	내쉬는 숨.
혼성	混成	섞여서 이루어짐.
	混聲	뒤섞인 소리.
화구	火具	불을 켜는 도구.
	火口	불을 뿜는 입구.
	畫具	그림 그리는 제구.
화기	和氣	화창한 날씨.
	火器	화약 병기나, 불을 담는 도구.
	火氣	불기운.
	花期	꽃피는 시기.

	花器	꽃꽂이 그릇.
	禍機	재앙이 숨어있는 낌새.
화병	火兵	지난날 군에서 밥 짓던 군사.
	火病	울화병.
회의	懷疑	의심을 품음.
	會意	뜻을 깨달음.
	會議	모여 의논함.
	回議	돌려가며 의견을 묻거나 동의를 구함.
후기	後記	뒷날의 기록.
	後氣	버티어 나가는 힘.
	後期	뒤의 기간.
	後騎	斥候(척후)하는 기병.
후대	厚待	후하게 대접함.
	後代	뒤의 세대.

동자이음어

4급 쓰기 배정 한자

한자	훈음 · 용례	훈음 · 용례	훈음 · 용례
降	내릴 강 降雨(강우)	항복할 항 降服(항복)	
更	다시 갱 更生(갱생)	고칠 경 變更(변경)	
車	수레 거 自轉車(자전거)	수레 차 自動車(자동차)	
見	볼 견 見聞(견문)	뵈올 현 謁見(알현)	
告	고할 고 告發(고발)	청할 곡 告歸(곡귀)	
句	글귀 구 句讀(구두)	구절 귀 句節(귀절)	
金	쇠 금 金庫(금고)	성 김 金氏(김씨)	
度	법도 도 角度(각도)	헤아릴 탁 度地(탁지)	
讀	읽을 독 讀書(독서)	구절 두 吏讀(이두)	
洞	마을 동 洞里(동리)	통할 통 洞察(통찰)	
樂	즐길 락 喜樂(희락)	좋아할 요 樂山(요산)	풍류 악 音樂(음악)
復	회복할 복 回復(회복)	다시 부 復活(부활)	
否	아닐 부 否定(부정)	막힐 비 否塞(비색)	
北	북녘 북 南北(남북)	달아날 배 敗北(패배)	
不	아니 불 不可(불가)	아닐 부 不當(부당)	

한자	훈음 · 용례	훈음 · 용례	훈음 · 용례
寺	절 사 寺院(사원)	내시 시 寺人(시인)	
殺	죽일 살 殺生(살생)	감할 쇄 相殺(상쇄)	
狀	형상 상 現狀(현상)	문서 장 賞狀(상장)	
說	말 설 說明(설명)	달랠 세 遊說(유세)	기쁠 열 說樂(열락)
省	살필 성 反省(반성)	덜 생 省略(생략)	
數	셀 수 數學(수학)	자주 삭 數白(삭백)	촘촘할 촉 數罟(촉고)
宿	잘 숙 合宿(합숙)	별자리 수 星宿(성수)	
食	밥 식 食堂(식당)	먹일 사 疏食(소사)	
識	알 식 知識(지식)	기록할 지 標識(표지)	
惡	악할 악 善惡(선악)	미워할 오 憎惡(증오)	
易	바꿀 역 貿易(무역)	쉬울 이 容易(용이)	
切	끊을 절 切望(절망)	온통 체 一切(일체)	
提	끌 제 提携(제휴)	보리수 리 菩提(보리)	
差	어긋날 차 差別(차별)	어긋날 치 參差(참치)	
參	참여할 참 參席(참석)	석 삼 參千(삼천)	

推	밀 추 推理(추리)	밀 퇴 推敲(퇴고)	
則	법칙 칙 規則(규칙)	곧 즉 則效(즉효)	
宅	집 택 住宅(주택)	집 댁 貴宅(귀댁)	
便	편할 편 便利(편리)	오줌 변 便所(변소)	
布	베 포 布木(포목)	펼 포 公布(공포)	보시 보 布施(보시)
暴	사나울 폭 暴力(폭력)	사나울 포 暴惡(포악)	
合	합할 합 合同(합동)	홉 홉 一合(일홉)	
行	다닐 행 行事(행사)	항렬 항 行列(항렬)	
畫	그림 화 畫家(화가)	그을 획 畫順(획순)	

3급Ⅱ · 3급 고유 한자

乾	하늘 건 乾坤(건곤)	마를 간 乾物(간물)	
龜	거북 귀 龜鑑(귀감)	터질 균 龜裂(균열)	땅이름 구 龜尾(구미)
奈	어찌 내 奈何(내하)	나락 나 奈落(나락)	
茶	차 다 茶道(다도)	차 차 綠茶(녹차)	
糖	엿 당 糖分(당분)	사탕 탕 雪糖(설탕)	
率	비율 률 比率(비율)	거느릴 솔 引率(인솔)	
塞	막힐 색 閉塞(폐색)	변방 새 要塞(요새)	
索	찾을 색 思索(사색)	끈 삭 索莫(삭막)	
拾	주을 습 拾得(습득)	열 십 拾萬(십만)	
若	같을 약 若干(약간)	반야 야 般若(반야)	
刺	지를 자 刺客(자객)	찌를 척 刺殺(척살)	
辰	별 진 日辰(일진)	때 신 生辰(생신)	
徵	부를 징 徵兵(징병)	음률 치 徵音(치음)	
拓	넓힐 척 干拓(간척)	박을 탁 拓本(탁본)	
沈	성 심 沈氏(심씨)	잠길 침 沈沒(침몰)	
皮	가죽 피 毛皮(모피)	가죽 비 鹿皮(녹비)	

읽기 어려운 한자

모양이 비슷한 한자에 독음 달기

可憐(가련)	佳人(가인)	各別(각별)	各自(각자)	有名(유명)	角逐(각축)	看護(간호)	代身(대신)
伐草(벌초)	減殺(감쇄)	改悛(개전)	慨歎(개탄)	更新(갱신)	延期(연기)	朝廷(조정)	元旦(원단)
苟且(구차)	乞神(걸신)	激勵(격려)	決心(결심)	快活(쾌활)	貝類(패류)	具備(구비)	午前(오전)
牛乳(우유)	苦渴(고갈)	考察(고찰)	官署(관서)	工場(공장)	巨人(거인)	臣下(신하)	雨期(우기)
兩班(양반)	得失(득실)	弓矢(궁시)	未定(미정)	末端(말단)	古今(고금)	天命(천명)	憤怒(분노)

容恕(용서)	連絡(연락)	給食(급식)	村落(촌락)	材料(재료)	分明(분명)	朋友(붕우)	祝賀(축하)
祭祀(제사)	綠陰(녹음)	緣故(연고)	貪官(탐관)	貧困(빈곤)	逐出(축출)	遂行(수행)	睡眠(수면)
眼鏡(안경)	句讀(구두)	具備(구비)	龜裂(균열)	借用(차용)	惜別(석별)	官門(관문)	宮女(궁녀)
龜鑑(귀감)	期待(기대)	苦生(고생)	若干(약간)	深夜(심야)	探聞(탐문)	侍女(시녀)	待期(대기)
朗誦(낭송)	淸風(청풍)	情感(정감)	俗世(속세)	裕福(유복)	思考(사고)	恩師(은사)	家族(가족)

行旅(행려)	跳躍(도약)	挑戰(도전)	亦是(역시)	赤色(적색)	場所(장소)	陽明(양명)	辛苦(신고)
幸運(행운)	勸奬(권장)	歡待(환대)	活動(활동)	浩然(호연)	鄕土(향토)	公卿(공경)	干戈(간과)
于今(우금)	大成(대성)	太初(태초)	犬馬(견마)	鳥類(조류)	烏竹(오죽)	自己(자기)	已往(이왕)
巳時(사시)	氷水(빙수)	永遠(영원)	住所(주소)	佳人(가인)	往復(왕복)	罪囚(죄수)	因果(인과)
困難(곤란)	比較(비교)	彼此(피차)	北方(북방)	文書(문서)	晝夜(주야)	墨畵(묵화)	問答(문답)

間食(간식)	枝葉(지엽)	技術(기술)	冒險(모험)	胃腸(위장)	微笑(미소)	徵集(징집)	季節(계절)
秀才(수재)	委任(위임)	濁水(탁수)	華燭(화촉)	獨立(독립)	檢査(검사)	險難(험난)	儉素(검소)
純潔(순결)	鈍感(둔감)	亨通(형통)	享有(향유)	帳簿(장부)	疏薄(소박)	雪糖(설탕)	攝理(섭리)
盟誓(맹세)	滅亡(멸망)	牧丹(모란)	拜謁(배알)	洗淨(세정)	省略(생략)	拾得(습득)	收拾(수습)
便秘(변비)	辯護(변호)	復活(부활)	布施(보시)	否運(비운)	惡寒(오한)	要塞(요새)	水洗(수세)

索莫(삭막)	殺菌(살균)	相殺(상쇄)	狀態(상태)	省略(생략)	生辰(생신)	憎惡(증오)	陳腐(진부)
十月(시월)	謁見(알현)	旅客(여객)	豫度(예탁)	忽然(홀연)	橫暴(횡포)	一切(일체)	佐飯(자반)
容易(용이)	遊說(유세)	吟味(음미)	吏讀(이두)	旱害(한해)	行列(항렬)	降伏(항복)	殺到(쇄도)
將帥(장수)	傳播(전파)	提携(제휴)	卒劣(졸열)	尖端(첨단)	閉鎖(폐쇄)	包攝(포섭)	率先(솔선)
茶禮(차례)	錯誤(착오)	刺殺(척살)	貪官(탐관)	探索(탐색)	派遣(파견)	沈沒(침몰)	沈着(침착)

醜態(추태)	墮落(타락)	拓本(탁본)	便宜(편의)	敗北(패배)	洞察(통찰)	統率(통솔)	楷書(해서)
嫌惡(혐오)	捕捉(포착)	標識(표지)	汗顔(한안)				

장·단음으로 모두 발음되는 한자

한자	훈 · 음	장음:	단음
街	거리 가	街道(가도) 街頭示威(가두시위)	街路樹(가로수) 街路燈(가로등) 大學街(대학가) 住宅街(주택가) 歡樂街(환락가)
肝	간 간	肝膽(간담) 肝癌(간암) 肝臟(간장) 肝要(간요)	肝氣(간기) 肝油(간유) 肝腸(간장) 生肝(생간) 心肝(심간) 人工肝(인공간)
間	사이 간	間食(간식) 間接(간접) 間諜(간첩) 間或(간혹)	間隔(간격) 間隙(간극) 間數(간수)
簡	간략할 간	簡易(간이) 簡紙(간지)	簡單(간단) 簡略(간략) 簡素(간소)
強	강할 강	強姦(강간) 強勸(강권) 強盜(강도) 強制(강제)	強大國(강대국) 強力(강력) 強化(강화) 弱肉強食(약육강식) 超強硬(초강경) 莫強(막강) 富強(부강) 列強(열강) 增強(증강)
個	낱 개	個別(개별) 個性(개성) 個體(개체)	個人(개인) 各個(각개) 別個(별개) 數個(수개) 一介(일개)
景	볕 경	景武臺(경무대) 景福宮(경복궁) 景品(경품)	景概(경개) 景氣(경기) 景物(경물) 景致(경치) 光景(광경) 絶景(절경) 風景(풍경)
考	생각할 고	考古(고고) 考查(고사) 考試(고시)	考案(고안) 考察(고찰)
故	연고 고	故國(고국) 故事(고사) 故人(고인) 故障(고장)	故鄕(고향)
課	공부할 과 과정 과	課稅(과세)	課程(과정) 課業(과업)
貫	꿸 관	貫珠(관주)	貫流(관류) 貫通(관통) 貫鄕(관향) 貫徹(관철)
怪	괴이할 괴	怪物(괴물) 怪變(괴변) 怪病(괴병)	怪怪罔測(괴괴망측) 怪常(괴상) 怪異(괴이)
口	입 구	口腔(구강) 口論(구론) 口辯(구변) 口號(구호)	口文(구문) 口錢(구전)
具	갖출 구	具氏(구씨)	具備(구비) 具色(구색) 具全(구전) 具現(구현)
勤	부지런할 근	勤儉(근검) 勤勞(근로) 勤務(근무)	勤告(근고) 勤念(근념)
難	어려울 난	難堪(난감) 難處(난처) 難兄難弟(난형난제)	難關(난관) 難局(난국) 難解(난해)
短	짧을 단	短簫(단소) 短杖(단장) 短靴(단화)	短距離(단거리) 短點(단점) 短縮(단축)
唐	당나라 당	唐突(당돌)	唐書(당서) 唐詩(당시)
帶	띠 대	帶劍(대검) 帶同(대동) 帶妻僧(대처승)	帶狀(대상) 帶率(대솔)
冬	겨울 동	冬期(동기) 冬眠(동면)	冬至(동지)
來	올 래	來客(내객) 來賓(내빈) 來住(내주)	來年(내년) 來歷(내력) 來日(내일) 來診(내진)
令	하여금 령	令監(영감)	令夫人(영부인) 令愛(영애)
料	헤아릴 료	料金(요금) 料給(요급)	料理(요리) 料食(요식) 料量(요량)

한자	훈 · 음	장음:	단음
麻	삼 마	麻雀(마작)	麻姑(마고) 麻谷寺(마곡사) 麻織物(마직물) 麻布(마포)
滿	찰 만	滿面(만면) 滿堂(만당) 滿發(만발) 滿場(만장)	滿朔(만삭) 滿了(만료) 滿足(만족) 滿洲(만주)
每	매양 매	每年(매년) 每事(매사) 每時間(매시간) 每回(매회)	每日(매일)
賣	팔 매	賣家(매가) 賣却(매각) 賣國奴(매국노) 賣上(매상) 競賣(경매) 發賣(발매) 特賣(특매) 販賣(판매)	賣買(매매)
聞	들을 문	聞見(문견) 聞一知十(문일지십)	聞慶(문경)
未	아닐 미	未開(미개) 未決(미결) 未來(미래) 未熟(미숙)	未安(미안)
美	아름다울 미	美術(미술) 美人(미인-미녀)	美國(미국) 美人(미인-미국인)
迷	미혹할 미	迷信(미신) 迷宮(미궁) 迷夢(미몽)	迷兒(미아) 迷惑(미혹)
放	놓을 방	放談(방담) 放浪(방랑) 放送(방송)	放學(방학)
凡	무릇 범	凡例(범례) 凡百(범백) 凡夫(범부) 凡俗(범속)	凡節(범절)
保	지킬 보	保健(보건) 保管(보관) 保留(보류)	保證(보증)
符	부호 부	符籍(부적) 符號(부호)	符節(부절)
府	마을 관청 부	府君(부군)	府使(부사) 府域(부역)
分	나눌 분	分量(분량) 分福(분복) 分數(분수)	分家(분가) 分校(분교) 分岐點(분기점) 分配(분배)
思	생각 사	思想(사상)	思考(사고) 思念(사념) 思慕(사모)
射	쏠 사	射場(사장) 射亭(사정)	射擊(사격) 射殺(사살) 射手(사수) 射精(사정)
尙	오히려 상	尙古(상고) 尙文(상문) 尙武(상무)	尙宮(상궁) 尙今(상금) 尙門(상문) 尙州(상주)
喪	잃을 상	喪家(상가) 喪亡(상망) 喪服(상복) 喪主(상주)	喪配(상배) 喪夫(상부) 喪妻(상처)
徐	천천할 서	徐步(서보) 徐徐(서서)히 徐行(서행)	徐氏(서씨) 徐羅伐(서라벌)
素	본디 소	素朴(소박) 素數(소수) 素材(소재) 素質(소질)	素物(소물) 素服(소복) 素饌(소찬)
掃	쓸 소	掃除(소제) 掃地(소지)	掃灑(소쇄) 掃蕩(소탕)
燒	사를 소	燒紙(소지)	燒却(소각) 燒失(소실) 燒盡(소진) 燒火(소화)
孫	손자 손	孫世(손세)	孫女(손녀) 孫婦(손부) 孫氏(손씨) 孫子(손자)
手	손 수	手巾(수건)	手段(수단) 手足(수족) 手帖(수첩)
受	받을 수	受苦(수고)	受講(수강) 受賞(수상) 受信(수신) 受業(수업)

한자	훈 · 음	장음:	단음
試	시험 시	試官(시관) 試金石(시금석) 試食(시식)	試驗(시험)
亞	버금 아	亞流(아류) 亞聖(아성) 亞將(아장)	亞細亞(아세아) 亞鉛(아연)
雅	맑을 아	雅俗(아속)	雅趣(아취) 雅淡(아담)
沿	물따라갈 따를 연	沿革(연혁)	沿道(연도) 沿岸(연안) 沿邊(연변) 沿海(연해)
燕	제비 연	燕子(연자) 燕雀(연작)	燕京(연경) 燕山君(연산군) 燕行(연행)
映	비칠 영	映窓(영창)	映寫(영사) 映畫(영화)
要	요긴할 요	要綱(요강) 要求(요구) 要人(요인) 要點(요점)	要緊(요긴) 要領(요령) 要素(요소) 要約(요약)
爲	하 할 위	爲人(위인-사람을 위함)	爲始(위시) 爲人(위인-사람됨)
任	맡길 임	任期(임기) 任命(임명) 任務(임무) 任員(임원)	任氏(임씨)
暫	잠깐 잠	暫時(잠시)	暫間(잠간) 暫別(잠별) 暫逢(잠봉) 暫定(잠정)
長	긴 장	長官(장관) 長老(장로) 長成(장성) 長者(장자)	長短(장단) 長久(장구) 長篇(장편)
將	장수 장	將軍(장군) 將來(장래) 將次(장차) 將就(장취) 獨不將軍(독불장군) 出將入相(출장입상) 老將(노장) 大將(대장) 守門將(수문장)	將校(장교) 將帥(장수) 將兵(장병) 將星(장성)

한자	훈 · 음	장음:	단음
點	점 점	點心(점심)	點檢(점검) 點線(점선) 點數(점수) 點火(점화)
井	우물 정	井邑詞(정읍사)	井間(정간) 井底蛙(정저와) 井華水(정화수)
正	바를 정	正當(정당) 正道(정도) 正式(정식) 正直(정직)	正月(정월) 正二月(정이월) 正朝(정조) 正初(정초)
操	잡을 조	操心性(조심성) 操鍊(조련)	操業短縮(조업단축) 操作(조작) 操縱(조종)
從	좇을 종	從弟(종제) 從祖(종조) 從姪(종질) 從兄(종형)	從當(종당) 從屬(종속) 從事(종사) 從軍(종군)
種	씨 종	種類(종류) 種目(종목) 種別(종별)	種犬(종견) 種鷄(종계) 種子(종자) 種豚(종돈) 種族(종족)
酒	술 주	酒酊(주정)	酒案床(주안상) 酒煎子(주전자) 酒池肉林(주지육림)
仲	버금 중	仲氏(중씨) 仲兄(중형)	仲介人(중개인) 仲媒(중매) 仲秋佳節(중추가절)
症	증세 증	症(증)나다	症勢(증세) 症候(증후)
鎭	진압할 진	鎭壓(진압) 鎭痛(진통)	鎭南浦(진남포) 鎭靜劑(진정제) 鎭魂祭(진혼제)
昌	창성할 창	昌慶苑(창경원) 昌德宮(창덕궁) 昌盛(창성)	昌寧(창녕) 昌平(창평)
倉	곳집 창	倉卒(창졸)	倉庫(창고)
針	바늘 침	針母(침모) 針線(침선)	針小棒大(침소봉대) 針葉樹(침엽수)
吐	토할 토	吐根(토근) 吐瀉(토사) 吐血(토혈)	吐露(토로)

한자	훈 · 음	장음ː	단음
討	칠 토	討論(토론) 討議(토의)	討伐(토벌) 討滅(토멸) 討食(토식) 討破(토파)
片	조각 편	片紙(편지)	片鱗(편린) 片影(편영) 片肉(편육) 片仔丸(편자환)
便	편할 편	便紙(편지)	便利(편리) 便法(편법) 便安(편안) 便易(편이)
布	베 포	布告(포고) 布敎(포교) 布德(포덕) 布石(포석)	布木(포목) 布笠(포립) 布網(포망) 布衣寒士(포의한사)
包	쌀 포	包括(포괄) 包容(포용) 包圍網(포위망) 內包(내포)	包裝(포장) 包紙(포지) 包含(포함)
胞	세포 포	胞胎(포태)	胞衣(포의) 胞子(포자)

한자	훈 · 음	장음ː	단음
荷	멜 하	荷物(하물) 荷役(하역)	荷香(하향) 荷花(하화)
韓	한국 나라 한	韓國(한국) 韓服(한복)	韓山(한산) 韓氏(한씨)
行	다닐 행 (항렬 항)	行實(행실)	行動(행동) 行路(행로) 行事(행사)
虎	범 호	虎口(호구) 虎視耽耽(호시탐탐) 虎患(호환)	虎班(호반)
火	불 화	火氣(화기) 火力(화력) 火病(화병) 火葬(화장)	火曜日(화요일)
化	될 화	化石(화석) 化身(화신)	化學(화학) 化粧(화장)
興	일 흥	興亡盛衰(흥망성쇠)	興盛(흥성)

장음으로 발음되는 한자

한자	훈 · 음	활용 단어
可	옳을 가	可決(가결) 可能(가능) 可否(가부) 可視(가시)
假	거짓 가	假令(가령) 假名(가명) 假作(가작) 假定(가정)
暇	겨를/틈 가	暇日(가일)
減	덜 감	減少(감소) 減員(감원) 減損(감손) 減縮(감축)
敢	감히/구태여 감	敢然(감연) 敢戰(감전) 敢鬪(감투) 敢行(감행)
感	느낄 감	感激(감격) 感動(감동) 感謝(감사) 感化(감화)
講	욀 강	講究(강구) 講讀(강독) 講習(강습) 講演(강연)
更	다시 갱/고칠 경	更年期(갱년기) 更生(갱생) 更新(갱신)
去	갈 거	去年(거년) 去來(거래) 去勢(거세) 去就(거취)
巨	클 거	巨大(거대) 巨物(거물) 巨餘洞(거여동) 巨人(거인)
拒	막을 거	拒否(거부) 拒逆(거역) 拒絕(거절)
據	근거 거	據點(거점)
擧	들 거	擧國(거국) 擧動(거동) 擧手(거수) 擧行(거행)
建	세울 건	建國(건국) 建物(건물) 建設(건설) 建築(건축)
健	굳셀 건	健脚(건각) 健康(건강) 健在(건재) 健金(건금)
儉	검소할 검	儉朴(검박) 儉素(검소) 儉約(검약)
檢	검사할 검	檢擧(검거) 檢査(검사) 檢出(검출)
見	볼 견/뵈올 현	見聞(견문) 見識(견식) 見學(견학) 見解(견해) 見舅姑(현구고)

한자	훈 · 음	활용 단어
敬	공경 경	敬禮(경례) 敬仰(경앙) 敬愛(경애) 敬意(경의)
慶	경사 경	慶事(경사) 慶尙道(경상도) 慶弔(경조) 慶州(경주)
警	깨우칠 경	警覺心(경각심) 警戒(경계) 警告(경고) 警備(경비)
鏡	거울 경	鏡鑑(경감) 鏡臺(경대) 鏡城(경성) 鏡浦臺(경포대)
競	다툴 경	競技(경기) 競馬(경마) 競試(경시) 競爭(경쟁)
系	이어맬 계	系譜(계보) 系列(계열) 系統(계통)
近	가까울 근	近郊(근교) 近似(근사) 近世(근세) 近況(근황)
禁	금할 금	禁忌(금기) 禁煙(금연) 禁止(금지)
暖	따뜻할 난	暖帶(난대) 暖流(난류) 暖衣飽食(난의포식)
內	안 내	內閣(내각) 內科(내과) 內部(내부) 內外(내외)
念	생각 념	念頭(염두) 念佛(염불) 念願(염원)
怒	성낼 노	怒氣(노기) 怒色(노색)
但	다만 단	但書(단서) 但只(단지)
斷	끊을 단	斷交(단교) 斷水(단수) 斷食(단식) 斷煙(단연)
代	대신 대	代理(대리) 代表(대표) 代行(대행)
待	기다릴 대	待機(대기) 待望(대망) 待遇(대우) 待避(대피)
貸	빌릴/뀔 대	貸館料(대관료) 貸金(대금) 貸出(대출)
對	대할 대	對決(대결) 對象(대상) 對外(대외) 對話(대화)
到	이를 도	到達(도달) 到任(도임) 到着(도착) 到處(도처)

한자	훈	음	활용 단어
倒	넘어질	도	倒産(도산) 倒錯的(도착적)
途	길	도	途上(도상) 途中下車(도중하차)
導	인도할	도	導水路(도수로) 導入(도입) 導出(도출)
洞	골동 밝을	통	洞窟(동굴) 洞內(동내) 洞里(동리) 洞會(동회) 洞達(통달) 洞察(통찰) 洞燭(통촉) 洞徹(통철)
凍	얼	동	凍結(동결) 凍傷(동상) 凍土(동토) 凍破(동파)
動	움직일	동	動機(동기) 動力(동력) 動物(동물) 動詞(동사)
等	무리	등	等距離(등거리) 等級(등급) 等式(등식)
亂	어지러울	란	亂動(난동) 亂離(난리)
濫	넘칠	람	濫發(남발) 濫用(남용) 濫造(남조)
朗	밝을	랑	朗讀(낭독) 朗報(낭보) 朗誦(낭송)
冷	찰	랭	冷却(냉각) 冷氣(냉기) 冷待(냉대) 冷凍(냉동)
兩	두	량	兩家(양가) 兩極(양극) 兩親(양친)
勵	힘쓸	려	勵精(여정) 勵行(여행)
練	익힐	련	練兵場(연병장) 練習(연습) 練祭祀(연제사)
戀	그리워할 그릴	련	戀慕(연모) 戀愛(연애) 戀情(연정)
鍊	단련할	련	鍊金術(연금술) 鍊磨(연마)
例	법식	례	例見(예견) 例示(예시) 例外(예외)
禮	예도	례	禮物(예물) 禮拜(예배) 禮義(예의)

한자	훈	음	활용 단어
老	늙을	로	老衰(노쇠) 老人(노인)
路	길	로	路上(노상) 路線(노선) 路資(노자)
弄	희롱할	롱	弄談(농담) 弄調(농조) 弄筆(농필)
累	여러/자주	루	累計(누계) 累進(누진) 累積(누적)
淚	눈물	루	淚管(누관) 淚腺(누선) 淚水(누수)
屢	여러	루	屢屢(누누)이 屢代(누대) 屢沈(누침)
漏	샐	루	漏刻(누각) 漏落(누락) 漏泄(누설)
里	마을	리	里數(이수) 里長(이장) 里程標(이정표)
理	다스릴	리	理科(이과) 理論(이론) 理致(이치)
利	이할	리	利己主義(이기주의) 利潤(이윤)
離	떠날	리	離陸(이륙) 離別(이별) 離婚(이혼)
裏	속	리	裏面(이면) 裏書(이서) 裏作(이작) 裏海(이해)
李	오얏/성	리	李氏(이씨) 李下不整冠(이하부정관)
吏	관리/벼슬아치	리	吏道(이도) 吏讀(이두) 吏胥(이서)
馬	말	마	馬軍(마군) 馬事會(마사회) 馬上(마상) 馬耳東風(마이동풍)
萬	일만	만	萬能(만능) 萬民法(만민법) 萬歲(만세) 萬愚節(만우절)
晩	늦을	만	晩學(만학) 晩時之歎(만시지탄) 晩秋(만추) 晩覺(만각)
慢	거만할	만	慢驚風(만경풍) 慢悔(만회) 慢然(만연)
漫	흩어질	만	漫談(만담) 漫筆(만필) 漫畫(만화)

한자	훈 · 음		활용단어
妄	망령될	망	妄念(망념) 妄動(망동) 妄想症(망상증)
望	바랄	망	望夫石(망부석) 望遠鏡(망원경) 望鄕(망향)
買	살	매	買價(매가) 買受(매수) 買食(매식) 買入(매입) 買占(매점)
猛	사나울	맹	猛犬(맹견) 猛攻擊(맹공격) 猛烈(맹렬) 猛獻(헌)
免	면할	면	免稅(면세) 免罪(면죄) 免職(면직)
面	낯	면	面壁參禪(면벽참선) 面識(면식) 面接(면접) 面會(면회)
勉	힘쓸	면	勉勵(면려) 勉從(면종) 勉學(면학)
命	목숨	명	命令(명령) 命脈(명맥) 命名(명명) 命中(명중)
母	어미	모	母系(모계) 母校(모교) 母性愛(모성애) 母情(모정)
某	아무	모	某官(모관) 某國(모국) 某年(모년) 某氏(모씨)
慕	그릴	모	慕心(모심) 慕情(모정) 慕華(모화)
暮	저물	모	暮景(모경) 暮年(모년) 暮夜(모야) 暮春(모춘)
卯	토끼	묘	卯末(묘말) 卯飯(묘반) 卯睡(묘수) 卯初(묘초)
妙	묘할	묘	妙計(묘계) 妙技(묘기) 妙齡(묘령) 妙香山(묘향산)
苗	모	묘	苗脈(묘맥) 苗木(묘목) 苗床(묘상) 苗圃(묘포)
墓	무덤	묘	墓碣(묘갈) 墓碑(묘비) 墓所(묘소) 墓誌(묘지)
廟	사당	묘	廟堂(묘당) 廟論(묘론) 廟議(묘의)
戊	천간	무	戊午士禍(무오사화) 戊辰(무진)

한자	훈 · 음		활용단어
茂	무성할	무	茂林(무림) 茂盛(무성) 茂樹(무수) 茂才(무재)
武	호반	무	武家(무가) 武器(무기) 武斷(무단) 武力(무력)
務	힘쓸	무	務望(무망) 務實力行(무실역행)
貿	무역할	무	貿穀(무곡) 貿易政策(무역정책)
舞	춤출	무	舞曲(무곡) 舞臺(무대) 舞蹈場(무도장) 舞踊(무용)
霧	안개	무	霧露(무로) 霧散(무산) 霧塞(무새) 霧消(무소)
問	물을	문	問答(문답) 問病(문병) 問安(문안) 問題(문제)
反	돌아올 돌이킬	반	反共(반공) 反對(반대) 反復(반복) 反省(반성)
半	반	반	半跏像(반가상) 半減(반감) 半導體(반도체) 半生(반생)
返	돌이킬	반	返納(반납) 返送(반송) 返品(반품)
叛	배반할	반	叛軍(반군) 叛起(반기) 叛亂(반란) 叛逆(반역)
訪	찾을	방	訪客(방객) 訪求(방구) 訪問(방문) 訪議(방의)
拜	절	배	拜金(배금) 拜禮(배례) 拜伏(배복) 拜席(배석)
背	등	배	背景(배경) 背叛(배반) 背水陣(배수진)
配	나눌/짝	배	配管(배관) 配給(배급) 配當(배당) 配列(배열)
倍	북돋울	배	培根(배근) 培植(배식) 培養(배양)
犯	범할	범	犯法(범법) 犯人(범인) 犯罪(범죄) 犯行(범행)
範	법	범	範式(범식) 範圍(범위) 範疇(범주)
辨	분별할	변	辨理士(변리사) 辨明(변명) 辨別(변별) 辨證(변증)

한자	훈 · 음		활용 단어
辯	말씀	변	辯論(변론) 辯明(변명) 辯士(변사) 辯護人(변호인)
變	변할	변	變改(변개) 變更(변경) 變動(변동) 變化(변화)
步	걸음	보	步道(보도) 步兵(보병) 步幅(보폭) 步行(보행)
普	넓을	보	普及(보급) 普通法(보통법) 普遍的(보편적)
補	기울	보	補強(보강) 補償(보상) 補修(보수) 補充(보충)
報	갚을/알릴	보	報告書(보고서) 報答(보답) 報道陣(보도진) 報償(보상)
譜	족보	보	譜所(보소) 譜牒(보첩) 譜學(보학)
寶	보배	보	寶庫(보고) 寶物(보물) 寶石(보석) 寶玉(보옥)
復	회복할 다시	복 부	復活(부활) 復興(부흥)
奉	받들	봉	奉公(봉공) 奉仕(봉사) 奉送(봉송) 奉呈式(봉정식)
鳳	새	봉	鳳德(봉덕) 鳳仙花(봉선화) 鳳凰(봉황)
付	부칠	부	付壁書(부벽서) 付與(부여) 付之一笑(부지일소)
否	아닐	부	否決(부결) 否認(부인) 否定(부정) 否票(부표)
負	질	부	負擔(부담) 負傷(부상) 負債(부채)
副	버금	부	副官(부관) 副詞(부사) 副業(부업)
富	부자	부	富強(부강) 富國(부국) 富貴(부귀) 富者(부자)
簿	문서	부	簿記(부기) 簿籍(부적) 簿牒(부첩)
憤	분할	분	憤慨(분개) 憤激(분격) 憤氣(분기) 憤敗(분패)
奮	떨칠	분	奮發(분발) 奮然(분연) 奮戰(분전) 奮鬪(분투)

한자	훈 · 음		활용 단어
比	견줄	비	比較(비교) 比例(비례) 比喩(비유) 比率(비율)
批	비평할	비	批答(비답) 批判(비판) 批評(비평)
卑	낮을	비	卑賤(비천) 卑下(비하)
祕	숨길	비	祕決(비결) 祕密(비밀) 祕書(비서)
悲	슬플	비	悲觀(비관) 悲劇(비극) 悲鳴(비명) 悲哀(비애)
費	쓸	비	費目(비목) 費用(비용) 費財(재)
備	갖출	비	備考(비고) 備忘錄(비망록) 備蓄(비축)
鼻	코	비	鼻高(비고) 鼻祖(비조) 鼻出血(비출혈)
士	선비	사	士官(사관) 士氣(사기) 士兵(사병) 士禍(사화)
巳	뱀	사	巳生(사생) 巳時(사시) 巳座(사좌)
四	넉	사	四季(사계) 四君子(사군자) 四時(사시) 四月(사월)
史	사기	사	史家(사가) 史記(사기) 史學(사학)
死	죽을	사	死力(사력) 死亡(사망) 死文(사문) 死因(사인)
似	닮을	사	似而非(사이비) 似虎(호)
事	일	사	事件(사건) 事理(사리) 事物(사물) 事大主義(사대주의)
使	하여금/부릴	사	使動(사동) 使命(사명) 史臣(사신) 使者(사자)
賜	줄	사	賜暇(사가) 賜金(사금) 賜姓(사성) 賜藥(사약)
謝	사례할	사	謝禮(사례) 謝意(사의) 謝恩(사은) 謝罪(사죄)
產	낳은	산	產故(산고) 產氣(산기) 產卵(산란) 產母(산모)

한자	훈 · 음		활용단어
散	흩을	산	散漫(산만) 散文(산문) 散在(산재)
算	셈	산	算數(산수) 算術(산술) 算出(산출)
殺	죽일살 할	감 쇄	殺到(쇄도)
上	윗	상	上客(상객) 上層(상층) 上品(상품) 上下(상하)
狀	형상 문서	상	狀啓(장계) 狀頭(장두)
想	생각	상	想起(상기) 想念(상념) 想像(상상) 想定(상정)
序	차례	서	序頭(서두) 序論(서론) 序文(서문) 序列(서열)
恕	용서할	서	恕諒(서량) 恕免(서면) 恕宥(서유) 恕罪(서죄)
庶	여러	서	庶務(서무) 庶物(서물) 庶民(서민) 庶子(서자)
暑	더울	서	暑退(서퇴) 暑滯(서체)
署	마을/관청	서	署理(서리) 署名(서명) 署員(서원) 署長(서장)
緖	실마리	서	緖論(서론) 緖業(서업) 緖正(서정)
善	착할	선	善導(선도) 善惡(선악) 善意(선의) 善行(선행)
選	가릴	선	選擧(선거) 選拔(선발) 選定(선정) 選出(선출)
性	성품	성	性格(성격) 性慾(성욕) 性質(성질) 性品(성품)
盛	성	성	盛大(성대) 盛了(성료) 盛需品(성수품) 盛況(성황) 興亡盛衰(흥망성쇠)
聖	성인	성	聖歌(성가) 聖經(성경) 聖女(성녀) 聖人(성인)
世	인간	세	世界(세계) 世代(세대) 世上(세상) 世評(세평)

한자	훈 · 음		활용단어
洗	씻을	세	洗鍊(세련) 洗禮(세례) 洗面器(세면기) 洗濯(세탁)
細	가늘	세	細菌(세균) 細密(세밀) 細部(세부) 細胞(세포)
稅	세금	세	稅關(세관) 稅金(세금) 稅務士(세무사) 稅制(세제)
歲	해	세	歲暮(세모) 歲拜(세배) 歲費(세비) 歲時(세시)
勢	형세	세	勢道(세도) 勢力(세력)
小	작을	소	小劇場(소극장) 小企業(소기업) 小說家(소설가)
少	적을	소	少量(소량) 少數(소수)
所	바	소	所見(소견) 所望(소망) 所信(소신) 所謂(소위) 所長(소장)
笑	웃음	소	笑門萬福來(소문만복래) 笑聲(소성) 笑話(소화)
損	덜	손	損傷(손상) 損失(손실) 損益(손익) 損財(손재) 損害(손해)
送	보낼	송	送舊迎新(송구영신) 送別(송별)
訟	송사할	송	訟官(송관) 訟事(송사) 訟隻(송척)
頌	칭송할/기릴	송	頌歌(송가) 頌德(송덕) 訟詩(송시) 頌祝(송축)
誦	욀	송	誦經(송경) 誦讀(송독) 誦說(송설) 誦言(송언)
刷	인쇄할	쇄	刷馬(쇄마) 刷新(쇄신)
鎖	쇠사슬	쇄	鎖骨(쇄골) 鎖國(쇄국) 鎖門(쇄문)
數	셈	수	數量(수량) 數學(수학)

한자	훈	음	활용 단어
宿	잘 별자리	숙 수	星宿(성숙)
順	순할	순	順理(순리) 順産(순산) 順序(순서) 順位(순위)
市	저자	시	市街(시가) 市立(시립) 市民(시민) 市場(시장) 都市(도시) 門前成市(문전성시) 夜市(야시) 證市(증시)
示	보일	시	示達(시달) 示範(시범) 示唆(시사) 示威(시위)
矢	화살	시	矢筈(시가) 矢數(시수) 矢心(시심) 矢言(시언)
侍	모실	시	侍講(시강) 侍女(시녀) 侍墓(시묘) 侍婢(시비)
始	비로소	시	始動(시동) 始務式(시무식) 始作(시작) 始終(시종)
是	이	시	是日(시일) 是是非非(시시비비) 是認(시인) 是正(시정)
施	베풀	시	施工(시공) 施政(시정) 施策(시책) 施行(시행)
視	볼	시	視力(시력) 視野(시야) 視察(시찰) 視聽者(시청자)
信	믿을	신	信仰(신앙) 信用(신용) 信義(신의) 信任(신임)
愼	삼갈	신	愼戒(신계) 愼口(신구) 愼言(신언) 愼重(신중)
甚	심할	심	甚急(심급) 甚難(심난) 甚深(심심) 甚至於(심지어)
我	나	아	我國(아국) 我軍(아군) 我田引水(아전인수) 我執(아집)
餓	주릴	아	餓鬼(아귀) 餓狼(아랑)
岸	언덕	안	岸壁(안벽)
案	책상	안	案件(안건) 案內(안내) 案頭(안두) 案出(안출)

한자	훈	음	활용 단어
眼	눈	안	眼境(안경) 眼孔(안공) 眼目(안목) 眼下無人(안하무인)
雁	기러기	안	雁言(안언) 雁行(안행)
顔	낯	안	顔料(안료) 顔色(안색) 顔面不知(안면부지)
暗	어두울	암	暗記(암기) 暗示(암시) 暗中摸索(암중모색)
仰	우러를	앙	仰望(앙망) 仰視(앙시)
也	이끼 어조사	야	也帶(야대) 也無妨(야무방)
夜	밤	야	夜間(야간) 夜景(야경) 夜勤(야근) 夜學(야학)
野	들	야	野球(야구) 野望(야망) 野生馬(야생마) 野人(야인)
養	기를	양	養鷄(양계) 養成(양성) 養殖(양식) 養育(양육)
壤	흙덩이	양	壤地(양지) 壤土(양토)
讓	사양할	양	讓渡(양도) 讓步(양보) 讓位(양위) 讓許(양허)
御	거느릴	어	御命(어명) 御用(어용) 御前(어전)
語	말씀	어	語感(어감) 語根(어근) 語不成說(어불성설)
汝	너	여	汝等(여등) 汝輩(여배)
與	더불 줄	여	與件(여건) 與民(여민) 與樂(여락) 與野(여야)
輿	수레	여	輿駕(여가) 輿望(여망) 輿論調査(여론조사)
易	바꿀역 쉬울	이	易行(이행)
宴	잔치	연	宴樂(연락) 宴席(연석) 宴饗(연향) 宴會(연회)
軟	연할	연	軟骨(연골) 軟球(연구) 軟禁(연금) 軟弱(연약)

한자	훈	음	활용 단어
硏	갈	연	硏究(연구) 硏修(연수) 硏學(연학)
永	길	영	永劫(영겁) 永訣式(영결식) 永久(영구)
詠	읊을	영	詠歌(영가) 詠嘆(영탄)
影	그림자	영	影像(영상) 影印本(영인본) 影響(영향)
銳	날카로울	예	銳角(예각) 銳利(예리)
藝	재주	예	藝能(예능) 藝文(예문) 藝術(예술)
譽	기릴 명예	예	譽望(예망) 譽聲(예성) 譽言(예언)
午	낮	오	午睡(오수) 午時(오시) 午正(오정) 午後(오후)
五	다섯	오	五感(오감) 五倫(오륜) 五色(오색)
汚	더러울	오	汚名(오명) 汚染(오염)
悟	깨달을	오	悟道(오도) 悟性(오성) 悟人(오인)
娛	즐길	오	娛樂(오락) 娛遊(오유)
傲	거만할	오	傲氣(오기) 傲慢(오만) 傲霜孤節(오상고절)
誤	그르칠	오	誤記(오기) 誤報(오보) 誤算(오산) 誤解(오해)
瓦	기와	와	瓦屋(와옥) 瓦葺(와즙) 瓦解(와해)
臥	누울	와	臥龍(와룡) 臥病(와병) 臥薪嘗膽(와신상담)
緩	느릴	완	緩急(완급) 緩衝(완충) 緩行(완행) 緩和(완화)
往	갈	왕	往年(왕년) 往來(왕래) 往復(왕복) 往診(왕진)
外	바깥	외	外家(외가) 外見上(외견상) 外交官(외교관) 外國(외국)

한자	훈	음	활용 단어
曜	빛날	요	曜日(요일)
用	쓸	용	用途(용도) 用兵(용병) 用意(용의) 用品(용품)
勇	날랠	용	勇氣(용기) 勇斷(용단) 勇士(용사) 勇將(용장)
友	벗	우	友軍(우군) 友邦(우방) 友愛(우애) 友誼(우의) 友情(우정)
雨	비	우	雨期(우기) 雨備(우비) 雨傘(우산) 雨天時(우천시)
遇	만날	우	遇事生風(우사생풍) 遇賊歌(우적가)
運	옮길	운	運命(운명) 運營(운영) 運行(운행)
援	도울	원	援軍(원군) 援兵(원병) 援助(원조) 援護(원호)
遠	멀	원	遠隔(원격) 遠景(원경) 遠近(원근)
願	원할	원	願望(원망) 願書(원서)
有	있을	유	有感(유감) 有口無言(유구무언) 有名無實(유명무실)
應	응할	응	應當(응당) 應授(응수)
意	뜻	의	意見(의견) 意圖(의도) 意氣衝天(의기충천) 意慾(의욕)
義	옳을	의	義理(의리) 義務(의무) 義士(의사) 義人(의인)
二	두	이	二頭膊筋(이두박근) 二類(이류) 二律背反(이율배반)
以	써	이	以南(이남) 以上(이상) 以心傳心(이심전심)
耳	귀	이	耳聾(이롱) 耳鳴症(이명증) 耳目口鼻(이목구비) 耳順(이순)
異	다를	이	異見(이견) 異口同聲(이구동성) 異質的(이질적)

한자	훈 · 음		활용 단어
姿	모양	자	姿勢(자세) 姿態(자태) 姿色(자색)
壯	장할	장	壯觀(장관) 壯年(장년) 壯途(장도) 壯丁(장정)
奬	장려할	장	奬勵(장려) 奬學生(장학생)
在	있을	재	在庫(재고) 在所者(재소자) 在野(재야) 在學生(재학생)
再	두	재	再開(재개) 再建(재건) 再考(재고) 再現(재현)
低	낮을	저	低價(저가) 低開發(저개발) 低調(저조) 低質化(저질화)
底	밑	저	底力(저력) 底流(저류) 底邊(저변) 底意(저의)
貯	쌓을	저	貯金(저금) 貯水池(저수지) 貯蓄(저축) 貯炭場(저탄장)
典	법	전	典據(전거) 典禮(전례) 典範(전범) 典雅(전아)
展	펼	전	展開(전개) 展覽會(전람회) 展望(전망) 展示場(전시장)
電	번개	전	電球(전구) 電氣(전기) 電鐵(전철) 電話(전화)
錢	돈	전	錢穀(전곡) 錢主(전주) 錢貨(전화)
轉	구를	전	轉落(전락) 轉補(전보) 轉移(전이) 轉換(전환)
戰	싸움	전	戰亂(전란) 戰略(전략) 戰死者(전사자) 戰爭(전쟁)
店	가게	점	店員(점원) 店村(점촌) 店鋪(점포)
定	정할	정	定價(정가) 定款(정관) 定立(정립) 定着(정착)
整	가지런할	정	整理(정리) 整備(정비) 整然(정연) 整地(정지)
弟	아우	제	弟子(제자) 弟嫂(제수)
制	절제할	제	制度(제도) 制動(제동) 制服(제복) 制約(제약)

한자	훈 · 음		활용 단어
帝	임금	제	帝國(제국) 帝王(제왕) 帝政(제정)
第	차례	제	第一(제일) 第三章(제삼장) 第三者(제삼자)
祭	제사	제	祭器(제기) 祭禮(제례) 祭物(제물) 祭祀(제사)
製	지을	제	製鋼(제강) 製粉(제분) 製藥(제약) 製作(제작)
際	즈음 가	제	際遇(제우) 際會(제회)
濟	건널	제	濟度(제도) 濟物浦(제물포) 濟世(제세)
早	이를	조	早産(조산) 早熟(조숙) 早失父母(조실부모) 早退(조퇴)
助	도울	조	助敎(조교) 助力(조력) 助詞(조사) 助言(조언)
造	지을	조	造景(조경) 造成(조성) 造語(조어) 造作(조작)
左	왼	좌	左傾(좌경) 左顧右眄(좌고우면) 左翼(좌익)
座	자리	좌	座談(좌담) 座席(좌석) 座右銘(좌우명) 座中(좌중)
罪	허물	죄	罪過(죄과) 罪惡(죄악) 罪人(죄인) 罪責感(죄책감)
住	살	주	住居(주거) 住民(주민) 住所(주소) 住宅街(주택가)
注	부을	주	注力(주력) 注目(주목) 注文(주문) 注意(주의)
準	준할	준	準決勝(준결승) 準備(준비) 準例(준례)
重	무거울	중	重工業(중공업) 重傷(중상) 重言復言(중언부언)
衆	무리	중	衆口難防(중구난방) 衆論(중론) 衆寡不敵(중과부적)
進	나아갈	진	進路(진로) 進一步(진일보) 進退兩難(진퇴양난)
盡	다할	진	盡力(진력) 盡忠(진충) 盡人事待天命(진인사대천명)

한자	훈	음	활용단어
讚	기릴	찬	讚歌(찬가) 讚美(찬미) 讚辭(찬사)
唱	부를	창	唱歌(창가) 唱劇(창극) 唱妓(창기) 唱樂(창악)
創	비롯할	창	創團(창단) 創立(창립) 創造(창조)
採	캘	채	採鑛(채광) 採算性(채산성) 採點(채점) 採取(채취)
處	곳	처	處女(처녀) 處理(처리) 處方(처방) 處世(처세) 處所(처소)
寸	마디	촌	寸步(촌보) 寸數(촌수) 寸陰(촌음) 寸志(촌지)
村	마을	촌	村老(촌로) 村落(촌락) 村婦(촌부) 村邑(촌읍)
總	다	총	總計(총계) 總動員(총동원) 總額(총액)
最	가장	최	最高(최고) 最近(최근) 最大(최대) 最善(최선)
取	가질	취	取得(취득) 取消(취소) 取材(취재) 取下(취하)
就	나아갈	취	就業(취업) 就任(취임) 就職(취직) 就學(취학)
趣	뜻	취	趣味(취미) 趣意(취의) 趣旨(취지) 趣向(취향)
致	이를	치	致命傷(치명상) 致富(치부) 致死(치사) 致賀(치하)
置	둘	치	置簿(치부) 置中(치중) 置換(치환)
寢	잘	침	寢具(침구) 寢臺(침대) 寢室(침실) 寢衣(침의)
打	칠	타	打開(타개) 打算(타산) 打作(타작) 打診(타진)
妥	온당할	타	妥結(타결) 妥當(타당) 妥協(타협)
炭	숯	탄	炭鑛(탄광) 炭素(탄소)

한자	훈	음	활용단어
彈	탄알	탄	彈頭(탄두) 彈力(탄력) 彈壓(탄압) 彈丸(탄환)
歎	탄식할	탄	歎服(탄복) 歎息(탄식) 歎願(탄원)
態	모습	태	態度(태도) 態勢(태세)
痛	아플	통	痛感(통감) 痛哭(통곡) 痛症(통증) 痛快(통쾌)
統	거느릴	통	統計(통계) 統一(통일) 統制(통제) 統合(통합)
退	물러날	퇴	退却(퇴각) 退去(퇴거) 退任(퇴임) 退役(퇴역)
破	깨뜨릴	파	破壞(파괴) 破産(파산) 破裂(파열)
敗	패할	패	敗家亡身(패가망신) 敗北(패배) 敗戰(패전)
閉	닫을	폐	閉校(폐교) 閉鎖(폐쇄) 閉店(폐점) 閉會(폐회)
砲	대포	포	砲擊(포격) 砲門(포문) 砲聲(포성) 砲彈(포탄)
品	물건	품	品格(품격) 品目(품목) 品性(품성) 品質(품질)
避	피할	피	避難(피난) 避暑(피서) 避身(피신) 避妊(피임)
下	아래	하	下降(하강) 下校(하교) 下山(하산) 下車(하차)
夏	여름	하	夏季(하계) 夏穀(하곡) 夏服(하복) 夏至(하지)
恨	한	한	恨歎(한탄)
限	한할	한	限界(한계) 限度(한도) 限定(한정)
漢	한수 한나라	한	漢文(한문) 漢字(한자) 漢族(한족) 漢學(한학)
抗	겨룰	항	抗拒(항거) 抗辯(항변) 抗訴(항소) 抗議(항의)
航	배	항	航空(항공) 航路(항로) 航海(항해) 航行(항행)

한자	훈 · 음		활용 단어
港	항구	항	港口(항구) 港都(항도) 港灣(항만)
害	해할	해	害毒(해독) 害惡(해악) 害蟲(해충)
海	바다	해	海女(해녀) 海岸(해안) 海洋(해양)
解	풀	해	解決(해결) 解禁(해금) 解答(해답) 解明(해명) 解析(해석)
向	향할	향	向方(향방) 向上(향상) 向學熱(향학열) 向後(향후)
憲	법	헌	憲法(헌법) 憲兵(헌병) 憲章(헌장) 憲政(헌정)
險	험할	험	險難(험난) 險談(험담) 險路(험로)
驗	시험	험	驗算(험산) 驗電氣(험전기)
現	나타날	현	現金(현금) 現代(현대) 現實(현실) 現在(현재)
顯	나타날	현	顯官(현관) 顯示(현시) 顯著(현저) 破邪顯正(파사현정)
惠	은혜	혜	惠存(혜존) 惠澤(혜택)
戶	집	호	戶口(호구) 戶當(호당) 戶籍(호적)
好	좋을	호	好感(호감) 好奇心(호기심) 好調(호조)
護	도울	호	護國(호국) 護衛(호위) 護憲(호헌)
混	섞을	혼	混沌(혼돈) 混同(혼동) 混亂(혼란)
貨	재물	화	貨物(화물) 貨幣(화폐)
畫	그림화 그을	획	畫家(화가) 畫龍點睛(화룡점정) 畫幅(화폭)
患	근심	환	患難(환난) 患者(환자)
況	상황	황	況且(황차)
會	모일	회	會見(회견) 會計(회계) 會者定離(회자정리)
孝	효도	효	孝道(효도) 孝誠(효성) 孝悌忠信(효제충신)
效	본받을	효	效果(효과) 效能(효능) 效力(효력) 效用(효용)
厚	두터울	후	厚待(후대) 厚生(후생) 厚意(후의) 利用厚生(이용후생)
後	뒤	후	後見人(후견인) 後記(후기) 後代(후대) 後世(후세)
候	기후	후	候補(후보) 候鳥(후조)
訓	가르칠	훈	訓練(훈련) 訓民正音(훈민정음) 訓示(훈시)

ㄱ

ㄴ

ㄷ

ㄹ

ㅁ

ㅂ

ㅅ

ㅈ

memo

한자능력 검정시험

3급

통합 급수 시험 대비

• 한국어문회 • 진흥회 • 검정회

책속의 책

✓ 쓰기 노트

✓ 정답

5락(樂)한자 게임 APP 다운로드

어시스트하모니(주)

고유 한자 쓰기

(3급Ⅱ 포함)

3급

쓰기 노트

01과

訂 바로잡을 정 言부 3급	賀 하례할 하 貝부 3급II
亭 정자 정 亠부 3급II	刀 칼 도 刀부 3급II
頂 정수리 정 頁부 3급II	忍 참을 인 心부 3급II
寧 편안 녕 宀부 3급II	梁 들보 량 木부 3급II
阿 언덕 아 阜부 3급II	那 어찌 나 邑부 3급
何 어찌 하 人부 3급II	召 부를 소 口부 3급
荷 멜 하 艸부 3급II	昭 밝을 소 日부 3급
騎 말탈 기 馬부 3급II	照 비칠 조 火부 3급II
脅 위협할 협 肉부 3급II	超 뛰어넘을 초 走부 3급II
架 시렁 가 木부 3급II	吐 토할 토 口부 3급

粧	단장할 장	米부 3급Ⅱ
坐	앉을 좌	土부 3급Ⅱ

02과

佳	아름다울 가	人부 3급Ⅱ
桂	계수나무 계	木부 3급Ⅱ
封	봉할 봉	寸부 3급Ⅱ
涯	물가 애	水부 3급
掛	걸 괘	手부 3급
睦	화목할 목	目부 3급Ⅱ
陵	언덕 릉	阜부 3급Ⅱ
曉	새벽 효	日부 3급
燒	사를 소	火부 3급Ⅱ
壽	목숨 수	士부 3급Ⅱ
鑄	쇠불릴 주	金부 3급Ⅱ
壬	천간 임	士부 3급Ⅱ
賃	품삯 임	貝부 3급Ⅱ
淫	음란할 음	水부 3급Ⅱ
廷	조정 정	廴부 3급Ⅱ
莊	씩씩할 장	艸부 3급Ⅱ
藏	감출 장	艸부 3급Ⅱ
臟	오장 장	肉부 3급Ⅱ

片				
조각 편 片부 3급Ⅱ				

03과

捨				
버릴 사 手부 3급				

托				
맡길 탁 手부 3급				

伴				
짝 반 人부 3급				

牽				
이끌 견 牛부 3급				

遲				
더딜 지 辵부 3급				

浩				
넓을 호 水부 3급Ⅱ				

添				
더할 첨 水부 3급				

稿				
원고 고 禾부 3급Ⅱ				

毫				
터럭 호 毛부 3급				

豪				
호걸 호 豕부 3급Ⅱ				

矯				
바로잡을 교 矢부 3급				

尖				
뾰족할 첨 小부 3급				

奈				
어찌 내 大부 3급				

丈				
어른 장 一부 3급Ⅱ				

扶				
도울 부 手부 3급Ⅱ				

替				
바꿀 체 曰부 3급				

04과

秩				
차례 질 禾부 3급Ⅱ				

矢				
화살 시 矢부 3급				

疾				
병 질 疒부 3급Ⅱ				

矣
어조사 의 矢부 3급

侯
제후 후 人부 3급

株
그루 주 木부 3급Ⅱ

珠
구슬 주 玉부 3급Ⅱ

殊
다를 수 歹부 3급Ⅱ

森
수풀 삼 木부 3급Ⅱ

茶
차 다 艸부 3급Ⅱ

霜
서리 상 雨부 3급Ⅱ

漆
옻 칠 水부 3급Ⅱ

麥
보리 맥 麥부 3급Ⅱ

墻
담 장 土부 3급

05과

賴
의뢰할 뢰 貝부 3급Ⅱ

刺
찌를 자 刀부 3급Ⅱ

策
꾀 책 竹부 3급Ⅱ

凍
얼 동 冫부 3급Ⅱ

陳
베풀 진 阜부 3급Ⅱ

鍊
단련할 련 金부 3급Ⅱ

蘭
난초 란 艸부 3급Ⅱ

欄
난간 란 木부 3급Ⅱ

蓮
연꽃 련 艸부 3급Ⅱ

軟
연할 연 車부 3급Ⅱ

輝
빛날 휘 車부 3급

豚
돼지 돈 豕부 3급

蒙
어릴 몽 艸부 3급Ⅱ

逐
쫓을 축 辵부 3급

遂
드디어 수 辵부 3급

像
모양 상 人부 3급Ⅱ

亥
돼지 해 亠부 3급

該
갖출 해 言부 3급

尾
꼬리 미 尸부 3급Ⅱ

尺
자 척 尸부 3급Ⅱ

漏
샐 루 水부 3급Ⅱ

刷
인쇄할 쇄 刀부 3급Ⅱ

泥
진흙 니 水부 3급Ⅱ

06과

屛
병풍 병 尸부 3급

殿
전각 전 殳부 3급Ⅱ

拙
못날 졸 手부 3급

啓
열 계 口부 3급Ⅱ

肩
어깨 견 肉부 3급

編
엮을 편 糸부 3급Ⅱ

遍	
두루 편 辶부 3급	

偏	
치우칠 편 人부 3급Ⅱ	

倫	
인륜 륜 人부 3급Ⅱ	

劍	
칼 검 刀부 3급Ⅱ	

愈	
나을 유 心부 3급	

輸	
보낼 수 車부 3급Ⅱ	

久	
오랠 구 丿부 3급Ⅱ	

閣	
집 각 門부 3급Ⅱ	

絡	
이을 락 糸부 3급Ⅱ	

露	
이슬 로 雨부 3급Ⅱ	

夢	
꿈 몽 夕부 3급Ⅱ	

07과

銘	
새길 명 金부 3급Ⅱ	

裂	
찢어질 렬 衣부 3급Ⅱ	

葬	
장사지낼 장 艸부 3급Ⅱ	

抱	
안을 포 手부 3급	

飽	
배부를 포 食부 3급	

酌	
술부을 작 酉부 3급	

陶	
질그릇 도 阜부 3급Ⅱ	

燭	
촛불 촉 火부 3급	

觸	
닿을 촉 角부 3급Ⅱ	

濁	흐릴 탁	水부 3급
菌	버섯 균	艸부 3급Ⅱ
旬	열흘 순	日부 3급Ⅱ
姻	혼인 인	女부 3급
殉	따라죽을 순	歹부 3급
驅	몰 구	馬부 3급
拘	잡을 구	手부 3급Ⅱ
燥	마를 조	火부 3급
狗	개 구	犬부 3급
冠	갓 관	冖부 3급Ⅱ
苟	진실로 구	艸부 3급
沈	잠길 침	水부 3급Ⅱ
司	맡을 사	口부 3급Ⅱ
枕	베개 침	木부 3급
詞	말 사	言부 3급Ⅱ
克	이길 극	儿부 3급Ⅱ

08과

只	다만 지	口부 3급
悅	기쁠 열	心부 3급Ⅱ
囚	가둘 수	口부 3급
閱	볼 열	門부 3급

銳	날카로울 예	金부 3급

09과

蔬	나물 소	艸부 3급
疏	트일 소	疋부 3급Ⅱ
徹	통할 철	彳부 3급Ⅱ
棄	버릴 기	木부 3급
畢	마칠 필	田부 3급Ⅱ
垂	드리울 수	土부 3급Ⅱ
睡	졸음 수	目부 3급
蝶	나비 접	虫부 3급
沿	물따라갈 연	水부 3급Ⅱ
怠	게으를 태	心부 3급
殆	거의 태	歹부 3급Ⅱ
姑	시어머니 고	女부 3급Ⅱ
枯	마를 고	木부 3급
胡	되 호	肉부 3급Ⅱ
豈	어찌 기	豆부 3급
鼓	북 고	鼓부 3급Ⅱ

10과

辰	별 진	辰부 3급Ⅱ
振	떨칠 진	手부 3급Ⅱ
震	우레 진	雨부 3급Ⅱ

晨
새벽 신 日부 3급

脣
입술 순 肉부 3급

辱
욕될 욕 辰부 3급Ⅱ

却
물리칠 각 卩부 3급

脚
다리 각 肉부 3급Ⅱ

蓋
덮을 개 艸부 3급Ⅱ

譽
기릴 예 言부 3급Ⅱ

輿
수레 여 車부 3급

沒
빠질 몰 水부 3급Ⅱ

換
바꿀 환 手부 3급Ⅱ

陷
빠질 함 阜부 3급Ⅱ

搜
찾을 수 手부 3급

稻
벼 도 禾부 3급

獵
사냥 렵 犬부 3급

刊
새길 간 刀부 3급Ⅱ

肝
간 간 肉부 3급Ⅱ

岸
언덕 안 山부 3급Ⅱ

汗
땀 한 水부 3급Ⅱ

旱
가물 한 日부 3급

軒
집 헌 車부 3급

11과

于				
어조사 우 二부 3급				

宇				
집 우 宀부 3급Ⅱ				

兮				
어조사 혜 八부 3급				

汚				
더러울 오 水부 3급				

誇				
자랑할 과 言부 3급Ⅱ				

聘				
부를 빙 耳부 3급				

乎				
어조사 호 丿부 3급				

懇				
간절할 간 心부 3급Ⅱ				

浪				
물결 랑 水부 3급Ⅱ				

郎				
사내 랑 邑부 3급Ⅱ				

廊				
행랑 랑 广부 3급Ⅱ				

娘				
계집 낭 女부 3급Ⅱ				

眉				
눈썹 미 目부 3급				

循				
돌 순 彳부 3급				

寬				
너그러울 관 宀부 3급Ⅱ				

龜				
거북 구 龜부 3급				

兎				
토끼 토 儿부 3급Ⅱ				

逸				
편안할 일 辵부 3급Ⅱ				

免				
면할 면 儿부 3급Ⅱ				

晩				
늦을 만 日부 3급Ⅱ				

閏
윤달 윤 門부 3급

潤
불을 윤 水부 3급Ⅱ

12과

某
아무 모 木부 3급

謀
꾀 모 言부 3급Ⅱ

媒
중매 매 女부 3급Ⅱ

其
그 기 八부 3급Ⅱ

欺
속일 기 欠부 3급

匹
짝 필 匚부 3급

甚
심할 심 甘부 3급Ⅱ

巖
바위 암 山부 3급Ⅱ

尚
오히려 상 小부 3급Ⅱ

裳
치마 상 衣부 3급Ⅱ

嘗
맛볼 상 口부 3급

償
갚을 상 人부 3급Ⅱ

掌
손바닥 장 手부 3급Ⅱ

勿
말 물 勹부 3급Ⅱ

忽
갑자기 홀 心부 3급Ⅱ

賜
줄 사 貝부 3급

揚
날릴 양 手부 3급Ⅱ

楊
버들 양 木부 3급

暢
화창할 창 日부 3급

湯
끓을 탕 水부 3급Ⅱ

13과

旦
아침 단 日부 3급Ⅱ

但
다만 단 人부 3급Ⅱ

冥
어두울 명 冖부 3급

恒
항상 항 心부 3급Ⅱ

慢
거만할 만 心부 3급

漫
흩어질 만 水부 3급

曰
가로 왈 日부 3급

昌
창성할 창 日부 3급Ⅱ

冒
무릅쓸 모 冂부 3급

渴
목마를 갈 水부 3급

謁
뵐 알 言부 3급

莫
없을 막 艸부 3급Ⅱ

漠
넓을 막 水부 3급Ⅱ

幕
장막 막 巾부 3급Ⅱ

募
뽑을 모 力부 3급

慕
그릴 모 心부 3급Ⅱ

暮
저물 모 日부 3급

伯
맏 백 人부 3급Ⅱ

泊
머무를 박 水부 3급

迫
핍박할 박 辵부 3급Ⅱ

錦
비단 금 金부 3급Ⅱ

綿
솜 면 糸부 3급Ⅱ

貌
모양 모 豸부 3급Ⅱ

碧
푸를 벽 石부 3급Ⅱ

14과

皇
임금 황 白부 3급Ⅱ

乾
하늘 건 乙부 3급Ⅱ

幹
줄기 간 干부 3급Ⅱ

廟
사당 묘 广부 3급

盟
맹세 맹 皿부 3급Ⅱ

朋
벗 붕 月부 3급

崩
무너질 붕 山부 3급

頃
이랑 경 頁부 3급Ⅱ

皆
다 개 白부 3급

旣
이미 기 无부 3급

慨
슬퍼할 개 心부 3급

槪
대개 개 木부 3급Ⅱ

潛
잠길 잠 水부 3급Ⅱ

卽
곧 즉 卩부 3급Ⅱ

響				
울릴 향 音부 3급II				

15과

賦				
부세 부 貝부 3급II				

戊				
천간 무 戈부 3급				

茂				
무성할 무 艸부 3급II				

戌				
개 술 戈부 3급				

械				
기계 계 木부 3급II				

戚				
친척 척 戈부 3급II				

滅				
멸할 멸 水부 3급II				

越				
넘을 월 走부 3급II				

貸				
빌릴 대 貝부 3급II				

惑				
미혹할 혹 心부 3급II				

咸				
다 함 口부 3급				

淺				
얕을 천 水부 3급II				

賤				
천할 천 貝부 3급II				

踐				
밟을 천 足부 3급II				

哉				
어조사 재 口부 3급				

栽				
심을 재 木부 3급II				

裁				
옷마를 재 衣부 3급II				

載				
실을 재 車부 3급II				

押				
누를 압 手부 3급				

16과

伸 펼 신 人부 3급

坤 땅 곤 土부 3급

宙 집 주 宀부 3급Ⅱ

抽 뽑을 추 手부 3급

笛 피리 적 竹부 3급Ⅱ

苗 모 묘 艸부 3급

畏 두려워할 외 田부 3급

累 여러 루 糸부 3급Ⅱ

畓 논 답 田부 3급

踏 밟을 답 足부 3급Ⅱ

裏 속 리 衣부 3급Ⅱ

埋 묻을 매 土부 3급

衝 찌를 충 行부 3급Ⅱ

墨 먹 묵 土부 3급Ⅱ

默 잠잠할 묵 黑부 3급Ⅱ

曾 일찍 증 曰부 3급Ⅱ

憎 미울 증 心부 3급Ⅱ

贈 줄 증 貝부 3급

僧 중 승 人부 3급Ⅱ

17과

距 상거할 거 足부 3급Ⅱ

緊				
긴할 긴 糸부 3급II				
臥				
누울 와 臣부 3급				
臨				
임할 림 臣부 3급II				
鑑				
거울 감 金부 3급II				
濫				
넘칠 람 水부 3급				
鹽				
소금 염 鹵부 3급II				
貢				
바칠 공 貝부 3급II				
恐				
두려울 공 心부 3급II				
項				
항목 항 頁부 3급II				
鴻				
큰기러기 홍 鳥부 3급				

巧				
공교할 교 工부 3급II				
靈				
신령 령 雨부 3급II				
剛				
굳셀 강 刀부 3급II				
綱				
벼리 강 糸부 3급II				
鋼				
강철 강 金부 3급II				
妄				
망녕될 망 女부 3급II				
忙				
바쁠 망 心부 3급				
忘				
잊을 망 心부 3급				
茫				
아득할 망 艸부 3급				
罔				
없을 망 网부 3급				

荒
거칠 황 艸부 3급Ⅱ

盲
눈멀 맹 目부 3급Ⅱ

供
이바지할 공 人부 3급Ⅱ

恭
공손할 공 心부 3급Ⅱ

洪
넓을 홍 水부 3급Ⅱ

巷
거리 항 己부 3급

翼
날개 익 羽부 3급Ⅱ

18과

仲
버금 중 人부 3급Ⅱ

央
가운데 앙 大부 3급Ⅱ

殃
재앙 앙 歹부 3급

訣
이별할 결 言부 3급Ⅱ

吏
관리 리 口부 3급Ⅱ

硬
굳을 경 石부 3급Ⅱ

斤
도끼 근 斤부 3급

祈
빌 기 示부 3급Ⅱ

斯
이 사 斤부 3급

哲
밝을 철 口부 3급Ⅱ

誓
맹세할 서 言부 3급

逝
갈 서 辵부 3급

析
쪼갤 석 木부 3급

慙	부끄러울 참	心부 3급
暫	잠깐 잠	日부 3급Ⅱ
漸	점점 점	水부 3급Ⅱ
斥	물리칠 척	斤부 3급
訴	호소할 소	言부 3급Ⅱ
丘	언덕 구	一부 3급Ⅱ
岳	큰산 악	山부 3급
妥	온당할 타	女부 3급
奚	어찌 해	大부 3급
溪	시내 계	水부 3급Ⅱ

19과

彩	채색 채	彡부 3급Ⅱ
菜	나물 채	艸부 3급Ⅱ
僞	거짓 위	人부 3급Ⅱ
淨	깨끗할 정	水부 3급Ⅱ
浮	뜰 부	水부 3급Ⅱ
緩	느릴 완	糸부 3급Ⅱ
又	또 우	又부 3급
桑	뽕나무 상	木부 3급Ⅱ
怪	괴이할 괴	心부 3급Ⅱ
騷	떠들 소	馬부 3급

淑				
맑을 숙 水부 3급Ⅱ				

寂				
고요할 적 宀부 3급Ⅱ				

枝				
가지 지 木부 3급Ⅱ				

拓				
넓힐 척 手부 3급Ⅱ				

若				
같을 약 艸부 3급Ⅱ				

諾				
허락할 낙 言부 3급Ⅱ				

20과

佐				
도울 좌 人부 3급				

墮				
떨어질 타 土부 3급				

隨				
따를 수 阜부 3급Ⅱ				

稀				
드물 희 禾부 3급Ⅱ				

返				
돌이킬 반 辵부 3급				

叛				
배반할 반 又부 3급				

飯				
밥 반 食부 3급Ⅱ				

版				
판목 판 片부 3급Ⅱ				

販				
팔 판 貝부 3급				

乃				
이에 내 丿부 3급				

誘				
꾈 유 言부 3급Ⅱ				

透				
사무칠 투 辵부 3급Ⅱ				

携				
이끌 휴 手부 3급				

及				
미칠 급 又부 3급Ⅱ				

劃				
그을 획 刀부 3급Ⅱ				

21과

尋				
찾을 심 寸부 3급				

爵				
벼슬 작 爪부 3급				

付				
줄 부 人부 3급Ⅱ				

附				
붙을 부 阜부 3급Ⅱ				

符				
부호 부 竹부 3급Ⅱ				

腐				
썩을 부 肉부 3급Ⅱ				

侍				
모실 시 人부 3급Ⅱ				

浸				
잠길 침 水부 3급Ⅱ				

妻				
아내 처 女부 3급Ⅱ				

庚				
별 경 广부 3급				

逮				
잡을 체 辵부 3급				

隷				
종 례 隶부 3급				

丑				
소 축 一부 3급				

唐				
당나라 당 口부 3급Ⅱ				

糖				
엿 당 米부 3급Ⅱ				

而				
말이을 이 而부 3급				

耐				
견딜 내 而부 3급Ⅱ				

22과

需				
구할 수 雨부 3급Ⅱ				

弓				
활 궁 弓부 3급Ⅱ				

弘	
클 홍 弓부 3급	

夷	
오랑캐 이 大부 3급	

弔	
조상할 조 弓부 3급	

拂	
떨칠 불 手부 3급Ⅱ	

似	
닮을 사 人부 3급	

悠	
멀 유 心부 3급Ⅱ	

倉	
창고 창 人부 3급Ⅱ	

蒼	
푸를 창 艸부 3급Ⅱ	

余	
나 여 人부 3급	

徐	
천천히 서 彳부 3급Ⅱ	

敍	
펼 서 攴부 3급Ⅱ	

途	
길 도 辵부 3급Ⅱ	

塗	
칠할 도 土부 3급	

斜	
비낄 사 斗부 3급	

23과

詐	
속일 사 言부 3급	

介	
낄 개 人부 3급Ⅱ	

丙	
남녘 병 一부 3급Ⅱ	

紛	
어지러울 분 糸부 3급Ⅱ	

寡	
적을 과 宀부 3급Ⅱ	

琴	
거문고 금 玉부 3급Ⅱ	

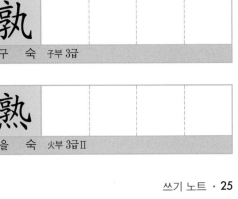

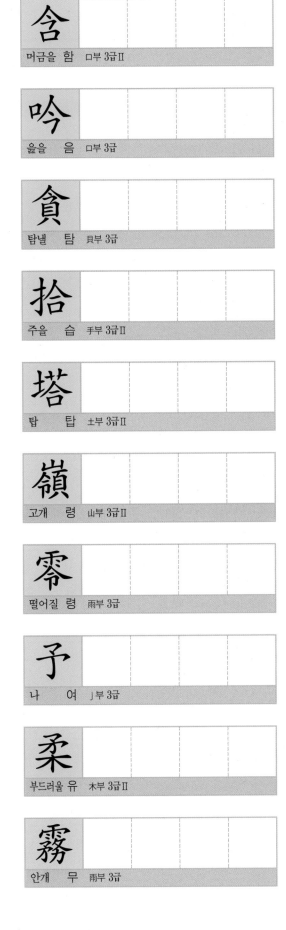

한자	훈음	부수	급수
含	머금을 함	口부	3급II
吟	읊을 음	口부	3급
貪	탐낼 탐	貝부	3급
拾	주을 습	手부	3급II
塔	탑 탑	土부	3급II
嶺	고개 령	山부	3급II
零	떨어질 령	雨부	3급
予	나 여	亅부	3급
柔	부드러울 유	木부	3급II
霧	안개 무	雨부	3급

24과

한자	훈음	부수	급수
孟	맏 맹	子부	3급II
猛	사나울 맹	犬부	3급II
了	마칠 료	亅부	3급
享	누릴 향	亠부	3급
敦	도타울 돈	攴부	3급
郭	외성 곽	邑부	3급
亨	형통할 형	亠부	3급
丸	둥글 환	丶부	3급
孰	누구 숙	子부	3급
熟	익을 숙	火부	3급II

涼
서늘할 량 水부 3급Ⅱ

諒
살펴알 량 言부 3급

影
그림자 영 彡부 3급Ⅱ

掠
노략질할 략 手부 3급

泣
울 읍 水부 3급

竝
나란히 병 立부 3급

譜
족보 보 言부 3급Ⅱ

培
북돋울 배 土부 3급Ⅱ

妾
첩 첩 女부 3급

顔
낯 안 頁부 3급Ⅱ

憶
생각할 억 心부 3급Ⅱ

竟
다할 경 立부 3급

25과

禪
선 선 示부 3급Ⅱ

辛
매울 신 辛부 3급

宰
재상 재 宀부 3급

辨
분별할 변 辛부 3급

執
잡을 집 土부 3급Ⅱ

譯
번역할 역 言부 3급Ⅱ

驛
역 역 馬부 3급Ⅱ

釋
풀 석 釆부 3급Ⅱ

澤	
못 택 水부 3급Ⅱ	
徑	
지름길 경 彳부 3급Ⅱ	
洲	
물가 주 水부 3급Ⅱ	
巡	
돌 순 巛부 3급Ⅱ	

26과

泳	
헤엄칠 영 水부 3급	
詠	
읊을 영 言부 3급	
蒸	
찔 증 艸부 3급Ⅱ	
祿	
녹 록 示부 3급Ⅱ	
須	
모름지기 수 頁부 3급	
煩	
번거로울 번 火부 3급	

顧	
돌아볼 고 頁부 3급	
憂	
근심 우 心부 3급Ⅱ	
述	
펼 술 辵부 3급Ⅱ	
麻	
삼 마 麻부 3급Ⅱ	
磨	
갈 마 石부 3급Ⅱ	
禾	
벼 화 禾부 3급	
梨	
배 리 木부 3급	
愁	
근심 수 心부 3급Ⅱ	
曆	
책력 력 日부 3급Ⅱ	
飜	
번역할 번 飛부 3급	

播 뿌릴 파 手부 3급	諸 모두 제 言부 3급Ⅱ
審 살필 심 宀부 3급Ⅱ	著 나타날 저 艸부 3급Ⅱ
27과 乘 탈 승 丿부 3급Ⅱ	訟 송사할 송 言부 3급Ⅱ
兼 겸할 겸 八부 3급Ⅱ	翁 늙은이 옹 羽부 3급
謙 겸손할 겸 言부 3급Ⅱ	谷 골 곡 谷부 3급Ⅱ
廉 청렴할 렴 广부 3급	欲 하고자할 욕 欠부 3급Ⅱ
嫌 싫어할 혐 女부 3급	慾 욕심 욕 心부 3급Ⅱ
暑 더울 서 日부 3급	裕 넉넉할 유 衣부 3급Ⅱ
署 관청 서 网부 3급Ⅱ	迷 미혹할 미 辵부 3급
緖 실마리 서 糸부 3급Ⅱ	菊 국화 국 艸부 3급Ⅱ

禍			
재앙 화 示부 3급Ⅱ			

28과

追			
따를 추 辵부 3급Ⅱ			

帥			
장수 수 巾부 3급Ⅱ			

館			
집 관 食부 3급Ⅱ			

幼			
어릴 유 幺부 3급Ⅱ			

幽			
그윽할 유 幺부 3급Ⅱ			

聯			
연이을 련 耳부 3급Ⅱ			

濕			
젖을 습 水부 3급Ⅱ			

玄			
검을 현 玄부 3급Ⅱ			

絃			
줄 현 糸부 3급			

畜			
짐승 축 田부 3급Ⅱ			

率			
비율 률 玄부 3급Ⅱ			

玆			
검을 자 玄부 3급			

慈			
사랑 자 心부 3급Ⅱ			

幾			
몇 기 幺부 3급			

畿			
경기 기 田부 3급Ⅱ			

飢			
주릴 기 食부 3급			

縣			
고을 현 糸부 3급			

懸			
매달 현 心부 3급Ⅱ			

戀			
그리워할 련 心부 3급Ⅱ			

29과

穫 거둘 확 禾부 3급

獲 얻을 획 犬부 3급Ⅱ

唯 오직 유 口부 3급

惟 생각할 유 心부 3급

維 벼리 유 糸부 3급Ⅱ

稚 어릴 치 禾부 3급Ⅱ

誰 누구 수 言부 3급

雖 비록 수 隹부 3급

催 재촉할 최 人부 3급Ⅱ

雙 쌍 쌍 隹부 3급Ⅱ

奪 빼앗을 탈 大부 3급Ⅱ

奮 떨칠 분 大부 3급Ⅱ

鶴 학 학 鳥부 3급Ⅱ

雁 기러기 안 隹부 3급

懼 두려울 구 心부 3급

禽 날짐승 금 内부 3급Ⅱ

濯 씻을 탁 水부 3급

躍 뛸 약 足부 3급

擁 낄 옹 手부 3급

鳳 새 봉 鳥부 3급Ⅱ

烏				
까마귀 오 火부 3급Ⅱ				

嗚				
슬플 오 口부 3급				

篤				
도타울 독 竹부 3급				

30과

狂				
미칠 광 犬부 3급Ⅱ				

柱				
기둥 주 木부 3급Ⅱ				

横				
가로 횡 木부 3급Ⅱ				

擴				
넓힐 확 手부 3급				

僅				
겨우 근 人부 3급				

謹				
삼갈 근 言부 3급				

搖				
흔들 요 手부 3급				

遙				
멀 요 辵부 3급				

栗				
밤 률 木부 3급Ⅱ				

粟				
조 속 米부 3급				

遷				
옮길 천 辵부 3급Ⅱ				

漂				
떠다닐 표 水부 3급				

酉				
술그릇 유 酉부 3급				

醜				
추할 추 酉부 3급				

31과

遵				
좇을 준 辵부 3급				

猶				
오히려 유 犬부 3급Ⅱ				

哀				
슬플 애 口부 3급Ⅱ				

한자	훈음	부수	급수
衰	쇠할 쇠	衣부	3급Ⅱ
喪	잃을 상	口부	3급Ⅱ
還	돌아올 환	辵부	3급Ⅱ
壤	흙덩이 양	土부	3급Ⅱ
讓	사양할 양	言부	3급Ⅱ
壞	무너질 괴	土부	3급Ⅱ
懷	품을 회	心부	3급Ⅱ
醉	취할 취	酉부	3급Ⅱ
穴	구멍 혈	穴부	3급Ⅱ
竊	훔칠 절	穴부	3급
突	갑자기 돌	穴부	3급Ⅱ
哭	울 곡	口부	3급Ⅱ
臭	냄새 취	自부	3급
獄	옥 옥	犬부	3급Ⅱ
獸	짐승 수	犬부	3급Ⅱ
淚	눈물 루	水부	3급
拔	뽑을 발	手부	3급Ⅱ

32과

한자	훈음	부수	급수
郊	들 교	邑부	3급
較	견줄 교	車부	3급Ⅱ
紋	무늬 문	糸부	3급Ⅱ

憫				
민망할 민 心부 3급				

鬼				
귀신 귀 鬼부 3급Ⅱ				

愧				
부끄러울 괴 心부 3급				

塊				
흙덩이 괴 土부 3급				

卑				
낮을 비 十부 3급Ⅱ				

婢				
여자종 비 女부 3급Ⅱ				

腦				
뇌수 뇌 肉부 3급Ⅱ				

惱				
번뇌할 뇌 心부 3급				

聰				
귀밝을 총 耳부 3급				

云				
이를 운 二부 3급				

魂				
넋 혼 鬼부 3급Ⅱ				

雷				
우레 뢰 雨부 3급Ⅱ				

忌				
꺼릴 기 心부 3급				

妃				
왕비 비 女부 3급Ⅱ				

巳				
뱀 사 己부 3급Ⅱ				

祀				
제사 사 示부 3급Ⅱ				

已				
이미 이 己부 3급Ⅱ				

把				
잡을 파 手부 3급				

肥				
살찔 비 肉부 3급Ⅱ				

33과

乙				
새 을 乙부 3급Ⅱ				

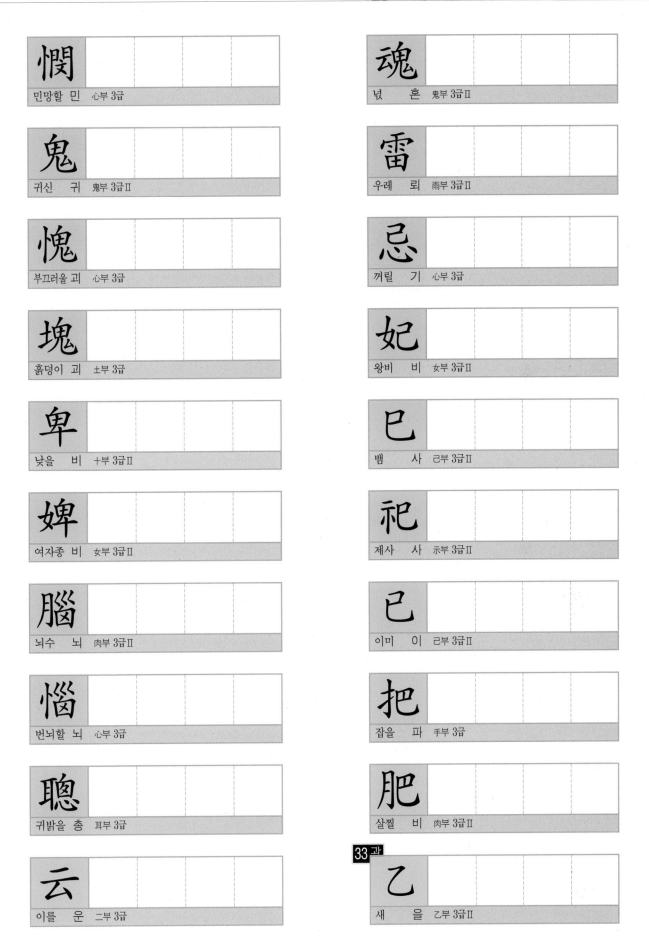

乞				
빌 걸 乙부 3급				

之				
갈 지 丿부 3급Ⅱ				

也				
어조사 야 乙부 3급				

池				
못 지 水부 3급Ⅱ				

厄				
액 액 厂부 3급				

奴				
종 노 女부 3급Ⅱ				

姦				
간사할 간 女부 3급				

汝				
너 여 水부 3급				

恕				
용서할 서 心부 3급Ⅱ				

宴				
잔치 연 宀부 3급Ⅱ				

腰				
허리 요 肉부 3급				

侮				
업신여길 모 人부 3급				

梅				
매화 매 木부 3급Ⅱ				

敏				
민첩할 민 攴부 3급				

悔				
뉘우칠 회 心부 3급Ⅱ				

繁				
번성할 번 糸부 3급Ⅱ				

34과

芳				
꽃다울 방 艸부 3급Ⅱ				

倣				
본뜰 방 人부 3급				

傍				
곁 방 人부 3급				

旋				
돌 선 方부 3급Ⅱ				

於	어조사 어	方부 3급
傲	거만할 오	人부 3급
滯	막힐 체	水부 3급II
肺	허파 폐	肉부 3급II
弊	해질 폐	廾부 3급II
幣	화폐 폐	巾부 3급
蔽	덮을/가릴 폐	艸부 3급
齊	가지런할 제	齊부 3급II
凡	무릇 범	几부 3급II
丹	붉을 단	丶부 3급II

35과

舟	배 주	舟부 3급
般	일반 반	舟부 3급II
盤	소반 반	皿부 3급II
役	부릴 역	彳부 3급II
疫	전염병 역	疒부 3급II
毁	헐 훼	殳부 3급
繫	맬 계	糸부 3급
庸	떳떳할 용	广부 3급
誦	욀 송	言부 3급
補	기울 보	衣부 3급II

浦 개 포 水부 3급II	桃 복숭아 도 木부 3급II
捕 잡을 포 手부 3급II	跳 뛸 도 足부 3급
簿 문서 부 竹부 3급II	排 밀칠 배 手부 3급II
薄 엷을 박 艸부 3급II	輩 무리 배 車부 3급II
幅 폭 폭 巾부 3급	肖 닮을 초 肉부 3급II
36과 卜 점 복 卜부 3급	削 깎을 삭 刀부 3급II
赴 다다를 부 走부 3급	沙 모래 사 水부 3급II
貞 곧을 정 貝부 3급II	劣 못할 렬 力부 3급
兆 조짐 조 儿부 3급II	抄 뽑을 초 手부 3급
挑 돋울 도 手부 3급	秒 분초 초 禾부 3급

飾	꾸밀 식 食부 3급II
我	나 아 戈부 3급II
餓	주릴 아 食부 3급

37과

祥	상서 상 示부 3급
詳	자세할 상 言부 3급II
割	벨 할 刀부 3급II
契	맺을 계 大부 3급II
慧	슬기로울 혜 心부 3급II
峯	봉우리 봉 山부 3급II
蜂	벌 봉 虫부 3급
逢	만날 봉 辵부 3급II
邦	나라 방 邑부 3급
奏	아뢸 주 大부 3급II
泰	클 태 水부 3급II
拳	주먹 권 手부 3급II
騰	오를 등 馬부 3급
抵	막을 저 手부 3급II
昏	어두울 혼 日부 3급

38과

眠	잠잘 면 目부 3급II
屯	진칠 둔 屮부 3급

鈍				
둔할 둔 金부 3급				

朔				
초하루 삭 月부 3급				

厥				
그 궐 厂부 3급				

隆				
높을 륭 阜부 3급Ⅱ				

吹				
불 취 口부 3급Ⅱ				

恣				
방자할 자 心부 3급				

娛				
즐길 오 女부 3급				

尤				
더욱 우 尢부 3급				

牙				
어금니 아 牙부 3급Ⅱ				

芽				
싹 아 艸부 3급Ⅱ				

雅				
맑을 아 隹부 3급Ⅱ				

邪				
간사할 사 邑부 3급Ⅱ				

亦				
또 역 亠부 3급Ⅱ				

跡				
발자취 적 足부 3급Ⅱ				

杯				
잔 배 木부 3급				

染				
물들 염 木부 3급Ⅱ				

軌				
바퀴자국 궤 車부 3급				

39과

吾				
나 오 口부 3급				

悟				
깨달을 오 心부 3급Ⅱ				

奔				
달릴 분 大부 3급Ⅱ				

墳				
무덤 분 土부 3급				

索				
찾을 색 糸부 3급Ⅱ				

企				
꾀할 기 人부 3급Ⅱ				

肯				
즐길 긍 肉부 3급				

涉				
건널 섭 水부 3급				

頻				
자주 빈 頁부 3급				

征				
칠 정 彳부 3급Ⅱ				

症				
증세 증 疒부 3급Ⅱ				

焉				
어찌 언 火부 3급				

誕				
낳을 탄 言부 3급				

捉				
잡을 착 手부 3급				

促				
재촉할 촉 人부 3급Ⅱ				

縱				
세로 종 糸부 3급Ⅱ				

堤				
둑 제 土부 3급				

礎				
주춧돌 초 石부 3급Ⅱ				

凝				
엉길 응 冫부 3급				

此				
이 차 止부 3급Ⅱ				

紫				
자줏빛 자 糸부 3급Ⅱ				

40과

御				
어거할 어 彳부 3급Ⅱ				

贊				
도울 찬 貝부 3급Ⅱ				

한자	훈음	부수	급수
癸	천간 계	癶부	3급
廢	폐할 폐	广부	3급II
瞬	눈깜짝일 순	目부	3급II
隣	이웃 린	阜부	3급
憐	불쌍히여길 련	心부	3급
俊	준걸 준	人부	3급
覆	다시 복	襾부	3급II
履	밟을 리	尸부	3급II
腹	배 복	肉부	3급II
姪	조카 질	女부	3급
倒	넘어질 도	人부	3급II
臺	대 대	至부	3급II
羽	깃 우	羽부	3급II
慘	참혹할 참	心부	3급

41과

한자	훈음	부수	급수
且	또 차	一부	3급II
租	조세 조	禾부	3급II
宜	마땅 의	宀부	3급
俱	함께 구	人부	3급
値	값 치	人부	3급II
鎭	진압할 진	金부	3급II

愼
삼갈 신 心부 3급Ⅱ

井
우물 정 二부 3급Ⅱ

耕
밭갈 경 耒부 3급Ⅱ

塞
변방 새 土부 3급Ⅱ

昔
옛 석 日부 3급

惜
아낄 석 心부 3급Ⅱ

借
빌릴 차 人부 3급Ⅱ

錯
어긋날 착 金부 3급Ⅱ

絹
비단 견 糸부 3급

胃
밥통 위 肉부 3급Ⅱ

謂
이를 위 言부 3급Ⅱ

42과

晴
갤 청 日부 3급

蹟
자취 적 足부 3급Ⅱ

債
빚 채 人부 3급Ⅱ

貝
조개 패 貝부 3급

鎖
쇠사슬 쇄 金부 3급Ⅱ

側
곁 측 人부 3급Ⅱ

賓
손님 빈 貝부 3급

韻
운 운 音부 3급Ⅱ

貫
꿸 관 貝부 3급Ⅱ

慣				
익숙할 관 心부 3급II				

遣				
보낼 견 辵부 3급				

罷				
마칠 파 网부 3급				

43과

皮				
가죽 피 皮부 3급II				

彼				
저 피 彳부 3급II				

被				
입을 피 衣부 3급II				

頗				
자못 파 頁부 3급				

違				
어긋날 위 辵부 3급				

緯				
씨 위 糸부 3급				

鹿				
사슴 록 鹿부 3급				

薦				
천거할 천 艸부 3급				

襲				
엄습할 습 衣부 3급II				

蘇				
되살아날 소 艸부 3급II				

衡				
저울대 형 行부 3급II				

蛇				
긴뱀 사 虫부 3급II				

楓				
단풍(나무)풍 木부 3급II				

弄				
희롱할 롱 廾부 3급II				

昇				
오를 승 日부 3급II				

庶				
무리 서 广부 3급				

渡				
건널 도 水부 3급II				

燕				
제비 연 火부 3급Ⅱ				

炎				
불꽃 염 火부 3급Ⅱ				

淡				
맑을 담 水부 3급Ⅱ				

44과

螢				
반딧불 형 虫부 3급				

蜜				
꿀 밀 虫부 3급				

爐				
화로 로 火부 3급Ⅱ				

虎				
범 호 虍부 3급Ⅱ				

遞				
갈릴 체 辵부 3급				

戲				
놀이 희 戈부 3급Ⅱ				

獻				
드릴 헌 犬부 3급Ⅱ				

隔				
사이뜰 격 阜부 3급Ⅱ				

叫				
부르짖을 규 口부 3급				

糾				
얽힐 규 糸부 3급				

仰				
우러를 앙 人부 3급Ⅱ				

抑				
누를 억 手부 3급Ⅱ				

卯				
무성할 묘 卩부 3급				

貿				
무역할 무 貝부 3급Ⅱ				

卿				
벼슬 경 卩부 3급				

偶				
짝 우 人부 3급Ⅱ				

愚				
어리석을 우 心부 3급Ⅱ				

勵
힘쓸 려 力부 3급Ⅱ

寅
동방 인 宀부 3급

45과

滴
물방울 적 水부 3급

摘
딸 적 手부 3급Ⅱ

耶
어조사 야 耳부 3급

攝
다스릴 섭 手부 3급

恥
부끄러울 치 心부 3급Ⅱ

微
작을 미 彳부 3급Ⅱ

徵
부를 징 彳부 3급Ⅱ

懲
징계할 징 心부 3급

瓦
기와 와 瓦부 3급Ⅱ

互
서로 호 二부 3급

亞
버금 아 二부 3급Ⅱ

胸
가슴 흉 肉부 3급Ⅱ

屢
여러 루 尸부 3급

樓
다락 루 木부 3급Ⅱ

僚
동료 료 人부 3급

46과

巾
수건 건 巾부 3급

貳
두 이 貝부 3급

壹
한 일 士부 3급

鐘
쇠북 종 金부 3급

(3급Ⅱ 포함)

정답 3급

01과 丁·力·刀·土 모양을 가진 한자

1

(1) 장정 정	(2) 바로잡을 정	(3) 정자 정	(4) 머무를 정	(5) 정수리 정	(6) 쌓을 저	(7) 편안 녕
(8) 칠 타	(9) 옳을 가	(10) 노래 가	(11) 언덕 아	(12) 물 하	(13) 어찌 하	(14) 멜 하
(15) 어찌 기	(16) 부칠 기	(17) 말탈 기	(18) 힘 력	(19) 화할 협	(20) 위협할 협	(21) 힘줄 근
(22) 더할 가	(23) 시렁 가	(24) 하례할 하	(25) 칼 도	(26) 처음 초	(27) 참을 인	(28) 알 인
(29) 들보 량	(30) 어찌 나	(31) 부를 소	(32) 밝을 소	(33) 비칠 조	(34) 부를 초	(35) 뛰어넘을 초
(36) 다를 별	(37) 흙 토	(38) 토할 토	(39) 단장할 장	(40) 앉을 좌	(41) 자리 좌	

2

(1) 장정	(2) 수정	(3) 정자	(4) 정직	(5) 등정	(6) 저축	(7) 안녕	(8) 타석	(9) 가망
(10) 가곡	(11) 아편	(12) 하해	(13) 하등	(14) 하중	(15) 기이	(16) 기여	(17) 기마	(18) 역도
(19) 협조	(20) 위협	(21) 심근	(22) 가감	(23) 가공	(24) 경하	(25) 과도	(26) 초급	(27) 잔인
(28) 묵인	(29) 상량	(30) 나변	(31) 소집	(32) 소명	(33) 대조	(34) 초청	(35) 초과	(36) 별미
(37) 토대	(38) 실토	(39) 화장	(40) 좌선	(41) 강좌				

3

(1) 奇	(2) 歌	(3) 別	(4) 粧	(5) 加	(6) 梁	(7) 超	(8) 騎	(9) 停
(10) 荷	(11) 河	(12) 訂	(13) 昭	(14) 召	(15) 招	(16) 寄	(17) 照	(18) 架
(19) 貯	(20) 坐	(21) 認	(22) 那	(23) 何	(24) 阿	(25) 可	(26) 脅	(27) 座
(28) 丁	(29) 頂	(30) 亭	(31) 忍	(32) 初	(33) 打	(34) 刀	(35) 吐	(36) 寧
(37) 賀	(38) 協	(39) 土	(40) 力	(41) 筋				

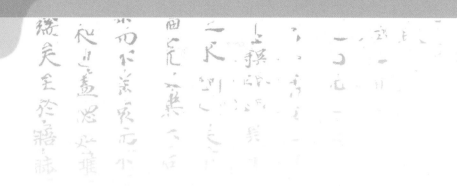

02과 圭·士·壬·爿 모양을 가진 한자

❶
(1) 아름다울 가 (2) 거리 가 (3) 계수나무 계 (4) 봉할 봉 (5) 물가 애 (6) 걸 괘 (7) 뭍 륙
(8) 화목할 목 (9) 더울 열 (10) 형세 세 (11) 재주 예 (12) 언덕 릉 (13) 새벽 효 (14) 사를 소
(15) 목숨 수 (16) 쇠불릴 주 (17) 선비 사 (18) 벼슬 사 (19) 모일 사 (20) 길할 길 (21) 맺을 결
(22) 뜻 지 (23) 기록할 지 (24) 천간 임 (25) 맡길 임 (26) 품삯 임 (27) 음란할 음 (28) 길 정
(29) 조정 정 (30) 뜰 정 (31) 성인 성 (32) 장할 장 (33) 씩씩할 장 (34) 꾸밀 장 (35) 장수 장
(36) 장려할 장 (37) 감출 장 (38) 오장 장 (39) 조각 편

❷
(1) 가약 (2) 가도 (3) 계림 (4) 밀봉 (5) 애안 (6) 괘도 (7) 착륙 (8) 화목 (9) 열탕
(10) 강세 (11) 서예 (12) 구릉 (13) 효성 (14) 소화 (15) 수복 (16) 주물 (17) 강사 (18) 출사
(19) 사원 (20) 길흉 (21) 결론 (22) 지조 (23) 지면 (24) 임년 (25) 임무 (26) 임금 (27) 간음
(28) 정도 (29) 법정 (30) 친정 (31) 성경 (32) 장원 (33) 별장 (34) 장비 (35) 장래 (36) 장려
(37) 장치 (38) 내장 (39) 편지 (40) 강릉 (41) 능곡 (42) 육지 (43) 대륙 (44) 영일 (45) 정녕
(46) 박력 (47) 단도 (48) 장사 (49) 토질

❸
(1) 藏 (2) 街 (3) 掛 (4) 桂 (5) 誌 (6) 程 (7) 吉 (8) 裝 (9) 熱
(10) 庭 (11) 志 (12) 任 (13) 結 (14) 社 (15) 壽 (16) 涯 (17) 陸 (18) 仕
(19) 封 (20) 壬 (21) 燒 (22) 曉 (23) 士 (24) 聖 (25) 鑄 (26) 莊 (27) 佳
(28) 陵 (29) 臟 (30) 淫 (31) 獎 (32) 將 (33) 壯 (34) 藝 (35) 片 (36) 廷
(37) 賃 (38) 勢 (39) 睦

03과 舌·半·牛·大·夫 모양을 가진 한자

❶
(1) 혀 설 (2) 살 활 (3) 말씀 화 (4) 집 사 (5) 버릴 사 (6) 집 택 (7) 맡길 탁
(8) 반 반 (9) 짝 반 (10) 판단할 판 (11) 낮 오 (12) 허락할 허 (13) 해 년 (14) 소 우
(15) 물건 건 (16) 칠 목 (17) 이끌 견 (18) 더딜 지 (19) 고할 고 (20) 넓을 호 (21) 지을 조
(22) 웃음 소 (23) 더할 첨 (24) 높을 고 (25) 원고 고 (26) 터럭 호 (27) 호걸 호 (28) 다리 교
(29) 바로잡을 교 (30) 큰 대 (31) 뾰족할 첨 (32) 어찌 내 (33) 클 태 (34) 하늘 천 (35) 보낼 송
(36) 어른 장 (37) 지아비 부 (38) 도울 부 (39) 바꿀 체

❷
(1) 설전 (2) 부활 (3) 대화 (4) 사랑 (5) 취사 (6) 가택 (7) 탁생 (8) 반도 (9) 동반
(10) 판결 (11) 단오 (12) 허다 (13) 연초 (14) 우유 (15) 물건 (16) 목장 (17) 견우 (18) 지각
(19) 고발 (20) 호탄 (21) 조경 (22) 담소 (23) 첨부 (24) 고가 (25) 투고 (26) 휘호 (27) 호걸
(28) 철교 (29) 교정 (30) 대상 (31) 첨단 (32) 나락 (33) 태초 (34) 천기 (35) 송별 (36) 장척
(37) 부부 (38) 부조 (39) 입체 (40) 사택 (41) 댁내 (42) 내하 (43) 대장 (44) 태양 (45) 견마
(46) 장인 (47) 오후 (48) 우황 (49) 고백 (50) 길일

❸
(1) 告 (2) 牧 (3) 午 (4) 浩 (5) 高 (6) 橋 (7) 遲 (8) 添 (9) 扶
(10) 話 (11) 托 (12) 件 (13) 替 (14) 矯 (15) 半 (16) 捨 (17) 送 (18) 尖
(19) 活 (20) 牛 (21) 丈 (22) 奈 (23) 笑 (24) 稿 (25) 牽 (26) 夫 (27) 造
(28) 舍 (29) 宅 (30) 伴 (31) 大 (32) 太 (33) 毫 (34) 判 (35) 天 (36) 年
(37) 許 (38) 舌 (39) 豪

04과 ▪ 失·矢·未·木·來 모양을 가진 한자

1
(1) 잃을 실 (2) 차례 질 (3) 화살 시 (4) 병 질 (5) 알 지 (6) 지혜 지 (7) 짧을 단
(8) 어조사 의 (9) 제후 후 (10) 기후 후 (11) 붉을 주 (12) 그루 주 (13) 구슬 주 (14) 다를 수
(15) 실과 과 (16) 과정 과 (17) 아닐 미 (18) 맛 미 (19) 누이 매 (20) 끝 말 (21) 나무 목
(22) 근본 본 (23) 오얏 리 (24) 상 상 (25) 수풀 림 (26) 수풀 삼 (27) 금할 금 (28) 차 다
(29) 극진할 극 (30) 서로 상 (31) 생각 상 (32) 서리 상 (33) 깊을 심 (34) 찾을 탐 (35) 옻 칠
(36) 보리 맥 (37) 올 래 (38) 담 장

2
(1) 실격 (2) 질서 (3) 궁시 (4) 질환 (5) 지식 (6) 지혜 (7) 단명 (8) 의호 (9) 제후
(10) 기후 (11) 주홍 (12) 주식 (13) 주옥 (14) 수은 (15) 결과 (16) 과제 (17) 미래 (18) 취미
(19) 자매 (20) 말단 (21) 목판 (22) 본질 (23) 이화 (24) 책상 (25) 밀림 (26) 삼림 (27) 금지
(28) 다도 (29) 극단 (30) 상대 (31) 상상 (32) 추상 (33) 심해 (34) 탐사 (35) 칠흑 (36) 맥주
(37) 내빈 (38) 면장 (39) 녹차 (40) 다방 (41) 내일 (42) 장래 (43) 목검 (44) 말세 (45) 미안
(46) 주홍 (47) 실수 (48) 시석 (49) 부부 (50) 천당

3
(1) 課 (2) 珠 (3) 株 (4) 極 (5) 本 (6) 禁 (7) 候 (8) 深 (9) 末
(10) 木 (11) 妹 (12) 殊 (13) 墻 (14) 味 (15) 疾 (16) 麥 (17) 朱 (18) 床
(19) 想 (20) 相 (21) 霜 (22) 林 (23) 森 (24) 果 (25) 未 (26) 知 (27) 矣
(28) 李 (29) 來 (30) 漆 (31) 失 (32) 侯 (33) 智 (34) 短 (35) 茶 (36) 秩
(37) 探 (38) 矢

05과 ▪ 束·車·豕·亥·尸 모양을 가진 한자

1
(1) 묶을 속 (2) 빠를 속 (3) 의뢰할 뢰 (4) 찌를 자 (5) 꾀 책 (6) 동녘 동 (7) 얼 동
(8) 베풀 진 (9) 익힐 련 (10) 단련할 련 (11) 난초 란 (12) 난간 란 (13) 수레 거 (14) 곳집 고
(15) 진칠 진 (16) 이을 련 (17) 연꽃 련 (18) 연할 연 (19) 군사 군 (20) 옮길 운 (21) 휘두를 휘
(22) 빛날 휘 (23) 집 가 (24) 돼지 돈 (25) 어릴 몽 (26) 쫓을 축 (27) 드디어 수 (28) 무리 대
(29) 코끼리 상 (30) 모양 상 (31) 미리 예 (32) 돼지 해 (33) 갖출 해 (34) 씨 핵 (35) 새길 각
(36) 거짓 가 (37) 겨를 가 (38) 살 거 (39) 집 옥 (40) 꼬리 미 (41) 자 척 (42) 판 국
(43) 샐 루 (44) 인쇄할 쇄 (45) 진흙 니 (46) 위로할 위

2
(1) 결속 (2) 속도 (3) 의뢰 (4) 자자 (5) 정책 (6) 동양 (7) 냉동 (8) 진술 (9) 연습
(10) 연마 (11) 난향 (12) 난간 (13) 세차 (14) 창고 (15) 적진 (16) 연쇄 (17) 목련 (18) 연골
(19) 군대 (20) 행운 (21) 지휘 (22) 휘도 (23) 가정 (24) 돈육 (25) 계몽 (26) 축출 (27) 수행
(28) 부대 (29) 인상 (30) 동상 (31) 예약 (32) 해년 (33) 해박 (34) 핵심 (35) 각인 (36) 가면
(37) 한가 (38) 거주 (39) 옥상 (40) 미행 (41) 월척 (42) 약국 (43) 누전 (44) 인쇄 (45) 이토
(46) 위안

3
(1) 該 (2) 假 (3) 暇 (4) 庫 (5) 軍 (6) 尾 (7) 策 (8) 欄 (9) 蘭
(10) 鍊 (11) 東 (12) 豚 (13) 亥 (14) 遂 (15) 像 (16) 隊 (17) 束 (18) 豫
(19) 陳 (20) 輝 (21) 速 (22) 居 (23) 刻 (24) 漏 (25) 車 (26) 核 (27) 蒙
(28) 凍 (29) 蓮 (30) 軟 (31) 運 (32) 慰 (33) 賴 (34) 連 (35) 練 (36) 刷
(37) 尺 (38) 陣 (39) 泥 (40) 家 (41) 屋 (42) 逐 (43) 刺 (44) 象 (45) 局
(46) 揮

06과 井·出·户·久·夕 모양을 가진 한자

❶
(1) 아름다울 가 (2) 거리 가 (3) 계수나무 계 (4) 봉할 봉 (5) 물가 애 (6) 걸 괘 (7) 뭍 륙
(8) 화목할 목 (9) 더울 열 (10) 형세 세 (11) 재주 예 (12) 언덕 릉 (13) 새벽 효 (14) 사를 소
(15) 목숨 수 (16) 쇠불릴 주 (17) 선비 사 (18) 벼슬 사 (19) 모일 사 (20) 길할 길 (21) 맺을 결
(22) 뜻 지 (23) 기록할 지 (24) 천간 임 (25) 맡길 임 (26) 품삯 임 (27) 음란할 음 (28) 길 정
(29) 조정 정 (30) 뜰 정 (31) 성인 성 (32) 장할 장 (33) 씩씩할 장 (34) 꾸밀 장 (35) 장수 장
(36) 장려할 장 (37) 감출 장 (38) 오장 장 (39) 조각 편

❷
(1) 가약 (2) 가도 (3) 계림 (4) 밀봉 (5) 애안 (6) 괘도 (7) 착륙 (8) 화목 (9) 열탕
(10) 강세 (11) 서예 (12) 구릉 (13) 효성 (14) 소화 (15) 수복 (16) 주물 (17) 강사 (18) 출사
(19) 사원 (20) 길흉 (21) 결론 (22) 지조 (23) 지면 (24) 임년 (25) 임무 (26) 임금 (27) 간음
(28) 정도 (29) 법정 (30) 친정 (31) 성경 (32) 장원 (33) 별장 (34) 장비 (35) 장래 (36) 장려
(37) 장치 (38) 내장 (39) 편지 (40) 강릉 (41) 능곡 (42) 육지 (43) 대륙 (44) 영일 (45) 정녕
(46) 박력 (47) 단도 (48) 장사 (49) 토질

❸
(1) 藏 (2) 街 (3) 掛 (4) 桂 (5) 誌 (6) 程 (7) 吉 (8) 裝 (9) 熱
(10) 庭 (11) 志 (12) 任 (13) 結 (14) 社 (15) 壽 (16) 涯 (17) 陸 (18) 仕
(19) 封 (20) 壬 (21) 燒 (22) 曉 (23) 士 (24) 聖 (25) 鑄 (26) 莊 (27) 佳
(28) 陵 (29) 臟 (30) 淫 (31) 獎 (32) 將 (33) 壯 (34) 藝 (35) 片 (36) 廷
(37) 賃 (38) 勢 (39) 睦

07과 名·多·歹·勹·司 모양을 가진 한자

❶
(1) 이름 명 (2) 새길 명 (3) 밤 야 (4) 액체 액 (5) 많을 다 (6) 옮길 이 (7) 벌일 렬
(8) 매울 렬 (9) 찢어질 렬 (10) 법식 례 (11) 죽을 사 (12) 장사지낼 장 (13) 쌀 포 (14) 안을 포
(15) 세포 포 (16) 대포 포 (17) 배부를 포 (18) 술부을 작 (19) 과녁 적 (20) 맺을 약 (21) 질그릇 도
(22) 촛불 촉 (23) 닿을 촉 (24) 붙일 속 (25) 홀로 독 (26) 흐릴 탁 (27) 열흘 순 (28) 따라죽을 순
(29) 글귀 구 (30) 잡을 구 (31) 개 구 (32) 진실로 구 (33) 입 구 (34) 공경 경 (35) 깨우칠 경
(36) 놀랄 경 (37) 맡을 사 (38) 말 사

❷
(1) 명성 (2) 감명 (3) 심야 (4) 액화 (5) 다행 (6) 이체 (7) 열도 (8) 격렬 (9) 파열
(10) 사례 (11) 사투 (12) 매장 (13) 포용 (14) 포옹 (15) 세포 (16) 포격 (17) 포만 (18) 자작
(19) 공적 (20) 약혼 (21) 도예 (22) 촉대 (23) 접촉 (24) 금속 (25) 독재 (26) 탁류 (27) 하순
(28) 순국 (29) 결구 (30) 구속 (31) 황구 (32) 구면 (33) 구두 (34) 경애 (35) 경계 (36) 경이
(37) 사제 (38) 품사 (39) 자객 (40) 척살 (41) 차비 (42) 거마 (43) 선열 (44) 명물 (45) 각종
(46) 각축 (47) 완수 (48) 순간 (49) 구절

❸
(1) 狗 (2) 敬 (3) 的 (4) 句 (5) 警 (6) 驚 (7) 觸 (8) 砲 (9) 殉
(10) 多 (11) 詞 (12) 司 (13) 烈 (14) 約 (15) 夜 (16) 飽 (17) 列 (18) 例
(19) 屬 (20) 銘 (21) 胞 (22) 酌 (23) 包 (24) 抱 (25) 液 (26) 旬 (27) 移
(28) 名 (29) 口 (30) 拘 (31) 葬 (32) 死 (33) 苟 (34) 陶 (35) 裂 (36) 燭
(37) 獨 (38) 濁

08과 回·區·元·兄·兌 모양을 가진 한자

❶
(1) 다만 지 (2) 가둘 수 (3) 곤할 곤 (4) 버섯 균 (5) 돌아올 회 (6) 그림 도 (7) 인할 인
(8) 혼인 인 (9) 은혜 은 (10) 따뜻할 온 (11) 물건 품 (12) 구분할 구 (13) 몰 구 (14) 잡을 조
(15) 마를 조 (16) 으뜸 원 (17) 집 원 (18) 완전할 완 (19) 갓 관 (20) 잠길 침 (21) 베개 침
(22) 빛 광 (23) 아이 아 (24) 형 형 (25) 상황 황 (26) 빌 축 (27) 다툴 경 (28) 이길 극
(29) 기쁠 열 (30) 볼 열 (31) 벗을 탈 (32) 세금 세 (33) 말씀 설 (34) 날카로울 예 (35) 채울 충
(36) 총 총 (37) 거느릴 통

❷
(1) 단지 (2) 죄수 (3) 곤경 (4) 세균 (5) 회전 (6) 도안 (7) 인습 (8) 혼인 (9) 은혜
(10) 온탕 (11) 품종 (12) 구별 (13) 구보 (14) 체조 (15) 건조 (16) 원리 (17) 원장 (18) 완성
(19) 관대 (20) 침통 (21) 목침 (22) 광선 (23) 유아 (24) 매형 (25) 호황 (26) 축복 (27) 경쟁
(28) 극복 (29) 희열 (30) 열병 (31) 탈세 (32) 세금 (33) 설교 (34) 첨예 (35) 충실 (36) 권총
(37) 통감 (38) 침묵 (39) 심씨 (40) 설명 (41) 유세 (42) 수의 (43) 인자 (44) 곤궁 (45) 회상
(46) 지금 (47) 사형 (48) 극명 (49) 충분

❸
(1) 囚 (2) 冠 (3) 統 (4) 困 (5) 區 (6) 圖 (7) 悅 (8) 銳 (9) 只
(10) 競 (11) 回 (12) 溫 (13) 燥 (14) 說 (15) 驅 (16) 品 (17) 菌 (18) 脫
(19) 枕 (20) 閱 (21) 祝 (22) 光 (23) 況 (24) 稅 (25) 兒 (26) 完 (27) 元
(28) 恩 (29) 克 (30) 因 (31) 沈 (32) 操 (33) 院 (34) 充 (35) 銃 (36) 兄
(37) 姻

09과 育·世·台·古·豆 모양을 가진 한자

❶
(1) 흐를 류 (2) 나물 소 (3) 트일 소 (4) 기를 육 (5) 통할 철 (6) 버릴 기 (7) 마칠 필
(8) 빛날 화 (9) 드리울 수 (10) 졸음 수 (11) 우편 우 (12) 세상 세 (13) 잎 엽 (14) 나비 접
(15) 물따라갈 연 (16) 납 연 (17) 배 선 (18) 게으를 태 (19) 거의 태 (20) 다스릴 치 (21) 비로소 시
(22) 예 고 (23) 시어머니 고 (24) 마를 고 (25) 쓸 고 (26) 연고 고 (27) 굳을 고 (28) 낱 개
(29) 되 호 (30) 호수 호 (31) 콩 두 (32) 머리 두 (33) 어찌 기 (34) 싸움 투 (35) 북 고
(36) 기쁠 희 (37) 나무 수 (38) 농사 농 (39) 굽을 곡 (40) 풍년 풍

❷
(1) 유통 (2) 소반 (3) 소문 (4) 육성 (5) 철야 (6) 기아 (7) 필경 (8) 승화 (9) 수직
(10) 수면 (11) 우표 (12) 세기 (13) 엽서 (14) 접영 (15) 연변 (16) 아연 (17) 선원 (18) 태만
(19) 위태 (20) 치세 (21) 시초 (22) 고분 (23) 고부 (24) 고사 (25) 고생 (26) 고장 (27) 고체
(28) 개인 (29) 호접 (30) 호수 (31) 두유 (32) 두뇌 (33) 기비 (34) 투쟁 (35) 고수 (36) 희극
(37) 과수 (38) 농악 (39) 곡선 (40) 풍성 (41) 유동 (42) 난류 (43) 연해 (44) 치안 (45) 기유
(46) 희사 (47) 화촉 (48) 수범 (49) 엽차 (50) 기각

❸
(1) 殆 (2) 怠 (3) 固 (4) 曲 (5) 育 (6) 喜 (7) 樹 (8) 蔬 (9) 蝶
(10) 鉛 (11) 個 (12) 農 (13) 治 (14) 胡 (15) 垂 (16) 枯 (17) 畢 (18) 頭
(19) 沿 (20) 船 (21) 棄 (22) 鼓 (23) 始 (24) 華 (25) 姑 (26) 鬪 (27) 苦
(28) 豈 (29) 故 (30) 古 (31) 郵 (32) 世 (33) 葉 (34) 豆 (35) 睡 (36) 徹
(37) 疏 (38) 豊 (39) 湖 (40) 流

10과 辰·去·弅·干 모양을 가진 한자

1
(1) 예도 례 (2) 몸 체 (3) 별 진 (4) 떨칠 진 (5) 우레 진 (6) 새벽 신 (7) 입술 순
(8) 욕될 욕 (9) 갈 거 (10) 물리칠 각 (11) 다리 각 (12) 법 법 (13) 덮을 개 (14) 더불 여
(15) 들 거 (16) 기릴 예 (17) 수레 여 (18) 일 흥 (19) 배울 학 (20) 깨달을 각 (21) 빠질 몰
(22) 바꿀 환 (23) 빠질 함 (24) 찾을 수 (25) 베낄 사 (26) 벼 도 (27) 사냥 렵 (28) 멜 담
(29) 방패 간 (30) 새길 간 (31) 간 간 (32) 언덕 안 (33) 땀 한 (34) 가물 한 (35) 집 헌
(36) 평평할 평 (37) 평할 평

2
(1) 예물 (2) 체온 (3) 진시 (4) 진동 (5) 진노 (6) 신문 (7) 순음 (8) 모욕 (9) 거처
(10) 매각 (11) 각본 (12) 법률 (13) 개와 (14) 여부 (15) 거론 (16) 영예 (17) 여망 (18) 흥미
(19) 학과 (20) 각서 (21) 몰두 (22) 환전 (23) 함락 (24) 수사 (25) 사생 (26) 도화 (27) 엽총
(28) 가담 (29) 간섭 (30) 발간 (31) 간장 (32) 연안 (33) 발한 (34) 한해 (35) 헌가 (36) 평범
(37) 비평 (38) 일진 (39) 생신 (40) 예방 (41) 의례 (42) 우선 (43) 간여 (44) 엽장 (45) 금렵
(46) 평야 (47) 단호

3
(1) 旱 (2) 肝 (3) 去 (4) 譽 (5) 覺 (6) 脚 (7) 與 (8) 蓋 (9) 擧
(10) 汗 (11) 振 (12) 擔 (13) 體 (14) 却 (15) 換 (16) 干 (17) 學 (18) 法
(19) 寫 (20) 稻 (21) 辰 (22) 沒 (23) 陷 (24) 獵 (25) 刊 (26) 晨 (27) 輿
(28) 岸 (29) 禮 (30) 辱 (31) 震 (32) 興 (33) 脣 (34) 軒 (35) 搜 (36) 平
(37) 評

11과 于·良·眉·見·免·門 모양을 가진 한자

1
(1) 어조사 우 (2) 집 우 (3) 어조사 혜 (4) 더러울 오 (5) 자랑할 과 (6) 부를 빙 (7) 어조사 호
(8) 부를 호 (9) 간절할 간 (10) 눈 안 (11) 뿌리 근 (12) 은 은 (13) 물러갈 퇴 (14) 한 한
(15) 한할 한 (16) 어질 량 (17) 물결 랑 (18) 사내 랑 (19) 행랑 랑 (20) 밝을 랑 (21) 계집 낭
(22) 눈 목 (23) 볼 간 (24) 눈썹 미 (25) 돌 순 (26) 볼 견 (27) 나타날 현 (28) 법 규
(29) 볼 시 (30) 친할 친 (31) 너그러울 관 (32) 지명 구 (33) 토끼 토 (34) 편안할 일 (35) 면할 면
(36) 힘쓸 면 (37) 늦을 만 (38) 문 문 (39) 물을 문 (40) 들을 문 (41) 열 개 (42) 닫을 폐
(43) 사이 간 (44) 간략할 간 (45) 한가할 한 (46) 윤달 윤 (47) 불을 윤

2
(1) 우금 (2) 우주 (3) 내혜 (4) 오염 (5) 과대 (6) 초빙 (7) 단호 (8) 호칭 (9) 간절
(10) 안구 (11) 근원 (12) 은행 (13) 퇴임 (14) 회한 (15) 한계 (16) 양호 (17) 풍랑 (18) 신랑
(19) 화랑 (20) 명랑 (21) 낭자 (22) 과목 (23) 간병 (24) 미간 (25) 순행 (26) 견문 (27) 현재
(28) 규율 (29) 시각 (30) 친구 (31) 관용 (32) 균열 (33) 토월 (34) 일탈 (35) 면직 (36) 권면
(37) 만성 (38) 문전 (39) 질문 (40) 청문 (41) 개방 (42) 폐업 (43) 간접 (44) 간편 (45) 한담
(46) 윤년 (47) 윤기

3
(1) 簡 (2) 懇 (3) 龜 (4) 娘 (5) 現 (6) 寬 (7) 目 (8) 眼 (9) 眉
(10) 晚 (11) 閉 (12) 汚 (13) 循 (14) 聞 (15) 限 (16) 免 (17) 門 (18) 浪
(19) 退 (20) 問 (21) 朗 (22) 規 (23) 看 (24) 見 (25) 視 (26) 聘 (27) 呼
(28) 潤 (29) 根 (30) 郞 (31) 間 (32) 于 (33) 兮 (34) 乎 (35) 良 (36) 開
(37) 閏 (38) 銀 (39) 誇 (40) 宇 (41) 親 (42) 免 (43) 逸 (44) 恨 (45) 閑
(46) 廊 (47) 勉

12과 甘·其·同·勿 모양을 가진 한자

❶
(1) 달 감 (2) 아무 모 (3) 꾀 모 (4) 중매 매 (5) 그 기 (6) 터 기 (7) 기약 기
(8) 속일 기 (9) 기 기 (10) 짝 필 (11) 심할 심 (12) 구태여 감 (13) 엄할 엄 (14) 바위 암
(15) 한가지 동 (16) 골 동 (17) 구리 동 (18) 향할 향 (19) 오히려 상 (20) 떳떳할 상 (21) 치마 상
(22) 맛볼 상 (23) 상줄 상 (24) 갚을 상 (25) 집 당 (26) 마땅 당 (27) 무리 당 (28) 손바닥 장
(29) 말 물 (30) 물건 물 (31) 갑자기 홀 (32) 고를 균 (33) 바꿀 역 (34) 줄 사 (35) 볕 양
(36) 날릴 양 (37) 버들 양 (38) 마당 장 (39) 창자 장 (40) 화창할 창 (41) 끓을 탕 (42) 다칠 상
(43) 날 일

❷
(1) 감초 (2) 모국 (3) 모략 (4) 촉매 (5) 기간 (6) 기준 (7) 학기 (8) 사기 (9) 국기
(10) 배필 (11) 격심 (12) 용감 (13) 엄동 (14) 암반 (15) 동거 (16) 통찰 (17) 동상 (18) 향상
(19) 상궁 (20) 상식 (21) 의상 (22) 상시 (23) 상품 (24) 보상 (25) 법당 (26) 당연 (27) 당쟁
(28) 합장 (29) 물론 (30) 물품 (31) 홀대 (32) 평균 (33) 용이 (34) 특사 (35) 양력 (36) 찬양
(37) 수양 (38) 개장 (39) 장염 (40) 화창 (41) 탕액 (42) 상처 (43) 일간

❸
(1) 忽 (2) 償 (3) 均 (4) 洞 (5) 銅 (6) 敢 (7) 其 (8) 旗 (9) 期
(10) 謀 (11) 湯 (12) 日 (13) 揚 (14) 傷 (15) 甘 (16) 常 (17) 場 (18) 當
(19) 勿 (20) 嘗 (21) 黨 (22) 物 (23) 易 (24) 巖 (25) 楊 (26) 陽 (27) 賞
(28) 欺 (29) 掌 (30) 甚 (31) 某 (32) 嚴 (33) 尙 (34) 賜 (35) 媒 (36) 堂
(37) 匹 (38) 腸 (39) 裳 (40) 基 (41) 同 (42) 向 (43) 暢

13과 旦·昌·莫·白·泉 모양을 가진 한자

❶
(1) 아침 단 (2) 다만 단 (3) 단 단 (4) 박달나무 단 (5) 얻을 득 (6) 어두울 명 (7) 베풀 선
(8) 항상 항 (9) 이를 조 (10) 풀 초 (11) 대 죽 (12) 높을 탁 (13) 거만할 만 (14) 흩어질 만
(15) 가로 왈 (16) 창성할 창 (17) 부를 창 (18) 무릅쓸 모 (19) 목마를 갈 (20) 뵐 알 (21) 없을 막
(22) 넓을 막 (23) 장막 막 (24) 뽑을 모 (25) 그릴 모 (26) 저물 모 (27) 본뜰 모 (28) 무덤 묘
(29) 흰 백 (30) 맏 백 (31) 칠 박 (32) 머무를 박 (33) 핍박할 박 (34) 비단 금 (35) 솜 면
(36) 모양 모 (37) 푸를 벽 (38) 익힐 습 (39) 일백 백 (40) 잘 숙 (41) 줄일 축 (42) 샘 천
(43) 줄 선 (44) 언덕 원 (45) 근원 원 (46) 원할 원

❷
(1) 원단 (2) 단서 (3) 화단 (4) 단군 (5) 득실 (6) 명상 (7) 선언 (8) 항시 (9) 조퇴
(10) 초서 (11) 죽염 (12) 탁견 (13) 태만 (14) 산만 (15) 왈자 (16) 번창 (17) 합창 (18) 모험
(19) 해갈 (20) 알현 (21) 막역 (22) 사막 (23) 천막 (24) 공모 (25) 애모 (26) 모색 (27) 모범
(28) 묘비 (29) 백의 (30) 화백 (31) 박차 (32) 외박 (33) 구박 (34) 금지 (35) 면사 (36) 외모
(37) 벽공 (38) 관습 (39) 백성 (40) 숙제 (41) 축약 (42) 원천 (43) 선로 (44) 원시 (45) 근원
(46) 애원

❸
(1) 由 (2) 慢 (3) 慕 (4) 源 (5) 漠 (6) 卓 (7) 但 (8) 壇 (9) 竹
(10) 伯 (11) 泊 (12) 貌 (13) 渴 (14) 墓 (15) 冒 (16) 檀 (17) 宣 (18) 模
(19) 謁 (20) 唱 (21) 錦 (22) 募 (23) 泉 (24) 綿 (25) 旦 (26) 冥 (27) 原
(28) 得 (29) 莫 (30) 願 (31) 早 (32) 習 (33) 百 (34) 宿 (35) 幕 (36) 暮
(37) 線 (38) 縮 (39) 昌 (40) 拍 (41) 碧 (42) 草 (43) 迫 (44) 恒 (45) 漫
(46) 白

14과 朝·朋·匕·比·卽 모양을 가진 한자

❶
(1) 임금 황 (2) 하늘 건 (3) 줄기 간 (4) 한국 한 (5) 아침 조 (6) 조수 조 (7) 사당 묘
(8) 밝을 명 (9) 맹세 맹 (10) 달 월 (11) 벗 붕 (12) 무너질 붕 (13) 이랑 경 (14) 기울 경
(15) 견줄 비 (16) 비평할 비 (17) 다 개 (18) 섬돌 계 (19) 섞일 혼 (20) 가리킬 지 (21) 될 화
(22) 꽃 화 (23) 재물 화 (24) 북녘 북 (25) 등 배 (26) 이미 기 (27) 슬퍼할 개 (28) 대개 개
(29) 잠길 잠 (30) 곧 즉 (31) 마디 절 (32) 시골 향 (33) 울릴 향

❷
(1) 황실 (2) 건조 (3) 주간 (4) 한복 (5) 조선 (6) 조류 (7) 종묘 (8) 명암 (9) 맹약
(10) 월급 (11) 붕당 (12) 붕괴 (13) 경각 (14) 경청 (15) 비율 (16) 비판 (17) 개근 (18) 층계
(19) 혼잡 (20) 지향 (21) 화석 (22) 개화 (23) 금화 (24) 북경 (25) 배경 (26) 기혼 (27) 개탄
(28) 개요 (29) 잠행 (30) 즉결 (31) 절약 (32) 경향 (33) 음향 (34) 견본 (35) 알현 (36) 통관
(37) 동리 (38) 안이 (39) 교역 (40) 숙소 (41) 성수 (42) 북부 (43) 패배 (44) 비중 (45) 차후
(46) 귀갑 (47) 구미 (48) 균수

❸
(1) 指 (2) 比 (3) 卽 (4) 傾 (5) 花 (6) 皆 (7) 月 (8) 槪 (9) 化
(10) 背 (11) 節 (12) 盟 (13) 崩 (14) 明 (15) 朋 (16) 北 (17) 批 (18) 廟
(19) 混 (20) 階 (21) 慨 (22) 鄕 (23) 朝 (24) 響 (25) 頃 (26) 旣 (27) 皇
(28) 潛 (29) 貨 (30) 潮 (31) 幹 (32) 乾 (33) 韓

15과 弋·代·成·戔·甲 모양을 가진 한자

❶
(1) 호반 무 (2) 부세 부 (3) 천간 무 (4) 무성할 무 (5) 개 술 (6) 경계할 계 (7) 기계 계
(8) 도적 적 (9) 친척 척 (10) 위엄 위 (11) 멸할 멸 (12) 넘을 월 (13) 대신 대 (14) 빌릴 대
(15) 법 식 (16) 시험 시 (17) 칠 벌 (18) 혹 혹 (19) 미혹할 혹 (20) 나라 국 (21) 지경 역
(22) 다 함 (23) 덜 감 (24) 느낄 감 (25) 이룰 성 (26) 재 성 (27) 성할 성 (28) 정성 성
(29) 해 세 (30) 남을 잔 (31) 돈 전 (32) 얕을 천 (33) 천할 천 (34) 밟을 천 (35) 어조사 재
(36) 심을 재 (37) 마를 재 (38) 실을 재 (39) 쇠 철 (40) 갑 갑 (41) 누를 압

❷
(1) 무술 (2) 부과 (3) 무오 (4) 영무 (5) 갑술 (6) 계율 (7) 기계 (8) 해적 (9) 친척
(10) 위엄 (11) 소멸 (12) 월동 (13) 대안 (14) 임대 (15) 식순 (16) 시음 (17) 토벌 (18) 간혹
(19) 의혹 (20) 국가 (21) 성역 (22) 함지 (23) 감원 (24) 감격 (25) 성과 (26) 성벽 (27) 성대
(28) 정성 (29) 세배 (30) 잔인 (31) 동전 (32) 천박 (33) 천시 (34) 실천 (35) 쾌재 (36) 재배
(37) 독재 (38) 연재 (39) 철사 (40) 회갑 (41) 압류

❸
(1) 甲 (2) 戌 (3) 戒 (4) 械 (5) 國 (6) 殘 (7) 越 (8) 押 (9) 感
(10) 咸 (11) 代 (12) 減 (13) 賊 (14) 錢 (15) 滅 (16) 茂 (17) 惑 (18) 踐
(19) 式 (20) 賦 (21) 貸 (22) 盛 (23) 鐵 (24) 試 (25) 載 (26) 栽 (27) 淺
(28) 哉 (29) 裁 (30) 威 (31) 成 (32) 城 (33) 誠 (34) 域 (35) 戊 (36) 賤
(37) 戚 (38) 伐 (39) 歲 (40) 武 (41) 或

16과 ▪ 田·里·重·曾·無 모양을 가진 한자

❶
(1) 납(원숭이) 신 (2) 펼 신 (3) 귀신 신 (4) 땅 곤 (5) 말미암을 유 (6) 기름 유 (7) 집 주
(8) 뽑을 추 (9) 피리 적 (10) 밭 전 (11) 모 묘 (12) 두려워할 외 (13) 여러 루 (14) 사내 남
(15) 가늘 세 (16) 지경 계 (17) 논 답 (18) 밟을 답 (19) 마을 리 (20) 다스릴 리 (21) 속 리
(22) 묻을 매 (23) 헤아릴 량 (24) 양식 량 (25) 아이 동 (26) 무거울 중 (27) 움직일 동 (28) 씨 종
(29) 종발 종 (30) 찌를 충 (31) 검을 흑 (32) 먹 묵 (33) 잠잠할 묵 (34) 일찍 증 (35) 더할 증
(36) 미울 증 (37) 줄 증 (38) 중 승 (39) 층 층 (40) 모일 회 (41) 없을 무 (42) 춤출 무

❷
(1) 신청 (2) 신축 (3) 신부 (4) 건곤 (5) 연유 (6) 유전 (7) 우주 (8) 추세 (9) 호적
(10) 전원 (11) 묘종 (12) 경외 (13) 누적 (14) 남편 (15) 세심 (16) 경계 (17) 전답 (18) 답사
(19) 이장 (20) 물리 (21) 이면 (22) 매복 (23) 감량 (24) 식량 (25) 동심 (26) 중책 (27) 동력
(28) 종묘 (29) 용종 (30) 충격 (31) 흑판 (32) 묵향 (33) 묵념 (34) 증조 (35) 증가 (36) 증오
(37) 증별 (38) 승방 (39) 심층 (40) 회담 (41) 무색 (42) 무대

❸
(1) 細 (2) 黑 (3) 神 (4) 油 (5) 申 (6) 畓 (7) 理 (8) 增 (9) 畏
(10) 坤 (11) 里 (12) 由 (13) 墨 (14) 苗 (15) 會 (16) 重 (17) 埋 (18) 憎
(19) 踏 (20) 田 (21) 抽 (22) 男 (23) 裏 (24) 種 (25) 童 (26) 糧 (27) 無
(28) 累 (29) 動 (30) 曾 (31) 默 (32) 鍾 (33) 贈 (34) 僧 (35) 界 (36) 宙
(37) 衝 (38) 舞 (39) 層 (40) 伸 (41) 笛 (42) 量

17과 ▪ 臣·工·罔·亡·共 모양을 가진 한자

❶
(1) 클 거 (2) 막을 거 (3) 상거할 거 (4) 신하 신 (5) 굳을 견 (6) 어질 현 (7) 긴할 긴
(8) 누울 와 (9) 임할 림 (10) 볼 감 (11) 거울 감 (12) 넘칠 람 (13) 볼 람 (14) 소금 염
(15) 장인 공 (16) 공 공 (17) 칠 공 (18) 바칠 공 (19) 두려울 공 (20) 빌 공 (21) 강 강
(22) 항목 항 (23) 붉을 홍 (24) 큰기러기 홍 (25) 공교할 교 (26) 신령 령 (27) 굳셀 강 (28) 벼리 강
(29) 강철 강 (30) 망할 망 (31) 망녕될 망 (32) 바쁠 망 (33) 잊을 망 (34) 바랄 망 (35) 아득할 망
(36) 없을 망 (37) 거칠 황 (38) 눈멀 맹 (39) 한가지 공 (40) 이바지할 공 (41) 공손할 공 (42) 넓을 홍
(43) 거리 항 (44) 항구 항 (45) 가릴 선 (46) 다를 이 (47) 날개 익 (48) 사나울 폭 (49) 불터질 폭

❷
(1) 거인 (2) 거절 (3) 거리 (4) 가신 (5) 견지 (6) 현인 (7) 긴요 (8) 와상 (9) 임박
(10) 감옥 (11) 감정 (12) 남발 (13) 관람 (14) 염소 (15) 공장 (16) 공적 (17) 공격 (18) 공세
(19) 공룡 (20) 공항 (21) 강산 (22) 조항 (23) 홍엽 (24) 홍지 (25) 교묘 (26) 신령 (27) 강직
(28) 기강 (29) 강철 (30) 멸망 (31) 망언 (32) 분망 (33) 망각 (34) 희망 (35) 망막 (36) 망측
(37) 황야 (38) 문맹 (39) 공조 (40) 공급 (41) 공경 (42) 홍어 (43) 항간 (44) 항도 (45) 선수
(46) 이단 (47) 우익 (48) 포악 (49) 폭탄

❸
(1) 選 (2) 江 (3) 鋼 (4) 巷 (5) 鑑 (6) 荒 (7) 功 (8) 巧 (9) 恭
(10) 剛 (11) 堅 (12) 緊 (13) 翼 (14) 洪 (15) 濫 (16) 臥 (17) 盲 (18) 異
(19) 恐 (20) 拒 (21) 妄 (22) 亡 (23) 望 (24) 忙 (25) 貢 (26) 綱 (27) 監
(28) 覽 (29) 爆 (30) 紅 (31) 空 (32) 暴 (33) 距 (34) 鹽 (35) 靈 (36) 臣
(37) 茫 (38) 賢 (39) 罔 (40) 供 (41) 臨 (42) 忘 (43) 工 (44) 攻 (45) 鴻
(46) 巨 (47) 共 (48) 港 (49) 項

18과 中·央·史·斤·奚 모양을 가진 한자

❶
(1) 가운데 중 (2) 버금 중 (3) 충성 충 (4) 근심 환 (5) 가운데 앙 (6) 재앙 앙 (7) 비칠 영
(8) 꽃부리 영 (9) 결단할 결 (10) 이지러질 결 (11) 이별할 결 (12) 쾌할 쾌 (13) 사기 사 (14) 하여금 사
(15) 관리 리 (16) 고칠 경 (17) 굳을 경 (18) 편할 편 (19) 도끼 근 (20) 가까울 근 (21) 빌 기
(22) 이 사 (23) 바 소 (24) 꺾을 절 (25) 밝을 철 (26) 맹세할 서 (27) 갈 서 (28) 쪼갤 석
(29) 부끄러울 참 (30) 잠깐 잠 (31) 점점 점 (32) 새 신 (33) 물리칠 척 (34) 호소할 소 (35) 끊을 단
(36) 이을 계 (37) 언덕 구 (38) 큰산 악 (39) 군사 병 (40) 도장 인 (41) 온당할 타 (42) 어찌 해
(43) 시내 계 (44) 닭 계

❷
(1) 중립 (2) 중추 (3) 충고 (4) 환자 (5) 중앙 (6) 재앙 (7) 영상 (8) 영웅 (9) 결판
(10) 결석 (11) 영결 (12) 쾌청 (13) 사료 (14) 천사 (15) 관리 (16) 변경 (17) 경질 (18) 편안
(19) 근량 (20) 근친 (21) 기원 (22) 사문 (23) 소득 (24) 골절 (25) 철학 (26) 선서 (27) 서자
(28) 분석 (29) 참회 (30) 잠간 (31) 점차 (32) 신춘 (33) 배척 (34) 고소 (35) 단층 (36) 계속
(37) 구릉 (38) 산악 (39) 병력 (40) 인주 (41) 타당 (42) 해금 (43) 계곡 (44) 계관

❸
(1) 近 (2) 央 (3) 中 (4) 逝 (5) 決 (6) 吏 (7) 兵 (8) 硬 (9) 患
(10) 折 (11) 英 (12) 斷 (13) 更 (14) 鷄 (15) 斤 (16) 印 (17) 誓 (18) 斥
(19) 所 (20) 哲 (21) 仲 (22) 慙 (23) 映 (24) 祈 (25) 史 (26) 新 (27) 溪
(28) 奚 (29) 丘 (30) 妥 (31) 斯 (32) 訣 (33) 繼 (34) 缺 (35) 暫 (36) 殃
(37) 漸 (38) 析 (39) 忠 (40) 快 (41) 岳 (42) 便 (43) 使 (44) 訴

19과 采·爰·又·支·右 모양을 가진 한자

❶
(1) 캘 채 (2) 채색 채 (3) 나물 채 (4) 할 위 (5) 거짓 위 (6) 숨을 은 (7) 사랑 애
(8) 다툴 쟁 (9) 깨끗할 정 (10) 젖 유 (11) 뜰 부 (12) 따뜻할 난 (13) 도울 원 (14) 느릴 완
(15) 어지러울 란 (16) 말씀 사 (17) 또 우 (18) 뽕나무 상 (19) 괴이할 괴 (20) 떠들 소 (21) 받을 수
(22) 줄 수 (23) 아재비 숙 (24) 맑을 숙 (25) 고요할 적 (26) 감독할 독 (27) 지탱할 지 (28) 가지 지
(29) 재주 기 (30) 돌 석 (31) 넓힐 척 (32) 오른 우 (33) 같을 약 (34) 허락할 낙

❷
(1) 채집 (2) 채색 (3) 야채 (4) 소위 (5) 진위 (6) 은사 (7) 애련 (8) 논쟁 (9) 세정
(10) 우유 (11) 부양 (12) 난류 (13) 지원 (14) 완행 (15) 반란 (16) 사전 (17) 우황 (18) 상호
(19) 괴기 (20) 소음 (21) 수강 (22) 수정 (23) 숙부 (24) 정숙 (25) 한적 (26) 감독 (27) 지급
(28) 절지 (29) 기교 (30) 석기 (31) 개척 (32) 우익 (33) 약간 (34) 승낙 (35) 포기 (36) 폭우
(37) 갱생 (38) 경개 (39) 편리 (40) 변기 (41) 간척 (42) 탁본 (43) 반야 (44) 약하 (45) 임종
(46) 군림 (47) 난립 (48) 변란

❸
(1) 枝 (2) 督 (3) 若 (4) 僞 (5) 寂 (6) 怪 (7) 淨 (8) 菜 (9) 拓
(10) 緩 (11) 爭 (12) 援 (13) 石 (14) 暖 (15) 騷 (16) 又 (17) 浮 (18) 辭
(19) 淑 (20) 受 (21) 桑 (22) 愛 (23) 隱 (24) 叔 (25) 亂 (26) 右 (27) 技
(28) 乳 (29) 授 (30) 支 (31) 彩 (32) 採 (33) 爲 (34) 諾

20과 左·布·反·才·乃·聿 모양을 가진 한자

❶
(1) 왼 좌 (2) 도울 좌 (3) 떨어질 타 (4) 따를 수 (5) 있을 유 (6) 벗 우 (7) 베 포
(8) 바랄 희 (9) 드물 희 (10) 돌아올 반 (11) 돌이킬 반 (12) 배반할 반 (13) 밥 반 (14) 널 판
(15) 판목 판 (16) 팔 판 (17) 재주 재 (18) 재목 재 (19) 재물 재 (20) 있을 재 (21) 있을 존
(22) 이에 내 (23) 빼어날 수 (24) 꾈 유 (25) 사무칠 투 (26) 이끌 휴 (27) 미칠 급 (28) 등급 급
(29) 마실 흡 (30) 급할 급 (31) 일 사 (32) 법칙 률 (33) 붓 필 (34) 글 서 (35) 낮 주
(36) 그림 화 (37) 그을 획 (38) 다할 진 (39) 세울 건 (40) 굳셀 건 (41) 엄숙할 숙

❷
(1) 좌우 (2) 상좌 (3) 타락 (4) 수시 (5) 보유 (6) 우호 (7) 포고 (8) 희원 (9) 고희
(10) 반응 (11) 반납 (12) 반란 (13) 백반 (14) 간판 (15) 출판 (16) 총판 (17) 수재 (18) 골재
(19) 재산 (20) 재고 (21) 존립 (22) 내조 (23) 우수 (24) 유혹 (25) 투영 (26) 제휴 (27) 급제
(28) 유급 (29) 호흡 (30) 급박 (31) 사건 (32) 계율 (33) 필담 (34) 서당 (35) 주야 (36) 영화
(37) 획수 (38) 극진 (39) 건축 (40) 건투 (41) 정숙

❸
(1) 健 (2) 畫 (3) 劃 (4) 書 (5) 急 (6) 誘 (7) 晝 (8) 板 (9) 盡
(10) 佐 (11) 反 (12) 返 (13) 稀 (14) 級 (15) 隨 (16) 墮 (17) 吸 (18) 及
(19) 希 (20) 飯 (21) 叛 (22) 律 (23) 友 (24) 布 (25) 筆 (26) 秀 (27) 透
(28) 建 (29) 肅 (30) 左 (31) 携 (32) 乃 (33) 事 (34) 有 (35) 在 (36) 存
(37) 材 (38) 財 (39) 才 (40) 版 (41) 販

21과 寸·寺·𠬶·隶·尹 모양을 가진 한자

❶
(1) 마디 촌 (2) 마을 촌 (3) 지킬 수 (4) 찾을 심 (5) 벼슬 작 (6) 쏠 사 (7) 사례할 사
(8) 칠 토 (9) 줄 부 (10) 붙을 부 (11) 부호 부 (12) 마을 부 (13) 썩을 부 (14) 절 사
(15) 모실 시 (16) 때 시 (17) 시 시 (18) 가질 지 (19) 기다릴 대 (20) 특별할 특 (21) 무리 등
(22) 침노할 침 (23) 잠길 침 (24) 잘 침 (25) 아내 처 (26) 편안할 강 (27) 별 경 (28) 잡을 체
(29) 종 례 (30) 쓸 소 (31) 며느리 부 (32) 돌아갈 귀 (33) 임금 군 (34) 고을 군 (35) 무리 군
(36) 소 축 (37) 당나라 당 (38) 엿 당 (39) 말이을 이 (40) 견딜 내

❷
(1) 촌수 (2) 어촌 (3) 수절 (4) 심방 (5) 공작 (6) 반사 (7) 사죄 (8) 검토 (9) 당부
(10) 부속 (11) 부적 (12) 부고 (13) 진부 (14) 사원 (15) 시종 (16) 시대 (17) 시경 (18) 지참
(19) 대접 (20) 특기 (21) 고등 (22) 침략 (23) 침투 (24) 침실 (25) 처제 (26) 안강 (27) 경염
(28) 체포 (29) 예속 (30) 소멸 (31) 주부 (32) 귀가 (33) 부군 (34) 군수 (35) 군중 (36) 축월
(37) 황당 (38) 당도 (39) 이립 (40) 인내 (41) 발포 (42) 보시 (43) 당분 (44) 사탕 (45) 서가
(46) 주간 (47) 화가 (48) 진심 (49) 반감 (50) 급락 (51) 음률 (52) 조율

❸
(1) 持 (2) 耐 (3) 郡 (4) 待 (5) 唐 (6) 歸 (7) 時 (8) 寸 (9) 府
(10) 村 (11) 而 (12) 婦 (13) 侍 (14) 群 (15) 等 (16) 爵 (17) 庚 (18) 符
(19) 附 (20) 謝 (21) 丑 (22) 詩 (23) 腐 (24) 射 (25) 掃 (26) 妻 (27) 糖
(28) 君 (29) 寢 (30) 浸 (31) 逮 (32) 寺 (33) 隸 (34) 付 (35) 守 (36) 尋
(37) 討 (38) 侵 (39) 特 (40) 康

22과 弓·行·人·倉·余 모양을 가진 한자

❶ (1) 끝 단 (2) 구할 수 (3) 선비 유 (4) 몸 신 (5) 활 궁 (6) 다할 궁 (7) 끌 인
(8) 클 홍 (9) 굳셀 강 (10) 약할 약 (11) 오랑캐 이 (12) 조상할 조 (13) 아우 제 (14) 차례 제
(15) 부처 불 (16) 떨칠 불 (17) 쓸 비 (18) 다닐 행 (19) 사람 인 (20) 어질 인 (21) 믿을 신
(22) 쉴 휴 (23) 써 이 (24) 닮을 사 (25) 지킬 보 (26) 멀 유 (27) 닦을 수 (28) 가지 조
(29) 창고 창 (30) 비롯할 창 (31) 푸를 창 (32) 나 여 (33) 남을 여 (34) 천천히 서 (35) 펼 서
(36) 덜 제 (37) 길 도 (38) 칠할 도 (39) 비낄 사

❷ (1) 단역 (2) 혼수 (3) 유교 (4) 신분 (5) 양궁 (6) 궁리 (7) 인도 (8) 홍익 (9) 강인
(10) 약소 (11) 이국 (12) 조문 (13) 제자 (14) 급제 (15) 불경 (16) 환불 (17) 낭비 (18) 행진
(19) 인형 (20) 인술 (21) 신앙 (22) 휴학 (23) 이내 (24) 유사 (25) 보전 (26) 유구 (27) 수식
(28) 조항 (29) 곡창 (30) 창작 (31) 창생 (32) 여등 (33) 여력 (34) 서행 (35) 서술 (36) 제외
(37) 별도 (38) 도탄 (39) 사선 (40) 항렬/행렬 (41) 행동 (42) 궁시 (43) 조상 (44) 인상 (45) 사제
(46) 인성 (47) 입문 (48) 서품 (49) 사각

❸ (1) 條 (2) 需 (3) 強 (4) 途 (5) 引 (6) 端 (7) 余 (8) 餘 (9) 行
(10) 窮 (11) 修 (12) 似 (13) 除 (14) 拂 (15) 悠 (16) 身 (17) 信 (18) 佛
(19) 斜 (20) 創 (21) 人 (22) 儒 (23) 休 (24) 以 (25) 費 (26) 弟 (27) 弱
(28) 仁 (29) 夷 (30) 弔 (31) 保 (32) 第 (33) 倉 (34) 徐 (35) 塗 (36) 弘
(37) 敍 (38) 蒼 (39) 弓

23과 乍·内·八·今·予 모양을 가진 한자

❶ (1) 속일 사 (2) 지을 작 (3) 어제 작 (4) 낄 개 (5) 들 입 (6) 안 내 (7) 들일 납
(8) 고기 육 (9) 온전 전 (10) 쇠 금 (11) 남녘 병 (12) 병 병 (13) 두 량 (14) 찰 만
(15) 여덟 팔 (16) 나눌 분 (17) 어지러울 분 (18) 가루 분 (19) 가난할 빈 (20) 적을 과 (21) 이제 금
(22) 거문고 금 (23) 머금을 함 (24) 읊을 음 (25) 그늘 음 (26) 생각 념 (27) 탐낼 탐 (28) 합할 합
(29) 주울 습 (30) 줄 급 (31) 대답 답 (32) 탑 탑 (33) 하여금 령 (34) 거느릴 령 (35) 고개 령
(36) 떨어질 령 (37) 찰 랭 (38) 목숨 명 (39) 나 여 (40) 차례 서 (41) 들 야 (42) 부드러울 유
(43) 힘쓸 무 (44) 안개 무

❷ (1) 사칭 (2) 작업 (3) 작야 (4) 중개 (5) 입장 (6) 내용 (7) 납세 (8) 육식 (9) 전체
(10) 금관 (11) 병방 (12) 병고 (13) 양극 (14) 만족 (15) 팔면 (16) 분석 (17) 분규 (18) 분필
(19) 빈혈 (20) 과묵 (21) 금주 (22) 탄금 (23) 함량 (24) 음미 (25) 음모 (26) 염려 (27) 탐욕
(28) 합숙 (29) 습집 (30) 급여 (31) 답사 (32) 석탑 (33) 발령 (34) 영토 (35) 영남 (36) 영하
(37) 냉해 (38) 명령 (39) 여념 (40) 질서 (41) 야산 (42) 유순 (43) 잡무 (44) 무대

❸ (1) 貧 (2) 粉 (3) 領 (4) 琴 (5) 嶺 (6) 肉 (7) 陰 (8) 介 (9) 予
(10) 分 (11) 丙 (12) 答 (13) 兩 (14) 野 (15) 入 (16) 納 (17) 零 (18) 含
(19) 命 (20) 病 (21) 柔 (22) 念 (23) 詐 (24) 金 (25) 內 (26) 霧 (27) 昨
(28) 紛 (29) 八 (30) 全 (31) 吟 (32) 今 (33) 寡 (34) 拾 (35) 給 (36) 作
(37) 序 (38) 冷 (39) 滿 (40) 貪 (41) 塔 (42) 令 (43) 合 (44) 務

24과 子·丸·京·立·音 모양을 가진 한자

❶
(1) 아들 자　(2) 글자 자　(3) 구멍 공　(4) 두터울 후　(5) 맏 맹　(6) 사나울 맹　(7) 마칠 료
(8) 누릴 향　(9) 도타울 돈　(10) 외성 곽　(11) 형통할 형　(12) 둥글 환　(13) 누구 숙　(14) 익을 숙
(15) 서울 경　(16) 볕 경　(17) 서늘할 량　(18) 살펴알 량　(19) 그림자 영　(20) 노략질할 략　(21) 설 립
(22) 자리 위　(23) 울 읍　(24) 나란히 병　(25) 넓을 보　(26) 족보 보　(27) 곱절 배　(28) 북돋울 배
(29) 떼 부　(30) 첩 첩　(31) 이을 접　(32) 낯 안　(33) 낳을 산　(34) 말씀 언　(35) 소리 음
(36) 어두울 암　(37) 뜻 의　(38) 억 억　(39) 생각할 억　(40) 알 식　(41) 짤 직　(42) 직분 직
(43) 다할 경　(44) 지경 경　(45) 거울 경

❷
(1) 자식　(2) 자막　(3) 모공　(4) 후의　(5) 맹자　(6) 맹견　(7) 수료　(8) 향락　(9) 돈독
(10) 외곽　(11) 형태　(12) 포환　(13) 숙여　(14) 숙달　(15) 상경　(16) 경치　(17) 납량　(18) 양해
(19) 영향　(20) 약탈　(21) 입동　(22) 단위　(23) 읍곡　(24) 병행　(25) 보통　(26) 계보　(27) 배달
(28) 배양　(29) 부족　(30) 소첩　(31) 근접　(32) 무안　(33) 산란　(34) 언급　(35) 음반　(36) 암송
(37) 의견　(38) 수억　(39) 기억　(40) 인식　(41) 조직　(42) 직업　(43) 필경　(44) 곤경　(45) 안경

❸
(1) 鏡　(2) 倍　(3) 孔　(4) 影　(5) 字　(6) 竝　(7) 顔　(8) 産　(9) 普
(10) 掠　(11) 孰　(12) 享　(13) 竟　(14) 敦　(15) 厚　(16) 丸　(17) 部　(18) 意
(19) 了　(20) 孟　(21) 言　(22) 景　(23) 培　(24) 猛　(25) 諒　(26) 憶　(27) 涼
(28) 京　(29) 立　(30) 音　(31) 子　(32) 識　(33) 暗　(34) 億　(35) 郭　(36) 泣
(37) 接　(38) 熟　(39) 位　(40) 譜　(41) 境　(42) 職　(43) 織　(44) 妾　(45) 亨

25과 辛·幸·巠·川·求 모양을 가진 한자

❶
(1) 글월 장　(2) 막힐 장　(3) 홑 단　(4) 싸움 전　(5) 탄알 탄　(6) 선 선　(7) 매울 신
(8) 재상 재　(9) 분별할 변　(10) 말씀 변　(11) 벽 벽　(12) 피할 피　(13) 다행 행　(14) 잡을 집
(15) 옷 복　(16) 알릴 보　(17) 번역할 역　(18) 역 역　(19) 풀 석　(20) 못 택　(21) 가릴 택
(22) 지름길 경　(23) 글 경　(24) 가벼울 경　(25) 내 천　(26) 고을 주　(27) 물가 주　(28) 재앙 재
(29) 가르칠 훈　(30) 순할 순　(31) 돌 순　(32) 갈래 파　(33) 줄기 맥　(34) 구할 구　(35) 구원할 구
(36) 공 구　(37) 물 수　(38) 얼음 빙

❷
(1) 도장　(2) 장벽　(3) 단식　(4) 전사　(5) 탄환　(6) 선원　(7) 신고　(8) 재상　(9) 변명
(10) 변론　(11) 절벽　(12) 피난　(13) 행복　(14) 집착　(15) 복용　(16) 보도　(17) 통역　(18) 역장
(19) 해석　(20) 덕택　(21) 선택　(22) 직경　(23) 경험　(24) 경솔　(25) 하천　(26) 경주　(27) 만주
(28) 화재　(29) 훈련　(30) 순서　(31) 순찰　(32) 종파　(33) 맥락　(34) 구도　(35) 구원　(36) 구기
(37) 수영　(38) 빙벽　(39) 금속　(40) 김씨　(41) 수습　(42) 십만　(43) 식별　(44) 표지　(45) 양지
(46) 해량　(47) 냉동　(48) 한랭　(49) 입법　(50) 기립

❸
(1) 訓　(2) 擇　(3) 輕　(4) 派　(5) 州　(6) 球　(7) 救　(8) 求　(9) 經
(10) 章　(11) 川　(12) 幸　(13) 巡　(14) 障　(15) 辯　(16) 辛　(17) 澤　(18) 水
(19) 洲　(20) 譯　(21) 壁　(22) 辨　(23) 禪　(24) 順　(25) 戰　(26) 報　(27) 氷
(28) 驛　(29) 服　(30) 執　(31) 宰　(32) 災　(33) 脈　(34) 徑　(35) 彈　(36) 釋
(37) 避　(38) 單

26과 永·首·頁·朮·禾·番 모양을 가진 한자

❶
(1) 길 영 (2) 헤엄칠 영 (3) 읊을 영 (4) 이을 승 (5) 찔 증 (6) 녹 록 (7) 푸를 록
(8) 기록 록 (9) 인연 연 (10) 낯 면 (11) 머리 수 (12) 길 도 (13) 인도할 도 (14) 모름지기 수
(15) 번거로울 번 (16) 무리 류 (17) 돌아볼 고 (18) 여름 하 (19) 근심 우 (20) 뛰어날 우 (21) 펼 술
(22) 재주 술 (23) 삼 마 (24) 갈 마 (25) 벼 화 (26) 화할 화 (27) 이할 리 (28) 배 리
(29) 사사로울 사 (30) 가을 추 (31) 근심 수 (32) 계절 계 (33) 향기 향 (34) 맡길 위 (35) 책력 력
(36) 지낼 력 (37) 차례 번 (38) 번역할 번 (39) 뿌릴 파 (40) 살필 심

❷
(1) 영원 (2) 배영 (3) 영탄 (4) 승인 (5) 증기 (6) 국록 (7) 녹말 (8) 녹화 (9) 혈연
(10) 면회 (11) 수석 (12) 도청 (13) 인도 (14) 필수 (15) 번뇌 (16) 조류 (17) 고문 (18) 하계
(19) 우수 (20) 우등 (21) 구술 (22) 무술 (23) 마포 (24) 연마 (25) 화속 (26) 화해 (27) 이익
(28) 이설 (29) 사욕 (30) 추곡 (31) 향수 (32) 계절 (33) 향수 (34) 위신 (35) 월력 (36) 역사
(37) 번호 (38) 번역 (39) 파다 (40) 심의 (41) 영주 (42) 빙판 (43) 녹차 (44) 연유 (45) 수요
(46) 순리 (47) 마인 (48) 역서 (49) 춘계 (50) 우수 (51) 위원

❸
(1) 術 (2) 歷 (3) 秋 (4) 磨 (5) 季 (6) 愁 (7) 憂 (8) 錄 (9) 道
(10) 永 (11) 面 (12) 祿 (13) 顧 (14) 優 (15) 委 (16) 首 (17) 須 (18) 類
(19) 梨 (20) 煩 (21) 黐 (22) 禾 (23) 播 (24) 私 (25) 審 (26) 麻 (27) 夏
(28) 詠 (29) 承 (30) 利 (31) 導 (32) 緣 (33) 蒸 (34) 番 (35) 曆 (36) 述
(37) 綠 (38) 香 (39) 泳 (40) 和

27과 老·者·公·斗·米 모양을 가진 한자

❶
(1) 탈 승 (2) 겸할 겸 (3) 겸손할 겸 (4) 청렴할 렴 (5) 싫어할 혐 (6) 늙을 로 (7) 생각할 고
(8) 효도 효 (9) 가르칠 교 (10) 놈 자 (11) 도읍 도 (12) 더울 서 (13) 관청 서 (14) 실마리 서
(15) 모두 제 (16) 나타날 저 (17) 외로울 고 (18) 공평할 공 (19) 소나무 송 (20) 송사할 송 (21) 기릴 송
(22) 늙은이 옹 (23) 골 곡 (24) 풍속 속 (25) 목욕할 욕 (26) 하고자할 욕 (27) 욕심 욕 (28) 넉넉할 유
(29) 얼굴 용 (30) 기운 기 (31) 물끓는김 기 (32) 말 두 (33) 헤아릴 료 (34) 과목 과 (35) 쌀 미
(36) 미혹할 미 (37) 국화 국 (38) 뼈 골 (39) 지날 과 (40) 재앙 화

❷
(1) 승선 (2) 겸직 (3) 겸양 (4) 저렴 (5) 혐의 (6) 노쇠 (7) 고려 (8) 효성 (9) 교육
(10) 부자 (11) 도매 (12) 피서 (13) 서장 (14) 두서 (15) 제국 (16) 저자 (17) 고립 (18) 공직
(19) 송판 (20) 소송 (21) 칭송 (22) 노옹 (23) 곡수 (24) 풍속 (25) 욕실 (26) 욕정 (27) 탐욕
(28) 유복 (29) 용이 (30) 기체 (31) 기적 (32) 두량 (33) 요리 (34) 과학 (35) 성미 (36) 미혹
(37) 국판 (38) 골반 (39) 과격 (40) 사화 (41) 요식 (42) 자료 (43) 노인 (44) 양로 (45) 청렴
(46) 염탐 (47) 사립 (48) 송화 (49) 곡풍 (50) 용모

❸
(1) 骨 (2) 敎 (3) 謙 (4) 兼 (5) 谷 (6) 公 (7) 科 (8) 署 (9) 菊
(10) 頌 (11) 氣 (12) 著 (13) 裕 (14) 者 (15) 翁 (16) 老 (17) 暑 (18) 都
(19) 斗 (20) 諸 (21) 浴 (22) 汽 (23) 迷 (24) 考 (25) 松 (26) 訟 (27) 緖
(28) 嫌 (29) 米 (30) 容 (31) 孤 (32) 慾 (33) 禍 (34) 過 (35) 廉 (36) 乘
(37) 俗 (38) 欲 (39) 料 (40) 孝

28과 𠂤·幺·玄·糸·雚 모양을 가진 한자

❶
(1) 따를 추 (2) 장수 수 (3) 스승 사 (4) 벼슬 관 (5) 대롱 관 (6) 집 관 (7) 집 궁
(8) 어릴 유 (9) 그윽할 유 (10) 연이을 련 (11) 관계할 관 (12) 젖을 습 (13) 나타낼 현 (14) 즐길 락
(15) 약 약 (16) 검을 현 (17) 줄 현 (18) 짐승 축 (19) 모을 축 (20) 비율 률 (21) 검을 자
(22) 사랑 자 (23) 몇 기 (24) 경기 기 (25) 틀 기 (26) 주릴 기 (27) 실 사 (28) 본디 소
(29) 이을 계 (30) 맬 계 (31) 손자 손 (32) 고을 현 (33) 매달 현 (34) 그리워할 련 (35) 변할 변
(36) 볼 관 (37) 권할 권 (38) 권세 권 (39) 기쁠 환

❷
(1) 추구 (2) 원수 (3) 사표 (4) 관청 (5) 관리 (6) 공관 (7) 동궁 (8) 유약 (9) 유령
(10) 연합 (11) 관심 (12) 습기 (13) 현시 (14) 오락 (15) 약물 (16) 현관 (17) 현가 (18) 축산
(19) 비축 (20) 비율 (21) 내자 (22) 자애 (23) 기미 (24) 기호 (25) 기회 (26) 기아 (27) 생사
(28) 소박 (29) 계통 (30) 관계 (31) 증손 (32) 현감 (33) 현안 (34) 연모 (35) 변경 (36) 관중
(37) 권장 (38) 권력 (39) 환영 (40) 낙원 (41) 음악 (42) 요산 (43) 쾌락 (44) 통솔 (45) 타율
(46) 능률 (47) 관리 (48) 궁합 (49) 연애 (50) 비련

❸
(1) 玄 (2) 畿 (3) 縣 (4) 關 (5) 權 (6) 勸 (7) 戀 (8) 幽 (9) 歡
(10) 顯 (11) 管 (12) 追 (13) 懸 (14) 係 (15) 幾 (16) 蓄 (17) 官 (18) 變
(19) 素 (20) 觀 (21) 率 (22) 慈 (23) 孫 (24) 師 (25) 絲 (26) 藥 (27) 幼
(28) 聯 (29) 玆 (30) 系 (31) 帥 (32) 濕 (33) 飢 (34) 絃 (35) 樂 (36) 畜
(37) 館 (38) 宮 (39) 機

29과 隹·鳥·馬·長·玉 모양을 가진 한자

❶
(1) 도울 호 (2) 거둘 확 (3) 얻을 획 (4) 밀 추 (5) 오직 유 (6) 생각할 유 (7) 벼리 유
(8) 나아갈 진 (9) 어릴 치 (10) 누구 수 (11) 비록 수 (12) 재촉할 최 (13) 모을 집 (14) 섞일 잡
(15) 준할 준 (16) 쌍 쌍 (17) 빼앗을 탈 (18) 떨칠 분 (19) 벌릴 라 (20) 예 구 (21) 굳을 확
(22) 학 학 (23) 떠날 리 (24) 응할 응 (25) 기러기 안 (26) 두려울 구 (27) 날짐승 금 (28) 빛날 요
(29) 씻을 탁 (30) 뛸 약 (31) 길 옹 (32) 수컷 웅 (33) 새 조 (34) 울 명 (35) 섬 도
(36) 새 봉 (37) 까마귀 오 (38) 슬플 오 (39) 말 마 (40) 도타울 독 (41) 긴 장 (42) 장막 장
(43) 베풀 장 (44) 구슬 옥 (45) 나눌 반

❷
(1) 호송 (2) 수확 (3) 획득 (4) 추진 (5) 유심 (6) 사유 (7) 유지 (8) 진학 (9) 치졸
(10) 수하 (11) 수연 (12) 주최 (13) 집합 (14) 잡념 (15) 표준 (16) 쌍룡 (17) 탈취 (18) 홍분
(19) 나열 (20) 구식 (21) 확신 (22) 선학 (23) 이산 (24) 응급 (25) 안신 (26) 의구 (27) 맹금
(28) 요일 (29) 세탁 (30) 활약 (31) 포옹 (32) 웅장 (33) 백조 (34) 이명 (35) 열도 (36) 봉침
(37) 오죽 (38) 오호 (39) 마구 (40) 돈독 (41) 장기 (42) 포장 (43) 과장 (44) 옥편 (45) 반열

❸
(1) 穫 (2) 玉 (3) 確 (4) 雁 (5) 長 (6) 烏 (7) 擁 (8) 班 (9) 進
(10) 誰 (11) 護 (12) 篤 (13) 懼 (14) 離 (15) 奮 (16) 躍 (17) 馬 (18) 集
(19) 推 (20) 羅 (21) 張 (22) 維 (23) 雖 (24) 曜 (25) 奪 (26) 禽 (27) 鳳
(28) 鳥 (29) 惟 (30) 雜 (31) 島 (32) 雄 (33) 嗚 (34) 雙 (35) 濯 (36) 稚
(37) 獲 (38) 舊 (39) 唯 (40) 鳴 (41) 應 (42) 帳 (43) 催 (44) 準 (45) 鶴

30과 主·堇·示·四·西·酉 모양을 가진 한자

❶
(1) 임금 왕 (2) 미칠 광 (3) 주인 주 (4) 살 주 (5) 부을 주 (6) 기둥 주 (7) 갈 왕
(8) 누를 황 (9) 가로 횡 (10) 넓을 광 (11) 쇳돌 광 (12) 넓힐 확 (13) 겨우 근 (14) 부지런할 근
(15) 삼갈 근 (16) 탄식할 탄 (17) 한수 한 (18) 어려울 난 (19) 보일 시 (20) 마루 종 (21) 높을 숭
(22) 제사 제 (23) 즈음 제 (24) 살필 찰 (25) 흔들 요 (26) 멀 요 (27) 노래 요 (28) 넉 사
(29) 벌할 벌 (30) 서녘 서 (31) 밤 률 (32) 조 속 (33) 값 가 (34) 옮길 천 (35) 불똥튈 표
(36) 떠다닐 표 (37) 표할 표 (38) 연기 연 (39) 술그릇 유 (40) 술 주 (41) 추할 추 (42) 의원 의

❷
(1) 왕릉 (2) 광란 (3) 주최 (4) 거주 (5) 주시 (6) 지주 (7) 왕복 (8) 황토 (9) 횡재
(10) 광야 (11) 금광 (12) 확장 (13) 근소 (14) 근로 (15) 근엄 (16) 탄식 (17) 한자 (18) 난이
(19) 시범 (20) 종교 (21) 숭상 (22) 축제 (23) 교제 (24) 검찰 (25) 요란 (26) 요원 (27) 민요
(28) 사계 (29) 벌칙 (30) 서해 (31) 생률 (32) 속미 (33) 가치 (34) 좌천 (35) 투표 (36) 표백
(37) 표본 (38) 금연 (39) 유시 (40) 주량 (41) 추행 (42) 의약

❸
(1) 橫 (2) 往 (3) 價 (4) 僅 (5) 柱 (6) 四 (7) 廣 (8) 擴 (9) 謠
(10) 崇 (11) 黃 (12) 酉 (13) 漂 (14) 宗 (15) 遙 (16) 狂 (17) 栗 (18) 罰
(19) 示 (20) 注 (21) 勤 (22) 住 (23) 察 (24) 謹 (25) 西 (26) 鑛 (27) 酒
(28) 難 (29) 煙 (30) 遷 (31) 醫 (32) 王 (33) 祭 (34) 粟 (35) 主 (36) 際
(37) 醜 (38) 歎 (39) 票 (40) 標 (41) 漢 (42) 搖

31과 衣·卒·穴·犬·父 모양을 가진 한자

❶
(1) 높을 존 (2) 좇을 준 (3) 오히려 유 (4) 옷 의 (5) 의지할 의 (6) 겉 표 (7) 슬플 애
(8) 쇠할 쇠 (9) 잃을 상 (10) 동산 원 (11) 멀 원 (12) 고리 환 (13) 돌아올 환 (14) 흙덩이 양
(15) 사양할 양 (16) 무너질 괴 (17) 품을 회 (18) 군사 졸 (19) 취할 취 (20) 구멍 혈 (21) 창문 창
(22) 훔칠 절 (23) 개 견 (24) 엎드릴 복 (25) 갑자기 돌 (26) 울 곡 (27) 그릇 기 (28) 냄새 취
(29) 형상 상 (30) 옥 옥 (31) 짐승 수 (32) 눈물 루 (33) 누를 압 (34) 그럴 연 (35) 탈 연
(36) 뽑을 발 (37) 터럭 발 (38) 아비 부

❷
(1) 존경 (2) 준법 (3) 유예 (4) 의지 (5) 의존 (6) 표면 (7) 애통 (8) 쇠약 (9) 조상
(10) 정원 (11) 원양 (12) 환경 (13) 소환 (14) 격양 (15) 분양 (16) 붕괴 (17) 회고 (18) 졸업
(19) 취기 (20) 경혈 (21) 창구 (22) 절도 (23) 투견 (24) 굴복 (25) 돌발 (26) 통곡 (27) 기계
(28) 체취 (29) 상황 (30) 지옥 (31) 금수 (32) 누액 (33) 억압 (34) 당연 (35) 재연 (36) 선발
(37) 가발 (38) 부모 (39) 증상 (40) 상장 (41) 누수 (42) 혈루 (43) 서해 (44) 유방 (45) 사계
(46) 주량 (47) 양토 (48) 파괴 (49) 애석 (50) 쇠퇴

❸
(1) 突 (2) 犬 (3) 表 (4) 環 (5) 卒 (6) 穴 (7) 然 (8) 器 (9) 臭
(10) 尊 (11) 壓 (12) 淚 (13) 還 (14) 園 (15) 遠 (16) 壞 (17) 拔 (18) 讓
(19) 衰 (20) 哀 (21) 父 (22) 伏 (23) 猶 (24) 獄 (25) 衣 (26) 哭 (27) 依
(28) 喪 (29) 遵 (30) 獸 (31) 窓 (32) 醉 (33) 燃 (34) 髮 (35) 懷 (36) 狀
(37) 竊 (38) 壤

32과 交·文·卑·雨·己·巴 모양을 가진 한자

❶
(1) 사귈 교 (2) 들 교 (3) 학교 교 (4) 견줄 교 (5) 본받을 효 (6) 글월 문 (7) 무늬 문
(8) 민망할 민 (9) 귀신 귀 (10) 부끄러울 괴 (11) 흙덩이 괴 (12) 낮을 비 (13) 여자종 비 (14) 비석 비
(15) 뇌수 뇌 (16) 번뇌할 뇌 (17) 다 총 (18) 귀밝을 총 (19) 이를 운 (20) 구름 운 (21) 넋 혼
(22) 비 우 (23) 번개 전 (24) 우레 뢰 (25) 눈 설 (26) 몸 기 (27) 꺼릴 기 (28) 벼리 기
(29) 기록할 기 (30) 일어날 기 (31) 왕비 비 (32) 짝 배 (33) 고칠 개 (34) 뱀 사 (35) 제사 사
(36) 이미 이 (37) 잡을 파 (38) 살찔 비 (39) 고을 읍

❷
(1) 교환 (2) 원교 (3) 교정 (4) 교차 (5) 무효 (6) 문예 (7) 지문 (8) 민박 (9) 악귀
(10) 참괴 (11) 괴근 (12) 비하 (13) 노비 (14) 비명 (15) 뇌염 (16) 번뇌 (17) 총장 (18) 총기
(19) 운위 (20) 운해 (21) 혼신 (22) 우비 (23) 전기 (24) 뇌성 (25) 설욕 (26) 극기 (27) 기피
(28) 군기 (29) 기호 (30) 기상 (31) 황비 (32) 배달 (33) 개조 (34) 사시 (35) 고사 (36) 이왕
(37) 파지 (38) 비만 (39) 읍내 (40) 지기 (41) 무사 (42) 이심 (43) 읍미 (44) 뇌관 (45) 지뢰
(46) 교대 (47) 문리 (48) 괴형 (49) 비각

❸
(1) 較 (2) 邑 (3) 改 (4) 雲 (5) 聽 (6) 鬼 (7) 文 (8) 記 (9) 忌
(10) 卑 (11) 魂 (12) 腦 (13) 雪 (14) 總 (15) 郊 (16) 己 (17) 紋 (18) 憫
(19) 巳 (20) 電 (21) 惱 (22) 紀 (23) 效 (24) 愧 (25) 雨 (26) 碑 (27) 交
(28) 肥 (29) 婢 (30) 妃 (31) 雷 (32) 云 (33) 已 (34) 起 (35) 把 (36) 祀
(37) 配 (38) 校 (39) 塊

33과 乙·也·卩·女·母 모양을 가진 한자

❶
(1) 빛 색 (2) 끊을 절 (3) 새 을 (4) 빌 걸 (5) 갈 지 (6) 어조사 야 (7) 땅 지
(8) 못 지 (9) 다를 타 (10) 범할 범 (11) 법 범 (12) 액 액 (13) 위태할 위 (14) 원망할 원
(15) 계집 녀 (16) 좋을 호 (17) 종 노 (18) 힘쓸 노 (19) 성낼 노 (20) 간사할 간 (21) 너 여
(22) 같을 여 (23) 용서할 서 (24) 편안 안 (25) 책상 안 (26) 잔치 연 (27) 요긴할 요 (28) 허리 요
(29) 어미 모 (30) 독 독 (31) 매양 매 (32) 업신여길 모 (33) 매화 매 (34) 바다 해 (35) 민첩할 민
(36) 뉘우칠 회 (37) 번성할 번

❷
(1) 색채 (2) 절망 (3) 을야 (4) 구걸 (5) 지동 (6) 야대 (7) 지구 (8) 성지 (9) 타성
(10) 범죄 (11) 범위 (12) 재액 (13) 위태 (14) 원성 (15) 여왕 (16) 호평 (17) 노비 (18) 노력
(19) 격노 (20) 간통 (21) 여등 (22) 여간 (23) 용서 (24) 안녕 (25) 제안 (26) 연회 (27) 요구
(28) 요통 (29) 모친 (30) 독설 (31) 매회 (32) 모욕 (33) 매우 (34) 해변 (35) 영민 (36) 회개
(37) 번창 (38) 읍내 (39) 색상 (40) 노기 (41) 서면 (42) 노예 (43) 여일 (44) 모음 (45) 매번
(46) 요구 (47) 표결

❸
(1) 姦 (2) 之 (3) 如 (4) 女 (5) 絶 (6) 汝 (7) 悔 (8) 他 (9) 毒
(10) 地 (11) 每 (12) 梅 (13) 池 (14) 敏 (15) 海 (16) 繁 (17) 犯 (18) 範
(19) 乞 (20) 色 (21) 乙 (22) 怒 (23) 厄 (24) 母 (25) 也 (26) 侮 (27) 要
(28) 恕 (29) 怨 (30) 危 (31) 宴 (32) 奴 (33) 好 (34) 案 (35) 安 (36) 腰
(37) 努

34과 方·巾·制·亢·凡 모양을 가진 한자

❶
(1) 모 방 (2) 방해할 방 (3) 막을 방 (4) 꽃다울 방 (5) 방 방 (6) 놓을 방 (7) 본뜰 방
(8) 찾을 방 (9) 곁 방 (10) 돌 선 (11) 베풀 시 (12) 겨레 족 (13) 나그네 려 (14) 놀 유
(15) 어조사 어 (16) 격할 격 (17) 거만할 오 (18) 띠 대 (19) 막힐 체 (20) 저자 시 (21) 손윗누이 자
(22) 허파 폐 (23) 임금 제 (24) 마를 제 (25) 지을 제 (26) 해질 폐 (27) 화폐 폐 (28) 덮을 폐
(29) 가지런할 제 (30) 건널 제 (31) 겨룰 항 (32) 배 항 (33) 무릇 범 (34) 쌓을 축 (35) 붉을 단

❷
(1) 방안 (2) 방해 (3) 방공 (4) 방초 (5) 난방 (6) 방학 (7) 모방 (8) 답방 (9) 방청
(10) 선풍 (11) 시책 (12) 족보 (13) 여행 (14) 유세 (15) 어언 (16) 격돌 (17) 오만 (18) 혁대
(19) 체류 (20) 시가 (21) 자매 (22) 폐렴 (23) 제왕 (24) 제재 (25) 제도 (26) 폐습 (27) 위폐
(28) 은폐 (29) 제창 (30) 구제 (31) 항거 (32) 항공 (33) 평범 (34) 증축 (35) 단풍 (36) 선회
(37) 여권 (38) 방고 (39) 오시 (40) 범상 (41) 단전 (42) 편주 (43) 감미 (44) 안대 (45) 황제
(46) 시장 (47) 제한 (48) 방랑

❸
(1) 齊 (2) 傲 (3) 濟 (4) 族 (5) 抗 (6) 激 (7) 傍 (8) 芳 (9) 旅
(10) 遊 (11) 放 (12) 蔽 (13) 旋 (14) 帶 (15) 防 (16) 滯 (17) 方 (18) 凡
(19) 房 (20) 妨 (21) 航 (22) 施 (23) 倣 (24) 丹 (25) 姉 (26) 築 (27) 於
(28) 帝 (29) 市 (30) 制 (31) 製 (32) 訪 (33) 弊 (34) 肺 (35) 幣

35과 舟·殳·甬·周·甫·畐 모양을 가진 한자

❶
(1) 배 주 (2) 일반 반 (3) 소반 반 (4) 던질 투 (5) 부릴 역 (6) 전염병 역 (7) 베풀 설
(8) 죽일 살 (9) 헐 훼 (10) 층계 단 (11) 곡식 곡 (12) 칠 격 (13) 맬 계 (14) 뿔 각
(15) 풀 해 (16) 쓸 용 (17) 떳떳할 용 (18) 날랠 용 (19) 통할 통 (20) 아플 통 (21) 욀 송
(22) 갖출 비 (23) 두루 주 (24) 주일 주 (25) 고를 조 (26) 기울 보 (27) 개 포 (28) 잡을 포
(29) 문서 부 (30) 엷을 박 (31) 넓을 박 (32) 오로지 전 (33) 전할 전 (34) 구를 전 (35) 둥글 단
(36) 은혜 혜 (37) 복 복 (38) 폭 폭 (39) 버금 부 (40) 부자 부

❷
(1) 편주 (2) 일반 (3) 반석 (4) 투사 (5) 용역 (6) 검역 (7) 설치 (8) 살균 (9) 훼손
(10) 수단 (11) 잡곡 (12) 공격 (13) 연계 (14) 각축 (15) 해답 (16) 용무 (17) 용렬 (18) 용맹
(19) 통보 (20) 애통 (21) 송독 (22) 예비 (23) 주변 (24) 주초 (25) 조율 (26) 보수 (27) 포구
(28) 포획 (29) 장부 (30) 천박 (31) 박식 (32) 전무 (33) 전염 (34) 전근 (35) 단속 (36) 특혜
(37) 복권 (38) 차폭 (39) 부업 (40) 부귀 (41) 살생 (42) 쇄도 (43) 박사 (44) 전달 (45) 보조
(46) 주위 (47) 각목 (48) 용감 (49) 통로 (50) 주간

❸
(1) 備 (2) 浦 (3) 調 (4) 穀 (5) 轉 (6) 補 (7) 勇 (8) 博 (9) 投
(10) 周 (11) 團 (12) 庸 (13) 繫 (14) 簿 (15) 舟 (16) 副 (17) 設 (18) 福
(19) 役 (20) 富 (21) 角 (22) 盤 (23) 用 (24) 痛 (25) 薄 (26) 專 (27) 誦
(28) 惠 (29) 般 (30) 捕 (31) 疫 (32) 傳 (33) 週 (34) 殺 (35) 段 (36) 擊
(37) 通 (38) 幅 (39) 解 (40) 毁

36과 卜·占·非·少·手·義 모양을 가진 한자

❶ (1) 점 복 (2) 다다를 부 (3) 성 박 (4) 바깥 외 (5) 곧을 정 (6) 점칠 점 (7) 가게 점
(8) 점 점 (9) 조짐 조 (10) 돋울 도 (11) 복숭아 도 (12) 도망할 도 (13) 뛸 도 (14) 아닐 비
(15) 슬플 비 (16) 밀칠 배 (17) 무리 배 (18) 허물 죄 (19) 닮을 초 (20) 사라질 소 (21) 깎을 삭
(22) 적을 소 (23) 모래 사 (24) 못할 렬 (25) 살필 성 (26) 묘할 묘 (27) 뽑을 초 (28) 분초 초
(29) 작을 소 (30) 밥 식 (31) 꾸밀 식 (32) 손 수 (33) 절 배 (34) 나 아 (35) 주릴 아
(36) 털 모 (37) 옳을 의 (38) 거동 의 (39) 의논 의

❷ (1) 복술 (2) 부임 (3) 소박 (4) 외과 (5) 정결 (6) 점령 (7) 매점 (8) 점화 (9) 길조
(10) 도발 (11) 도화 (12) 도망 (13) 도약 (14) 비난 (15) 비참 (16) 배제 (17) 선배 (18) 죄명
(19) 초상 (20) 소독 (21) 삭발 (22) 소량 (23) 사막 (24) 열등 (25) 성찰 (26) 절묘 (27) 초역
(28) 초속 (29) 소변 (30) 식사 (31) 가식 (32) 수족 (33) 배상 (34) 아집 (35) 아사 (36) 모발
(37) 의무 (38) 의식 (39) 의결 (40) 성문 (41) 생략 (42) 초침 (43) 묘홀 (44) 정절 (45) 진리
(46) 전조 (47) 비상 (48) 수술 (49) 모근 (50) 초사 (51) 성묘

❸ (1) 店 (2) 儀 (3) 貞 (4) 削 (5) 飾 (6) 我 (7) 赴 (8) 肖 (9) 逃
(10) 挑 (11) 跳 (12) 沙 (13) 劣 (14) 妙 (15) 輩 (16) 排 (17) 外 (18) 食
(19) 桃 (20) 秒 (21) 抄 (22) 消 (23) 省 (24) 朴 (25) 手 (26) 悲 (27) 非
(28) 兆 (29) 義 (30) 議 (31) 小 (32) 少 (33) 拜 (34) 卜 (35) 點 (36) 占
(37) 餓 (38) 毛 (39) 罪

37과 羊·丰·奉·关·氏 모양을 가진 한자

❶ (1) 양 양 (2) 큰바다 양 (3) 기를 양 (4) 모양 양 (5) 상서 상 (6) 자세할 상 (7) 아름다울 미
(8) 붙을 착 (9) 어긋날 차 (10) 착할 선 (11) 통달할 달 (12) 해할 해 (13) 벨 할 (14) 법 헌
(15) 맺을 계 (16) 깨끗할 결 (17) 슬기로울 혜 (18) 봉우리 봉 (19) 벌 봉 (20) 만날 봉 (21) 나라 방
(22) 봄 춘 (23) 받들 봉 (24) 아뢸 주 (25) 클 태 (26) 문서 권 (27) 책 권 (28) 주먹 권
(29) 이길 승 (30) 오를 등 (31) 성 씨 (32) 종이 지 (33) 낮을 저 (34) 밑 저 (35) 막을 저
(36) 어두울 혼 (37) 혼인할 혼

❷ (1) 양피 (2) 양식 (3) 양호 (4) 모양 (5) 상운 (6) 상술 (7) 미용 (8) 착륙 (9) 차이
(10) 선처 (11) 달변 (12) 피해 (13) 할인 (14) 헌법 (15) 계약 (16) 간결 (17) 지혜 (18) 운봉
(19) 봉기 (20) 상봉 (21) 합방 (22) 춘계 (23) 봉양 (24) 독주 (25) 태산 (26) 증권 (27) 압권
(28) 권투 (29) 승패 (30) 비등 (31) 종씨 (32) 벽지 (33) 저속 (34) 해저 (35) 저당 (36) 황혼
(37) 결혼 (38) 착지 (39) 차별 (40) 선량 (41) 양성 (42) 춘절 (43) 태두 (44) 봉축 (45) 권법
(46) 씨족 (47) 민중

❸ (1) 養 (2) 潔 (3) 邦 (4) 低 (5) 差 (6) 抵 (7) 逢 (8) 契 (9) 樣
(10) 券 (11) 底 (12) 奉 (13) 蜂 (14) 憲 (15) 割 (16) 春 (17) 峯 (18) 着
(19) 祥 (20) 氏 (21) 慧 (22) 奏 (23) 美 (24) 羊 (25) 昏 (26) 騰 (27) 勝
(28) 詳 (29) 紙 (30) 拳 (31) 善 (32) 卷 (33) 洋 (34) 泰 (35) 達 (36) 害
(37) 婚

38과 民·生·欠·牙·不 모양을 가진 한자

1
(1) 백성 민 (2) 잠잘 면 (3) 일천 천 (4) 진칠 둔 (5) 둔할 둔 (6) 순수할 순 (7) 거스를 역
(8) 초하루 삭 (9) 그 궐 (10) 날 생 (11) 성품 성 (12) 성 성 (13) 높을 륭 (14) 별 성
(15) 마실 음 (16) 불 취 (17) 버금 차 (18) 모양 자 (19) 방자할 자 (20) 재물 자 (21) 도둑 도
(22) 즐길 오 (23) 그르칠 오 (24) 더욱 우 (25) 나아갈 취 (26) 어금니 아 (27) 싹 아 (28) 맑을 아
(29) 간사할 사 (30) 또 역 (31) 발자취 적 (32) 붉을 적 (33) 아니 불 (34) 아닐 부 (35) 잔 배
(36) 윗 상 (37) 아래 하 (38) 한 일 (39) 두 이 (40) 석 삼 (41) 여섯 륙 (42) 일곱 칠
(43) 끊을 절 (44) 아홉 구 (45) 연구할 구 (46) 물들 염 (47) 바퀴자국 궤

2
(1) 민중 (2) 동면 (3) 천념 (4) 둔감 (5) 둔탁 (6) 순종 (7) 역설 (8) 삭망 (9) 궐녀
(10) 생산 (11) 성급 (12) 백성 (13) 융성 (14) 성운 (15) 음복 (16) 취명 (17) 차남 (18) 자태
(19) 방자 (20) 자질 (21) 도난 (22) 희오 (23) 오보 (24) 우물 (25) 취업 (26) 치아 (27) 초아
(28) 아량 (29) 사악 (30) 역시 (31) 잠적 (32) 적조 (33) 불만 (34) 부인 (35) 고배 (36) 상류
(37) 하급 (38) 일치 (39) 이등 (40) 삼복 (41) 육각 (42) 칠보 (43) 절하 (44) 구천 (45) 궁구
(46) 오염 (47) 궤도

3
(1) 邪 (2) 逆 (3) 厥 (4) 誤 (5) 切 (6) 就 (7) 生 (8) 隆 (9) 尤
(10) 盜 (11) 二 (12) 鈍 (13) 亦 (14) 飮 (15) 雅 (16) 姿 (17) 染 (18) 軌
(19) 跡 (20) 恣 (21) 民 (22) 次 (23) 星 (24) 吹 (25) 赤 (26) 三 (27) 姓
(28) 性 (29) 純 (30) 芽 (31) 不 (32) 否 (33) 下 (34) 九 (35) 牙 (36) 六
(37) 究 (38) 上 (39) 七 (40) 千 (41) (42) 眠 (43) 資 (44) 娛 (45) 屯
(46) 朔 (47) 一

39과 十·止·正·足·是 모양을 가진 한자

1
(1) 다섯 오 (2) 나 오 (3) 깨달을 오 (4) 말씀 어 (5) 열 십 (6) 셀 계 (7) 바늘 침
(8) 달릴 분 (9) 분할 분 (10) 무덤 분 (11) 찾을 색 (12) 남녘 남 (13) 그칠 지 (14) 꾀할 기
(15) 즐길 긍 (16) 이 치 (17) 걸음 보 (18) 건널 섭 (19) 자주 빈 (20) 바를 정 (21) 칠 정
(22) 정사 정 (23) 가지런할 정 (24) 증세 증 (25) 어찌 언 (26) 정할 정 (27) 늘일 연 (28) 낳을 탄
(29) 발 족 (30) 잡을 착 (31) 재촉할 촉 (32) 달릴 주 (33) 무리 도 (34) 좇을 종 (35) 세로 종
(36) 옳을 시 (37) 둑 제 (38) 끌 제 (39) 제목 제 (40) 주춧돌 초 (41) 의심 의 (42) 엉길 응
(43) 이 차 (44) 자줏빛 자

2
(1) 오미 (2) 오등 (3) 각오 (4) 은어 (5) 십경 (6) 계좌 (7) 침모 (8) 분방 (9) 분통
(10) 고분 (11) 색인 (12) 남향 (13) 지양 (14) 기대 (15) 긍의 (16) 치약 (17) 보폭 (18) 간섭
(19) 빈도 (20) 정답 (21) 정복 (22) 정국 (23) 정리 (24) 염증 (25) 언오 (26) 정가 (27) 연착
(28) 탄생 (29) 만족 (30) 착수 (31) 촉박 (32) 경주 (33) 도배 (34) 종군 (35) 방종 (36) 혹시
(37) 제방 (38) 제안 (39) 과제 (40) 주초 (41) 의구 (42) 응시 (43) 여차 (44) 자주

3
(1) 整 (2) 涉 (3) 步 (4) 止 (5) 悟 (6) 企 (7) 提 (8) 吾 (9) 南
(10) 誕 (11) 延 (12) 五 (13) 奔 (14) 走 (15) 堤 (16) 語 (17) 墳 (18) 徒
(19) 針 (20) 正 (21) 足 (22) 憤 (23) 縱 (24) 計 (25) 焉 (26) 凝 (27) 十
(28) 疑 (29) 是 (30) 此 (31) 齒 (32) 頻 (33) 紫 (34) 捉 (35) 促 (36) 政
(37) 定 (38) 題 (39) 礎 (40) 肯 (41) 症 (42) 從 (43) 索 (44) 征

40과 先·舛·冬·复·至·自 모양을 가진 한자

❶ (1) 어거할 어 (2) 먼저 선 (3) 씻을 세 (4) 도울 찬 (5) 기릴 찬 (6) 천간 계 (7) 오를 등
(8) 등 등 (9) 증거 증 (10) 필 발 (11) 폐할 폐 (12) 눈깜짝일 순 (13) 이웃 린 (14) 불쌍히여길 련
(15) 뛰어날 걸 (16) 내릴 강 (17) 겨울 동 (18) 마칠 종 (19) 뒤 후 (20) 준걸 준 (21) 회복할 복
(22) 다시 복 (23) 밟을 리 (24) 배 복 (25) 겹칠 복 (26) 이를 지 (27) 이를 치 (28) 집 실
(29) 조카 질 (30) 이를 도 (31) 넘어질 도 (32) 대 대 (33) 깃 우 (34) 보배 진 (35) 참여할 참
(36) 참혹할 참 (37) 스스로 자 (38) 쉴 식 (39) 코 비 (40) 가 변

❷ (1) 어용 (2) 선납 (3) 세차 (4) 협찬 (5) 찬양 (6) 계수 (7) 등교 (8) 등대 (9) 보증
(10) 발사 (11) 폐수 (12) 순간 (13) 인접 (14) 연민 (15) 걸출 (16) 항복 (17) 동지 (18) 종점
(19) 후계 (20) 준재 (21) 복고 (22) 번복 (23) 이력 (24) 복부 (25) 복제 (26) 지당 (27) 치성
(28) 침실 (29) 질녀 (30) 쇄도 (31) 도치 (32) 대본 (33) 우객 (34) 진귀 (35) 참석 (36) 참변
(37) 자율 (38) 안식 (39) 비염 (40) 변경 (41) 유월 (42) 육각 (43) 시월 (44) 십경 (45) 절단
(46) 일체 (47) 탐색 (48) 삭연 (49) 강우 (50) 항장

❸ (1) 邊 (2) 御 (3) 冬 (4) 複 (5) 讚 (6) 羽 (7) 降 (8) 倒 (9) 瞬
(10) 覆 (11) 臺 (12) 贊 (13) 後 (14) 燈 (15) 傑 (16) 終 (17) 先 (18) 履
(19) 腹 (20) 珍 (21) 癸 (22) 憐 (23) 息 (24) 自 (25) 洗 (26) 登 (27) 到
(28) 至 (29) 致 (30) 隣 (31) 姪 (32) 俊 (33) 證 (34) 室 (35) 參 (36) 慘
(37) 鼻 (38) 廢 (39) 發 (40) 復

41과 且·直·井·昔·肙 모양을 가진 한자

❶ (1) 또 차 (2) 조사할 사 (3) 도울 조 (4) 할아버지 조 (5) 조세 조 (6) 짤 조 (7) 마땅 의
(8) 갖출 구 (9) 함께 구 (10) 곧을 직 (11) 심을 식 (12) 값 치 (13) 둘 치 (14) 큰 덕
(15) 들을 청 (16) 관청 청 (17) 참 진 (18) 진압할 진 (19) 삼갈 신 (20) 얽을 구 (21) 욀 강
(22) 두 재 (23) 일컬을 칭 (24) 앞 전 (25) 우물 정 (26) 밭갈 경 (27) 찰 한 (28) 변방 새
(29) 옛 석 (30) 아낄 석 (31) 빌릴 차 (32) 어긋날 착 (33) 문서 적 (34) 흩을 산 (35) 비단 견
(36) 밥통 위 (37) 이를 위

❷ (1) 차치 (2) 조사 (3) 조사 (4) 원조 (5) 조세 (6) 조각 (7) 편의 (8) 구비 (9) 구전
(10) 직관 (11) 식수 (12) 가치 (13) 방치 (14) 덕분 (15) 청중 (16) 청사 (17) 진위 (18) 진압
(19) 신중 (20) 구도 (21) 강습 (22) 재생 (23) 대칭 (24) 전후 (25) 관정 (26) 경전 (27) 한파
(28) 어색 (29) 석일 (30) 석별 (31) 차입 (32) 착오 (33) 제적 (34) 산보 (35) 견사 (36) 위장
(37) 소위 (38) 복습 (39) 부활 (40) 복토 (41) 부육 (42) 참석 (43) 삼천 (44) 궁색 (45) 요새
(46) 직결 (47) 진실

❸ (1) 値 (2) 具 (3) 直 (4) 廳 (5) 助 (6) 再 (7) 置 (8) 聽 (9) 且
(10) 宜 (11) 籍 (12) 胃 (13) 耕 (14) 塞 (15) 絹 (16) 借 (17) 愼 (18) 植
(19) 惜 (20) 前 (21) 錯 (22) 構 (23) 昔 (24) 講 (25) 井 (26) 謂 (27) 稱
(28) 査 (29) 租 (30) 鎭 (31) 組 (32) 寒 (33) 眞 (34) 德 (35) 祖 (36) 俱
(37) 散

42과 ▶ 青·貝·毌·貴·能 모양을 가진 한자

❶
(1) 푸를 청 (2) 맑을 청 (3) 갤 청 (4) 청할 청 (5) 뜻 정 (6) 정할 정 (7) 고요할 정
(8) 꾸짖을 책 (9) 쌓을 적 (10) 길쌈 적 (11) 자취 적 (12) 빚 채 (13) 조개 패 (14) 패할 패
(15) 바탕 질 (16) 쇠사슬 쇄 (17) 보배 보 (18) 법칙 칙 (19) 곁 측 (20) 헤아릴 측 (21) 살 매
(22) 팔 매 (23) 읽을 독 (24) 이을 속 (25) 손님 빈 (26) 질 부 (27) 인원 원 (28) 둥글 원
(29) 운 운 (30) 덜 손 (31) 꿸 관 (32) 익숙할 관 (33) 열매 실 (34) 귀할 귀 (35) 남길 유
(36) 보낼 견 (37) 능할 능 (38) 모습 태 (39) 마칠 파

❷
(1) 청동 (2) 청순 (3) 청천 (4) 청구 (5) 정서 (6) 정밀 (7) 정맥 (8) 계책 (9) 적선
(10) 성적 (11) 유적 (12) 부채 (13) 패류 (14) 패망 (15) 품질 (16) 폐쇄 (17) 보물 (18) 규칙
(19) 측근 (20) 측량 (21) 매수 (22) 매진 (23) 독서 (24) 속개 (25) 국빈 (26) 부담 (27) 정원
(28) 원숙 (29) 운율 (30) 손익 (31) 관록 (32) 관용 (33) 실기 (34) 귀빈 (35) 유산 (36) 파견
(37) 능통 (38) 생태 (39) 파면 (40) 즉결 (41) 교칙 (42) 독해 (43) 이두 (44) 유서 (45) 분견
(46) 관철 (47) 책임 (48) 귀족 (49) 과실

❸
(1) 晴 (2) 側 (3) 靜 (4) 則 (5) 貴 (6) 績 (7) 責 (8) 貫 (9) 遺
(10) 能 (11) 損 (12) 圓 (13) 情 (14) 罷 (15) 淸 (16) 態 (17) 質 (18) 遣
(19) 寶 (20) 債 (21) 買 (22) 賓 (23) 鎖 (24) 積 (25) 實 (26) 韻 (27) 續
(28) 慣 (29) 員 (30) 讀 (31) 蹟 (32) 精 (33) 貝 (34) 負 (35) 請 (36) 賣
(37) 敗 (38) 靑 (39) 測

43과 ▶ 皮·韋·魚·庶·火 모양을 가진 한자

❶
(1) 가죽 피 (2) 저 피 (3) 입을 피 (4) 피곤할 피 (5) 물결 파 (6) 깨뜨릴 파 (7) 자못 파
(8) 클 위 (9) 에워쌀 위 (10) 어긋날 위 (11) 씨 위 (12) 지킬 위 (13) 가죽 혁 (14) 사슴 록
(15) 고울 려 (16) 천거할 천 (17) 경사 경 (18) 용 룡 (19) 엄습할 습 (20) 고기 어 (21) 고기잡을 어
(22) 고울 선 (23) 되살아날 소 (24) 저울대 형 (25) 벌레 충 (26) 긴뱀 사 (27) 바람 풍 (28) 단풍 풍
(29) 희롱할 롱 (30) 셈 산 (31) 오를 승 (32) 날 비 (33) 무리 서 (34) 법도 도 (35) 건널 도
(36) 자리 석 (37) 제비 연 (38) 불 화 (39) 불꽃 염 (40) 맑을 담 (41) 말씀 담 (42) 재 회
(43) 숯 탄

❷
(1) 피혁 (2) 피아 (3) 피고 (4) 피로 (5) 파급 (6) 파경 (7) 파다 (8) 위업 (9) 포위
(10) 위헌 (11) 위선 (12) 위생 (13) 개혁 (14) 녹혈 (15) 여곡 (16) 천문 (17) 경축 (18) 용안
(19) 습격 (20) 양어 (21) 어업 (22) 선명 (23) 소생 (24) 형평 (25) 해충 (26) 백사 (27) 풍속
(28) 단풍 (29) 농담 (30) 예산 (31) 승진 (32) 비상 (33) 서출 (34) 연도 (35) 부도 (36) 석권
(37) 연희 (38) 화재 (39) 염천 (40) 담박 (41) 담화 (42) 회색 (43) 석탄

❸
(1) 皮 (2) 革 (3) 渡 (4) 慶 (5) 魚 (6) 麗 (7) 鮮 (8) 漁 (9) 蛇
(10) 破 (11) 飛 (12) 楓 (13) 蘇 (14) 談 (15) 淡 (16) 波 (17) 風 (18) 蟲
(19) 度 (20) 火 (21) 炎 (22) 鹿 (23) 算 (24) 炭 (25) 緯 (26) 違 (27) 襲
(28) 圍 (29) 庶 (30) 昇 (31) 龍 (32) 被 (33) 席 (34) 頗 (35) 灰 (36) 彼
(37) 衡 (38) 燕 (39) 衛 (40) 薦 (41) 偉 (42) 疲 (43) 弄

44과 必·思·虎·卯·禺 모양을 가진 한자

❶
(1) 반딧불 형 (2) 영화 영 (3) 경영 영 (4) 수고할 로 (5) 반드시 필 (6) 빽빽할 밀 (7) 꿀 밀
(8) 숨길 비 (9) 생각 사 (10) 마음 심 (11) 화로 로 (12) 생각할 려 (13) 범 호 (14) 심할 극
(15) 근거 거 (16) 이름 호 (17) 갈릴 체 (18) 곳 처 (19) 빌 허 (20) 놀이 희 (21) 드릴 헌
(22) 사이뜰 격 (23) 거둘 수 (24) 부르짖을 규 (25) 얽힐 규 (26) 우러를 앙 (27) 맞을 영 (28) 누를 억
(29) 무성할 묘 (30) 머무를 류 (31) 버들 류 (32) 무역할 무 (33) 벼슬 경 (34) 알 란 (35) 짝 우
(36) 만날 우 (37) 어리석을 우 (38) 일만 만 (39) 힘쓸 려 (40) 동방 인 (41) 펼 연

❷
(1) 형석 (2) 영화 (3) 경영 (4) 노사 (5) 필요 (6) 밀사 (7) 밀봉 (8) 신비 (9) 사고
(10) 선심 (11) 화로 (12) 염려 (13) 호환 (14) 극본 (15) 거점 (16) 암호 (17) 체증 (18) 처녀
(19) 허실 (20) 희곡 (21) 헌물 (22) 격리 (23) 수용 (24) 절규 (25) 규합 (26) 앙축 (27) 영접
(28) 억류 (29) 묘시 (30) 유보 (31) 세류 (32) 무역 (33) 공경 (34) 계란 (35) 우연 (36) 경우
(37) 우롱 (38) 만능 (39) 독려 (40) 인시 (41) 연습

❸
(1) 遞 (2) 收 (3) 營 (4) 處 (5) 據 (6) 蜜 (7) 戲 (8) 抑 (9) 寅
(10) 獻 (11) 心 (12) 遇 (13) 迎 (14) 留 (15) 貿 (16) 必 (17) 螢 (18) 柳
(19) 虎 (20) 卿 (21) 叫 (22) 虛 (23) 密 (24) 隔 (25) 思 (26) 慮 (27) 勞
(28) 秘 (29) 劇 (30) 卵 (31) 愚 (32) 料 (33) 榮 (34) 仰 (35) 號 (36) 萬
(37) 偶 (38) 卯 (39) 演 (40) 爐 (41) 勵

45과 啇·耳·亞·血·婁 모양을 가진 한자

❶
(1) 물방울 적 (2) 딸 적 (3) 맞을 적 (4) 대적할 적 (5) 장사 상 (6) 귀 이 (7) 어조사 야
(8) 다스릴 섭 (9) 부끄러울 치 (10) 소리 성 (11) 가질 취 (12) 뜻 취 (13) 가장 최 (14) 작을 미
(15) 부를 징 (16) 징계할 징 (17) 메 산 (18) 신선 선 (19) 일 업 (20) 대할 대 (21) 기와 와
(22) 서로 호 (23) 버금 아 (24) 악할 악 (25) 흉할 흉 (26) 가슴 흉 (27) 더할 익 (28) 피 혈
(29) 무리 중 (30) 셈 수 (31) 여러 루 (32) 다락 루 (33) 동료 료

❷
(1) 적수 (2) 지적 (3) 적응 (4) 적대 (5) 상업 (6) 이명 (7) 야소 (8) 포섭 (9) 염치
(10) 성원 (11) 취소 (12) 취미 (13) 최신 (14) 미세 (15) 징집 (16) 징역 (17) 산하 (18) 선경
(19) 업적 (20) 대답 (21) 와해 (22) 호칭 (23) 아성 (24) 악담 (25) 흉작 (26) 흉상 (27) 유익
(28) 혈압 (29) 관중 (30) 산수 (31) 누차 (32) 망루 (33) 각료 (34) 연도 (35) 탁지 (36) 위염
(37) 폐렴 (38) 징수 (39) 치음 (40) 악몽 (41) 오한 (42) 수량 (43) 삭비 (44) 누대 (45) 성루
(46) 거류 (47) 유보 (48) 노고 (49) 피로

❸
(1) 胸 (2) 最 (3) 取 (4) 耳 (5) 瓦 (6) 樓 (7) 攝 (8) 敵 (9) 對
(10) 益 (11) 僚 (12) 摘 (13) 趣 (14) 適 (15) 山 (16) 衆 (17) 滴 (18) 亞
(19) 恥 (20) 徵 (21) 互 (22) 數 (23) 聲 (24) 仙 (25) 惡 (26) 耶 (27) 業
(28) 屢 (29) 微 (30) 商 (31) 懲 (32) 血 (33) 凶

306p

4급 배정 한자 쓰기

장정 정	힘줄 근	형세 세	뜰 정	반 반	높을 고	기후 후	상 상	동녘 동
丁	筋	勢	庭	半	高	候	床	東
머무를 정	더할 가	재주 예	성인 성	판단할 판	다리 교	붉을 주	수풀 림	익힐 련
停	加	藝	聖	判	橋	朱	林	練
쌓을 저	처음 초	선비 사	장할 장	낮 오	큰 대	실과 과	금할 금	수레 거
貯	初	士	壯	午	大	果	禁	車
칠 타	알 인	벼슬 사	꾸밀 장	허락할 허	클 태	과정 과	극진할 극	곳집 고
打	認	仕	裝	許	太	課	極	庫
옳을 가	부를 초	모일 사	장수 장	해 년	하늘 천	아닐 미	서로 상	진칠 진
可	招	社	將	年	天	未	相	陣
노래 가	다를 별	길할 길	장려할 장	소 우	보낼 송	맛 미	생각 상	이을 련
歌	別	吉	奬	牛	送	味	想	連
물 하	흙 토	맺을 결	혀 설	물건 건	지아비 부	누이 매	깊을 심	군사 군
河	土	結	舌	件	夫	妹	深	軍
어찌 기	자리 좌	뜻 지	살 활	칠 목	잃을 실	끝 말	찾을 탐	옮길 운
奇	座	志	活	牧	失	末	探	運
부칠 기	거리 가	기록할 지	말씀 화	고할 고	알 지	나무 목	올 래	휘두를 휘
寄	街	誌	話	告	知	木	來	揮
힘 력	뭍 륙	맡길 임	집 사	지을 조	지혜 지	근본 본	묶을 속	집 가
力	陸	任	舍	造	智	本	束	家
화할 협	더울 열	길 정	집 택	웃음 소	짧을 단	오얏 리	빠를 속	무리 대
協	熱	程	宅	笑	短	李	速	隊

307p

코끼리 상	형벌 형	검소할 검	저녁 석	세포 포	곤할 곤	완전할 완	총 총	비로소 시
象	刑	儉	夕	胞	困	完	銃	始
미리 예	모양 형	검사할 검	이름 명	대포 포	돌아올 회	빛 광	거느릴 통	예 고
豫	形	檢	名	砲	回	光	統	古
씨 핵	펼 전	험할 험	밤 야	과녁 적	그림 도	아이 아	흐를 류	쓸 고
核	展	險	夜	的	圖	兒	流	苦
새길 각	날 출	시험 험	액체 액	맺을 약	인할 인	형 형	기를 육	연고 고
刻	出	驗	液	約	因	兄	育	故
거짓 가	굽힐 굴	각각 각	많을 다	붙일 속	은혜 은	상황 황	빛날 화	굳을 고
假	屈	各	多	屬	恩	況	華	固
겨를 가	문 호	격식 격	옮길 이	홀로 독	따뜻할 온	빌 축	우편 우	낱 개
暇	戶	格	移	獨	溫	祝	郵	個
살 거	책 편	떨어질 락	벌일 렬	입 구	물건 품	다툴 경	세상 세	호수 호
居	篇	落	列	口	品	競	世	湖
집 옥	책 책	간략할 략	매울 렬	글귀 구	구분할 구	벗을 탈	잎 엽	콩 두
屋	冊	略	烈	句	區	脫	葉	豆
판 국	법 전	손 객	법식 례	공경 경	잡을 조	세금 세	납 연	머리 두
局	典	客	例	敬	操	稅	鉛	頭
위로할 위	바퀴 륜	이마 액	죽을 사	깨우칠 경	으뜸 원	말씀 설	배 선	싸움 투
慰	輪	額	死	警	元	說	船	鬪
갈 연	논할 론	길 로	쌀 포	놀랄 경	집 원	채울 충	다스릴 치	기쁠 희
硏	論	路	包	驚	阮	充	治	喜

308p

나무 수	배울 학	물러갈 퇴	친할 친	터 기	집 당	단 단	흰 백	한국 한
樹	學	退	親	基	堂	壇	白	韓
굽을 곡	깨달을 각	한 한	힘쓸 면	기약 기	마땅 당	박달나무 단	칠 박	아침 조
曲	覺	恨	勉	期	當	檀	拍	朝
농사 농	베낄 사	한할 한	문 문	기 기	무리 당	얻을 득	익힐 습	조수 조
農	寫	限	門	旗	黨	得	習	潮
풍년 풍	멜 담	어질 량	물을 문	구태여 감	물건 물	베풀 선	일백 백	달 월
豊	擔	良	問	敢	物	宣	百	月
예도 례	방패 간	밝을 랑	들을 문	엄할 엄	고를 균	이를 조	잘 숙	밝을 명
禮	干	朗	聞	嚴	均	早	宿	明
몸 체	평평할 평	눈 목	열 개	한가지 동	바꿀 역	풀 초	줄일 축	기울 경
體	平	目	開	同	易	草	縮	傾
갈 거	평할 평	볼 간	닫을 폐	골 동	볕 양	대 죽	샘 천	견줄 비
去	評	看	閉	洞	陽	竹	泉	比
법 법	부를 호	볼 견	사이 간	구리 동	마당 장	높을 탁	줄 선	비평할 비
法	呼	見	間	銅	場	卓	線	批
더불 여	눈 안	나타날 현	간략할 간	향할 향	창자 장	부를 창	언덕 원	섬돌 계
與	眼	現	簡	向	腸	唱	原	階
들 거	뿌리 근	법 규	한가할 한	떳떳할 상	다칠 상	본뜰 모	근원 원	섞일 혼
擧	根	規	閑	常	傷	模	源	混
일 흥	은 은	볼 시	달 감	상줄 상	날 일	무덤 묘	원할 원	가리킬 지
興	銀	視	甘	賞	日	墓	願	指

309p

될 화	대신 대	성할 성	밭 전	씨 종	굳을 견	바랄 망	꽃부리 영	새 신
化	代	盛	田	種	堅	望	英	新
꽃 화	법 식	정성 성	사내 남	종발 종	어질 현	한가지 공	결단할 결	끊을 단
花	式	誠	男	鍾	賢	共	決	斷
재물 화	시험 시	해 세	가늘 세	검을 흑	볼 감	항구 항	이지러질 결	이을 계
貨	試	歲	細	黑	監	港	缺	繼
북녘 북	칠 벌	남을 잔	지경 계	더할 증	볼 람	가릴 선	쾌할 쾌	군사 병
北	伐	殘	界	增	覽	選	快	兵
등 배	혹 혹	돈 전	마을 리	층 층	장인 공	다를 이	사기 사	도장 인
背	或	錢	里	層	工	異	史	印
마디 절	나라 국	쇠 철	다스릴 리	모일 회	공 공	사나울 폭	하여금 사	닭 계
節	國	鐵	理	會	功	暴	使	鷄
시골 향	지경 역	갑옷 갑	헤아릴 량	없을 무	칠 공	불터질 폭	고칠 경	캘 채
鄕	域	鉀	量	無	攻	爆	更	採
경계할 계	덜 감	납 신	양식 량	춤출 무	빌 공	가운데 중	편할 편	할 위
戒	減	申	糧	舞	空	中	便	爲
도적 적	느낄 감	귀신 신	아이 동	클 거	강 강	충성 충	가까울 근	숨을 은
賊	感	神	童	巨	江	忠	近	隱
위엄 위	이룰 성	말미암을 유	무거울 중	막을 거	붉을 홍	근심 환	바 소	사랑 애
威	成	由	重	拒	紅	患	所	愛
호반 무	재 성	기름 유	움직일 동	신하 신	망할 망	비칠 영	꺾을 절	다툴 쟁
武	城	油	動	臣	亡	映	折	爭

310p

젖 유	돌 석	재물 재	낮 주	사례할 사	편안할 강	끌 인	쉴 휴	안 내
乳	石	財	晝	謝	康	引	休	內
따뜻할 난	오른 우	있을 재	그림 화	마을 부	쓸 소	굳셀 강	써 이	들일 납
暖	右	在	畫	府	掃	強	以	納
도울 원	왼 좌	있을 존	다할 진	절 사	며느리 부	약할 약	지킬 보	고기 육
援	左	存	盡	寺	婦	弱	保	肉
어지러울 란	있을 유	빼어날 수	세울 건	때 시	돌아갈 귀	아우 제	닦을 수	온전 전
亂	有	秀	建	時	歸	弟	修	全
말씀 사	벗 우	등급 급	굳셀 건	시 시	임금 군	차례 제	가지 조	쇠 금
辭	友	級	健	詩	君	第	條	金
받을 수	베 포	마실 흡	엄숙할 숙	가질 지	고을 군	부처 불	비롯할 창	병 병
受	布	吸	肅	持	郡	佛	創	病
줄 수	바랄 희	급할 급	마디 촌	기다릴 대	무리 군	쓸 비	남을 여	두 량
授	希	急	寸	待	群	費	餘	兩
아재비 숙	돌아올 반	일 사	마을 촌	특별할 특	끝 단	다닐 행	덜 제	찰 만
叔	反	事	村	特	端	行	除	滿
감독할 독	널 판	법칙 률	지킬 수	무리 등	선비 유	사람 인	지을 작	여덟 팔
督	板	律	守	等	儒	人	作	八
지탱할 지	재주 재	붓 필	칠 토	침노할 침	몸 신	어질 인	어제 작	나눌 분
支	才	筆	討	侵	身	仁	昨	分
재주 기	재목 재	글 서	쏠 사	잘 침	다할 궁	믿을 신	들 입	가루 분
技	材	書	射	寢	窮	信	入	粉

311p

가난할 빈	차례 서	넓을 보	짤 직	피할 피	순할 순	기록 록	이할 리	가르칠 교
貧	序	普	織	避	順	錄	利	敎
이제 금	들 야	곱절 배	직분 직	다행 행	갈래 파	인연 연	사사로울 사	놈 자
今	野	倍	職	幸	派	緣	私	者
그늘 음	힘쓸 무	떼 부	지경 경	옷 복	줄기 맥	낯 면	가을 추	도읍 도
陰	務	部	境	服	脈	面	秋	都
생각 념	아들 자	이을 접	거울 경	알릴 보	구할 구	머리 수	계절 계	외로울 고
念	子	接	鏡	報	求	首	季	孤
합할 합	글자 자	낳을 산	글월 장	가릴 택	구원할 구	길 도	향기 향	공평할 공
合	字	産	章	擇	救	道	香	公
줄 급	구멍 공	말씀 언	막힐 장	글 경	공 구	인도할 도	맡길 위	소나무 송
給	孔	言	障	經	球	導	委	松
대답 답	두터울 후	소리 음	홑 단	가벼울 경	물 수	무리 류	지낼 력	기릴 송
答	厚	音	單	輕	水	類	歷	頌
하여금 령	서울 경	어두울 암	싸움 전	내 천	얼음 빙	여름 하	차례 번	풍속 속
令	京	暗	戰	川	氷	夏	番	俗
거느릴 령	볕 경	뜻 의	탄알 탄	고을 주	길 영	뛰어날 우	늙을 로	목욕할 욕
領	景	意	彈	州	永	優	老	浴
찰 랭	설 립	억 억	말씀 변	재앙 재	이을 승	재주 술	생각할 고	얼굴 용
冷	立	億	辯	災	承	術	考	容
목숨 명	자리 위	알 식	벽 벽	가르칠 훈	푸를 록	화할 화	효도 효	기운 기
命	位	識	壁	訓	綠	和	孝	氣

312p

물끓는김 기	관계할 관	변할 변	벌릴 라	긴 장	넓을 광	살필 찰	높을 존	그릇 기
汽	關	變	羅	長	廣	察	尊	器
말 두	나타낼 현	볼 관	예 구	장막 장	쇳돌 광	노래 요	옷 의	형상 상
斗	顯	觀	舊	帳	鑛	謠	衣	狀
헤아릴 료	즐길 락	권할 권	굳을 확	베풀 장	부지런할 근	넉 사	의지할 의	누를 압
料	樂	勸	確	張	勤	四	依	壓
과목 과	약 약	권세 권	떠날 리	구슬 옥	탄식할 탄	벌할 벌	겉 표	그럴 연
科	藥	權	離	玉	歎	罰	表	然
쌀 미	모을 축	기쁠 환	응할 응	나눌 반	한수 한	서녘 서	동산 원	탈 연
米	蓄	歡	應	班	漢	西	園	燃
뼈 골	틀 기	도울 호	빛날 요	임금 왕	어려울 난	값 가	멀 원	터럭 발
骨	機	護	曜	王	難	價	遠	髮
지날 과	실 사	밀 추	수컷 웅	주인 주	보일 시	불똥튈 표	고리 환	아비 부
過	絲	推	雄	主	示	票	環	父
스승 사	본디 소	나아갈 진	새 조	살 주	마루 종	표할 표	군사 졸	사귈 교
師	素	進	鳥	住	宗	標	卒	交
벼슬 관	이을 계	모을 집	울 명	부을 주	높을 숭	연기 연	창문 창	학교 교
官	系	集	鳴	注	崇	煙	窓	校
대롱 관	맬 계	섞일 잡	섬 도	갈 왕	제사 제	술 주	개 견	본받을 효
管	係	雜	島	往	祭	酒	犬	效
집 궁	손자 손	준할 준	말 마	누를 황	즈음 제	의원 의	엎드릴 복	글월 문
宮	孫	準	馬	黃	際	醫	伏	文

313p

비석 비	고칠 개	좋을 호	모 방	띠 대	베풀 설	갖출 비	버금 부	사라질 소
碑	改	好	方	帶	設	備	副	消
다 총	고을 읍	힘쓸 노	방해할 방	저자 시	죽일 살	두루 주	부자 부	작을 소
總	邑	努	妨	市	殺	周	富	小
구름 운	빛 색	성낼 노	막을 방	손윗누이 자	층계 단	주일 주	성 박	적을 소
雲	色	怒	防	姉	段	週	朴	少
비 우	끊을 절	같을 여	방 방	임금 제	곡식 곡	고를 조	바깥 외	살필 성
雨	絶	如	房	帝	穀	調	外	省
번개 전	땅 지	편안 안	놓을 방	마를 제	칠 격	넓을 박	점칠 점	묘할 묘
電	地	安	放	制	擊	博	占	妙
눈 설	다를 타	책상 안	찾을 방	지을 제	뿔 각	오로지 전	가게 점	밥 식
雪	他	案	訪	製	角	專	店	食
몸 기	범할 범	요긴할 요	베풀 시	건널 제	풀 해	전할 전	점 점	손 수
己	犯	要	施	濟	解	傳	點	手
벼리 기	법 범	어미 모	겨레 족	겨룰 항	쓸 용	구를 전	도망할 도	절 배
紀	範	母	族	抗	用	轉	逃	拜
기록할 기	위태할 위	독 독	나그네 려	배 항	날랠 용	둥글 단	아닐 비	털 모
記	危	毒	旅	航	勇	團	非	毛
일어날 기	원망할 원	매양 매	놀 유	쌓을 축	통할 통	은혜 혜	슬플 비	옳을 의
起	怨	每	遊	築	通	惠	悲	義
짝 배	계집 녀	바다 해	격할 격	던질 투	아플 통	복 복	허물 죄	거동 의
配	女	海	激	投	痛	福	罪	儀

314p

의논 의	법 헌	혼인할 혼	모양 자	두 이	바늘 침	발 족	오를 등	이를 지
議	憲	婚	姿	二	針	足	登	至
양 양	깨끗할 결	백성 민	재물 자	석 삼	분할 분	달릴 주	등불 등	이를 치
羊	潔	民	資	三	憤	走	燈	致
큰바다 양	봄 춘	일천 천	도둑 도	여섯 륙	남녘 남	무리 도	증거 증	집 실
洋	春	千	盜	六	南	徒	證	室
기를 양	받들 봉	순수할 순	그르칠 오	일곱 칠	그칠 지	좇을 종	필 발	이를 도
養	奉	純	誤	七	止	從	發	到
모양 양	문서 권	거스를 역	나아갈 취	끊을 절	이 치	옳을 시	뛰어날 걸	보배 진
樣	券	逆	就	切	齒	是	傑	珍
아름다울 미	책 권	날 생	붉을 적	아홉 구	걸음 보	끌 제	내릴 강	참여할 참
美	卷	生	赤	九	步	提	降	參
붙을 착	이길 승	성품 성	윗 상	연구할 구	바를 정	제목 제	겨울 동	스스로 자
着	勝	性	上	究	正	題	冬	自
어긋날 차	성 씨	성 성	아래 하	다섯 오	정사 정	의심 의	마칠 종	쉴 식
差	氏	姓	下	五	政	疑	終	息
착할 선	종이 지	별 성	아니 불	말씀 어	가지런할 정	먼저 선	뒤 후	코 비
善	紙	星	不	語	整	先	後	鼻
통달할 달	낮을 저	마실 음	아닐 부	열 십	정할 정	씻을 세	회복할 복	가 변
達	低	飮	否	十	定	洗	復	邊
해할 해	밑 저	버금 차	한 일	셀 계	늘일 연	기릴 찬	겹칠 복	조사할 사
害	底	次	一	計	延	讚	複	査

315p

도울 조	두 재	뜻 정	살 매	능할 능	용 룡	말씀 담	생각할 려	만날 우
助	再	情	買	能	龍	談	慮	遇
할아버지 조	일컬을 칭	정할 정	팔 매	모습 태	고기 어	재 회	심할 극	일만 만
祖	稱	精	賣	態	魚	灰	劇	萬
짤 조	얽을 구	고요할 정	읽을 독	피곤할 피	고기잡을 어	숯 탄	근거 거	펼 연
組	構	靜	讀	疲	漁	炭	據	演
갖출 구	월 강	꾸짖을 책	이을 속	물결 파	고울 선	영화 영	이름 호	맞을 적
具	講	責	續	波	鮮	榮	號	適
곧을 직	앞 전	쌓을 적	질 부	깨뜨릴 파	벌레 충	경영 영	곳 처	대적할 적
直	前	積	負	破	蟲	營	處	敵
심을 식	찰 한	길쌈 적	인원 원	클 위	바람 풍	수고할 로	빌 허	장사 상
植	寒	績	員	偉	風	勞	虛	商
둘 치	문서 적	패할 패	둥글 원	에워쌀 위	셈 산	반드시 필	거둘 수	귀 이
置	籍	敗	圓	圍	算	必	收	耳
큰 덕	흩을 산	바탕 질	덜 손	지킬 위	날 비	빽빽할 밀	맞을 영	소리 성
德	散	質	損	衛	飛	密	迎	聲
들을 청	푸를 청	보배 보	열매 실	가죽 혁	법도 도	숨길 비	머무를 류	가질 취
聽	靑	寶	實	革	度	祕	留	取
관청 청	맑을 청	법칙 칙	귀할 귀	고울 려	자리 석	마음 심	버들 류	뜻 취
廳	淸	則	貴	麗	席	心	柳	趣
참 진	청할 청	헤아릴 측	남길 유	경사 경	불 화	생각 사	알 란	가장 최
眞	請	測	遺	慶	火	思	卵	最

316p

메 산	흉할 흉	아름다울 가	시내 계	미칠 급	인륜 륜	남녘 병	가운데 앙	천간 임
山	凶	佳	溪	及	倫	丙	央	壬
신선 선	더할 익	하늘 건	천간 계	그 기	잊을 망	뱀/지지 사	같을 약	우물 정
仙	益	乾	癸	其	忘	巳	若	井
일 업	피 혈	수건 건	골 곡	이에 내	토끼 묘	개/지지 술	닭/지지 유	조짐/조 조
業	血	巾	谷	乃	卯	戌	酉	兆
대할 대	무리 중	밭갈 경	오랠 구	붉을 단	꼬리 미	주울 습/열 십	새/천간 을	앉을 좌
對	衆	耕	久	丹	尾	拾	乙	坐
악할 악	셈 수	천간/별 경	활 궁	칼 도	밥 반	매울 신	범/지지 인	별/지지 진
惡	數	庚	弓	刀	飯	辛	寅	辰
조개 패	조각 편							
貝	片							

3급(3급Ⅱ 포함) 고유 한자 음훈 달기

訂	寧	荷	架	忍	召	超	坐	封
로잡을 정	편안 녕	멜 하	시렁 가	참을 인	부를 소	뛰어넘을 초	앉을 좌	봉할 봉
亭	阿	騎	賀	梁	昭	吐	佳	涯
정자 정	언덕 아	말탈 기	하례할 하	들보 량	밝을 소	토할 토	아름다울 가	물가 애
頂	何	脅	刀	那	照	粧	桂	掛
정수리 정	어찌 하	위협할 협	칼 도	어찌 나	비칠 조	단장할 장	계수나무 계	걸 괘

317p

睦	莊	毫	矣	賴	豚	泥	愈	飽
화목할 목	씩씩할 장	터럭 호	어조사 의	의뢰할 뢰	돼지 돈	진흙 니	나을 유	배부를 포
陵	藏	豪	侯	刺	蒙	屛	輸	酌
언덕 릉	감출 장	호걸 호	제후 후	찌를 자	어릴 몽	병풍 병	보낼 수	술부을 작
曉	臟	矯	株	策	逐	殿	久	陶
새벽 효	오장 장	바로잡을 교	그루 주	꾀 책	쫓을 축	전각 전	오랠 구	질그릇 도
燒	捨	尖	珠	凍	遂	拙	閣	燭
사를 소	버릴 사	뾰족할 첨	구슬 주	얼 동	드디어 수	못날 졸	집 각	촛불 촉
壽	托	奈	殊	陳	像	啓	絡	觸
목숨 수	맡길 탁	어찌 내	다를 수	베풀 진	모양 상	열계	이을 락	닿을 촉
鑄	伴	丈	森	鍊	亥	肩	露	濁
쇠불릴 주	짝반	어른 장	수풀 삼	단련할 련	돼지 해	어깨 견	이슬 로	흐릴 탁
壬	牽	扶	茶	蘭	該	編	夢	旬
천간 임	이끌 견	도울 부	차 다	난초 란	갖출 해	엮을 편	꿈 몽	열흘 순
賃	遲	替	霜	欄	尾	遍	銘	殉
품삯 임	더딜 지	바꿀 체	서리 상	난간 란	꼬리 미	두루 편	새길 명	따라죽을 순
淫	浩	秩	漆	蓮	尺	偏	裂	拘
음란할 음	넓을 호	차례 질	옻 칠	연꽃 련	자 척	치우칠 편	찢어질 렬	잡을 구
廷	添	矢	麥	軟	漏	倫	葬	狗
조정 정	더할 첨	화살 시	보리 맥	연할 연	샐 루	인륜 륜	장사지낼 장	개 구
片	稿	疾	墻	輝	刷	劍	抱	苟
조각 편	원고 고	병 질	담 장	빛날 휘	인쇄할 쇄	칼 검	안을 포	진실로 구

318p

司	克	蝶	震	陷	于	眉	謀	掌
맡을 사	이길 극	나비 접	우레 진	빠질 함	어조사 우	눈썹 미	꾀 모	손바닥 장
詞	悅	沿	晨	搜	宇	循	媒	勿
말 사	기쁠 열	물따라갈 연	새벽 신	찾을 수	집 우	돌 순	중매 매	말 물
只	閱	怠	脣	稻	兮	寬	其	忽
다만 지	볼 열	게을 태	입술 순	벼 도	오조사 혜	너그러울 관	그 기	갑자기 홀
囚	銳	殆	辱	獵	汚	龜	欺	賜
가둘 수	날카로울 예	거의 태	욕될 욕	사냥 렵	더러울 오	지명 구	속일 기	줄 사
菌	蔬	姑	却	刊	誇	兔	匹	揚
버섯 균	나물 소	시어머니 고	물리칠 각	새길 간	자랑할 과	토끼 토	짝 필	날릴 양
姻	疏	枯	脚	肝	聘	逸	甚	楊
혼인 인	트일 소	마를 고	다리 각	간 간	부를 빙	편안할 일	심할 심	버들 양
驅	徹	胡	蓋	岸	懇	免	巖	暢
몰 구	통할 철	되 호	덮을 개	언덕 안	간절할 간	면할 면	바위 암	화창할 창
燥	棄	豈	譽	汗	浪	晚	尙	湯
마를 조	버릴 기	어찌 기	기릴 예	땀 한	물결 랑	늦을 만	오히려 상	끓을 탕
冠	畢	鼓	輿	旱	郎	閏	裳	旦
갓 관	마칠 필	북 고	수레 여	가물 한	사내 랑	윤달 윤	치마 상	아침 단
沈	垂	辰	沒	軒	廊	潤	嘗	但
잠길 침	드리울 수	별 진	빠질 몰	집 헌	행랑 랑	불을 윤	맛볼 상	다만 단
枕	睡	振	換	乎	娘	某	償	冥
베개 침	졸음 수	떨칠 진	바꿀 환	어조사 호	계집 낭	아무 모	갚을 상	어두울 명

319p

恒	募	乾	潛	貸	伸	埋	臨	綱
항상 항	뽑을 모	하늘 건	잠길 잠	빌릴 대	펼 신	묻을 매	임할 림	벼리 강
慢	慕	幹	卽	惑	坤	衝	鑑	鋼
거만할 만	그릴 모	줄기 간	곧 즉	미혹할 혹	땅 곤	찌를 충	거울 감	강철 강
漫	暮	廟	響	咸	宙	墨	濫	妄
흩어질 만	저물 모	사당 묘	울릴 향	다 함	집 주	먹 묵	넘칠 람	망녕될 망
曰	伯	盟	戊	淺	抽	默	鹽	忙
가로 왈	맏 백	맹세 맹	천간 무	얕을 천	뽑을 추	잠잠할 묵	소금 염	바쁠 망
昌	泊	朋	茂	賤	笛	曾	貢	忘
창성할 창	머무를 박	벗 붕	무성할 무	천할 천	피리 적	일찍 증	바칠 공	잊을 망
冒	迫	崩	戌	踐	苗	憎	恐	茫
무릅쓸 모	핍박할 박	무너질 붕	개 술	밟을 천	모 묘	미울 증	두려울 공	아득할 망
渴	錦	頃	械	哉	畏	贈	項	罔
목마를 갈	비단 금	이랑 경	기계 계	어조사 재	두려할 외	줄 증	항목 항	없을 망
謁	綿	皆	戚	栽	累	僧	鴻	荒
뵐 알	솜 면	다 개	친척 척	심을 재	여러 루	중 승	큰기러기 홍	거칠 황
莫	貌	旣	滅	裁	畓	距	巧	盲
없을 막	모양 모	이미 기	멸할 멸	옷마를 재	논 답	상거할 거	공교할 교	눈멀 맹
漠	碧	慨	越	載	踏	緊	靈	供
넓을 막	푸를 벽	슬퍼할 개	넘을 월	실을 재	밟을 답	긴할 긴	신령 령	이바지할 공
幕	皇	槪	賦	押	裏	臥	剛	恭
장막 막	임금 황	대개 개	부세 부	누를 압	속 리	누울 와	굳셀 강	공손할 공

320p

洪	斯	岳	桑	隨	及	庚	夷	塗
넓을 홍	이 사	큰산 악	뽕나무 상	따를 수	미칠 급	별 경	오랑캐 이	칠할 도
巷	哲	妥	怪	稀	劃	逮	弔	斜
거리 항	밝을 철	온당할 타	괴이할 괴	드물 희	그을 획	잡을 체	조상할 조	비낄 사
翼	誓	奚	騷	返	尋	隷	拂	詐
날개 익	맹세할 서	어찌 해	떠들 소	돌이킬 반	찾을 심	종 례	떨칠 불	속일 사
仲	逝	溪	淑	叛	爵	丑	似	介
버금 중	갈 서	시내 계	맑을 숙	배반할 반	벼슬 작	소 축	닮을 사	낄 개
央	析	彩	寂	飯	付	唐	悠	丙
가운데 앙	쪼갤 석	채색 채	고요할 적	밥 반	줄 부	당나라 당	멀 유	남녘 병
殃	慙	菜	枝	版	附	糖	倉	紛
재앙 앙	부끄러울 참	나물 채	가지 지	판목 판	붙을 부	엿 당	창고 창	어지러울 분
訣	暫	僞	拓	販	符	而	蒼	寡
이별할 결	잠깐 잠	거짓 위	넓힐 척	팔 판	부호 부	말이을 이	푸를 창	적을 과
吏	漸	淨	若	乃	腐	耐	余	琴
관리 리	점점 점	깨끗할 정	같을 약	이에 내	썩을 부	견딜 내	나 여	거문고 금
硬	斥	浮	諾	誘	侍	需	徐	含
굳을 경	물리칠 척	뜰 부	허락할 낙	꾈 유	모실 시	구할 수	천천히 서	머금을 함
斤	訴	緩	佐	透	浸	弓	敍	吟
도끼 근	호소할 소	느릴 완	도울 좌	사무칠 투	잠길 침	활 궁	펼 서	읊을 음
祈	丘	又	墮	携	妻	弘	途	貪
빌 기	언덕 구	또 우	떨어질 타	이끌 휴	아내 처	클 홍	길 도	탐낼 탐

321p

拾	享	竝	執	祿	曆	緖	禍	率
주울 습	누릴 향	나란히 병	잡을 집	녹 록	책력 력	실마리 서	재앙 화	비율 률
塔	敦	譜	譯	須	飜	諸	追	玆
탑 탑	도타울 돈	족보 보	번역할 역	모름지기 수	번역할 번	모두 제	따를 추	검을 자
嶺	郭	培	驛	煩	播	著	帥	慈
고개 령	외성 곽	북돋을 배	역 역	번거로울 번	뿌릴 파	나타날 저	장수 수	사랑 자
零	丸	妾	釋	顧	審	訟	館	幾
떨어질 령	둥글 환	첩 첩	풀 석	돌아볼 고	살필 심	송사할 송	집 관	몇 기
予	孰	顔	澤	憂	乘	翁	幼	畿
나 여	누구 숙	낯 안	못 택	근심 우	탈 승	늙은이 옹	어릴 유	경기 기
柔	熟	憶	徑	述	兼	谷	幽	飢
부드러울 유	익을 숙	생각할 억	지름길 경	펼 술	겸할 겸	골 곡	그윽할 유	주릴 기
霧	涼	竟	洲	麻	謙	欲	聯	縣
안개 무	서늘할 량	다할 경	물가 주	삼 마	겸손할 겸	하고자할 욕	연이을 련	고을 현
孟	諒	禪	巡	磨	廉	慾	濕	懸
맏 맹	살펴알 량	선 선	돌 순	갈 마	청렴할 렴	욕심 욕	젖을 습	매달 현
猛	影	辛	泳	禾	嫌	裕	玄	戀
사나울 맹	그림자 영	매울 신	헤엄칠 영	벼 화	싫어할 혐	넉넉할 유	검을 현	그리워할 련
了	掠	宰	詠	梨	暑	迷	絃	穫
마칠 료	노략질할 략	재상 재	읊을 영	배 리	더울 서	미혹할 미	줄 현	거둘 확
亨	泣	辨	蒸	愁	署	菊	畜	獲
형통할 형	울 읍	분별할 변	찔 증	근심 수	관청 서	국화 국	짐승 축	얻을 획

322p

唯	雁	柱	酉	懷	郊	聰	乙	腰
오직 유	기러기 안	기둥 주	술그릇 유	품을 회	들 교	귀밝을 총	새 을	허리 요
惟	懼	橫	醜	醉	較	云	乞	侮
생각할 유	두려울 구	가로 횡	추할 추	취할 취	견줄 교	이를 운	빌 걸	업신여길 모
維	禽	擴	遵	穴	紋	魂	之	梅
벼리 유	잘짐승 금	넓힐 확	좇을 준	구멍 혈	무늬 문	넋 혼	갈 지	매화 매
稚	濯	僅	猶	竊	憫	雷	也	敏
어릴 치	씻을 탁	겨우 근	오히려 유	훔칠 절	민망할 민	우레 뢰	어조사 야	민첩할 민
誰	躍	謹	哀	突	鬼	忌	池	悔
누구 수	뛸 약	삼갈 근	슬플 애	갑자기 돌	귀신 귀	꺼릴 기	못 지	뉘우칠 회
雖	擁	搖	衰	哭	愧	妃	厄	繁
비록 수	낄 옹	흔들 요	쇠할 쇠	울 곡	부끄러울 괴	왕비 비	액 액	번성할 번
催	鳳	遙	喪	臭	塊	已	奴	芳
재촉할 최	새 봉	멀 요	잃을 상	냄새 취	흙덩이 괴	이미 이	종 노	꽃다울 방
雙	烏	栗	還	獄	卑	巳	姦	倣
쌍 쌍	까마귀 오	밤 률	돌아올 환	옥 옥	낮을 비	뱀 사	간사할 간	본뜰 방
奪	嗚	粟	壤	獸	婢	祀	汝	傍
빼앗을 탈	슬플 오	조 속	흙덩이 양	짐승 수	여자종 비	제사 사	너 여	곁 방
奮	篤	遷	讓	淚	腦	把	恕	旋
떨칠 분	도타울 독	옮길 천	사양할 양	눈물 루	뇌수 수	잡을 파	용서할 서	돌 선
鶴	狂	漂	壞	拔	惱	肥	宴	於
학 학	미칠 광	떠다닐 표	무너질 괴	뽑을 발	번뇌할 뇌	살찔 비	잔치 연	어조사 어

323p

傲	盤	薄	肖	割	抵	尤	悟	誕
거만할 오	소반 반	엷을 박	닮을 초	벨 할	막을 저	더욱 우	깨달을 오	낳을 탄
滯	役	幅	削	契	昏	牙	奔	捉
막힐 체	부릴 역	폭 폭	깎을 삭	맺을 계	어두울 혼	어금니 아	달릴 분	잡을 착
肺	疫	卜	沙	慧	眠	芽	墳	促
허파 폐	전염병 역	점 복	모래 사	슬기로울 혜	잠잘 면	싹 아	무덤 분	재촉할 촉
弊	毁	赴	劣	峯	屯	雅	索	縱
해질 폐	헐 훼	다다를 부	못할 렬	봉우리 봉	진칠 둔	맑을 아	찾을 색	세로 종
幣	繫	貞	抄	蜂	鈍	邪	企	堤
화폐 폐	맬 계	곧을 정	뽑을 초	벌 봉	둔할 둔	간사할 사	꾀할 기	둑 제
蔽	庸	兆	秒	逢	朔	亦	肯	礎
덮을 폐	떳떳할 용	조짐 조	분초 초	만날 봉	초하루 삭	또 역	즐길 긍	주춧돌 초
齊	誦	挑	飾	邦	厥	跡	涉	凝
가지런할 제	욀 송	돋울 도	꾸밀 식	나라 방	그 궐	발자취 적	건널 섭	엉길 응
凡	補	桃	我	奏	隆	杯	頻	此
무릇 범	기울 보	복숭아 도	나 아	아뢸 주	높을 륭	잔 배	자주 빈	이 차
丹	浦	跳	餓	泰	吹	染	征	紫
붉을 단	개 포	뛸 도	주릴 아	클 태	불 취	물들 염	칠 정	자줏빛 자
舟	捕	排	祥	拳	恣	軌	症	御
배 주	잡을 포	밀칠 배	상서 상	주먹 권	방자할 자	바퀴자국 궤	증세 증	어거할 어
般	簿	輩	詳	騰	娛	吾	焉	贊
일반 반	문서 부	무리 배	자세할 상	오를 등	즐길 오	나 오	어찌 언	도울 찬

324p

癸	臺	耕	債	彼	楓	虎	卿	徵
천간 계	대 대	밭갈 경	빚 채	저 피	단풍나무 풍	범 호	벼슬 경	작을 미
廢	羽	塞	貝	被	弄	遮	偶	懲
폐할 폐	깃 우	변방 새	조개 패	입을 피	희롱할 롱	가릴 차	짝 우	징계할 징
瞬	慘	昔	鎖	頗	昇	戲	愚	瓦
눈깜짝일 순	참혹할 참	옛 석	쇠사슬 쇄	자못 파	오를 승	희롱할 희	어리석을 우	기와 와
隣	且	惜	側	違	庶	獻	勵	互
이웃 린	또 차	아낄 석	곁 측	어긋날 위	무리 서	드릴 헌	힘쓸 려	서로 호
憐	租	借	賓	緯	渡	隔	寅	胸
불쌍히여길 련	조세 조	빌릴 차	손님 빈	씨 위	거널 도	사이뜰 격	동방 인	가슴 흉
俊	宜	錯	韻	鹿	燕	叫	滴	屢
준걸 준	마땅 의	어긋날 착	운 운	사슴 록	제비 연	부르짖을 규	물방울 적	여러 루
覆	俱	絹	貫	薦	炎	糾	摘	樓
다시 복	함께 구	비단 견	꿸 관	천거할 천	불꽃 염	얽힐 규	딸 적	다락 루
履	値	胃	慣	襲	淡	仰	耶	僚
밟을 리	값 치	밥통 위	익숙할 관	엄습할 습	맑을 담	우러를 앙	어조사 야	동료 료
腹	鎭	謂	遣	蘇	螢	抑	攝	亞
배 복	진압할 진	이를 위	보낼 견	되살아날 소	반딧불 형	누를 억	다스릴 섭	버금 아
姪	愼	晴	罷	衡	蜜	卯	恥	
조카 질	삼갈 신	갤 청	마칠 파	저울대 형	꿀 밀	무성할 묘	부끄러울 치	
倒	井	蹟	皮	蛇	爐	貿	微	
넘어질 도	우물 정	자취 적	가죽 피	긴뱀 사	화로 로	무역할 무	부를 징	

325p

진흥회, 검정회 추가 한자 음훈 달기

巾	貳	壹	鐘				
수건 건	두 이	한 일	쇠북 종				

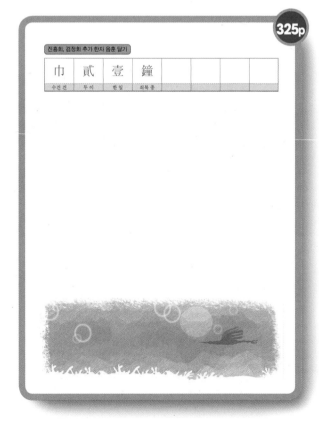

국가공인 한자능력검정시험 3급

펴 낸 곳 어시스트하모니(주)
펴 낸 이 이정균
등록번호 제2019-000078호
주 소 서울시 영등포구 양산로 57-5, 601호
(양평동, 이노플렉스)
구입문의 02)2088-4242
팩 스 02)6442-8714
홈페이지 www.assistharmony.com
I S B N 979-11-969104-2-6 13710